Jung e a Construção
da Psicologia Moderna

Sonu Shamdasani

Jung e a Construção da Psicologia Moderna

O Sonho de uma Ciência

Direção Editorial:
Carlos Silva
Ferdinando Mancílio

Conselho Editorial:
Avelino Grassi
Roberto Girola

Tradução:
Maria Silvia Mourão Netto

Coordenação Editorial:
Elizabeth dos Santos Reis

Copidesque:
Mônica Guimarães Reis

Revisão:
Beatriz Camanho

Diagramação:
Alex Luis Siqueira Santos

Capa:
Cristiano Leão

Coleção Psi-Atualidades - coordenada por Roberto Girola

Título original: *Jung and the Making of Modern Psychology – The Dream of a Science*

© Cambridge University Press, 2003

ISBN 0 521 53909 9

Todos os direitos em língua portuguesa, para o Brasil,

reservados à Editora Ideias & Letras, 2021.

4ª impressão, 2021

Avenida São Gabriel , 495
Conjunto 42 - 4º andar Jardim
Paulista – São Paulo/SP
Cep: 01435-001
Editorial: (11) 3862-4831
Televendas: 0800 777 6004
vendas@ideiaseletras.com.br
www.ideiaseletras.com.br

Dados Internacionais de Catalogação na Publicação (CIP)
(Câmara Brasileira do Livro, SP, Brasil)

Jung e a construção da psicologia moderna: o sonho de uma ciência / Sonu Shamdasani; (tradução Maria Silvia Mourão Netto). Aparecida-SP: Ideias & Letras, 2005. (Coleção Psi-atualidades; 6)

Título original: *Jung and the making of modern psychology: the dream of a science*
Bibliografia.
ISBN 85-98239-51-8

1. Jung, Carl Gustav, 1875-1961 2. Psicanálise 3. Psicologia junguiana I. Título. II. Série.

05-8159   CDD-150.1954092

Índice para catálogo sistemático:

1. Jung: Psicanalistas: Vida e obra 150.1954092

Para Maggie

Sumário

Agradecimentos — 10
Lista de abreviaturas — 12
Notas sobre as traduções — 13
Prólogo: "O mais amaldiçoado diletante" — 15
O advento da nova psicologia — 17
Jung sem Freud — 26
Psicologia complexa — 27
A nova enciclopédia — 32
As obras incompletas de Jung — 37
Cubismo histórico — 41

1. O INDIVIDUAL E O UNIVERSAL — 43
A equação pessoal: da astronomia à psicologia — 44
Os dois papas: James e Wundt — 45
Ciências humanas, culturais e históricas? — 51
Psicologia individual — 54
Psicologia diferencial — 57
Tornando-se psiquiatra — 58
Diferenças nas associações — 59
Reações críticas — 62
A equação pessoal na psicanálise — 64
Jung e James — 72
Mentalidades fundamentais — 76
"Nosso laboratório é o mundo" — 78
A escola de Zurique — 81
Tipos em diálogo — 83
A intuição de Moltzer — 85
O problema da relatividade na psicologia — 87
A teoria das atitudes — 89
Dissidências na escola junguiana? — 96

Psicologia crítica ou caracterologia? — 98
A psicologia e a questão da ciência — 103

2. NOITE E DIA — 117
Culturas oníricas — 117
A filosofia do sono — 121
A linguagem oculta da alma — 125
Sonhos diagnósticos — 128
Sonhos e loucura — 130
A psicologização do sonho — 132
Simbolismo e associação — 135
Dos sonhos ao inconsciente — 137
Conte-me seus sonhos — 139
Os sonhos na pesquisa psíquica e na psicologia subliminar — 142
Da Índia ao planeta Marte — 145
A interpretação dos sonhos — 147
Uma carreira em sonhos — 149
A psicologia da loucura — 151
Sonhos, mitos e o inconsciente coletivo — 155
O problema do sonho — 158
A prova está nos sonhos — 171
Sonhos de crianças — 176
Sonhos e raça — 177
A multiplicidade dos sonhos — 178

3. CORPO E ALMA — 183
Genealogias do inconsciente — 184
A filosofia do inconsciente — 188
Kant — 188
Schelling — 191
Schopenhauer — 193
Carus — 194
Von Hartmann — 195
Alma e vida — 199
Enteléquia — 200
A questão da memória — 202
Lembranças ancestrais — 203
Os engramas de Semon — 210
O enigma dos instintos — 211
O animal doente: os instintos de Nietzsche — 212
Os instintos da psicologia — 215
A educação filosófica de Jung — 217
Energia e fadiga — 222
As energias do homem — 224
Interesse — 227

Evolução criativa — 228
Freud, Jung e a libido — 230
Criptomnésia e a história da raça — 233
Libido, *hormé*, *élan* vital — 248
Energética primitiva — 252
O inconsciente filogenético de Jung — 253
Instinto e inconsciente — 262
A energia da alma — 265
Instinto, cristianismo e animais — 271
Instintos e a autonomia da psicologia — 275
Arquétipos nos animais — 278
A essência do psíquico — 280
Patologias da modernidade — 284
Reformulações biológicas — 285
Energia e holismo — 290

4. O ANTIGO NO MODERNO — 293
O nascimento das ciências humanas — 293
Pensamentos elementares — 294
Antropologia evolutiva — 296
Franz Boas — 298
Etnopsicologia — 300
Psicologia de massa — 305
Imitação — 306
Psicologia coletiva — 307
Le Bon — 308
Baldwin — 310
Representações coletivas — 310
Mentalidade primitiva — 313
Mana — 316
Homúnculos e *churingas* — 318
A história do pensamento — 320
O individual e o coletivo — 325
Jung e Bastian — 333
Herança racial ou categorias da imaginação? — 334
Participação mística — 337
Um psicólogo à solta — 339
Novo México — 341
África — 345
Primitivos e modernos — 347
Jung entre os antropólogos — 352
A psicologia política — 362
Da psicologia dos complexos à Escola Junguiana — 368
Preparando-se para o fim — 373
Referências bibliográficas — 377
Índice remissivo — 401

Agradecimentos

Como a companheira que contribuiu para este livro a cada passo do caminho, desde as primeiras ideias, para sua realização, desejo agradecer Maggie Baron.

Este livro foi escrito ao longo de uma série de projetos de colaboração com Mikkel Borch-Jacobsen. Nossos diálogos enriqueceram-no continuamente, e a tal ponto moldaram minhas ideias que não posso quantificar o quanto devo a ele.

Foi no decorrer de algumas conversas com Eugene Taylor que comecei a perceber mais plenamente tanto o significado e as possibilidades da história da psicologia, como o *status* de uma história de Jung como uma disciplina de mérito próprio.

Examinando o primeiro estudo abrangente da gênese do trabalho de Freud, realizado por Peter Swales, vislumbrei a possibilidade de se fazer algo semelhante com a obra de Jung.

Em conversas com Ernst Falzeder, fui inteirado de como a história oculta da psicanálise poderia ser pesquisada.

A Angela Graf-Nold devo o esclarecimento do ambiente psiquiátrico em que Jung vivia, e também lhe sou grato pelo apoio vital que me prestou durante minhas pesquisas na Suíça.

Este trabalho teria ficado muito mais pobre se não fossem as conversas com Vincent Barras, John Beebe, Jacqueline Carroy, Jerry Donat, Jacques Gasser, Wolfgang Giegerich, Brett Kahr, Paul Kugler, Ruth Leys, Enrique Pardo, Jay Sherry, Richard Skues, Anthony Stadlen, Fernando Vidal e Michael Whan.

De 1988 até sua morte, em 1995, Michael Fordham foi uma inestimável fonte de incentivo a meu trabalho, discutindo aspectos da evolução de minhas pesquisas, fazendo determinadas sugestões de importância crucial, e recordando seu relacionamento com Jung e o envolvimento no mundo da psicologia analítica desde os anos 1930. A relação de questões que eu teria para ele nunca para de aumentar.

Desde então, Ximena Roelli de Angulo tem tido uma participação do mesmo nível no desenvolvimento de minhas pesquisas, e oferecido seu incessante incentivo para sua condução. Como observadora cética e racional, ela tem trazido lembranças preciosas do círculo de Jung e das pessoas a ele associadas, de 1920 em diante.

Por sua hospitalidade, informações e ajuda generosa, sou muito grato a Rudolf Conne, Lilianne Flournoy, Olivier Flournoy, Christian Hartnibrigg, Joseph Henderson, Hélène Hoerni-Jung, Ulrich Hoerni, o falecido Franz Jung, Peter Jung, Pierre Keller, a falecida Doris Straüli-Keller, Tom Kirsch, Nomi Kluger-Nash, Peter Riklin, Leonhard Schlegel, Georg Trüb e Ursula Trüb.

Andreas Jung, o falecido Franz Jung e Peter Jung graciosamente me autorizaram consultar a biblioteca de Jung em diversas ocasiões.

No início de minhas pesquisas, Doris Albrecht e William McGuire forneceram-me sua assistência crítica. James Hillman incentivou-me a escrever, nos primeiros estágios do trabalho, e apresentou-me a Jerry Donat, que me convenceu a propor a tese para o Instituto Wellcome Pró-História da Medicina.

Minha tese não teria sido apresentada sem o encorajamento e o apoio de Bill Bynum, a quem devo também diversas sugestões e críticas. Quero agradecer Mark Micale e o falecido Roy Porter sua ajuda e comentários a minha tese, e a Chris Lawrence suas informações sobre a história da medicina. O Instituto Wellcome Pró-História da Medicina, atualmente denominado Fundação Centro Wellcome Pró-História da Medicina, na UCL, ofereceu-me condições inigualáveis nas quais trabalhar, e moldou por osmose o presente trabalho. Gostaria de estender meus agradecimentos a todos os colegas com quem contei, ao longo dos anos.

Este trabalho foi viabilizado com o patrocínio da Fundação Wellcome, de 1993 a 1998, do Institut für Grenzgebiete der Psychologie, de 1998 a 1999, e da Fundação Solon, de 1998 a 2001. Quero agradecer a Eberhard Bauer, ao falecido Yaltah Menuhin e a Harald Walach sua colaboração. E gostaria de estender meus agradecimentos, por bolsas adicionais, aos seguintes organismos: Instituto C. G. Jung de Nova York, Fundação Van Waveren, Fundação Oswald e, por sua ajuda, Olivier Bernier, Alan Jones, Beverley Zabriskie e Philip Zabriskie.

Por sua assistência na publicação deste livro, sou grato a Anna Campion, Bianca Lepori, George Makari e Michael Neve.

Pela ajuda com as transcrições, sou grato a Ernst Falzeder e Katerina Rowold.

Por me haverem autorizado citar trechos de manuscritos inéditos de Jung e de sua correspondência, quero agradecer Niedieck Linder AG e o *Erbengemeinschaft* C. G. Jung.

Quero agradecer Sarah Caro, minha editora na Cambridge University Press, por sua entusiástica reação a este projeto, e por acompanhá-lo em todas as suas etapas até a publicação.

Numerosas pessoas ofereceram-me seus comentários a respeito de partes do manuscrito ou de seu teor completo. Além de melhoras substanciais ao texto, essas observações ajudaram-me a compreender o significado do próprio livro: Mikkel Borch-Jacobsen, Ximena Roelli de Angulo, Ernst Falzeder, George Makari, Michael Neve, David Oswald, John Peck, Richard Skues, Eugene Taylor e Fernando Vidal. Cabe a mim toda a responsabilidade pelas opiniões expressas ao longo do texto.

Abreviaturas

CMAC Contemporary Medical Archives, Biblioteca da Fundação Wellcome Pró-História e Compreensão da Medicina, Londres.
CML Countway Library of Medicine, Faculdade de Medicina de Harvard, Boston.
CMS Jung/Jaffé, *Memories, Dreams, Reflections*, manuscrito editorial, Biblioteca de Medicina de Countway, Faculdade de Medicina de Harvard, Boston; original em inglês.
CW [OC] *The Collected Works of C. G. Jung*, ed. Sir Herbert Read, Michael Fordham, Gerhard Adler; William McGuire, ed. exec.; trad. R.F.C. Hull (Nova York e Princeton, Bollingen Series 20 e Londres, 1953-1983), 21 volumes.
ETH Wissenschaftshistorische Sammlungen, Eidgenössische Technische Hochschule, Zurique.
FJL *The Freud/Jung Letters*, ed. William McGuire, trads. R. Mannheim e R.F.C. Hull (Princeton, Princeton University Press; Londres, Hogarth Press/Routledge e Kegan Paul, 1974).
JP *Jung Papers*, Wissenschaftshistorische Sammlungen, Eidenössische Technische Hochschule, Zurique.
LC Library of Congress, Washington DC.
Cartas C. G. Jung Letters, selecionadas e editadas por Gerhard Adler em colaboração com Aniela Jaffé, trad. R.F.C, Hull, 1973, 1975 (Bollingen Series, Princeton, Princeton University Press e London, Routledge), 2 volumes.
Memórias Memories, Dreams, Reflections, C. G. Jung/Aniela Jaffé, 1963 (Londres, Flamingo, 1983).
MP Protocolos das entrevistas de Aniela Jaffé com Jung para *Memories, Dreams, Reflections*, Biblioteca do Congresso, Washington DC; original em alemão.
MZP Minutas da Sociedade Psicanalítica de Zurique, Clube de Psicologia, Zurique; original em alemão.
SE *The Standard Edition of the Complete Psychological Works of Sigmund Freud*, ed. James Strachey, em colaboração com Anna Freud, auxiliada por Alix Strachey e Alan Tyson, trad. J. Strachey, 24 volumes. (Londres, The Hogarth Press e Instituto de Psicanálise, 1953-1974).
SFC Copyrights de Sigmund Freud, Wivenhoe.

NOTA SOBRE AS TRADUÇÕES

A menos que haja uma observação específica, todas as traduções são de minha autoria. Nas *Obras Completas de Jung,* diversos títulos de trabalhos foram arbitrariamente modificados; aqui foram restauradas suas formas originais. A menos que haja uma observação específica a respeito, os originais das cartas e manuscritos inéditos de Jung estão em alemão. No corpo do texto, os títulos de todos os trabalhos citados são dados em inglês e português, à exceção dos nomes dos periódicos.

Prólogo

"O mais amaldiçoado diletante"

"Não me transformem numa lenda"
C. G. Jung, 1930.[1]

Ocultista, cientista, profeta, charlatão, filósofo, racista, guru, antissemita, libertador das mulheres, misógino, apóstata de Freud, gnóstico, pós-modernista, polígamo, curador, poeta, falso artista, psiquiatra e antipsiquiatra – do que C. G. Jung ainda não foi chamado? Mencione o nome dele para alguém e é provável que você escute um desses rótulos, pois Jung é alguém a cujo respeito as pessoas têm alguma opinião, consistente ou não. A rapidez do tempo de reação indica que as pessoas reagem à vida e à obra de Jung como se fossem suficientemente conhecidas. Entretanto, a própria proliferação de "Jungs" nos leva a questionar se, de fato, todos estariam falando de uma mesma criatura.

Em 1952, Jung reagiu ao fato de ter sido tão diversamente descrito como religioso, ateu, místico e materialista, com o seguinte comentário: "Em minha forma de ver, quando as opiniões a respeito de um mesmo assunto diferem amplamente, forma-se uma justificada suspeita de que nenhuma delas seja correta, isto é, de que existe um equívoco".[2] Quase 50 anos mais tarde, o número de opiniões e interpretações divergentes sobre Jung multiplicou-se de maneira prodigiosa. Ele se transformou num personagem sobre quem uma infindável sucessão de mitos, lendas, fantasias e ficções continuam a ser tecidas. Paródias, distorções e caricaturas tornaram-se a norma, e esse processo ainda não está exibindo sinais de enfraquecimento.

Desde o princípio, Jung foi objeto de uma ampla variedade de boatos. Em 1916, ele escreveu para o amigo e colega Alphonse Maeder:

> No que tange aos rumores sobre minha pessoa, posso informá-lo que estou casado com uma aluna original da Rússia há seis anos (ref. Dr. Ulrich), que me visto como o Dr. Frank, que recomendei um imediato divórcio a uma mulher (ref. Sra. E-Hing), que há dois anos terminei o casamento Rüff-Franck, que recentemente engravidei a sra. McCormick, livrei-me do bebê e recebi um milhão para tanto (ref. Dr. F. & Dr. M. em Z.), que na sede do

---

[1] Jung para Margaret Flenniken, 20 de junho de 1930, JP, original em inglês.
[2] "Religião e Psicologia", OC 18, § 1500, trad. mod.

Clube convido mocinhas bonitas para serem estagiárias e a sra. McCormick se servir delas para fins homossexuais, que mando os rapazes para montarem no hotel, portanto, grandes recompensas, que sou um judeu careca (ref. Dr. Stier, em Rapperswyl), que estou tendo um caso com a sra. Oczaret, que fiquei louco (ref. Dr. M. em Z.), que sou um vigarista (ref. Dr. St. em Z.), e por fim mas não em último, que o Dr. Picht é meu assistente. O que se pode fazer? De que modo eu deveria comportar-me para que esses boatos se tornassem impossíveis? Sou grato por seus conselhos. Como você vê, não é nada bom o prognóstico da análise! Simplesmente não se deve levar sozinho adiante uma empreitada tão pouco atraente, se não se quiser sofrer danos.[3]

Após décadas de construção do mito, uma indagação se torna ainda mais insistente: quem foi C. G. Jung?

Certa vez, quando lhe perguntaram quem era, Miles Davis respondeu que havia mudado o rumo da música várias vezes em sua vida (1990, 371). Algo parecido pode ser dito de Jung. Como psiquiatra, ele teve um papel crucial na formação do conceito moderno da esquizofrenia, e na concepção de que as psicoses têm uma origem psicológica, tornando-se, portanto, tratáveis pela psicoterapia. Enquanto durou sua associação com Freud, foi o principal arquiteto do movimento psicanalítico, inaugurando o rito da análise didática que se tornou a forma predominante de treinamento da psicoterapia moderna. Sua formulação dos tipos psicológicos, introvertidos e extrovertidos, e suas numerosas subdivisões geraram uma incontável quantidade de questionários. Sua atenção à constante relevância dos mitos serviu de incentivo ao renascimento dos temas míticos. Seu interesse pelo pensamento oriental foi o precursor da orientalização pós-colonial do Ocidente. Dedicado a reconciliar a ciência e a religião por meio da psicologia, seu trabalho tem-se deparado com infindáveis controvérsias a cada etapa do caminho. Ao lado da disciplina intitulada psicologia junguiana e de institutos, sociedades, clubes e associações que continuam ostentando seu nome, existe uma sólida contracultura que o considera seu fundador – e o impacto de sua obra na cultura oficial do Ocidente no século XX tem-se mostrado muito maior do que se reconheceu até aqui.

O trabalho de Freud e Jung tem sido, em grande medida, assimilado pelo público em geral. Para muitas pessoas, seus nomes são os primeiros que vêm à mente quando alguém pensa em psicologia. Ambos se tornaram ícones do "psicólogo". Seus nomes se tornaram sinônimos de psicologia. Como as bonequinhas russas, ocultam muitas figuras esquecidas em seu interior. Freud e Jung se tornaram os representantes de debates que vêm sendo travados há muitos anos, sobre a história intelectual da Europa e as transformações vividas pelas sociedades ocidentais, desde o final do século XIX até o presente. A diversidade de posições atribuída a

---

[3] 9 de outubro de 1916, documentos de Maeder.

ambos, se essas formulações pudessem ser reunidas num pensamento coletivo, resultariam em algo muito próximo da totalidade do espectro das ideias modernas.

A figura de "Jung" se situa na interface da psicologia acadêmica com a psiquiatria, a psicoterapia, a psicologia popular e as psicologias da Nova Era. O surgimento dessas disciplinas e movimentos é um dos acontecimentos decisivos da sociedade ocidental no século XX. E talvez seja seu legado mais intrigante. A formação da psicologia e da psicoterapia modernas aconteceu durante uma época de grandes revoluções no pensamento e na cultura ocidentais, de cuja tessitura ambas participaram íntima e profundamente. Por esse motivo, a reconstrução das duas disciplinas é um elemento essencial à compreensão do desenvolvimento das sociedades ocidentais contemporâneas e de nosso momento presente.

Desde as alas psiquiátricas nos hospitais até os púlpitos nas igrejas, dos anfiteatros universitários aos programas de entrevistas na televisão, dos tribunais aos tabloides, das celas às salas de aula, a psicologia está hoje firmemente estabelecida, e vem operando transformações de longo alcance e profundidade tanto na vida civil como na mais íntima percepção de cada indivíduo a seu próprio respeito. Agora que segmentos tão largos da realidade social e do "senso comum" mostram-se permeados pela psicologia, as ideias psicológicas se tornaram naturais e assumiram o caráter de certezas imediatas e indubitáveis. Acabaram tornando-se referências por intermédio das quais julgar as pessoas de outros tempos e de outras sociedades. Para podermos nos colocar a uma distância ideal e refletir sobre a instalação da psicologia na vida contemporânea, torna-se essencial um levantamento histórico dessas mudanças sem precedentes.

Por volta de 1938, o próprio Jung comentava sobre o impacto social da psicologia nos seguintes termos: "Uma discussão incessante e ilimitada sobre a psicologia vem inundando o mundo nos últimos 20 anos, mas ainda não produziu uma melhora visível das atitudes e perspectivas psicológicas".[4] Tanto leigos como cientistas "ficaram extasiados com o exuberante aparecimento de tantos paradigmas teóricos, e atordoados com o labirinto de propostas desequilibradas" (*ibid.*). A história da psicologia pode oferecer um modo de se entrar, e um modo de sair, desse labirinto de confusões.

O advento da nova psicologia

"Deve-se ser absolutamente moderno."
(Arthur Rimbaud, *A Season in Hell*, 1873)

"Parece que hoje todo o mundo está publicando uma Psicologia", escreveu William James em 1893 para seu amigo e colega psicólogo, Théodore Flour-

---

[4] Prefácio à proposta de uma edição em inglês da obra de Tina Keller's, *L'Âme et les Nerfs* [*A alma e os nervos*] (JP). Original em inglês.

noy.⁵ Brotavam de todo lado manuais, princípios, esboços, introduções, compêndios e almanaques de psicologia. Periódicos, laboratórios, cátedras, cursos, sociedades, associações e institutos de psicologia eram fundados a rodo. Uma verdadeira horda de testemunhas foi chamada e interrogada: o louco, o primitivo, o gênio, o degenerado, o imbecil, o normal, o bebê, e, por fim, mas não em último, o rato branco. Novos personagens entraram socialmente em cena: o esquizofrênico, o narcisista, o maníaco-depressivo, o anal-retentivo, o oral--sádico, e todos os "vertidos" – invertidos, pervertidos, introvertidos, extrovertidos. Mas o que denotava tanta fermentação?

Por volta do final do século XIX, muitos personagens ocidentais tentaram estabelecer uma psicologia científica independente da filosofia, teologia, biologia, antropologia, literatura, medicina e neurologia, ao mesmo tempo em que absorvia seus tradicionais objetos de estudo. A própria possibilidade de existência para a psicologia estava numa bem-sucedida negociação nesses entroncamentos de disciplinas. A maior parte das questões que os psicólogos se propunham estudar já havia sido apresentada e debatida pelas outras disciplinas. Eles tiveram de arregimentar seus sujeitos nas reservas dos demais especialistas. Assumindo o *status* de ciência, esperava-se da psicologia que fosse capaz de solucionar aquelas questões que vinham desafiando os pensadores há séculos, e enfim substituir a superstição, a sabedoria folclórica e a especulação metafísica pelas regras de leis universais.

Em 1892, Flournoy recebeu a cadeira de psicologia na Universidade de Genebra. Essa foi a primeira cadeira de psicologia numa Faculdade de ciências, e não de filosofia. Em 1896, ao refletir retrospectivamente sobre o significado desse acontecimento, Flournoy disse:

> O governo de Genebra reconheceu implicitamente (talvez sem o saber) a existência da psicologia como uma ciência separada e independente de todos os sistemas filosóficos, com o mesmo *status* da física, da botânica ou da astronomia... Tem-se, assim, o direito de considerar que está historicamente concluído, com a mesma autorização e alta consagração do poder político, o longo processo por meio do qual o estudo da alma se constituiu pouco a pouco a sua própria maneira, libertando-se do tronco geral da filosofia, para se estabelecer como uma ciência positiva. Quanto a se saber até que ponto a psicologia contemporânea faz justiça a esta declaração de maioridade, e efetivamente conseguiu livrar-se de todas as espécies de tutela metafísica, é uma outra questão. Pois aqui, tal como em qualquer outra parte, o ideal não deve ser confundido com a realidade. (1)

Este estudo foi desenvolvido dentro do âmbito dos comentários finais de Flournoy. Os proponentes da nova psicologia proclamaram uma ruptura radical com to-

---

⁵ 31 de dezembro de 1893, ed. Le Clair, 31.

das as formas anteriores de entendimento do fator humano. Os fundamentos da psicologia moderna eram considerados nada menos do que o ato final e mais decisivo de conclusão da revolução científica. Não só comunicava sua retórica como informava também sua missão e propósito. Quer tenha sido realmente alcançada ou não, a noção de uma ruptura absoluta com o passado tornou-se um elemento vital no autoconceito dos psicólogos, e no modo como formataram seus trabalhos.

A declaração comemorativa de Flournoy expressa um sentimento bastante difundido entre os psicólogos, na década de 1890. Em 1892, refletindo sobre o "progresso" da psicologia, William James escreveu:

> Assim, quando falamos da "psicologia como uma ciência natural", não devemos presumir que isso signifique aquela espécie de psicologia que, finalmente, se assenta em solo firme. Significa justamente o oposto: trata-se de uma psicologia especialmente frágil, em cujo bojo as águas da crítica metafísica vazam em cada junção... é verdadeiramente muito estranho ouvir as pessoas falando de maneira triunfal sobre a "Nova Psicologia", e escrevendo "Histórias da Psicologia", quando sequer existe o menor vislumbre de clareza e introvisão nos componentes e forças reais abrangidos pelo termo. Uma fieira de fatos em bruto, uma dose de intrigas e conjecturas opiniáticas, um pouco de classificação e generalização em campo meramente descritivo; o acentuado preconceito sobre termos estados mentais e nosso cérebro os condicionar; mas nem uma única lei no sentido em que os físicos nos expõem suas leis, nem uma única proposição a partir da qual possam ser deduzidas consequências causais. Não sabemos sequer os termos com os quais as leis elementares seriam formuladas, caso as tivéssemos. Isto não é uma ciência; no máximo, uma esperança de ciência... No momento atual, então, a psicologia se encontra nas mesmas condições que a física antes de Galileu e as leis do movimento, ou a química antes de Lavoisier e a noção de que, em todas as reações, ocorre a conservação da massa. O Galileu e o Lavoisier da psicologia serão homens realmente famosos, quando surgirem, pois é certo que um dia isso acontecerá (468).

É discutível que nas décadas seguintes tenha ocorrido essa espécie de progresso; é controverso se, nos termos de Flournoy, a distância entre o ideal e o real foi efetivamente encurtada, ou se foram realizadas a contento as separações fundamentais entre a psicologia e os campos da teologia, filosofia, literatura, antropologia, biologia, medicina e neurologia. Pode-se questionar ainda se a psicologia, hoje, está realmente em melhor estado do que em 1890, na época em que James a avalia como uma coleção de intrigas, conjecturas opiniáticas, preconceitos e assim por diante. Entretanto, a frequência com que os psicólogos foram comparados (ou se compararam) a Galileu, Lavoisier e Darwin aumentou de forma dramática.[6]

---

[6] Em 1958, Alasdair McIntyre observou que "os físicos pré-newtonianos tinham, no entanto, comparados aos psicólogos experimentais contemporâneos, a vantagem de não saber que estavam esperando por Newton". Para ele, a situação na psicologia era semelhante a estar "esperando por um Godot teórico", 2.

Os comentários de Flournoy e James indicam as perspectivas e os problemas da "nova" psicologia. Desde o princípio, os psicólogos tentaram copiar a forma e a formação de ciências já estabelecidas e prestigiadas, como a física e a química. Essa imitação – ou estimulação – assumiu vários formatos. Nesse esforço era central a concepção de que a psicologia também deveria ser uma disciplina unitária. Não obstante, muito depressa a proliferação de psicologias de variados estilos demonstrou que havia muito pouco consenso quanto ao que poderiam ser considerados os métodos e objetivos da psicologia.

Em 1900, o psicólogo berlinense William Stern fez um levantamento da nova psicologia. Afora a tendência empírica e o uso de métodos experimentais, ele pouco constatou em termos de traços comuns. Havia diversos laboratórios com pesquisadores trabalhando em problemas específicos, assim como muitos manuais, mas eram todas iniciativas marcadas por um particularismo onipresente. Ele afirmou que o mapa psicológico daquele tempo era tão colorido e demarcado quanto o da Alemanha na época dos pequenos Estados, e que os psicólogos

> frequentemente falam línguas diferentes, e os retratos da psique que eles esboçam são pintados com cores tão diversificadas e em pinceladas de teor e estilo tão acentuadamente diferentes que muitas vezes se torna difícil reconhecer a identidade do objeto representado (Stern, 1900b, 415).

A psicologia se via diante de uma enormidade de questões fundamentais por resolver. Stern conclui: "Em suma, há muitas novas psicologias, mas ainda não a nova psicologia" (*ibid.*). A cada ano, a desunião da psicologia aumentava exponencialmente. É curioso pensar que imagens Stern escolheria hoje para ilustrar a situação da psicologia.

A profusão de definições rivais da psicologia era de tal ordem que, em torno de 1905, o psicólogo francês Alfred Binet produziu uma tipologia das definições da psicologia (175). As variedades de psicologias já se haviam tornado um tema de reflexão para os psicólogos. Ele dizia que a multiplicidade de definições que haviam sido geradas apontava para sua própria insuficiência. O único elemento em comum a todas as diferentes definições era que, afinal, cada uma delas terminava designando pelo mesmo nome – psicologia – o que era considerado um novo campo do saber. A multiplicidade das definições de psicologia também acarretava uma multiplicidade correspondente de concepções da psicologia como ciência. Em última análise, o único denominador comum era a suposição geral de que, no campo da psicologia, cabia aos próprios psicólogos determinar os critérios para o *status* científico de sua disciplina.

A distância flagrante entre a desunião da psicologia e seu pretenso *status* de ciência unitária abriu caminho a uma tentativa grandiosa de retificação de tal contradição, mediante o estabelecimento de uma linguagem comum para a psicologia. Essa iniciativa ocorreu no Congresso Internacional de Psicologia

Experimental, realizado em Genebra em 1909, sob a presidência de Flournoy. Na circular preliminar, os organizadores do evento propunham que a psicologia atingisse agora um ponto em seu desenvolvimento, que era comum a todas as ciências, ou seja, o momento em que se tornava necessário unificar as concepções terminológicas e os procedimentos técnicos (ed. Claparède, 1910, 6). Foi dedicada uma sessão a esse fim. O psicólogo suíço Edouard Claparède abriu essa sessão observando que na psicologia reinava uma grande confusão quanto ao uso dos termos. Parte dessa confusão advinha das discórdias relativas à existência, natureza e origem de determinados processos. Mas, segundo ele, a maior parte da confusão era causada pela ausência de uma nomenclatura adequada. Com isso, muitas divergências tidas como doutrinárias viram-se reduzidas a divergências de palavras. Para consertar essa situação, Claparède e o psicólogo americano James Mark Baldwin apresentaram algumas sugestões sobre como os psicólogos poderiam chegar a um acordo quanto a uma linguagem comum, depois de concordarem quanto a um conjunto de regras e procedimentos para a adoção de novos termos técnicos (ed. Claparède, 1910, 480-1). Depois disso, René de Saussure argumentou que esse processo de unificação, em última análise, levaria à criação de uma linguagem internacional. Contudo, já existia uma opção para isso, na linguagem do esperanto, que naquele congresso era reconhecida como língua oficial (ed. Claparède, 1910, 484). Na segunda metade do século XIX, haviam sido criadas numerosas línguas internacionais subsidiárias. O esperanto tinha sido apresentado pela primeira vez, em 1887, pelo russo Ledger Ludwik Zamenhof, e chamara muita atenção. Auguste Forel, Rudolf Carnap e Bertrand Russell foram alguns dos que se interessaram muito por essa língua. Associações para a difusão do esperanto foram criadas nas maiores cidades, foram numerosas as conferências dedicadas ao tema, e as principais obras da literatura foram traduzidas para esse idioma. De Saussure defendeu a noção de que o esperanto poderia servir a todas as ciências como língua internacional, e que, no caso da psicologia em especial, poderia formar a base de suas comparações e de sua unificação. Ele também acrescentou rapidamente que não antevia a substituição dos idiomas individuais, e sim, apenas, a criação de um meio complementar de intercompreensão. Simplesmente sabendo a própria língua materna e esperanto, todos seriam capazes de se comunicar com todos. Claparède, Baldwin e de Saussure estavam propondo uma reforma da psicologia baseada numa retificação de sua linguagem.

Seguiu-se um acalorado debate, no qual uma parte dos congressistas se expressou em esperanto. A discórdia mais pronunciada era a respeito de como essa unificação seria alcançada. Essas discussões revelam a profunda convicção em vigor naquele tempo de que a psicologia, enquanto ciência, deveria funcionar como os psicólogos imaginavam que as demais ciências funcionavam. Assim como a química, ela deveria ter sua própria tabela periódica. Esse projeto foi um fracasso total. A discussão já havia sido marcada por referências à torre de Babel. Longe de uma unificação da linguagem psicológica, o que aconteceu foi a proliferação incomensurável de dialetos, idiomas e idiotices linguísticas. As relações entre as escolas e as linhas da psicologia tornaram-se tão aguerridas e belicosas que a mera menção de alguma colaboração para unificar a terminologia era motivo de riso, para nem se falar da crescente impossibilidade de se realizar tal tarefa. A ligação com o esperanto dá uma ideia da espécie de esperança que se alimentava com respeito à psicologia: a esperança de que ela se tornasse uma linguagem internacional de apoio, permitindo um nível sem precedentes de comunicação e entendimento recíproco, entre os psicólogos e, em última análise, com o público em geral. Será que o sonho de uma disciplina unitária da psicologia, contando com a cooperação e a colaboração de tantos colegas, era tão utópico quanto a promoção e a adoção do esperanto? Entre os próprios psicólogos tinham se tornado alta prioridade, além da glossolalia, suas linguagens particulares.

O fato de o termo "psicologia" ser usado no singular não deve levar a pessoa a se equivocar e concluir que tenha sido realizada a contento a fundação de uma disciplina unitária. Ou que exista na "psicologia" uma essência capaz de abranger as várias definições, metodologias, práticas, visões de mundo e instituições que aplicam essa mesma designação.[7] Em vez disso, é mais uma demonstração da maciça importância atribuída pelos psicólogos a serem vistos como um grupo que fala da mesma coisa.[8] Como Edmund Husserl notou, "a história da psicologia é, na realidade, somente uma história de crises" (1937, 203). A contínua referência à psicologia no singular, mesmo com tantas cisões e subdivisões em tendências e escolas, é um exemplo do que Kurt Danziger apropriadamente chamou de "unificação pela nomenclatura". Como acabamos de ver, é o que Claparède e Baldwin haviam proposto explicitamente de forma programática. Embora o projeto tivesse sido um fracasso, o processo da unificação pela denominação teve um papel crítico na psicologia do século XX – não ao apresentar o ideal de um significado único e a possibilidade de uma tradução e de uma comunicação eficientes, mas ao tentar minimizar e encobrir as incomensurabilidades e dissensões que se multiplicavam. Isso foi importante não só em âmbito conceitual, com a promoção de termos como aprendizagem estímulo-resposta ou inconsciente, por meio dos quais os psicólogos buscaram reunir a totalidade da experiência humana sob a égide de um

---

[7] No texto que segue, continuarei referindo-me à "psicologia", fiel à linha adotada pelos protagonistas da história. Entretanto, não se entenda com isso que o termo pressuponha uma unidade ou essência.

[8] Admitindo a verdade da situação, o psicólogo americano Sigmund Koch propôs que a designação no singular, "psicologia", seja abandonada e substituída pela expressão "estudos psicológicos", alegando que a psicologia nunca foi, nem poderia ser, uma disciplina única e coerente (1993). Ele diz: "Os estudos psicológicos, em princípio, devem abranger muitas comunidades linguísticas que se expressam em linguagens idiossincráticas e basicamente incomensuráveis" (1975, 481). Agradeço a Eugene Taylor ter-me chamado a atenção para esse artigo.

só conceito chave universal, mas também na própria constituição do campo em si. Danziger sugere que um efeito do conceito da psicologia no singular foi ele ter promovido a causa da profissionalização, ao implicar que as linhas de orientação prática estavam coligadas a uma disciplina científica. Essa rede de vinculações, por sua parte, implicava que até as pesquisas mais abstrusas tinham um significado prático (1997, 84, 133). Além disso, ao conferir a essa disciplina um perfil próprio, por mais que se visse crivado por conflitos, o processo da unificação pela nomenclatura mascarou a anarquia epistemológica que prevalecia no seio da psicologia. O fracionamento crescente desse campo do saber foi, em parte, consequência do fato de a psicologia nunca ter sido uma coisa só. Em vez disso, seu nome passou a ser usado para designar um conglomerado de diversas práticas e conceitos, em diferentes domínios.

Já nos anos 1920 e 1930, profissionais de respeito, que haviam participado da fundação da psicologia, expressavam graves dúvidas quanto ao progresso dessa ciência. Em 1921, Stanley Hall observou que havia um consenso cada vez maior entre "os competentes" de que a condição da psicologia era insatisfatória e que sua promessa inaugural não havia sido cumprida. Sobretudo, ele achava que o estado da psicologia provavelmente iria ser ainda pior (9). De acordo com Hall,

> Nunca na história das ciências aconteceu um estágio, em qualquer uma delas (com a possível exceção da sociologia; se é que esta pode ser chamada de ciência), no qual, ao lado de um alto volume de atividades, tenha havido tal diversidade de objetivos, tal tensão entre grupos e tamanha insistência da parte de um grupo em ignorar o que para outro círculo de estudiosos é seu assunto cardinal; por exemplo, os psicanalistas e os introspeccionistas (477).

Na opinião de Hall, o que o mundo precisava era um "Platão psicológico", para resolver essa situação.

Um aspecto adicional do autoconceito da psicologia como ciência é a lenda de sua evolução, a crença axiomática de que – diferentemente da compreensão da condição humana praticada, por exemplo, pela literatura – a psicologia passa por um processo de desenvolvimento. Como consequência, é uma crença generalizada a de que estamos hoje mais bem equipados de teorias do que estivemos antes, em virtude de algum mal-esboçado processo de seleção natural. A lenda dessa evolução, que vigora sem o crivo de qualquer exame, conferiu um aspecto normativo ao uso dos conceitos psicológicos ocidentais contemporâneos, e levou a um distanciamento implícito das formas de entendimento psicológico presentes em outras culturas. Além disso, essa lenda obscurece a extensão na qual determinadas psicologias se tornaram dominantes por intermédio de eventos historicamente contingentes e, ainda, por intermédio de uma releitura da história.

Torna-se necessário diferenciar aqui, uns dos outros, os diversos projetos teóricos para fundar uma psicologia científica, e as psicologias como formações sociais. Estas últimas designam as disciplinas, práticas e efeitos decorrentes. Os projetos para fundar a psicologia tiveram um importante papel na legitimação das formações sociais. Está claro que as dificuldades teóricas que permearam os projetos para uma psicologia não impediram o aparecimento e o "sucesso" das psicologias como formações sociais. Longe disso. Como Nikolas Rose observou, foi precisamente a ausência de uma homogeneidade e de um paradigma único que permitiu a ampla disseminação social das psicologias. Elas mesmas se prestaram a toda uma variedade de aplicações, numa diversidade de situações. Quaisquer que fossem os propósitos pretendidos, de lavagem cerebral à liberação sexual, havia uma psicologia oferecendo-se como algo idealmente adequado à tarefa (1996, 60).

Os problemas levantados pelo "desejo de ciência" da psicologia não podem ser resolvidos, como tentaram fazer alguns, simplesmente abandonando-se a rubrica de ciência e declarando a psicologia como uma arte ou hermenêutica. A questão crítica não é certa disciplina intitular-se ciência ou não, mas sim a natureza de suas práticas e instituições. Tanto é assim que, hoje, podemos constatar nos estudos científicos que a questão da demarcação entre a suposta ciência e a suposta não ciência é, cada vez mais, uma não questão. Esse fato é consequência de uma constatação progressiva de que a ciência, com "C" maiúsculo, nunca existiu; em outras palavras, não existe uma essência atemporal no que se poderia rotular de método científico.[9]

A significação do período compreendido entre as décadas de 1870 e 1930 é que as principais formas teóricas e disciplinares da psicologia e da psicoterapia modernas foram estabelecidas nessa época. A partir daí, tem-se registrado um maciço crescimento na produção da literatura psicológica, na população dos psicólogos e na dos consumidores do conhecimento psicológico. Os psicólogos têm demonstrado sua inventividade em localizar audiências e mercados sempre novos para seu saber. Tem-se registrado uma aceleração no ritmo de propagação das novas psicologias, sem sinais até agora de alguma desaceleração. Um dos títulos mais comuns em livros de psicologia, neste século, é "A nova psicologia de...". Uma questão inteiramente à parte, contudo, é se a quantidade das verdadeiras inovações corresponde de fato à maciça expansão das psicologias.

Ao mesmo tempo, apesar desse crescimento maciço, têm havido poucas mudanças nas formas disciplinares e nos métodos das psicologias e psicoterapias. A experimentação continua dominando a psicologia acadêmica, e o divã continua servindo de esteio à psicanálise. Ao nos deparar hoje com a psicologia, temos algumas opções a nossa disposição. Podemos tentar simplesmente ignorá-la, embora esteja se tornando cada vez mais difícil fazer isso. Ou, ao contrário, podemos desenvolver um ativo interesse por ela, instalar-nos em uma das escolas de psicologia já existentes, talvez adotar uma postura ecléti-

---

[9] Para trabalhos recentes sobre estudos científicos, ver Golinski, 1998, e Latour, 1993.

ca, ou mesmo formar uma escola só nossa. A maioria das reações à psicologia cai numa dessas categorias. Entretanto, existe uma outra possibilidade: a de estudar o próprio processo de construção da psicologia, pois o alcance desse fenômeno na vida contemporânea vem cada vez mais pressionando por uma explicação.

Uma grande dificuldade na avaliação da psicologia e psicoterapia do século XX é o fato de suas próprias concepções do sujeito humano terem, em parte, transformado esse mesmo sujeito que se dispõem a explicar. Suas categorias interpretativas vêm sendo adotadas em larga escala pelas comunidades e subculturas, e deram origem a novas formas de vida. Se existe uma coisa que a psicologia e a psicoterapia demonstraram, no século XX, é a maleabilidade dos indivíduos, que têm se mostrado dispostos a adotar os conceitos psicológicos para enxergar sua vida (e a dos outros) como uma malha de reflexos condicionados, ou um desejo de matar o próprio pai e dormir com a própria mãe, ou uma psicomaquia entre o seio bom e o seio mau, ou um desfile de *alter ego* dissociados, ou a busca da autorrealização através de experiências de êxtase, ou uma série de piruetas entre as dimensões simbólica, imaginária e real. Ainda está por ser realizado um estudo comparativo dessas variedades de experiências psicológicas. O que importa notar é que a formação das diferentes escolas de psicologia e psicoterapia, com suas linguagens e dialetos especiais, levou ao surgimento de arquipélagos de comunidades e subculturas rivais. Qualquer que seja o *status* das entidades, processos e estruturas propostos, está claro que estes se tornaram os pressupostos indiscutíveis de grupos cada vez maiores de pessoas. A "realidade psíquica" é, por excelência, o real fabricado.[10] Isso não é senão levar um pouco mais adiante os comentários de William James sobre o estado de transe, quando dizia que sua "propriedade" mais notável era a capacidade de se apresentar de acordo com qualquer teoria proposta para explicá-lo.[11]

Um aspecto distintivo da psicologia e da psicoterapia modernas é sua identidade peculiarmente histórica. A psicanálise contemporânea e a psicologia junguiana remontam-se a Freud e Jung de uma maneira muito diferente da de outras disciplinas. As linhagens históricas e as genealogias têm funcionado como importante meio de legitimação e autorização para os profissionais do momento, enquanto as narrativas propriamente ditas seguem sem o devido exame. O historiador vê-se diante do espetáculo incomum de textos do final do século XIX e início do século XX sendo transpostos e traduzidos em novos contextos, e usados como base para várias práticas. Ao mesmo tempo, os nomes de Freud e Jung são invocados regularmente como máscaras para

---

[10] Para comentários sobre a constituição do real fabricado, ver Borch-Jacobsen, 1997, e Latour, 1996. Ver também Goodman, 1978.
[11] 1890, I, 601. A esse respeito, ver Shamdasani, a ser publicado em breve. Como disse Nietzsche, "Basta criar novos nomes, estimativas e probabilidades para, no longo prazo, criar 'coisas' novas", 1887, § 58.

concepções e práticas que não têm uma conexão inerente ou necessária com o trabalho que ambos realizaram. Surgiu uma nova escolástica e os nomes desses dois autores são usados para assinar e ratificar uma série infindável de cheques teóricos em branco.

Jung sem Freud

Tanto na percepção popular como no campo da história, o nome de Jung está tão intimamente vinculado ao de Freud que é difícil até mesmo se pensar em Jung sem Freud. Nas histórias da psiquiatria, psicologia e psicanálise, a psicologia de Jung é geralmente classificada como fruto da psicanálise, como uma dentre uma miríade de escolas neopsicanalíticas.[12] Repetindo Henri Ellenberger, enquanto existe uma copiosa produção de obras críticas discutindo a "Lenda Freudiana", nada comparável foi realizado até agora sobre o que pode ser denominado a "Lenda Junguiana", segundo a qual Jung seria descrito como o rebelde herético da psicanálise que, percebendo as deficiências desse sistema, rompeu com ele para formar sua própria escola, baseando-se em suas "descobertas". Em geral, as avaliações de Jung têm adotado essa perspectiva, diferindo apenas em seu modo de apresentar a visão de seu afastamento em relação à psicanálise, ou sua expulsão do paraíso, ou seu retorno a um estado mais próximo da sanidade.

Acompanhando a lógica dessa abordagem, seria de se supor que, sendo a psicologia de Jung supostamente uma decorrência da psicanálise, a erudição revisionista sobre as origens da psicanálise, secundada por um exame minucioso da ruptura entre Freud e Jung, deveria ser suficiente para explicar a genealogia da psicologia complexa. Desde a publicação, em 1974, das cartas trocadas entre ambos ("aquela maldita correspondência", nos termos de Jung),[13] essa vem sendo a perspectiva geralmente adotada. Em toda a vasta publicação de estudos sobre a relação Freud-Jung, os comentaristas têm em geral concordado a respeito de um aspecto: o período em questão assinalou uma época crucial no desenvolvimento institucional e teórico da psicanálise, e do que futuramente se iria tornar a psicologia complexa. Com poucas exceções,[14] esses trabalhos

---

[12] Para citar apenas dois dos primeiros locais em que essa noção é ventilada, em *Contemporary Schools of Psychology*, Robert Woodworth classificava a psicologia analítica de Jung junto com a psicologia individual de Alfred Adler como "modificações da psicanálise" (1931, 172-192). No capítulo sobre Jung em *An Outline of Abnormal Psychology*, William McDougall cita: "Em certa época, o Dr. C. G. Jung foi considerado o mais influente seguidor do Prof. Freud... Mas, como alguns outros dos mais influentes seguidores de Freud, entre os quais os drs. Alfred Adler e W. Stekel, ele achou cada vez mais impossível aceitar em sua totalidade o sistema freudiano e seus ensinamentos então divergiram acentuadamente dos de Freud" (1926, 188).
[13] Carta para anônimo, 9 de abril de 1959, citada em *Cartas* I, 19.
[14] Notadamente Haule, 1985, e Witzig, 1982.

têm uniformemente sofrido de um enquadramento centrado em Freud, a partir do qual entendem a gênese da psicologia complexa.

Durante boa parte do século XX, foi tido como certo que Freud havia descoberto o inconsciente, que fora o primeiro a estudar cientificamente os sonhos e a sexualidade, e a revelar seus significados psicológicos para um público estarrecido, e que fora ele o inventor da psicoterapia moderna. Além disso, insistiram os estudiosos em afirmar que essas descobertas e inovações baseavam-se em sua autoanálise e na análise de seus pacientes.

Henri Ellenberger criou a expressão "lenda freudiana" e demonstrou que essas alegações tinham menos a ver com a realidade dos fatos históricos e mais com o modo como os próprios freudianos reescreveram a história a seu favor.[15] A partir daí, essas alegações vêm há décadas sendo objeto de avaliações críticas. Os historiadores têm recontextualizado as "origens da psicanálise" no âmbito dos desenvolvimentos do século XIX registrados na neurologia, na psiquiatria, na biologia, na psicoterapia e nas áreas correlatas. Embora ainda haja muita controvérsia em torno dessas questões, fica claro, apesar de tudo, que a maior parte das alegações sobre a originalidade de Freud não tem fundamento. Ao mesmo tempo, a posição de Jung como uma derivação da psicanálise não foi ainda questionada a sério. A adequação de uma visão centrada em Freud para explicar o surgimento da psicologia complexa é assumida como evidente por si. Isso significa nada menos que uma completa distorção da posição de Jung e de sua psicologia complexa dentro da história intelectual do século XX.[16]

A lenda freudiana tem mistificado a formação da psicoterapia moderna e das psicologias do inconsciente. Na realidade, os termos "Freud" e "Jung" terminaram inclusive tornando-se signos sistêmicos que, inadvertidamente, se referem a várias décadas críticas de debates, no âmbito do moderno pensamento europeu. Enquanto isso, muitos protagonistas e aspectos decisivos foram completamente esquecidos, o que levou à curiosa situação atual em que somos confrontados com "respostas" sem as "perguntas" a que, supostamente, estariam ligadas. Por sua vez, essas respostas vêm sendo consideradas fórmulas para aplicação imediata, descobertas em si mesmas, cuja função e formato originais se perderam com o tempo.

Psicologia complexa

Como se deveria, então, estudar a psicologia de Jung? Para responder a essa indagação, é preciso considerar primeiro a formação da psicologia mo-

---

[15] Ellenberger, 1970, 1993. A este respeito, ver também Sulloway, 1979, e Borch-Jacobsen e Shamdasani, 2002.
[16] A respeito da gênese dessa lenda, ver Shamdasani, 1996. Eugene Taylor apresentou um argumento paralelo e complementar, baseado principalmente em trabalhos anteriores de sua e minha autoria (1996b).

derna, e também esclarecer o que ele pretendia que fosse a sua psicologia. A disciplina chamada atualmente psicologia junguiana, tida como uma escola de psicoterapia que se diz descender de Jung, obscurece a questão do que era exatamente a meta original de Jung, pois se presume em geral que seja o que constitui a disciplina que leva seu nome. Aqui é importante não confundir a profissão atual com a disciplina que ele mesmo tentou fundar.[17] Para início de conversa, não utiliza sequer a designação que ele havia escolhido.

Embora inicialmente Jung tivesse usado a expressão "psicologia analítica" para designar sua psicologia, na década de 1930 ele a rebatizou de "psicologia complexa". No volume comemorativo pelo sexagésimo aniversário de Jung, *O significado cultural da psicologia complexa*, Toni Wolff observou que, nos últimos tempos, ele passara a se referir a sua psicologia como psicologia complexa, especialmente ao abordá-la do ponto de vista teórico. Em contrapartida, ela comentou que a expressão "psicologia analítica" era apropriada quando aplicada aos métodos práticos da análise psicológica (1936, 7). Dessa forma, a mudança terminológica não era só estilística; assinalava também uma mudança de ênfase, da análise prática para a psicologia geral. Em 1954, Jung escreveu: "Psicologia complexa significa a psicologia das 'complexidades', ou seja, dos sistemas psíquicos complexos em contraposição a fatores relativamente elementares".[18] C. A. Meier sugeriu que, comparando-se com a psicologia "analítica", a psicologia "dos complexos" tinha o valor de ser menos restrita às associações patológicas do consultório (1984, xi). Entretanto, com raras exceções, essa expressão não foi adotada pelos seguidores de Jung. Uma das razões para essa atitude foi ela nunca ter sido adotada na comunidade de língua inglesa, que se tornou o setor mais influente para o desenvolvimento da psicologia junguiana, depois da Segunda Guerra Mundial.[19]

Essa surpreendente desconsideração pelo nome escolhido por Jung para sua disciplina é, em si, um indício da separação entre Jung e a psicologia junguinana. Além disso, também indica uma mudança crucial de ênfase para uma direção oposta, da psicologia geral para a análise prática. Atualmente, a psicologia analítica é em grande medida uma disciplina psicoterapêutica profissional, envolvida numa relação problemática com o amplo público leigo leitor

---

[17] John Peck recorreu à história de Herman Melville *The Confidence Man* como analogia para o modo como alguns junguianos nos Estados Unidos reembalaram e rotularam o trabalho de Jung (ou, conforme o caso, apresentaram seus próprios sistemas como se fosse o trabalho de Jung), 1995. Esse processo está longe de ter-se limitado aos EUA. Ver o capítulo de Wolfgang Giegerich. "Jungians: Immunity to the notion and the forfeit heritage" [Junguianos: imunidade à noção e herança contaminada], em Giegerich, 1998.

[18] Anotações de Jung à margem do texto de Calvin Hall, "Jung's analytical theory", CLM, 12; original em inglês.

[19] Há 13 lugares nas *Obras completas* de Jung em que a expressão "Komplexe Psychologie" foi ou traduzida como psicologia analítica, ou simplesmente omitida. Neste trabalho, adotei ao longo de todo o texto a terminologia do próprio Jung.

de Jung. A tentativa que ele fez de estabelecer uma psicologia geral ficou em segundo plano, embora continue viva nos bastidores, desempenhando seu legítimo papel. Em diversas oportunidades, Jung também se expressou de forma muito crítica a respeito de seus seguidores, como por exemplo nesta afirmação: "São muitos os alunos que fabricaram bobagens de toda espécie a partir do que tiraram de mim".[20]

A história da psicologia analítica consiste em como a linguagem que Jung desenvolveu foi reformulada e utilizada para fins variados, pelos que o cercavam. Esse processo de ressignificação foi central ao desenvolvimento dessa disciplina. Em muitos casos, os termos de Jung chegaram a significar coisas radicalmente diferentes. Nesse processo, muitas questões e fenômenos com que ele estava trabalhando – como os que foram retomados neste volume – foram simplesmente esquecidos ou deixados de lado. Ocorreu uma proliferação de silenciosas releituras que, sem qualquer unicidade, se propõem como representações das teorias de Jung, ou suas fiéis elaborações. Em muitos casos, seus conceitos inéditos são simplesmente usados como sinalizadores de uma identidade profissional. Foram removidos das questões e contextos nos quais foram originalmente empregados. Por consequência, tornaram-se revestidos de uma extrema plasticidade. Com isso, abriu-se um território ilimitado para reinvenções de Jung. Continua-se falando no singular da "psicologia analítica". Dentro de uma perspectiva descritiva, seria mais preciso, hoje, falar de um arquipélago de psicologias junguianas díspares, que basicamente pouco têm a ver umas com as outras ou, inclusive, até com Jung. Tornou-se um anacronismo continuar fazendo referência à psicologia junguiana no singular – mesmo que a subdividindo em escolas.

Para início de conversa, Jung não tinha a intenção de formar uma escola particular de psicoterapia, mas, de acordo com as concepções unitárias da psicologia no final do século XIX, pretendia esboçar uma psicologia geral. Em 1934, fundou um Centro de Psicologia no Eidgenössische Technische Hochschule (Instituto Federal de Tecnologia da Suíça), em Zurique, cujo propósito inicial era fundar um ciclo de palestras a serem proferidas numa universidade suíça. A esse respeito, as especulações do próprio Jung são reveladoras:

> O tratamento da psicologia deveria, no geral, ser caracterizado pelo princípio da universalidade. Não deveria ser proposta nenhuma teoria ou questão especial; a psicologia deveria ser ensinada em seus aspectos biológicos, etnológicos, médicos, filosóficos, culturais-históricos e religiosos.[21]

---

[20] Jung para Jürg Fierz, 13 de janeiro de 1949, *Cartas*, 1, 518.
[21] Citado em Meier, 1984, x. A doação inicial foi de 200 mil francos suíços. Jung afirmou que essa soma era resultante de diversas fontes, inclusive Harold F. McCormick (Jung, anotação sobre o Centro ETH, JP). Anteriormente, Jung tinha doado fundos para o Instituto Jean-Jacques Rousseau, em Genebra.

A proposta, continuava ele, era libertar o ensinamento da alma humana da "constrição dos compartimentos".

Jung afirmava que a psicologia constituía a disciplina científica fundamental, sobre a qual as outras disciplinas deveriam, daí em diante, basear-se. Na opinião de Jung, era a única disciplina capaz de apreender o fator subjetivo que sustentam as demais ciências. O estabelecimento de uma psicologia complexa permitiria a reformulação das humanidades e revitalizaria as religiões contemporâneas. A história da psicologia junguiana, em parte, tem consistido numa diminuição radical e inadvertida das propostas de Jung.

Quando se considera a tentativa que os psicólogos realizam de separar sua disciplina das disciplinas preexistentes, torna-se evidente que não estamos lidando apenas com episódios isolados, como tem sido convencionalmente descrito nas histórias da psicologia e nos capítulos obrigatórios de introdução, nos manuais da área. A realidade é que estamos diante de uma infinidade de tentativas de concretizar essas propostas. Os modos como essas interfaces disciplinares foram negociadas deram origem às formas específicas que essas distintas psicologias assumiram. As separações constitutivas entre a psicologia e as disciplinas preexistentes não ocorreram num só lugar e num único momento. Essa afirmação é verdadeira mesmo quando se leva em conta o trabalho de um único teórico, como Jung. Apesar da tendência dominante em praticamente todas as apresentações de sua obra, esta não seguiu uma evolução cronológica linear e direta. As apresentações comuns sobre esse tema, na grande maioria das vezes, mais obscurecem do que revelam o processo. Na realidade, Jung chegou inclusive a ponto de considerar expressamente essa falta de linearidade como marca registrada de seu trabalho. Durante as entrevistas que concedeu a Aniela Jaffé para *Memórias, sonhos, reflexões*, ele disse:

> Não sei se têm valor para você as coisas que eu lhe disse, e lamento ficar repetindo as coisas. Também fiz isso em meus livros, e sempre considero certas coisas de novo, e sempre por um novo ângulo. Por assim dizer, meu pensamento é circular. Esse é um método que me convém. De certa maneira, é uma nova forma de peripatética.[22]

Quando lemos o trabalho e a correspondência de Jung, encontramos dois modos distintos de pensamento e apresentação. No primeiro, teorias específicas são propostas, estabelecidas, e tidas como comprovadas. Este modo, intensamente acentuado na primeira geração de analistas junguianos e em nu-

---

[22] MP, 260. Ver notas, 23 e 24.

merosos trabalhos introdutórios e explanatórios, é o mais bem conhecido.[23] Assim, "como todos sabem", ele apresentou sua teoria dos complexos, dos tipos psicológicos e, mais notavelmente, dos arquétipos do inconsciente coletivo.[24] O segundo modo do pensamento de Jung consiste num questionamento incessante das condições de possibilidade da psicologia. Para citar dois casos deste segundo modo, em 1929 ele comparou o estado vigente na psicologia ao da filosofia natural da Idade Média, na qual só existiam opiniões sobre fatos desconhecidos.[25] Ele escreveu, em 1951:

> Nossa experiência psicológica ainda é muito jovem e pouco extensa para nos permitir teorias gerais. Por algum tempo ainda, o pesquisador precisará de uma quantidade de fatos capazes de esclarecer a essência da alma, antes de sequer sermos capazes de pensar em fazer propostas universalmente válidas.[26]

Quando consideramos as restrições de Jung à possibilidade da psicologia e suas declarações sobre o *status* prematuro das teorias gerais em psicologia, é importante compreender que ele está incluindo também sua obra no escopo dessa avaliação. E é justamente esse modo de seu pensamento que tende a ser excluído. Esses dois modos se entrelaçam ao longo de toda a sua obra, e a interação entre ambos é um tema presente em toda a extensão do presente volume.

Para muitas pessoas, o nome de Jung é sinônimo de Arquétipos e de Inconsciente Coletivo. Estes conceitos são sua marca registrada e, em geral, despertam repúdio imediato ou aceitação instantânea, na qualidade de um caso aberto ou fechado. Quer se aceitem ou se rejeitem tais conceitos, assume-se em geral que aquilo que designam pode ser considerado suficientemente conheci-

---

[23] Tem sido publicada uma sucessão interminável de antologias introdutórias dos escritos de Jung. Ele mesmo alimentava sérias reservas contra esse gênero de trabalho. Em 1946, em resposta a um pedido de W. H. Kennedy para uma sua antologia dos escritos junguianos, Jung escreveu: "Devo dizer que a ideia de uma antologia não me atrai. Não acho que se deveria incentivar as pessoas a ficar satisfeitas com um extrato mais ou menos superficial de minhas ideias, sem obter a verdadeira substância. Sei que não é especialmente fácil ler livros como os meus, mas afinal a ciência não é inteiramente fácil – em particular, não uma tentativa pioneira como meu trabalho. Em minha forma de ver, as ideias psicológicas, privadas de suas evidências documentais, são pior que nada" (documentos da Routledge, Universidade da Leitura). Original em inglês.
[24] Numa entrevista para um jornalista finlandês, Nordenstreng, publicada em *Suomen Kuvalenti*, em 1961, Jung teria dito o seguinte: "A maior decepção de minha vida foi as pessoas não terem entendido o que eu quis dizer. Certamente elas sabem o que é um complexo, um introvertido, um extrovertido, têm uma noção de que, em minha concepção, sentimento e pensamento não ficam juntos numa cabeça só, mas outra coisa é entender o que eu disse com mais profundidade. Como jargão superficial, essas coisas são aceitas pelas pessoas, embora todos os professores digam que não passam de um absurdo!" (documentos da McGuire, LC), original em inglês.
[25] "O significado da constituição e da hereditariedade na psicologia", *OC*, 8, §223.
[26] "Problemas fundamentais da psicoterapia", *OC* 16, §236, trad. mod.

do. As razões para isso não são difíceis de se localizar. O próprio Jung adiantou um sem-número de definições. Na esteira dessa atitude, não foram poucas as obras explanatórias, dedicadas a estipular o conteúdo desses termos. Por fim, praticamente não existe um só trabalho de inspiração junguiana, neojunguiana ou pós-junguiana que não leve a marca desse selo.

É difícil encontrar um autor cujos trabalhos reunidos ocupem mais de 20 volumes, seja por economia de expressão ou parcimônia linguística. Entretanto, a respeito de importantes aspectos, é justamente isso que acontece com Jung. Os conceitos que ele criou continham muitas ideias diferentes que buscavam resolver alguns debates relevantes na filosofia, na psicologia, na sociologia, na biologia, na antropologia, na religião comparada, e em outros campos, permitindo a formação de uma disciplina distinta da psicologia. É precisamente essa operação combinatória que dá à psicologia de Jung seu estilo e sua substância distintivos. Contudo, a utilização dos mesmos termos para cobrir uma gama tão ampla de assuntos também gera a possibilidade de confusões conceituais, como pode amplamente atestar qualquer levantamento sobre a psicologia analítica. Isso sugere que certa cautela é bem-vinda quando se presume que esses termos podem até ser já suficientemente conhecidos, ou mesmo apropriadamente avaliados. Em vez disso, a mesma cautela recomenda que sejam reconstituídos os debates nos quais Jung se alimentou e que levaram à formulação desses termos; em especial, como e por que ele enfim usou os mesmos termos como solução para questões distintas, e o significado dessa operação combinatória. Para entender profundamente o sentido desses conceitos inéditos, é indispensável compreender as questões e os debates em que ele estava envolvido, e aos quais ofereceu suas soluções.

O estudo da formação da psicologia complexa pode ser entendido como um histórico de caso dentro da história mais ampla da formação da psicologia e da psicoterapia modernas. Entretanto, isso não é o mesmo que sugerir que esta deva ser considerada uma oportunidade paradigmática. Pois o que está precisamente em jogo, neste momento, é a impossibilidade de qualquer encapsulamento singular da formação da psicologia e da psicoterapia modernas.[27]

A nova enciclopédia

Durante séculos, as pessoas tentaram redigir compilações representativas de todo o conhecimento humano, na forma de enciclopédias. Samuel Johnson definia uma enciclopédia como "o círculo das ciências, a roda do aprendizado", citando Glanvill, "Toda ciência recorre a todo o resto, e não podemos chegar a qualquer uma delas em separado sem a *enciclopédia*" (1755, 166).

---

[27] A este respeito, ver Roger Smith, 1988. Para a leitura do melhor volume único sobre a história da psicologia, ver Roger Smith, 1997.

Para Jung, a psicologia era um empreendimento enciclopédico. O fato de ele ser um homem de conhecimentos enciclopédicos tem sido comentado com frequência. Sua biblioteca, ainda intacta em sua casa em Küsnacht, apresenta um cenário panorâmico e enciclopédico do aprendizado humano, sem paralelos na psicologia moderna. O último grande trabalho individual de fôlego de Jung, *Mysterium Coniunctionis* (1955-1956), contém mais de 2.300 notas de rodapé. Mas o que não tem sido suficientemente comentado é o fato de sua erudição ser um fator constitutivo de sua psicologia, e ter contribuído de maneira significativa para o formato que esta adotou. Para Jung, a psicologia era a disciplina capaz de unir o círculo das ciências.

Na opinião de Jung, não havia qualquer campo da iniciativa humana que fosse irrelevante para a psicologia: como em todas as questões humanas, a psicologia estudava o ato e o agente. Jung assumiu como seu dever a máxima de Terêncio, "nada que seja humano é alheio a mim".[28] Consequentemente, não havia uma clara delimitação quanto ao território da psicologia. A amplitude dos assuntos que ele discutiu no curso de sua obra corrobora sua declaração.

Dentro da história dos projetos de enciclopédias, o fator distintivo sobre o de Jung foi ele ter tentado fundamentar outras disciplinas e conhecimentos por meio da psicologia. Essa concepção tornara-se possível diante do nascimento das modernas ciências humanas, desde o final do século XVIII até o final do XIX. Como é de se esperar, o aspecto enciclopédico da iniciativa de Jung a distingue de muitas outras psicologias modernas. É o que lhe confere seu selo distintivo. O que não é o mesmo que dizer que sua psicologia fosse sistemática. Na realidade, ele afirmava que a impossibilidade de encapsular a alma dentro de um sistema era ditada pela própria natureza da alma, e há muitas afirmações sobre como ele repudiava abertamente qualquer vontade de criar um sistema.[29] Seu modo de tentar desenvolver uma psicologia era contrário às especializações autônomas que em geral estavam na moda em sua época.

O trabalho que marcou a inauguração de seu projeto enciclopédico foi *Transformações e símbolos da libido*. Mas isso não é o mesmo que dizer que seu trabalho anterior tivesse sido alheio a essa abordagem; pelo contrário, subsequentemente ele tornou a ser assimilado por essa abordagem. Em 1913, em carta aos editores da recém-fundada *Psychoanalytic Review*, ele observou:

> Está além dos poderes de uma pessoa, mais especialmente dos médicos, de dominar o conhecimento dos múltiplos domínios das ciências mentais que deveriam lançar alguma luz sobre a anatomia comparada da mente... Precisamos não só do trabalho dos psicólogos médicos, mas também do esforço de filólogos, historiadores, arqueólogos, mitólogos, estudiosos do folclore, etnólogos, filósofos, teólogos, pedagogos e biólogos.[30]

---

[28] Jung para Herbert Read, 2 de setembro de 1960, *Cartas 2*, 589.
[29] Por exemplo, Jung para Jolande Jacobi, 13 de março de 1956, *Cartas 2*, 293.
[30] Outono de 1913, *Cartas 1*, 29–30.

Isto era psicologia em grande escala. A nova enciclopédia psicológica era um empreendimento interdisciplinar que exigia realinhamentos complexos das disciplinas existentes, e a demarcação de um novo território dentro de uma área já ocupada. A realização de tal iniciativa demandava nada menos do que a reforma de toda a Academia. O modo como ele resolveu embarcar nessa empreitada é indicado numa carta que escreveu em 1940, para Ruth Ananda Anshen, que o havia convidado a colaborar num grande projeto. Ele comentava que, por meio do trabalho que havia feito com vistas a uma síntese das ciências, tomara consciência do quanto era difícil obter cooperação, dado o nível vigente das especializações. E depois acrescenta:

> Sempre me pareceu que um trabalho desses não deveria ser tentado de cima para baixo, ou seja, especialistas falando de maneira geral sobre cooperação. Ao contrário, o que parece que devia acontecer era o processo começar de baixo, por meio de uma colaboração científica concreta, no âmbito dos detalhes. Dessa maneira, poderíamos ver com mais facilidade os méritos da cooperação. Você pode ver claramente o que quero dizer quando estuda um de meus livros.[31]

Jung dava uma grande importância às colaborações interdisciplinares que havia estabelecido com Richard Wilhelm, Wilhelm Hauer, Heinrich Zimmer, Karl Kerényi, Wolfgang Pauli e Victor White, respectivamente nos campos da sinologia, da indulogia, da mitologia, da microfísica e da teologia.

Um projeto que Jung tentou realizar nos anos 1930 serve bem de ilustração para sua concepção enciclopédica da psicologia. Daniel Brody, editor da *Rhein Verlag*, o havia convidado para editar um novo jornal, que se chamaria *Weltanschauung*.

Alguns anos antes, Jung havia publicado um artigo em que explorava as relações entre a psicologia analítica e uma Weltanschauung [visão de mundo]. De Wilhelm Dilthey a Karl Jaspers, o tópico das visões de mundo era amplamente discutido na filosofia alemã.[32] Para Jung, a visão de mundo designava não só uma concepção do mundo, mas também a maneira como cada pessoa via o mundo.[33] Ele dizia que nos últimos 150 anos tinham sido apresentadas infindáveis visões de mundo, e que a noção básica de uma visão de mundo, por esse motivo, havia caído em descrédito. O problema de todas as visões de mundo anteriores tinha sido o fato de apresentarem uma verdade objetivamente válida. Diante da presente situação, renascera o clamor por uma nova visão de mundo e algumas tentativas mal-sucedidas para propor algo segundo os velhos moldes tinham-se seguido, como por exemplo a teosofia e a antro-

---

[31] Jung para Ruth Ananda Anshen, 10 de junho de 1940, Arquivos da Universidade de Colúmbia, Nova York (original em inglês). Jung recusou o convite.
[32] Dilthey, 1911; Jaspers, 1919.
[33] "Psicologia analítica e visão de mundo", *OC* 8, § 689.

posofia. A nova visão de mundo o teria de "abandonar a superstição de possuir uma validade objetiva, e admitir que só é uma imagem pintada com o intuito de agradar nossas almas, não um nome mágico com que se possam designar as coisas".[34] Para Jung, a psicologia analítica era uma ciência, não uma visão de mundo. Mas tinha um papel especial a desempenhar na formação de uma nova visão de mundo. Sua contribuição consistia na importância do reconhecimento dos conteúdos inconscientes, o que permitiria a construção de uma visão de mundo relativista, com uma concepção não mais considerada absoluta. É verdade que, após Jung, sua psicologia deu origem a um sem-número de visões de mundo. O que ele teria a dizer sobre elas é totalmente outra questão.

O objetivo do periódico *Weltanschauung* era produzir uma síntese das ciências. Jung procurou vários estudiosos para verificar se tinham interesse em colaborar com a publicação. Para Zimmer, ele escreveu nos seguintes termos:

> Tenho pensado que, diante da tremenda fragmentação das ciências hoje, talvez fizéssemos bem em ter um veículo com o qual pescar no oceano das ciências especializadas todos aqueles fatos e conhecimentos que são de interesse geral, tornando-os então disponíveis ao público instruído. A pessoa que atualmente quer achar um caminho na vida tem de esquadrinhar dezenas de periódicos que não tem condições de assinar, e folhear milhares de livros, desperdiçando uma vasta quantidade de tempo, até enfim chegar a algo que considere proveitoso.[35]

Ambiciosamente, o jornal propunha-se a fazer frente a tal situação: "Deve ser um instrumento de sinopses e sínteses, um antídoto contra a tendência atomizadora do especialismo, que é um dos maiores obstáculos ao desenvolvimento espiritual" (*Cartas*, 1, 107). Essa publicação seria endereçada ao leitor em geral, e um grupo de especialistas selecionaria o material capaz de despertar o interesse geral e transmitir seu conteúdo de maneira acessível. Para Hauer, ele explicou como o jornal funcionaria. Os especialistas receberiam questões enviadas pelo comitê editorial. Prepararia então ensaios, e Jung e sua escola forneceriam o material psicológico, que formaria "uma síntese destinada a permitir a compreensão do significado vivo dos fatos e ideias, reunidos em todos os tempos e lugares".[36] Para Jolande Jacobi, Jung explicou que o ponto de vista psicológico só pretendia servir de centro; ele mesmo não tinha a menor intenção de espremer o mundo para que coubesse numa camisa de força psicológica. Informou-a de que havia obtido respostas positivas de Hauer, Zimmer e Wolfgang Pauli. Estava pensando em convidar Erwin Rousselle para a área de estudos budistas, Leopold Ziegler para comentar sobre filosofia, seu

---

[34] §737, trad. mod. Oswald Spengler assinalou um ponto semelhante em *The Decline of the West*, 1918, 23.
[35] 21 de novembro de 1932, *Cartas* 1, 106-107.
[36] Jung para Hauer, 14 de novembro de 1932, *Cartas*, 1, 103.

aluno Wolfgang Kranefeldt para falar de psicoterapia e Hermann Broch para a literatura moderna. E continuava procurando colaboradores para "biologia, astrofísica, geologia, fisiologia, estudos egípcios, assírio-babilônios e arqueologia americana, e para antiguidade (mistérios!)".[37] Esses comentários indicam a enormidade do escopo do empreendimento de Jung. O projeto não saiu do papel e, pouco tempo depois, ele assumiu o comando editorial do *Zentralblatt für Psychotherapie*, com consequências fatais.

Embora esse projeto tivesse naufragado, Jung buscou outros meios de alcançar os mesmos fins. Em 1933, Olga Froebe-Kapetyn fundou o encontro anual de Eranos, em Ascona, para o qual era convidado um grupo de estudiosos internacionais para falarem sobre um determinado tema. As conferências tinham como tópico central a história da religião e da cultura, enfatizando em particular as relações entre o Oriente e o Ocidente. Jung serviu como consultor para Froebe-Kapetyn, indicando temas e conferencistas, ao mesmo tempo em que cuidava para que Eranos não se tornasse simplesmente um veículo de divulgação de sua escola.[38]

Em 1938, propuseram o projeto de publicar uma seleção dessas palestras em inglês. Jung escreveu o prefácio e, em seu texto, novamente retomou o tema dos efeitos deletérios da especialização. Segundo suas afirmações, essa conduta havia promovido o estreitamento dos horizontes e uma endogamia intelectual:

> A enorme extensão do conhecimento excede a capacidade de um único cérebro que sozinho conseguisse compor uma síntese envolvendo inúmeras partes, provenientes de todos os departamentos. Até mesmo o maior dos gênios, equipado com uma memória poderosamente fabulosa, seria forçado a permanecer um diletante incompetente quanto a alguns aspectos importantes.[39]

Para neutralizar essa situação e apresentar uma "imagem completa de nosso mundo", informações de todos os ramos do conhecimento precisavam ser coligadas. Essa coligação poderia ser tentada localizando-se uma plataforma ou ideia que fosse comum a muitas formas de conhecimento. Era justamente isso o que os encontros de Eranos se propunham realizar.

Com base no que expusemos antes, fica claro que Jung concebia como a função cultural de sua psicologia complexa contrabalançar a fragmentação das ciências e oferecer alicerces para uma síntese de todo o conhecimento. Essa tentativa de neutralizar a crescente fragmentação e especialização das disciplinas era uma tarefa monumental e, em última instância, inexeqüível. Por volta do final da vida, ao fazer uma avaliação de toda a sua obra, Jung comentou com franqueza:

---

[37] 23 de dezembro de 1932, *Cartas*, 1, 113,
[38] Sobre a história de Eranos, ver Hakl, 2001.
[39] JP. Original em inglês. Ver ed. McGuire, 1984.

Sou o mais amaldiçoado diletante que já viveu. Quis alcançar algo com minha ciência e depois me vi lançado neste mar de lava, tendo de classificar todas as coisas. É por isso que uso o termo diletantismo: vivo de empréstimos, empresto constantemente o conhecimento dos outros.[40]

Essa declaração foi feita durante as entrevistas que Jung concedeu a sua secretária, Aniela Jaffé, e usadas para *Memórias, sonhos, reflexões*, e não surpreende que tenha sido omitida por ser tão distante da imagem predominante de Jung. O que vem a seguir é, em parte, uma explicação desse diletantismo.

As obras incompletas de Jung

Até o presente momento, as principais fontes para se estudar Jung têm sido as *Obras completas; Memórias, sonhos, reflexões; A correspondência entre Freud e Jung*, e *C. G. Jung Letters* [*Cartas de C. G. Jung*]. Até aqui, essa coleção de fontes teve consequências insuspeitas para como seu trabalho vem sendo entendido. Até agora, os artigos sobre Jung têm sido tolhidos por fontes textuais incompletas ou não confiáveis. Quando recebeu de Jack Barrett, da Bollingen Foundation, um exemplar do primeiro volume das *Obras completas* a ser publicado, Jung se queixou de que parecia um caixão.[41] A equipe que produziu as *Obras completas* realizou um grande trabalho, mas que de modo algum inclui tudo o que ele publicou em vida, e há uma quantidade suficiente de manuscritos inéditos para ocupar pelo menos mais uma meia dúzia de volumes. Além disso, a reprodução dos textos de Jung e o aparato editorial não estão isentos de erros, e a tradução para o inglês deixa muito a desejar.

Em 1973 e 1975, foi publicada uma seleção das cartas de Jung, editadas por Gerhard Adler, em colaboração com Aniela Jaffé. Gerhard Adler afirmou que, das 1.600 cartas escritas por Jung entre 1906 e 1961, tinham sido selecionadas mais de 1.000. Isso dá a impressão de que, aproximadamente, dois terços das cartas de Jung que sobreviveram foram publicadas nesse volume. Este é um sério equívoco. Nos documentos de Jung, na ETH de Zurique, há cerca de 20 mil cartas; além disso, há muitas cartas espalhadas em arquivos públicos e particulares do mundo todo. É seguro dizer que menos de 10% de sua correspondência está publicada. Este estudo se baseia no primeiro estudo abrangente deste corpo inédito de manuscritos e cartas.

Um problema especial foi colocado pelo *Memórias, sonhos, reflexões*, que tem sido considerado a autobiografia de Jung e, assim, a fonte canônica de informações relativas a sua vida. A venda desse livro superou em muito a de qualquer

---
[40] MP, 149. Em certa ocasião, falando sobre seu trabalho, Jung citou "nosso diletantismo histórico". "Psicoterapia e visão de mundo", *OC* 16, § 190, trad. mod.
[41] Comunicação pessoal, Ximena de Angulo.

outro trabalho de Jung. Até a realização das pesquisas de Alan Elms e a de minha própria autoria, não se haviam levantado dúvidas a respeito de sua autenticidade e confiabilidade.[42] Como esse texto continua erroneamente sendo considerado a autobiografia de Jung, é necessário esclarecer rapidamente sua gênese.

O editor Kurt Wolff vinha há anos tentando inutilmente convencer Jung a escrever uma autobiografia. No verão de 1956, ele sugeriu a Jung um novo projeto, na mesma linha editorial da obra de Eckermann, *Conversations with Goethe* [Conversando com Goethe. N.doT.]. Um primeiro título provisório seria *Carl Gustav Jung's Improvised Memories* [Memórias improvisadas de C. G. Jung]. Seria todo apresentado na primeira pessoa. Jolande Jacobi propôs que Aniela Jaffé trabalhasse nesse livro, porque, na qualidade de secretária de Jung, seria mais fácil para ela fazer as perguntas sobre a vida dele, nas horas vagas.

Jaffé então começou a realizar uma série de entrevistas regulares com Jung, no decorrer das quais ele falou sobre uma ampla variedade de assuntos. Contando com o íntimo envolvimento de Kurt Wolff, Jaffé selecionou o material dessas entrevistas e o organizou em temas. Depois, estes foram dispostos numa sequência de capítulos aproximadamente cronológicos.

Durante esse processo, Jung escreveu um manuscrito no início de 1958, intitulado "Sobre as primeiras experiências de minha vida". Com autorização de Jung, Jaffé incorporou esse manuscrito ao *Memórias*. O pedido que ele fez de que esse ensaio ficasse claramente demarcado em relação ao volume como um todo não foi atendido. Algumas passagens foram deletadas ou anexadas ao texto geral por Jaffé, e outras mudanças também foram feitas por pessoas que trabalhavam nesse projeto. Por conseguinte, existem diferenças radicais entre o manuscrito de Jung e a versão publicada.[43] Jaffé incorporou também excertos de versões de outros manuscritos de Jung até então não publicados, tais como material de seu seminário de 1925, e relatos de algumas de suas viagens. Por fim, Jung contribuiu com um capítulo intitulado "Pensamentos finais". De acordo com Richard Hull, partes desse capítulo foram reescritas por Jaffé.

Houve muitos desentendimentos entre as partes envolvidas, durante a composição do trabalho, com respeito ao que o livro deveria conter, quanto a sua estrutura, a dose de contribuições relativas de Jung e Jaffé, o título, e a questão da autoria. Estava claro para os editores que uma autobiografia de Jung – *ou algo que pudesse ser levado a parecer o mais possível com uma autobiografia* – tinha muito mais possibilidade de venda do que uma biografia escrita pela ainda desconhecida Aniela Jaffé. Também havia embaraços legais envolvendo os editores, a respeito de a quem pertenciam os direitos do livro.

---

[42] Ver Shamdasani, 1995 e 2000a, 2000b; e Elms, 1994.
[43] A respeito do manuscrito, Helen Wolff escreveu retrospectivamente: "Revelador das mudanças 'amenizando o tom' do original de Jung – *versão expurgada!* Muito interessante como ilustração do que foi feito para deixar de fora as francas e verdadeiras declarações de Jung a seu próprio respeito" (Biblioteca Beinecke, Universidade de Yale).

Em 1960, foi assinada uma resolução entre Jung, Jaffé e o comitê editorial das *Obras completas*, contendo a seguinte declaração:

> C. G. Jung sempre afirmou que não considerava este livro como de sua própria lavra, mas expressamente como livro escrito pela Sra. Jaffé. Os capítulos escritos por C. G. Jung deveriam ser considerados como sua contribuição ao trabalho da Sra. Jaffé. Este livro deverá ser publicado no nome da Sra. Jaffé e não no de C. G. Jung porque não representa uma autobiografia composta por C. G. Jung (Shamdasani, 1995, 132-133).

A atitude de Jung com respeito ao texto flutuava. Após ler o primeiro manuscrito, ele criticou o modo como Aniela Jaffé tinha lidado com o texto, queixando-se de "adulterações" (*ibid*, 130). Jung nunca viu ou aprovou o manuscrito final, e os manuscritos que examinou sofreram, após sua morte, extensas interferências editoriais.[44]

A publicação da *Correspondência entre Freud e Jung*, em 1974, assinalou o primeiro trabalho depois da morte de Jung a ser editado segundo padrões de rigor acadêmico, e prestou um grande serviço à história das origens do movimento psicanalítico. No entanto, como até agora só foi publicada uma parcela muito reduzida da vasta correspondência de Jung com outros personagens, além do fato de que o lendário *Livro vermelho* de Jung continua inédito, ambas as circunstâncias concorreram para o fortalecimento de uma equivocada perspectiva centrada em Freud para articular a origem da obra junguiana.

De 1912 em diante, Jung se envolveu num processo de autoexperimentação que ele designou como "confronto com o inconsciente", que consistia principalmente em provocar em si mesmo uma extensa série de fantasias, enquanto estava acordado. Posteriormente, ele chamou esse método de "imaginação ativa". Baseando-se nesse material, ele compôs um trabalho de formato literário e pictórico chamado de *Livro Vermelho*, que ilustrou com as pinturas que ele mesmo produziu. Durante décadas, o *Livro Vermelho* não esteve disponível para estudos, e com isso tornou-se alvo de boatos, lendas e muitos relatos quase míticos. Uma maneira melhor de descrevê-lo é dizer que se trata de um trabalho literário de psicologia. Jung afirmava que ele era o alicerce de seu futuro trabalho. Em maio de 2000, os herdeiros de C. G. Jung decidiram liberar esse trabalho para publicação, para que pudesse tornar-se acessível ao público, pela primeira vez, numa edição rigorosa definitiva, a ser preparada por este autor. Meu trabalho com o *Livro vermelho*, iniciado em 1996, transformou meu entendimento da obra de Jung, e permitiu-me compreender sua gênese. Embora não seja explicitamente citado no presente volume, foi de importância crítica para sua formatação.

Atualmente existe um forte apetite por trabalhos autobiográficos. As vidas de Freud e Jung vendem muito mais do que os trabalhos desses dois autores.

---

[44] No texto que segue, as citações ao *Memórias* foram comparadas com os manuscritos.

Após cem anos de psicanálise, nos acostumamos a considerar a biografia como a chave para o entendimento do trabalho de uma pessoa. Lamentavelmente, todas as biografias de Jung até agora deixam muito a desejar. O próprio Jung dizia o seguinte, a respeito da perspectiva de aparecerem biografias sobre seu trabalho: "A menos que o desenvolvimento do pensamento dele tenha sido um fator central de sua biografia, esta não seria mais do que uma mera série de incidentes, como escrever a vida de Kant sem conhecer a obra dele".[45] Esse comentário é uma hábil alusão às deficiências dos muitos trabalhos já escritos sobre Jung, e, com alta probabilidade, de tantos outros ainda por surgir. Escrevendo ao término de um projeto biográfico de Lucy Heyer, Jung expressou sua aversão pelas biografias, e sua inadequação pessoal como tema para um trabalho desse teor:

> Sou muito pouco capaz de continuar essa espécie esquisita de brincadeira com biografias. Você poderia ter-me pedido que ajudasse aquela bobagem da Empresa de Rádio Americana, e eu me produziria como um filme. Não vou à igreja aos domingos com um missal debaixo do braço, nem uso avental branco, nem construo hospitais, ou me sento ao órgão para tocar. Desse modo, não sirvo de forragem para as necessidades sentimentais normais do público em geral. E com minha biografia será a mesma coisa. Simplesmente, não existe nada de interessante ali.[46]

Quando foi homenageado com um prêmio literário pela cidade de Zurique, em 1932, ele refletiu sobre o crescente reconhecimento que seu trabalho estava recebendo:

> Com este "eu" como persona pública, não quero naturalmente significar nenhum indivíduo humano, mas simplesmente meu desempenho mental – *uma ideia*, cujo porta-voz sou eu. Essa ideia é minha visão da psicologia, meu reconhecimento e confissão individuais [*Erkennen und Bekennen*] quanto a aspectos da alma humana.[47]

Um grande número de trabalhos apresentou ambas as dimensões como se fossem uma só. Embora o valor e o interesse dos trabalhos biográficos não precise ser justificado, ocorrem problemas críticos se o trabalho em questão for entendido de forma imprópria e, como aconteceu com Jung, se não existe um corpo extenso de estudos confiáveis e bem-fundamentados aos quais recorrer. Sendo assim, o presente livro constitui um trabalho preliminar essencial a qualquer biografia consistente sobre Jung.

---

[45] Citado em Bennet, 1982, 61.
[46] Jung para Cary Baynes, 4 de abril de 1954, documentos de Cary Baynes.
[47] "Sobre a psicologia", 1933, 22.

Cubismo histórico

Este livro foi concebido como um retrato cubista, e se vale de uma abordagem multifacetada a um trabalho multifacetado. Um encorajamento decisivo para sua forma e estrutura também foi decorrente de alguns trabalhos de Ornette Coleman e John Coltrane, e dos escritos de Fernando Pessoa. A reunião final do material que apresenta teve a ajuda de algumas composições de Carla Bley e Charlie Haden's, e sua Liberation Music Orchestra [Orquestra para a Libertação da Música. N.doT.].[48] É um livro que tem mais de um começo e mais de um fim. Em vez de apresentar um contexto supradeterminante, e um desenvolvimento teleológico capaz de ser lido da frente para trás a partir de uma perspectiva olímpica, este trabalho propõe cronologias que se sobrepõem, facetas que se entrecruzam e diversos ângulos. Portanto, não foi pressuposta nenhuma coerência (ou incoerência) soberana para o trabalho de Jung. Consequentemente, os mesmos textos e figuras são discutidos em mais de um lugar, e de mais de um ponto de vista. Temos a esperança de que as lacunas e os entrelaçamentos engendrados por uma tal abordagem sejam capazes de iluminar a arquitetura do trabalho de Jung, sem reduzir-lhe a complexidade.

Este livro está dividido em uma série de seções que discutem as principais questões da obra junguiana, da psicologia e de disciplinas correlatas. Elas podem ser lidas em ordens variadas, e a introdução também pode ser lida como a conclusão. Cada uma delas reconstrói os respectivos bastidores do século XIX e do início do século XX do trabalho de Jung, e situa seu surgimento e o modo como foi recebido em relação aos desenvolvimentos contemporâneos nas ciências humanas e naturais. As interligações entre as seções mostram as coligações críticas dos diversos tópicos por meio dos quais Jung constituiu sua psicologia.[49] A gama de assuntos discutidos não está completa e, num trabalho posterior, outros temas serão estudados.

---

[48] Por fim, os meios para integrar o manuscrito em sua extensão foram promovidos por uma apresentação de Joe Zawinul.

[49] Após ter completado este estudo, encontrei este fragmento de Jaime de Angulo, em sua introdução de um manuscrito de sua autoria, intitulado "O que é a linguagem": "Na introdução dissemos que a linguagem é algo que tem a natureza de um Proteus, e a comparamos a um caleidoscópio, sempre mudando a cada pequeno giro do instrumento, e a uma opala, com iridescências sempre novas, conforme o ângulo em que é vista. Justamente por tais motivos, é quase impossível apresentar a linguagem numa sequência ordenada. Para fazer justiça ao tema, o leitor teria de ler simultaneamente todos os capítulos! Tentei apresentar, no começo de cada um, o que mais poderia interessá-lo. Mas era impossível sustentar durante muito tempo o mergulho em questões que exigem certa dose de pensamento concentrado. Aconselho o leitor a não dar muita atenção à disposição dos capítulos neste livro, e fazer suas próprias escolhas, saltando adiante e depois voltando para trás, ziguezagueando pelo texto. Quando algum assunto o aborrecer, ou o considerar muito técnico ou sutil, passe por ele de coração leve. Sempre haverá tempo para retomá-lo depois e apreender seu significado" (Documentos de De Angulo, UCLA, Los Angeles).

O presente trabalho pode ser considerado um livro sobre Jung, e um livro sobre o surgimento da psicologia e da psicoterapia modernas. Esses dois assuntos têm sido os pontos focais em minhas pesquisas. A tentativa de compreender e situar o trabalho de Jung, iniciada em 1981, levou-me à ideia de que em muitos pontos críticos Jung estava lidando com temas amplos relativos às condições de possibilidade da psicologia e das ciências humanas, e sobre os quais muitos outros estudiosos em outras disciplinas também se debruçavam. A psicologia de Jung estava tão profundamente entrelaçada a essas redes que simplesmente não pode ser compreendida isoladamente. Por sua vez, ter lidado com esses assuntos foi útil para constituir um ponto de orientação que ofereceu uma mínima delimitação do tema.

A obra de Jung gerou uma vasta literatura de comentários, elogios e críticas. Ao longo das últimas duas décadas, tentei cobrir tanto quanto possível esse universo. Contudo, tentar comentar detalhadamente esse volume de escritos tornaria este livro impraticável. Além do mais, o nível de compreensões equivocadas de Jung é tão alto que retificar os enganos de uma infinidade de fantasias, ficções e fabricações se tornaria uma tarefa mais complexa do que começar do começo, como demonstrei recentemente.[50] Na realidade, uma parcela proporcionalmente cada vez maior dos trabalhos sobre Jung recai na categoria de "histórias de vida" (histórias isentas da necessidade de se apresentar evidências).[51] Assim, a abordagem adotada aqui se concentra em material obtido junto a fontes primárias. Embora reconstrua os elementos da acolhida dispensada ao trabalho de Jung, só utiliza material secundário quando esse tem uma ligação direta com o tópico em tela.

Quando se lê um livro, é normal esperar uma tese e uma conclusão. Embora neste sejam explorados muitas teses, não há uma conclusão, pois a meta deste volume não é concluir e, sim, abrir novas questões. A psicologia de Jung pode evitar uma consideração mais larga da constituição da psicologia como um todo, e das ciências humanas em geral. Como a avaliação da psicologia e de seus efeitos sobre a sociedade envolve a consideração da medida em que ela conseguiu a contento, ou não, separar-se das disciplinas vizinhas e se estabelecer em território próprio, decorre que a tarefa de avaliar é uma iniciativa necessariamente multifacetada e interdisciplinar. Para que seja possível sua realização, é indispensável uma descrição exata do surgimento da psicologia. Esta história é uma contribuição a tal empreendimento. Não tem havido escassez de avaliações do trabalho de Jung. Mas o que tem faltado até aqui tem sido uma base adequada para avaliações consistentes.

Por fim, dado o escopo da erudição de Jung, qualquer tentativa individual de cobrir historicamente o mesmo terreno, e sua correspondente literatura secundária, fatalmente sucumbirá diante das deficiências de seu próprio diletantismo. Sendo assim, a presente iniciativa tem mais do que apenas uma vaga semelhança com a trajetória de Pierre Menard, o protagonista do conto de Jorge Luis Borges, que se propôs reescrever o *Dom Quixote* de Cervantes (1939).

---

[50] Ver Shamdasani, 1998a.
[51] Para uma caracterização desse gênero literário, ver Shamdasani, 1999a.

Capítulo 1

O Individual e o Universal

A psicologia é uma ciência? Poucas perguntas têm sido mais embaraçosas para os psicólogos do que essa. As reflexões sobre essa questão têm se mostrado intimamente ligadas às formulações e reformas na psicologia. Dela decorre, imediatamente, toda uma vasta gama de indagações sobre temas correlatos, tais como: O que é uma ciência? O que é a psicologia? De que maneira a psicologia é uma ciência? Que critérios devem ser usados para se julgar essa questão? E, igualmente significativa, a indagação sobre quem é psicólogo. A dificuldade de se lidar com essas questões está em que, embora não tenham fim as soluções apresentadas, na forma de psicologias e no formato dos psicólogos, não tem havido consenso, nem mesmo a mais remota possibilidade de consenso a respeito. Embora não nos faltem julgamentos, não existe a possibilidade de um fórum para ajuizar essas questões. Entretanto, é possível abordá-las, reconstruindo a maneira como elas vêm sendo historicamente formuladas e "respondidas". O *status* "questionável" da psicologia como ciência, e a variedade de concepções sobre sua cientificidade tornam importante reconstruir o modo como diferentes psicólogos concebem sua atividade. Além disso, como Lorraine Daston demonstrou, os debates sobre a condição científica da psicologia, ao final do século XIX, não eram significativos apenas para esse campo, já que também tinham um impacto crítico na reformulação das concepções sobre a ciência (1990).

Esta seção começa com a reconstrução dos debates em torno da condição científica da psicologia, por volta do final do século XIX. Refaz o percurso dos psicólogos que tentaram estabelecer uma ciência da subjetividade, na forma de uma psicologia "individual". Dentro desse contexto, será situada a tentativa de Jung de desenvolver uma psicologia crítica na forma de uma tipologia psicológica, com comentários sobre os problemas que essa iniciativa enfrentou. Por fim, serão apresentadas as reflexões que ele mesmo fez sobre o *status* da psicologia, mostrando como elas moldaram sua própria tentativa de fundar uma psicologia que fosse uma ciência superordenada, a única disciplina supostamente capaz de apreender o fator subjetivo inerente a todas as demais ciências.

Na psicologia acadêmica, da década de 1920 em diante, era em geral entendido que o uso da experimentação e dos métodos estatísticos eram os traços cruciais para se garantir um *status* científico à psicologia. Consequentemente, a atitude geral da psicologia acadêmica com respeito ao trabalho de Jung tem sido que seus primeiros estudos experimentais com as associações de palavras eram "científicos", e que seu trabalho sobre os tipos psicológicos apresenta algumas hipóteses passíveis de experimentação. O restante de sua obra é considerado não científico e, portanto, tem sido depreciado. A predominância das abordagens positivista e experimental à psicologia, por sua vez, tem se refletido na historiografia desse campo. A maioria absoluta dos estudos publicados tem se dedicado às abordagens que se tornaram dominantes na psicologia. Em virtude disso, foram feitos bem menos trabalhos usando abordagens alternativas.

Por mais estranho que possa parecer, são poucos os psicólogos modernos que refletiram tanto quanto Jung sobre as questões relativas ao *status* científico da psicologia. Suas ideias a esse respeito tiveram um papel fundamental no modo como ele elaborou e reformulou sua psicologia. Dessa maneira, as discussões de Jung sobre a questão da ciência constituem uma extensa meditação sobre a condição de possibilidade da psicologia. No texto que segue, não discuto a questão da validade da caracterização de ciência proposta por Jung. Neste contexto, o significado das definições que ele deu para a ciência está no fato de elas servirem para se entender o que ele considerava ser a psicologia.

A equação pessoal: da astronomia à psicologia

Para o pensamento ocidental, uma das distinções fundamentais tem sido entre o individual e o universal. Para Aristóteles, só podia haver o conhecimento dos universais, não das particularidades. Estas eram objeto da sabedoria prática, voltada para a percepção das situações. Ao final do século XIX, muitos psicólogos tentaram voltar-se para o que, segundo Aristóteles, pertencia à esfera da sabedoria prática. A questão que se propunha era: seria possível constituir uma psicologia científica que lidasse com as diferenças e particularidades individuais, quando tradicionalmente a ciência era concebida como exclusivamente voltada para os aspectos universais?

Jean Starobinski demonstrou, de forma eloquente, o quanto se pode compilar sobre a mudança no seio das disciplinas e sensibilidades sociais e na relação entre elas, ao se acompanhar o percurso das mudanças e mutações semânticas registradas em certas palavras ou frases (1976, 1999). "Equação pessoal" foi uma expressão inicialmente cunhada para designar um cálculo nos erros de observação, no campo da astronomia. Tornou-se, depois, a marca registrada da tentativa de se desenvolver uma ciência experimental e objetiva da psicologia, e depois, ao contrário, um abismo epistemológico delimitando esse próprio projeto. Adotada posteriormente por Jung, essa expressão se tornou o motivo central da pretensão da psicologia complexa de ser uma ciência superordenada, a única disciplina capaz de comportar o fator subjetivo, tido como subjacente a todas as ciências. A gênese da noção da equação pessoal pode ser narrada brevemente.

Em 1796, no observatório de Greenwich, o astrônomo real Nevil Maskeleyne notou que havia uma discrepância de quase um segundo entre suas observações dos trânsitos estelares e as registradas por seu assistente Kinnebrook. O assistente foi despedido. Vinte anos mais tarde, o astrônomo Bessel, que tinha interesse em estudar os erros de mensuração, ficou intrigado com o antigo incidente e passou a investigar se essa discrepância também ocorreria com outros pares de observadores. E constatou que era esse o caso. Em experimentos com um outro observador e si mesmo, Bessel computou essa diferença e a denominou de "equação pessoal". Por meio de outros experimentos, constatou que a diferença pessoal variava e não era um número constante. Seguiu-se então uma vasta série de experimentos astronômicos cada vez mais sofisticados, destinados a estudar a equação pessoal.

Esses experimentos foram muito importantes para o nascimento da psicologia experimental. Edwin Boring acentuou o fato de que o período mais ativo de investigação da equação pessoal ocorreu nos idos de 1860 a 1870, época que coincidiu com o "nascimento" da psicologia fisiológica (1929, 146). De acordo com Simon Schaffer, a combinação de novas tecnologias de contagem de tempo, como a invenção do cronoscópio de Hipp em 1840, capaz de medir intervalos de tempo de um milésimo de segundo, em conjunto com a organização social do laboratório astronômico, ofereceu aos psicólogos um excelente modelo para investigar o fator individual (1998, 138). Isso foi possível porque os astrônomos tinham vinculado a distribuição do tempo às medidas do desempenho de tarefas simples, executadas pelas pessoas. Foi esse cálculo que permitiu a Wilhelm Wundt desenvolver meios para estudar quantitativamente os processos mentais, em seu laboratório psicológico em Leipzig.

Os dois papas: James e Wundt

Como a psicologia poderia tornar-se uma ciência? Para muitos psicólogos, a resposta a essa pergunta era bastante simples: através da experimentação. A experimentação era considerada o traço central e distintivo da ciência natural. Seguia-se o pressuposto segundo o qual, para ser uma ciência, a psicologia só se poderia constituir se adotasse a experimentação. No final do século XIX, dizia-se frequentemente que havia dois papas na psicologia, e com concepções diametralmente opostas: William James e Wilhelm Wundt.

Wundt (1832-1920) estudou medicina na Universidade de Heidelberg, onde se formou em 1856. Depois de um período com o fisiologista Johannes Müller, conquistou a posição de professor convidado em fisiologia na Universidade de Heidelberg. Entre 1873 e 1874, publicou seu *Princípios de psicologia fisiológica*, obra na qual tentava estabelecer uma psicologia científica. Esse trabalho reunia a psicofisiologia e a psicobiologia evolutiva, e causou um enorme impacto. Em 1875, depois de um ano na Universidade de Zurique, foi agraciado com uma cátedra de filosofia na Universidade de Leipzig, onde permaneceu lecionando até 1917. O primeiro laboratório de psicologia experimental foi o inaugurado por William James em Harvard, em 1874. No entanto, foi a criação do laboratório de Wilhelm Wundt, em Leipzig, em 1879, que passou a ser comemorado como o marco inicial da psicologia moderna. Wundt atraiu muitos alunos, e Leipzig tornou-se um dos maiores centros de treinamento para a nova psicologia. Em 1881, ele inaugurou um periódico, *Philosophische Studien*, que publicava os resultados dos trabalhos que ele e seus alunos realizavam. Foi a forma institucional do laboratório de Wundt, mais do que sua própria psicologia, que se tornou o paradigma dominante do laboratório de psicologia. O modelo específico de experimentação adotado era o usado na fisiologia. Como seria de se esperar, a psicologia experimental também era chamada de psicologia fisiológica.[1]

Para Wundt, foi a adoção da experimentação o fator que separou, em definitivo, o que ele designava como psicologia empírica da até então psicologia metafísica (1902, 10). Esta última tinha como objetivo desvendar as leis fundamentais da mente, por meio da especulação. Wundt dizia que existiam dois métodos na ciência natural: a experimentação e a observação. A primeira era usada sempre que possível. A segunda era aplicável em campos como a botânica e a zoologia, dotados de objetos naturais que permaneciam em estado relativamente constante. A psicologia, entretanto, ao lidar com processos em lugar de objetos permanentes, só poderia contar com observações exatas mediante o recurso da observação experimental. Somente com a experimentação os processos psíquicos poderiam ser iniciados e interrompidos quando desejado. No caso da psicologia individual, não existiam objetos permanentes; assim, não era possível a observação. Contudo, existiam sem dúvida os produtos mentais, como as linguagens, as ideias mitológicas, os costumes e a criação de comunidades, que podiam ser observadas. Ele denominou esse ramo da psicologia de etnopsicologia (*Völkerpsychologie*). Em seu mapa da hierarquia das ciências, a psicologia era colocada como ciência suplementar em relação à ciência natural, e como ciência fundamental em relação às ciências mentais, e também como ciência empírica preparatória em relação à filosofia.

Para Wundt, os experimentos astronômicos sobre a equação pessoal só eram passíveis de explicação se fosse assumido que os tempos objetivos das impressões auditivas e visuais não eram os mesmos dos tempos da percepção subjetiva, que diferiam conforme os vários observadores (1892, 269). Os experimentos astronômicos não só demonstravam esses fenômenos como também serviam de instrumento para pesquisá-los. A pesquisa astronômica sobre a equação pessoal favorecia a realização de investigações supostamente objetivas das experiências subjetivas.

---

[1] Ver Danziger, 1990.

William James (1842-1910) estudou medicina em Harvard. Em 1867-1868, foi para a Alemanha, onde estudou com luminares científicos como Herman von Helmholtz e Rudolf Virchow. James atravessou um prolongado período de melancolia, com dificuldade para achar sua vocação. Foi um momento decisivo ter lido o trabalho do filósofo neokantiano, Jacques Renouvier, que convenceu James da existência do livre-arbítrio, o que abria a possibilidade de escapar de um universo niilista e determinista. Em 1872, ele foi nomeado professor convidado de fisiologia em Harvard. Seus interesses voltaram-se para a psicologia. Em 1880, foi contratado pelo editor Henry Holt para produzir um manual de psicologia. O trabalho foi finalmente publicado em 1890. Ao completá-lo, ele escreveu para Holt:

> Ninguém poderia estar mais desgostoso que eu com a visão deste livro. *Nenhum* assunto vale a pena ser tratado em 1.000 páginas! Se eu tivesse dez anos mais, poderia reescrevê-lo em 500. Mas, neste momento, é isto ou nada – uma massa lamentável, distendida, intumescida, inchada, hidrópica, que não atesta senão dois fatos: *primeiro*, que não existe o que se possa chamar de uma *ciência* da psicologia; e, *segundo*, que W. J. é um incapaz.[2]

Deixando de lado as dúvidas de James, *The Principles* [Os Princípios] tem sido ampla e justificadamente aclamado como um dos melhores trabalhos já escritos sobre psicologia. Um de seus méritos, e de modo algum o menor deles, era um capítulo contundente intitulado "O método e os esgares da psicologia". Nele, ele abordava as falácias às quais os psicólogos eram propensos, já que esses são repórteres de fatos tanto subjetivos como objetivos. Na formação da nova psicologia, essa era uma questão crítica. Um dos desdobramentos cruciais da revolução científica foi uma diminuição na confiança depositada no depoimento individual, no campo da filosofia natural. Como Stephen Shapin tem afirmado, a confiança no depoimento individual foi substituída pela confiança nas instituições. Estas se tornaram responsáveis por julgar essas formulações rivais da verdade, sancionando o que podia ser considerado um conhecimento coletivo sólido e consistente (1994). Para a psicologia, no entanto, o depoimento pessoal ainda tinha uma importância decisiva.

James começou reconstruindo os conflitos relativos ao uso da introspecção na psicologia. Embora concordando com a opinião em voga de que o método da introspecção é difícil e falível, ele concluía que suas deficiências eram as mesmas em qualquer outro tipo de observação. Consequentemente, a única salvaguarda do método da introspecção seria o estabelecimento final de um consenso sobre o objeto em questão (1890, 1, 192). Pode-se notar de passagem que foi a falha subsequente dos métodos introspectivos em garantir tal consenso, nos demorados debates relativos à existência de pensamentos sem imagens,

---

[2] 9 de maio de 1880, ed. Henry James Jr., 1920, 294.

que muito colaborou para desacreditar o uso da introspecção na psicologia.³ James discutiu, a seguir, o método experimental, desenvolvido pelos chamados "filósofos prisma, pêndulo e cronógrafo", como Weber, Wundt e Fechner. Embora esse método tivesse transformado a psicologia, os "frutos teóricos" produzidos por esses trabalhos ainda eram escassos, embora ele esperasse que surgissem em breve. Por fim, ele se volta para o método comparativo:

> Sucedeu então que os instintos dos animais foram esquadrinhados para lançar luz sobre os nossos; e que as faculdades mentais das abelhas e formigas, as mentes de selvagens, bebês, loucos, idiotas, surdos e cegos, criminosos e excêntricos, são todas analisadas em favor desta ou daquela teoria em particular sobre alguma parte de nossa própria vida mental. A história das ciências, das instituições morais e políticas, e as linguagens, enquanto tipos de produtos mentais, são todas espremidas para prestar o mesmo serviço. Os senhores Darwin e Galton deram o exemplo das circulares com indagações, enviadas às centenas, aos que supostamente poderiam responder a elas. Esse costume difundiu-se e será ótimo para nós, na próxima geração, se essas circulares não forem incluídas entre as pragas da vida cotidiana... Há sérias fontes de erro no método comparativo. A interpretação das "psicoses" de animais, selvagens e bebês é necessariamente um trabalho insano, no qual a equação pessoal do pesquisador enxerga as coisas basicamente do jeito que as quer ver. O selvagem será descrito como desprovido de moral ou de sentimento religioso, se suas condutas chocarem indevidamente o observador. Presumir-se-á que a criança não tem consciência de si mesma porque fala a seu respeito na terceira pessoa... a única saída então é usar de tanta sagacidade quanto possível e ser tão ingênuo quanto se puder.⁴

Com uma brilhante capacidade de previsão, essa passagem critica o que se tornaram as armadilhas de uma grande parte da psicologia do século XX. James atém-se ao fato de que, embora estivessem sendo propostos muitos temas diferentes para o posto de assunto nuclear da psicologia, num nível fundamental todos partilhavam da mesma fraqueza: nenhum deles oferecia uma visão objetiva que resolvesse o problema colocado pelas variações subjetivas dos diferentes psicólogos. Aqui, a equação pessoal, longe de ser alardeada como denotativa de um fator quantificavelmente definível, designava a maneira pela qual os investigadores dão um jeito de só enxergar o que são levados a esperar, sob o efeito de suas próprias preconcepções. O problema foi que a maioria dos psicólogos criou regras universais a partir de suas peculiaridades pessoais (1890, 2, 64). Os únicos recursos propostos por James, para escapar a esse solipsismo epistemológico e sua subsequente anarquia, eram a sagacidade e a

---

³ Ver Danziger, 1980.
⁴ James, 1890, 1914. Em 1927, Jung escreveu: "O fato de que a criança começa falando de si mesma na terceira pessoa é, em minha opinião, uma clara evidência da impessoalidade de sua psicologia". "Alma e terra", *OC* 10, §61.

inocência. Em si, essas duas condutas oferecem apenas uma débil sustentação ao *status* científico da psicologia. Trata-se assim de um *status* mantido apenas pela integridade do psicólogo. Retoricamente falando, ao usar a expressão "equação pessoal" para designar esse dilema, James estava contestando os supostos avanços realizados pela nova psicologia experimental.

James considerava a enganosa influência da fala como uma das fontes principais de erro na psicologia. A tentativa de formar da psicologia uma disciplina científica distinta levou, desde cedo, ao confronto com o problema da linguagem. Não só o linguajar da psicologia funcionava como parasita em relação a outras disciplinas, que iam da filosofia à fisiologia, como ele também se baseava intensamente na comunicação verbal cotidiana. A constituição de uma linguagem distinta para a psicologia era vista como uma necessidade para que ela se distinguisse das disciplinas vizinhas, e também para que pudesse estabelecer sua capacidade analítica superior em relação à fala cotidiana. Houve numerosas tentativas de atingir essas metas, como o Congresso de Genebra de 1909. Em sua maior parte, o meio adotado consistiu em cunhar novos conceitos e, no caso de termos emprestados, tentar designar de forma rígida e restritiva o âmbito de sua conotação. Em *Princípios de psicologia fisiológica*, Wundt levantava essas questões. Dizia que, no começo, todas as ciências são propostas com um conjunto de conceitos já estabelecidos. No caso da psicologia, conceitos tais como o de "mente" incorporavam determinados pressupostos metafísicos (1874, 17). A linguagem já nos proporcionava conceitos como "sensibilidade", "sentimento", "razão", "entendimento", diante dos quais sentimo-nos impotentes. Diante dessa situação, a psicologia tinha de proceder como qualquer outra ciência e estabelecer uma definição exata dos conceitos, organizando-os de maneira sistemática.

Em contraste com Wundt, James afirmava que a linguagem, que não tinha sido elaborada por psicólogos, carece de um vocabulário suficiente para expressar os fatos subjetivos. Enquanto os empiricistas enfatizavam os perigos da reificação dos conceitos, ele acentuava a falácia oposta, ocasionada pela falta de um termo para algum dado fenômeno, assinalando: "É difícil concentrar nossa atenção no que não tem nome" (1890, 1, 195). Um defeito ainda mais sério era o causado pela confiança que a psicologia depositava na fala comum, na qual, por exemplo, "o pensamento da identidade recorrente de um objeto é considerado como a identidade de seu pensamento recorrente" (197). Por meio disto, dizia ele, o "fluxo contínuo do fluir mental" (frase que apontava mais adiante para seu célebre capítulo sobre "O fluxo do pensamento") era equivocadamente concebido pela suposição atomista da existência de entidades ideativas discretas. Com essa acusação, ele pretendia "destituir" a psicologia em inglês depois de Locke e Hume, e a psicologia em alemão depois de Herbart.

A maneira de James tentar neutralizar esse problema linguístico era acentuadamente diferente da de Wundt. Em vez de apresentar definições conceituais rigidamente estáticas dos conceitos, ou de introduzir uma nova terminologia, ele tentava evocar o universo dos fatos subjetivos, ao estender até seu limite máximo os registros metafóricos e evocativos da linguagem. A linguagem usada em *Os Princípios* buscava descrever estados de consciência com as nuances e sutilezas com que se apresentavam:

> Vamos supor que queremos relembrar um nome esquecido. O estado de nossa consciência é peculiar. Há fendas nela, mas não meras fendas. Trata-se de uma fenda intensamente ativa. Existe nela uma espécie de espectro do nome, conduzindo-nos numa dada direção, fazendo com que, em alguns momentos, a sensação da proximidade seja uma presença a latejar em nós, e que depois mergulha no vazio de novo, deixando-nos sem a tão ansiada palavra. Se algum nome errado nos é proposto, essa fenda de definição tão singular age imediatamente, negando-o. Ele não coube no molde. E a fenda de certa palavra não causa a mesma sensação que a de uma outra, embora as duas estejam vazias de conteúdo, já que é o que ambas parecem necessariamente ser, dado que as descrevemos como fendas. Quando tento em vão lembrar o nome de Spalding, minha consciência está distante do que é quando tento em vão lembrar o nome de Bowles... a sensação de uma ausência é completamente diversa da ausência de uma sensação. É um sentimento intenso. O ritmo de uma palavra perdida pode estar ali, sem o som que a reveste; ou a sensação evanescente de algo que é a vogal ou consoante inicial pode zombar de nós à vontade, sem aumentar nem se tornar mais nítida. Provavelmente todos conhecem a sensação torturante do ritmo vazio de algum verso esquecido, a dançar incansavelmente em nossa mente, em busca de ser ocupado pelas palavras (251-252).

Alguns anos após a publicação de *Os princípios*, James respondeu a uma crítica apresentada pelo psicólogo James Ladd. Ele nunca havia afirmado que a psicologia da época fosse uma ciência natural; pelo contrário, ao tratá-la como se fosse, ele esperava ajudar no processo de que ela viesse a sê-lo. Ele definia ciência natural como "um fragmento da verdade, que se pôde partir da massa toda, tendo em vista exclusivamente uma eficácia de ordem prática" (1892b, 271). Sustentava que as ciências naturais almejavam a predição e o controle, e que isso também era verdadeiro para a psicologia (psicólogos subsequentes apossaram-se dessa frase e a repetiram como um mantra, embora sem a devida referência a James). As pessoas de todos os quadrantes da vida também sentiam as mesmas necessidades, e o que pediam da psicologia era que fornecesse regras práticas. Como qualquer outra ciência, a psicologia tinha de se haver com as questões filosóficas. James concluiu que, se a pessoa tivesse de escolher entre uma ciência meramente racional e uma outra ciência da mente meramente prática, "a espécie de psicologia capaz de curar um caso de melancolia, ou desfazer de modo convincente e permanente um delírio insano, deveria ser a escolhida, mesmo diante do mais seráfico vislumbre da natureza da alma" (277). Ele chamava de psicologia estrutural a ciência meramente racional, e de psicologia funcional a ciência de orientação prática.⁵

A mais clara indicação de como James compreendia o papel da equação pessoal na observação psicológica e tentava delimitá-la, aparece em seu estudo de 1909, intitulado "Relato sobre o controle de Hodgson aplicado à Sra. Piper". A Sra. Leonora Piper era médium, e uma das pessoas mais extensamente estudada em todos os tempos, em especial por Richard Hodgson. Por intermédio de seu trabalho com ela, Hodgson converteu-se ao espiritualismo. Logo após a morte dele, como seria de se esperar, as mensagens que ele supostamente estava enviando começaram a ser devidamente transmitidas pela Sra. Piper. E James foi propriamente convocado para conferir a autenticidade das ditas mensagens. James apresentou com abundância de detalhes seu envolvimento com a Sra. Piper, suas opiniões sobre os fenômenos paranormais que ela manifestava, assim como todos os fatores que poderiam distorcer seu relato. Assinalou que havia feito um relato tão ingênuo quanto possível de sua equação pessoal, e pediu aos leitores que dessem o devido desconto a esse fator (1909b, 115). Sob a rubrica de sua equação pessoal, ele incluiu os pressupostos teóricos dos psicólogos, a natureza de seu relacionamento pessoal com os sujeitos que estuda, e seu "desejo de acreditar".

Como veremos adiante, Jung adotou a formulação de James para a equação pessoal, e a considerou como um dos aspectos mais importantes dos quais dependia a possibilidade da psicologia como ciência da subjetividade.

Ciências humanas, culturais e históricas?

O aparecimento da experimentação na psicologia é tradicionalmente descrito como um processo cuja ascensão não conheceu entraves. Essa leitura oculta toda a extensão da competição entre as diferentes propostas e o nível geral das contestações. Além disso, levou muito mais tempo para que os laboratórios experimentais se estabelecessem em grande escala, e passassem a receber apoio financeiro e institucional.⁶ Não eram só os psicólogos que estavam tentando determinar e definir o *status* da psicologia. Vários filósofos também estavam. Esses debates filosóficos contribuíram em muito para formar a linguagem e formatar as questões atinentes ao *status* científico da psicologia; por sua vez, essas mesmas questões foram retomadas pelos psicólogos. Assim, em seu esforço de separar a psicologia da filosofia, para estabelecer a psicologia como uma ciência empírica, os psicólogos, ironicamente, recorreram às concepções filosóficas sobre a ciência e o *status* da psicologia.

---
⁵ Para mais elementos sobre essa distinção, ver a seguir, pp. 224 - 225.
⁶ Ver Ash, 1995.

Uma crítica significativa da psicologia experimental foi apresentada por Wilhelm Dilthey, filósofo alemão. Dilthey (1833-1911) considerava que o principal objetivo de seu trabalho era estabelecer uma base teórica para a compreensão histórica da vida. Começou estudando teologia e depois se voltou para a filosofia. Após diversas indicações, inclusive para uma cátedra na Universidade da Basileia, em 1866, obteve uma na Universidade de Berlim, em 1882, onde permaneceu pelo resto de sua vida. Em 1883, escreveu uma *Introdução às Ciências Humanas*. O subtítulo explicava que aquele trabalho era "uma tentativa de lançar as bases para o estudo da sociedade e da história". Segundo Dilthey, essa base só era possível mediante o estabelecimento de uma distinção entre *Naturwissenschaft* e *Geisteswissenschaft*. A primeira, a ciência natural, está de acordo com o que tem sido geralmente chamado de ciência, pelo mundo de fala inglesa. Já a segunda não tem um equivalente exato, e tem sido traduzida como ciência mental, ciência humana ou erudição sistemática. A distinção de Dilthey, apesar das acaloradas contestações que gerou, tem-se mostrado muito influente.

Dizia ele que a distinção entre as duas disciplinas não só era arbitrária como se assentava numa dicotomia fundamental. As ciências naturais lidam com fatos baseados nos sentidos, ao passo que as ciências humanas se baseiam nas experiências íntimas e na realidade histórico-social. Havia uma incomensurabilidade entre os processos materiais e os naturais. Enquanto as ciências naturais analisam as conexões causais nos processos da natureza, as ciências humanas tentam apreender o que é singular e o individual, e as singularidades que o moldam. A disciplina mais elementar das ciências humanas era a psicologia, e seu objeto especial de estudo era o indivíduo. Até então, o problema era que essa posição central "estava sendo ocupada apenas por generalizações vagas sobre experiências de vida, criações poéticas, descrições do caráter e dos destinos das pessoas comuns, e por verdades indefinidas que o historiador tece como uma narrativa" (1883, 95). A psicologia deveria substituir esse conteúdo, proporcionando, então, uma base consistente para as ciências humanas em geral.

A proposta de Dilthey de que existiam duas espécies diferentes de ciências, e que a psicologia pertencia às ciências humanas, era diretamente oposta à perspectiva dos psicólogos experimentais. Para estes, a psicologia poderia tornar-se uma ciência mediante a aplicação dos procedimentos experimentais dos métodos explicativos das ciências naturais ao sujeito humano. O fortalecimento da psicologia experimental levou-o a embarcar numa crítica dessa tendência. Em 1894, contrastou a psicologia explicativa com a psicologia descritiva ou analítica (usando o termo "Analytische Psychologie").[7] A primeira tentava estabelecer um sistema causal que explicasse a vida da alma por meio da combinação de seus elementos componentes. Consistia na análise, quer dizer, na descoberta dos elementos e dos fenômenos da psique, e na síntese ou construção de como esses elementos seriam reunidos. O problema básico da

---

[7] 1894, 182 e 239, edição em alemão; 64 e 119, edição em inglês.

psicologia explicativa era a indevida e errônea aplicação do método das ciências naturais à vida psíquica e à história. A experiência interior não poderia ser comparada aos processos da natureza. Enquanto a natureza é *explicada*, ele dizia, a vida psíquica é *compreendida*. Compreender (*Verstehen*) tem mérito próprio. Em vez de adotar o método construtivo, ele sustentava que a psicologia tinha de começar pelo evoluir da vida psíquica, e não tentar derivá-la de processos elementares. Dilthey criticava o reducionismo da psicologia explicativa. O evoluir da vida psíquica não poderia ser explicado como mera combinação de suas partes constitutivas, pois a combinação dos elementos psíquicos produzia novas propriedades qualitativas, não contidas nos elementos isolados. Era precisamente esse o aspecto criativo. A vida psíquica era caracterizada por uma deliberação interior, não condicionada por metas externas. Ele usava a seguinte analogia para ilustrar seu argumento: "A princípio, a análise tem a ver, por assim dizer, com a articulação arquitetônica do edifício acabado; no começo, não se volta para as pedras, ou a argamassa, ou sequer para as mãos que trabalharam esses materiais, mas sim para a coerência interna das partes" (58). A distinção que Dilthey fazia entre ciências naturais e humanas, embora tivesse sido influente, não se manteve isenta de contestações. Em 1894, Hermann Windelband, um proeminente filósofo neokantiano, apresentou seu discurso à reitoria da Universidade de Estrasburgo, intitulado "História e Ciência Natural". Nesse texto, Windelband desafiava a dicotomia de Dilthey, usando o caso da psicologia para destacar a insuficiência dessa formulação, já que uma ciência tão importante não poderia, pelos critérios de Dilthey, ser classificada, sem ambiguidades, como ciência natural ou humana. Windelband afirmava que, da perspectiva de seu assunto central, ela só poderia ser uma ciência humana e, em certo sentido, capaz ainda de ser descrita como a base das demais ciências humanas. Sua metodologia, entretanto, pertencia às ciências naturais. Ele propunha como alternativa, então, traçar uma distinção entre as ciências que almejavam estabelecer leis gerais, e as ciências que pesquisavam fatos históricos específicos. As primeiras seriam as ciências nomotéticas e as segundas, as ciências idiográficas. A psicologia era uma ciência nomotética, pois tentava estabelecer leis gerais. As ciências idiográficas, por outro lado, tentavam oferecer uma descrição completa e abrangente de um único processo dentro de um único domínio temporalmente definido da realidade. Embora nas ciências idiográficas as proposições gerais fossem necessárias, não tinham por objetivo estabelecer leis gerais. Para Windelband, contrariamente a Dilthey, o mesmo tema poderia ser objeto dos dois tipos de investigações.

A filosofia da ciência de Windelband foi desenvolvida mais além pelo filósofo Heinrich Rickert (1863-1936). Rickert realizou sua dissertação sob a orientação de Windelband, e ocupou uma cadeira na Universidade de Freiburg. Em 1899, publicou um ensaio intitulado "Ciências naturais e ciências culturais (*Kulturwissenschaft*)". Rickert afirmou que, diferentemente de Windelband, ele fazia uma distinção entre as ciências individualizadoras e as generalizadoras. Ele enxergava mais uma diferença relativa entre as duas espécies de ciência, e não tanto uma antítese. A ciência cultural paradigmática era a história, pois se propunha a estudar o "evento irrepetível em sua particularidade e individualidade" (14). Embora a psicologia ainda não tivesse apresentado uma teoria com reconhecimento geral, usava o método generalizador das ciências naturais.[8] Em 1902, ele levou a distinção mais longe e a empregou para lançar sua crítica da dominação exclusiva exercida pelas ciências naturais, manifestando-se também contra a tentativa de se construir uma visão de mundo segundo aqueles parâmetros.

Rickert afirmava que, nas ciências naturais, os conceitos eram abstratos, formados a partir de expurgos de percepções empíricas. Assim que a realidade empírica era concebida nos termos da ciência natural, perdia sua singularidade. O traço distintivo da realidade empírica era o de ser situada no tempo e no espaço. Por isso, só poderia ser abordada adequadamente através de uma ciência histórica. Enquanto isso, os psicólogos continuavam tentando abordar o singular e o individual a partir de uma ampla variedade de ângulos.

Psicologia individual

Em 1890, James observou que, em geral, os filósofos tinham suposto a existência de uma mente típica, com a qual se assemelhavam todas as mentes individuais (1890, 2, 49). Recentemente, porém, a falácia desse axioma fora demonstrada numa série de estudos que haviam começado a comprovar a amplitude e a extensão das diferenças entre as mentes individuais. A esse respeito, ele dizia que as pesquisas de Francis Galton (1822-1911) sobre as imagens mentais haviam inaugurado uma nova era na psicologia descritiva. Galton foi um sujeito multifacetado que contribuiu para muitos campos diferentes. Seus estudos foram reunidos em 1883, num volume intitulado *Inquiries into Human Faculty and its Development* [Investigações da Faculdade Humana e seu Desenvolvimento], que surtiu um importante impacto na promoção do estudo psicológico das diferenças individuais.

A questão das diferentes capacidades para produzir imagens mentais, presentes nos indivíduos, e a desejabilidade de um estudo estatístico desse tema, tinham sido aventadas em 1860 por Gustav Fechner, em sua *Psychophysics* [Psicofísica]. David Burbridge sugere (1994, 446) que, depois de ler Fechner, Galton pode ter-se motivado a empreender essa investigação, e preparou um questionário para pesquisar a força e a natureza das imagens mentais. Entre 1879 e 1880, Galton distribuiu várias centenas desse questionário. Primeiro investigou os cientistas, pois alegava que eles eram os que mais provavelmente

---

[8] 1928, 157. Segundo Rickert, a psicologia estava longe de ser uma "ciência de verdade" devido a sua ausência fundamental de uma clareza metodológica.

dariam respostas precisas. Sua relação de nomes dos que responderam à pesquisa parece mais a lista de "quem é quem" na ciência britânica (ibid., 450-452). Para sua surpresa, os resultados indicaram uma incidência muito baixa de imagens mentais entre cientistas. Disso ele derivou a conclusão geral de que havia uma grande variação na capacidade para imagens mentais entre as pessoas, e que era possível obter dados estatísticos a respeito da mente alheia.

Embora seu foco fosse a preponderância das imagens visuais, uma parte de suas observações foi retomada e ampliada pelo destacado neurologista francês Jean-Marie Charcot, em seu trabalho sobre a afasia. Charcot (1825-1893) era catedrático na Universidade de Paris e, em 1882, abriu uma clínica neurológica no hospital da Salpêtrière. Charcot se tornou um dos mais renomados neurologistas da Europa. Por meio de sua pesquisa sobre a afasia, elaborou uma teoria com quatro tipos fisiológicos, classificados de acordo com os centros da memória parcial de palavras que predominavam em sua representação: auditivo, visual, motor e indiferente.[9] Enquanto Charcot se concentrava nos casos de afasia, em 1886 o jovem psicólogo Alfred Binet (1857-1911), que trabalhava no Salpêtrière, valeu-se das observações de Charcot para construir um modelo geral com quatro tipos sensoriais de indivíduos: o tipo visual, o tipo auditivo, o tipo motor e o tipo indiferente. Esses tipos foram extensamente usados.[10] Inicialmente, Binet dedicara-se a estudar Direito, abandonando esse curso em 1878 para estudar com Charcot. Depois de trabalhar alguns anos no Salpêtrière, aceitou em 1891 um cargo no laboratório de psicologia fisiológica na Sorbonne, recém-criado por Henri Beaunis, em 1889. Em 1894, tornou-se o diretor do laboratório, que liderou até sua morte.

Em 1895, Binet e Victor Henri lançaram uma declaração programática com o periódico recém-fundado L'Année Psychologique [Anais de psicologia], editado conjuntamente por Binet e Henri Beaunis, para promover a discussão em torno de um novo ramo da psicologia: a psicologia individual. Como observa John Carson, o trabalho de Binet na Sorbonne durante esse período era profundamente influenciado pela visão que Wundt defendia da psicologia, como ciência de bases experimentais (1994, 226). Em seu artigo, Binet e Henri afirmam que, embora a psicologia geral, que havia prevalecido até então, estudasse as propriedades gerais dos processos psíquicos, o objetivo da psicologia individual era estudar as diferenças individuais desses processos (1895, 411). Nesse aspecto afastam-se da proposta de Wundt, que se concentrara na tentativa de estudar as capacidades humanas gerais, não as particulares. Diversamente de Wundt, Binet e Henri diziam que os processos mentais superiores, tais como a memória, o raciocínio e a imaginação, também eram passíveis de experimentação. E insistiam que a psicologia individual tinha pela frente duas

---

[9] Ver Gasser, 1995.
[10] Ver Binet, 1886, James, 1890, 2, cap. 18. Théodule Ribot observou que também existia um tipo afetivo, caracterizado por uma pronta retomada vivencial das representações afetivas (1896, 166). Sobre Ribot, ver adiante, pp. 205-206.

tarefas: identificar as propriedades variáveis desses processos e determinar sua variação individual; além disso, esse ramo devia estudar a relação desses vários processos no íntimo da pessoa, determinando a eventual predominância de algum deles e estudando o nível de sua mútua interdependência (412). O resultado dessa análise seria um relato científico preciso do "caráter" do indivíduo. Estava claro que a psicologia individual tinha a intenção de substituir o estudo "pré-científico" dos temperamentos, caráteres, humores etc., junto com os múltiplos meios até então desenvolvidos para descrever a diversidade humana.

A determinação dos processos dominantes numa pessoa assumiu a forma de tipologias. Num artigo subsequente de acompanhamento e avaliação, Binet descreveu os experimentos que haviam sido conduzidos com um grupo de escolares. O procedimento elaborado consistira em apresentar aos sujeitos uma imagem, por dois minutos, após os quais as crianças tinham dez minutos para descrever o que tinham visto, da maneira mais detalhada possível. Os investigadores tinham como objetivo estudar os diferentes processos psíquicos desencadeados por um mesmo objeto (Binet, 1897, 299). Os resultados obtidos com os experimentos levaram-nos a distinguir cinco tipos morais e intelectuais: descritivo, observador, emocional, erudito e o poético-imaginativo.

Ao longo de toda a sua carreira, Binet mostrou-se equivocado a respeito do papel dos métodos experimentais na psicologia. Como aponta Carson, embora Binet fosse um dos mais ativos psicólogos no campo da psicologia experimental na França, também era um de seus mais severos críticos (1994, 242). Nisso adotava a mesma conduta de Théodore Flournoy, na Suíça, e de William James, nos Estados Unidos. É significativo que, em cada um dos casos, os métodos experimentais fossem desfavoravelmente comparados com o estudo detalhado das vidas individuais em ambientes naturais. Os três autores diziam que esses estudos tinham o propósito de fornecer resultados de maior utilidade prática do que o trabalho feito dentro dos laboratórios.

Em 1903, em *Experimental Study of Intelligence* [Estudo Experimental da Inteligência], Binet apresentou descrições extensas dos tipos observador e imaginativo, relatando o estudo de suas filhas, Madeleine e Alice, citadas sob os pseudônimos de Marguerite e Armande. Ele as submeteu a uma série de testes, tais como fazer associações a uma lista de palavras. Os resultados mostraram duas formas típicas e distintas de reação. Binet afirmou que o objetivismo, a tendência a viver no mundo exterior, e o subjetivismo, a tendência a se envolver com o campo da própria consciência, caracterizavam tipos mentais diferentes (297). Binet defendia a investigação profunda e minuciosa dos indivíduos, em especial daqueles que já eram bem conhecidos.

A utilização de uma investigação clínica profunda e minuciosa como modo de pesquisar as diferenças tipológicas facilitou em muito a transição para a utilização da psicoterapia como recurso metodológico para o estudo das diferenças individuais, que foi precisamente o que Jung tentou fazer, mais tarde.

Psicologia diferencial

Em 1900, William Stern (1871-1938), professor convidado de filosofia na Universidade de Breslau e antigo aluno do psicólogo experimental Herman Ebbinghaus, começava seu *On the Psychology of Individual Differences (Ideas for a "Differential Psychology")* [A Psicologia das Diferenças Individuais (Ideias para uma "Psicologia Diferencial")], proclamando ousadamente que a individualidade seria o grande problema do século XX.[11] Embora a nova psicologia experimental tivesse se voltado essencialmente para a formulação de leis gerais do funcionamento mental, Stern afirmava que a tarefa que a psicologia tinha pela frente era, a partir de então, a descoberta dos princípios das diferenças individuais. Como para ele a tarefa da psicologia consistia no estabelecimento de leis, a tarefa específica da psicologia diferencial seria determinar os tipos respectivos de indivíduos.

Ao detalhar seu método, Stern considerou os problemas acarretados pela introspecção. A introspecção não poderia, por si só, estabelecer se um determinado fenômeno psíquico era individual ou não. E expôs o problema representado pelas peculiaridades individuais do psicólogo: "O psicólogo que tenha nascido cego jamais poderá entender a constituição do tipo visual" (22). Ele dizia que essas dificuldades poderiam ser superadas pela observação de outros profissionais, predominantemente pela experimentação.

Entre os tipos que ele descreveu estavam os tipos de julgamento objetivo e julgamento subjetivo. No caso do primeiro, os julgamentos eram basicamente determinados por estímulos externos; no do segundo, pelo estado do sujeito. Em 1935, ao comentar sobre os tipos de caráter, ele retomou essa distinção, observando que havia discernido os tipos "objetivo" e "subjetivo", em 1900, e que os termos junguianos "introvertido" e "extrovertido" haviam sido propostos para uso em época posterior (1938, 434-435). Essa referência sugere que Stern estava fazendo uma alegação de antecedência.

Em sua autobiografia, Stern disse que, mesmo na época em que escreveu seu livro, ele enxergava as limitações da psicologia diferencial, salientando que a verdadeira individualidade não poderia ser alcançada por essa disciplina. O motivo para tanto era a psicologia diferencial ter dissecado a unidade da vida mental, e, à semelhança de outras ciências, ser generalizadora. A esse respeito, Stern adotava a concepção de Rickert, para quem a psicologia era uma ciência generalizadora. Dizia que o conceito de tipo era uma regra funcional geral: "Relegar um indivíduo a um tipo ou a vários tipos nunca fará justiça à inefável particularidade de sua individualidade" (1930, 347). Em seu trabalho com a tipologia psicológica, Jung iria também deparar subsequentemente com o mesmo dilema.

---

[11] 1900, prefácio. Jung possuía um exemplar desse livro.

No início do século XX, como observa John Carson, a psicologia individual estava fragmentada num leque de programas de pesquisas desvinculados entre si (1994, 300). Parte do problema era que pareciam existir tantas tipologias quantos pesquisadores havia com muito pouco vocabulário em comum, para nem citar a ausência de um consenso. É difícil desfazer a impressão de que os diferentes modelos conceituais que iam sendo propostos pareciam atender em parte a necessidade de justificar a introdução de uma nova terminologia para substituir a de outros psicólogos, relegando assim seus trabalhos a uma posição secundária. É por isso que quando Jung retomou essas questões, é razoável dizer-se que elas haviam alcançado um impasse.

Tornando-se psiquiatra

Para Aniela Jaffé, Jung disse que sua vida tinha sido tramada e concatenada por um único propósito: descobrir como penetrar no segredo da personalidade.[12] Em *Memórias*, Jung narrava que seus interesses científicos cada vez mais fortes durante a adolescência levaram-no a resolver que estudaria ciência na universidade. Ter escolhido medicina – que ele considerava uma ciência estabelecida – foi uma decisão secundária que lhe permitiria ganhar seu sustento (104-106). Quanto à especialização, achava que iria escolher entre cirurgia e medicina interna. Se tivesse tido recursos para tanto, teria escolhido a primeira.

Os manuais de psiquiatria não são famosos por proporcionar revelações. Entretanto, parece que foi justamente isso o que aconteceu com Jung. Por volta do final da Faculdade de Medicina, Friedrich von Müller, que era o diretor da clínica médica da Universidade da Basileia, convidou-o a acompanhá-lo numa visita a Munique, na qualidade de seu assistente. Ele teria aceitado o convite e se dedicado à medicina interna se não tivesse começado a ler o trabalho de Krafft-Ebing, *Manual de Psiquiatria*, ao se preparar para um exame estadual. Jung recorda:

> Foi então que li no prefácio: "Provavelmente é devido à peculiaridade do sujeito e às lacunas em sua elaboração que os manuais de psiquiatria são marcados por um caráter mais ou menos subjetivo". Algumas linhas mais adiante, o autor chamava as psicoses de "doenças da pessoa"... Tinha ficado claro, num lampejo de iluminação, que não poderia haver para mim nenhuma outra meta além da psiquiatria... Esse era um campo empírico, comum aos fatos biológicos e espirituais, que eu buscava em toda a parte e não tinha encontrado até então... A intensa reação que experimentei se deu quando li em Krafft-Ebing seu comentário sobre o "caráter subjetivo" dos manuais de psiquiatria. Então, pensei, os manuais são, em parte, a confissão subjetiva do

---

[12] MP, 14.

autor que, com seus preconceitos, com a totalidade de seu ser, está por trás da objetividade de suas experiências e reage à "doença da pessoa" com toda a sua personalidade. (*Ibid.*, 129-30, trad. mod.)[13]

A leitura que ele faz de Krafft-Ebing é curiosa. Após a primeira sentença que ele citou, Krafft-Ebing escreve que seu trabalho apresentava quadros patológicos baseados em 33 anos de trabalho clínico. A correspondência geral entre suas experiências e as de outros observadores garantia que ele tinha tido razão, e que havia leis fixas que permitiam o estabelecimento de quadros patológicos distintos (1879-1880, III). Assim, Krafft-Ebing apresenta seu manual como um texto que alcançou o nível da objetividade, superando os percalços dos manuais psiquiátricos anteriores. Da mesma forma, na sentença final, ele afirma que *apesar* da variedade de manifestações pessoais das doenças, ele tinha conseguido estabelecer quadros patológicos distintos, devido à regularidade com que os distúrbios se manifestavam.

Jung entendia que o prefácio de Krafft-Ebing formulava uma determinada questão, a saber, poderia a psiquiatria ser uma ciência diante de seu caráter inescapavelmente subjetivo? Quando passou a designar seu trabalho como psicologia, foi essa a questão que Jung mais reiteradamente colocou sobre a psicologia. A série de soluções que ele propôs, em variados estágios, moldaram de maneira significativa o que se tornou seu trabalho mais famoso, e que até o presente momento não tem sido visto por esse ângulo.

Diferenças nas associações

Em 1903, o psicólogo de Genebra, Édouard Claparède, observou que, em razão do interesse dos últimos tempos pela psicologia individual, estava se tornando cada vez mais frequente e proeminente a questão de haver ou não coeficientes individuais marcando o processo da associação.[14] Dentro da antiga tradição associacionista da filosofia e da psicologia, a associação era entendida como a característica definidora da mente. Portanto, se existiam tipos mentais, deveria ser razoável supor que esses tipos se revelariam por meio de reações associativas de diferentes formas. Em segundo lugar, desde Wundt, as associações vinham sendo usadas em grande número de estudos experimentais, pois

---

[13] Jung tinha a quarta edição de 1890, assinada e datada de 1899. Para Ingaret Gifford, Jung disse: "O verdadeiro motivo de eu ter-me dedicado à psicologia foi que, na infância, eu sempre percebia que não entendia as pessoas – elas eram incompreensíveis para mim" (entrevista a Ingaret Gifford, em 20 de julho de 1955, JP, original em inglês).
[14] 201. Jung cita frequentemente esse trabalho em seus estudos sobre associação. Sobre Claparède, ver adiante, pp. 227-228.

pareciam ser um recurso já pronto para a abordagem quantitativa dos processos mentais, e facilmente aplicável nas investigações de laboratório.

Em dezembro de 1900, após concluir a Faculdade de Medicina, Jung assumiu o posto de médico-assistente no hospital psiquiátrico Burghölzli, em Zurique, que era uma clínica universitária. Numa importante passagem, omitida do *Memórias*, Jung contou para Aniela Jaffé que inicialmente tinha se interessado pela pesquisa da anatomia do cérebro e que trabalhara no Burghölzli preparando dissecações de cérebros. Esse laboratório era dirigido por Alexander von Muralt, que se tornara amigo íntimo de Jung nessa fase. Jung ministrou cursos de histologia. Ele se lembrava de que, vez ou outra, indagava de Muralt o que realmente se estudava na anatomia do cérebro, e o que é que realmente se via no cérebro de um paciente com demência precoce. Muralt respondia a essas questões dizendo que não se via nada e que não havia um motivo real para se fazer isso. Certo dia, Muralt parou de ir ao laboratório e Jung lhe perguntou por quê. Ele respondeu que agora estava interessado em fotografia. Jung perguntou-lhe se isso tinha alguma relação com a dissecação de cérebros, e ele disse que era só por esporte. Isso fez com que Jung percebesse que a dissecação de cérebros também era um esporte, o que, por sua vez, o levou a seus experimentos com associação.[15] Von Muralt também foi importante para a carreira de Jung em outro sentido. Em 1905, teve tuberculose e foi para Davos. Von Muralt tinha sido o primeiro "Oberarzt", o que significava que era o segundo homem na hierarquia de comando da instituição, depois de Bleuler. Em consequência de sua enfermidade, o posto ficou vago e Jung ocupou seu cargo.

Foram seus experimentos com as associações que estabeleceram a reputação de Jung como uma das estrelas em ascensão no cenário da psiquiatria internacional. Nesse contexto, pretendo discutir alguns aspectos desse trabalho de pesquisa, conduzido no laboratório de psicologia do Burghölzli. Nesses experimentos, os sujeitos eram solicitados a responder a uma lista com cem palavras, lidas em sequência, enunciando a primeira palavra que lhes ocorresse. Esse experimento havia sido inicialmente elaborado por Galton, e depois retomado e desenvolvido por Wundt, para estudar os tempos de reação.

O objetivo inicial desses experimentos no Burghölzli era obter um instrumento que ajudasse no diagnóstico diferencial dos distúrbios mentais. Esse projeto fracassou, e os pesquisadores descobriram que não tinham condições de diferenciar os gêneros das desordens com base naqueles experimentos. A pesquisa, entretanto, assumiu um novo caráter: a atenção foi redirecionada para as perturbações nas respostas. Jung e seu principal colaborador, Frank Riklin, afirmavam que as perturbações nas respostas eram devidas a associa-

---

[15] Para Aniela Jaffé, Jung lembrou que posteriormente von Muralt lhe disse que ele e outros médicos do Burghölzli tinham se perguntado se Jung era ou não psiquicamente anormal, já que em seus primeiros seis meses de trabalho na instituição ele não saíra de lá uma única vez (MP, 326).

ções que haviam sido disparadas pela palavra-estímulo na mente do sujeito. As palavras despertavam o que eles chamavam de complexos emocionalmente carregados.

Jung e Riklin também afirmaram que haviam estabelecido duas formas típicas de reação. Certos sujeitos manifestavam uma tendência a expressar julgamentos subjetivos e a construir relações com seu ego (1904, OC 2, §97). A formação dessa reação se manifestava no processo da associação. Deduziu-se disso que os experimentos com associações poderiam ser usados para determinar experimentalmente, de maneira quantificável, o tipo de reação de um indivíduo – por exemplo, calculando o número de reações autorreferentes ou egocêntricas, num dado teste. Jung e Riklin alegaram que existiam dois tipos bem caracterizados. No primeiro tipo, as experiências subjetivas e muitas vezes emocionalmente carregadas estavam presentes em suas reações. No segundo, as reações exibiam um tom objetivo e impessoal (§412).

Na realidade, Jung estava fundindo a metodologia experimental de Wundt, aplicada ao estudo dos tempos de reação e à pesquisa sobre associações de palavras, com o projeto da psicologia individual ou diferencial, tal como Binet e Stern a haviam estabelecido, combinando depois esses dois vetores com a abordagem clínica da psicologia francesa do subconsciente.[16] Dessa maneira, ele estava tentando desenvolver um método clínico-experimental, que denominou de psicopatologia experimental. A impressão que isso deu de se poder conduzir a psicoterapia de uma maneira supostamente científica, por meio da adoção de alguns procedimentos do laboratório experimental, significou muito para assegurar a popularidade da pesquisa de Jung com as associações, em particular na América. O consagrado psiquiatra Adolf Meyer saudou o artigo de Jung e Riklin em termos elogiosos: "Esse trabalho notável, e sua continuação, são, sem dúvida, a melhor contribuição feita à psicopatologia no último ano".[17] Em sua revisão dos estudos subsequentes sobre os experimentos com associações, Meyer descreveu a realização de Jung nos seguintes termos: "É de longe a mais próxima formatação de uma abordagem ao teste experimental, em que se combinam as pesquisas qualitativa e quantitativa do fluxo da atividade mental e seus fatores mais frequentes de perturbação" (1906, 280).

Entretanto, essa combinação de uma investigação qualitativa e quantitativa, ou dos métodos clínico e experimental, significava um equilíbrio instável, como alguns críticos, principalmente Binet, Janet e Stern, perceberam.

---

[16] Ver Shamdasani, 1996.
[17] 1905, 242. Sobre Meyer e Jung, ver Leys, 1985.

Reações críticas

No inverno de 1902, Jung foi para Paris para assistir às palestras de Pierre Janet no Collège de France. Nessa ocasião, Jung considerava os franceses os "líderes da psiquiatria".[18] Jung também revelou um outro motivo para sua viagem a Paris. Disse que, antes de ir até lá, havia descoberto o complexo emocionalmente carregado, e que sua intenção original era trabalhar nisso com Binet. Este recebeu Jung com grande consideração, mas o plano original foi abandonado porque os experimentos teriam de ser realizados em francês (317).

Podem ter havido outras razões para Jung ter abandonado a pesquisa que pretendia fazer com Binet. Em seu *Estudo Experimental da Inteligência*, ao descrever seu método para fazer os sujeitos escreverem 20 palavras tão rápido quanto possível, Binet criticou o uso dos experimentos com associações, e disse que seu método era muito superior. Em vez de resultar em associações isoladas, sua pesquisa levava a uma cadeia contínua de 20 delas. Isso tinha a vantagem de ser muito mais próximo dos acontecimentos naturais. Além disso, o sujeito ficava muito mais livre e espontâneo que nos experimentos com associações, que o forçavam a apresentar associações artificiais (1903, 59-60). Para Binet, o método artificial de Jung simplesmente levava à produção de artefatos experimentais, uma vez que não lidava adequadamente com o problema da sugestão. É possível que Binet tivesse expressado o mesmo sentimento a Jung, quando este o procurou com a ideia de uma pesquisa colaborativa sobre os experimentos com associações. Jung nunca respondeu a essas críticas.

Ellenberger notou o paralelo próximo entre os tipos propostos por Binet – "introspecção" e "extrospecção" – e a "introversão" e "extroversão" de Jung. Ele sugeriu que como o livro de Binet tinha aparecido quando Jung estava em Paris, ele pode tê-lo lido e depois esquecido. Isso ainda poderia ser entendido como um outro caso do que Flournoy chamou de criptomnésia, a recuperação espontânea de recordações esquecidas (Ellenberger, 1970, 703). A tipologia de Binet não é citada nem no trabalho de Jung sobre os experimentos com associações, nem em qualquer um de seus trabalhos posteriores sobre tipologia psicológica. É possível que essa ausência de citação possa ter alguma relação com as circunstâncias que cercaram o fato de Jung ter abandonado o projeto de pesquisa que propusera a Binet.

Críticas semelhantes às feitas por Binet aos experimentos com associações de Jung foram apresentadas por Janet, que manifestou uma fria análise do trabalho de Jung no Congresso Internacional de Medicina, em Londres, em 1913, ao qual Jung também compareceu. Depois de criticar o método das associações livres de Freud, Janet afirmou que o procedimento proposto por Jung era mais interessante, pois retomava um antigo procedimento experimental (1914-15,

---

[18] CMS, 311.

12-13). O julgamento do método de Jung por Janet, no entanto, não foi mais positivo do que a crítica que ele fez da psicanálise. Com sujeitos adequados e interessados, cujas ideias fixas já fossem conhecidas do experimentador, poderiam ser preparadas listas compatíveis de palavras. Ele tinha tentado isso, e demonstrara que reações prolongadas e anormais poderiam ser obtidas a palavras coligadas às ideias fixas do sujeito. Contudo, duvidava que isso realmente acontecesse caso as ideias fixas do sujeito não fossem conhecidas, ou quando as palavras não representassem recordações poderosas para a pessoa. Ele afirmava, sobretudo, que haveria erros clínicos se se tentasse usar esse método como ferramenta diagnóstica. Tempos longos de reação poderiam simplesmente ser induzidos introduzindo-se termos como "merda" ou " sua xoxota". Além do mais, muitos sujeitos não gostavam de ser usados nos experimentos, e esse fator podia facilmente ter mais efeito sobre a pesquisa do que suas recordações emocionais.

Para Janet, o experimento de Jung com associações fracassou por causa de uma falha elementar de metodologia experimental. Seu valor comprobatório para a teoria psicanalítica da repressão foi anulado, já que ele também confirmava a teoria de Janet quanto à existência de ideias subconscientes fixas. Seu valor diagnóstico foi refutado e o método, excluído. E, finalmente, seu valor clínico foi reduzido a uma espécie de iatrogênese, dado que seu uso poderia levar à postulação de memórias traumáticas onde elas não existiam.

Em 1905, Stern escreveu uma revisão do artigo de Jung, intitulado "Sobre o comportamento dos tempos de reação nos experimentos de associação", que fora publicado nesse mesmo ano. Stern focalizou um exemplo que Jung dera de uma mulher casada, na qual ele alegava ter detectado um complexo de gravidez, a saber, ela temia que sua gravidez pudesse fazer o marido se afastar dela. Stern argumentou que a metodologia de Jung de pedir esclarecimentos retrospectivos poderia facilmente desviar a pessoa do rumo, pois somente com base na auto-observação do sujeito o investigador projetava uma relação de representações latentes entre atos previamente isolados de associação, que poderiam não ter, de fato, sido efetivos a cada momento. Devido a isso, as supostas explicações tornavam-se interpolações (1905, 440).

Em sua réplica, Jung concordou que seu método era difícil e perigoso, especialmente nas mãos de pesquisadores inexperientes. Contudo, numa atitude que lembrava a de Binet, ele ressaltou que era esse o motivo de ele haver escolhido testar pessoas que já eram bem conhecidas, eram psicológicas, e experientes na observação das associações (1905, *OC* 2, §761). Nesse sentido, ele estava seguindo o método de Wundt de usar observadores treinados como sujeitos. Jung parece que conhecia muito bem seu primeiro sujeito, escolhido por Stern como alvo de seus comentários: parece que era a própria esposa de Jung, grávida durante a maior parte de 1904 e 1905, com os dois primeiros filhos do casal. Quanto à crítica da interpolação, Jung afirmou "até mesmo Freud tem sido acusado de interpretar na declaração de uma pessoa mais do que de fato existe ali" (1905, *OC* 2). E acrescentava que, quando um sujeito era solicitado a verbalizar o que lhe vinha à mente em conexão com uma ideia, é claro que ele provavelmente daria como resposta uma associação "canalizada" em vez de espontânea. Isso acontecia com qualquer forma de elucidação retrospectiva. Entretanto, isso mal rebatia a crítica de Stern, pois se qualquer forma de elucidação retrospectiva tinha um efeito tão direcionador sobre a explicação, a elucidação retrospectiva seria insuficiente para estabelecer que as várias associações eram, de fato, devidas à ativação de um determinado complexo, como previa Jung.

Este nunca deixou exatamente claro por que interrompeu o trabalho com as associações nesse período. Um aluno seu, o psicólogo analítico H. G. Baynes, dá indícios de que Jung tomara consciência do papel representado pela equação pessoal. De acordo com Baynes, Jung constatou que a personalidade e o sexo do experimentador "introduziam um incalculável fator de variação" (1927, 108). Numa determinada ocasião, ele conduziu um experimento de associação com um colega, usando um galvanômetro. Quando pediu ao colega que pensasse em alguma coisa desagradável, houve apenas uma leve deflexão na leitura do aparelho. Depois, perguntou se ele estava pensando no incidente ocorrido naquela manhã, no hospital, o que desencadeou uma violenta oscilação da agulha. Embora o conteúdo tivesse sido o mesmo nos dois casos, a reação variou de maneira dramática. Segundo Baynes, ele deduziu disso que conteúdos conhecidos ou partilhados por outro alguém tinham um "valor energético" diferente dos não partilhados e, além do mais, que a pessoa com quem a informação era repartida era um outro fator significativo. Por conseguinte, era impossível excluir a equação pessoal.

A equação pessoal na psicanálise

A correspondência entre Freud e Jung é difícil de categorizar quanto à frequência com que criticam e falam mal de seus colegas da psicologia e da psiquiatria e, finalmente, com que passam a falar mal um do outro. Uma das razões para tanto é o emprego de um estilo especial de crítica psicológica *ad hominem* que, em termos simples, enfim, se transformou em afirmações sobre a inconsistência da teoria de uma determinada pessoa, já que ela é neurótica, psicótica ou pior (o único remédio sendo a psicanálise). Essa espécie de crítica é significativa pois personifica uma determinada maneira de entender a relação entre a subjetividade de um psicólogo e suas teorias.

Essa questão será retomada a seguir, nos termos da fase final do relacionamento entre Freud e Jung, por ser o cenário em que se apresenta em suas cores mais acentuadas. No dia 15 de novembro de 1912, Jung comentou com Ernest Jones que

> Freud está convencido de que estou pensando sob a influência dominadora de um complexo paterno contra ele e que, por isso, tudo é uma grande bobagem complexada... Ele já deixou de ser meu amigo, e entende que todo o meu trabalho é uma resistência pessoal contra ele e a sexualidade. Fico completamente impotente diante de uma insinuação como essa... Se Freud entende cada tentativa de formular novas ideias sobre os problemas da psicanálise como resistência pessoal, as coisas se tornarão impossíveis.[19]

Poucas semanas depois, essa questão veio abertamente à tona na correspondência entre Freud e Jung. No dia 29 de novembro de 1912, Freud explicou o desmaio que havia tido na presença de Jung, alegando "um pouco de neurose, que eu ainda tenho de cuidar melhor" (*FJL*, 524, trad. mod.). Jung se prevaleceu dessa confissão em sua resposta, dizendo que era um problema que deveria ser levado a sério. Alegava que era esse o fato que impedia Freud de compreender o trabalho que ele, Jung, tinha apresentado mais recentemente. Dessa forma, a resposta de Jung ao que ele entendeu ter sido um julgamento de Freud sobre seu trabalho foi simplesmente diagnosticar Freud do mesmo modo como fora diagnosticado. Jung sublinhou o fato de Freud ter iniciado seu *A interpretação dos sonhos* com "a pesarosa confissão de sua própria neurose – o sonho da injeção de Irma – identificando-se com o neurótico necessitando de tratamento, o que é muito significativo".[20] Essa atitude não era simplesmente uma falha de Freud, mas uma deficiência que, quase à semelhança de uma herança degenerativa, atingia a psicanálise como um todo:

> Vejo-me forçado a concluir, infelizmente, que a maioria dos psicanalistas usa de forma equivocada a psicanálise com o propósito de desvalorizar outros estudiosos e seu progresso, com suas contumazes insinuações de complexos... Começou a circular um exemplo especialmente absurdo desse contrassenso, dizendo que escrevi minha teoria da libido como fruto de um erotismo anal. Quando penso em *quem* fabricou essa "teoria", estremeço pelo futuro da análise (*Ibid.*, trad. mod.)

Jung concluiu que, nesse sentido, os psicanalistas eram tão dependentes da psicanálise quanto seus adversários dependiam de uma autoridade, e que essa função protetora da psicanálise precisava ser desmascarada. A reação de Freud foi chamar a atenção para um ato falho nas palavras de Jung, o que provocou uma resposta enfurecida por parte deste. Jung declarou que isso revelava a estratégia geral de Freud, a saber, farejar atos sintomáticos nos que orbitavam

---

[19] SFC, original em inglês.
[20] 3 de dezembro, *ibid.*, 526, trad. mod. O exemplar de Jung da edição de 1909, do trabalho de Freud, *A interpretação dos sonhos*, tem muitas passagens sublinhadas e anotações em torno do sonho de Freud com Irma, e seu exemplar da edição de 1911 tem ainda outras anotações. Ao final da interpretação, na edição de 1909, Jung escreveu: "Realização de desejo, não; advertência".

a sua volta, reduzindo-os assim ao *status* de seus filhos e filhas. Quanto a si mesmo, afirmou: "Eu não sou declaradamente nem um pouco neurótico – três pancadinhas na madeira! Afirmo que, por respeito de ofício e com a máxima humildade, deixei-me ser analisado, o que foi muito bom para mim".[21] Jung dizia que, como Freud só havia conduzido uma autoanálise, em vez de ter passado por uma análise propriamente dita, tinha sido incapaz de escapar de sua neurose. Quando recebeu essa carta, Freud escreveu para Ernest Jones:

> Quanto a Jung, parece ter perdido totalmente o juízo, pois tem-se comportado de uma forma muito desequilibrada... Chamei sua atenção para um determinado lapso [*Verschreiben*] em sua carta... Foi depois disso que ele explodiu num acesso de fúria, proclamando que não era neurótico de jeito nenhum, pois havia passado por um tratamento psicanalítico (com a Moltzer? Acho que você pode calcular o tipo de tratamento que foi).[22]

Freud enviou para Ferenczi uma cópia da carta recebida de Jung, comentando que este evidentemente estava tentando provocá-lo de modo a que a responsabilidade pelo rompimento recaísse sobre ele. E acrescentou: "Ele está se comportando como o tolo inofensivo e o brutamontes que é. O mestre que o analisou só pode ter sido a senhorita Moltzer, e ele é tolo o suficiente para se orgulhar de ter feito tal trabalho com uma mulher com a qual está tendo um caso".[23] Em particular, a evolução teórica de Jung era sumariamente desqualificada por suas origens neuróticas. Em 1913, Jones escreveu para Adolf Meyer sobre Jung:

> Em minha opinião, ele tem dado sinais de ter um problema de equilíbrio, e deve haver alguma coisa errada. Suas novas colocações científicas são, naturalmente, uma coisa à parte, e devem ser avaliadas por seus próprios méritos, mas até mesmo essas ideias parecem ter uma origem subjetiva suspeita.[24]

Nessas trocas de cartas, as acusações mútuas entre Freud e Jung são simétricas: ambos tentavam invalidar a posição teórica um do outro, reduzindo-a a nada mais do que uma manifestação da psicopatologia pessoal do autor. Em-

---

[21] 18 de dezembro de 1912, 535.
[22] Freud para Jones, 26 de dezembro de 1912, ed. Paskauskas, 1993, 186. A aluna de Jung, Jolande Jacobi, lembrou ter "ouvido os outros contando sobre a época antes de ele ter conhecido Toni Wolff, em que havia vivido um romance com uma moça no Burghölzli – qual era mesmo o nome dela? – Moltzer". Entrevista de Jolande Jacobi, 110, CLM. Ela trabalhou como analista e teve uma intensa colaboração com Jung, tendo sido sua assistente. Conforme outras pesquisas, houve uma íntima relação entre ambos numa fase subsequente. Sobre Moltzer, ver adiante, pp. 328 - 329, e Shamdasani 1998a e 1998b.
[23] 23 de dezembro de 1912, ed. Falzeder, 1993, 446.
[24] Documentos de Meyer, Universidade Johns Hopkins.

bora estivesse plenamente envolvido nessa dinâmica, Jung tentava, ao mesmo tempo, distanciar-se disso. Em 1913, ele escreveu para Jones: "É extremamente difícil, e até uma posição injusta, reduzir uma perspectiva diferente a uma questão de complexos pessoais. Isto é a psicologia do 'nada, exceto'. Elimina assim toda a seriedade e todo o respeito humano, substituindo-os por intrigas e suspeitas".[25]

É importante levar em consideração o evento que levou ao encerramento da relação entre Freud e Jung. No dia 21 de setembro, depois do Congresso de Munique, Freud escreveu para um colega suíço de Jung, Alphonse Maeder, dizendo que o Congresso havia demonstrado a inutilidade de todas as discussões, e criticado a "presidência desastrada e incorreta" de Jung. Ele escreveu: "Posso predizer que sua atitude logo o retirará da psicanálise, e que você não encontrará o caminho de volta. Se você vai se sentir confortável no labirinto místico em que Jung se embrenha, não sei. Não acredito mais na boa fé dele".[26] Depois de haver recebido essa carta, Maeder escreveu para o psiquiatra americano, Smith Ely Jeliffe, dizendo que o Congresso de Munique tinha demonstrado a impossibilidade de os vienenses entenderem os colegas de Zurique. Entre esses dois grupos havia toda uma diferença de visões de mundo. Os vienenses achavam que o grupo de Zurique tinha abandonado a psicanálise e se perdera no misticismo, em virtude de complexos paternos negativos.[27] Ao ser informado dos comentários que Maeder fizera sobre Freud, Jung informou Freud que renunciava a seu cargo no *Jahrbuch für psychoanalytische und psychopathologische Forschungen*. Referindo-se aos comentários de Maeder sobre Freud, Jung escreveu: "Como esta é a mais grave reprovação que alguém pode fazer a um homem, sua atitude tornou completamente impossível para mim continuar colaborando consigo".[28]

No dia 7 de novembro, Jung comunicou a carta escrita por Freud a Maeder à sociedade psicanalítica de Zurique. Disse que havia formalizado sua renúncia ao cargo editorial do *Jahrbuch*, mas que o editor, Deuticke, respondera que ele preferia fazer Freud renunciar, dando seguimento ao *Jahrbuch* com Jung. Com isso, em periódico passaria a ser o órgão da escola de Zurique. A isso Maeder respondeu: "Então a separação está preparada, algo que todos esperávamos que fosse acontecer, e com o que estamos de acordo". Jung respondeu: "Nós, de

---

[25] 25 de novembro de 1913, SFC. Como Eugene Taylor assinalou em inglês, o uso da expressão "nada, exceto", nesse sentido, era a predileta de William James, de quem Jung parece tê-la adotado (1980, 165).
[26] 21 de setembro de 1913, documentos de Freud, LC. Agradeço a Ernst Falzeder ter-me conseguido um exemplar desta carta.
[27] Maeder para Jeliffe, 26 de setembro de 1913, documentos de Jeliffe, LC.
[28] 27 de outubro de 1913, *FJL*, 550, trad. mod. Para William Alonson White, Jung escreveu: "Freud me desacreditou pessoalmente numa carta ao Dr. Maeder. Portanto, tive de renunciar ao *Jahrbuch*. Freud está agindo lindamente contra todos os que não acreditam estritamente no dogma" (10 de novembro de 1913, documentos de White, LC.). Original em inglês.

Zurique, devemos agora nos empenhar com mais afinco, para podermos compensar com trabalhos de qualidade o que nos falta em quantidade. Estamos diante de uma incumbência cultural, que nos dará o impulso necessário".[29]

No ano seguinte, em sua história do movimento psicanalítico, Freud escreveu sobre Jung dizendo que, pelo bem dele, Freud, Jung havia desistido de "determinados preconceitos raciais que anteriormente ele se havia permitido alimentar". Freud o descrevia como alguém "incapaz de tolerar a autoridade de uma outra pessoa, mas que era ainda menos capaz de exercê-la, e cujas energias estavam implacavelmente destinadas ao desenvolvimento de seus interesses particulares" (*SE*, 14, 43).

Há vários problemas interligados com os quais Jung estava se havendo. Na opinião dele, o aspecto distintivo da psicanálise era o fato de depender totalmente da equação pessoal. Em 1911, ele escreveu que a psicanálise exigia um sacrifício maior do que o de qualquer outra ciência: o mais impiedoso autoconhecimento. Isso era decorrente de o entendimento prático e teórico da "psicologia analítica" ser uma função do autoconhecimento analítico.[30]

Por conseguinte, tornou-se axiomático que o *status* científico de uma teoria psicológica só poderia ser salvaguardado se o teórico não fosse neurótico. Nesse contexto, estar livre da neurose parecia designar o fato de a pessoa ter feito uma análise "bem-sucedida" (o que quer que isso fosse). Em segundo lugar, mesmo que se tratasse de um teórico não neurótico (como Jung alega aqui que é), havia pouca probabilidade de sua teoria receber um reconhecimento geral, já que a neurose dos analistas não só os impedia de produzir teorias científicas genuínas, como também de serem capazes de reconhecê-las.

Embora James pudesse apelar para um código ético como derradeira corte de apelação, um recurso desses não era possível para a psicanálise, pois ela se considerava além do bem e do mal e, portanto, numa posição supraordenada em relação a todos os códigos éticos. Assim, a possibilidade de um debate teórico no seio da psicanálise nesses termos havia descambado para diagnósticos mútuos. O que foi muito significativo nessa altura foi Jung ter proposto que todo analista deveria passar por uma análise didática, um procedimento que, logo a seguir, foi adotado não só pela psicanálise, mas também pela miríade de escolas de psicoterapia.[31]

Foi com a adoção dessa prática da análise didática que a psicanálise se diferenciou das formas rivais de psicoterapia e, em última instância, garantiu sua continuidade. Jung parece ter sido o primeiro a haver adotado essa prática. Em parte, isso parece ter decorrido de um conjunto particular de circunstâncias de trabalho vigentes no Burghölzli. Durante o período de pesquisas experimen-

---

[29] MZP.
[30] "Morton Prince, 'The mechanism and interpretation of dreams': A critical review" ["Morton Prince, 'O mecanismo e a interpretação dos sonhos': uma análise crítica"], *OC* 4, § 156, trad. mod.
[31] Sobre a gênese dessa prática, ver Falzeder, 1994, 2000, e Shamdasani, 2002.

tais com as associações de palavras, a equipe se autossubmeteu aos testes. Ao mesmo tempo, os integrantes da equipe analisavam mutuamente seus sonhos. Abraham Brill lembra que, no Burghölzli, quando alguém queria analisar os sonhos de outra pessoa, era costume pedir para fazer isso com quem já fosse experiente na análise de sonhos. Desse modo, os sonhos "eram analisados principalmente por Jung, alguns por Bleuler, e mais tarde por Freud e Ferenczi" (1945, 42). Em 1907, Sándor Ferenczi visitou Jung no Burghölzli. Perto do final de sua vida, Jung se recordava de ter "treinado" Ferenczi na psicanálise, mas, infelizmente, ele "ficara preso a Freud".[32]

Em 1912, em suas palestras na Universidade Fordham, Jung afirmou que o sucesso de uma análise dependia de até onde o próprio analista havia sido analisado. Ser analisado era a única solução. Ele ressaltou que havia analistas que achavam que podiam ir em frente apenas fazendo uma autoanálise. Jung chamava isso de psicologia "Münchausen", acrescentando que eles permaneceriam no mesmo lugar (*OC*, 4, §449). Jung comparava essa necessidade à exigência formal de treinamento para os cirurgiões. Assim como para um cirurgião, além de conhecimentos técnicos, era exigido "uma mão habilidosa, coragem, presença de espírito e poder de decisão", o analista devia, consequentemente, passar por um "sério e rigoroso treinamento psicanalítico de sua própria personalidade" (§450). A sugestão de Jung foi rapidamente secundada por Freud. Naquele mesmo ano, em suas "Recomendações para os médicos que praticam psicanálise", Freud afirmou que ele considerava "um dos muitos méritos da escola de Zurique" o fato de eles terem enfatizado cada vez mais essa exigência e a colocado em prática (*SE*, 12, 116).

Em relação ao que era praticado na psiquiatria e na psicoterapia da época, essa conduta era um avanço notável. Os relatos de profissionais que estavam começando a praticar a hipnose e outras técnicas de sugestão geralmente continham visitas a Bernheim e Liébeault, cursos em técnicas de indução, a observação dos mestres em ação, e a imitação de seus procedimentos.[33] Teria sido impensável estabelecer o tratamento hipnótico do médico como requisito essencial de seu treinamento. Na realidade, ao voltar do congresso psicanalítico em Weimar, em 1911, o neurologista norte-americano James Jackson Putnam declarou durante uma conversa:

> Então soube, para minha surpresa e curiosidade, que uma grande parte desses investigadores tinha se submetido pessoalmente, de forma mais ou menos sistemática, ao mesmo tipo de análise profunda do caráter ao qual seus pacientes estavam sendo submetidos por eles. Está rapidamente se tornando consenso que uma iniciação dessa espécie é uma condição indispensável à realização de um bom trabalho.[34]

---

[32] MP, 331.
[33] Ver, por exemplo, Forel, 1937, 166-167.
[34] "O que é psicanálise?", documentos de Putnam, CLM.

Foi com a adoção dessa prática da análise didática que a psicanálise se diferenciou das formas rivais de psicoterapia o que, em última instância, garantiu sua continuidade.³⁵

O que ainda não ficou claro é em que extensão a proposta de estabelecer a análise didática fazia parte da necessidade de se resolver o problema epistemológico da equação pessoal na psicanálise. A análise didática era a única maneira de assegurar a transmissão do conhecimento analítico, ao garantir que o "autoconhecimento" do futuro analista se desenvolveria dentro dos parâmetros prescritos. Os benefícios financeiros dessa prática também não deveriam ser subestimados. A análise didática desempenhou um papel crítico, ao permitir que a clínica particular da psicanálise se tornasse uma empreitada viável.

A questão do alcance em que divergências teóricas seriam permitidas na psicanálise veio à tona com a discordância entre Freud e Alfred Adler, que para Jung se tornou significativa. Adler (1870-1937) era um médico vienense. Em 1902, junto com Max Kahane, Rudolf Reitler e Wilhelm Stekel, Adler começou a se reunir regularmente com Freud nas noites de quarta-feira. Isso formou o núcleo do que depois se tornou a Sociedade Psicanalítica de Viena. Em 1910, ele se tornou o presidente dessa entidade e, em 1911, tornou-se o coeditor do *Zentralblatt für Psychotherapie*, junto com Wilhelm Stekel. Nesse ano, suas divergências em relação à teoria freudiana se tornaram o eixo de discussões nas acaloradas sessões da Sociedade Psicanalítica de Viena. Isso resultou em sua renúncia ao cargo de presidente e, acompanhado de uma série de seguidores, formou a Sociedade para a Psicanálise Livre que, mais tarde, veio a ser a Sociedade para a Psicologia Individual, a nova designação dada por Adler a seu trabalho. Este foi o primeiro grande cisma na psicanálise (ver Handelbauer, 1998). Em 1912, Adler publicou um trabalho intitulado *Sobre o caráter nervoso*. Em 2 de agosto de 1912, Jung informou Freud de que pretendia estudar criticamente o livro de Adler e "sublinhar suas impropriedades" (*FJL*, 512). Alguns meses depois, Jung informou Freud nos seguintes termos: "Consegui mergulhar até o fundo no texto, onde encontrei algumas coisas deliciosas que merecem ser trazidas à tona".³⁶

Jung nunca publicou sua análise do trabalho de Adler. Entretanto, existe um manuscrito sobre esse tema, intitulado "Sobre a teoria da psicanálise: revisão de alguns novos trabalhos". Jung aproveitou essa oportunidade para criticar os estilos vigentes de revisão de trabalhos, elucidando os fatores que comprometiam uma discussão proveitosa de obras inovadoras em psicologia, e fomentando as atitudes necessárias à viabilidade de tais discussões. Seus comentários ainda hoje soam verdadeiros.

Em muitos casos, os revisores não analisam a essência de um trabalho, e compensam de forma exagerada sua incompetência, apresentando críticas ir-

---

³⁵ Ver Falzeder, 1994, 2000, Shamdasani, 2002.
³⁶ 7 de dezembro de 1912, 531.

relevantes e injustas. Nos casos das revisões feitas por pessoas com horizontes científicos mais largos, havia o perigo de julgamentos flagrantes e de rejeições praticadas com autoritarismo. As pessoas que já haviam alcançado algum *status* num determinado campo não achavam que mais alguém pudesse saber tanto quanto elas. Sendo assim, "armavam-se contra novas ideias como se estas fossem o inimigo cruel, e liam cada linha *apenas* com o intuito de encontrar os supostos pontos fracos".[37] Devido a isso, o revisor se atém a trivialidades como erros nas citações, erros de gramática etc., sem se envolver seriamente com o trabalho. Tornava-se imperioso que "a pessoa competente lesse o novo livro *com o sentimento de possivelmente ter estado errada até aquele momento*, e que agora alguém iria mostrar-lhe como as coisas deviam ser realmente percebidas" (JP, 2). Essa atitude era a única condição possível para o progresso intelectual. Se o revisor não agisse assim, o autor estaria justificado em considerar incompetente o autor da revisão.

Voltando-se para o trabalho de Adler, ele afirmou que tinha de aplicar essa mesma consideração a seu caso. Contrariamente aos comentários sobre o trabalho de Adler que fizera em cartas escritas a Freud, Jung o tratou de forma simpática, dizendo que o trabalho – com sua nova terminologia e abordagem – o havia colocado diante de um teste de resistência emocional. O livro de Adler forçava quem quisesse entendê-lo a renunciar completamente às opiniões que tivesse tido até então. A dificuldade de adotar essa atitude explicava por que o trabalho não fora compreendido pelos pupilos de Freud. Jung escreveu e depois excluiu "e nem pelo próprio Freud" (3). Adler tinha renunciado ao movimento psicanalítico "como se um dogma reinasse no movimento psicanalítico, cobrando uma lealdade radical" (4). Isto era um preconceito (não demoraria muito para Jung mudar drasticamente de opinião). A atitude de Adler "faz a pessoa acreditar que o movimento todo se assenta numa crença e *Adler tem uma crença diferente*" (JP, 2). Jung acrescentava: "Se queremos assim renunciar a ver uma só verdade em cada opinião científica, devemos dizer que Adler nos oferece uma nova versão de uma abordagem teórica aos resultados psicanalíticos" (JP, 2). O que ficou faltando foram comparações suficientes com o que Freud já havia divulgado. Embora Adler apresentasse sua proposta como uma concepção inteiramente nova das neuroses, isso não era verdadeiro, pois seu trabalho pertencia, de fato, à escola psicanalítica, na qualidade de divergência. Nessa época, Jung via a psicanálise como uma disciplina plural, capaz de conter em seu seio perspectivas e abordagens divergentes.

Quanto à proposta propriamente dita, na opinião de Jung, Adler usava no geral uma abordagem finalista. Jung dizia que isso era tão filosoficamente permissível quanto a perspectiva causal. Embora não estivesse inteiramente ausente na psicanálise, não era considerada de maneira adequada e o trabalho de

---

[37] "Sobre a teoria da psicanálise: revisão de alguns trabalhos novos", JP, 2.

Adler preenchia uma importante lacuna nesse sentido. Aqui, Jung se afastava das considerações filosóficas para fazer outras, de teor psicológico. Dizia que a preferência pela perspectiva finalista ou causalista era um aspecto ditado pelo temperamento, como James havia descrito "tão maravilhosamente" a respeito dos "radicais" e dos "moderados", no campo da filosofia. Isso se aplicava às divergências dentro da psicanálise: "Encontramos uma oposição semelhante entre Freud e Adler, fortemente vinculada a suas disposições pessoais" (7). Enquanto a perspectiva de Adler correspondia à perspectiva "moderada", a de Freud correspondia à dos "radicais". Concluindo, ele dizia que o que estava em jogo na divergência entre Freud e Adler era o embate de visões de mundo inconscientes.

No outono de 1912, Jung acrescentou um prefácio a suas palestras sobre psicanálise, proferidas em Nova York, no qual dizia que havia tomado ciência do trabalho de Adler antes de preparar aquelas aulas, e via que, em diversos pontos, ambos haviam chegado a conclusões similares (OC 4, §87).

Alguns anos mais tarde, Jung escreveu um breve elogio a Adler, que também não publicou. Nessa homenagem, destacou que o elemento significativo do trabalho de Adler foi ele ter desafiado o conceito "excessivamente usado" da sexualidade, defendido por Freud, propondo a igualmente importante "necessidade pessoal de significado". Do ponto de vista biológico, essa necessidade correspondia ao impulso de preservação da espécie por um lado, e do indivíduo, de outro. A outra contribuição de Adler foi seu esclarecimento sobre o contexto social das neuroses.[38]

Jung e James

Vimos que Jung recorreu à tipologia de James na tentativa de entender os conflitos teóricos da psicanálise. Eles se haviam conhecido na Universidade Clark, em 1909. James gostou de Jung, e escreveu para Flournoy que, embora Jung "professe grande estima por você e tenha causado uma impressão muito agradável", Freud "deixou-me pessoalmente com a impressão de ser um sujeito obcecado com ideias fixas".[39]

No rascunho de *Memórias*, havia um capítulo sobre James que afinal foi excluído da versão publicada. Nele, Jung apresenta o relato de seu contato com James e tenta transmitir sua dívida intelectual para com ele. Conta como se deu esse encontro com James em 1909, e lembra que foi visitá-lo no ano seguinte. Disse que James foi uma das pessoas mais notáveis que conheceu na vida.

---

[38] "Sobre Alfred Adler" (Jaffé, 1979, 63-64). Sobre Jung, Adler disse: "Devemos um progresso específico no uso do conceito de complexo ao não muito original psicólogo Jung, cujo próprio complexo parece ser o de professor itinerante" (Adler, 1935, 72-73).
[39] 28 de setembro de 1909, ed. Le Clair, 1966, 224.

Achou-o aristocrático, a personificação do cavalheiro, mas ainda assim discreto e isento de afetação. Falou com Jung sem se julgar superior, e este achou que tiveram um contato excelente. Em sua opinião, só com James e Flournoy ele conseguia conversar facilmente, e a lembrança de James lhe era extremamente cara. Ele era um modelo para Jung; para este, tanto James como Flournoy se haviam mostrado receptivos, ajudando-o com suas dúvidas e dificuldades, numa atitude que nunca mais encontrou. Prezava a abertura e a visão de James, características que ficaram especialmente marcadas em suas pesquisas psíquicas, tema de discussões detalhadas entre ambos. Jung considerava a extensa e abrangente significação da pesquisa psíquica como um meio de ter acesso à psicologia do inconsciente. Jung disse que fora igualmente influenciado pelo trabalho de James sobre a psicologia da religião, que também se tornou um modelo para ele, em especial a maneira como ele era capaz de aceitar as coisas e deixar que elas se desenrolassem naturalmente, sem forçar sua compatibilidade com este ou aquele viés teórico. Jung disse que se sentia muito interessado pela filosofia pragmática de James, a qual era de grande importância para a psicologia.[40] Sobre James, Jung escreveu para Kurt Wolff, dizendo que "além de Théodore Flournoy, ele era a única mente notável com quem pude manter uma conversa descomplicada. Portanto, honro sua memória e sempre me lembro do exemplo que ele foi para mim".[41] Ele também escreveu sobre Flournoy e James: "Devo principalmente a esses dois pesquisadores ter compreendido a essência dos distúrbios psíquicos no âmbito da alma humana como um todo".[42] Dessa maneira, conforme o próprio Jung reconhece, o efeito do trabalho de James sobre sua obra foi amplo e teve extensas repercussões.[43] Nesta oportunidade, mencionarei três aspectos da fase final dos trabalhos de James que se tornaram importantes para Jung: pragmatismo, pluralismo e tipologia.

Em *Princípios de psicologia*, fiel à tendência geral dos psicólogos, James arriscou-se a deixar de lado as indagações metafísicas. O que o distinguia dos demais psicólogos era que, em vez de abandonar tais questões, ele as retomaria mais tarde, de maneira explícita. Até recentemente, um dos comentários mais comuns sobre James tem sido o de que, depois de 1890, ele foi se afastando da psicologia para, cada vez mais, se aproximar da filosofia. Divergindo dessa leitura, Eugene Taylor afirmou, com grande convicção, que, longe de abandonar a psicologia, a filosofia de James de um empirismo radical também podia ser considerada uma crítica aos pressupostos metafísicos da nova psicologia (incluindo a dos *Princípios*).[44] Dada sua natureza, o empirismo radical tinha

---

[40] CMS.
[41] 17 de junho de 1958, *Cartas*, 2, 452.
[42] "A respeito dos arquétipos, com menção especial ao conceito de anima" (1936, *OC* 9, I, § 113, trad. mod.).
[43] Sobre James e Jung, ver Taylor, 1980.
[44] Ver adiante, pp. 197 - 198.Taylor, 1996ª.

a intenção de assentar as bases para o desenvolvimento da psicologia. Não foi o que aconteceu. Em parte, devido à crescente importância do comportamentalismo e da psicanálise, e ao fato de James não ter deixado uma escola constituída. Logo após a morte de James, Flournoy pensou que esse fato podia ter sido decorrente de, naquele tempo, não ser característico fundar uma escola, e também porque James não apresentou um sistema "que contivesse as fórmulas rígidas e os complicados adornos dedutivos, necessários para atrair um amplo contingente de discípulos acalorados e assombrados" (1911, 211). Flournoy tinha razão a respeito desse último ponto, mas estava amplamente equivocado quanto ao primeiro, pois a psicologia estava preparada para, em pouco tempo, entrar no que tem sido chamado de "era das escolas". Não obstante, os últimos trabalhos de James tiveram um impacto crítico sobre a obra de Jung. O *Pragmatismo* de James apareceu em 1907. Iniciava com um capítulo sobre "Os atuais dilemas da filosofia". Essa seção constatava que, até então, a história da filosofia tinha sido, essencialmente, um embate de temperamentos humanos (19). James dizia que o temperamento do filósofo constituía seu pressuposto fundamental e seu último tribunal de apelação. Ao adotar essa posição, ele estava endossando uma perspectiva que Nietzsche havia esboçado em *Além do bem e do mal* [*Beyond Good and Evil*]: "Está para mim cada vez mais claro que toda a grande filosofia até aqui tem sido uma confissão por parte do autor, e uma espécie de autobiografia involuntária e inconsciente".[45] Embora Jung lesse assiduamente a obra de Nietzsche, James não recorreu a seus conceitos. A abordagem de Nietzsche a essa questão da subjetividade na filosofia apareceu através de uma reformulação de seu conceito do sujeito, em termos de um sistema em que impulsos conflitantes lutam pela supremacia.[46]

A diferença específica entre os temperamentos, que James destacou, já era familiar à história da filosofia, como o contraste entre os racionalistas e os empíricos. Apelidou-os de radicais e moderados, respectivamente. Os primeiros eram racionalistas, intelectuais, idealistas, otimistas, religiosos, defensores do livre-arbítrio, monistas e dogmáticos; os segundos eram empíricos, guiados pelas sensações, materialistas, pessimistas, não religiosos, fatalistas, pluralistas e céticos. Além da filosofia, esses mesmos vieses de temperamento tinham grande significado também nos governos, nas artes, na religião, na literatura, e na etiqueta social.

Esse conglomerado de traços tinha a finalidade de designar os extremos de cada espectro. Ele não estava apenas defendendo que essas diferenças de tempe-

---

[45] 1886, 19. Sobre a concepção de filosofia como autobiografia defendida por Nietzsche, ver Parkes, 1994, 8-14. Em 1794, Fichte havia declarado que "O tipo de filosofia que a pessoa escolhe depende, por conseguinte, da espécie de pessoa que ela é, pois o sistema filosófico não é uma peça morta de mobília, que podemos aceitar ou rejeitar a nosso bel-prazer. Em vez disso, é uma coisa alimentada pela alma da pessoa que a defende", 1794, 16.
[46] Ver adiante, pp. 212-215.

ramento existiam, mas que, além disso, eram o fator mais essencial na filosofia: "O sistema finge que é uma imagem do grande universo de Deus. O que ele é na realidade – e de uma maneira muito flagrante – é a revelação de até que ponto podem ser estranhas as ideias particulares de determinadas criaturas" (1907, 35). Os sistemas filosóficos, que alegam descrever a constituição do mundo, não passavam, no fundo, de confissões involuntárias das idiossincrasias psicológicas de seus respectivos autores. Essa era uma reformulação da noção de equação pessoal. Os novos elementos que ele estava acrescentando aqui eram que essa equação podia assumir formas típicas, como os pensadores radicais e os moderados. No entanto, ele não estava propondo uma ampla taxonomia psicológica reducionista da cultura. Sua solução para esse problema era, em si, epistemológica, e ele propunha o pragmatismo como uma filosofia que podia satisfazer a ambos os tipos. Impasses filosóficos milenares poderiam ser resolvidos, em cada caso concreto, simplesmente adotando-se a regra pragmática e avaliando, em seguida, as implicações práticas decorrentes de cada uma das posições.

Em sua avaliação de 1907, James apresentou o pragmatismo como um meio de resolver os intermináveis impasses filosóficos. Para Pierce, segundo a leitura de James, para chegarmos a ter clareza em nossos pensamentos sobre um tema, temos de considerar seus possíveis efeitos práticos. Os conflitos filosóficos poderiam ser resolvidos avaliando-se as consequências concretas de concepções rivais. Como dizia James, é preciso extrair o valor monetário das ideias. Para James, todas as teorias eram instrumentais. Eram "modos mentais de *adaptação* à realidade" (127). Consequentemente, ele defendia que "A verdade de uma ideia não é uma propriedade estagnada e inerente a ela. A verdade *acontece* a uma ideia. A ideia *se torna* verdadeira, são os acontecimentos que a *tornam* verdadeira" (133). As ideias se tornam verdadeiras quando permitem que as pessoas tenham uma relação satisfatória com outros setores de suas experiências. Segundo a concepção de James, o pragmatismo estava intimamente entrelaçado a suas últimas noções filosóficas sobre o empirismo racial, a respeito de alguns importantes aspectos. A tentativa metafísica de construir um sistema todo-abrangente que pudesse servir como espelho do mundo, representada por excelência pela filosofia de Hegel, estava fadada ao fracasso. Esse tipo de sistema não percebia o fato de que o mundo, como dizia James, não estava acabado, continuava em processo de construção. O abandono dessa tarefa levou à crítica do monismo e do intelectualismo, e à defesa do pluralismo. A perspectiva pluralista "propõe-se a acreditar que, em última instância, nunca haverá a forma total, que a substância da realidade talvez nunca venha a ser inteiramente apreendida" (1909a, 34). A realidade era um encadeamento de elementos singulares que não podiam ser abrangidos por um só sistema conceitual. Ele concluía que: "A palavra 'e' vem no rastro de todas as sentenças. Sempre há algo que escapa. 'Outra vez quase isso' deve ser dito de todas as melhores tentativas empreendidas em todas as partes do universo, de se chegar a uma inclusividade absoluta" (321).

Em setembro e outubro, Jung estivera nos Estados Unidos principalmente para dar uma série de palestras na Universidade Fordham. No prefácio à versão impressa dessas palestras, no outono de 1912, Jung dizia que havia recorrido à "regra pragmática" de James como seu conceito norteador. O exemplar de *Pragmatismo* de James, que Jung possuía, continha a inscrição "Nova York, Out. 1912".[47]

Mentalidades fundamentais

No início de 1913, houve uma rodada de debates na Sociedade Psicanalítica de Zurique a respeito das novas teorias de Jung. Alphonse Maeder apresentou um artigo no qual discutia as diferenças entre Freud e Jung. Em seu resumo introdutório, Maeder ressaltou que, na história de toda ciência, geralmente há duas correntes que se opõem, descritas como mentalidades diferentes, da mesma maneira como Ostwald distinguia entre pesquisadores clássicos e românticos. Maeder afirmava que essa distinção existia entre Freud e Jung (1913, 622). Na discussão subsequente, Jung "deixou em aberto a questão sobre a qual tipo de pesquisador ele pertencia. James distinguia o radical, materialista, agnóstico etc. do moderado, de temperamento filosófico e temente ao mundo. Freud talvez [fosse] o primeiro, e Adler, o segundo".[48] Maeder estava afirmando que as diferenças teóricas entre Freud e Jung mascaravam uma diferença mais fundamental de mentalidades, equivalente à diferenciação de Ostwald entre os tipos romântico e clássico. Embora Jung tivesse considerado a oposição entre Freud e Adler segundo a mesma perspectiva, Maeder ampliou-a de modo a conter também a divergência entre Freud e Jung. Jung assumiu essa linha de pensamento no Congresso Psicanalítico de Munique, ocorrido entre 7 e 8 de setembro de 1913, quando apresentou um artigo sobre os tipos psicológicos. Em retrospecto, Jung afirmava que a origem de seus estudos sobre os tipos psicológicos fora a tentativa de lidar com a relativa validade das perspectivas de Freud e Adler, e estabelecer sua própria posição (Freeman, 1959, 389-390). Ao mesmo tempo, é evidente que ele também estava tratando de uma questão que não pertencia ao eixo conceitual estabelecido da psicanálise mas, sim, à tradição da psicologia diferencial, da psicologia do indivíduo.

---

[47] O exemplar de Jung de *Pragmatismo* tem numerosas passagens sublinhadas. A que Jung citava aqui era esta: "É preciso extrair de cada palavra seu valor monetário prático, colocá-la para funcionar junto ao fluxo das experiências. Então, ela vai parecer menos uma solução e mais um programa para mais trabalhos e, mais particularmente, uma indicação das maneiras nas quais as realidades existentes podem ser modificadas. *Dessa forma, as teorias se tornam instrumentos e não respostas a enigmas, nas quais possamos nos apoiar.* Não nos recostamos nelas; vamos em frente e, vez ou outra, com sua ajuda, tornamos a construir a realidade". No exemplar de Jung, existe uma linha à margem dessa passagem (86).
[48] MZP.

Para começar, Jung comparava o perfil clínico da histeria e da esquizofrenia, resumindo as diferenças ao dizer que o primeiro quadro consistia num movimento centrífugo da libido, ao passo que o segundo era causado por um movimento centrípeto. O movimento centrífugo, no qual os interesses da pessoa são predominantemente dirigidos para o mundo exterior, recebeu o nome de extroversão. O movimento centrípeto, no qual o interesse do indivíduo é dirigido para si mesmo, foi denominado de introversão.

Jung havia apresentado o termo "introversão" à comunidade científica em 1909. Ao comentar sobre as fantasias do caso (que, em particular para Freud, ele confidenciou serem de sua própria filha – fato que coloca sua abordagem na mesma linha da de Binet), disse que aqueles devaneios da criança expressavam o fato de parte do amor que antes pertencia a um objeto real estar agora "introvertido", do que resultava um aumento das atividades da fantasia.[49] A introversão denota um movimento de interiorização da libido. Ao alargar seu conceito de libido, Jung defendia essa visão da introversão.

Retomando sua apresentação de 1913, Jung argumentava que a existência de perturbações como a esquizofrenia e a histeria, nas quais predominavam a extroversão ou a introversão, levantavam a questão da existência de "tipos humanos normais". Afirmava que as melhores observações nesse sentido haviam sido as de William James, e que suas descrições mostravam as diferenças entre os tipos como decorrências de localizações diferentes da libido. Jung acrescentava outros paralelos, como a divisão das pessoas, proposta por Wilhelm Ostwald, que as classificava como clássicas e românticas. Ou a diferenciação de Wilhelm Worringer para os processos da abstração e da empatia, e o contraste apresentado por Nietzsche, entre os apolíneos e os dionisíacos; o contraste de Franz Finck entre os verbos transitivos e intransitivos, e a distinção de Otto Gross entre dois tipos de inferioridade psicopática. Do ponto de vista descritivo, havia pouco ineditismo na classificação de Jung. No entanto, com sua teoria da libido, ele dizia ter condições de oferecer uma explicação para o mecanismo que originava essas diferenças tipológicas.

Por fim, Jung levou sua aplicação das categorias de James a Freud e Adler, quando esboçou seus comentários sobre o trabalho deste último. Nesta oportunidade, porém, ele reapresentou suas ideias dentro de sua própria terminologia. Em contraste com Maeder, que havia introduzido Freud e Jung como dois tipos contrapostos, Jung argumentava que o trabalho de Freud era um exemplo de uma teoria extrovertida, ao passo que o trabalho de Adler representava um exemplo de uma teoria introvertida. E concluía: "A difícil tarefa do futuro será criar uma psicologia igualmente justa com ambos os tipos".[50] Essa psicologia deveria ser capaz de superar o conflito entre as teorias introvertida e extrovertida, apresentando uma teoria isenta do viés tipológico em sua formatação e, nessa medida, apta a resolver o problema da equação pessoal.

---

[49] "Sobre o conflito da alma infantil", *OC* 17, §13.

"Nosso laboratório é o mundo"

Em 1909, Jung demitiu-se do cargo que ocupava no instituto psiquiátrico Burghölzli e voltou para seus atendimentos particulares de psicoterapia. Em 1910, tornou-se o primeiro presidente da Associação Psicanalítica Internacional. Manteve-se nesse cargo até sua renúncia em 1914, quando também abriu mão de sua posição como professor convidado da Universidade de Zurique. Não foi senão em 1933 que ele voltou a ocupar um cargo docente, ao ser homenageado com uma cadeira no Instituto Federal Suíço de Tecnologia, em Zurique, onde começou a ministrar palestras. Foi ao longo desse período de 20 anos que Jung elaborou suas principais teorias, período marcado pela independência em relação ao hospital psiquiátrico e à universidade, instituições que se tornaram, respectivamente, as principais bases operacionais da psiquiatria e da psicologia.

A questão do *status* da psicologia e sua situação como ciência se tornaram importantes para Jung, por volta da época de sua ruptura com Freud. Essas questões tiveram um papel crítico em sua separação do movimento psicanalítico e no modo como ele veio a formular sua psicologia. Em 1912, Jung publicou um artigo intitulado "Novos caminhos na psicologia". Começava com um breve comentário sobre a história da psicologia moderna. Eram os médicos e, em particular, os neurologistas [*Nervenarzt*] que precisavam de conhecimento psicológico para poder ajudar seus pacientes, já que os distúrbios nervosos tinham origem psíquica [*seelischer*]. Nesse sentido, os manuais psiquiátricos não eram úteis, assim como os textos de psicologia experimental, pois "Quem quer conhecer a alma humana não irá encontrar praticamente nada na psicologia experimental" (*OC* 7, §409, trad. mod.). Jung recomendava que a pessoa

> pendurasse no cabide a ciência exata e deixasse a capa erudita de lado, despedindo-se de seus estudos, e se dispusesse a vagar com coração humano pelo mundo, em meio aos horrores das prisões, dos asilos para lunáticos e dos hospitais, pelos bares desclassificados de periferia, prostíbulos e antros de jogos, nos salões da sociedade elegante e nos pregões da bolsa, em reuniões de socialistas, igrejas e cultos messiânicos de todas as denominações, para experimentar no próprio corpo o amor, o ódio e a paixão, sob todas as suas formas (*OC* 7, §409).

Nesse apelo arrebatado para que os psicólogos experimentassem plenamente a vida, Jung fazia uso de imagens que lembravam Zola e Dostoievski.

---

[50] *OC* 6, §882, trad. mod. Sándor Ferenczi contestou essa caracterização das diferenças tipológicas entre Freud e Jung, e afirmou, por outro lado, que a diferença crítica era entre uma psicologia do inconsciente e uma psicologia do consciente, respectivamente (Ferenczi, 1914, 66-67).

Havia um abismo imenso entre o que a vida cotidiana esperava da psicologia e o que a ciência chamava de psicologia. Ele dizia que esse abismo era o que havia levado ao desenvolvimento da psicanálise. Jung tinha uma posição próxima da de James, que defendia uma psicologia funcional em lugar de uma psicologia estrutural. O que se precisava era de uma psicologia que pudesse ser posta em prática. Em 1924, ele pregava que, para a psicologia analítica, o laboratório era o mundo. Seu propósito era uma "melhor adaptação do comportamento humano", e a ciência abstrata era apenas um subproduto.[51]

Em 1914, ele apresentou um artigo perante a Sociedade Psicomédica de Londres, intitulado "Sobre a compreensão psicológica", no qual contrastava o método analítico-redutivo de Freud com o método construtivista da escola de Zurique. O primeiro se baseava na causalidade e, com isso, endossava a compreensão contemporânea das explicações científicas, baseadas em causas. Jung contestava essa equação, especialmente no caso do campo da psicologia. A deficiência do método analítico-redutivo em compreender os fenômenos, remontando-os a seus elementos antecedentes, estava no fato de só lidar com metade do quadro, já que deixava de fora o significado vivo dos fenômenos. Quem quisesse compreender o *Fausto* de Goethe dentro dessa referência estaria fazendo o mesmo que a pessoa que pretendesse compreender uma catedral gótica considerando seu aspecto mineralógico.[52] O significado vivo "só vive quando o experimentamos em nós, e através de nós" (§398). Principalmente quando a vida era essencialmente nova, não podia ser compreendida apenas por um prisma retrospectivo. "A perspectiva construtiva pergunta como, partindo da psique existente, se pode construir uma ponte com seu próprio futuro."[53] Ele chamava as explicações causais de "compreensão objetiva", e as contrastava com a compreensão subjetiva. O manuscrito em inglês contém a seguinte sentença, excluída da versão publicada: "O valor e a validade da psicologia experimental moderna e da psicanálise de Freud repousam na compreensão objetiva".[54]

Havia um só elemento que o método construtivo e o método redutivo tinham em comum: a tentativa de chegar aos tipos. Nessa altura, Jung afirmava que o método construtivo não tinha produzido algo que se assemelhasse com uma teoria científica. Entretanto, a antiguidade dos conceitos usados atesta sua utilidade. O método construtivista precisava produzir muito mais experiências antes que pudesse ser produzida uma teoria científica com parâmetros de

---

[51] "Psicologia analítica e educação", *OC* 17, §§171-172.
[52] *OC* 3, §396. Em suas palestras na Fordham, Jung tinha usado a mesma analogia ao criticar a terminologia sexual de Freud: "Essa espécie de terminologia seria equivalente a se considerar a catedral de Colônia dentro de um manual de mineralogia, afirmando-se que ela consiste principalmente de pedras", *OC* 4, §279. A analogia que Jung usou aqui era muito próxima da que Dilthey tinha empregado para enfatizar o mesmo ponto.
[53] *Ibid.*, §399, trad. mod.
[54] "Sobre a compreensão psicológica", JP.

desenvolvimento psicológico (§424). Portanto, embora uma teoria científica continuasse sendo o objetivo máximo, ainda não havia chegado o momento para tanto. O valor do método construtivista estava em dar margem a conceitos que tinham utilidade prática.

No manuscrito, ele escreveu sobre o ponto de vista idealista, que ninguém sabia se era certo ou não: "Mas não importa; ele funciona. Esse é o critério da verdade".[55] Isso indica a extensão em que ele havia adotado a regra pragmática de James, como meio de resolver a questão do *status* científico da psicologia.

Jung também designava o método construtivista como "sintético". Em 1917, ele notou que "da mesma forma como a análise (o procedimento causalmente redutivo) desintegra o símbolo em seus componentes, o procedimento sintético sintetiza o símbolo numa expressão universal e compreensível".[56] A noção de que a análise deve ser seguida de uma síntese era um refrão comum na psicologia. Por exemplo, em 1884, James Sully, psicólogo inglês, defendia que a análise, que resolvia os fenômenos psíquicos por suas partes constituintes, precisava ser suplementada por uma "reconstrução sintética do processo da formação ou desenvolvimento mental" (8). Em 1900, o psicólogo francês Théodule Ribot dizia que "a análise tem de ser completada pela síntese. Toda criação da imaginação, grande ou pequena, é orgânica e requer um princípio de unidade: assim, também existe um fator sintético que será necessário determinar" (9).

Em 1916, Jung continuou suas reflexões sobre o *status* científico da psicologia em "A estrutura do inconsciente", artigo que foi publicado originalmente em francês no jornal de Flournoy, *Archives de Psychologie*. A despeito do fato de seguir um veio contrário ao do espírito científico, a psicologia tinha de reconhecer uma pluralidade de princípios. Somente assim o "naufrágio da psicologia [poderia] ser evitado". Neste aspecto, a psicologia tem uma dívida de gratidão para com o trabalho preparatório de James, que comentou os apuros da psicologia individual:

> Com respeito à psicologia do indivíduo, a ciência deve se render. Falar de uma psicologia científica do indivíduo é uma "contradição de termos". É necessariamente sempre e só a parte coletiva de uma psicologia do indivíduo que pode ser objeto de uma ciência, pois o elemento individual é, de acordo com sua definição, o fator único e incomparável... Toda psicologia do indivíduo deve ter seu próprio manual, pois o manual geral contém apenas a psicologia coletiva (*OC* 7, §484, trad. mod.).

Como a ciência lidava com o universal, somente os elementos comuns ou coletivos dos indivíduos podiam ser sujeitos à ciência. Devido à ilimitada

---

[55] "Sobre a compreensão psicológica", JP.
[56] "A psicologia dos processos inconscientes", 1917b, 418.

variação dos indivíduos, havia muitos elementos que não podiam ser circunscritos pela ciência. Esses elementos porém e, em particular, certas linhas de desenvolvimento psicológico, tinham uma grande importância prática na psicoterapia. Essas linhas eram em parte individuais e em parte coletivas. Consequentemente, sua exatidão não podia ser comprovada pela ciência, e sua validade era demonstrada pelo valor que tinham para a vida.

Embora inaceitável para aqueles que achavam que a ciência era um princípio superordenado, essa perspectiva era aceitável para aqueles que consideravam a ciência um meio "de corroborar os dados das experiências pessoais, ajudando-os a alcançar um *status* de validade geral" (§494, trad. mod.). Essa é uma sentença decisiva. Não só enuncia o que ele estava tentando atingir com sua psicologia como também expressa, de forma precisa, como pode ser que tantas pessoas continuem lendo seus trabalhos: é porque servem de meio para corroborar e validar suas experiências particulares.

Essas afirmações indicam que Jung havia adotado o pragmatismo de James como um elemento crítico de sua metodologia, e que ele reconhecia o pluralismo como uma necessidade básica da psicologia. Em ambos os sentidos, a epistemologia de James serviu de eixo teórico para algumas das questões que constituíam o conflito entre Freud e Jung, e também de alicerce para sua própria metodologia, tão radicalmente diferente.

A escola de Zurique

Em 1926, Maeder escreveu que a psicanálise havia se tornado uma escola internacional dogmática, centrada ao redor de um líder, e que havia brotado de um espírito judaico-germânico. Quando transplantada para a Suíça, e para Zurique em particular, a psicanálise adotara uma forma democrática, condizente com a mentalidade suíça (577-579). A esse respeito, Jung tinha escrito a Maeder, em 1915, dizendo que "apesar da independência das pessoas [*Köpfe*] em nosso círculo, devemos dar uma impressão de união para os outros, de acordo com o princípio da Suíça".[57]

O trabalho da escola de Zurique, desde essa época, tem sido visto como fruto exclusivo de Jung. Essa imagem foi promovida também pelo relato, em *Memórias*, em que ele afirma que, depois da ruptura com Freud, perdia seus amigos e conhecidos, à exceção de Riklin e Maeder (190). O próprio Freud admitiu que a maior parte de seus seguidores tinha vindo de Zurique (*SE* 14, 27). Exceto pelos que estavam na Suíça, quase todos ficaram com Freud. Em 10 de julho de 1914, a Sociedade Psicanalítica de Zurique votou, com resultado de 15 x 1, pela ruptura com a Associação Psicanalítica Internacional.

---

[57] 4 de dezembro de 1915, documentos de Maeder.

Durante a discussão, os participantes concordaram que, em *História do movimento psicanalítico* de Freud, a psicanálise estava limitada aos ensinamentos de um único indivíduo, algo que o grupo de Zurique considerava incompatível com o princípio da livre pesquisa.[58] Em 1914, a então rebatizada Associação de Psicologia Analítica, tinha 38 integrantes e, em 1916, quando foi fundado o Clube Psicológico, contava com mais de 60 membros. Dessa maneira Jung tinha um apoio significativo em Zurique.

A tendência a considerar Jung o fundador de uma escola de psicologia tem obscurecido tanto a extensão em que seu trabalho foi de fato uma iniciativa de diversos colaboradores, como a própria natureza das contribuições de outros estudiosos. Essa é uma tendência especialmente visível no caso do trabalho de Jung com os tipos psicológicos, e que foi inclusive estimulada por alguns de seus relatos retrospectivos, como o seguinte:

> Primeiro constatei as atitudes introvertidas e extrovertidas; depois, os aspectos funcionais e, a seguir, qual das quatro funções é predominante... Custou-me muito tempo descobrir que existe um outro tipo além do tipo pensamento... Existem, por exemplo, tipos sentimentos. E, após mais um tempo, descobri que existem tipos intuitivos. Tudo isso me deu muito trabalho... E o último, e mais inesperado, foi o tipo sensação. Só mais tarde, vi que esses quatro são naturalmente os quatro aspectos da orientação consciente.[59]

Há diversas maneiras de enxergar essa situação (a gênese dos tipos não é de forma alguma o único exemplo). Em primeiro lugar, pode-se ver nela apenas a falha de não haver fornecido um pleno reconhecimento às contribuições individuais dos colegas e antecessores. No seminário de 1925, enquanto apresentava os aspectos subjetivos do desenvolvimento de seu livro, *Tipos psicológicos,* Jung afirmou inocentemente:

> Eu poderia perfeitamente dizer que foi assim que o livro surgiu, e parar por aqui. Mas existe um outro lado, um percurso traçado em meio a erros, ideias impuras etc., etc., que é sempre difícil de se divulgar. A pessoa gosta de apresentar o produto acabado de seus pensamentos concatenados e levar a plateia a entender que foi desse modo que ele brotou em sua cabeça, isento das fraquezas particulares de seu criador (32).

Então, ele comparava a atitude do pensador perante sua vida intelectual com a da mulher perante sua vida erótica. De modos semelhantes, ele "não quer revelar as alianças secretas, ou os passos em falso de sua mente... Ele acha que, se contar a verdade em seu campo, isso será o equivalente a entregar as chaves da cidadela ao inimigo" (32). De acordo com essa perspectiva, seus

---

[58] MZP.

[59] Evans, 1957, 320. Num manuscrito não datado e intitulado "Comentário sobre a origem dos tipos psicológicos" (JP), Jung ofereceu a seguinte sequência de suas descobertas: "Primeiro o pensamento e sentimento, depois a sensação ('função do real') e, por fim, a intuição".

relatos subsequentes seriam, apenas, exemplos adicionais dessa tendência naturalmente humana de uma pessoa pensando.

Uma década mais tarde, em suas palestras sobre a tipologia psicológica no Instituto Federal Suíço de Tecnologia, ele comentou a observação de Wilhelm Ostwald, quando este dizia que o tipo clássico (que correspondia ao tipo introvertido de Jung) destruía as evidências para que ninguém pudesse ver como havia chegado a suas conclusões. Segundo Jung, o pensador introvertido

> não sabe exatamente onde se originam suas ideias e tem medo de ser atingido mortalmente. O Extrovertido está sempre disponível para falar de suas ideias e da origem delas, mas o Introvertido é mais introspectivo, tem mais consciência disso, e toma mais cuidado quando pensa que o trajeto de suas ideias pode ser atribuído a uma fonte de fora; ele acha que [elas] provavelmente vieram de dentro e tem a misteriosa sensação de que, de certa forma, esses pensamentos são ilegítimos; por isso, apaga seus traços.[60]

Assim, o pensador introvertido encobre suas pegadas, por medo da ilegitimidade de suas ideias. Do ponto de vista do próprio Jung, seria legítimo considerar seu pensamento como um exemplo de pensamento introvertido. Ele continua:

> O aluno não consegue encontrar o caminho para se aproximar dele, pois ele destruiu suas pegadas, não existe uma abordagem histórica. Se alguém puder realmente penetrar no processo, perceberá o quanto é difícil enxergar a origem dessas coisas, e saber como funciona o pensamento introvertido (*Ibid.*).

A terceira maneira de se considerar essa atitude é entendendo-a como parte de sua concepção enciclopédica da psicologia. Numa enciclopédia, as contribuições individuais são em geral subordinadas.

Sejam quais forem as razões para essa política, seus efeitos são não obstante claros, particularmente quando coligados à maneira não histórica como a psicologia tem sido ensinada e estudada. Os tipos psicológicos de Jung – e, na realidade, uma grande parte de sua obra – têm sido vistos como uma criação solitária e não como o fruto de toda uma tradição de pesquisas e trabalhos em colaboração.

Tipos em diálogo

É importante, por isso, perceber que o trabalho de Jung sobre os tipos psicológicos representava a soma de pesquisas coletivas. O aluno de Jung, C. A. Meier, ofereceu o seguinte relato das respectivas contribuições dos colegas

---

[60] *Notes of Jung's 1935/1936 ETH Lectures*, 22 de maio de 1936, 6.

de Jung. Disse que Hans Schmid mostrou a Jung que a extroversão não estava necessariamente correlacionada com o sentimento. Toni Wolff foi providencial ao introduzir as funções sensação e intuição; e, por fim, Emil Medtner havia estudado rigorosamente a intuição.[61] De acordo com Franz Jung, filho de Jung, seu pai se reunia regularmente com uma espécie de comitê composto por Emil Medtner, Toni Wolff, Adolf Keller e alguns teólogos, que juntos estavam trabalhando no preparo dos *Tipos psicológicos*, focalizando em especial a questão da terminologia.[62] Numa carta pessoal para os membros da Associação de Psicologia Analítica, Jung sugeria que eles deveriam ter reuniões "para criar uma unanimidade em torno dos pontos de vista teóricos básicos, em especial os relativos à definição e aplicação de termos técnicos".[63]

Jung havia mantido uma extensa correspondência com seu colega Hans Schmid a respeito do problema dos tipos, inicialmente cogitada para publicação.[64] Em 1913, Jung havia apresentado sua formulação para a existência de dois tipos, que representavam os extremos de tendências presentes em todas as pessoas. As características de cada tipo e o modo como se relacionam entre si precisavam de mais elaboração, e esse era o assunto das cartas trocadas com Schmid.

Schmid (1881-1932), um psiquiatra suíço, conhecera Jung em 1911. Depois, tinha ido para Zurique estudar com Jung e se tornara membro do grupo local da Associação Psicanalítica Internacional. Em 1913, tinha começado a atender pacientes psiquiátricos na Basileia, e era um dos que haviam ficado ao lado de Jung quando este rompera com Freud. A correspondência de Jung com Schmid revela que não só uma grande parte do teor das cartas do próprio Jung, como também das de Schmid, foram parar nos *Tipos psicológicos*.

Em seu trabalho sobre o problema dos tipos, Jung estava tentando formular uma metalinguagem de interação psicológica que explicasse por que as pessoas concordavam e por que diferiam. Na correspondência, os tipos são delineados em traços fortes: a pessoa é de um *ou* de outro. Jung se identificava pessoalmente como introvertido, e Schmid, como extrovertido. Ao longo de sua correspondência, tornou-se rapidamente claro o quanto era difícil apresen-

---

[61] 1986, 244-245. Medtner proferiu uma série de palestras sobre intuição no Clube Psicológico, em 1919, que fez publicar em seguida (1923). Ao abordar a intuição, Medtner disse que não estava certo de se o que tinha a dizer estava ou não relacionado com a "psicotipologia analítica" (22-23). Sua ênfase recaía em outra tipologia dos tipos do pensamento, para a qual recorria a Schiller como seu ponto de partida. Ele apresentou os seguintes contrastes: intuitivo-discursivo, que ele designava como uma oposição gnoseológica [relacionada com a teoria do conhecimento]; uma oposição intuitivo-instintiva, de natureza psicológica; e a oposição intuitivo-especulativa – um contraste entre tipos de pensamento (33). Nos debates que seguiram a sua apresentação, Jung falou de um outro contraste, o intuitivo-perceptivo, que havia criado para seu próprio uso (49). Sobre Medtner, ver Ljunggren, 1994.
[62] Comunicação pessoal.
[63] Reproduzido em Shamdasani, 1998a, 38-39.
[64] Comunicação pessoal, Franz Jung.

tar uma descrição detalhada dos tipos, e de sua inter-relação, de uma maneira com a qual ambos concordassem. Na linguagem de suas respectivas cartas, o introvertido não concordava com a visão que o extrovertido tinha da introversão e da extroversão, e vice-versa. A certa altura, Jung declarou: "O equilíbrio de Arquimedes, como um ponto fora da psicologia que nos ajudaria a desembaraçá-la de suas lianas, dificilmente será encontrado".[65] O debate sobre os tipos alimentado por Jung e Schmid não parece ter corroborado para seu mútuo entendimento – na verdade, parece ter surtido um efeito oposto, e criado um abismo cada vez maior de desentendimentos. Em sua última carta para Schmid, Jung escreveu: "sua carta confirmou minha convicção de que é impossível chegarmos a um acordo quanto a princípios fundamentais".[66] E resumiu com as seguintes palavras o problema básico:

> Parece-me que se pode concordar cientificamente com os princípios gerais dos tipos, mas não com os detalhes mais sutis. Para tanto, a linguagem não é em absoluto suficiente. Sob os signos verbais dos conceitos, cada um pensa só o que compreendeu.[67]

Nessa declaração, o fracasso do desentendimento foi atribuído à natureza da linguagem. Para Jung, nessa altura, parodiando Wittgenstein, não poderia existir senão uma pluralidade de linguagens particulares. Em sua introdução a *Tipos psicológicos*, ele reconhecia seu grande débito a esclarecimentos oriundos de sua correspondência com Schmid, boa parte da qual tinha sido incluída no texto, depois de uma revisão. Ele havia decidido não publicar as cartas que haviam trocado, pois a correspondência geraria confusão.[68]

A intuição de Moltzer

Durante esse período, uma das mais próximas associadas de Jung foi Maria Moltzer. Os trabalhos de Jung contêm uma única referência isolada a ela. A respeito do tipo intuitivo, ele disse: "O crédito pela descoberta da existência desse tipo pertence a M. Moltzer" (*OC* 6, §773). Existem manuscritos de conversas que ela apresentou ao Clube Psicológico de Jung, em Zurique, em 1916. Uma dessas lança uma luz especial sobre como o problema dos tipos psicológicos estava sendo enfrentado naqueles tempos. Moltzer afirmou:

---

[65] Ed. Iselin, 1982, 4 de abril de 1915, 40.
[66] *Ibid.*, 6 de setembro de 1915, 106.
[67] 109. A interrupção do diálogo com Schmid parece ter feito parte de um problema mais amplo que Jung tinha em relação a colegas. A filha de Schmid se lembra de que "meu pai foi um dos muito poucos que se opuseram a ele. A sra. Jung costumava dizer que ela realmente lamentava Jung não ter amigos de verdade". Entrevista com Jeanne Boller-Schmid, CLM, 8.
[68] Jung e Schmid continuaram amigos, e Jung encaminhava pacientes para ele (Jung para Henry Murray, 2 de maio de 1925, documentos de Murray).

> Em minha opinião, nos últimos anos tem ocorrido um uso indevido dos conceitos dos tipos, conceitos que ainda não estão plenamente desenvolvidos. Alheias às imensas dificuldades que necessariamente emperram essa questão, todas as pessoas foram forçadas a corresponder a uma ou outra de duas categorias, e passaram a ser julgadas por esse diagnóstico muito superficial. Quem era extrovertido devia pensar de certa forma, e pronto. Isso me parece um abuso bastante grosseiro da personalidade... Seria o mesmo que negligenciar o estágio de seu desenvolvimento tratar um paciente só do ponto de vista de seu tipo. Deve-se então acrescentar que a personalidade não é condicionada só por seu tipo... Levar em conta apenas o tipo equivale a desconsiderar a personalidade e identificá-la completamente com seu tipo. A solução dos problemas pessoais é uma coisa difícil, e há muitos pacientes que ficam extremamente aliviados quando encontram uma forma de fugir de suas tarefas. Eles se sentem justificados em buscar refúgio no seio de uma nova coletividade, por meio da identificação com seu tipo... Da mesma forma como a escola de Viena reduziu praticamente tudo à sexualidade, depois de ter descoberto seu valor, também nos últimos anos a escola de Zurique reduziu tudo aos tipos. Devemos nos acautelar contra esse perigo, pois centralizar tudo em dois tipos provoca a redução da totalidade da vida psíquica a fórmulas, o que ameaça aniquilar a nova vida da teoria da libido, recentemente proposta.[69]

Essa afirmação demonstra a extensão na qual a tipologia se havia tornado um tópico central de pesquisas na escola de Zurique como um todo, durante esse período, e indica que sua utilização tinha um papel dominante nas análises que estavam sendo conduzidas. A avaliação de Moltzer sobre a validade terapêutica de sua utilização era ostensivamente negativa. Em 1916, dificilmente haveria uma condenação mais poderosa da escola de Zurique, apresentada por um de seus membros mais destacados, do que ser equiparada com seu mais menosprezado inimigo, a psicanálise.

Para retificar tal situação, ela afirmou que existiam "vários tipos mistos, com atitudes introvertidas e extrovertidas mais ou menos desenvolvidas". Além disso, ela se lembrava do fato que, na última reunião do Clube, havia proposto a existência de um terceiro tipo: o intuitivo. A intuição, que funcionava no limiar do inconsciente, "registra as impressões recebidas (no inconsciente), e introduz a tendência compensatória do consciente". Filogeneticamente, a intuição era um modo mais antigo de adaptação, a partir da qual tinham se diferenciado as outras funções do pensamento e da sensação. Era a origem da religião. Havia três categorias nesse tipo: os propensos ao pensamento, os propensos à ação e os artistas.

---

[69] Reproduzido em Shamdasani, 1998b, 113-114.

Esse tipo tinha sua neurose característica na compulsão, e em algumas formas de mania e depressão maníaca no polo psicótico.

O novo modelo de Moltzer substituía o de Jung – os tipos junguianos eram rebaixados ao *status* de derivações do tipo intuitivo, mais primordial. Ele havia coligado a histeria à extroversão, e a esquizofrenia à introversão. De um ponto de vista nosológico, isso colocava a questão do que fazer com as demais categorias diagnósticas. Ela organizadamente complementou o quadro com sua designação das neuroses e psicoses que correspondiam ao tipo intuitivo. Em 1918, ela renunciou ao Clube e seguiu seu próprio caminho.

Os detalhes do esboço psicobiológico de Moltzer para refazer o caminho da gênese da intuição e da relação que esta mantinha com o pensamento e o sentimento não foram incorporados por Jung. Já a existência do tipo intuitivo foi retomada por Jung, sob uma forma revista.

O problema da relatividade na psicologia

De aproximadamente 1915 em diante, as dissidências no seio da escola freudiana, principalmente envolvendo Adler e Jung, foram usadas pelos críticos da psicanálise como uma refutação das alegações de cada uma das escolas. Era comum dizerem que suas proposições eram mutuamente contraditórias, e que não havia meios de se ajuizar entre elas – as separações e mútuas recriminações eram tidas como provas materiais disso.

Um claro exemplo desse tipo é dado por Stern. Embora pertencendo a um período posterior, ilustra uma crítica comum. Em 1935, Stern criticou Jung junto com Freud e Adler. O elemento comum ao trabalho de todos eles era o fato de "o inconsciente ser elevado à condição de uma força mística que instala um despotismo secreto no indivíduo" (37). A limitação desse dualismo interno da personalidade, desse sujeito dividido, era sua ânsia essencial ser concebida de maneiras diferentes conforme a escola. Ele objetava à teimosia e à monotonia com que os adeptos dessas escolas explicavam tudo, usando os mesmos esquemas de interpretação. Dizia que isso não tinha nada a ver com ciência. As falhas de ambas as escolas estavam em sua propensão para o que ele chamava de explicação monossintomática. Por sua própria natureza, essas explicações não poderiam fazer justiça à complexidade das pessoas, para as quais seriam indispensáveis explicações pluralistas. Sendo assim, a divisão interna entre as várias escolas de psicologia profunda relativizava as alegações de verdade propostas por ambas, individualmente. Ele concluía que, embora num contexto terapêutico ou pedagógico defender uma ou outra dessas verdades pudesse ajudar a desencadear um estado de sugestionabilidade, na qualidade de teorias psicológicas não tinham qualquer valor. Essa era uma forma ardilosa de dizer que a utilidade prática dessas teorias psicológicas para os psicoterapeutas residia somente em sua capacidade de induzir um estado hipnótico, ao mesmo tempo em que negava que era isso que estava dizendo.

A próxima declaração pública de Jung sobre o problema dos tipos ocorreu em 1917, em *A psicologia dos processos inconscientes: revisão da teoria moderna e do método da psicologia analítica*. Nesse trabalho, ele tentava abordar o problema colocado pelas dissensões dentro do movimento psicanalítico, e pela relatividade das alegações de cada escola. Começava apresentando um caso e propondo uma consistente interpretação segundo o ponto de vista freudiano e, a seguir, uma interpretação igualmente consistente do mesmo caso, segundo a perspectiva de Adler. Nesse exemplo, ele estava explorando as consequências que advinham de se dar espaço na psicologia para toda uma pluralidade de princípios explicativos. Quanto à questão de qual dessas teorias contraditórias estava correta, a resposta dada dependia do valor relativo atribuído pela pessoa ao amor ou ao poder, em seu sistema de valores.[70] Aqueles que atribuíam um significado maior ao amor dariam preferência à explicação de Freud, enquanto aqueles que dão maior relevância ao poder prefeririam Adler. A diferença entre as teorias de Freud e Adler era o resultado de suas diferenças tipológicas.[71] Ambas as teorias eram parcialmente verdadeiras (quando aplicadas apropriadamente a pessoas com tipos psicológicos correspondentes). Seu equívoco residia em suas generalizações. Ele observou: "A relativa exatidão das duas teorias rivais é explicada pelo fato de seu material ser extraído de casos que comprovam a exatidão da teoria".[72] Dessa maneira, os critérios para avaliar a adequação de uma teoria psicológica não pertenciam mais ao fato de ela ser capaz de citar evidências empíricas a seu favor, nem em sua atratividade como recurso terapêutico eficaz. Isso seria fácil demais. Em vez disso, para que uma teoria psicológica atingisse validade universal, teria de, em última instância, fornecer uma explicação para as diferenças entre as teorias psicológicas, esclarecendo como elas, sendo contraditórias, poderiam inclusive ter surgido. Em outras palavras,

---

[70] 1917b, 391, trad. mod. O psiquiatra Ernst Kretschmer concordava com isso (1934, 261).

[71] 392. Isso foi criticado por William McDougall: "Poderia existir algo mais infeliz? Freud, com seu intenso e duradouro interesse pela vida interior do homem e seu sistema altamente elaborado, é classificado na mesma alínea daqueles que não têm interesse pela vida interior, e que não conseguem construir um sistema. Adler, que tem um numeroso séquito de populares e cujos volumosos escritos carecem peculiarmente de sistema e ordem, fica com aqueles que não conseguem exercer uma influência pessoal e ficam paralisados pela própria autocrítica, produzindo trabalhos de rematada perfeição" (1929, 293). Sobre McDougall, ver adiante, pp. 216-217, 290.

[72] Freud escreveu para Karl Abraham dizendo que Jung "parece não ter ido além das conversas elementares, alcançando a teoria do fato de que ele esteve comigo e com Adler. Nós nos encontramos no 'arcaico'" (13 de julho de 1917, Falzeder, 2002, 353). Agradeço a Ernst Falzeder ter chamado minha atenção para este ponto.

o que se pedia era uma psicologia da psicologia. O "tema" primeiro da psicologia era a própria psicologia, e ela teria de estudar seu próprio processo de construção.

Embora até o presente momento as propostas de Jung para a tipologia psicológica tenham consistido em descrições estáticas do temperamento individual, neste texto amplificamos esse aspecto introduzindo uma descrição dinâmica, numa seção intitulada "O desenvolvimento dos tipos da introversão e extroversão no processo analítico". No processo da análise, a função contrária (até então inconsciente) era desenvolvida, e levava "o tipo até o nível da individuação e, por meio disso, a uma nova relação com o mundo e o espírito" (trad. mod. pp. 440-441). Ele caracterizava a individuação como um processo que consistia na transição de uma orientação tipológica unilateral para um estado no qual a capacidade do sujeito para a introversão, aqui equiparada com o pensamento, e para a extroversão, aqui igualada com o sentimento, se tornariam potencialmente desenvolvidas por igual. A orientação unilateral extrema era vista como marca registrada da neurose. Isso representava, implicitamente, uma nova solução para a equação pessoal: a magnitude do viés pessoal era proporcional ao nível de falta de desenvolvimento da personalidade. Era somente através do processo de individuação que seria possível se minimizar o viés subjetivo, atingindo o que, futuramente, ele viria a chamar de objetividade psíquica. Em época posterior, Jung refinou suas ideias sobre a posição paradoxal da psicologia. Sua psicologia tinha dois lados: um que era inteiramente prático, e outro que era inteiramente teórico. De um lado, constituía um método de tratamento ou educação e, de outro, era uma teoria científica, relacionada com outras ciências. Essa foi uma divisão que ele manteve durante toda a sua carreira subsequente. O que lhe faltava articular era como essas partes se inter-relacionavam.

A teoria das atitudes

> "Bouvard extraiu seus argumentos de La Mettrie, Locke, Helvétius; Pécuchet, do Sr. Cousin, Thomas Reid e Gérando. O primeiro prestou sua lealdade à experiência; para o segundo, o ideal era tudo. Havia algo de Aristóteles em um, e de Platão no outro, e eles discutiram", Gustave Flaubert, *Bouvard et Pécuchet*, 203.

Em 1919, Jung escreveu para André Tridon que estava preparando um livro sobre o "problema da Atitude e dos Tipos de Atitude". O propósito desse livro era reconciliar as visões contraditórias das escolas psicanalíticas por intermédio de "uma teoria da atitude e de uma avaliação diferente do simbolismo".⁷³ Esse trabalho foi publicado em 1921, e seu título era *Tipos psicológicos*.

A descrição de Jung para os tipos psicológicos foi assimilada pelo público geral. Foi seu único trabalho a dar origem a uma produção contínua de estudos experimentais, utilizando questionários e testes estatísticos (uma parte da maldição que James havia previsto!). *Tipos Psicológicos* apresentou um verdadeiro tesouro de erudição.⁷⁴

Esse trabalho começa com algumas considerações sobre a história da psicologia. Embora esta sempre tenha existido, a "psicologia objetiva" era um desenvolvimento mais recente. O consenso geral de que a observação e a experiência seriam suficientes para construir as bases de uma psicologia objetiva era uma falácia, pois a meta da ciência ia mais além da descrição: sua finalidade era estabelecer leis. Através do uso de conceitos, o empírico era transcendido. Isso porque "os conceitos serão sempre um produto da constelação psicológica subjetiva do pesquisador" (*OC* 6, §9). Ele chamava isso de equação pessoal, o que já se evidenciava na observação: "*A pessoa vê o que ela mesma melhor consegue ver*" (*ibid.*). Esse efeito era ainda mais pronunciado na apresentação das observações, e em sua interpretação. O ideal da objetividade era uma impossibilidade: o máximo a que se podia aspirar era que a pessoa não visse as coisas subjetivamente *demais*. Reconhecer os efeitos da equação pessoal, que constituía a determinação subjetiva do conhecimento, constituía o pré-requisito para uma avaliação científica dos outros indivíduos. Para tanto, era preciso um alto grau de autoconhecimento por parte do pesquisador.

A possibilidade de uma psicologia científica objetiva dependia não só de se reconhecer o significado da equação pessoal, mas também de encontrar uma maneira de se esquivar ao infinito regresso e à relatividade a que, possivelmen-

---

⁷³ Citado em Tridon, 1919, 9. Jung disse a James Kirsch que "estava muito ocupado com pacientes, nessa época, e simplesmente não estava tendo tempo para escrever, embora sentisse uma grande pressão para expressar novas ideias. Nesse conflito, entre seu dever para com os pacientes e o que havia junto ao público em geral, o inconsciente o atingiu com uma doença. Ele caiu de cama com coqueluche, problema que leva a pessoa a se sentir muito bem durante o dia, mas sofre de acessos de tosse à noite. Como se tratava de uma doença infecciosa, ele precisou cancelar todos os seus compromissos com os pacientes. Pediu a uma secretária, que já tinha tido coqueluche e que, portanto, estava imune, que apontasse seus ditados. Ele ditava todos os dias, e completou as primeiras 583 páginas durante as seis semanas de sua quarentena" (Kirsch, 1975, 59-60). A ausência de manuscritos de próprio punho de Jung para *Tipos Psicológicos* confere credibilidade a isso.

⁷⁴ É possível que Jung tenha tido alguma ajuda a respeito dos aspectos históricos dessa questão, os quais constituíam a maior parte do livro. Numa entrevista, Ernst Harms se lembra de ter sido analisado de graça por Jung, e que este o questionou quanto às fontes de alguns aspectos da tipologia, tomando nota das informações que Harms lhe dava. Entrevista com Ernst Harms, CLM, 8. Harms, no entanto, não esclarece com precisão quando essas conversas aconteceram. Em outro documento, ele se refere a seu "contato com Jung desde o início dos anos 20" (1967, IX), o que sugere que elas ocorreram depois de Jung ter publicado seu *Tipos psicológicos*.

te, ela conduzia. Se todo conhecimento, se toda psicologia, é determinada pela equação pessoal de alguém, que chance existe de haver algo como a objetividade, de existirem meios de se ajuizar entre as reivindicações de teorias rivais, de enfim existir sequer a possibilidade de uma ciência unificada da psicologia? A solução que Jung tentou foi oferecer uma teoria sobre os determinantes subjetivos da equação pessoal. Não só isso garantiria um *status* científico e objetivo para a psicologia, como ela mesma seria uma ciência superordenada, visto que apenas ela poderia fornecer explicações sobre os determinantes subjetivos de todo conhecimento. Seu fracasso ou sucesso estava na dependência de se, em seus próprios termos, ela poderia ou não apresentar uma teoria da equação pessoal que chegasse a ter uma medida de objetividade. Essa era uma questão predominante no estudo de Jung dos sistemas tipológicos anteriores, e que compõe a maior parte de *Tipos psicológicos*.[75] Em suas formulações nesse texto, a equação pessoal era principalmente condicionada, não pelas experiências biográficas, mas por uma disposição inata, ou seja, pelo tipo do indivíduo. Dessa forma, se a psicologia individual constituía a confissão da subjetividade do próprio indivíduo, como afirmava Jung, isso não era porque consistisse na transformação dos detalhes da própria biografia numa articulação teórica; mas sim porque designava o fato de a pessoa ser coagida a enxergar o mundo segundo uma determinada mentalidade.

Jung retomou essa questão em sua discussão do poeta e dramaturgo alemão, Friedrich Schiller, que tinha um trabalho sobre o problema dos tipos. Como Schiller pertencia a um tipo, estava fadado a apresentar uma descrição unilateral. A esse respeito, o exemplo de Schiller foi ilustrativo de um problema mais amplo:

> Não há nenhum outro contexto em que as limitações de nossas concepções e de nosso conhecimento se tornem tão aparentes quanto em nossas formulações psicológicas, nas quais nos é praticamente impossível traçar qualquer outra imagem além daquela cujos contornos principais se encontram gravados em nossa alma (§102, trad. mod.).

As limitações do tratamento dado por Schiller ao elemento subjetivo decorriam de sua própria tipologia. Jung dizia que o mesmo era verdade de Nietzsche, James e de outros tipologistas anteriores. Nessa passagem, o problema da equação pessoal assume a forma de um solipsismo psicológico. De que maneira é possível o comentário de um psicólogo referir-se essencialmente a qualquer outra coisa além de si mesmo? E ainda levanta a questão de quais seriam os critérios por meio dos quais poderíamos distinguir a tipologia de Jung das que a precederam.

---

[75] Para Aniela Jaffé, ele afirmou que o psicólogo deve depender de paralelos históricos e literários para excluir os piores erros do viés pessoal (*Memórias*, 222). Isso elucida por que *Tipos psicológicos* era, acima de tudo, um estudo histórico.

Sua apresentação histórica do tema representava uma posição relativa ao *status* da psicologia. Ele estudou o tratamento do problema dos tipos em teologia, poesia, estética, filosofia, biografia, psiquiatria e em filosofia e, embora considerando úteis as descrições e os exemplos, considera-os, em última instância, todos insuficientes. Somente depois desse apanhado sobre as redundâncias nos pensamentos anteriores sobre o tema, em todas essas disciplinas, foi que ele apresentou sua própria descrição geral dos tipos. O mais espantoso é ele ter oferecido uma revisão tão limitada das diferenciações tipológicas anteriores, existentes na psicologia, inclusive quando visivelmente similares à sua. Por esse motivo, não existem menções aos trabalhos tipológicos de Charcot, Binet e Stern. Em sua introdução à primeira edição, ele afirmou que sua abordagem teórica era adotada em razão de sua convicção de que as opiniões psicológicas propostas eram de ampla significação e potencial aplicabilidade. Dessa maneira, sua abordagem servia para demonstrar a preeminência da psicologia e seu alcance praticamente ilimitado.

A voz narrativa do livro é a de alguém que superou o problema dos tipos e se tornou capaz de fazer o apanhado da história humana, instalado numa perspectiva olímpica, propiciando uma compreensão de conflitos até então não passíveis de resolução, mediante a adoção do novo ponto de vista de uma tipologia psicológica. É justamente esse tom que a publicação das cartas de Schmid teria comprometido. Em *Tipos psicológicos*, Jung se absteve de mencionar seu próprio tipo psicológico, o que, diante da tese de seu livro, é uma lacuna significativa.[76] Consequentemente, o leitor não tem dados para decifrar a "equação pessoal" dele. A esse respeito, a postura de Jung é acentuadamente diferente da de James.

O desenvolvimento do trabalho de Jung sobre os tipos psicológicos foi acompanhado de um afastamento cada vez maior do pragmatismo. Em 1915, ele tinha escrito para Hans Schmid, dizendo que precisava dos pontos de vista da tendência pragmática da filosofia moderna. E acrescentou: "Embora não faça segredo de minha ilimitada admiração por Schiller e William James, não posso deixar de admitir também que o pragmatismo me deixa com uma sensação de esterilidade. Não posso me furtar a tal sensação: é muito 'comercial' [*'business like'*]".[77] Foi o conceito de irracional de Henri Bergson que o libertou da esterilidade do pragmatismo.[78]

---

[76] Iselin, ed., 1982, 39. Em sua correspondência com Schmid, Jung se descreve como introvertido. Quando John Freeman indagou qual seu tipo psicológico, Jung respondeu que suas funções superiores eram as do pensamento e da intuição (Freeman, 1959, 390). C. A. Meier comentou: "Com seu livro sobre tipologia, Jung, fiel à própria introversão, está tentando uma espécie de apologia de sua atitude". Meier tentou justificar esse viés temperamental, afirmando que servia para equilibrar a extroversão predominante na civilização ocidental (1989, 92).

[77] "Comercial" está em inglês no original. O Schiller aqui citado é F. C. S. Schiller, filósofo inglês e colega de James.

[78] Ver adiante, pp. 228-230.

Em sua extensa discussão dos tipos de James em *Tipos Psicológicos*, ele caracterizava o pragmatismo como nada além de um artifício que "pressupõe uma resignação grande demais e que, quase inevitavelmente, leva ao esvaziamento da criatividade" (§541). Ele defendia que a solução para o problema dos opostos não poderia ser alcançada por intermédio do pragmatismo, e sim somente com um ato positivo de criação que assimilasse os opostos; foi Nietzsche, em oposição a James ou Bergson, que apontou o caminho adiante, a esse respeito. Embora não fique claro nesse trecho em que consistiria precisamente esse ato criativo, está claro que Jung achava insatisfatória a abordagem relativista do pragmatismo à questão dos conceitos rivais.

Em *Tipos Psicológicos*, a questão da equação pessoal aparece vinculada também à do pluralismo. Jung considerava uma "tirania intolerável" o pressuposto de que só existia uma única psicologia, ou um só princípio psicológico fundamental. Exemplos primorosos de psicologias dessa natureza eram as de Freud e Adler. As psicologias de ambos eram igualmente unilaterais e expressavam seus tipos respectivos. Tornava-se preciso reconhecer a existência de uma multiplicidade de indivíduos, cada qual com sua própria psicologia pessoal. Ao mesmo tempo, era crítico que o nível de variação não fosse ilimitado; se fosse, haveria pouco a ser abrangido pela psicologia de escopo científico, já que a ciência deve lidar com o que é coletivo e universal. Desse modo, Jung desenvolveu um esquema com oito tipos principais, reunidos em dois grandes grupos – os introvertidos e os extrovertidos. Cada um deles era a seguir subdividido em quatro subgrupos, caracterizados pela função dominante do indivíduo.

A elegância desse modelo estava em reconciliar o objetivo de desenvolver um modelo universal do funcionamento psicológico: por um lado, as atitudes da introversão e da extroversão, e as funções do pensamento, sentimento, intuição e sensação estariam presentes em todas as pessoas. Até aí, seguia as convenções tradicionais da psicologia da personalidade e da filosofia da mente. Por outro, a preponderância de uma função em particular lhe permitia explicar a variabilidade individual e sua correspondente psicologia. A unilateralidade tanto de Freud como de Adler fora substituída por um modelo com oito diferentes perfis psicológicos. Dito de outra forma, daí em diante a psicologia seria escrita a partir de oito chaves. Nesse sentido, *Tipos psicológicos* tanto ofereceu uma permissão crítica, quanto limitou o alcance das variações individuais. Jung havia recuado de sua posição radical, apresentada alguns anos antes, segundo a qual cada indivíduo exigiria um manual todo próprio.

Ele afirmava que o problema com as teorias psicológicas até essa época era que elas pressupunham uma uniformidade na psicologia humana, análoga à que é presumida pelas ciências naturais, para as quais uma única natureza é a base de suas observações e registros. Decorre dessa suposição que o processo de construção de uma teoria seria o mesmo, apesar de diferirem os indivíduos. A existência de teorias divergentes sobre a essência dos processos psíquicos demonstrava que não era esse o caso. Cada pesquisador presume, naturalmente, que sua própria teoria é a única correta, já que "não percebe que a psicologia que ele enxerga é a sua psicologia e que, ainda por cima, está a psicologia de seu tipo" (§849). Como resultado, as diferentes psicologias correspondentes aos sete outros tipos não são levadas em consideração. Na melhor das hipóteses, essa teoria corresponderia a um oitavo da verdade. O sucesso de determinadas teorias não era devido exclusivamente aos efeitos de uma sugestão de massa. Pelo contrário, era devido ao fato de contar com o endosso de pessoas que encontrariam nelas algo que podiam compreender e valorizar.[79] O fato de outras pessoas apoiarem uma teoria indicava que ela não era puramente idiossincrática, mas correspondia a uma atitude típica.

Ele não estava negando a existência de uma uniformidade dentro da psicologia humana – era precisamente isso, disse, que o havia levado à hipótese de um inconsciente coletivo. Mas, a par dessa homogeneidade, existia uma "igualmente grande" heterogeneidade da psique consciente. Este é um ponto importante de ser ressaltado, pois Jung o associa tradicionalmente apenas com o primeiro ponto de vista. Era só nas fundações da consciência que existia a homogeneidade. Mas uma teoria baseada só nesse aspecto ignorava a diferenciação histórica e individual da psique. Sua descrição dos resultados desse processo era uma crítica do estado então vigente da psicologia:

> Por assim dizer, reduzo o homem a seu protótipo filogenético, ou o dissolvo até atingir seus processos elementares; e quando tento novamente reconstruí-lo, partindo dessa redução, surgirá, no primeiro caso, um macaco e, no segundo, um aglomerado de processos ele-mentares envolvidos em atividades recíprocas sem alvo e sem sentido (§852, trad. mod.).

Não obstante, essa heterogeneidade não era ilimitada. A existência de tipos psicológicos significava uma delimitação ao âmbito das variações individuais. Para Jung, havia duas opções disponíveis ao psicólogo: ou ele aceitava o fato de que diversas teorias contraditórias a respeito do mesmo processo poderiam existir lado a lado, ou se dedicava à infrutífera tentativa de formar uma seita, alegando possuir a única verdadeira e correta teoria.

Foi a seção final do livro de Jung, contendo a descrição geral dos tipos, que causou o maior impacto. Suas descrições dos tipos se destacaram dos temas históricos, filosóficos e psicológicos que lhes haviam servido de contexto. Os tipos que ele esboçava eram "retratos galtonescos de família", que reuniam características típicas e comuns e apagavam os traços mais particularizados

---

[79] Essa posição é bastante próxima do que Jung entendia como sugestão, pois ele dizia que uma sugestão só era aceita se fosse agradável ao sujeito. Ver Shamdasani, 2001a.

(§666). A referência dizia respeito à técnica de Francis Galton de fazer fotografias compostas. Galton havia superposto fotos de indivíduos diferentes, como os de uma mesma família, para chegar a rostos representativos. Como ele dizia: "O efeito dos retratos compostos está em tornar evidentes todos os traços com algum nível de acordo entre si, ao mesmo tempo em que só restam traços-fantasmas das peculiaridades individuais" (Galton, 1883, 7). A eficácia dos retratos compostos que Jung havia criado com seus tipos estava em que eram reconhecíveis como indivíduos. Os leitores podiam facilmente se reconhecer e reconhecer outras pessoas, nos retratos de Jung, e eram motivados a comparar seus traços com os dos demais tipos. Uma boa dose do sucesso da tipologia junguiana foi devida ao sucesso de sua técnica literária nesse capítulo.

Ele concluía seu *Tipos psicológicos* com um extenso glossário de conceitos. Largas divergências quanto ao sentido de algumas palavras tinham provocado grandes desentendimentos na psicologia. O método experimental na psicologia se havia limitado aos "fatos elementares". Ele alegava que, do outro lado de seu território, o papel desempenhado pela quantificação na psicologia experimental era justamente o que a precisão do conceito devia ter. Dado o estado atual da psicologia, um léxico capaz de obter acordo geral não era uma possibilidade. Portanto, tornava-se tarefa de cada psicólogo definir seus conceitos com "fixidez e precisão" (§674). Nesse caso, seu projeto linguístico guardava semelhança com o de Wundt.[80] Pode-se vê-lo como uma derivação do programa de reforma linguística da psicologia proposto no Congresso de Genebra, em 1909, do qual ele havia participado. Ele acrescentava uma nota de esclarecimento, na qual reiterava que suas definições tinham a intenção de designar apenas seu uso pessoal dos conceitos; e, também, que "eu não pretenderia dizer, em absoluto, que esse uso deveria ter sido em todas as circunstâncias o único possível ou o único absolutamente correto" (§675, trad. mod.). Contudo, apesar desse esclarecimento, seu dicionário foi uma iniciativa audaz, pois equivalia a estabelecer um léxico conceitual completo. Ao lado de redefinições de conceitos gerais como os de afeto, atitude, fantasia, sentimento, símbolo e outros, ele adicionou as definições de seus próprios conceitos, como arquétipo, individuação, persona, anima, animus. É importante notar que, na primeira edição, os conceitos inéditos de Jung não eram verbetes propriamente ditos, mas apareciam nas definições de termos mais gerais, como os de alma, símbolo e imagem. Isso indica que, nesse estágio, tais termos não tinham a significação que posteriormente lhes seria atribuída, como os termos-chave da psicologia junguiana. Contudo, longe de facilitar a comunicação com outros psicólogos, seu léxico e seu projeto linguístico surtiram inadvertidamente o efeito oposto: serviram para demarcar a psicologia analítica como um dialeto

---

[80] O trabalho posterior de Jung, em especial sobre a alquimia, articulava uma abordagem acentuadamente diferente da linguagem.

distinto, que tendia a despertar uma aceitação completa ou bem uma rejeição em bloco. Esse fato refletia a separação disciplinar da psicologia analítica em relação à psicologia acadêmica. É irônico que, no que tange à introversão e à extroversão, quando esses termos foram assimilados e passaram a ser usados pela comunidade psicológica e pelo público em geral, eles tenham sido separados das definições conceituais que Jung lhes havia dado.

As linguagens que as psicologias desenvolveram tiveram um impacto profundo sobre a psicologia do século XX. Há cem anos, James podia afirmar que a linguagem comum carecia de vocabulário suficiente para expressar os fatos subjetivos. Os psicólogos subsequentes mostraram-se bem longe de mudos em sua atividade de cunhar conceitos com o intuito de preencher tal lacuna. Independentemente de existir ou não aquilo a que esses conceitos se referem, eles sem sombra de dúvida transformaram as experiências subjetivas por meio de uma reformulação da linguagem usada para falar a respeito delas, criando novas formas de sensibilidade. A linguagem da tipologia psicológica – assim como os conceitos psicológicos em geral – veio a ser o idioma com o qual grandes quantidades de pessoas passaram a se identificar e a partir do qual configuraram não só suas experiências particulares, como também as das demais pessoas.

No corpo do texto de *Tipos Psicológicos*, havia uma tensão entre a concepção que Jung fazia da linguagem psicológica, e uma outra, que foi se tornando cada vez mais predominante em seus trabalhos seguintes. Ao discutir os símbolos mitológicos e religiosos, ele observou que, quando a pessoa estava lidando com os processos inconscientes, demonstrava a maior dificuldade possível, cientificamente falando, de evitar a "linguagem das imagens" (*Bildersprache*), para atingir a linguagem das imagens das outras ciências. No final, o efeito das explicações psicológicas era apenas criar novos símbolos para os mesmos enigmas milenares. Assim, enquanto "nossa ciência é também uma linguagem de imagens", sua vantagem estava em ser "mais adequada aos propósitos práticos do que às antigas hipóteses mitológicas" (§428, trad. mod.). Essa adequação residia no fato de a psicologia empregar uma linguagem que parecia ser mais condizente com a modernidade científica.

Dissidências na escola junguiana?

Em 1922, a mais destacada defensora de Jung nos Estados Unidos, Beatrice Hinkle, publicou um artigo de fôlego, "Estudo dos 'Tipos Psicológicos'". Hinkle, que era médica, havia aberto uma clínica psicoterapêutica nos Estados Unidos, na Faculdade de Medicina de Cornell. Tinha sido analisada por Jung em 1911, e em seguida traduzira para o inglês *Transformações e símbolos da libido*.

Embora seu artigo tivesse aparecido depois da publicação do livro de Jung sobre os tipos, fora escrito antes que ela lesse a obra de seu analista. O estudo de Hinkle apresentava uma detalhada elaboração do artigo sobre o tema, que ele havia escrito em 1913. Ela dizia que, com o passar do tempo, tinha se tornado evidente a necessidade de distinções mais diferenciadas, e fazia também algumas críticas a certas formulações de Jung. Para remediar essa situação, Hinkle afirmava que os introvertidos e os extrovertidos eram subsequentemente divididos em outras três categorias: objetivos, simples e subjetivos. Os tipos simples correspondiam à classificação original de Jung, mas os outros dois subgrupos abrangiam a maioria das pessoas. O modelo de Hinkle era significativamente diferente do de Jung.

Desse modo, em 1922, havia dois sistemas junguianos divergentes de tipos psicológicos, ambos plenamente desenvolvidos. Segundo a epistemologia de Jung, em *Tipos psicológicos*, a única maneira de se compreender a diferença entre esses dois sistemas era apelando ao tipo psicológico do autor. Mas, para tanto, seria melhor usar os tipos de Hinkle ou os de Jung? Enquanto em seu trabalho Jung fora capaz de relegar as tipologias anteriores a uma fase pré-psicológica, neste caso não era mais possível fazer isso e, além do mais, o estudo de Hinkle era proposto como um desenvolvimento de um trabalho anterior de Jung. A abordagem de Hinkle obteve uma reação entusiástica de sua colega junguiana, Constance Long (1922). As tipologias de Hinkle e Jung foram comparadas por William McDougall. Ele criticava o sistema de quatro funções apresentado por Jung, que na opinião dele era muito acadêmica, e concluía que a tipologia de Hinckle era melhor.[81] As tipologias de Hinckle e Jung também são comparadas pelo psicólogo americano, A. A. Roback, que usou os dois sistemas para fazê-los eliminar-se mutuamente. Na opinião desse psicólogo, os autores de tipologias fazem distinções que correspondem a suas preferências e aversões. Enquanto Jung parecia preferir os introvertidos, Hinckle era a favor dos extrovertidos (927, 292).

Uma outra tentativa de construir uma tipologia baseada em Jung, embora divergindo dela, foi a proposta de J. van der Hoop, um psiquiatra holandês, presidente da Sociedade Holandesa de Psicoterapia, que fora a Zurique para ser analisado por Jung, em 1913. Em seu trabalho de 1937, *Tipos de consciência e sua relação com a psicopatologia*, defendia a ideia de que, apesar de a tipologia de Jung representar um progresso em relação às tipologias anteriores, sua proposta diferia da de Jung no modo como as funções e suas inter-relações eram entendidas. Van der Hoop terminava o livro com um capítulo intitulado "A equação pessoal". Afirmando que a orientação da pessoa assumia a forma de atitudes típicas, ele dizia que essas atitudes eram transparentes nas diferentes escolas de psicologia. Citava Freud e Jung como exemplos clássicos. Após explicar o que ele chamava de as peculiaridades de Freud e da psicanálise, remetendo-as ao fato de, para ele, Freud ser um extrovertido intuitivo, voltava-se para Jung. Dizia que este se descrevia como um "pensamento introvertido", e

---

[81] 1926, 450. Sobre McDougall, ver adiante, pp. 216-217, 290.

apresentava então uma extensa análise tipológica de Jung, atribuindo a seu tipo as forças e fraquezas de seu trabalho. Van der Hoop estava tentando esboçar o quadro da equação pessoal de Jung (1937, 327-328). Os referenciais foram invertidos e o analista terminou sendo analisado pelo antigo analisando, no que pode ser lido como uma paródia das interpretações feitas pelo próprio Jung em *Tipos psicológicos*. Enquanto Jung escolhia Freud e Adler como exemplos para mostrar a maneira como a equação pessoal resultava numa perspectiva unilateral e parcial, van der Hoop escolheu oportunamente Freud e Jung para demonstrar a mesma lição. E, pior ainda, as peculiaridades pessoais de Jung eram identificadas como a razão das falhas de seu sistema tipológico.

Nas décadas de 1920 e 1930, a caracterologia e a tipologia eram assuntos populares na Alemanha. Os trabalhos mais destacados eram os de Ludwig Klages, Ernst Kretschmer, Eduard Spranger e Philip Lersch.[82] A tipologia de Jung não foi recebida com muito sucesso nesse contexto, e os autores citados não usaram as noções junguianas em seus próprios trabalhos. Na 6ª edição de *A Ciência do Caráter*, Klages, um estudioso consagrado no campo da caracterologia e fundador da moderna grafologia, observou que, na primeira edição, em 1910, ele havia introduzido a distinção entre as mentalidades voltadas para dentro e para fora. Subsequentemente, "duas palavras estranhas, extrovertido e introvertido, foram usadas pelos médicos, e foi feita a tentativa de tornar tal sistema o princípio supremo para classificar em geral todos os caracteres. Para dizê-lo de modo educado, o resultado disso foi nulo" (1920, 280). O alvo das críticas de Klages era, evidentemente, Jung.

A tipologia de Jung, como tentativa epistemológica de deter o regresso infinito ameaçado pela equação pessoal, ao propor o estabelecimento de uma psicologia das psicologias, não teve uma aceitação generalizada. As razões para tanto não são difíceis de se localizar. Os psicólogos relutavam em considerar as teorias que tinham dito possuir validade universal como meras expressões de seu tipo, o que as tornaria correspondentemente relativas.

Psicologia crítica ou caracterologia?

No mundo de língua inglesa, a tradução de *Tipos Psicológicos* foi saudada com numerosas recensões publicadas pela imprensa.[83] O jornal *The New York Times* apresentou uma crítica longa e gloriosa, em que o autor tratava o tra-

---

[82] Ulfried Geuter oferece uma detalhada análise da extensão em que o trabalho dos caracterologistas foi moldado pela *Wehrmacht*, o maior empregador de psicólogos na Alemanha. A psicologia da *Wehrmacht* não teve muito uso para o trabalho desses pesquisadores, já que "os nazistas tinham suas formas particulares de escolher as pessoas, sem usar técnicas caracterológicas ou psicotécnicas" (1992, 121).

[83] A respeito de sua recepção pela antropologia, ver adiante, pp. 358-361.

balho com os adjetivos "esplêndido" e "excelente" ao descrevê-lo como uma contribuição para a psicologia que havia revelado maravilhosamente o "reino da alma" (Isham, 1923). O livro de Jung recebeu uma elogiosa crítica do *Times Literary Supplement*, que saudava Jung como um grande autor, comparando-o a Dostoievski, Shakespeare e Tolstoy (Anon, TLS, 19123, 448). Em *The New Republic*, o livro foi analisado por J. B. Watson. O comportamentalismo estava em grande evidência nessa época e a caminho de se tornar a tendência mais dominante da psicologia moderna. Como a revisão de Jung por Watson foi o mais destacado tratamento de seu trabalho por um comportamentalista, vale a pena alongar-nos a respeito, especialmente porque expressava o que se tornou a atitude dominante da psicologia acadêmica com respeito ao trabalho de Jung. Watson observava inicialmente que a psicanálise começara a ganhar terreno nos Estados Unidos depois de Freud, Jung e "outras autoridades da Europa continental" terem ido à Universidade Clark para uma série de palestras. Retomando a mútua antipatia envolvendo analistas e psicólogos, ele apontava que "na imprensa e nas conversas, o psicólogo ouvia que, enquanto não fosse analisado, não podia nem mesmo compreender esse complexo assunto, quanto mais criticá-lo" (1923, 287). Apesar disso, o diálogo tinha começado a crescer, pois os analistas mais jovens percebiam que eram diagnosticadores de comportamentos e professores, e não mágicos. Segundo Watson, Jung não pertencia a nenhum desses dois grupos e ele o recriminava por ignorar em seu livro "praticamente toda a psicologia do século XX". Para quem já havia lido *A Psicologia do Inconsciente*, esse trabalho não seria uma surpresa, pois era marcado pela mesma falta de clareza e pela obscuridade. Watson chegava a aventar a possibilidade de a finalidade do livro ser apenas uma tentativa de Jung de justificar sua obscuridade, fazendo referência aos tipos. Textualmente, Watson dizia: "Não se pode fazer a crítica da psicologia de Jung. É o tipo de coisa que um místico religioso deve escrever para encontrar meios que justifiquem aqueles fatores que seu treinamento o forçou a acreditar que existem" (*ibid.*).[84] A ênfase de Jung no caráter inato da tipologia despertou o desdém de Watson, o que não era de surpreender, diante do extremo componente ambiental que os comportamentalistas defendiam. Longe de colaborar com a psicologia, o livro de Jung "a confunde com suas suposições injustificadas e sem fundamento". Além disso, Watson afirmou que não contribuía para a análise, "parecendo, ao contrário, ser uma outra espécie de justificativa para os fracassos da vida, um

---

[84] Essa foi uma acusação feita frequentemente contra Jung. Num rascunho manuscrito da década de 1950, "A teoria analítica de Jung", o psicólogo americano Calvin Hall escreveu que "Jung é muito menos atrativo que Freud em razão do acentuado sabor ocultista, místico e religioso do texto junguiano, o que afasta muitos psicólogos". Quanto à primeira cláusula, Jung escreveu: "Será que tais fenômenos são desconhecidos nos Estados Unidos?". Após "muitos psicólogos", Jung acrescentou "que não querem ver o mundo tal qual é. Inclusive na Rússia existe religião" (CLM, 45).

ombro no qual os fracos possam encostar-se" (288). Em suma, ele dizia que havia tantos tipos quantos indivíduos, opinião que era compartilhada tanto pela psicologia moderna quanto pelo senso comum.

Jung não respondeu à crítica de Watson. Mas esta acabou sendo contestada por James Oppenheim, um dos primeiros divulgadores do trabalho de Jung nos Estados Unidos. Oppenheim dizia que a diferença entre Watson e Jung estava no fato de o primeiro ser um pensador extrovertido, ao passo que o segundo era um pensador introvertido. Corrigindo a alegação de Watson de que, conforme dizia Jung, a pessoa não poderia modificar seu tipo, Oppenheim escreveu: "O próprio Dr. Jung é um exemplo excelente do introvertido que desenvolveu seu lado extrovertido" (1923). Era precisamente por esse motivo que ele pôde desenvolver um sistema que fazia justiça tanto à extroversão quanto à introversão e, por conseguinte, tornava-se mais justo para com Watson e sua psicologia do que vice-versa. Quanto ao comportamentalismo, Jung fez alguns comentários de passagem, descrevendo-o como uma "psicologia sem homem" e como "preconceito filosófico inconsistente".[85]

Apesar da crítica de Watson, os tipos psicológicos foram o principal aspecto do trabalho de Jung encampado pela psicologia acadêmica, e foi o único aspecto de seu trabalho a receber dos psicólogos uma atenção de qualidade, em lugar do habitual descaso. Em 1937, o psicólogo americano Gordon Allport comentou, sobre os termos extroversão e introversão, que no decorrer dos últimos 20 anos os psicólogos tinham dedicado mais interesse a esses traços do que a quaisquer outros, e que esses termos tinham passado a fazer parte do vocabulário comum. Ele disse: "Foram os termos de Jung, com sua etimologia transparente, que se tornaram o foco das atenções".[86] Contudo, a maneira como os psicólogos passaram a usar a tipologia de Jung terminou por transformá-la além de seu limite. Os cuidados históricos, clínicos e epistemológicos de Jung foram completamente deixados de lado, sendo substituídos pelos métodos estatístico e experimental, dominantes na psicologia. Com isso, a compreensão teórica dos tipos que ele apresentava foi sumariamente descartada. Fica-se com a impressão de que praticamente apenas os termos que Jung cunhou – introversão e extroversão – restaram de seu trabalho, quando os psicólogos acadêmicos passaram a empregá-lo. Isabel Myers Briggs e sua filha Katherine usaram o trabalho de Jung como base de seu "Indicador de Tipos Myers-Briggs – que hoje é o teste de personalidade mais usado nos Estados Unidos.[87]

---

[85] Jung para Henry Murray, 2 de julho de 1948, *Cartas* I, 504, e Jung para Charles Aldrich, 5 de janeiro de 1931, *Cartas* 1, 80.
[86] 1937, 419. Diante do sucesso da terminologia de Jung, é interessante que, em 1915, ele tenha cogitado substituir as expressões" "tipo introvertido" e "tipo extrovertido" por "tipo abstração" e "tipo empatia", respectivamente. (Jung para Maeder, 4 de dezembro de 1915, documentos de Maeder).
[87] Comunicação pessoal, John Beebe.

Como resposta a essas pesquisas, foram feitas algumas tentativas de se desenvolver testes para tipos psicológicos, e de se chegar a uma validação experimental e estatística do trabalho de Jung. Entretanto, até mesmo aí o processo de acomodação à metodologia e as preocupações da comunidade acadêmica em psicologia se fizeram sentir.[88] Em 1945, Horace Gray e Joseph Wheelwright, que tiveram um papel de destaque no desenvolvimento de testes sobre tipos psicológicos, registraram quanto à recepção da teoria dos tipos de Jung que "Os psicólogos... buscaram sofregamente absorver suas mais intrigantes implicações, mas turvaram os contornos de suas especificações originais" (266-267). Esses autores se prontificaram a corrigir os equívocos aos quais as especificações de Jung haviam sido submetidas, indo até o ponto de corrigir a grafia dos termos: devia-se dizer extraversão e não extroversão, apregoavam. Gray e Wheelwright desenvolveram um questionário de avaliação tipológica, que passou a ser amplamente utilizado. De maneira significativa, observaram: "Evitamos tanto quanto possível nos emaranhar nos outros princípios psicológicos de Jung, que podem se mostrar inaceitáveis a outras escolas de psicologia profunda" (268). O resultado dessa declaração foi que não só a teoria dos tipos de Jung se tornou dissociada do resto de seu trabalho, como terminou por se dissociar de si mesma. Dos 11 capítulos do livro, dez foram definitivamente descartados, restando apenas o que continha a descrição geral dos tipos. Mas até mesmo esse capítulo foi refeito para se tornar compatível com os pressupostos metodológicos então em vigor na psicologia acadêmica.

Ele foi, como se diz em psicologia, "operacionalizado". Não espanta que a mais longa de todas as seções, voltada para as aplicações práticas do teste, lidavam com seu uso na seleção de pessoal para as Forças Armadas.

C. A. Meier, que fora analisado por Jung nesse período, alega que após a publicação de *Tipos Psicológicos*, "nas sessões analíticas propriamente ditas, os problemas tipológicos eram raramente discutidos, mas ainda tinham importância para ele, como uma *bússola*" (1995, 69). Joseph Wheelwright também aponta que Jung "deixou os testes para trás" (1972, 214). É possível que isso indique a insatisfação de Jung com o que ele havia obtido com seu projeto tipológico. No entanto, a tipologia foi amplamente assimilada pela comunidade junguiana (e mais além), nos anos 1920 e 1930. Em parte, ela preenchida a lacuna deixada pela rejeição das psicologias personalísticas redutivas de Freud e Adler. Para muitos profissionais, a linguagem da tipologia representava uma maneira de se reconhecer e respeitar as diferenças individuais. No entanto, há motivos para se pensar que esse não era o único e nem o principal interesse de Jung no tema. Em 1932, ele informou a seu aluno Wolfgang Kranefeldt:

---

[88] Por exemplo, C. A. Meier afirmou: "A estatística é o mais perto da verdade que poderíamos chegar na psicologia... Os psicólogos acadêmicos estão certos ao querer que as coisas lhes sejam demonstradas estatisticamente, e cabe a nós, junguianos, o ônus de mostrar que nossas ideias passam por seus testes" (1986, 252).

Em geral, nunca me ocupei do assim chamado caráter. Minhas intenções e meus interesses tampouco estão em algum sentido direcionados para a caracterologia mas, muito pelo contrário, para a tipologia. Mas não no sentido de que eu tenha definido tipos para classificar pessoas com eles; minha ideia era contar com um esquema que me permitisse organizar o material psicológico.[89]

No ano seguinte, ele qualificou novamente sua tipologia para Kranefeldt. Ressaltou que era uma "psicologia crítica", quer dizer, "um aparato crítico para selecionar o material empírico", e não "gaiolinhas nas quais as pessoas possam ser individualmente enfiadas, sem mais conversa". O termo "psicologia crítica" parece ser análogo à designação de Kant, que mencionava uma "filosofia crítica". Da mesma maneira, segundo uma compreensão correta, a teoria das funções dizia respeito a "tipos de ocorrências psicológicas e não à tipificação, enquanto caracteres".[90] No mesmo ano, ele indicou a Hans Schäffer como sua tipologia tinha sido mal-entendida:

> Assim como nunca foi minha intenção caracterizar personalidades, razão pela qual eu não coloquei minha descrição dos tipos no início do livro; em vez disso, tentei produzir um claro esquema conceitual baseado em fatores empiricamente demonstráveis. Por conseguinte, minha meta com a tipologia não era caracterizar personalidades, mas, sim, classificar o material empírico em categorias relativamente simples e claras, da forma como se apresentam ao psicólogo clínico e ao terapeuta. Nunca concebi minha tipologia como um método caracterológico, e nunca o apliquei nesse sentido, pois isso seria excessivamente geral e, portanto, muito raso. Como você corretamente observa, são necessárias 27 categorias, e provavelmente algumas mais, para se obter uma caracterização adequada de pessoas mentalmente diferenciadas. Para o psicólogo, que tem de lidar com pessoas em termos práticos, um diagnóstico caracterológico do paciente é de importância secundária. Para ele, é muito mais significativo ter uma terminologia com a qual seja capaz de formular pelo menos as mais crassas diferenças entre as pessoas... Minha tipologia almeja elucidar conceitualmente o material psicológico empírico, apresentado por qualquer pessoa, e com isso subordiná-lo a pontos de vista gerais. Esta minha intenção tem sido frequentemente motivo de mal-entendidos.[91]

O irônico paradoxo da situação é que justamente essa interpretação equivocada da tipologia junguiana como caracterologia foi o elemento responsável por seu "sucesso". No ano seguinte, ele novamente respondeu à recepção dada a seu trabalho no prefácio a uma edição em espanhol, publicada na Argentina. Ali, depois de declarar que a tarefa do livro era propor uma psicologia crítica, ele escreve:

---

[89] 20 de outubro de 1932 (JP).
[90] 24 de outubro de 1933 (JP).
[91] 27 de outubro de 1933, *Cartas* 1, 129-130.

Essa tendência fundamental de meu trabalho tem sido ignorada, e um número excessivamente grande de leitores sucumbiu ao erro de achar que ocapítulo X ("Descrição Geral dos Tipos") representa o conteúdo e o propósito essenciais do livro, no sentido de que apresenta um sistema de classificação e um guia prático para um bom julgamento do caráter humano... Esse lamentável equívoco ignora por completo fato de que esse tipo de classificação não é senão uma brincadeira infantil de salão, em todos os aspectos tão fútil quanto dividir a humanidade em braquicéfalos e dolicocéfalos... Minha tipologia... não é uma fisiognomia, e nem um sistema antropológico, mas sim uma psicologia crítica, com a organização e a delimitação de processos psíquicos que podem ser considerados típicos (OC 6, xiv-xv).

Em 1935, Jung ministrou uma série de palestras sobre sua tipologia no Instituto Federal Suíço de Tecnologia, em Zurique. Se uma boa parte do sucesso popular de sua tipologia advinha da facilidade com que as pessoas conseguiam identificar-se com a descrição dos tipos, era justamente contra essa identificação que ele acautelava seus leitores. Ele afirmava que a teoria dos tipos era uma função teórica "sem músculos ou carne e, se você se identifica com ela, você se identifica com um cadáver" (1935, 2). Ao descrever o introvertido, ele alertava que o tipo a respeito de quem falaria a seguir não era um ser humano, mas uma abstração que não poderia existir fisicamente: "Falo do extrato que poderíamos obter se juntássemos 10 mil introvertidos numa retorta. Digo isso para adverti-los do perigo de uma identificação" (5-6). Finalmente, em seu manuscrito não datado sobre a origem dos tipos psicológicos, Jung escreveu que o valor da tipologia para os psicoterapeutas estava em ela ser um sistema crítico de orientação. E acrescentava: "Ela não serve como classificação apriorística e superficial dos tipos de pessoas. Para tanto, a tipologia fisiológico-psiquiátrica de Kretschmer é muito mais adequada".[92] Reiterando que sua tipologia não era uma caracterologia, ele dizia ainda que ela só poderia ter interesse para os psicólogos clínicos, e que os leigos não poderiam usá-la corretamente.

A psicologia e a questão da ciência

Como a tipologia psicológica não conseguia resolver o problema da equação pessoal na psicologia, Jung continuou enfrentando essa questão e também o problema da relação entre o individual e o universal em psicologia, e o *status* da psicologia. Para tanto, a teoria dos arquétipos era de importância crítica. De acordo com essa teoria, o elemento "pessoal" era composto por estruturas

---

[92] "Nota sobre a origem dos tipos psicológicos" (JP).

universais inatas. Embora a teoria do inconsciente coletivo seja em geral desdenhada como não científica, um dos motivos pelos quais ele a havia proposto era justamente assegurar o caráter científico da psicologia, ao postular uma dimensão de universalidade na personalidade que fosse anterior às diferenças individuais. Nesse sentido, ela constituía uma outra tentativa de resolver o problema da equação pessoal.

Em duas ocasiões subsequentes, ele produziu artigos sobre o tema dos tipos psicológicos, nos quais incluía novas reflexões sobre o *status* da psicologia e sua necessidade de uma reforma linguística. Numa palestra proferida durante um congresso de psiquiatras na Suíça, em 1928, intitulada "Tipologia psicológica", ele afirmava que, sendo a psicologia a mais jovem das ciências, sofria mais que as outras o assédio de opiniões preconcebidas. Até aquele momento, a psicologia havia sido um "produto arbitrário e fantástico", como a ciência natural durante a Idade Média. O fato de nós mesmos sermos a psique levava ao pressuposto de que a conhecíamos, o que ensejava o fato de "todos terem não só suas próprias opiniões sobre a psicologia, como também a convicção de que naturalmente a conhecem melhor que os demais" (1929, OC 6, §919, trad. mod.). Com isso, a equação pessoal foi um resultado da tendência geral de se presumir que a própria experiência pessoal servia de gabarito para a psicologia humana em geral.

O problema com a psicologia era que lhe faltavam conceitos e definições com os quais trabalhar os fatos, que existiam em quantidade mais que abundante. Diversamente de ciências como a botânica, para a psicologia até mesmo a tarefa de descrever seu objeto era um empreendimento difícil:

> Com uma perspectiva empírico-descritiva, ficamos apenas limitados ao fluxo incessante de nossos próprios acontecimentos psíquicos subjetivos (*seelisch*) e, quando algum tipo de conceito resumido generalizante irrompe desse emaranhado, em geral não é nada além de um sintoma. Como nós mesmos somos almas, é praticamente inevitável que quando damos rédea solta aos acontecimentos psíquicos (*seelisch*) nos vejamos dissolvidos neles e, com isso, privados da capacidade de reconhecer distinções e efetuar comparações (§920, trad. mod.).

Se essa dificuldade já não fosse ruim o suficiente, a não espacialidade da alma humana significava que medidas exatas não seriam possíveis, o que dificultava estabelecer fatos. Em resultado dessa situação, a psicologia era: "Ainda pouco mais do que um caos de dogmas arbitrários, produzidos em sua maioria nos estúdios e consultórios particulares, através de produções espontâneas do cérebro individual e, portanto, olímpico de um estudioso, numa total falta de sintonia com outros estudiosos" (§945, trad. mod.). No caos da psicologia contemporânea, não havia critérios consistentes. Estes tinham primeiro de ser criados. A psicologia era um "território virgem, e sua terminologia ainda estava por ser fixada" (§952). No ano seguinte, ele afirmou:

Nós, na psicologia aplicada atual, devemos ser modestos e tolerar uma aparente pluralidade de opiniões contraditórias como critérios válidos, pois ainda estamos longe de conhecer o que é de fato fundamental a respeito do mais notável objeto das ciências, a saber, a própria alma humana. Por ora, temos apenas opiniões meramente plausíveis que de modo algum podemos considerar satisfatórias.[93]

Dois anos depois, em "Os problemas básicos da psicologia contemporânea", ele se expressou em termos contundentes: "A história natural da mente se encontra, hoje, numa posição que pode ser comparada à posição da ciência natural no século XIII".[94] É de importância crítica assinalar que, nessa época, Jung já havia apresentado todos os seus principais conceitos específicos. As declarações acima transcritas demonstram o quanto para ele suas formulações eram provisórias, e o quanto ele mesmo as considerava aquém das possibilidades futuras da psicologia. Oito anos mais tarde, em seu último artigo sobre a tipologia psicológica, ele concluía no mesmo tom:

> Definições limitadas em algum aspecto, neste nosso ainda jovem domínio científico, tornar-se-ão cedo ou tarde absolutamente necessárias, uma vez que os psicólogos devem, em algum momento futuro, chegar a um acordo quanto aos princípios, depurados então de certas interpretações arbitrárias, para que sua psicologia não permaneça um conglomerado aleatório e não científico de opiniões individuais (*OC* 6, §987, trad. mod.).

Essas afirmações enfatizam o fato de que sua intenção primária não era fundar uma escola de psicologia ou psicoterapia, alegando que só ela tinha a verdade; ele pretendia, ao contrário, contribuir para o estabelecimento de uma psicologia geral, análoga ao modo como ele concebia as demais ciências. Dessa forma, *Tipos psicológicos* tinha sido uma tentativa de permitir à psicologia como um todo escapar do impasse do caos em que resultara. Em lugar de estabelecer leis gerais, a psicologia tinha simplesmente levado à proliferação de opiniões contraditórias. Quase que 70 anos depois, os psicólogos de hoje estão ainda mais distantes de alguma possibilidade de acordo do que estavam então. O caos simplesmente aumentou.

Se a tipologia psicológica não tinha dado um jeito de resolver o problema da equação pessoal na psicologia, Jung prosseguia trabalhando com essa questão, e também com a relação entre o individual e o universal em psicologia, além do *status* da própria psicologia.

---

[93] "Os objetivos da psicoterapia", *OC* 16, §71, trad. mod.
[94] "Os problemas básicos da psicoterapia contemporânea", *OC* 8, §687, trad. mod.

Em 1928, numa palestra em Viena, ele argumentou que uma questão fundamental para a psicologia era se a alma poderia ser reconhecida por intermédio de si mesma. Todas as teorias psicológicas eram confissões subjetivas e "o fundador de uma teoria psicológica devia acostumar-se com a ideia de ser não só seu fundador, mas também seu sacrifício".[95] Nesse amargo comentário, formular uma teoria psicológica era uma forma de autossacrifício.

Num artigo de 1929, sobre "A oposição Freud-Jung", ele retomou o tema da subjetividade na psicologia. Declarou que reconhecer esse fator era a linha divisória entre Freud e ele. Sua crítica do *status* contemporâneo da psicologia o havia levado a defender uma solução radical: "Para nosso uso psicológico, começarei renunciando completamente à ideia de que, hoje, seja em geral possível a alguém formular uma proposta 'verdadeira' ou 'correta' sobre a essência da alma. O melhor que podemos produzir é uma *expressão verdadeira* (*OC* 4, §771, trad. mod.). Expressão verdadeira, para Jung, era o reconhecimento aberto e a franca descrição de tudo o que fosse subjetivamente percebido. A psicologia atual, dizia ele, era simplesmente "uma confissão mais ou menos bem-sucedida realizada por alguns indivíduos" (§772). Se o objetivo da psicologia moderna era suplantar a dependência em relação ao testemunho individual como único endosso da verdade, o ciclo havia se completado. O único fator que outorgava a tais confissões sua validade era o fato de cada psicólogo pertencer a um tipo e, consequentemente, seu testemunho ter validade para quem fosse do mesmo tipo. Ao tratar dessa questão ao longo de suas palestras em Londres, no Instituto de Psicologia Médica, em 1935, Jung afirmou que o que Freud tinha dito concordava com muitas pessoas, de modo que, presumivelmente, elas eram do tipo de psicologia que ele estava descrevendo. Era a mesma coisa com Adler e, por extensão, consigo mesmo.

> Considero minha contribuição à psicologia uma confissão de minha subjetividade. É minha psicologia pessoal, meu preconceito que me leva a ver as coisas dessa forma. Mas espero que Freud e Adler façam o mesmo, e confessem que suas ideias são seu ponto de vista subjetivo. À medida que admitirmos nosso viés pessoal, estaremos realmente contribuindo para uma psicologia objetiva.[96]

---

[95] Jung, "A estrutura da alma", palestra em Viena (JP). Uma versão diferente desse ensaio foi publicada em *OC* 8.

[96] *OC* 18, § 275, Joseph Wheelwright escreveu: "Um dos pontos altos da noite foi a resposta a um psicólogo que pediu a explicação de algum aspecto da psicologia dele, relacionando-o com Freud. Ele então disse que a psicologia era uma confissão pessoal e que a sua diferia da de Freud especialmente porque ele não tinha aquela psicologia, e nem tampouco a de Adler. Ele disse: 'Eu sempre me entretive comigo e sempre fui bem-sucedido, portanto nunca tive interesse por psicologia infantil, ou pelo desejo de poder, embora reconheça que muitas pessoas têm essa psicologia e eu as trato como corresponde'. Foi de fato uma confissão de fé extraordinariamente convincente – e com aquele imenso sorriso no rosto, ninguém conseguia resistir a ele" (Joseph Wheelwright para Cary Baynes, sem data, 1935. Documentos de Cary Baines).

A única diferença entre seu próprio trabalho e o de Freud e Adler, por conseguinte, era que, pelo menos, ele admitia que se tratava de uma confissão subjetiva. Essa formulação extrema da equação pessoal teve consequências críticas. Pois, se as teorias da psicologia complexa se mostrassem válidas para os sujeitos com uma psicologia similar, o que se deveria fazer quanto à alegação de que haviam sido descobertos estruturas e processos universais? Será que só algumas pessoas tinham complexos, animas e animus, arquétipos e um inconsciente pessoal e coletivo? Será que essas teorias só eram válidas para algumas pessoas? Como seria possível reconciliar essa forma extrema de equação pessoal com a alegação de validade universal dessas teorias que Jung estava apresentando?

Uma das maneiras de se compreender esse paradoxo é nos termos da noção dos dois tipos de pensamento que o trabalho de Jung formulava em seu prefácio. Desse ponto de vista, é possível dizer que, de um lado, Jung estava propondo teorias e hipóteses, de modo convencional. De outro, ele estava às voltas com uma reflexão sobre a própria condição de possibilidade da psicologia.

Como já vimos, a relação entre Freud e Jung descambou em diagnósticos recíprocos. Para Jung, a psicanálise tinha naufragado na questão da equação pessoal. Esse fato decorria não só de a equação pessoal não ter lugar teórico na psicanálise, mas, antes de tudo, do efeito que a própria personalidade de Freud surtia em suas teorias. Em *Memórias*, ao comentar sobre o fato de Freud ter uma neurose com sintomas altamente perturbadores, ele afirmou: "Aparentemente, nem Freud, nem seus discípulos puderam entender o que ela significava para a teoria e a prática da psicanálise, se nem o mestre era capaz de lidar com sua própria neurose" (*Memórias*, 191). Para Jung, era justamente a neurose de Freud que limitava a psicanálise: "Não posso ver como Freud seja capaz de ir mais além de sua própria psicologia, e aliviar o paciente de um sofrimento do qual ainda padece o próprio médico".[97] No prefácio ao livro de Kranefeldt, ele escreveu: "A psicanálise freudiana... é um sintoma psíquico que, como o demonstram os fatos, se mostrou mais poderoso do que a arte analítica do próprio mestre".[98] Para John Billinsky, Jung alongou-se mais em seus comentários sobre a neurose de Freud. Ao se referir sobre sua viagem com Freud para a América, em 1909, Jung narrou:

> Durante a viagem, Freud desenvolveu graves neuroses, e eu tive de fazer uma análise limitada com ele. Ele apresentava distúrbios psicossomáticos e tinha dificuldade em controlar a bexiga. Sugeri a Freud que ele devia fazer uma análise completa, mas ele se revoltou contra essa ideia porque teria de

---

[97] "A oposição Freud-Jung", *OC* 4, §774.
[98] 1930, *OC* 4, §747, trad. mod.

se haver com problemas que tinham estreita relação com suas teorias. Se Freud tivesse entendido conscientemente o triângulo, teria tido resultados muito, muito melhores (Billinsky, 1967, 42).

A implicação desse comentário é que as teorias de Freud, e presumivelmente aquelas que diziam respeito ao papel do incesto e do complexo de Édipo, estavam intimamente relacionadas com suas relações triangulares com a esposa e a cunhada.[99]

Esses comentários permitem uma diferenciação entre duas formas de equação pessoal em Jung. Na primeira, como nos comentários acima, o teórico neurótico inevitavelmente teoriza de forma neurótica, ou embute a neurose em suas teorias. É difícil ver como essa forma se diferencia do redutivo "nada além disto" que o próprio Jung criticava em muitas ocasiões. Na segunda, a equação pessoal é a expressão de uma atitude ou orientação típica da consciência, não determinada biograficamente. Nesta forma, as teorias de Freud eram a manifestação de uma atitude extrovertida.

Foi a declaração de Jung, em 1934, em "O estado da psicoterapia hoje", de que as psicologias de Freud e Adler eram especificamente judaicas e, portanto, não legítimas para arianos, que criou uma controvérsia ainda não solucionada (*OC* 10). É indispensável considerar essas afirmações no contexto do problema da equação pessoal. Jung estava sugerindo que isso também era condicionado racialmente. Assim, em sua resposta ao psicoterapeuta suíço Gustave Bally, em 1934, que havia objetado a suas declarações, ele reiterou sua opinião de que toda psicologia deveria ser criticada, em primeira instância, como uma confissão subjetiva (*OC* 10, §1025).

Por volta de 1936, Jung escreveu um artigo ainda não publicado intitulado "A dissensão na escola freudiana". Era uma resposta a um artigo de Mauerhofer, divulgado num jornal suíço [*Bund*], comemorando o octogésimo aniversário de Freud. Ele comentava que achava lamentável quando uma discussão científica descia ao nível das motivações pessoais. Considerava questionável explicar perspectivas teóricas divergentes segundo a dubiedade moral do adversário. Era precisamente isso que Freud tinha feito quando havia considerado a crítica de Jung a sua teoria o produto de um antissemitismo. Mesmo que fossem antissemitas, suas objeções à teoria de Freud, partilhada por outros profissionais, teriam de ser levadas em consideração. Seu suposto antissemitismo consistia em reconhecer que os judeus, na qualidade de descendentes de um povo com quase dois mil anos de existência, tinham uma psicologia diferente. Ele não tinha sido o primeiro a alegar isso, e escritores judeus, como Rosenzweig, tinham feito o mesmo.[100] O problema com a escola freudiana era que

---

[99] A este respeito, ver Peter Swales, 1982, 1983b, 1998.
[100] Essa é possivelmente uma referência ao trabalho de Franz Rosenzweig, *The Star of Redemption* (1921).

eles nunca tinham tentado considerar a legitimidade de outras concepções. A doutrina freudiana só reconhecia motivos pessoais, e considerava críticas objetivas como uma prova de sua própria verdade. Sua unilateralidade era "o primeiro passo rumo a um paraíso moscovita de idiotas".[101]

Jung disse que estava muito ciente do que tinha para agradecer a Freud, e que era um de seus primeiros defensores. Foi por intermédio da escola de Zurique, sob o comando de Bleuler, que Freud alcançara renome mundial, algo pelo qual seus integrantes nunca haviam recebido os agradecimentos de ninguém. O defeito de Freud era sua incapacidade de enxergar qualquer coisa além de suas próprias concepções, que ele entendia como universais. Em resultado disso, ele só podia entender a separação de Jung como uma "apostasia pessoal". Corrigindo a perspectiva centrada em Freud em seu próprio trabalho, Jung afirmou: "De modo algum sou uma decorrência exclusiva de Freud. Já tinha uma atitude científica própria e a teoria dos complexos antes de conhecê-lo. Os mestres que me influenciaram são, principalmente, Bleuler, Pierre Janet e Theodore Flournoy" (ibid.). Na Suíça predominava a atitude de só valorizar o que era importado. Era preciso recordar que "Freud tinha contemporâneos importantes, cuja significação não é menor pelo fato de serem suíços" (ibid.).

Alguns anos mais tarde, Jung escreveu uma carta para Hans Illing, que trazia mais algumas reflexões sobre essas questões: "Freud é, nesse sentido, 'profundamente judeu', pois nunca se submeteu a uma análise pessoal. No entanto, apesar disso, alegava que seu julgamento psicanalítico era válido para todos os outros. Isso corresponde à representação judaica de Deus".[102] Ele acrescentou que Freud o havia acusado de antissemita, "porque lhe apresentei uma associação, durante a análise de um sonho pessoal, dizendo que eu não gostava do ambiente judeu em Viena. Isso foi uma indiscrição da parte dele" (ibid.).[103]

Em 1935, ele refletiu sobre o problema do individual e do universal na psicologia em "fundamentos da psicoterapia prática". Comentava que, se as pessoas fossem absolutamente únicas, a psicologia não poderia ser uma ciência, porque simplesmente haveria um caos de opiniões subjetivas. Entretanto,

---

[101] JP. Para James Kirsch, ele escreveu: "Não fui eu quem inventou toda a complicação da alma, e nem Freud conseguiu acabar com ela" (12 de julho de 1951, JP, ETH, trad. James Kirsch).

[102] 20 de outubro de 1955 (JP). "Profundamente judeu" está em inglês no original.

[103] Ibid., Jung informou Michael Fordham que "a história de meu antissemitismo e de minha simpatia pelo nazismo começaram, originalmente, com o próprio Freud, santo pai. Quando discordei dele, ele precisou achar uma razão para aquela totalmente incompreensível discordância e pensou, então, que eu deveria ser antissemita" (18 de abril de 1946, original em inglês, CMAC). Num texto não datado sobre o antissemitismo, ele também reafirmou que a acusação de antissemita "tem origem no Prof. Freud e seus discípulos, que obviamente não conseguiram compreender que motivos poderiam ter-me levado a adotar uma visão científica diversa da que era ensinada pelo mestre" ("Sobre o antissemitismo", original em inglês, JP).

a individualidade humana era apenas relativa, e existiam áreas de conformidade geral. Isso permitia que se fizessem afirmações científicas. Estas "só se relacionam àquelas partes do sistema psíquico que se conformam, e que portanto são comparáveis, ou seja, estatisticamente avaliáveis; não se relacionam com a dimensão individual, o que significa a singularidade do sistema" (*OC* 16, §1, trad. mod.). Nesta formulação, a psicologia como ciência só poderia lidar com as áreas típicas e comuns das pessoas.

Em 1945, ele fez uma revisão de suas aulas sobre psicologia analítica e educação, e acrescentou algumas considerações sobre o *status* da psicologia. Como se estivesse fazendo eco aos comentários de James a tal respeito, ele escreveu:

> Em nenhuma outra parte preconceitos, erros de interpretação, julgamentos de valor, idiossincrasias e projeções se apresentam tão fácil e desavergonhadamente quanto neste campo... Em nenhum outro, o observador perturba mais o experimento do que na psicologia. Em virtude disso, por assim dizer, não se pode nunca estabelecer suficientemente os fatos (*OC* 17, §160, trad. mod.).

A psicologia ostentava a dúbia distinção de ser, entre todos, o campo científico mais propenso a erros. Justamente aí reside sua especificidade. O problema cardinal sempre é como superar essa situação. Em todas as outras ciências naturais, os processos físicos eram observados pelos processos psíquicos. A diferença, no caso da psicologia, à exceção da psicofisiologia, era que a psique observava a si mesma. Ele assinalava que isso o fazia lembrar da história do Barão de Münchausen, levando-o "a duvidar se o conhecimento psicológico seria afinal possível mesmo" (*ibid.*, trad. mod.). O problema com a psique era que "não havia conhecimento *sobre* o psíquico, mas somente *no* psíquico" (*ibid.*, trad. mod.). Como o psicólogo médico se atinha a uma abordagem empírica e fenomenológica, ele trabalhava com o referencial da ciência natural. Entretanto, afastava-se dele, quando tentava explicar o veículo através do próprio veículo. Seu princípio era "*ignorum per ignotus*" (o desconhecido pelo desconhecido). Era como se

> o médico fosse incapaz de fazer qualquer outra coisa além de repetir o processo físico (com todas as suas possíveis variações), sem "teoria". Mas todo processo psíquico, até onde pudesse ser observado como tal, já é em si mesmo "teoria", quer dizer, *apresentação*; e sua reconstrução, na melhor das hipóteses, somente uma *variação da mesma apresentação* (§162).

Consequentemente, enquanto a psicologia usava os métodos e formas de verificação da ciência natural, ficava ao mesmo tempo fora dela. A psicologia também podia alegar ser uma ciência humana. Mas, mesmo assim, ocupava uma posição excepcional. Ele dizia que as outras ciências humanas, como direito, história, filosofia, teologia, eram limitadas e caracterizadas por seus respectivos objetos de estudo. No caso da psicologia, seu objeto de estudo não era um produto mental, mas um fenômeno natural. Enquanto para Dilthey a psicologia era a ciência humana por excelência, Jung afirmava, ao contrário, que "com respeito a seu objeto e método naturais, a moderna psicologia empírica pertence às ciências naturais, mas com respeito a seu método de explicação, pertence às ciências humanas".[104] sua visão da psicologia como o hífen entre as ciências naturais e humanas era muito próxima da de Windelband. Por fim, ele afirmava que era difícil enxergar onde estava a solução para o problema da relação entre a psicologia e as ciências naturais. A única outra disciplina que passava pela mesma dificuldade era a física atômica. Foi cada vez mais por meio de uma aproximação da psicologia com esta última, em especial através da colaboração com o físico agraciado com o Prêmio Nobel, Wolfgang Pauli, que Jung tentou resolver a questão da equação pessoal na psicologia.

No ano seguinte, num artigo apresentado inicialmente na conferência de Eranos e mais tarde revisto como "considerações teóricas sobre a essência do psíquico", ele dava prosseguimento a suas reflexões sobre esse tema. No início do trabalho, ele havia pensado que estava tratando de seu tema dentro dos mais rigorosos parâmetros da ciência natural, mas depois constatara que se havia enredado "numa malha de pensamentos que o haviam levado muito além da ciência natural, atingindo com suas ramificações a filosofia, a teologia, a religião comparada e a história da mente em geral".[105] Reiterava o ponto que havia frisado anteriormente, a saber, que a psicologia só se poderia traduzir em sua própria linguagem. Consequentemente, a psicologia se fundia com o próprio processo psíquico. Entretanto, ele agora atribuía um ângulo positivo à situação. Se a psicologia não podia mais ser considerada uma explicação dos processos psíquicos, era por meio da psicologia que os processos psíquicos poderiam "vir à consciência". Com isso, a psicologia representava um ingresso coletivo do inconsciente no campo da consciência. O resultado desse processo era que a psicologia, "como ciência, deve sublimar-se e é justamente por meio disso que ela atinge sua meta científica" (§429, trad. mod.). Em certo sentido, esse processo

---

[104] §166, trad. mod. Jung referia-se à discussão de Toni Wolff sobre o *status* científico da psicologia complexa, no artigo que escrevera em 1935 e que intitulara de "*Einführung in die Grundlagen der Komplexen Psychologie*". Wolff tinha recorrido a Rickert, e descobrira que o trabalho dele contina a base metodológica para esclarecer os princípios da psicologia complexa. Com isso, retomou a distinção feita por Rickert entre ciências naturais e ciências culturais. Para Wolff, a psicologia complexa tinha dois lados: em um, constituía uma teoria científica, e, no outro, era uma análise psicológica do indivíduo. Quando lidava com os elementos ou aspectos gerais da psique individual e quando pesquisava estruturas e funções gerais da psique, como a tipologia, por exemplo, ou o inconsciente coletivo e o conceito de energia, usava um método generalizador. Quando lidava com o conceito e o processo da individuação, entrava em ação a experiência individualizadora (24).
[105] *OC* 8, §421. trad. mod. Aqui, o problema da equação pessoal se ligava ao princípio da indeterminação de Heisenberg.

representava a consumação das outras ciências, já que o objeto da psicologia era "o tema íntimo de todas as ciências" (*ibid.*). Assim, somente por meio da psicologia as outras ciências poderiam atingir seu ponto máximo.

Na psicologia do século XX, as duas pedras angulares da ciência na psicologia acadêmica oficial foram a experimentação e a estatística. O que não podia ser tratado num experimento, ou receber um tratamento estatístico, era considerado excluído do alcance da psicologia. Na década de 1950, Jung empreendeu uma crítica dessas posições. Ao fazer isso, estava desafiando os dois dogmas da psicologia acadêmica.

Em 1952, em seu artigo sobre a sincronicidade, ele criticava as limitações artificiais da experimentação. O problema com experimentação era que esta consistia na formulação de perguntas definidas, excluindo qualquer outra coisa estranha. Essa abordagem impunha condições à "natureza" que a "forçavam a apresentar uma resposta orientada para a questão humana" (*OC* 8, §821, trad. mod.). Desse modo, a natureza se via privada de "responder com toda a plenitude de suas possibilidades" (§864). A própria maneira de formular uma questão determinava e limitava a forma da resposta. Consequentemente, os resultados eram sempre um produto misto ou amálgama, nem totalmente natural, nem totalmente construído. Nesse sentido, o laboratório era uma situação artificialmente restrita, que excluía a irrestrita totalidade dos dinamismos da natureza. A única maneira de se abordar a natureza sem tais limitações seria tendo "uma formulação que impusesse o menor número possível de condições e, se possível, nenhuma condição" (§821, trad. mod.).

Depois, ele indicava o que queria dizer, mais especificamente. A forma de elaborar perguntas na ciência natural visava o aspecto da regularidade e, nos experimentos, a reprodução dos acontecimentos. Com isso ficavam de fora os eventos raros e únicos. Em consequência, a visão de mundo da ciência natural só podia ser uma "visão parcial e psicologicamente preconceituosa", visto que excluía aqueles aspectos e traços do mundo que justamente não eram passíveis de um tratamento estatístico.

Se havia interesse em se apreender o que era singular, a pessoa só tinha as descrições individuais às quais recorrer. Embora as ciências naturais descritivas, como a biologia, sejam capazes de lidar com espécimes únicos, o fator crítico era sua capacidade de serem vistos por indivíduos diferentes. Frequentemente, esse não era o caso com a psicologia, na qual a pessoa tinha de lidar com o evento efêmero, do qual só restavam vestígios na memória dos indivíduos. Assim, se estava de volta ao problema da inconfiabilidade dos depoimentos pessoais. Foi isso que levou Jung a declarar que os eventos absolutamente únicos ou efêmeros, a respeito dos quais não havia como afirmar ou negar a existência, não poderiam ser objeto de estudo de uma ciência empírica. Não obstante, os eventos "raros" podiam sim ser estudados pela ciência empírica, desde que existissem observações confiáveis em número suficiente.

Alguns anos mais tarde, em *Presente e futuro,* ele prosseguiu com essas reflexões. O texto começava com o tema da luta do indivíduo na sociedade moderna.

Ao discutir o problema de como a pessoa obtinha autoconhecimento, ele observou que as teorias eram de pouca ajuda, pois o autoconhecimento era uma questão de fatos individuais. Na realidade, "quanto mais aumenta essa alegação de uma validade geral, menos ela se torna capaz de fazer justiça aos fatos individuais" (OC 10, §493, trad. mod.). Aqui, ele esboça uma oposição entre as alegações de validade geral de uma teoria, e sua capacidade de fazer justiça aos fatos individuais. Ele defendia a noção de que as teorias baseadas na experiência eram necessariamente estatísticas, o que significava que elas desconsideravam as exceções. Embora contribuindo com um aspecto da realidade, os métodos estatísticos e as teorias baseadas neles poderiam falsificar a verdade. Isso acontecia porque

> os fatos reais se manifestam através de sua individualidade. Exagerando, poder-se-ia dizer que a imagem real consiste apenas em exceções à regra, por assim dizer, e que, em consequência, a realidade absoluta tem, predominantemente, o caráter da *irregularidade* (§494, trad. mod.).

Anteriormente, ele havia afirmado que existiam duas partes da natureza humana: o que é comum, e pode, portanto, ser estudado pela ciência, e o que é individual e fica de fora. Agora, ele parecia estar modificando a proporção, a favor da individualidade e da irregularidade. Com isso, estava delimitando radicalmente o alcance e a significação das teorias na psicologia.

Jung ressaltou que essas reflexões eram de suma importância quando se pensava se as teorias poderiam servir de guia para o autoconhecimento, pois "não existe e não pode existir autoconhecimento baseado em pressupostos teóricos" (§495, trad. mod.). Isso acontece porque o indivíduo não é caracterizado pelos elementos universais e regulares e, sim, pelo que é singular. Em última análise, o indivíduo não pode ser conhecido ou comparado a mais nada. Ao mesmo tempo, o homem poderia e teria de ser descrito como uma unidade estatística – ou bem nada de geral poderia ser dito sobre ele. Isso levava a uma antropologia ou psicologia válidas universalmente, dada a remoção de todos os aspectos individuais. Entretanto, eram justamente esses aspectos que se mostravam indispensáveis quando se tratava de compreender o homem (§496). O uso do termo "compreender" [*Verstehen*] nesse contexto traz à mente uma forte lembrança de Dilthey. Na opinião de Jung, compreender, quando relativo ao que é único e individual, era oposto a conhecer, que diz respeito ao que é geral.

Sua discussão também reproduzia de perto a análise de Rickert sobre as ciências individualizadoras e generalizadoras, tanto em sua linguagem quanto em relação aos temas abordados.[106] Em particular, as afirmações de Rickert a respeito da incapacidade do método generalizador, usado nas ciências naturais,

---

[106] Há uma referência a Rickert no trabalho de Jung. Em contraste com este e outros filósofos e psicólogos, Jung afirmava que, em sua opinião, "todos pensam como pensam, e veem como veem", OC 18, §1732. Jung tinha um exemplar da 3ª edição do trabalho de Rickert, *Der Gegenstand der Erkenntnis* [O objeto do conhecimento].

de apreender o caráter único, particular e irrepetível da realidade individual são reiteradas por Jung. A única diferença é que Rickert afirmava a capacidade das ciências históricas para lidar com esses aspectos.

Jung dizia que quando se tratava de compreender uma pessoa, era preciso deixar de lado os pressupostos teóricos e o conhecimento científico. Se porventura o psicólogo era também um médico que queria igualmente compreender o paciente e classificá-lo cientificamente, precisaria fazer um tremendo sacrifício. Na visão dele, a única possibilidade consistia em desenvolver um raciocínio em duas vias, sendo capaz de seguir por um sem perder o outro de vista. Recorrendo a sua análise da experimentação, conforme empregada em seu ensaio sobre a sincronicidade, ele especificou como funcionava essa forma de pensamento. Enquanto na psicologia experimental o experimentador tinha plena liberdade quanto à escolha das perguntas que eram feitas, na psicologia médica era o objeto que propunha a questão, não o experimentador. Era a enfermidade do paciente que trazia as questões mais importantes. Por conseguinte, era a natureza que experimentava o médico e esperava dele uma resposta. Embora o médico comece usando princípios baseados em sua experiência geral, ele rapidamente percebe que este são inadequados. Quanto mais ele passa a compreender seu paciente, mais os princípios gerais e, portanto, o conhecimento objetivo, deixam de servir. Levado ao limite, isso contém o perigo de "uma compreensão ideal que, em última análise, resultaria em acompanhar e testemunhar o processo, prescindindo do saber, num contexto da mais completa subjetividade e ausência de responsabilidade social" (§532, trad. mod.). Desse modo, era importante acentuar que o compreender não fosse exageradamente empregado, e que se buscasse agir com equilíbrio entre compreender e saber. Essa era a mais significativa incumbência prática do psicólogo. Não estava claro de que modo se deveria alcançar esse equilíbrio. Esses textos propunham uma delimitação radical da psicologia teórica.

Sua discussão final ocorreu no decorrer de uma correspondência com seu amigo e colega, o psiquiatra inglês E. A. Bennet. Numa revisão de um trabalho de Jung, em maio de 1960, Bennet tinha escrito – a respeito da hipótese de Jung de um inconsciente coletivo – que, embora lhe faltasse um fundamento científico, ela consistia numa explicação muito satisfatória de determinados fatos psicológicos. Jung ficou ofendido por Bennet ter dito que sua hipótese carecia de fundamento científico. Seguiu-se uma correspondência durante a qual ele defendeu o *status* científico de suas teorias. Nas cartas, ele disse que a única prova de uma teoria científica era sua aplicabilidade. Afirmava ter dado amplas evidências da aplicabilidade de sua hipótese em seus trabalhos, e que caberia a outrem demonstrar que suas ideias não eram aplicáveis, e quais outras o fossem mais.[107] Em sua resposta, Bennet insistia que a aplicabilidade de uma teoria não constituía prova científica.[108] A isso Jung reagiu especificando que,

---

[107] 22 de maio de 1960, em Bennet, 1961, 95-96.
[108] 27 de maio de 1960, 96.

ao mencionar o termo aplicabilidade, ele não estava querendo dizer a aplicação prática de uma teoria na terapia, mas "sua aplicação como um princípio de compreensão e como recurso heurístico para se atingir uma finalidade, como é característico de toda teoria científica".[109] Dessa maneira, a única prova que ele poderia conceber de uma teoria era ela propor uma explicação adequada ou satisfatória e ter um valor heurístico. Essa ênfase no valor heurístico das teorias atesta a importância permanente que o pragmatismo tinha para Jung. Bennet respondeu, indicando que ele entendia prova científica como "uma explicação de fenômenos capazes de serem comprovados e observados por terceiros, e dotados de uma natureza imutável e predizível".[110] Assim, era preciso que para tanto houvesse um acordo geral, algo que faltava na psicologia. Como exemplo, ele ressaltava que os fatos sobre os quais Jung baseara sua teoria dos arquétipos tinham sido explicados diferentemente, em termos de recapitulação e psicanálise. Em sua réplica, Jung disse que o que Bennet tinha em mente a respeito de evidências científicas era algo análogo a provas químicas ou físicas. Era preciso levar-se em conta a comensurabilidade da evidência, além do fato de que a maneira de comprovar as evidências variava conforme a disciplina. Consequentemente, "deveria ser formulada uma questão: o que é a evidência física, biológica, psicológica, legal e filosófica?"[111] Em sua última carta, Jung acrescentou que, embora tivesse muitas vezes sido acusado de não ser científico, ninguém tinha indicado exatamente por que era assim. Ele afirmava ter adotado exatamente o que Bennet considerava ser o método científico: "Eu observo, classifico, estabeleço relações e sequências entre dados observados, e chego inclusive a mostrar a possibilidade de uma predição".[112] E acrescentou que uma parte da discórdia originava-se da restrição vigente no mundo anglo-saxão, de que ciência era o que a física e a química representavam, e dizia que no continente esse termo tinha uma conotação mais abrangente. Entretanto, em suas declarações anteriores sobre a psicologia, Jung não se contentara simplesmente em classificar a psicologia como uma ciência humana, já que também acentuava o fato de ser ligada às ciências naturais. Jung concluiu: "A psique é a mãe de todas as nossas tentativas de compreender a natureza, mas, em contraposição a todas as outras, ela tenta se compreender por intermédio de si mesma, o que é de um lado uma grande desvantagem e, de outro, uma prerrogativa igualmente grande!" (*ibid.*). Nesse sentido, os problemas que afligem a psicologia são, em última instância, do interesse de todas as demais disciplinas científicas, já que todas se originam na psique. A questão não era simplesmente a psicologia ser ou não possível como ciência: em vez disso, as próprias ciências dependiam, em última análise, da psicologia. A tentativa de fundar uma psicologia científica tinha enfim fechado um círculo completo.

---

[109] 3 de junho de 1960, pp. 97-98.
[110] 8 de junho de 1960, 99.
[111] 11 de junho de 1960, pp. 100-101.
[112] 23 de junho de 1960, 102.

Capítulo 2

Noite e Dia

> Nossa história inteira é somente a história dos homens acordados; ninguém ainda pensou numa história dos homens adormecidos.
> G. C. Lichtenberg[1]

Culturas oníricas

Embora sonhar seja considerado um fenômeno universal, as concepções sobre os sonhos variam conforme a cultura e a época. Várias décadas de pesquisas históricas e antropológicas têm mostrado que, qualquer que seja a cultura, as concepções sobre os sonhos estão intimamente ligadas ao lugar que estes ocupam nas cosmologias, nas teorias teológicas, médicas, estéticas e filosóficas sobre elas, e nas práticas individuais, terapêuticas e rituais que as acompanham, assim como às concepções sobre individualidade e linguagem.[2] As pesquisas também indicam que é impossível dissociar os sonhos de suas culturas oníricas específicas.

Por outro lado, as teorias psicológicas e neurocientíficas contemporâneas alegam ter condições de determinar a essência universal do sonho como uma entidade imutável. Ao mesmo tempo, essas teorias, embora se propondo como independentes de suas culturas oníricas circundantes, têm uma grande força na criação de novas subculturas sobre os sonhos. O sonho tem sido empregado para gerar novas configurações da personalidade e do cérebro, juntamente com novos rituais de registros e relatos de sonhos, e de adivinhações retrospectivas, as quais têm sido adotadas por grandes grupos sociais.

Nas sociedades ocidentais modernas, a localização cultural dos sonhos foi decisivamente moldada por Freud e Jung. Isso tanto ocorreu mediante a utilização dos sonhos na psicoterapia como uma conduta interpretativa, quanto por meio da disseminação das teorias dos sonhos de Freud e Jung junto aos círculos intelectuais e no seio da cultura popular. Quer sejam vistos como realizações de desejo ou compensações, os sonhos são amplamente entendidos como revelações da personalidade, oriundas do inconsciente, e essa noção parece ser o legado de Freud e Jung. Ambos os autores desempenharam um papel decisivo no surgimento de nossas culturas oníricas contemporâneas.

---

[1] Citado em Tomlinson, 1992, 781.
[2] Para trabalhos antropológicos sobre sonhos, ver Tedlock, ed., 1992, e Shulman e Stroumsa, eds., 1999.

A avaliação de Freud sobre seu feito está contida em uma sentença da carta que escreveu para Wilhelm Fliess, em 12 de junho de 1900, na qual perguntava se algum dia mandariam instalar uma placa na casa onde ele havia tido seu famoso sonho, o sonho de Irma, contendo uma inscrição como: "Nesta Casa, no dia 24 de julho de 1895, o Segredo dos Sonhos foi Revelado ao Dr. Sigm. Freud" (ed. Masson, 1985, 417). A efeméride da descoberta de Freud foi orgulhosamente proclamada pelos protagonistas da psicanálise.

A lenda freudiana nos levaria a presumir que as mudanças operadas na compreensão ocidental dos sonhos desde o início do século XX foram obra do advento da psicanálise e que, antes de Freud, não há nada de significativo para contar, afora um histórico de erros e superstições. O registro histórico da transformação das ideias sobre os sonhos na cultura ocidental assumiria, então, a forma da história cultural do movimento psicanalítico. De fato, a impressão que se tem lendo trabalhos como os de Nathan Hale e Elisabeth Roudinesco, ambos autores de um levantamento em dois volumes sobre a história da psicanálise nos Estados Unidos e na França, respectivamente, é que as amplas transformações culturais das concepções psicológicas deveriam ser vistas como frutos da saga da dinastia freudiana.[3]

Na imaginação do público, Jung está basicamente associado com o tema dos sonhos. Uma grande parcela do interesse público por Jung deriva de sua forma de abordá-los. A razão disso é que, sob a formatação de uma teoria psicológica científica moderna, ele valorizou os poderes proféticos e misteriosos do sonho, em muito maior medida do que qualquer outro psicólogo moderno.

Em 1935, quando estava em Londres para uma série de palestras no Instituto de Psicologia Médica, Jung deu uma entrevista para o *Evening Standard*, publicada com o título "Ele investiga os sonhos da pessoa: O Prof. Jung diz que é um psicólogo prático", que se iniciava com a seguinte advertência:

> "Diga a seus leitores ingleses práticos que eu sou um homem prático, e não um sujeito místico, cheio de teorias malucas", disse-me o Professor Jung, o famoso psicólogo suíço, no saguão do hotel em que está hospedado em Londres. Como exemplo de sua abordagem prática, ele afirmou: "A melhor maneira de se ver a mente inconsciente de uma pessoa é por meio de seus sonhos. O que a pessoa sonha pode ser algo que aconteceu no passado, ou algo que acontecerá no futuro"... Citei para ele o caso de um jornalista que cobria eventos esportivos e que havia sonhado recentemente com o resultado correto de uma grande corrida, publicando o resultado num jornal um dia antes da corrida. "Sem dúvida foi uma previsão do futuro", ele declarou. "Eu poderia dar-lhe mil exemplos como esse..." (Barker, 1935).

Isso resume o paradoxo da abordagem de Jung aos sonhos: como um psicólogo científico empírico poderia validar as qualidades proféticas dos sonhos, e não ser simplesmente taxado de mais uma vítima da superstição?

---

[3] Hale, 1971, 1995; Roudinesco, 1986, 1990; Schwartz, 1999.

Entre os psicoterapeutas, os junguianos são largamente considerados aqueles profissionais que mais dão ênfase aos sonhos. Segundo a tradição freudiana, quando o trabalho de Jung sobre sonhos não está sendo sub-repticiamente esvaziado, é visto como retrocesso à superstição. Segundo a tradição junguiana, o trabalho de Jung com sonhos é considerado secundário ao de Freud. Enquanto este, dizem, descobriu que os sonhos tinham significado, foi Jung quem descobriu o que realmente era esse significado. A esse respeito, a lenda junguiana é um ramo enxertado na lenda freudiana. De ambas as perspectivas, a questão das fontes para o modo como Jung entendia os sonhos não foi respondida a rigor, embora venha sendo precocemente atendida com uma única palavra: Freud.

Na discussão que segue, essa suposição será descartada. Em vez dela, afirmarei que somente por meio de um entendimento das transformações registradas nas teorias sobre os sonhos, no século XIX, é que será possível perceber as respectivas fontes das teorias dos sonhos de Freud e Jung, a acolhida que ambas tiveram, e, por conseguinte, o papel que desempenharam no estabelecimento das culturas oníricas contemporâneas.

Uma das primeiras personalidades a questionar a originalidade da teoria dos sonhos de Freud e sua relação com as teorias oníricas anteriores foi o grande rival de Freud, Pierre Janet. Em 1919, este comentou que, em contraste com os pesquisadores que o haviam precedido, Freud não se havia interessado pelos distúrbios da memória, por intermédio dos quais os sonhos eram transformados, e nem com o modo como as pessoas sistematizavam seus sonhos após acordar (vol. 1, 605). Citando a declaração de Alfred Maury de que, nos sonhos, as paixões e desejos encontravam uma expressão mais livre do que na vigília, e a de Alphonse Daudet, que descrevia o sonho como uma válvula de segurança, Janet comentou: "Para esses autores, o princípio ao qual se referiam era apenas uma lei particular aplicável a certos sonhos, não a todos. Freud transformou essa hipótese parcial num princípio geral" (606). Assim, para Janet, Freud tinha simplesmente extrapolado o que era tido como característico de alguns sonhos, aplicando-o sem restrições a todos os sonhos. Esse entendimento era compatível com a avaliação geral da psicanálise feita por Janet, a saber, que havia transformado verdades parciais em erros gerais.

Em 1926, por intermédio de um extenso estudo dos sonhos segundo a tradição francesa, Raymond de Saussure concluiu que as questões que Freud retomara, a respeito dos sonhos, já haviam sido estabelecidas há muito tempo, e que, do ponto de vista temático, não havia nada de novo em seu trabalho. Ele dizia que Freud se havia restringido a sintetizar e limitar o trabalho de pesquisadores anteriores, em razão de seu interesse não ser o sonho em si mas, sim, o que ele podia revelar sobre a vida afetiva do sujeito.[4] O trabalho de Saussure não teve repercussão. A retomada bem mais concisa do mesmo ponto, feita por Henri Ellenberger, quase 50 anos depois, em *A descoberta do inconsciente*, teve mais impacto.[5] Apesar desses trabalhos, o ineditismo do trabalho de Freud sobre sonhos continua sendo proclamado. Uma parte da dificuldade de se situar *A interpretação dos sonhos* é o fato de Freud o haver começado com uma revisão da literatura, que continua sendo lida sem senso crítico pelos estudiosos.[6] O que se torna claramente necessária é uma história geral das teorias dos sonhos, que dê ensejo a um apanhado de como o sonho foi utilizado para estabelecer as psicologias do inconsciente, nos últimos 25 do século XIX, e de como as teorias dos sonhos de Freud e Jung se basearam nelas. Esse levantamento poderia contribuir para o entendimento da criação das modernas culturas oníricas, e para se compreender como a psicologia transformou as sensibilidades.[7]

Existe um manuscrito não datado de Jung, consistindo numa lista de 78 escritores com trabalhos sobre sonhos.[8] Muitos deles têm referências de páginas aos textos específicos indicados. Entre os autores citados constam:

> Bleuler, Blobbs, Burdach, Carus, Delage, Delboeuf, Erdman, Eschenmayer, Fechner, I.H. Fichte, Frazer, Freud, Garbe, Gassendi, Kant, Lélut, Lemoine., M. Wagner, Maudsley, Maury, Michelet, Mourley Vold, Rabier, Radestock, Rasmunsen, Scherner, Schleiermacher, Schopenhauer, Schubert, Seafield, Siebeck, Spitta, Steffens, Stekel, Strumpell, Sully, Thurnwald, Tissié, Troxler, Ulrici, Vaschide, Volkelt, Weygandt, Wundt.

Essa lista representa um estudo detalhado e abrangente da literatura sobre sonhos, produzida nos séculos XVIII e XIX. É como um fragmento de um vasto

---

[4] 1926, 58-59. Em sua revisão de *A interpretação dos sonhos*, de Freud, Théodore Flournoy havia sagazmente observado: "As ideias do Sr. Freud podem ser prontamente entendidas, e sua razão de ser e precisão podem ser percebidas muito melhor, se não se perder de vista o terreno especial que é tanto o ponto de partida quanto o ponto de aplicação de sua pesquisa sobre os sonhos: compreender processos psicopatológicos, em particular os fenômenos subconscientes da histeria" (em Kiell, ed., 1988, 167).

[5] 1970, 303-311. Stephen Kern também afirmou que quase todos os elementos da teoria dos sonhos de Freud já haviam sido apresentados antes dele (1975, 83). Kern deu alguns exemplos da citação tendenciosa de outros autores por Freud, em seus primeiros capítulos, assinalando como ele, em várias oportunidades, deixou de citar precisamente aqueles aspectos que seriam os mais próximos de sua teoria, como, por exemplo, a alegação de Hildebrandt de que os sonhos revelam nossa "disposição inconsciente"; então formulou a seguinte questão: "Quem é de fato o senhor de nosso castelo?" (85) – frase que foi subsequentemente empregada por Freud e Jung para indicar a radicalidade do advento da psicologia do inconsciente.

[6] Por exemplo, Decker, 1975. Para uma leitura corretiva, ver Lavie e Hobson, 1986.

[7]. Por motivo de espaço, uma das principais áreas não analisadas aqui é a articulação dos sonhos na literatura. Ver Béguin, 1967, e James, 1995.

[8] "O problema do sonho" (JP). Acompanha esse manuscrito uma carta de resposta recebida por Jung, enviada por um de seus colegas, o indologista Emil Abegg, contendo detalhes da interpretação de sonhos pelos hindus (16 de janeiro de 1922).

trabalho não realizado e não concluído, sobre a história dos sonhos. Não se tem certeza de com quantos trabalhos da lista Jung estaria familiarizado, antes de apresentar suas próprias teorias a respeito. Em 1925, ele deu um seminário em Swanage, Dorset, sobre a interpretação dos sonhos na Antiguidade. Considerava a moderna retomada da interpretação dos sonhos, em especial na forma como era praticada pela escola de Zurique, como um "renascimento dessa ciência ancestral" (Crow, 1925, 1). No final da década de 1930, ele apresentou outro seminário no Instituto Federal Suíço de Tecnologia, sobre textos antigos e interpretação dos sonhos, dos gregos até o presente. Esse seminário consistiu em apresentações formais de textos selecionados pelos membros do grupo. Jung não publicou nenhum trabalho sobre essa pesquisa. Para responder à pergunta de por que a história dos sonhos teve tanto fascínio e interesse para ele, é preciso adentrar pessoalmente esse labirinto noturno. Acima de tudo, acompanhar o percurso de como o sonho vem sendo visto pelas sociedades ocidentais, do século XVIII até o momento atual, abre a possibilidade de compreender a constituição de nossas culturas oníricas contemporâneas, indicando sua relatividade.

A filosofia do sono

Em 1923, em *O ego e o id*, Freud afirmou que a maior parte das pessoas versadas em filosofia não poderia simplesmente conceber que algo psíquico não fosse também consciente. Ele explicava que isso era causado pelo fato de nunca terem estudado os sonhos e a hipnose (SE 19, 13). Essa afirmação levaria a pessoa a concluir que, estudando os sonhos e a hipnose, ela conseguiria compreender o que a tradição filosófica tinha considerado impensável, e que a psicanálise havia consequentemente superado a tradição filosófica.[9] Entretanto, contrariando a impressão que esse trecho poderia dar, os filósofos já vinham ponderando há muito tempo sobre a questão dos sonhos, escrevendo extensamente sobre eles. De fato, o tópico dos sonhos pertencia na realidade à filosofia, antes de ser anexada pelas disciplinas psicológicas emergentes, entre as quais a psicanálise. Como pano de fundo para se visualizar a transformação pela qual passaram as teorias dos sonhos nos séculos XVIII e XIX, é útil considerar rapidamente seu contexto filosófico.

O trabalho de René Descartes, *Meditações sobre a primeira filosofia* (1641), considerado tradicionalmente como o momento inaugural da filosofia moderna, começa com o tema dos sonhos. Disposto a duvidar de tudo o que pudesse

---

[9] A esse respeito, ver Borch-Jacobsen, 1991b. Por meio de um estudo dos conceitos do inconsciente cerebral, vigentes na psicofisiologia do século XIX, Marcel Gauchet conclui que é "rigorosamente falsa" a alegação de Freud de que antes da psicanálise a regra era igualar o psíquico com o consciente (1992, 32).

ser objeto de dúvida, Descartes (1596-1690) ponderava sobre o fato de que, em seus sonhos, a pessoa podia ter as mesmas experiências que os loucos tinham quando acordados, enganando-se ao achar que estavam em determinado local. Com isso, Descartes concluiu que não existem sinais inequívocos de distinção entre o estado de vigília e o sonho. Por esse motivo, os sonhos figuram como exemplos consumados da falta daquela mesma certeza que Descartes se propôs estabelecer com *Meditações*. O auge de suas conjecturas foi alcançado quando aventou que o mundo externo era um delírio onírico, engendrado por um demônio zombeteiro, com o fito de nos comprometer os julgamentos. Como Georges Lanteri Laura observou, para Descartes o sonho era principalmente usado como argumento que destruía a autoridade da experiência sensorial, em vez de como objeto de pesquisa propriamente dita (1968, 26). Contudo, embora ele alegasse ter sido capaz de diferenciar a vigília do sonho, a natureza exata da relação entre esses dois estados continuou desafiando as gerações seguintes de filósofos e psicólogos.[10]

Para os cartesianos, os sonhos eram a forma assumida pelos pensamentos durante o sono. Seu axioma da continuidade do pensamento levava-os a postular a noção da continuidade do sonhar durante o sono. Embora os filósofos subsequentes propusessem multivariadas abordagens aos sonhos, essa posição manteve-se válida para a maioria deles. Por exemplo, em *Princípios da compreensão humana* (1671), o filósofo inglês John Locke (1623-1704) disse: "Os *sonhos* do homem adormecido *são*, em minha forma de ver, todos *constituídos pelas ideias do homem acordado*, embora, em sua maior parte, reunidas de maneira incomum" (41). Locke defendia um modelo subtrativo para o sonho, considerando que sonhar era ter ideias não sugeridas pelos objetos externos. Com isso, o sonho era em geral considerado uma composição de pensamentos tidos em vigília, menos algum fator especial. Esse aspecto explica seu menor *status* epistemológico.

No século XVIII, a tese da continuidade e o modelo subtrativo continuavam atraindo defensores. Os pensamentos tidos em vigília e no sonho estavam, para o consenso geral, sujeitos aos mesmos mecanismos. Por volta do final do século XVIII, pensadores como Borsch, Mendelssohn e Nudow distinguiam entre as associações objetivas do estado de vigília e as associações inteiramente subjetivas do sonho, nos quais as leis da similaridade e da analogia tomavam o lugar das relações reais entre as coisas. Sonhar era entendido como uma forma secundária, tanto em valor como em suas derivações. O principal era determinar as diferenças entre ambos os estados. Isso implicava em determinar causas,

---

[10] Lanteri Laura observou que, para Voltaire, ao contrário, "o fenômeno dos sonhos... mostra a precariedade dessa pretensão do pensamento humano de que é suficiente em si, o que destrói o desejo cartesiano de um saber fundado na autoridade das reflexões conscientes", *ibid.*, 29.

o que, para a consciência acordada, perturbava o funcionamento regular da associação.[11]

Um exemplo dessa abordagem é o trabalho do filósofo escocês Dugald Stewart (1753-1828). Em *Elementos da filosofia da mente humana* (1792), ele começava seus comentários sobre os sonhos dizendo que o melhor meio de se apurar o estado da mente no sono é considerando sua condição antes de dormir. A característica principal desse estado era a suspensão das atividades volitivas. Para dormir, levamos nosso corpo e nossa mente a um estado no qual possam continuar dormindo (283). Stewart considerava a ausência da volição a principal característica do sonhar. Assim, todas as operações mentais independentes da vontade poderiam prosseguir durante o sono. Ao explicar o sonho por analogia ao estado da mente imediatamente antes de adormecer, este assumia uma prioridade epistemológica. Stewart argumentava que a peculiaridade dos sonhos poderia ser explicada simplesmente pelo fato de que, neles, a associação das ideias acontecia, menos o fator da volição. Nos sonhos a operação dos pensamentos dependia somente do poder da associação, ao passo que em vigília dependia do poder da associação junto com o esforço consciente. A ausência de volição também servia para explicar por que as cenas e ocorrências que se apresentavam nos sonhos eram, no mais das vezes, ligadas à infância e juventude, quando a facilidade das associações era muito mais forte. Ele concluía que compreender a função do sonhar tinha o valor de lançar luz não só sobre o estado mental durante o sono, mas também sobre o funcionamento geral da mente, pois seria possível esclarecer assim as relações entre nossas diferentes constituições. Por conseguinte, o sonho era o caminho real para a mente.

No século XIX, a abordagem associacionista aos sonhos foi endossada pela psicologia, constituindo um dos principais componentes de seu entendimento. Surgiram inúmeros dicionários ou manuais para decifração de sonhos.[12] Embora seu formato básico fosse uma continuidade direta dos conceitos que vinham desde a Antiguidade, sua interpretação era atualizada, para refletir os valores sociais contemporâneos. A própria antiguidade do gênero era invocada como testemunho da veracidade dos simbolismos oníricos. Benedetto Gentile começava o *Livro dos sonhos ou Oniroscópio*, de 1882, citando a crença na adivinhação dos sonhos alimentada pelos egípcios, caldeus, gregos e romanos (6). As chaves se organizavam na forma de esquemas classificatórios das imagens dos sonhos. Segue-se uma série de exemplos tirados de Gentile:

> Lavar as próprias mãos denota trabalho.
> Olhar para as próprias mãos denota enfermidade.

---

[11] Este parágrafo é baseado em Béguin, 1967, 5-7.
[12] Os três parágrafos seguintes são baseados em Ripa, 1988, junto com um apanhado das principais chaves para compreensão dos sonhos, em voga no século XIX.

Ver uma casa em chamas denota escândalo.
Ver uma casa estabelecida denota guerra (98).

As chaves oníricas apresentavam o significado de algumas imagens em especial, descrevendo o destino coligado a elas. Em geral, as imagens eram dispostas em relações complexas. No trabalho de Raphael, lemos que:

> ÂNCORA – Sonhar com uma âncora na água é mau augúrio; implica desapontamento em seus desejos e iniciativas. Sonhar com parte de uma âncora dentro da água e parte fora prenuncia que em breve você fará uma viagem. Para uma moça, sonhar com uma âncora [indica] que ela terá um marinheiro por marido. Sonhar que vê uma âncora difícil de carregar é um bom sinal, denotando uma prosperidade durável (1886, 109).

O simbolismo que frequentemente usavam tinha origens astrológicas, numerológicas e cabalísticas.[13] Nas chaves dos sonhos, as imagens eram entendidas como revelações da personalidade. Era atribuída ao sonho uma função moral e de proteção. Determinados sonhos eram vistos como críticas da atitude do sonhador, com indicações para retificá-la. Eram estabelecidas regras para a interpretação dos sonhos, como por exemplo, a inversão do significado: os sonhos anunciariam o oposto do que pareciam estar indicando. Por exemplo, Raphael descrevia sonhar com galés como "um sonho ao contrário. Você terá sorte em todos os sentidos – muitos negócios, muito dinheiro, muita honra, uma alta posição" (139). Essas chaves interpretativas tinham formulações predominantemente conservadoras e tradicionalistas.

A interpretação dos sonhos acontecia fora do contexto de qualquer relacionamento pessoal. O livro expunha francamente o segredo dos sonhos e tornava sua decifração disponível a todos. Dessa maneira, as chaves dos sonhos promoviam uma prática onírica autointerpretativa. Ao mesmo tempo, as pessoas ofereciam seus serviços como intérpretes de sonhos.

Dentro das abordagens filosófica e médica aos sonhos, nos séculos XVIII e início do XIX, foram feitas algumas tentativas de propor explicações naturalistas dos sonhos, o que os isentava das explicações espirituais e, em especial, do que eram as supostas superstições das chaves para decifração dos sonhos. As explicações científicas eram contrapostas às chaves interpretativas, que frequentemente não eram mencionadas de modo explícito. Contudo, a relação entre essas tradições não era apenas de pura e simples oposição, uma vez que a abordagem científica aos sonhos muitas vezes recorria, de forma sub-reptícia, às chaves de decifração.

---

[13] Para consultar um livro astrológico sobre sonhos, ver Raphael, 1886b; para um livro de sonhos baseado na astrologia e na numerologia, ver D'Albumazar De Carpenteri, 1822; para um livro de sonhos baseado na cabala, ver Gentile, 1822.

Embora para a filosofia os sonhos fossem vistos principalmente como estados mentais, na medicina eles eram entendidos em termos fisiológicos. Por exemplo, o médico francês Pierre Cabanis (1757-1808) afirmou, em 1802, que as características dos sonhos derivavam do fato de a ação dos órgãos externos dos sentidos estar suspensa. Isso surtia o efeito de reenviar a energia nervosa para o órgão cerebral, abandonado então a suas próprias impressões ou àquelas que vinham "das extremidades internas sensíveis", sem que fossem retificadas pelas impressões dos objetos externos (5). Isso servia para explicar o conteúdo dos sonhos: "A compressão do diafragma, o trabalho da digestão, a ação dos órgãos genitais, muitas vezes revivem acontecimentos antigos, pessoas, pensamentos ou imagens de locais que a pessoa já tinha perdido completamente de vista" (625). A continuidade da atividade mental durante os sonhos também servia como explicação racional dos fenômenos que o supersticioso achava significativos. Ele citava o exemplo de Benjamin Franklin, que alegava ter sido informado, em sonhos, a respeito de assuntos de seu interesse. Cabanis defendia que Franklin não tinha dado atenção suficiente ao fato de sua prudência e sabedoria continuarem agindo enquanto ele estava dormindo, e que a "mente pode continuar sua própria pesquisa nos sonhos" (626). Ele ressaltava também as "relações constantes e definidas" entre os sonhos e o delírio, cuja comprovação atribuía ao médico escocês William Cullen (602). Essa relação veio a desempenhar um papel de destaque no entendimento psiquiátrico dos sonhos, no século XIX.

Em 1809, o filósofo francês Maine de Biran (1766-1824) afirmou, em "Novas considerações sobre o sono, os sonhos e o sonambulismo", que a investigação dos sonhos deveria ser apropriadamente considerada uma parte da fisiologia. Ele sustentava a visão subtrativa do sonhar. Os sonhos e o sonambulismo eram caracterizados por uma ausência de julgamento, reflexão e atenção controlada (85). Com isso, ele igualava os sonhos à insanidade. Mesmo nesses estudos fisiológicos, havia espaço para o que, mais tarde, iria ser chamado de "fatores psicológicos". Assim, ele notava nos sonhos o "retorno de imagens conectadas a afetos primitivos", como recordações da juventude (101). A tentativa de estabelecer os mecanismos fisiológicos do sonho teve o efeito de dessacralizar o sonho, com a finalidade de contrariar a crença popular em vigor de que o sonho tinha poderes proféticos e simbólicos. No entanto, como veremos adiante, houve outros desdobramentos que levaram a uma inversão desses desenvolvimentos.

A linguagem oculta da alma

O modelo subtrativo do sonhar, e a visão do sonho como um fenômeno secundário, foram abandonados pelo romantismo alemão. Em lugar dos modelos subtrativos, foram apresentadas abordagens positivas que acentuavam as qualidades poéticas do sonho e seu *status* como revelação mais profunda da essência do ser, do que acontecia com a consciência em vigília. O que aconteceu foi uma inversão da hierarquia entre o sono e a vigília. Em vez de entender o sonho como uma condição derivada inferior da consciência da pessoa acordada, este passou a ser entendido como um estado superior. O médico-filósofo Ignaz Troxler (1780-1866) considerava o sonho como "a revelação da própria essência da pessoa".[14] O estudo mais proeminente dos sonhos foi realizado em 1814, por Gotthilf Heinrich von Schubert, e se chamou *O simbolismo dos sonhos*. Schubert (1780-1860) havia estudado com Schelling, que descrevia como a pessoa que mais o influenciara na vida.[15] Schubert dizia que no sonho a alma falava uma outra linguagem, diversa da usada durante a vigília, uma linguagem universal e hieroglífica de imagens e símbolos. A alma se expressa mais plenamente nos sonhos. A linguagem dos sonhos era mais apropriada a sua natureza do que a linguagem natural, e infinitamente mais expressiva (1814, 35). Os sonhos originavam-se do "poeta escondido em nós", e sua linguagem era poética e metafórica. Consequentemente, tornava-se necessária uma tradução da linguagem dos sonhos na linguagem da consciência acordada. A linguagem onírica era uma atividade natural da alma. O valor que Schubert atribuía à linguagem dos sonhos se refletia também nas ideias que diziam respeito à história da linguagem. Enquanto a poesia era a linguagem original das pessoas, a prosa era uma invenção posterior. A poesia era infinitamente mais expressiva, poderosa e mágica do que a prosa. Ele salientava a função protetora dos sonhos. Uma grande parte de nossas imagens oníricas parecia ser o produto de um espírito benfazejo, que nos protege. A associação de ideias da consciência, nos sonhos, era diferente da associação mental que acontecia com a pessoa acordada, e oposta a esta:

> Uma das duas faces de Jano de nossa dupla natureza parece rir quando a outra chora, ou dormir e só falar nos sonhos quando a outra está o mais desperta possível, e falando em alto e bom som. Quando o homem exterior se entrega aberta e alegremente a todos os prazeres, a outra voz expressa sua aversão interior, e uma profunda tristeza vem para atrapalhar nossa embriaguez... Quanto mais o homem exterior triunfa com robusta energia, mais o homem interior enfraquece e busca refúgio no mundo dos sentimentos obscuros e dos sonhos (pp. 83-84).

O simbolismo dos sonhos apresentava importantes entrecruzamentos com o material coletado pela arqueologia:

> Finalmente, essa linguagem hieroglífica por imagens que, em especial, foi observada em inscrições nos antigos monumentos egípcios, e em es-

---

[14] Citado em Béguin, 1967, 93.
[15] Roelke, 1994, 128. Sobre Schelling, ver adiante, pp. 191-192.

tranhas figuras de ídolos ancestrais dos povos orientais, apresenta uma extraordinária semelhança com a linguagem por imagens do sonho. Por intermédio dessa semelhança, talvez possamos encontrar a chave perdida que nos daria acesso a um trecho dessa linguagem de signos da natureza, e que até agora não foi elucidado; graças a essa chave, poderíamos obter muito mais do que uma simples ampliação de nosso saber arqueológico e mitológico (46).

Embora a tradição filosófica e fisiológica estivesse se dando a muito trabalho para isolar e racionalmente descartar o interesse profético e simbólico demonstrado pelas pessoas em relação aos sonhos, representado basicamente pelas chaves de decifração, ele pensava que uma grande parte do conteúdo dessas chaves baseava-se em observações pertinentes. Ele afirmava a qualidade profética dos sonhos e considerava esse tipo de sonho profético como o próprio paradigma da natureza do sonhar. Dessa maneira, pode-se dizer que validou as chaves oníricas da sabedoria popular ao mesmo tempo em que as dotou de um substrato metafísico. Seu trabalho foi amplamente lido, mas não teve um papel significativo para a psiquiatria (Marx, 1991, 22).

Os sonhos também foram considerados importantes pela tradição do magnetismo animal, ou mesmerismo, por causa do parentesco entre os sonhos e o sonambulismo, ou o sono artificial. A seguir apresento uma lista das principais faculdades atribuídas aos estados do sonambulismo: a capacidade de estimar o tempo; insensibilidade para o exterior; exaltação da imaginação; desenvolvimento das faculdades intelectuais; instinto para os remédios; previsão; comunicação dos sintomas de enfermos; comunicação de pensamentos; visão sem o concurso dos olhos; possibilidade de o sonâmbulo influir em sua própria organização; poder de prever o futuro, e exaltação da memória (Bertrand, 1826, 408-417). Era entendido que os sonhos ocorridos durante episódios de sonambulismo eram idênticos aos que ocorriam durante o sono. Por analogia, as propriedades atribuídas aos estados sonambúlicos eram igualmente atribuídas aos sonhos. Por isso, Alexandre Bertrand (1795-1831) observou que no sonambulismo havia ausência de autorreflexão, atenção, e a capacidade de se voltar para si mesmo e tomar ciência do estado em que se encontrava. Isso era comparável aos sonhos, nos quais a pessoa é afetada por uma multiplicidade de sensações bizarras e incoerentes, que nos causam bastante surpresa quando estamos acordados, mas não enquanto estamos sonhando (425). Nos sonhos e no sonambulismo, as ideias eram independentes da vontade (426), e as ideias, nas crises de magnetismo, aconteciam da mesma maneira que nos sonhos, quando a pessoa se percebe sonhando com quem tinha em mente no momento em que adormeceu (1823, 468). Por conseguinte, "o sonambulismo... dificilmente merece ser distinguido dos sonhos, e não é muito diferente de um *sonho em ação*" (ibid., 468). Essa coligação foi mais tarde retomada e explicada pelo filósofo alemão Arthur Schoppenhauer (1788-1860), que afirmava em 1851:

O sonho se torna o elo, a ponte, entre a consciência sonambúlica e a consciência em vigília. Sendo assim, devemos consequentemente atribuir os sonhos proféticos primeiro ao fato de que, no sono profundo, o sonhar é intensificado por uma clarividência sonambúlica.[16]

A ligação entre sonhos e sonambulismo foi, em seguida, transportada para a ligação entre os sonhos e a hipnose. August Forel (1848-1931), que desempenhou um papel crucial na introdução da sugestão hipnótica na Suíça, afirmava que as três principais características do sonho eram as mesmas da consciência hipnótica, a saber, "alucinações da percepção, sentimentos exagerados, e suas ações reflexas, bem como dissociação das associações lógicas orgânicas dos engramas complexos".[17] Nos sonhos, os estímulos dos órgãos dos sentidos pareciam com os que afetavam a pessoa hipnotizada, desde que, quando o hipnotizador estivesse presente, o sujeito hipnotizado estivesse consciente de sua influência (86).

Sonhos diagnósticos

Desde a Antiguidade, o principal uso dos sonhos na medicina era como recurso diagnóstico. Consideravam que os sonhos revelavam o verdadeiro estado do corpo. Essa abordagem continuou em evidência durante o século XIX, e foi apresentada em 1830 por Robert Macnish (1802-1837), em seu popular *A filosofia do sono*. Ele defendia a visão subtrativa dos sonhos. As condições essenciais ao sonhar eram a suspensão dos julgamentos, acompanhada de um estado ativo da memória e da imaginação (50). Os sonhos tinham uma significativa função mnemônica, pois eram capazes de trazer à mente acontecimentos que haviam sido esquecidos, "recuperando-os com toda a força de sua impressão original" (116). Essa abordagem incluía a dimensão moral da consciência. Na vida em vigília, as pessoas talvez tentassem furtar-se à "lembrança de sua maldade", e silenciar "a ainda pequena voz" da consciência. Mas no sonho seus crimes apareciam "desnudos, em sua horrível deformidade" (94-95). Os sonhos também exerciam uma função diagnóstica e prognóstica: "Sonhos violentos e impetuosos que ocorrem em acessos de febre geralmente indicam a aproximação de um delírio; os sonhos de natureza sombria e assustadora são um forte indício de perigo iminente; já os sonhos agradáveis podem ser considerados prenúncios de recuperação" (68). Determinadas doenças conferem aos sonhos características específicas: "A icterícia tinge os objetos vistos no sonho com sua coloração amarela doentia; a fome provoca sonhos em que se comem coisas gostosas" (69).

---

[16] 1851, 254-255. Sobre Schoppenhauer, ver adiante, pp. 193-194.
[17] 1906, 84. Sobre Forel, ver adiante, p. 207.

Por volta do final do século XIX, uma posição similar foi defendida por Philippe Tissié, um médico francês de Bordeaux, num trabalho que ele intitulou de *Sonhos: fisiologia e patologia*. Ele afirmava que nossos órgãos criam os sonhos, o que significa que os sonhos poderiam permitir a precoce detecção de uma doença:

> Afecções do aparelho circulatório são geralmente reveladas por um sentimento de medo, ansiedade, angústia que não permite respirar; por alucinações visuais, e sonhos curtos, trágicos e assustadores; por ideias de morte iminente, cenas de morte, de carnificina, ou visões de objetos em chamas, pela sensação de cair, de ser ferido. A pessoa desperta com um sobressalto (1898, 201).

No mesmo sentido, o médico Maurice Macario argumentava que a incubação de uma doença poderia provocar sonhos. No caso de uma doença do coração, a pessoa poderia ter sonhos em que seu coração era perfurado por uma espada (1857, 86-87). Os sonhos variavam conforme o tipo de loucura: na monomania "expansiva", os sonhos eram felizes e sorridentes; na mania, eram estranhos, bizarros e desordenados. Por causa disso, era possível usar os sonhos para monitorar a condição de saúde de uma pessoa (88-90).

Embora esses trabalhos não fizessem qualquer menção às populares chaves de decifração, com suas ligações simbólicas entre imagens específicas e a condição do corpo, eles haviam evidentemente recorrido a essa fonte de informações. Yannick Ripa observou:

> O simbolismo do corpo faz o papel do simbolismo das chaves... Não é verdade que elas nos proporcionam, em sua função de esclarecer o propósito dos sonhos, verdadeiros diagnósticos?... Certamente é correto indagar se a adoção de uma visão médica não foi em larga medida facilitada por essas notáveis semelhanças (1988, 150).

Há algumas indicações, na psiquiatria do século XIX, de que os sonhos também eram entendidos como espelhos dos estados psicológicos. Em *Princípios de psicologia médica* (1845), o psiquiatra alemão Ernst von Feuchtersleben (1806-1849) considerava os sonhos como "a ocupação da mente no sono pelo mundo pictórico da imaginação" (315). Na mesma linha do filósofo alemão Immanuel Kant (1724-1804), von Feuchtersleben atribuía uma função teleológica aos sonhos. Em sua *Crítica da razão* (1790), Kant havia proposto que os sonhos tinham a finalidade de estimular os órgãos vitais por meio da imaginação. Ele sugeria que, sem a estimulação e a agitação psicofísica dela decorrente, o sono redundaria numa completa extinção da vida.[18] Von Feuchtersleben negava qualquer qualidade profética aos sonhos. Contudo, os sonhos podiam

---

[18] 29. Sobre Kant, ver adiante, pp. 188-191.

se tornar uma forma de compreensão retrospectiva, por meio de sua função mnemônica:

> Os sonhos podem dar à pessoa informações históricas sobre si mesma e, nessa medida, de acordo com uma expressão favorita, "ele pode adivinhar como um profeta olhando para trás". Da mesma maneira que, após o pôr-do-sol, revelam-se incontáveis estrelas que não eram visíveis à luz do dia, mas se mostram nítidas contra o pano de fundo do firmamento escuro, também as imagens esquecidas de fatos passados podem, ao sabor da fantasia, vir novamente à tona e exibir à mente sua antiga forma (1845, 315).

Ele defendia a investigação clínica dos sonhos. Os sonhos, como "a linguagem inconsciente da cinestesia", mostravam o estado do paciente. Portanto, os médicos deveriam estudar a interpretação dos sonhos (198-199). Não está clara a influência que a recomendação de von Feuchtersleben exerceu, e nem em que medida essa "adivinhação retrospectiva" – que se iria tornar em seguida a prática predominante da psicoterapia moderna – já havia se tornado um procedimento regular dos atendimentos psiquiátricos naquela época. Não obstante, a discussão dos sonhos por esse autor indica que, antes de 1850, já haviam sido estabelecidos os pressupostos teóricos para a utilização clínica dos sonhos, como meio de recuperar a memória.

Sonhos e loucura

As analogias entre sonhos, insanidade e o que eram considerados estados assemelhados, como o sonambulismo e a intoxicação, desempenharam papéis significativos no século XIX. A força dessas analogias era percebida de formas variadas: às vezes, um fenômeno era assemelhado a outros fenômenos, declarado idêntico a ele, ou enquadrado como uma subespécie do outro. O valor dessas analogias estava em que elas permitiam o entendimento de um fenômeno através de outro, mesmo que as relações exatas raramente fossem especificadas. Além disso, esses encadeamentos de analogias, ao reconceitualizar alguns fenômenos em particular, tinham o significado de modificar toda a cadeia. Essa forma analógica de raciocinar sobre os sonhos sobreviveu intacta até o momento atual.[19]

O médico alemão Johann Reil (1759-1813), que foi quem cunhou o termo "psiquiatria", considerava os sonhos análogos à loucura:

> Nos sonhos, sempre estamos de lá para cá no que parecem espaços, tempos e nossa pessoa. Saltamos de uma parte do mundo para outra, de

---

[19] Sobre a ligação entre intoxicação e sonhos, ver James, 1995, 98-129.

um século para outro, e desempenhamos todos os papéis, de rei a mendigo, que a fantasia mágica nos confere. Ocorre precisamente o mesmo na loucura, que é o sonho com a pessoa acordada (1803, 87).

Ele alegava que o caráter dos sonhos se originava do fato de eles serem "um produto de um despertar parcial do sistema nervoso" (92). Os sonhos tinham essa característica em comum com a loucura. Nos sonhos, a fantasia estava presente, sozinha ou em conjunto com um órgão do sentido individual. Ele apontava também a "arte peculiar" do sonho – o sonhador só parecia ocupar os papéis relacionados com sua personalidade. Citava Lichtenberg, que havia chamado esse aspecto de reflexão dramatizada (93-94). A semelhança dos sonhos com a insanidade impedia que eles fossem utilizados terapeuticamente.

Em meados do século XIX, um dos mais conhecidos manuais de psiquiatria era intitulado *Patologia e terapêutica da mente*, do psiquiatra alemão Wilhelm Griesinger. Esse texto foi um dos melhores trabalhos do que era caracterizado como a abordagem somática na psiquiatria. Griesinger (1817-1868) dizia que nosso conhecimento da insanidade fora ampliado por meio da consideração de estados análogos, um dos quais era o sonho. Às vezes, na insanidade, como nos sonhos, a noção do tempo estava ausente. Essa analogia era mais acentuada nos sonhos que ocorriam no estado semiacordado. A disposição reinante no sujeito era o fator que ditava o tom do sonho. Ele fazia uma analogia entre a conduta da pessoa e seus sonhos, e a do insano:

> O sonhador, como o insano, aceita tudo, até mesmo as representações mais tolas e temerárias, como possibilidades, e sem qualquer sensação especial de espanto. Os absurdos mais espantosos se tornam a verdade mais inquestionável, se as massas perceptivas capazes de retificá-los permanecem adormecidas (1867, 108).

Sonhos arrebatadores eram raros nos estados saudáveis e frequentes nos estados enfermos. As ideias que haviam sido suprimidas na vida em vigília vinham à tona nos sonhos. Em pessoas perturbadas, os sonhos realizavam o que a realidade lhes havia recusado. Assim, ele afirmava que, nos sonhos e na insanidade, era comum constatar-se a realização imaginária dos desejos, e a reversão de decepções.[20] No entanto, em sua seção sobre terapêutica, não era

---

[20] Em *A interpretação dos sonhos*, Freud parafraseava a visão de Griesinger sobre os sonhos e psicoses, como realizações de desejos, e concluía: "Minhas próprias pesquisas me ensinaram que nesse fato reside a chave para uma teoria psicológica, tanto dos sonhos como das psicoses" (*SE* 4, 91).

feita qualquer menção ao tema dos sonhos, o que parecia assinalar que não eram usados terapeuticamente.[21]

A psicologização do sonho

O período seguinte, da metade do século em diante, foi marcado pelos principais pesquisadores de sonhos, por exemplo, Karl Scherner, Alfred Maury e Hervey de Saint-Denys. De acordo com Havelock Ellis, foi Maury quem, em 1861, inaugurou o estudo moderno dos sonhos (1911, vi). André Breton o descreveu como "um dos mais argutos observadores e experimentadores que já apareceu no século XIX" (1932, 12). Esses pesquisadores deixaram de lado as visões românticas dos sonhos, junto com o contínuo interesse do público por sua capacidade profética. Seu principal método de investigação foi a introspecção. A psicologia tornava-se cada vez mais acostumada a recorrer às auto--observações para a realização dessas pesquisas, que se destinavam principalmente ao estabelecimento de taxonomias para os diferentes tipos de sonhos, e ao fornecimento de explicações para suas respectivas causas, com propostas de explicações fisiológicas para tal atividade.

Ian Dowbiggen afirma que, nesse período, na França, os sonhos mostravam-se carregados de significado cultural e político, devido à exaltação romântica do sonho como uma fonte de criatividade e revelações, que permitia o acesso a verdades inalcançáveis durante a vigília (1990, 277). Para Maury, os sonhos possibilitavam o entendimento de fenômenos irracionais cognatos, como o magnetismo animal e o sonambulismo. Embora os pesquisadores do magnetismo tivessem utilizado a analogia com o sonambulismo e os sonhos para valorizar estes últimos, Maury recorreu a essa analogia em outro sentido, a saber, para desvalorizar os estados sonambúlicos e desacreditar o uso do

---

[21] Uma das analogias mais persistentes era entre os sonhos e as alucinações. Em 1832, o psiquiatra francês Jean-Étienne-Dominique Esquirol descrevia as alucinações como sonhos acordados (2). Em 1867, Hervey de Saint-Denys afirmava: "As alucinações são nada mais que os sonhos de um homem acordado" (141). Fiel a essa postura, Freud propôs que os sonhos têm um caráter alucinatório: "Estaremos de acordo com todas as autoridades sobre esse tema, quando dissermos que os sonhos *alucinam* – eles substituem pensamentos por alucinações" (SE 4, 114). Janet desafiava essa analogia: "É um erro grave confundir o sonho com a sugestão e a alucinação" (1919, 287). Ele afirmava que o que era distintivo na alucinação não era, como se pensava em geral, a pessoa ver ou ouvir algo que não estava realmente presente, mas sim ela agir de maneira impulsiva, ou seja, ela se comportava como se lhe tivessem feito algum sinal, ou como se tivesse ouvido palavras de baixo calão. Sem essas manifestações comportamentais, uma alucinação seria algo incomunicável e, portanto, incognoscível. Por outro lado, ele pensava que os sonhos eram marcados pela ausência desses atos externalizados. Enquanto a alucinação era "uma tendência ativada por um alto grau de tensão", o sonho era "uma tendência que não era absolutamente ativada" (*ibid.*).

mesmerismo. A analogia entre os sonhos e a loucura consistiu em assemelhar os sonhos a alucinações (1861, 124).

Maurice Macario classificou os sonhos nos seguintes tipos: sonhos sensoriais, sonho-alucinações, sonho-ilusões, sonhos afetivos, sonhos intelectuais, sonhos prodrômicos, sonhos sintomáticos, sonhos mórbidos (1857). Os sistemas classificatórios dos psicólogos não impuseram simplesmente uma ordem num terreno talvez até então não mapeado; em vez disso, substituíram os sistemas já estabelecidos na forma das chaves de decifração. Estes consistiam em sistemas classificatórios de sonhos, revestindo as imagens oníricas com uma vasta rede semântica de significações pessoais, familiares, sociais e cósmicas. Por outro lado, os sistemas classificatórios apresentados pelos pesquisadores de sonhos extraíam-nos dessa malha semântica e os isolavam como objetos epistemológicos discretos, localizados no interior do sujeito. Esses pesquisadores tentavam expurgar o sonho dessa vasta rede de significados sociais, religiosos e cósmicos. Embora as chaves oníricas houvessem focalizado a cena do sonho como seu principal fator de identificação, os pesquisadores de sonhos deslocaram sua ênfase para o tipo do sonho, tentando propor explicações não de sonhos específicos, mas de classes de sonhos, mediante a explicação de sua função. Um aspecto dessa iniciativa consistiu em relegar a segundo plano a prática da interpretação dos sonhos. Por meio de sua psicologização, o sonho foi cada vez mais entendido como a revelação da subjetividade latente. Para Maury:

> No sonho, a pessoa é então inteiramente revelada a si mesma, em toda a sua nudez e miséria original. Uma vez que nele está suspensa a ação de sua vontade, a pessoa torna-se um joguete de todas as suas paixões, das quais, quando está acordada, se defende com os sentimentos da honra e do medo (1861, 88).

Sendo assim, nos sonhos "atribuímos pensamentos e palavras a diferentes personagens que não são senão nós mesmos" (115). Ele salientava a qualidade mnemônica dos sonhos, negando-lhes qualquer dimensão profética. Assim, se os sonhos eram reveladores para o sonhador, a revelação no caso estava isenta de toda significação transcendental.

Ripa dizia que os estudos sobre sonhos interferiram no modo como as pessoas entenderam seus sonhos nessa época. Valendo-se de um estudo de diários franceses escritos no século XIX, Ripa observou:

> Na maioria dos casos, o sonho é relatado no diário como algo que foi ouvido, sem os comentários da pessoa que o teve. Quanto mais adiante se vai neste século, e assim, quanto mais avançam as descobertas fisiológicas ou psicológicas dos mecanismos do sonho, mais se multiplicam as anotações; independentemente de seu nível cultural, as pessoas registravam em seus diários que o sonho era como uma lente de aumento de si mesmas, cujo movimento buscavam acompanhar por meio de palavras (1988, 115).

Na segunda metade do século XIX, a psicogênese dos sonhos era abordada por diferentes ângulos. Um desses era a delimitação dos componentes psicológicos dos sonhos estudados pela tradição fisiológica. O filósofo-psicólogo belga Joseph Delboeuf (1831-1896) comentou que se limitaria aos aspectos puramente psicológicos do sonho (1880, 130). Essa delimitação epistemológica era acompanhada de perto por tentativas concomitantes de estabelecer a psicologia como uma disciplina independente.

Delboeuf partiu para o estudo dos sonhos segundo uma dupla vertente: a certeza e a memória. Deixando de lado as crenças "supersticiosas vulgares" nos sonhos proféticos, ele dizia que os sonhos eram exclusivamente constituídos por eventos passados, não lançando luz alguma sobre o futuro (647). Após uma revisão crítica dos trabalhos mais recentes sobre os sonhos, ele relatava o primeiro sonho de que se lembrava após ter decidido escrever sobre esse assunto. Nele, apareciam dois lagartos e uma planta que ele via na parede, um espécime de *asplenium ruta muralis*. Ao acordar, ele pensou que tivesse inventado o nome da planta. Contudo, foi informado de que existia uma samambaia chamada *asplenium ruta muraria*, que crescia nas paredes, embora tivesse um aspecto diferente. Dois anos depois, ele descobriu a fonte dessa imagem: quando estava visitando um amigo, viu um exemplar de um livro de botânica. Ele se lembrava que, em 1860, tinha escrito ao lado de cada planta, conforme seu amigo botânico ia ditando, o nome da família e da classe de cada uma. Nesse livro havia uma ilustração da *asplenium*. No ano seguinte, ele estava folheando um exemplar do *Tour du monde*, na casa de seus pais, quando viu uma ilustração com lagartos que era a exata representação da segunda parte de seu sonho. Esse diário estava datado de 1861 (133-134). Ele utilizou esse sonho para chegar a uma conclusão geral relativa à permanência dos traços mnemônicos: "Temos autorização para inferir que todas as impressões, mesmo as mais insignificantes, deixam um traço inalterável e indefinidamente suscetível de voltar à tona".[22]

Com a expansão dos conceitos de memória e herança, estava aberto o caminho para que os sonhos fossem concebidos como reanimações de lembranças culturais ou ancestrais. Em 1876, o psicofisiologista britânico Thomas Laycock (1812-1876) afirmou que, nos sonhos, retrocedemos para um tempo anterior ao de nossos ancestrais imediatos, alcançando o "substrato da raça nascida desde a vida selvagem vivida em eras remotas".[23] Nesse mesmo sentido, Friedrich Nietzsche traçou uma ligação evolutiva muito mais abrangente, entre os sonhos e a história, em *Humanos, demasiado humanos*:

---

[22] 136. Sobre o significado desse conceito no desenvolvimento de teorias mnemônicas ver adiante, pp. 209-210. François Duckyearts nota acentuadas similaridades estruturais entre a concepção de Delboeuf e o texto de Freud em *A interpretação dos sonhos*, argumentando que o trabalho freudiano foi deliberadamente calcado no de Delboeuf (1993, 241).
[23] 179. Ver adiante, p. 205.

Em nosso sono e sonhos, refazemos o trajeto dos labores das gerações anteriores da humanidade... Penso que o homem ainda tira conclusões em seus sonhos da mesma maneira como a humanidade fazia antes, *em vigília*, ao longo de muitos milhares de anos: a *causa* primeira que precisava de explicação bastava e era tomada como a verdade... Esse antigo aspecto da humanidade vive em nós ainda hoje, em nossos sonhos, pois é a base a partir da qual se desenvolveu um nível superior de raciocínio, que continua se desenvolvendo em todas as pessoas; o sonho nos oferece meios para os entendermos melhor. Os pensamentos que ocorrem nos sonhos nos são tão fáceis, atualmente, porque no decorrer dos imensos períodos de desenvolvimento da humanidade nos exercitamos muito precisamente nessa forma de explicação fantástica e barata, partindo da primeira e melhor ideia. Nesse contexto, sonhar é uma recuperação para o cérebro que deve atender durante o dia as árduas exigências que lhe são impostas por uma cultura mais sofisticada (1880, 20-21).

Com isso, a transição do sono para a vigília poderia ser considerada uma recapitulação do curso da história cultural. Para Nietzsche, essa analogia entre sonhos e história designava a similaridade formal entre o formato dos pensamentos nos sonhos e o que prevalecera na Antiguidade. Em vez de considerar o pensamento nos sonhos como uma simples derivação secundária do pensamento em vigília, ele entendia este último como um desenvolvimento evolutivo do primeiro.

Simbolismo e associação

O sonho fora depurado de uma grande parte de sua significação ao ser reconceitualizado como um componente psicológico subjetivo do sonhador. No entanto, havia recuperado certa medida de significação pessoal por meio das tentativas acadêmicas de se estabelecer uma simbologia restrita do sonho, e mediante os dados da psicologia associacionista. Em 1861, Karl Albert Scherner, filósofo da Universidade de Breslau, publicou um estudo intitulado *A vida do sonho*.[24] Em 1917, Freud saudou Scherner como "o verdadeiro descobridor do simbolismo nos sonhos" (*SE* 15, 152) – o que é uma declaração inusitada, dada a longevidade da tradição da interpretação simbólica dos sonhos, representada pelas chaves de decifração. Scherner dizia que a atividade psíquica nos sonhos se expressava por meio de uma linguagem simbólica, e que era possível interpretá-la. Enquanto estava dormindo, a pessoa era dotada de uma maior sensibilidade às sensações corporais. Estas se traduziam em imagens oníricas. Por conseguinte, a maior parte desse simbolismo se relacionava com

---

[24] Sobre Scherner, ver Massey, 1990, e Hauser, 1992. Hauser traduziu um capítulo do livro de Scherner com o título de "O sonho de estimulação sexual".

o corpo humano. Ele enfatizava o significado do simbolismo sexual disfarçado nos sonhos. Seu código restrito de símbolos oníricos pode ser visto como uma tentativa de libertar a atividade simbolizadora dos sonhos de uma cosmologia metafísica, representada pelas chaves de decifração.

Ao se autointitular autoridades quanto ao estabelecimento de um código simbólico para os sonhos, os psicólogos, como representantes de uma ciência isenta de superstições, ocupavam uma posição que lhes permitia criar novas simbologias para a cultura em geral. No século XX, foi o trabalho de Freud, Jung e seguidores de ambos que surtiu justamente esse efeito.

A compreensão simbólica dos sonhos, sob qualquer forma, tendia a estabelecer significados gerais. Em paralelo com as transformações na compreensão simbólica dos sonhos desenvolvia-se a significação atribuída às múltiplas fontes individuais das imagens oníricas, na tradição da psicologia associacionista. Em 1893, James Sully (1824-1923), um psicólogo inglês, afirmou que, nos estados de vigília, os caminhos da associação de ideias não eram visíveis em virtude da ação das impressões sensoriais e do controle da vontade. Quando esses fatores ficavam ausentes, nos sonhos, os fios das associações "tornavam conhecida sua força oculta" (1893^a, 158). A aparente ininteligibilidade do sonho era devida ao fato de expor cruamente o processo associativo que, em parte, permanecia encoberto durante a vigília. Disso, ele extraiu a seguinte conclusão:

> Penso que, após estar instalado o hábito de analisar o sonho de alguém à luz de suas experiências precedentes, seja possível descobrir em muitos casos alguma força oculta de associação, que reúne o grupo aparentemente fortuito de átomos oníricos (160).

Há sinais de que entre os psicólogos essa prática não era incomum. No dia 12 de março de 1880, Francis Galton escreveu para Sully:

> Há alguns meses fiquei muito perturbado com sonhos exageradamente vívidos que confundi com fatos; inclusive, fiquei muito assustado com isso... [?] disse-me que fora passar algum tempo numa casa no norte. Foi dormir e teve um sonho extraordinário, repleto de lagartos e serpentes e acordou de manhã deslumbrado com o que sonhara. Ao descer para a sala, viu uma travessa com essas imagens (você sabe a que espécie de louça estou me referindo) e no mesmo instante lembrou que havia visto aquelas imagens, mas que não havia prestado muita atenção nelas na hora de ir para a cama e que o sonho se baseava nisso. Ele está seguro de que a existência da travessa teria desaparecido inteiramente de sua lembrança se ele não a tivesse visto logo pela manhã, mas que a lembrança do sonho poderia ter permanecido, e seus incidentes se tornaram a origem de associações vinculando [?] aos répteis.[25]

---

[25] Documentos de Sully, University College, Londres. As perguntas entre colchetes indicam palavras indecifráveis. Sobre Galton, ver antes, pp. 54-55.

Nesse mesmo ano, Sully publicou um outro estudo sobre o tema, intitulado "O sonho como revelação". Ele começava dizendo que, na história, havia duas visões antagônicas sobre os sonhos: a que os consideravam uma medida de discernimento e inteligência que ultrapassava de longe a consciência em vigília, alcançando até o plano da revelação sobrenatural, e a outra, para a qual eles não passariam de subprodutos fantasiosos, fruto de uma mente ociosa. O moderno estudo científico dos sonhos pôde reconciliar essas duas ideias, ao explicar o lado irracional da vida onírica como uma extensão da experiência humana e uma revelação do que, de outro modo, permaneceria desconhecido (1893b, 355). Havia três maneiras principais de considerar os sonhos como revelações. Para a primeira, a simplificação do "padrão maduro e complexo da consciência" exporia forças e tendências proeminentes que em geral permanecem ocultas, como por exemplo "impulsos nascentes e instantaneamente inibidos" da consciência em vigília. Ele ilustrava essa possibilidade com exemplos que designavam a maneira como certos sonhos podiam ser vistos como a culminação de "um vago desejo fugidio da mente desperta" (357-358). O sonho "desnuda o ego de suas camadas artificiais e o expõe em toda a sua rude e primitiva nudez. Ele traz, desde as escuras profundezas de nossa vida subconsciente os impulsos primários instintivos" (358). A segunda perspectiva consistia numa analogia entre os fenômenos da personalidade dupla ou alternada, o transe hipnótico e os sonhos. Utilizando uma noção da multiplicidade do si-mesmo que lembrava fortemente o modelo proposto por William James em *Princípios de psicologia*, ele argumentava que os sonhos eram meios de preservar essas sucessivas personalidades. No sono, reverteríamos a velhos modos de pensar e sentir as coisas. Seria o sonho então que nos colocaria *in statu nascendi*. Na terceira modalidade, ele afirmava que os sonhos davam livre vazão às características e tendências individuais. Na vida social, uma grande parte de nossos traços mais vitais e profundos é "reprimida e atrofiada" (363). Ele defendia que eram precisamente tais aspectos que os sonhos revelavam. Sully concluía que os sonhos poderiam ser considerados uma mensagem intrapsíquica:

> Como algumas letras num criptograma, a inscrição onírica, quando examinada atentamente e de perto, perde sua primeira aparência de asneira e adquire o aspecto de uma mensagem séria e inteligível... podemos dizer, como alguns palimpsestos, que o sonho revela, sob seus caracteres sem valor de superfície, traços de uma antiga e preciosa comunicação (364).

Dos sonhos ao inconsciente

Por volta do final do século XIX, os conceitos de inconsciente foram, cada vez mais, invocados para explicar os fenômenos dos sonhos. Um contexto de muita influência em que isso ocorreu foi o trabalho de William Carpenter, um fisiologista inglês, que elaborou o conceito de cerebração inconsciente. Numa pesquisa sobre o inconsciente cerebral, Marcel Gauchet estudou o desenvolvimento dos conceitos sobre o inconsciente, apresentados pela neurologia e pela fisiologia do século XIX. Ele dizia que era devido ao conceito de inconsciente cerebral que a tradicional preeminência da vontade tinha sido questionada e subvertida (1992, 24). Em seu livro de 1874 – *Princípios de fisiologia mental* – Carpenter iniciava suas considerações sobre a cerebração inconsciente declarando que os metafísicos, em especial na Inglaterra, consideravam impossível afirmar que o cérebro (a porção superior do encéfalo) poderia processar impressões e produzir resultados inteligentes sem a menor consciência de nossa parte (515). Ampliando a noção de ação reflexa, ele sustentava que uma ampla medida da atividade mental acontecia de maneira automática, e que esse automatismo era inconsciente. Abaixo do plano da consciência, aconteciam ações mentais de cujos resultados só nos tornaríamos cientes depois. Em defesa dessa opinião, ele citava o exemplo do esquecimento de um nome:

> Quando ficamos algum tempo *tentando recordar* um nome, frase, ocorrência etc., e depois de termos empregado em vão todos os recursos em que pudemos pensar para produzir a ideia desejada em nossa mente, abandonamos esse esforço por achá-lo inútil, então, *espontaneamente*, o que buscávamos nos virá à mente, um pouco depois (519).

Em casos dessa natureza, quando a atenção foi desviada para outro foco, o cérebro pôde trabalhar sozinho, sem a interferência da tentativa consciente de recuperar a lembrança. Nessas circunstâncias, "dois cursos distintos de ação mental se desenrolam simultaneamente: um, *no plano consciente*, e outro, *no inconsciente*" (562). Nos sonhos, que eram principalmente caracterizados pela suspensão da vontade, o fluxo dos pensamentos seguia automaticamente. Assim, os processos do raciocínio poderiam continuar durante o sono, com vigor e sucesso, e a imaginação poderia desenvolver novas formas de beleza. Consequentemente, ele achava que uma grande parte dos sonhos consistia na atividade automática da imaginação construtiva.[26]

A aplicação de conceitos de inconsciente para explicar os sonhos não advinha apenas da psicologia fisiológica, mas decorria também da filosofia idealista.[27] Em 1875, o filósofo alemão Johannes Volkelt produziu um estudo intitulado *A fantasia onírica*. Freud citou Volkelt várias vezes em *A interpretação dos sonhos*, e recorreu à análise feita por ele do trabalho de Karl Scherner. Freud dizia que, embora Volkelt tivesse penetrado na natureza da imaginação produtora de símbolos, seu trabalho era difícil de entender por quem não

---

[26] Sobre a psicofisiologia britânica, ver Danziger, 1990b.
[27] Sobre o desenvolvimento dos conceitos de inconsciente na filosofia, ver adiante, pp. 88-89.

fosse versado em filosofia.[28] Em seu estudo, Volkelt apresentou uma relação entre sonhos e inconsciente que não mereceu de Freud qualquer comentário. Na mesma linha de Scherner, Volkelt dizia que havia dois grupos de sonhos: os que se originavam do corpo, e os que nasciam de um estado de ânimo (86). Na fantasia que reproduzia o sonho, manifestava-se o poder criativo inconsciente da mente. A fantasia onírica, que age no inconsciente, apoderava-se das formas físicas ou psíquicas que se apresentassem e as reformulava (167, 157). O mundo onírico e o corpo onírico eram ambos vistos como produtos da fantasia onírica inconsciente. O sonho não era o único produto do inconsciente: "Também na consciência em vigília ocorrem numerosos processos inconscientes – noções súbitas, percepções sagazes e todos os tipos de estados de ânimo" (158). Com isso, a explicação do sonho se apresentava como paradigmática para a explicação de processos similares: "O sonho... confirmou por si que uma compreensão penetrante será possível primeiro através do conceito de inconsciente" (167). Em conclusão, ele postulava que as indagações milenares da filosofia poderiam ser enfim respondidas com um exame dos sonhos:

> O enigma do mundo, para cuja solução os filósofos vêm há muito tempo se esforçando de maneira geralmente inútil, é praticamente solucionado todas as noites nos sonhos... Neles, estamos próximos da camada mais interior da vida. Certamente, não com o que vivenciamos através das imagens oníricas, mas com o que inconscientemente fazemos e somos, no processo formador do sonho (208).

Conte-me seus sonhos

O termo "psicoterapia" foi cunhado pelo psiquiatra inglês Daniel Hack Tuke, em 1872 (Tuke, 1872). Rapidamente foi adotado e passou a ser usado como sinônimo da terapêutica hipnótica e sugestiva, basicamente associada com Hyppolite Bernheim (1840-1919) e a escola de Nancy.

Nas décadas de 1880 e 1890, a prática da terapia hipnótica e sugestiva tornou-se cada vez mais alvo de contestações por parte do público, caindo então em descrédito. Várias razões foram alegadas para tanto, principalmente as divergências entre as escolas de Nancy e da Salpêtrière (Janet, Ellenberger),

---

[28] Freud (SE 4, 86-87). André Breton acusou Freud de plagiar Volkelt, o que provocou algumas cartas agitadas de Freud, sobre as quais Breton comentou: "A manifesta agitação de Freud sobre o tópico (ele me manda duas cartas com poucas horas de intervalo entre ambas, se desculpa profusamente, atribui seu próprio aparente engano a alguém que já não está entre seus amigos... somente para terminar solicitando, em nome desse último, uma omissão sem motivos!) não tem muita probabilidade de me fazer mudar de ideia" (1932, 154).

e as batalhas judiciais (Laurence e Perry, Harris).[29] Nos textos desse período podem-se também encontrar fortes preocupações quanto aos níveis de suscetibilidade à hipnose na população e a adequação da sugestão autoritária entre os diferentes níveis sociais. Juntas, essas fontes de influência geraram uma tendência crescente de se desenvolver modelos de psicoterapia que tivessem um âmbito mais largo de aplicação, prescindindo com isso do acesso a estados de transe profundos. Uma clara expressão dessas preocupações está no artigo do psicoterapeuta holandês Frederick van Eeden, publicado em 1893, sob o título "Princípios de psicoterapia", no qual ele defendia a máxima de que se deveria usar a sugestão exaltando-a, porém, o mínimo possível. A tendência cada vez mais acentuada de recorrer ao resgate de recordações tornava a investigação terapêutica dos sonhos uma sugestão óbvia. Antes de qualquer coisa, os sonhos eram material facilmente disponível, ocorrendo na maioria da população (ou, pelo menos, sendo lembrada por quase todas as pessoas). Em segundo lugar, não só os sonhos tinham se tornado fortemente associados com o resgate de eventos passados, em particular os da infância, como também estavam ligados à recuperação de impressões esquecidas ou "inconscientes", como Delboeuf tinha dito com tanta eloquência.

Uma importante figura nesse aspecto, e que adotou como trabalho central a pesquisa terapêutica dos sonhos, foi Pierre Janet (1857-1947). Inicialmente, ele havia estudado filosofia. De 1883 a 1889, lecionara em Le Havre. Sob a influência do Dr. Gibert, começou a estudar hipnose e sugestão (ver Carroy, 1999). As pesquisas de Janet resultaram numa série de artigos decisivos que culminaram, em 1889, com seu livro *Automatismo psicológico*. Dando continuidade a suas pesquisas sob a direção do consagrado neurologista francês Jean-Martin Charcot, no hospital da Salpêtrière em Paris, ele completou sua formação como médico. Em 1893, Janet apresentou sua dissertação de graduação, *Os estados mentais dos histéricos*. Nesse ano, Charcot abriu um laboratório de psicologia na Salpêtrière, que confiou aos cuidados de Janet. Em 1902, ele sucedeu Théodule Ribot em seu cargo no Collège de France.

Em *Automatismo psicológico*, Janet estudava os sonhos do ponto de vista das modificações espontâneas da personalidade. Toda noite, a pessoa tinha uma vida mental especial, diferente da que vivia enquanto estava acordada. Embora as ideias dos sonhos fossem quase sempre emprestadas da vida normal do indivíduo, eram apresentadas e organizadas de forma diferente (1889, 118). Assim, os sonhos representavam um grupo de fenômenos psicológicos, isolados da grande massa de ideias de nossa vida cotidiana. Essas ideias estavam suficientemente agrupadas para configurar uma única personalidade. Para a maioria das pessoas, essa tendência a formar uma personalidade e uma memória secundárias permanecia em estado rudimentar. Entretanto, se a pessoa

---

[29] Janet, 1919, 180-207; Ellenberger, 1970, 85-101; e Jean-Roch Laurence e Campbell Perry, 1988, 179-262; Harris, 1989, 155-242.

aumentasse sua atividade onírica, chegaria a um estado psicológico distinto e independente, semelhante ao do sonambulismo. Nesse sentido, os sonhos e o sonambulismo eram entendidos dentro de um mesmo *continuum*. O estado sonambúlico era visto como um sonho aumentado ou continuado. Com isso, um podia ser explicado pelo outro. Ele empregava as afirmações de Maury relativas à presença da paixão nos sonhos para explicar a ligação entre os estados sonambúlicos e a consciência em vigília. Janet dizia que, em ambos, as paixões não tinham limites, e que os impulsos adormecidos recuperavam sua força original (211). Em 1893, antes de Freud ter comparado o sonho a um sintoma histérico, Janet estendeu essa analogia para englobar a histeria: "Os histéricos não se contentam com sonhar constantemente à noite; eles sonham o dia inteiro" (1893, 201). O significado terapêutico dos sonhos era que, em geral, eles revelavam o evento patogênico. Dizia que os sonhos traziam à luz ideias fixas subconscientes (1898, 326). Ele também afirmava que os sonhos permitiam à pessoa monitorar o estado da ligação entre o paciente e o médico.

Ele utilizava os sonhos para ampliar sua noção do alcance e extensão da atividade mental subconsciente, citando o conceito de devaneio subconsciente. Esse devaneio se desenvolve à margem da consciência e da vontade, e desempenha um papel considerável em nossa vida (392). Sua descrição a respeito lembra a que Carpenter fez da cerebração inconsciente. Nesses devaneios, é comum encontrar-se "um curioso trabalho psicológico que se desenrola em nós sem nosso conhecimento. É graças a esse trabalho subconsciente que achamos completamente resolvidos os problemas que, até poucos minutos antes, nem entendíamos" (393). Esses devaneios são basicamente inconscientes e só conservamos deles uma vaga lembrança. Ele usava sua preponderância relativa como indicador diagnóstico, pois no sujeito enfermo eles se tornavam completamente involuntários e a pessoa se via incapaz de detê-los ou modificá-los. Os devaneios se tornavam mais subconscientes. O subconsciente era considerado uma espécie de sonho contínuo. Rosemarie Sand diz que Janet, Charcot e Krafft-Ebing

> eram familiarizados com ideias que, mais tarde, surgiriam como conceitos essenciais na teoria freudiana dos sonhos. Jean-Martin Charcot pressupunha que o trauma psicológico que precipitava um sintoma histérico como a paralisia aparecia em geral nos sonhos do paciente. Pierre Janet acreditava que as causas da histeria eram frequentemente retratadas nos sonhos, e os utilizava para monitorar o relacionamento terapêutico com ele mesmo. Richard von Krafft-Ebing pensava que os desejos sexuais inconscientes poderiam ser detectados nos sonhos (1992, 215).

O argumento de Sand demonstra ainda o amplo interesse pelos sonhos difundido entre psicólogos e psiquiatras, no final do século XIX. É muito interessante que o significado dos trabalhos de Janet e Charcot sobre sonhos tenha sido ressaltado por Jung, num seminário que ele realizou em 1925. Jung disse que, após a literatura romântica sobre os sonhos, o significado da interpretação desses sonhos tinha sido relegado a segundo plano. Depois, ele acrescentava: "Esse significado foi retomado, em certa medida, nos trabalhos de Charcot e Janet e, em seguida, especialmente no de Freud" (Crow, 1925, 6).

Os sonhos na pesquisa psíquica e na psicologia subliminar

A psicogênese dos sonhos também foi abordada pela pesquisa psicológica com os fenômenos de natureza espiritual. Em 1885, o filósofo alemão e espiritualista Carl du Prel (1839-1899) dizia que a questão para a psicologia era "... se nosso ego é ou não completamente envolvido pela autoconsciência" (vol. 1, xxiii). Atrás do ego fenomênico da autoconsciência encontra-se um ego transcendental de linhagem kantiana, que se revela em especial nos sonhos e estados sonambúlicos; os sonhos manifestam a constituição transcendental da subjetividade. Estabelecem a existência atemporal e a-espacial da alma. Ele buscava demonstrar a falácia da opinião contemporânea, para a qual os sonhos não tinham sentido:

> ... o sonho não tem apenas uma importância científica geral, mas uma dimensão peculiar, que preenche um vácuo de uma maneira que as análises da consciência em vigília não conseguem substituir. Será demonstrado que também metafisicamente o sonho tem um valor real e é uma porta pela qual podemos penetrar na obscuridade do enigma humano. Nos sonhos, são expostas outras forças da Psique humana, e outras relações da Psique com a totalidade da Natureza, não presentes na consciência acordada... Julgar a vida onírica somente por suas analogias com a vida em vigília é, na realidade, uma contradição, pois a base daquela é uma total negação da consciência e da semiconsciência, que constituem a base da segunda (vol. 1, 54-55).

O sonho propõe cogitações sem um *cogito* e, por isso, não pode ser compreendido como uma derivação secundária da consciência. Sobre a relação dos sonhos com a vida em vigília ele escreveu:

> Se analisarmos nossos sonhos, à primeira vista eles certamente parecem conter somente o material da consciência desperta, reunido de maneira desconexa e irregular, e somente a consciência acordada contém representações combinadas racionalmente que parecem descentralizadas no sonho. Mas, a um exame mais detido, é fácil ver que o sonho também tem seus lados positivos, pois, como está coligado a um deslocamento do limiar da sensibilidade, o sonhador então, primeiro experimenta influências, que até aí permaneciam aquém desse limiar, oriundas de sua esfera corporal interior; sua consciência obtém assim um novo conteúdo. A Psique reage a essas influências com faculdades que na vida acordada se mantém latentes e, assim, a autoconsciência também recebe um novo conteúdo (vol. 1, 151-152).

Ele entendia que os sonhos eram autorrepresentações simbólicas da psique. Nessas afirmações, é possível constatar uma inversão da hierarquia entre o sono e a vigília, semelhante à estabelecida pelo romantismo alemão, como em Schubert, por exemplo. Como acontecia no romantismo alemão, era o sonho, em oposição à consciência, que era considerado o verdadeiro espelho da alma. No entanto, essa tese vinha agora a ser expressa dentro da linguagem da psicologia, em oposição a uma metafísica poética.

Du Prel salientava dois aspectos dos sonhos: sua forma dramática e sua capacidade curativa. O sonho era "um drama completamente enfatizado" (vol. 1, 102). Por isso, todas as figuras do sonho representavam facetas da personalidade do sonhador: "... todo sonho pode ser descrito como uma fissão do ego; e os diálogos que parecemos manter durante um sonho são, na realidade, monólogos" (vol. 1, 112). A analogia entre sonhos e drama já havia sido assinalada por Lichtenberg e Coleridge.[30] Com du Prel, essa analogia foi elevada ao *status* de base de sua concepção dos sonhos. Quanto ao aspecto curativo do sonho, ele apontava que nele a pessoa constatava a ação de um "instinto de cura".

Uma outra tentativa de utilizar uma abordagem psicológica aos sonhos como meio de ressacralizá-lo foi proposta em 1886 pelos pesquisadores britânicos de fenômenos paranormais Frederic Myers, Edmund Gurney e Frank Podmore, em *Fantasmas dos vivos*. Nesse livro (principalmente na parte de Edmund Gurney) eram estudadas aparições no leito de morte e nos sonhos. Num importante apêndice intitulado "Notas sobre uma proposta de modelo de interação psíquica", Myers (1843-1901) tentou propor uma interpretação psicológica desses fenômenos. Em vez de considerá-los fantasmas, ele dizia que eram o resultado de transmissões telepáticas através do inconsciente. A telepatia era definida negativamente como outra espécie de comunicação que não aquela que ocorria mediante os canais dos órgãos dos sentidos. O significado da telepatia para esses investigadores era que ela deveria fornecer um mecanismo capaz de, em última instância, explicar as comunicações desencarnadas dos mortos.[31] Quanto ao entendimento dos sonhos, o sonho telepático era importante ao defender que as representações das figuras oníricas tinham uma significação externa objetiva, e que os sonhos continham um nível de conhecimento que ia bem mais além de nossas capacidades mentais.[32]

---

[30] Lichtenberg referia-se aos sonhos como autorreflexões dramatizadas; Tomlinson, 1992, 778. Sobre Coleridge, ver a seção de Ford, "Sonhos, drama e personagens oníricos" (esse último termo foi usado por Coleridge para se referir aos personagens dos sonhos), 1994, 40-49.
[31] Sobre Myers, ver Shamdasani, 1993. Sobre telepatia, ver Shamdasani, 2001b.
[32] Embora não fosse avesso a aceitar a existência da telepatia, Freud não podia aceitar a existência de sonhos telepáticos, pois fazê-lo seria acatar o colapso total de sua teoria dos sonhos, já que aqueles representariam uma espécie de sonhos que não eram realizações de desejos, e assim não eram passíveis de distorção ou condensações. "Sonhos e telepatia" (1921), *SE* 18.

Em 1892, num estudo sobre "Sonhos hipermnésicos", Myers ampliou o alcance de sua investigação dos sonhos. Ele os considerava "... em seu formato, como indícios da estrutura de nossa personalidade, e como veículos que tendem a sua modificação".[33] Seu valor residia no fato de revelarem a psique com mais precisão do que a consciência em vigília:

> Pode-se até dizer que, com o primeiro toque do sono, a unidade superficial da consciência desaparece, e que o mundo onírico nos proporciona representações mais verdadeiras do que o mundo acordado com seus fracionamentos reais, ou da multiplicidade que existe abaixo da ilusória simplicidade imposta pelo fulgor da consciência em vigília, ao campo mental da visão (59).

A noção de que o sonho oferecia uma representação mais verdadeira estava ligada a uma nova forma da tese da continuidade – em vez de se ver o sonho apenas como um fenômeno noturno discreto, ele aventou a ideia de, abaixo da superfície de nossa consciência acordada ou supraliminar, os sonhos acontecerem o tempo todo: "o estado onírico... é, apesar de tudo, a forma mental mais pronta e habitualmente configurada. Sonhos de diversos tipos estão provavelmente ocorrendo em nós dia e noite, sem qualquer forma de repressão pelas tensões do pensamento em vigília" (58). Para a tradição filosófica, os sonhos – os "pensamentos do sono" – eram em geral entendidos como a representação de uma continuidade das atividades mentais normais durante o estado alterado do sono. Aqui, Myers bifurcava radicalmente o sonho da consciência em vigília, sugerindo que aquele deriva de um nível inteiramente diverso, que ele designava como subliminar. Isso provocava "uma mudança de gravidade, do estrato consciente para o subconsciente ou subliminar, do ser [humano]" (1893, 35). Com isso era reformulada a tarefa da psicologia, enquanto exploração do subliminar: a psicologia da consciência deveria ser reconstruída a partir dessa base. Para usar um termo que parece ter sido cunhado por Myers, os sonhos, e fenômenos cognatos como a escrita automática, a leitura de bolas de cristal, a sugestão pós-hipnótica, eram psicoscópios, dotados da capacidade de surtir efeitos revolucionários ao expor dimensões ocultas e invisíveis da psique, assim como o telescópio e o microscópio, respectivamente. Ele dava a seguinte descrição da consciência subliminar:

> Sugiro que o fluxo da consciência no qual vivemos habitualmente não é a única consciência que existe... Nossa consciência habitual ou empírica pode consistir numa mera seleção de pensamentos e sensações, das quais algumas pessoas ao menos estão igualmente conscientes, como as que conhecemos empiricamente. Não atribuo qualquer primazia a meu eu comum acordado, exceto que, entre todas as minhas possibilidades de ser, esse tem se mostrado o mais apto a satisfazer as necessidades da vida cotidiana. Afirmo que

---

[33] Reproduzido em 1903, 57.

essa dimensão não exige qualquer outra prerrogativa, e que é perfeitamente possível que outros pensamentos, sentimentos e memórias, tanto isoladamente como dentro de uma ligação contínua, possam tornar-se ativamente conscientes, como dizemos, "dentro de mim" – segundo alguma forma de coordenação com meu organismo, formando ao mesmo tempo parte de minha individualidade total. Considero que seja possível que, em algum momento futuro, sob outras condições, eu possa recordar de tudo; posso presumir que as diversas personalidades sob uma única consciência, na qual a completa e derradeira consciência, a consciência empírica que até esse momento dirigiu minha mão, talvez seja um único elemento dentre muitos (1891, 301-302).

Ele acrescentava que todas essas ações psíquicas eram conscientes e que era um engano chamá-las de inconscientes ou subconscientes.

Da Índia ao planeta Marte

Como Janet, o psicólogo suíço Théodore Flournoy (1854-1920) levava a vantagem de ser tanto médico quanto filósofo.[34] Em 1878, recebeu seu grau de doutor em medicina da Universidade de Estrasburgo. A seguir foi para Leipzig, onde estudou psicologia experimental com Wilhelm Wundt, durante dois anos. Afortunadamente, isso coincidiu com a fundação de um laboratório psicológico dirigido por Wundt, na Universidade de Leipzig. Em 1891, foi nomeado professor de psicofisiologia na Universidade de Genebra. De uma maneira praticamente idêntica à de seu amigo de vida toda, William James, Flournoy rapidamente se insurgiu contra as limitações do laboratório psicológico. Passou a direção de seu laboratório para seu primo mais novo, Edouard Claparède.[35] Para Flournoy, assim como para James e Myers, para que a psicologia se tornasse uma ciência, ela não poderia omitir-se do estudo de qualquer fenômeno humano. Considerando que os campos da hipnose e da sugestão já haviam se tornado parte da ciência oficial, ele se voltou para o estudo dos fenômenos religiosos e mediúnicos.

Uma indicação das primeiras mostras de interesse nos sonhos aparece em seu diário, que contém anotações de seus próprios sonhos.[36] Esse diário cobre basicamente o período de 1891 a 1896. Ao anotar seus sonhos, Flournoy entendia que a fonte de suas imagens oníricas estava nas experiências que havia tido antes de dormir. Ao comentar certo sonho, ele disse: "Em suma, meu sonho contém uma multidão de elementos que me ocuparam enquanto estive acordado" (2 de setembro de 1891). Seria interessante estabelecer o quanto esse hábito era difundido

---

[34] Sobre Flournoy, ver Shamdasani, 1994.
[35] Sobre Claparède, ver adiante, pp. 227-228.
[36] Documentos de Flournoy, Genebra.

entre os psicólogos, pois certamente isso recontextualizaria a supostamente exclusiva autoanálise de Freud, realizada através de seus sonhos. Parece que, por volta de 1890, os sonhos já estavam firmemente coligados à recuperação de recordações esquecidas, e eram entendidos como revelações da subjetividade oculta.

Ao final de 1899, Freud publicou *A interpretação dos sonhos*. O livro teve o azar de aparecer na mesma época em que Flournoy publicou *Da Índia ao planeta Marte*, um estudo de uma médium espírita. Esse trabalho, apesar de ser quase o dobro do outro, vendeu em três meses mais exemplares do que o de Freud em seis anos, e rapidamente se tornou um campeão de vendas. A médium de Flournoy, cujo pseudônimo era Hélène Smith, alegava ser a reencarnação de Maria Antonieta, da princesa hindu Simandini, e uma frequente visitante do planeta Marte. Além de falar a língua desse planeta, ela alegava falar sânscrito. Linguistas como Ferdinand de Saussure e Victor Henry ficaram fascinados com sua produção linguística, e Henry chegou inclusive a escrever um livro inteiro sobre a linguagem marciana que ela empregava. Flournoy dizia que os romances espiritualistas que ela produzia eram análogos a sonhos, e explicava que eram o produto de uma espécie de incubação subconsciente. Seu conteúdo consistia em criptomnésias, termo que havia cunhado para expressar o fato de que "certas lembranças esquecidas reaparecem no sujeito para que ele enxergue nelas algo novo" (1900/1994, 8). O sonho de Delboeuf com o "asplenium" poderia ser um exemplo de tal fenômeno.[37] Essas recordações em geral aparecem desfiguradas e sofisticadas, depois de terem sido submetidas à ação da imaginação subliminar. Retomando a noção de devaneios subconscientes de Janet, ele dizia que, abaixo do limiar consciente, essas recordações estariam sendo constantemente elaboradas, e que as produções da médium representavam apenas a irrupção momentânea de um sonho subliminar latente, no campo da consciência. Essas fantasias serviam a duas funções: eram compensações das dificuldades que a pessoa sofria na vida, e tinham uma função teleológica. Ele designava essa última função com a expressão "automatismos teleológicos", com o que ele queria dizer impulsos úteis e protetores que preparavam o futuro. De maneira significativa, ele entendia que os sonhos não se referiam exclusivamente ao passado, mas possuíam também uma dimensão futura.

No trabalho de Myers e Flournoy, pode-se ver que a visão do sonho como um fenômeno localizado e discreto dá lugar à noção da psique como um sonho contínuo.

Dessa maneira, antes mesmo de Freud e Jung, o sonho era tido como o paradigma para uma psicologia geral do inconsciente. O papel do sonho na constituição das psicologias do inconsciente foi salientado pelo filósofo francês Henri Bergson (1859-1941).[38] Os elementos constitutivos dessa postura es-

---

[37] Assim como um episódio discutido por Samuel Taylor Coleridge, ver adiante, pp. 202-203
[38] Sobre Bergson, ver adiante, pp. 227-230.

tão na inversão da hierarquia entre sono e vigília, associada a uma formulação dos sonhos como produtos do inconsciente ou como fenômenos que ocorrem nesse âmbito. Ele descrevia a primeira transição nos seguintes termos:

> ... o estado onírico será visto então... como o substrato de nosso estado normal... [a] realidade da vigília é conquistada pela concentração e pela tensão de uma vida psíquica difusa, a saber, a vida onírica. Em certo sentido, a percepção e a memória que exercitamos no estado onírico são mais naturais do que as da vigília... é esta, mais do que o sonhar, que requer explicação.[39]

A significação do estudo dos sonhos para a psicologia era devida à relação deles com o inconsciente: "Explorar o inconsciente, escavar o subsolo da mente com os métodos apropriados, será a principal tarefa da psicologia no século que ora se inaugura" (1901, 103). Entretanto, a própria promoção do sonho ao grau de psicoscópio para as psicologias do inconsciente levou, paradoxalmente, a uma diminuição do interesse pelo próprio sonho – o foco principal das atenções não era mais o mapeamento e a classificação das múltiplas formas dos sonhos, mas ver através deles, alcançando seu substrato invisível, o inconsciente.

Analisando as transformações pelas quais passaram as teorias dos sonhos entre os séculos XVIII e XIX, temos uma melhor posição para localizar e avaliar o trabalho de Freud e Jung. Na realidade, podemos constatar que as bases para as transformações que são em geral atribuídas a suas respectivas obras já estavam estabelecidas ao final do século XIX.

A interpretação dos sonhos

Em 1914, Freud afirmou que "ele não tinha conhecimento de qualquer influência externa" que tivesse chamado sua atenção para os sonhos, e acrescentou que havia estabelecido o significado do simbolismo onírico antes de ler o trabalho de Scherner (*SE* 14, 19). No ano seguinte, comentou que quando dera início ao estudo dos sonhos, esse era um tópico geralmente desprezado (*SE* 15, 85). Em 1925, ele disse que:

> A psicanálise conseguiu realizar algo que parecia não ter importância prática, mas que, na realidade, levou necessariamente a uma atitude totalmente nova e a uma escala inédita de valores no âmbito do pensamento científico. Tornou-se possível provar que os *sonhos* têm um significado, e descobri-lo...

---

[39] Henri Bergson, 1908, 126-127. Em suas palestras em Lowell, realizadas em 1896, James introduziu duas características essenciais dos sonhos: "Um 'estreitamento' do campo da consciência, que é uma qualidade 'negativa'; e a 'impressão vívida' dos conteúdos, que permanece, e essa é uma qualidade 'positiva'" (Taylor, 1984, 17).

a ciência moderna não queria ter qualquer envolvimento com eles. Parecia inconcebível que alguém que houvesse realizado um trabalho científico sério fosse apresentar-se como "intérprete de sonhos" (*SE* 20, 43).

Ele dizia ainda que cabia à psicanálise desconsiderar a "excomunhão" aplicada aos sonhos. A tendenciosidade dessas afirmações já foi demonstrada. Na segunda metade do século XIX, em vez de excomungados, os sonhos eram um dos tópicos sobre os quais mais se publicaram trabalhos na psicologia. Além de obras expressamente destinadas a seu estudo, uma grande quantidade de trabalhos de fisiologia, psiquiatria e filosofia continha seções sobre sonhos. Na primeira década do século XX, o tema dos sonhos na psiquiatria e na psicologia tornou-se alvo de mais interesse ainda por intermédio dos trabalhos de Flournoy, Janet e Krafft-Ebing. Em comparação com outros teóricos, o que chama a atenção na teoria dos sonhos de Freud é sua monocausalidade.[40]

Também é importante notar que, embora possa ter havido pouco interesse pelo livro de Freud, *A interpretação dos sonhos*, havia da parte do público um contínuo interesse pelo tema dos sonhos. As chaves de decifração continuavam sendo publicadas. Algumas delas incorporavam elementos dos estudos fisiológicos e psicológicos dos sonhos.[41] Ripa observou que, por volta do início da 1ª Guerra Mundial, a chave dos sonhos de Lacinius, primeiramente publicada em 1874, já havia passado por seis edições e vendido dez mil exemplares (1988, 67). Na realidade, visto retrospectivamente, parece mais que o texto de *A interpretação dos sonhos* foi recebido com sensação; na época em que surgiu, sua repercussão foi amplamente aumentada mas, em medida não desprezível, pode-se perceber que o alarde resultou mais que tudo dos esforços de divulgação e aclamação dos próprios membros do movimento psicanalítico.[42] Em 1913, por exemplo, Isador Coriat alegou que a psicologia dos sonhos de Freud era um dos maiores avanços no conhecimento da mente já realizados. Dizia que, até então, os psicólogos haviam sustentado que o sonho era um grupo de ideias sem sentido, e que os sonhos "não eram dignos de serem estudados por pessoas sérias" (8-9). Foi quando surgiu Freud que "mostrou, pela primeira vez, que os sonhos tinham grande importância psicológica, sendo o primeiro elo entre as estruturas psíquicas normais e anormais" (9-10). Coriat comparava a significação de *A interpretação dos sonhos* com a da obra de Darwin, *A origem das espécies*.

---

[40] Em sua revisão de *A interpretação dos sonhos* de 1901, Flournoy escreveu: "Alguns acharão que ele às vezes é engenhoso demais e que sua interpretação deste ou daquele sonho parece mais fabricada que outra coisa. Além disso, devemos admitir que a universalidade que ele atribui a sua tese nos deixa perplexos. Sem dúvida, muitos de nossos sonhos, quando vistos mais de perto, são certamente 'a realização disfarçada de um desejo reprimido', mas dizer que todos são isso, é mais difícil de aceitar". Em Kiell, 1988, 166.
[41] Ver, por exemplo, Madame de Thèbes, 1908.
[42] Sobre as mudanças críticas entre as edições desse livro, ver Marinelli e Mayer, 2000.

Em *A interpretação dos sonhos*, constata-se a confluência das tradições associativa e simbólica. Como o sonho era composto pela associação de certos elementos, decorria que a prática de solicitar associações terminaria por levar de volta aos elementos básicos do sonho. A interpretação invertia o processo da formação do sonho. Esse procedimento foi amplamente adotado na psicoterapia, embora cada vez mais se distanciasse de suas justificativas teóricas na psicologia associacionista. Em segundo lugar, ele havia recorrido a simbolismos restritos. Em sua obra *Palestras introdutórias*, Freud afirmara que "obtemos traduções constantes para diversos elementos do sonho – da mesma maneira que os 'livros de sonhos' as fornecem para *tudo* que acontece neles" (*SE* 15, 150). A base epistemológica separada para as abordagens associativa e simbólica levou, em determinadas ocasiões, a que fossem adotadas em separado. Tanto assim que o analista vienense Wilhelm Stekel, que colocava muita ênfase na abordagem simbólica, praticamente prescindia de solicitar associações, e interpretava diretamente os símbolos oníricos (Stekel, 1943).

Na primeira metade do século XX, caíram em desuso tanto o projeto classificatório na pesquisa com sonhos, quanto sua abordagem fisiológica. Em parte, isso resultou do descrédito que o uso da introspecção em psicologia havia granjeado ao mesmo tempo em que aumentava a ascendência do comportamentalismo. O sonho – como epítome dos fenômenos privados, subjetivos, não observáveis – era o pesadelo do comportamentalista. E outro motivo para o desuso das pesquisas classificatórias e fisiológicas dos sonhos foi a ascendência da própria psicanálise. O interesse pelos sonhos que a psicanálise se permitiu praticar limitou-se a empregá-los como ferramenta terapêutica. Novamente, o estudo introspectivo dos sonhos cedia lugar a sua investigação clínica. Para Freud, o entendimento psicogênico do sonho não o isolava só da fisiologia, mas também da metafísica, do espiritualismo e da religião. Como veremos mais adiante, em Jung foram justamente essas áreas que o entendimento psicogênico dos sonhos recuperou.

Uma carreira em sonhos

Em 1958, Jung escreveu um manuscrito intitulado "Desde minhas primeiras experiências de vida", que em seguida foi incorporado ao *Memórias*, após ter passado por uma extensa revisão editorial. Ali, ele relatava o papel significativo que os sonhos haviam tido em sua infância. Foi movido por dois sonhos que ele optara por uma carreira científica. No primeiro, ele se encontrava numa floresta, escavando o buraco de uma sepultura, quando encontrou os ossos de animais pré-históricos. Após esse sonho, ele percebeu que queria estudar a natureza. No segundo, ele se viu novamente numa floresta, quando deparou com um radiolário num lago. Esses dois sonhos levaram-no a escolher a ciência natural (104-105). Até então, tinha pensado que essas experiências eram enviadas por Deus, mas depois havia escutado tantas críticas a essa noção que começara a duvidar (108). Em uma anotação datada de dezembro de 1898, em seu diário (época em que havia lido o trabalho de du Prel), encontramos a seguinte afirmação:

> Minha situação está refletida em meus sonhos. Frequentemente, vislumbres portentosos e gloriosos de cenários floridos, céus infinitamente azuis, orlas marítimas ensolaradas, mas, também frequentemente, imagens de estradas desconhecidas envoltas nas sombras da noite, de amigos que se afastam de mim rumo a um destino mais luminoso, de mim mesmo sozinho em caminhos desolados diante da mais impenetrável escuridão (Citado em Jaffé, 1979, 27).

Aqui, os sonhos são entendidos como a revelação de estados psíquicos. Numa discussão após uma apresentação feita por um colega e aluno chamado Grote, em 1899, sobre o sono, perante a Sociedade Zofíngia da Basileia, uma sociedade suíça de estudantes, ele disse que, nos sonhos, somos nossos desejos e, ao mesmo tempo, atores diferentes.[43] Esse comentário indica a influência do trabalho de du Prel.

Inicialmente, Jung parece que acreditava nas observações dos espiritualistas e só posteriormente, sob a influência de Myers e Flournoy, adotou uma avaliação mais psicológica desses fenômenos. Na época em que leu Freud, estava familiarizado com a compreensão dos sonhos presente nos trabalhos de du Prel, Myers e Flournoy, e também Janet, e possivelmente os românticos alemães. Possivelmente, era simpático à maneira como, em sua forma psicológica de compreender o sonho, esses autores valorizavam seus tradicionais aspectos proféticos e espirituais, embora sob uma roupagem moderna, pois isso era congruente com seu próprio sistema de valores. Na realidade, pode-se inclusive indagar em que medida Jung realmente chegou a adotar a teoria freudiana dos sonhos. Essa é uma questão a que podemos responder analisando mais de perto as declarações de Jung sobre os sonhos, na primeira década de sua carreira.

Em 1925, Jung afirmou que havia lido *A interpretação dos sonhos* de Freud, em 1900, e que pusera o livro de lado, pois não havia entendido seu significado. Retomou a leitura em 1903, vendo uma conexão entre esse trabalho e suas próprias teorias (1925, 8). Num ensaio sobre a monografia de Freud, intitulada *Sobre os sonhos*, apresentado em janeiro de 1901, Jung concluía que a abordagem de Freud sobre os sonhos era um tanto unilateral, pois a causa de um sonho poderia igualmente ser um medo declaradamente reprimido, ou bem um desejo (*OC* 18, §869).

A dissertação de 1902 de Jung, intitulada *Sobre a psicologia e a psicopatologia de fenômenos ditos ocultos*, era um estudo das produções mediúnicas

---

[43] Anais da Sociedade Zofíngia, 1899, Staatsarchiv, Basileia, 86.

de sua prima Hélène. Esse trabalho seguia de perto o modelo de um outro, apresentado anteriormente por Flournoy, *Da Índia ao planeta Marte*. Continha diversas passagens que discutiam os sonhos e a teoria dos sonhos de Freud. Embora Jung os considerasse reveladores da personalidade, contrariamente a Freud ele não achava que usassem censura: "Os sonhos de repente apresentam à consciência, com simbolismos mais ou menos transparentes, coisas que a pessoa nunca admitiu a seu próprio respeito, tão clara e abertamente" (*OC* 1, §97). Citando Janet e Binet, ele chamava a atenção para a relação entre sonhos e o nível de dissociação, afirmando que quanto maior a dissociação da consciência, maior a plasticidade das situações oníricas (§117). Ele explicava os sonhos de sua médium dizendo que eles consistiam em ideias emocionalmente carregadas que só haviam ocupado brevemente a consciência dela, e fazia referência às explicações similares, dadas por Flournoy, para os devaneios de Hélène Smith. Referindo-se a Janet, ele acrescentou que o esquecimento histérico desempenhava um papel significativo na gênese dos sonhos, significando que ideias sem importância continuavam agindo no inconsciente por meio da dissociação, para então reaparecer nos sonhos. Ele designava a sexualidade emergente como a causa dos sonhos daquela moça, o que representava a realização de seus desejos sexuais (§120). A posição que ele assumia diferia da de Freud, pois o desejo sexual em questão era o de uma adolescente, em oposição ao de uma criança.

Em 1902, Jung tinha lido *A interpretação dos sonhos*, de Freud, e expressara uma opinião divergente: os sonhos não eram sempre uma realização de desejos; frequentemente não eram distorcidos; o conteúdo dos sonhos tinha relação com o estado da consciência, e, se manifestavam a realização de desejos, estes não eram de modo algum invariavelmente infantis. Estas foram algumas das recriminações que fez contra as teorias do sonho de Freud, a partir de 1912, representando posições das quais, daí em diante, ele nunca mais se afastou.

Seu próximo estudo significativo sobre os sonhos ocorreu em 1906, num artigo intitulado "Associação, sonho e sintoma histérico", o qual consistia num estudo de caso. Ele descrevia os sonhos como expressões simbólicas dos complexos. Estes, que se haviam revelado nos experimentos de associação, também constelavam os sonhos (*OC* 2, §844). Em sua análise do caso, Jung refazia o trajeto dos sonhos da paciente, coligando-os a um complexo sexual. O complexo, qualquer que fosse ele, datando de qual época fosse, poderia ser revelado num sonho, e nem todos os complexos envolviam desejos.

A psicologia da loucura

Os sonhos e, em especial, sua analogia com a loucura, tiveram um papel significativo num trabalho de Jung intitulado *Sobre a psicologia da demência precoce* (1907), no qual ele discutia a situação de Madeleine Pelletier, em quem ocorria uma ligação entre seus devaneios e uma mania. Jung afirmava que a "maníaca" não lembrava da sonhadora. Por outro lado, ele sustentava que a analogia era mais apropriada com a demência precoce, e citava as analogias de Reil envolvendo sonhos e a insanidade (*OC* 3, §22). Jung apresentou essa analogia de uma maneira fiel à longa linhagem das teorizações em psiquiatria: "Deixe o sonhador falar e agir como uma pessoa acordada, e teremos o quadro clínico da demência precoce" (§174). Em lugar de usar essa analogia para demonstrar a ininteligibilidade do sonho, ele a empregava para demonstrar a ininteligibilidade da demência precoce, ao aplicá-la à interpretação psicogênica dos sonhos. Essa transferência havia se tornado possível mediante a crescente psicologização do sonho, nos últimos 25 anos do século XIX. Para tanto, ele recorreu principalmente a Flournoy, Freud e Kraepelin.

Jung afirmava que "Freud, como se sabe, finalmente colocou a análise dos sonhos no rumo certo".[44] Jung citava em seguida o exemplo da análise de um sonho.

A pessoa que sonhara era um amigo cujas circunstâncias pessoais e familiares lhe eram fartamente conhecidas. O sonho exibia cavalos sendo suspensos por meio de cabos. Um dos cavalos caía, mas saía galopando, arrastando um tronco atrás de si. Um cavaleiro montado em outro cavalo ia à frente. O sonhador tinha receio de que o cavalo assustado fosse para cima do cavaleiro, até que um táxi apareceu na frente do cavaleiro, fazendo assim com que o cavalo assustado diminuísse a velocidade. A seguir, Jung entrava na análise desse sonho e do sonhador, num relato que ocupava diversas páginas.

Dizia que esse sonho lidava com o problema da gestação da esposa do sonhador, e com o problema de sua larga prole, o que restringia a movimentação do marido. Ao apresentar essa restrição como um fato consumado, o sonho representava um desejo e também a manifestação de uma "questão extremamente pessoal" (§1132). Numa carta para Freud, Jung revelou que o sonhador era ele mesmo.[45] Embora em seus experimentos de associação Jung apresentasse os testes de indivíduos que lhe eram bem conhecidos – como sua esposa – sem revelar sua identidade, este parece ser o primeiro episódio de apresentação de um relato fictício, da análise de seu próprio material.

Como Siegfried Bernfeld e Peter Swales estabeleceram, Freud havia recorrido a essa mesma técnica em diversas ocasiões, como por exemplo em seu artigo "Screen Memories", e em sua análise de Aliquis em *A psicopatologia da vida cotidiana*.[46] Swales defendeu em seu livro que a engenhosidade com que Freud expôs os segredos mais bem guardados de seu alter ego fictício, no segundo caso, contribuiu de maneira significativa para o que se tornou sua imagem

---

[44] §122 [literalmente, "num banco verde"].
[45] 29 de dezembro de 1906, *FJL*, 1974, 14.
[46] Bernfeld, 1946; Swales, 1998.

mais comum, de detetive psicológico. Pode-se ver um outro significado ainda nessas revelações pessoais disfarçadas. Na literatura onírica do século XIX, o padrão predominante era a apresentação dos próprios sonhos e sua análise introspectiva. Com a crescente psicologização dos sonhos, aliada à noção de que eles revelam informações sigilosas e das quais o sonhador não tem consciência, comprova-se um declínio correspondente nos relatos dos sonhos em primeira pessoa. Na literatura psicanalítica, os relatos oníricos tornaram-se, quase que invariavelmente, relatos sobre sonhos de pacientes.[47]

Jung considerava os sonhos a expressão simbólica dos complexos (OC 3, §140). Quanto à formação dos sonhos a partir dos complexos, ele observou: "Flournoy indicou as raízes dos complexos nos sonhos da famosa Hélène Smith. *Eu considero o conhecimento desses fenômenos indispensável ao entendimento dos problemas discutidos aqui*" (§298, trad. mod.).

O ponto alto do livro era sua análise de um caso de demência paranoica, o caso de Babette Staub. Jung a submetera ao experimento de associações, fazendo com que produzisse associações para os neologismos que ela mesma produzia. Ele afirmava que ela falava como se estivesse sonhando, e conduziu sua análise da mesma maneira que a análise de um sonho. Três complexos principais estavam por trás de seu delírio: um complexo de grandeza, um complexo de trauma, e um complexo sexual. A atividade psíquica consciente de Babette estava ocupada com a criação de realizações de desejos, como "substitutos de uma vida de labuta e privações, e de experiências deprimentes, vividas num ambiente familiar lamentável" (§299). Quanto à realização de desejos como compensações, Jung estava seguindo a interpretação de Flournoy para os romances espiritualistas de Hélène Smith.

A terceira principal fonte que Jung utilizou foi o trabalho do destacado psiquiatra alemão Emil Kraepelin (1856-1926). Em 1906, Kraepelin publicou um estudo sobre distúrbios da fala nos sonhos. Ele observou que as mudanças na vida mental durante o sonho já eram há muito tempo um tópico favorito de introspecção (Heynick, 1993, 65). Seu estudo baseava-se principalmente em seus próprios sonhos. Ele tentava estabelecer uma classificação taxonômica das várias formas de perturbação da fala nos sonhos, traçando comparações com ocorrências semelhantes em outras situações. Em sua opinião, as alterações linguísticas nos sonhos diferiam em grau e menos em tipo, em relação às constatadas nas pessoas acordadas (115). Entre as condições da vida em vigília que Kraepelin isolou para comparação estavam lapsos de escrita. A mais significativa de suas comparações envolvia as várias formas de insanidade, e ele apontava semelhanças notáveis com casos de demência precoce. Essas semelhanças significavam avanços no esclarecimento da natureza tanto dos sonhos como da demência precoce. Kraepelin alegava que o estudo dos sonhos de uma pessoa tinha um valor especial porque lhe permitia

---

[47] Sobre essa questão, ver Shamdasani, 1999b.

examinar introspectivamente condições análogas de insanidade (129). Ele empregava os resultados de sua análise dos próprios sonhos para compreender a fala de seus pacientes. Isso o levou a supor que pacientes com confusão oral também se acreditavam estar falando de maneira inteligível, assim como acontece nos sonhos (125).

Jung fez diversas citações do trabalho de Kraepelin com sonhos, em *Sobre a psicologia da demência precoce*. Referiu-se à afirmação de Kraepelin de que as perturbações da fala nos sonhos estavam correlacionadas a um obnubilamento da consciência e a uma redução na clareza das ideias; ele dizia que os comentários de Kraepelin "sugerem que ele não tem uma visão muito distante da que esboçamos aqui" (*OC* 3, §50). Afirmava, em seguida, que os sonhos "mostram aquela condensação de fala específica que consiste em contaminar sentenças e situações inteiras. Kraepelin também ficou impressionado com a semelhança entre a linguagem durante o sonho e a que ocorre nos casos de demência precoce" (*ibid.*). Jung citava a visão daquele autor, para quem, nos sonhos, a formulação de um pensamento era em geral frustrada por uma associação subsidiária, notando que, "nesse ponto, as opiniões de Kraepelin se aproximam muito das de Freud" (§135n). A ligação feita por ele entre os distúrbios da linguagem nos sonhos e na demência precoce foi usada por Jung para ampliar seu estudo das expressões linguísticas dos complexos, nos experimentos de associação, abrangendo também os sonhos e a demência precoce.

Em 1907, ocorreu a afiliação formal de Jung ao movimento psicanalítico, com a fundação de uma sociedade freudiana em Zurique. Em 1909, ele escreveu uma apresentação didática das teorias dos sonhos de Freud, intitulada "A análise dos sonhos" (*OC* 4). No ano seguinte, publicou um artigo chamado "Contribuição ao conhecimento dos sonhos com números" (*OC* 4). Nesse trabalho, ele dizia que dada a significação do simbolismo dos números nos sonhos, estabelecida por Freud, Adler e Stekel, ele pretendia simplesmente colaborar com mais alguns exemplos. Um desses é interessante, pois oferece uma noção de como Jung interpretava essa classe de sonhos. Uma mulher teve um sonho que consistia simplesmente em uma frase: "Lucas 137" (§146). Depois de esgotar as associações da paciente a respeito desse conteúdo numérico, Jung recorreu à Bíblia. Disse que, como aquela mulher não era religiosa nem conhecia a Bíblia a fundo, era inútil confiar em suas associações. Ele pesquisara Lucas 1,37 e Lucas 13,7, ligando cada versículo com a psicologia da sonhadora. Lucas 13,7 narrava uma parábola em que um homem tinha uma figueira plantada, mas que não dava frutos; por isso ele solicitou que ela fosse posta abaixo. Ele dizia que a figueira era "desde os tempos mais remotos" um símbolo dos genitais masculinos, e que representava o órgão infértil de seu marido; o desejo da sonhadora era cortá-lo, o que satisfaria as fantasias sádicas da mulher. Ele alegava que o aparecimento de "Lucas 137" no sonho devia ser entendido como um caso de criptomnésia, e citava o trabalho de Flournoy, além de seu próprio, em defesa dessa hipótese (§§148-152).

No ano seguinte, publicou seu artigo mais declaradamente freudiano sobre sonhos, uma revisão crítica do trabalho de um psicólogo de Boston, Morton Prince, intitulado "O mecanismo e a interpretação dos sonhos" (*OC* 4). Prince (1854-1929) apresentara os resultados de suas análises de sonhos, alegando que elas demonstravam que todo sonho continha um motivo inteligente. Prince propunha essa constatação como uma confirmação parcial do trabalho de Freud. No entanto, ele também afirmava que nem todos os sonhos eram a realização de um desejo, que alguns pareciam ser a realização de um medo ou de uma ansiedade. Jung reanalisou os sonhos de Prince, e disse que as conclusões desse autor decorriam do fato de ele não ter analisado os sonhos suficientemente a fundo. Quando a análise era levada até suas últimas consequências, era possível comprovar que se tratava de sonhos de realização de desejos. O mais curioso sobre esse artigo é que a posição de Prince, de que nem todos os sonhos são realizações de desejos, representa o que, na realidade, era a posição de Jung, nos trabalhos que este fizera publicar entre 1901 e 1907, e de 1912 em diante. Assim, há bons motivos para se suspeitar que as posições de Jung, durante esse curto hiato, eram resultado mais de um envolvimento político com o movimento psicanalítico.

Sonhos, mitos e o inconsciente coletivo

Em 1909, junto com Freud e um grupo de outras personalidades, Jung foi convidado a participar das comemorações de 30 anos de fundação da Universidade Clark, em Worcester, Massachusetts. Nessa ocasião, ele recebeu o título honorário de Doutor em Lei. Seu discurso de agradecimento representou um ponto culminante de sua identificação com o movimento psicanalítico, quando disse: "Meu trabalho é idêntico ao movimento científico inaugurado pelo Professor Freud, a quem tenho a honra de servir".[48] No navio de volta à Europa, Jung teve o seguinte sonho:

> Sonhei que estava numa casa medieval, uma casa grande e complicada, com muitas salas, passagens e escadas. Cheguei a ela vindo da rua, e desci para uma sala em estilo gótico, de teto em abóbada; dali, fui até uma adega. Pensei com meus botões que havia chegado ao fundo, mas então encontrei um buraco quadrado. Com uma lanterna de mão, espiei dentro do buraco e vi uma escada que levava para mais baixo ainda. Desci esses degraus. A escada estava empoeirada, com degraus muito desgastados, e o ar era pesado, criando uma atmosfera irreal. Cheguei a outra adega, esta com uma estrutura muito antiga, talvez da época romana, e novamente havia outro buraco, por onde pude espiar e ver uma tumba, repleta de vasilhas de cerâmica pré-histórica, ossos e crânios. Como a poeira dava sinais de estar intacta, pensei que havia feito uma grande descoberta (Jung, 1925, 23).

---

[48] Jung, "Discurso de agradecimento" [*Dankesrede*], JP.

Jung disse que, na interpretação de Freud, havia pessoas ligadas a Jung que ele queria que estivessem mortas, com o que este não concordou. Achava que a adega representava o inconsciente, mas não conseguia compreender o que representava a casa medieval. Em seguida, passou a elaborar algumas fantasias sobre esse sonho. Cerca de 30 anos mais tarde, recordou com seu amigo E. A. Bennet, um psiquiatra inglês, outros detalhes relativos a esse sonho. Em resposta à afirmação de Freud de que o sonho representava um desejo de morte, ele sugeriu sua esposa, ao que Freud respondeu: "Sim... poderia ser isso. E o significado mais provável é que você quer livrar-se de sua esposa e enterrá-la sob duas adegas".[49] Jung ficou insatisfeito com essa interpretação em termos pessoais. Bennet notou que "Jung achava a manipulação dos sonhos que Freud realizava um caso de sua tendência para fazer com que os fatos se encaixassem em sua teoria" (88). Bennet acrescentou que, quando Jung refletiu sobre esse sonho, viu que a casa representava a dimensão exterior de sua personalidade, e que a parte de dentro da casa era o interior, contendo camadas estruturais históricas. Dessa maneira, a casa possivelmente representaria os estágios da cultura. Para Bennet, ele disse: "Foi então, naquele momento, que concebi a ideia do inconsciente coletivo" (88). Em sua discussão desse sonho, nos protocolos de suas entrevistas com Aniela Jaffé, foram feitas afirmações que não entraram na edição final de *Memórias*. Ali ele disse que, após o sonho, teve uma noção de que este queria exibir uma imagem da configuração da psique, o que não contou para Freud. Acrescentou depois que a casa parecia vir de uma geração anterior. O térreo parecia desabitado e tinha o aspecto de um museu, e a adega estava vazia. Ele estava no segundo andar, que parecia habitado. O primeiro continha uma referência histórica. Ele se lembrava de que havia ficado impressionado com "a formulação histórica da obra freudiana, por isso o complexo de Édipo, a fantasia pompeiana de uma vila de mistérios, a Gradiva de Jensen", e que aquele sonho "era o primeiro sinal contra o qual Freud se mostrava completamente impotente".[50] Foi nesse momento que ele chegou a uma concepção dos sonhos completamente diversa da apregoada por Freud, a saber, que o sonho era a natureza:[51] "O inconsciente tem uma função natural,

---

[49] Bennet, 1961. No relato de Aniela Jaffé em *Memórias*, Jung sugeriu sua esposa e sua cunhada como sujeitos de seu suposto desejo de morte, 183.

[50] Jung/Jaffé, protocolos, 107. O significado desse sonho também é indicado pela seguinte descrição feita por Jung em 1927, sobre a estrutura da psique: "Talvez eu possa fazer a seguinte comparação: é como se tivéssemos de descrever e explicar uma construção cujo andar superior foi construído no século XIX, o térreo no século XVI, enquanto um exame cuidadoso das fundações em pedra revela que ela foi erguida no século XI. Na adega, deparamos com alicerces romanos e, sob essa adega, uma caverna soterrada, com instrumentos e resquícios neolíticos da fauna do mesmo período, nas camadas inferiores. Essa seria a imagem de nossa estrutura psíquica". "Alma e Terra", *OC* 12, §54.

[51] Se foi isso o que realmente aconteceu, Jung sem dúvida manteve silencio sobre suas novas ideias a respeito do sonho, em sua crítica ostensivamente freudiana do artigo de Morton Prince sobre sonhos, citada anteriormente.

da qual a consciência é totalmente dependente. Eu já pensava isso muito antes de conhecer Freud" (108).

Tomando-se esses depoimentos em conjunto, ele parece ter entendido esse sonho como indício de que os sonhos revelam não só recordações pessoais, mas também culturais. Os sonhos poderiam ser considerados a via régia de acesso à história cultural.

De 1907 em diante, muitos psicanalistas passaram a se dedicar à interpretação psicológica da história cultural e da mitologia, em particular. Jung se lembrava de que, após Freud haver traçado alguns paralelos entre a lenda do Édipo e a psicologia infantil, "uma verdadeira elaboração de material mitológico tornou-se então o foco de interesse de muitos alunos", e citava trabalhos apresentados por Maeder, Riklin e Abraham.[52] Em todos esses trabalhos, a analogia entre sonho e mito passou a desempenhar um papel de destaque. Enquanto que para Nietzsche a analogia dizia respeito apenas às formas características de pensamento em cada um dos processos, a psicanálise alegava ter condições de especificar mais a fundo em que consistiam esses pensamentos.[53]

Havia duas grandes correntes na investigação psicanalítica da mitologia. A primeira consistia em aplicar a esse campo os mesmos modelos interpretativos que eram utilizados com as pessoas. Assim, em seu artigo de 1908, "Realização de desejo e simbolismo nos contos de fada", o colega de Jung, Franz Riklin, outro psiquiatra suíço, discutia a noção de que os contos de fada eram invenções espontâneas da alma humana primitiva e de sua tendência geral à Realização de Desejos. (Riklin, 1908, 95). Seguindo a mesma tônica, em "Sonhos e mitos: um estudo de etnopsicologia", apresentado no ano seguinte, o psicanalista Karl Abraham (1877-1925) descrevia os mitos como fantasias de um povo, e passava a demonstrar que estes não podiam ser compreendidos pela aplicação das doutrinas de Freud (1909, 154). Abraham tentava explicar a analogia entre mitos e sonhos, dizendo que os mitos eram os remanescentes da infância de um povo. Eram fragmentos da vida psíquica infantil dos povos, contendo em forma velada seus desejos infantis pré-históricos (180). Assim, os mitos poderiam ser considerados os sonhos de um povo.

Em 1910, o psicanalista vienense Herbert Silberer (1882-1922) estendeu o alcance dessas pesquisas num estudo intitulado "Fantasia e Mythos". Enquanto Abraham tentava aplicar os princípios da psicanálise ao âmbito da etnopsicologia, o estudo de Silberer começava questionando algumas das formulações essenciais da psicanálise. A primeira parte do trabalho apresentava os fenômenos que ele chamava de funcionais ou autossimbólicos. Referia-se, com essa designação, ao modo como as fantasias representavam autorrepresentações da condição da psique, desempenhando um papel importante nos sonhos.[54] Sil-

---

[52] Jung, "A psicologia do arquétipo da criança", 1940, OC 9, 1, §259n.
[53] Ver antes, pp. 134-135.
[54] 1910, 108. Jung tinha diversos artigos de Silberer, com dedicatórias.

berer afirmava que o ponto de ligação entre o indivíduo e a etnopsicologia era proporcionado pela analogia mito e sonhos "O mito é o sonho de um povo – o sonho é o mito do indivíduo" (118). Silberer citava em sua defesa o biólogo alemão Ernst Haeckel, que, em *O enigma do universo*, afirmara que a lei biogenética era válida tanto para a psicologia quanto para a morfologia.[55] Utilizando essa perspectiva da significação dos fenômenos funcionais nos sonhos, ele afirmava por analogia que eles também tinham um papel importante nos mitos e nos contos de fada.

Em 1912, num estudo sobre a formação de símbolos, Silberer ampliou sua noção do papel dos fenômenos funcionais nos sonhos. Citando Havelock Ellis a respeito do aspecto dramático dos sonhos, disse que o aspecto funcional dos sonhos poderia ser descrito como "dramatizador".[56] Os sonhos eram uma espécie de "conversa da alma consigo mesma" (*Selbstgespräch der Seele*). Todas as formas que apareciam nos sonhos eram partes da pessoa. Os atores em que nos repartimos nos sonhos representam e personificam nossas tendências, opiniões e impulsos (623).

Jung e seus alunos Johann Honegger, Jan Neiken e Sabina Spielrein tentaram aplicar o estudo dos mitos e da história cultural à psicologia individual. Em 1911/1912, em *Transformações e símbolos da libido*, Jung citava uma passagem de Nietzsche sobre sonhos, extraída do *Humano demais humano* (citado anteriormente), em defesa de sua opinião de que a lei biogenética era válida na Psicologia, e que o pensamento infantil e o sonho eram simplesmente novos ecos do pensamento da Antiguidade.[57] Jung tentava demonstrar que se podiam encontrar claros indícios da presença de mitos nos sonhos e, mais ainda, que isso acontecia sem que o sujeito tivesse tido contato anterior com os mitos em questão. Nessa oportunidade, apresentou seu mais enfático argumento sobre a origem endógena do mito: "Se toda a tradição do mundo fosse aniquilada de um só golpe, toda a mitologia e toda a história das religiões começariam de novo, do começo, com a nova geração" (§41, trad. mod.). Parece que somente uma quase destruição do mundo é capaz de validar essa alegação de Jung.

O problema do sonho

No dia 16 de novembro de 1907, Flournoy apresentou em Genebra um artigo sobre o propósito dos sonhos.[58] Fez um relato das tendências gerais das teorias dos sonhos, desde a Antiguidade até o presente. Elaborou sua crítica da

---

[55] Haeckel, 1900, 117.
[56] Silberer, 1912, 621.
[57] *OC* B, §36. Ver adiante, pp. 322-323.
[58] O relato a seguir foi reconstruído a partir das anotações de Flournoy sobre sua palestra; documentos de Flournoy.

teoria dos sonhos de Freud, e apresentou a sua. Flournoy dizia que aquela era simplesmente "limitada demais", pois os sonhos expressam todas as tendências, e não apenas os desejos; além disso, esses não precisam ser necessariamente reprimidos. Como exemplo, ele citava o fato que, nos três anos em que se preocupara com o espiritualismo, ele havia sonhado frequentemente que produzia os fenômenos físicos do espiritualismo, ou que achava um médium capaz disso. Acrescentava que esse desejo era perfeitamente autorizado por sua personalidade consciente. Em oposição àquela, propunha sua teoria, baseada na imaginação criativa. Abaixo do limiar do funcionamento mental consciente, havia um funcionamento imaginativo que criava situações fictícias. Analisava diversas explicações para esse funcionamento e as que tinham sua aprovação falavam de motivos teleológicos e polipsíquicos. O processo da seleção assegurava a sobrevivência das pessoas que tivessem desenvolvido "essa faculdade de imaginar o possível", e que se achavam adaptadas às possibilidades que surgiam.

Cada um de nós também possui muitas possibilidades latentes, tendências hereditárias, atavismos, e nas mais diferentes circunstâncias essas configurações individuais são mobilizadas. O sonho poderia ter um papel finalista e teleológico de desenvolver essas faculdades latentes, papel esse derivado do especial significado atribuído por Flournoy à imaginação criativa. Essa faculdade era "o alicerce de nosso ser". Estimulada pela realidade, a imaginação criativa volta pela ação ao plano real para transformá-lo. Como resultado, "a alma humana é uma máquina de transformação do real". Essa palestra nunca foi publicada. No elogio fúnebre de Jung a Flournoy, ele disse que este o havia ajudado a ver onde estavam as fraquezas de Freud, e que Flournoy tinha sido a única criatura com quem ele pudera discutir as questões psicológicas que o preocupavam; acrescentou que havia adotado o conceito de imaginação criativa proposto por Flournoy.[59]

Numa série de publicações, de 1909 em diante, o colega de Jung, Alphonse Maeder, defendeu uma nova visão dos sonhos. Essa perspectiva viria a desempenhar um papel crucial na posterior cisão envolvendo as escolas de Viena e Zurique. Após estudar medicina, de 1903 em diante, Maeder tinha trabalhado alguns anos sob a orientação de Hans Driesch. Nessa época, interessara-se pelo neovitalismo. Após uma fase em Berlim, decidiu tornar-se psiquiatra, em 1906. Assumiu um cargo no Burghölzli. A psicanálise oferecia-lhe uma alternativa à esterilidade da psicologia acadêmica especulativa e das pesquisas experimentais psicofísicas. Retrospectivamente, ele descreveu Jung como "a primeira pessoa realmente significativa" que havia conhecido (1956a, 191), ficando impressionado com "o profundo e abrangente conhecimento de Jung e a instintiva certeza com que perseguia as questões psicológicas mais profundas". Falava de Jung como de um "irmão superior", assi-

---

[59] Jung, em Flournoy (1900/94), IX.

nalando que havia surgido certa rivalidade entre ambos quando sua própria originalidade enfim emergiu (191).

Num artigo datado de 1912, Maeder apresentou seu apanhado histórico do trabalho de Freud, prosseguindo então com o desenvolvimento até o presente, expondo as mais novas formulações da escola de Zurique. Ele dizia que o exame de numerosos sonhos mostrava a importância de um outro fator além do da realização de desejos. Ele o descrevia nos seguintes termos: "O sonho tem, efetivamente, uma ação catártica. Proporciona uma espécie de compensação e, até certo ponto, facilita o retorno a um estado de equilíbrio afetivo" (1912a, 415). Acrescentava que a observação de uma série de sonhos narrados por algumas pessoas demonstrava que todos os sonhos lidavam com o mesmo tema, tentando fornecer uma solução para os conflitos morais da pessoa. Ele estava atribuindo aos sonhos uma função inteiramente diversa da que Freud lhes conferira. Os sonhos informavam ao analista qual era a atitude do inconsciente com respeito aos conflitos e problemas. Se para Freud os sonhos eram o caminho real até o inconsciente, Maeder estava propondo uma nova interpretação dos sonhos, na qual eles permitiriam uma nova concepção do inconsciente, em que não havia apenas a mera repressão dos desejos infantis. Maeder dizia que o sonho não se limitava a apontar o passado, mas preparava o caminho para o futuro. Essa concepção teleológica era partilhada por outros automatismos, e ele citava Flournoy, em especial sua menção aos automatismos teleológicos antissuicidas. Em retrospecto, reconhecia o artigo de Flournoy como o primeiro estímulo a essa nova concepção, que o levara a pressupor que era necessário adicionar um elemento finalista às considerações sobre sonhos, como correlato do elemento causal previsto por Freud (1956a, 194). Referindo-se à teoria do biólogo Karl Groos, de que a brincadeira das crianças tem a função teleológica de prepará-las para futuras atividades, ele argumentava que o sonho tem duas características centrais das brincadeiras infantis, a saber, "a ação catártica e o exercício, que preparam certas atividades complexas" (1912a, 416). A imaginação era dotada de uma função compensatória: proporcionava à pessoa o que a realidade lhe recusava, mas também preparava seu futuro e lhe criava novas possibilidades. Quanto à fonte dessa teoria, ele explicou:

> Acabo de receber o maravilhoso trabalho do Professor Flournoy, *Espíritos e Médiuns*. O autor denomina sua teoria com precisão: uma teoria lúdica ou teatral da mediunidade. Seu ponto de vista com respeito às manifestações do inconsciente representa uma grande analogia com as afirmações propostas neste trabalho. Seu outro trabalho, *Da Índia ao planeta Marte*, é também uma linda ilustração do que se disse acima sobre fantasias (417).

Maeder tinha percorrido novamente a "via régia" e afirmava que, em vez de começar com Freud em Viena, ela se iniciava em Genebra com Flournoy; concluía dizendo que seu destino era Zurique. Mais tarde, naquele mesmo ano, Maeder publicou um relato mais completo de sua teoria dos sonhos (1912b).

Em 1912, em Viena, Alfred Adler escreveu um trabalho sobre sonhos que iniciava com uma pergunta que indicava o que estava em jogo nas novas concepções sobre os sonhos, a saber, será que alguém pode enxergar o futuro? Adler (1870-1937) havia recentemente rompido com Freud, e estava desenvolvendo sua própria "psicologia individual". Dizia que, na vida cotidiana, as pessoas costumam agir como se tivessem conhecimento do futuro, e que o corpo em geral faz seus preparativos como se conhecesse o futuro, os quais permaneciam no inconsciente. Dizendo que a visão de Freud de que o sonho é uma realização de desejo era insustentável, afirmava que era possível discernir nos sonhos uma função presciente, antecipatória.[60] Os sonhos tentam oferecer solução para os problemas que atormentam o sonhador, além de indicar o que ele tem a intenção de fazer a respeito. Assim, o estudo dos sonhos leva ao conhecimento da história de vida da pessoa, "a história de sua vida inconsciente, por meio da qual ela tenta fazer frente à pressão de sua existência e a um sentimento de insegurança" (222).

Naquele mesmo ano, Jung também expressou suas divergências quanto à teoria de Freud sobre sonhos. Em palestras que proferiu em julho sobre psicanálise, afirmou que os sonhos variavam de acordo com a personalidade do sonhador. Embora alguns sonhos contivessem a realização de desejos, isso de modo algum valia para todos eles. Os sonhos continham um pensamento subliminar fraco demais para se expressar no nível da consciência.[61] Assim, eles expunham os "pensamentos do inconsciente" de forma simbólica. Assinalando as ligações entre o pensamento e os mitos, ele dizia que os sonhos expressavam "os pensamentos mais antigos".[62] Alguns meses depois, em suas palestras em Nova York, ele salientou que o procedimento de Freud com os sonhos era predominantemente analítico. Embora isso tivesse um valor indiscutível, era importante não ignorar o significado teleológico dos sonhos, que Maeder havia ressaltado (*OC* 4, §452).

Após Maeder ter publicado seu artigo sobre sonhos, no *Jahbuch für psychoanalytische und psychopathologische Forschungen*, Adler acusou-o de plágio. Em 1913, Maeder respondeu a essa acusação. Afirmou que havia um acordo geral entre Adler e ele mesmo, quanto à função dos sonhos. Tivera a ideia de que os

---

[60] 1912b, 217. Sobre Adler, ver antes, pp. 70-72. A biblioteca de Jung contém uma coleção encadernada de cópias de trabalhos de Adler intitulada *Traumdeutung und andere Au-fsätze* com a inscrição "do autor" na capa. O artigo de Adler sobre os sonhos aqui citado contém algumas anotações à margem.

[61] Anotações de Fanny Bowditch Katz, palestras de Jung em *Psychoanalysis*, 14 de julho de 1912, CLM.

[62] *Ibid.*, 23 de julho de 1912.

sonhos preparam a solução para conflitos, nos idos de 1908; em 1909, publicara seu conceito num artigo de jornal, do qual fez um resumo para publicar no *Jahrbuch*, em 1910. Nesse ano, tomara ciência do paralelo com a função lúdica proposta por Groos, e discutira tal aspecto com o psicólogo de Genebra, Edouard Claparède, que concordava com suas observações. Em maio de 1911, apresentou esse artigo na Sociedade Psicanalítica de Zurique, submetendo-o depois, ao final do mesmo ano, aos editores do *Jahrbuch*. Sendo assim, havia apresentado e publicado sua teoria antes de Adler (1913a). No ano seguinte, Wilhelm Stekel acusou tanto Adler quanto Maeder de plagiar suas ideias sobre os sonhos.[63]

Para Jung e Maeder, a alteração na concepção dos sonhos acarretou uma mudança em todos os demais fenômenos associados com o inconsciente. Na Sociedade Psicanalítica de Zurique houve discussões sobre o tema dos sonhos. Após uma apresentação de Maeder, em 31 de janeiro, versando sobre a teoria da libido de Jung, este disse "que o sonho oferece a resposta através dos símbolos, que a pessoa deve buscar compreender. Mas não deveria enxergar nestes apenas a realização de desejos, para que, como analista, não passe simplesmente a partilhar das fantasias do neurótico".[64] Numa discussão realizada no dia 2 de maio, Jung afirmou que os sonhos não eram egocêntricos. A natureza sempre expressa os propósitos da espécie, e o neurótico sofre devido a seu egocentrismo. Consequentemente, o sonho funciona como uma correlação biológica, e representa a "moralidade biológica" (*ibid.*).

Numa discussão sobre sonhos realizada em 30 de janeiro de 1914, Jung afirmou que a diferença entre a concepção freudiana e a concepção de Zurique estava no fato de a visão de Freud ser muito concreta. Em vez disso, "era preciso adotar um nível objetivo e um nível subjetivo". Ele afirmava que

> as imagens oníricas não apresentam as relações entre o sonho e a pessoa vista ali, mas são expressões de tendências do sonhador. Quando possuo uma tendência em mim, que me caracteriza, ela surge de uma espécie de

---

[63] Stekel afirmava que a comparação de Maeder entre sonhos e trabalhos de arte expressava o que ele (Stekel) havia escrito em 1909, em "Dichtung und Neuros"; que, em 1908 em *Nervöse Angstzustände*, ele havia demonstrado que os sonhos são geralmente alertas ou profecias; que ele dera muitos exemplos de sonhos prospectivos em *Die Sprache des Traumes*, de 1911, também ressaltara no mesmo trabalho o conteúdo manifesto do sonho, contra o que a escola de Zurique havia protestado na época. Ele afirmava que Adler "parira" seu método de interpretar sonhos sem solicitar associações e que, em *Die Sprache des Traumes*, havia salientado que as principais finalidades do sonhador tinham de ser levadas em conta na interpretação dos sonhos (1943, 57-58). Alguns anos mais tarde, Claparède escreveu para Maeder: "Gostaria muito, alguma vez, de lembrá-lo que, desde 1905, defendo a teoria lúdica dos sonhos. Frequentemente tive sonhos que prepararam minha atitude para o dia seguinte, e que muitas vezes a determinaram" (25 de setembro de 1915, documentos de Maeder, original em francês).
[64] MZP.

corretivo biológico, do plano subliminar, como compensação para os exageros da consciência... O sonho é uma clara tendência de apresentar material que equilibre a moralidade.⁶⁵

Outras indicações de que a teoria dos sonhos de Freud estava mudando na direção das propostas de Jung são dadas por anotações manuscritas feitas durante uma palestra que ele ministrou, com o título "O problema do sonho", datadas de 12 de fevereiro de 1914.⁶⁶ Ele afirmava que Freud ignorara por completo o conteúdo manifesto dos sonhos, o que era um procedimento questionável. Na consciência, as sentenças continham um significado; por analogia, Jung dizia que o mesmo era verdadeiro para "as sentenças inconscientes" (1). Em vez de servirem ao propósito de expor incompatibilidades, ele dizia que a "censura" freudiana representava o esforço de obter uma expressão adequada. No mesmo sentido, dizia que o "trabalho de condensação" definido por Freud era, de fato, a seleção e a construção da expressão apropriada para um determinado conteúdo: "Quando um novo elemento psíquico [*seelischer*] busca ser expresso, então nos referimos a algum material análogo que esteja próximo, e escolhemos a analogia mais apropriada, no intuito de localizar a expressão correta ou mais possivelmente exata" (1). Jung afirmava que os sonhos assimilavam várias analogias da esfera sexual, pois esta oferecia comparações apropriadas para o verdadeiro significado, que ele definia como o significado do conteúdo manifesto do sonho. Enquanto em Freud um desejo incompatível tentava ser expresso por meio do sonho, em Jung o sonho tentava representar um significado, que era expresso por intermédio de uma analogia com um conteúdo infantil. Enquanto que para Freud a atividade simbolizadora do sonho servia para mascarar um desejo incompatível, para Jung ela era uma descrição analógica de um significado que não estava claro. Posteriormente, este poderia até ser expresso por meio de um desejo incompatível. Enquanto Freud alegava que a origem do sonho estava num desejo incompatível do dia anterior, Jung propunha que ela estava num problema ainda não resolvido do dia anterior. Depois, tratava do verdadeiro significado do sonho, que ele alegava estar na solução de um problema, apresentada em pinceladas simbólicas. Ele descrevia esse processo nos termos mais amplos possíveis, dizendo que "o futuro é obscuro", e que a questão era de decidir qual dentre as diversas possibilidades era a melhor. O sonho em geral simplesmente apresentava um problema ou uma alusão simbólica a ele, se a pessoa fosse incapaz de apreender o problema propriamente dito. Como o sonho trazia material subliminar até o plano da consciência, exercia uma função compensatória e, na medida em que indicava simbolicamente uma solução, tinha uma função finalista. Por fim, dava uma

---

⁶⁵ MZP.
⁶⁶ JP.

série de exemplos de símbolos oníricos típicos, indicando como Freud os interpretaria e como ele mesmo o fazia.

Parece que, com essa aula, Jung estava tentando substituir ponto por ponto a teoria dos sonhos de Freud com uma nova concepção, que tornaria aquela totalmente obsoleta. Jung havia tentado reinterpretar o funcionamento de todos os mecanismos freudianos de formação de sonhos. Contudo, estava claro que essa iniciativa passara por algumas dificuldades. Por exemplo, enquanto ele afirmava que o verdadeiro significado se valia de situações infantis e eróticas como analogias, Freud dizia que o desejo erótico infantil não era visível no conteúdo manifesto do sonho, e que só emergia através da interpretação do conteúdo latente.

No dia 13 de março, Jung deu uma palestra sobre psicologia dos sonhos, na qual tentou apresentar explicações alternativas para a concepção freudiana dos símbolos oníricos típicos. Eis alguns exemplos:

> Motivo da nudez no sonho: para Freud é a realização de um desejo; para Jung é uma atitude, como se a pessoa estivesse incompletamente vestida = insuficientemente equipada.
> Sonho ansioso. Freud: realização de desejo disfarçado de ansiedade. Jung: perigo real, que existe ou existirá.
> Subir escada. Freud = ato sexual. Jung: ir literalmente para as alturas, ser de um local inferior, ou como se a pessoa só pudesse subir, em vez de também descer.[67]

Disso tem-se a impressão de duas chaves rivais para decifração de sonhos, disputando sua autoridade hermenêutica. Também em 1914, Jung preparou uma palestra sobre "A psicologia dos sonhos", para o Congresso de Medicina de Berna, adiado por causa do início da guerra. Essa aula foi subsequentemente publicada em 1916 (Jung, 1917). Nesse texto, Jung afirmava que os sonhos, como todos os fenômenos psíquicos, tinham de ser vistos tanto dentro de uma perspectiva causal-retrospectiva (Freud), como de uma prospectiva-finalista. Em um comentário sobre um sonho dentro dessa segunda concepção, ele afirmou:

> Nesse sonho podemos discernir uma função equilibradora do inconsciente, que consiste no fato de aqueles pensamentos, propensões e tendências da personalidade humana, que na vida consciente raramente se traduzem como vantajosas, entrarem em atividade na forma de indícios quando a pessoa está dormindo, momento em que, em grande medida, o processo consciente está desconectado... É evidente que essa função dos sonhos significa uma equilibração psicológica, absolutamente necessária a uma ação ordenada (311, trad. mod.).

---

[67] MZP

Segundo essa perspectiva, ele dizia que a tese de Freud segundo a qual os sonhos eram realização de desejos tinha uma validade limitada, e que, em vez de simplesmente terem a função de ocultar desejos inadmissíveis, os sonhos preparavam ativamente o caminho para o desenvolvimento psicológico do indivíduo. Assim, em certos casos, poder-se-ia dizer que os sonhos desempenhavam uma função moral. Ele terminava seu artigo com algumas considerações sobre o significado dos temas típicos dos sonhos. Os temas típicos da mitologia eram encontrados nos sonhos com o mesmo significado, o que confirmava as afirmações de Nietzsche de que, de uma perspectiva filogenética, o sonho era um modo mais antigo de pensamento. E concluía:

> A psicologia dos sonhos nos abre o caminho para uma psicologia geral comparativa, a partir da qual esperamos alcançar a mesma espécie de compreensão do desenvolvimento e da estrutura da alma humana que o campo da anatomia comparada nos ofereceu, com respeito ao corpo humano. (*Ibid.*, trad. mod.)

O sonho era o psicoscópio para uma psicologia geral do inconsciente. A psicologia do sonho levava a uma psicologia onírica, frase que foi usada no ano seguinte pelo discípulo de Jung, Maurice Nicoll, na primeira apresentação didática da psicologia de Jung de que se tem notícia (Nicoll, 1917).

As declarações de Jung nesse artigo sobre a função compensatória e prospectiva do sonho repetem a posição que Maeder havia proposto antes. Afora algumas referências passageiras a Nietzsche e Santo Agostinho, a única outra citação era de Freud. A perspectiva histórica que essa atitude sugeria era a seguinte: primeiro Freud, depois Jung. Se Freud fora o primeiro a compreender que os sonhos tinham significado, Jung era supostamente o primeiro a compreender seu verdadeiro sentido.

Esse modo crucial de apresentação – primeiro a visão de Freud, depois as críticas de Jung ao pensamento freudiano, depois a visão de Jung – passou a ser predominante nas apresentações que Jung fazia de seus novos conceitos. Essa estratégia também surtia o efeito de dar crédito à visão de que a origem dos conceitos junguianos podia ser atribuída à psicanálise, e que não existia nenhuma outra fonte significativa para suas ideias. Essa forma retórica de apresentar as próprias concepções foi confundida com a genealogia de suas ideias.

O que Maeder, Adler e Jung estavam propondo era uma versão psicológica do sonho profético e diagnóstico. Embora apresentassem suas novas concepções como revisões e correções da psicanálise, suas perspectivas eram muito mais próximas das do romantismo alemão, de du Prel, e da psicologia subliminar de Myers e Flournoy. Na realidade, no caso deste último, Maeder admitia expressamente tal proximidade. Não só essa outra tradição trazia as bases dos novos conceitos sobre sonhos, como também representava a base para uma crítica da teoria freudiana do sonho. No caso de Jung, podia-se alegar que essa alteração representava, de fato, uma retomada de suas raízes intelectuais.

Isso teve como resultado aproximar ainda mais suas teorias sobre os sonhos das concepções populares a tal respeito, com sua ainda vigente valorização dos poderes proféticos e simbólicos dos sonhos. Em vez de apresentar sua psicologia como desmascaramento das superstições populares, como Freud tinha feito, Jung começou a apresentá-la como validação delas, já que expunha mecanismos psicológicos capazes de explicar as crenças populares, pelo menos até certo ponto.

Nem Maeder, nem Jung, citavam expressamente a visão do sonho defendida pelo romantismo alemão. Num seminário de 1925, Jung dizia:

> O interesse pelos sonhos reviveu com a psicologia do século XIX. Um dos melhores estudiosos do assunto foi Schubert, que defendia um ponto de vista muito avançado, e tinha uma ideia muito correta do simbolismo onírico. Ele justificadamente dizia que os sonhos expressam as coisas mais essenciais do homem, e lidam com as coisas mais íntimas da vida. (Crow, 1925, 5-6)

Em 1917, ele publicou o livro *A psicologia dos processos inconscientes*, no qual, em uma tentativa de resolver a problemática da equação pessoal, Jung se empenhou em desenvolver uma perspectiva psicológica relativista.[68] Quanto à teoria dos sonhos, ele não tentava mais apresentar sua teoria como uma substituição completa da de Freud, como fizera em sua palestra "O problema do sonho", mas a incorporava em uma síntese mais abrangente. Após apresentar um sonho que analisava segundo o modelo freudiano tradicional, ele comentava que, quando a interpretação analítica ou causal-redutiva não acrescentava mais nada de novo, era o momento de acionar um outro método interpretativo.[69] A seguir, Jung introduzia uma distinção entre a interpretação no nível objetivo, no qual os objetos oníricos eram tratados como representações de objetos reais, e a interpretação no nível subjetivo, em que cada elemento diz respeito ao próprio sonhador.[70] No caso da interpretação no nível objetivo, as figuras oníricas podem ser consideradas referências objetivas a pessoas. Essa perspectiva também havia sido levada em conta na literatura sobre sonhos publicada no século XIX. Philippe Tissié deu como exemplo uma ocasião em que, após uma discussão com sua irmã, na qual tinha sido alternadamente brando e severo, ela sonhara que tinha dois irmãos, um parecido com o outro, e que os dois tinham o mesmo nome; um era amistoso e o outro, cruel. Tissié afirmou que sua

---

[68] Ver antes, pp. 87-89.
[69] 1917, 420-421. Quanto a esta ideia, Freud escreveu para Karl Abraham em 15 de dezembro de 1919, dizendo que a considerava "um acréscimo supérfluo à compreensão do sonho. Naturalmente, a pessoa destrói o pai só porque se trata do pai 'interior', ou seja, ele tem significado para a vida mental da pessoa" (Ed. Falzeder, 2002, 411).
[70] Como dissemos antes, Jung já havia apresentado essa distinção nos debates travados na Sociedade Psicanalítica de Zurique. Em 1913, Maeder referiu-se à "excelente expressão" de Jung, sobre o "nível objetivo" e o "nível subjetivo" (1913c, 657-658).

irmã tinha duplicado seu caráter e o materializara em duas pessoas (1898, 45). Como ocorreu em boa parte da literatura onírica do século XIX, esse episódio não foi usado para articular uma teoria dos sonhos. O nível objetivo da interpretação também é prefigurado em Myers, Gurney e Podmore, que estudaram o sonho telepático em *Fantasmas dos vivos*. No caso dessas aparições, era entendido que as figuras oníricas não representavam facetas da personalidade do sonhador, mas que se referiam objetivamente a pessoas externas.

O que Jung chamava de método sintético consistia na utilização de um modo de interpretação simbólico. A única maneira de realmente elucidar o sentido das imagens oníricas era refazendo seu percurso, mediante analogias que remetiam à mitologia e à religião comparadas; esse método era por ele designado como amplificação. No exemplo que citava em seu artigo sobre a análise de sonhos com números, para descrever tal procedimento, ele afirmava que a passagem bíblica fora reproduzida por um processo de criptomnésia. Agora, por outro lado, Jung adotava a noção de que, em muitos casos, o que estava em questão era o surgimento espontâneo de conteúdos arquetípicos.[71] A dificuldade dessa posição era que, em determinados casos, eliminar totalmente a possibilidade da criptomnésia era uma impossibilidade teórica.

Jung tornou a revisar seu artigo "A psicologia dos sonhos" em 1928 e, de novo, em 1948. Graças às alterações então introduzidas, o texto dobrou de tamanho, embora o artigo original fosse mantido como uma primeira parte. Na revisão de 1928, ele se alonga sobre a distinção entre a interpretação dos sonhos no nível objetivo e no nível subjetivo. A respeito deste, ele diz: "Toda a criação onírica é, em essência, subjetiva, e o sonho é aquele teatro em que o sonhador é a cena, o ator, o ponto, o produtor, o autor, o público e a crítica".[72] Nessa instância, Jung estava apresentando uma teoria dramática do sonho. Essa visão já fora proposta por du Prel, como base de sua própria teoria dos sonhos.[73] A seguir, dava continuidade a sua discussão de que não só a estrutura básica do sonho é dramática como também é dramática sua sequência narrativa. Em 1945, em "A essência dos sonhos", ele afirmava que a maioria dos sonhos tem a seguinte estrutura: estabelecimento de um local, desenvolvimento da trama, ápice ou peripécia, e depois a solução ou *lysis* (*OC* 8, §561-563). Seus comen-

---

[71] Embora o termo "*archetypal*" tenha se tornado um dos mais assiduamente empregados pela psicologia junguiana, ele mesmo preferia grafar "archetypic", razão pela qual o emprego ao longo deste trabalho. A seu tradutor, Richard Hull, ele escreveu: "Quanto ao termo 'archetypal', não estou tão seguro de até que ponto esse sufixo 'al' tão desnecessário foi mesmo aceito" (2 de outubro de 1958, LC), original em inglês. [Em português, usa-se apenas "arquetípico(a)" como tradução em ambos os casos. N.doT.]
[72] "Perspectivas gerais sobre a psicologia dos sonhos", *OC* 8, §509. trad. mod. Jung acrescentou uma nota na qual dizia que Maeder dera exemplos disso.
[73] A única citação de du Prel na obra de Jung ocorreu em 1924. Ao descrever a psique como preexistente e transcendental à consciência, ele escreveu: "Poderíamos, portanto, descrevê-la, com du Prel, como o sujeito transcendental". "Psicologia analítica e educação", *OC* 17, §169.

tários a respeito da telepatia, nesse artigo, certamente teriam agradado Myers, Gurney e Podmore:

> A realidade geral desse fenômeno não deve ser mais posta em dúvida, hoje. É compreensível que seja muito fácil negar a existência de fenômenos na ausência de provas e evidências concretas, mas essa é uma conduta não científica, que de maneira alguma merece atenção (1928, *OC* 8, §503, trad. mod.).

Em sua revisão de 1928, no artigo "A psicologia dos sonhos", ele também acrescentou a seguinte referência a Maeder: "Maeder chamou energicamente a atenção para o significado prospectivo-finalista dos sonhos, no sentido de que há uma função inconsciente dotada de propósito, que prepara a solução para conflitos e problemas reais, buscando apresentá-la mediante símbolos tentativos" (*ibid.*, §491, trad. mod.). Mais adiante, enquanto discute a maneira como a função compensatória pode tornar-se uma função orientadora e dotada de propósito, ele afirma que Maeder havia demonstrado cabalmente esse aspecto. Contrariamente à tese de Freud de que os sonhos eram realizações de desejos, ele e Maeder consideravam o sonho *"um autorretrato espontâneo, em forma simbólica, da verdadeira situação do inconsciente"*; acrescentava que essa perspectiva coincidia com a de Silberer.[74] Esse tardio reconhecimento de que Maeder havia expressado a teoria dos sonhos que, em 1916, Jung apresentara como sua em um artigo, sugere nas entrelinhas que pode ter havido uma disputa de prioridade e que a referência a Maeder pode ter sido adicionada como correção. É muito intrigante que, numa carta a Ellenberger, na qual ele discute sua relação com Jung e o subsequente afastamento dele, Maeder tenha levantado a questão dessa citação e a falta de menções a seu trabalho nos escritos de Jung:

> A seu modo, Jung era tão autoritário quanto Freud... Não praticava o intercâmbio de pontos de vista com seus colaboradores.[75] Desde cedo, viu-se rodeado de admiradores; no fim, só tinha mulheres a sua volta, que o admiravam sem restrição. Foi ele que criou o isolamento de que você fala... ele não aceitava minha independência de espírito. Nos primeiros anos, ele

---

[74] *Ibid.*, §505, trad. mod. Algumas linhas adiante, ao falar de pesquisas "às quais Maeder se havia referido expressamente", em que a linguagem sexual dos sonhos não precisava ser necessariamente interpretada de forma concreta, Jung acrescentou, numa nota: "a este respeito estamos de acordo com Adler", §506.

[75] Em retrospecto, Maeder lembrava-se de que Jung "me dizia após essas discussões (nas quais eu tinha de defender suas opiniões contra as de todos os demais) algo mais menos como 'Sim, o melhor foi você ter dito que havia recentemente analisado um sonho de Freud melhor do que ele mesmo!' Mas, a respeito do principal, ele não falava nada. De certo modo isso para mim era estranho, e então percebi que ele era meio parecido com Freud. Ele não conseguia realmente tolerar a independência de seus colaboradores; basicamente, tinha os mesmos defeitos que recriminava em Freud" (entrevista com Maeder, CLM, 5).

me citava com frequência (por exemplo, no *Energetik-Seele*), mas depois eu finalmente desapareci de suas publicações.⁷⁶

Na opinião de Maeder, essas falhas não eram exclusivas de Jung, mas afligiam todo o movimento da moderna psicoterapia. Em retrospecto, ele refletiu sobre o isolamento das escolas psicoterapêuticas, por exemplo, os abismos entre adlerianos, freudianos e junguianos. Em cada uma dessas escolas, ele achava que a pessoa de seu fundador e o nome do partido tinham sido exageradamente enfatizados por seus seguidores. O absolutismo e, em última análise, a totalitarista pretensão de cada escola, eram compensações para suas próprias dúvidas e incertezas. O culto ao mestre lembrava o culto ao herói característico de nossos tempos, que ele entendia como um substituto da relação perdida com Deus. Em seus contatos recíprocos, os psicoterapeutas careciam daquele espírito de compreensão e tolerância que era tão necessário a seu trabalho com pacientes, e as desavenças entre os psicoterapeutas tinham se tornado semelhantes às que existiam entre os teólogos (1956b).

Vimos que Maeder vinculara explicitamente sua teoria dos sonhos com o trabalho de Flournoy. Contudo, na própria revisão em que tardiamente Jung dá o devido crédito ao trabalho de Maeder, ele tentou estabelecer sua anterioridade em relação a Flournoy: "Já em 1906, eu havia chamado a atenção para a relação compensatória entre a consciência e os complexos cindidos, e também enfatizava seu caráter proposital. Flournoy havia feito o mesmo, independentemente de meu trabalho".⁷⁷ Entretanto, o caráter compensatório e proposital dos automatismos teleológicos já havia recebido destaque na obra anterior (1900) de Flournoy, *Da Índia ao planeta Marte*, que Jung citou amplamente em sua tese de 1902.

A próxima manifestação acadêmica de Jung sobre sonhos ocorreu em 1931, num artigo apresentado no VI Congresso Geral de Medicina para Psicoterapia, em Dresden, sob o título "O uso prático da análise de sonhos". Ele dizia que a possibilidade da análise de um sonho existe ou inexiste, dependendo da hipótese do inconsciente como alvo da análise do sonho, que serviria para revelar os conteúdos inconscientes (*OC* 16, §294). A significação dos sonhos estava em revelarem a situação íntima do sonhador; para enfatizar esse ponto, ele usou uma analogia médica: "Por conseguinte, passei a considerar os sonhos do mesmo modo como considero os fatos fisiológicos: se aparece açúcar na

---

⁷⁶ Maeder para Ellenberger, 15 de fevereiro de 1964, arquivos de Ellenberger, Paris. Foi em *Über die Energetik der Seele* (1928) que Jung fez a revisão desse ensaio sobre os sonhos, e no qual estão as citações acima.
⁷⁷ *OC* 8, §488, trad. mod. Em sua nota de rodapé, Jung se referiu a seu *Sobre a psicologia da demência precoce*, de 1907, e ao trabalho de Flournoy de 1908, "Automatismo teleológico antissuicida".

urina, então a urina contém açúcar, e não albumina ou urobilina".[78] Embora a teoria dos sonhos de Jung estivesse muito distante das teorias fisiológicas dos sonhos, nesta analogia ele estava tentando apropriar-se de certa dose da autoridade e da suposta certeza dos exames fisiológicos. A partir dos diversos exemplos que ele apresentou, propôs que os sonhos apresentavam não só a etiologia de uma neurose, mas também seu prognóstico, demonstrando que eram tanto um comentário sobre o futuro, quanto retrospectivos. Isso era especialmente verdadeiro com respeito aos primeiros sonhos de um paciente em psicoterapia (posição que havia sido defendida antes por William Stekel): "Acontece frequentemente, nos primeiros tempos de um tratamento, que o sonho revele ao médico, em amplas pinceladas, todas as questões do inconsciente" (§343).

Na prática, Jung afirmava que o principal problema da análise do sonho era a sugestão. Quando as interpretações se baseavam numa teoria ou opinião preconcebida, os resultados terapêuticos eram fruto da sugestão (§315). Um problema fundamental para Jung era como demonstrar que suas teorias não tinham qualquer base na sugestão. Em sua maneira de ver, a abordagem analítica era superior aos procedimentos sugestivos, pois fazia exigências éticas ao paciente. Ele afirmava que, a fim de se evitar a sugestão, o médico deveria deixar de lado os pressupostos teóricos e considerar todas as interpretações de sonhos como inválidas, até que o paciente concordasse com elas: "Deve ser completamente evidente por si que, a qualquer momento, ele deve desistir de todas as suposições teóricas e se mostrar disposto, em cada caso, a descobrir uma teoria dos sonhos completamente nova, porque aqui se mantém em aberto um campo incomensurável de atuações pioneiras" (§317, trad. mod.). Em 1933, ele se expressou em termos ainda mais enfáticos:

> Portanto, é realmente bom que não exista um método válido [de interpretação de sonhos], pois de outro modo o significado dos sonhos já estaria antecipadamente limitado e perderia exatamente aquela virtude que o torna tão especialmente valioso aos propósitos psicológicos – ou seja, sua capacidade de propor um novo ponto de vista.[79]

Afora a suposição axiomática de que os sonhos acrescentavam algo ao conhecimento consciente detido pelo indivíduo, todas as demais hipóteses deveriam ser consideradas apenas proposições empíricas (1931, OC 16, §318). Devido ao fato de os sonhos revelarem a função compensatória do inconsciente, todo sonho era "um órgão de informação e controle" e, consequentemente, os sonhos eram "o mais eficiente recurso para a construção da personalidade" (§332, trad. mod.).

---

[78] §304. Jung usou analogias médicas similares em diversas ocasiões. Em seu seminário sobre *Análise dos sonhos*, em 1928, ele afirmou: "Da mesma forma como uma técnica séria é necessária para se fazer um diagnóstico do coração, do fígado ou dos rins etc., temos de elaborar uma técnica séria para ler os fatos imparciais dos sonhos" (4).

[79] "O significado da psicologia para o presente", *OC* 10, 319, trad. mod.

Uma maneira de os sonhos poderem ser órgãos de controle era através de sua clássica função de veículo para diagnósticos noturnos. Em 1935, T. M. Davie relatou o sonho de um paciente num artigo publicado no *British Medical Journal*, sob o título "Comentários sobre um caso de 'epilepsia periventricular'". Davie submeteu o sonho a Jung, para ouvir dele sua opinião, e relatou que este

> não hesitou em dizer que o sonho indicava algum distúrbio orgânico, e que a enfermidade não era essencialmente psicológica, embora houvesse inúmeros derivados psicológicos no sonho. O esgotamento da água do lago foi interpretado por ele como um acúmulo da circulação do fluido cérebro-espinal (Citado em *OC* 18, 135n).

Na discussão subsequente a uma aula dada por Jung no Instituto de Psicologia Médica, em Londres, em 1936, o psicanalista Wilfred Bion pediu que Jung comentasse esse caso. Em sua resposta, ele afirmou que o sonho claramente indicava um distúrbio orgânico, e citou o fato de essa visão ser defendida tanto por médicos na Antiguidade como na Idade Média (*OC* 18, 136). Com o advento da medicina moderna, os sonhos diagnósticos tinham desaparecido da clínica médica geral, quer dizer, exceto pela prática de Jung e seguidores. Sua tentativa de efetuar um retorno à prática médica tradicional a tal respeito estava coligada a seus estudos da alquimia e da iatroquímica, realizados nesse período e, em particular, seu detalhado estudo de Paracelso, que tinha a finalidade de questionar alguns pressupostos da medicina científica moderna.

A prova está nos sonhos

Em 1916, Jung tinha usado o termo "arquétipo" para designar as imagens mitológicas filogenéticas que, fiel a Jakob Burckhardt, ele denominara como imagens primordiais em 1911.[80] Essas imagens residem no inconsciente coletivo ou suprapessoal. Além de propor uma função de orientação futura ou prospectiva para o inconsciente, ele afirmava que essa função promovia o processo de desenvolvimento individual que assumia formas típicas gerais. Ele designou esse desenvolvimento de processo de individuação, dizendo que era o que estava por trás do processo de transformação da personalidade nas tradições religiosas e místicas. Os sonhos eram entendidos como principal fornecedor de evidências do desenrolar desse processo. Para Jung, eram o principal psicoscópio. Por serem a expressão mais frequente e normal do inconsciente, proporcionavam o maior volume possível de material para sua investigação.[81]

---

[80] Ver adiante, pp. 320-321.
[81] "A essência dos sonhos", 1945, *OC* 8, §544.

Nos artigos que publicou, Jung afirmou que era o estudo de uma série de sonhos que revelava o processo da individuação, um processo geral e universal de desenvolvimento da personalidade que era simplesmente acelerado pela análise:

> Portanto, é possível que os motivos que acompanham o processo de individuação apareçam em primeiro lugar, principalmente, só nas séries de sonhos recebidos no contexto do processo analítico, ao passo que as séries de sonhos "extra-analíticas" talvez ocorram apenas a intervalos de tempo bem maiores ("A essência dos sonhos", OC 8, §552, trad. mod.).

Se estudarmos os sonhos que Jung publicou, verificamos no geral que ele os apresentava como ilustrações de seus argumentos teóricos. Ele não publicou nenhum estudo de caso detalhado de sua prática terapêutica. Na verdade, seus estudos de sonhos mais extensos, que foram publicados, envolviam pessoas que ou ele não havia conhecido, ou com quem não estava trabalhando diretamente. Adotara esse procedimento para evitar a acusação de uma sugestão.[82] Em seus seminários, ele apresentava análises de sonhos muito extensas, dado seu propósito pedagógico.

Sua principal apresentação da natureza arquetípica dos sonhos ocorreu em "Símbolos oníricos do processo de individuação", um artigo que inicialmente fora levado à conferência de Eranos, em Ascona, e também a um seminário na ilha de Bailey, no Estado do Maine, EUA. Subsequentemente, o mesmo texto foi aumentado e publicado como a primeira parte de *Psicologia e alquimia*. O relato feito por ele do caso no seminário difere significativamente do relato incluído no livro.

Na versão publicada de "Símbolos oníricos do processo de individuação", ele afirmava que, a fim de excluir o fator de sua própria influência pessoal, o paciente fora tratado por uma de suas alunas. Mais tarde, foi revelado que o paciente era ninguém menos que o físico laureado com o Prêmio Nobel, Wolfgang Pauli. Dos quatrocentos sonhos estudados, somente os últimos 45 ocorreram sob sua observação pessoal. Ele acrescentou que nenhuma interpretação havia sido feita porque o sonhador, dotado de excelente treinamento científico, não precisava de ajuda a esse respeito.[83] No seminário na ilha de Bailey, Jung afirmou que o sujeito:

> É uma pessoa altamente culta, com um extraordinário desenvolvimento de seu intelecto, o que, naturalmente, era a origem de seu sofrimento; ele era apenas excessivamente unilateral em sua postura intelectual e científica... o motivo pelo qual ele me consultou foi ter-se desintegrado completamente, em virtude justamente dessa unilateralidade.[84]

---

[82] Ver Shamdasani, 2001.
[83] Jung, 1939, 97. Sobre a colaboração de Jung com Pauli, ver H. Atmanspracher, H. Primas e E. Wertenschlag-Birkhäuser, eds., 1995, e Méier, ed., 2001.
[84] *Símbolos oníricos do processo de individuação*, Ilha de Bailey, 1936, 6.

Seu relato dos acontecimentos seguintes revela o quanto eram inusuais seus procedimentos como psicoterapeuta:

> No início eu só o atendia durante vinte minutos. Instantaneamente percebi que, em certo sentido, tinha a mente de um mestre, e decidi não tocar seu intelecto. Portanto, propus que ele fosse então para minha mais recente aluna, uma mulher que sabia muito pouco de meu trabalho. Ela mesma estava no começo de sua análise pessoal, mas tinha uma boa mente instintiva. Não era boba, mas tinha muito bom senso e, claro, ficou muito surpresa quando eu lhe disse que iria encaminhar-lhe tal pessoa. Naturalmente, precisei dar-lhe algumas explicações. Disse por que estava agindo assim e também sugeri de que maneira ela deveria trabalhar com ele. Disse-lhe que o havia instruído a contar seus sonhos para ela; que ele deveria anotá-los com muito cuidado e que ela deveria ouvi-los e concordar com um sinal de cabeça; e, no caso de ficar aturdida ou estupefata, dizer como estava se sentindo. No entanto, ela não deveria tentar entender ou analisar esses sonhos. Naturalmente, ela ficou muito satisfeita em poder desempenhar um papel mais ou menos passivo e, o que foi também muito espantoso, o sujeito também entendeu a situação, quando eu lhe disse: "Não quero influenciar sua mente, que é valiosa. Se eu fizesse isso, você nunca se sentiria convencido, portanto, não vou nem tentar. Você vai ser atendido por uma médica, e ela é quem escutará seus sonhos" (7).

Esses procedimentos parecem o oposto da terapia não intervencionista e não sugestiva e, na realidade, lembram um habilidoso exemplo do uso da sugestão direta e indireta, na linha proposta por Milton Erickson. O sujeito em questão foi claramente instruído a anotar seus sonhos e a contá-los para a analista, que fora instruída a não analisá-los e direcionada quanto a como reagir, chegando aos detalhes físicos. Na discussão subsequente, um dos participantes do seminário questionou sobre qual o papel desempenhado pela médica, e se os mesmos processos teriam ocorrido caso ele apenas tivesse mantido um registro de seus sonhos. Jung respondeu:

> Claro que é muito provável que a presença daquela médica tenha sido importante e que o mesmo desenvolvimento provavelmente não teria ocorrido, caso o sonhador não tivesse sentido a presença de um ouvinte simpático... o papel da médica foi, em certo sentido, muito importante, assim como o fato de ela ser mulher. Ela produziu aquela substância ou segredo que é característico das mulheres, a saber, uma força produtiva, uma força geradora (37-38).

Na versão publicada desse artigo, Jung afirmou que os sonhos tinham sido resumidos por questão de espaço e confidencialidade – "as alusões pessoais e complicações" haviam sido removidas. Acrescentou que havia recorrido a uma discrição semelhante quando decidira ignorar propositalmente certas passagens dos sonhos. Além de truncar o material dessa maneira, ele omitiu o contexto dos sonhos e, portanto, ressaltava, "até certo ponto, trato estes sonhos como se eu mesmo os tivesse tido e, por essa razão, torno-me capaz de fornecer eu mesmo o contexto' (1936/1939, 100). Esse era um procedimento admissível diante do fato de que ele estava lidando com várias séries interligadas de sonhos, que compunham seu próprio contexto. Enquanto a pessoa estava tendo esses sonhos, ela não sabia que Jung os estava interpretando. Embora tivesse tomado todas essas precauções, ele acrescentava que, em sua opinião, a possibilidade de interferir num processo desses era em geral exagerada, pois "a psique objetiva... é independente no mais alto grau" (101). Assim, as precauções não eram destinadas essencialmente a evitar uma influência sugestionadora, mas a afugentar a *acusação* dessa possível interferência.

Essas declarações e o procedimento adotado por Jung basearam-se na suposição da existência de uma camada arquetípica na psique, que se revelava nos sonhos independentemente da psicologia pessoal do sonhador, e a tal ponto que era legítimo alguém supor que os sonhos de uma outra pessoa seriam os seus próprios. Essa modalidade de exposição tinha pouca possibilidade de convencer críticos céticos, especialmente considerando que o material que ele estava omitindo teria sido usado por psicólogos de outras linhas para interpretar os sonhos.[85] Dessa forma, esse material serviu mais como ilustração do que como prova.

Outro momento em que ele reconheceu, de forma não pública, o efeito ativo da interferência do terapeuta, e avaliou criticamente a relação do sonho com seu contexto social, foi numa carta para seu aluno James Kirsch, um psicólogo analítico:

> Com respeito a sua paciente, é bastante certo que os sonhos dela sejam causados por *você*. A mente feminina é a terra esperando a semente. Esse é o significado da transferência. Sempre a pessoa mais inconsciente é espiritualmente fecundada pela pessoa mais consciente. Por isso os gurus da Índia. Essa é uma verdade milenar. Assim que chegam certos pacientes para se tratarem comigo, muda o tipo do sonho. No mais profundo sentido, todos nós sonhamos, não *a partir de nós*, mas a partir do que há *entre nós e o outro* (*Cartas* 1, 29 de setembro de 1934, 172).

No século XX, a ascendência da teoria dos sonhos de Freud teve como efeito privatizar o sonho que, então, passou a ser visto como exclusivamente relativo à esfera íntima da subjetividade em todas as suas mais humanas inquietações. Jennifer Ford observou que, nos séculos XVIII e XIX, "nos jantares, e nas reuni-

---

[85] Contudo, em seu relato sobre o seminário da ilha de Bailey, Jung expôs muitos mais detalhes de natureza pessoal, relativos a essa questão. Em virtude da impessoalidade da versão publicada, algumas pessoas ficaram com uma impressão equivocada dos procedimentos de Jung em sua prática de atendimentos.

ões filosóficas, os sonhos compunham tópicos substanciais de conversa, precisamente porque não eram confinados aos elementos pessoais" (Ford, 1994, 7). No caso de Jung, noções tais como a interpretação "no nível subjetivo" – para o qual todas as figuras nos sonhos representam aspectos da personalidade do sonhador – claramente contribuíram para que isso acontecesse. Entretanto, sua noção de que alguns sonhos continham uma fonte suprapessoal no inconsciente coletivo, assim como sua validação da ideia de que poderiam servir como fontes de orientação, sabedoria e, em última instância, experiências religiosas, recuperou as significações religiosa e metafísica que tradicionalmente haviam sido atribuídas aos sonhos. Essas concepções serviram para desprivatizar ou coletivizar o sonho.

Em 1937, Jung novamente utilizou alguns sonhos de Pauli em suas palestras sobre psicologia e religião na Universidade de Yale. Ele apresentou um apanhado histórico das atitudes da Igreja medieval perante os sonhos, considerando as visões de Benedictus Pererius, Gregório o Grande, Athanasius e Kaspar Peucer. E concluiu:

"Apesar do reconhecimento da Igreja de que certos sonhos são enviados por Deus, ela evita e até demonstra aversão por um estudo sério dos sonhos" (OC 11, §32). A seguir, apresentou alguns sonhos de Pauli, afirmando que representavam o surgimento espontâneo de símbolos religiosos, desconhecidos do sonhador, o que demonstrava que o inconsciente tinha uma função naturalmente religiosa. Desse modo, os sonhos poderiam favorecer uma experiência religiosa, isenta de credos e denominações. Com isso se completava a recuperação do significado espiritual tradicional segundo os moldes da psicologia moderna. Ao tecer comentários sobre um sonho, ele buscava justificar sua utilização como evidência da existência de uma função religiosa natural:

> Afirmo que nossos sonhos falam na realidade de religião e que têm a intenção de fazê-lo. Como o sonho tem uma estrutura coerente e bem concatenada, isso sugere certa lógica e certa intenção, ou seja, uma motivação significativa que se expressa diretamente no conteúdo onírico (§41).

Por conseguinte, se os sonhos falam de religião, devem ser entendidos literalmente. Em outra oportunidade, ele sugeria que, quando os sonhos falavam de ÓVNI, estavam, de fato, falando de símbolos do si-mesmo.[86] Fundamentalmente, o critério ao qual ele recorreu para validar as experiências religiosas – e, com isso, a possibilidade de considerar os sonhos uma fonte legítima de concepções religiosas – era pragmático: "E se tais experiências ajudarem a tornar a vida mais saudável, bela, completa e satisfatória para a pessoa e para aquelas que lhe são caros, pode-se seguramente dizer que foi 'graças a Deus'".[87]

---

[86] *Um mito moderno: Coisas que foram vistas nos céus*, 1958, OC 10.
[87] OC 11, §167. A esse respeito, ele seguia de perto a posição de William James em *Variedades de experiências religiosas*. Sobre a relação de Jung com o pragmatismo ver antes, pp. 72-76.

Sonhos de crianças

Dada a centralidade do tema dos sonhos em Jung, é curioso que ele não tenha publicado um trabalho abrangente expressamente sobre esse tópico. Em 1929, ele escreveu para Cary Baynes: "Ainda não comecei a escrever sobre sonhos. Acho que ainda não estou pronto para uma tal empreitada. Sei o que você pensa de uma afirmação dessas, portanto não precisa gastar suas palavras com isso".[88] No entanto, no final dos anos 1930, ele começou um extenso seminário sobre o tema dos sonhos de crianças e a história dos sonhos, no Instituto Federal Suíço de Tecnologia. Sua instrução aos participantes foi que obtivessem sonhos de crianças, e os sonhos mais antigos de suas vidas que os adultos conseguissem recordar. Os seminários se baseavam na discussão dos casos apresentados pelos presentes. Nessa altura de sua carreira, a postura de delegar tarefas específicas de pesquisa aos alunos era comum.

Existe um manuscrito de um questionário que Jung evidentemente escreveu como nota preparatória para esse seminário.[89] Segundo sua concepção de desenvolvimento, a consciência era uma diferenciação do inconsciente coletivo. Devido à proximidade da criança com o inconsciente coletivo e a sua identidade pessoal ainda não desenvolvida, Jung afirmava que nos sonhos das crianças podiam-se encontrar os mais claros exemplos do surgimento espontâneo dos arquétipos. Para Jung, isso constituía um teste crítico da existência do inconsciente coletivo, pois se os motivos arquetípicos só fossem encontrados nos sonhos de adultos, então a alegação de que possuíam uma fonte endógena *a priori* não passaria de uma suposição tênue. Ele afirmava que não só os arquétipos, mas também a tendência prospectiva do inconsciente, eram claramente revelados nos sonhos das crianças. Dizia: "Esses primeiros sonhos são muito importantes, e não é infrequente que ofereçam uma imagem profética de toda a vida da pessoa".[90] O elemento notável sobre este seminário é que, contrariamente ao estereótipo amplamente cultuado (inclusive entre junguianos) de que Jung não estudou a infância, ele realizou um volume consideravelmente maior de pesquisas diretas sobre o material infantil do que Freud.

---

[88] Jung para Cary Baynes, 5 de abril de 1929 (CFB).
[89] Jung, "O problema do sonho" (JP). Entre as questões levantadas estavam: qual é o sonho mais antigo de sua infância, de que você se recorda? Você teve esse mesmo sonho de novo, mais tarde? Esse sonho tem agora algum novo significado, à luz dos acontecimentos seguintes em sua vida? Você já teve sonhos de pré-cognição, sonhos de teor cósmico, ou sonhos relacionados com a morte de outras pessoas?
[90] *A interpretação psicológica dos sonhos infantis*, 1938-1939, 1.

Sonhos e raça

Desde seus primórdios, o campo da antropologia tornou-se um território reivindicado como prova da universalidade da psicanálise. No caso de Jung, a antropologia dos sonhos adquiriu um significado especial, e não só ao providenciar evidências quanto à universalidade de sua teoria sobre os sonhos, pois o crucial não era o sonho propriamente dito, mas o que ele revelava: os arquétipos e o inconsciente coletivo.

Ao propor a existência de uma camada filogenética para o inconsciente, Jung se viu diante de uma questão crítica, a saber, em que extensão essa camada filogenética era idêntica nas diversas raças. Em 1912, Jung visitou o Hospital Santa Elizabeth, em Washington, D.C., durante três dias, a convite de William Alonson White. Enquanto esteve nessa instituição, Jung realizou algumas pesquisas clínicas de "negros", que o convenceram de que os padrões coletivos não só eram herdados racialmente, como eram ainda universais. Foi a presença de motivos obscuros da mitologia clássica nos sonhos desses pacientes que impressionou Jung. Com base nesses casos, ele afirmou que a aparente similaridade transcultural dos motivos oníricos era evidência de uma camada universalmente humana do inconsciente, o inconsciente coletivo, fonte dessas imagens.[91]

A viagem de Jung ao Quênia e a Uganda, em 1925, teve uma importante repercussão em sua concepção dos sonhos. Com o povo elgonyi, ele aprendeu que havia dois tipos de sonhos; os comuns, que a maioria das pessoas contava, e os "grandes" sonhos, que ocorriam aos curandeiros ou chefes tribais. Estes tinham uma grande importância para a tribo como um todo. O curandeiro dos elgonyi informou a Jung, com grande pesar, que ele havia parado de ter esse tipo de sonhos desde a chegada dos ingleses. A função orientadora que os sonhos executavam estava sendo realizada agora pelo Comissário Distrital.[92] Jung argumentou que, embora essa espécie de concepção dos sonhos tivesse desaparecido da mente ocidental desde os tempos dos romanos, esses sonhos continuavam acontecendo (1928-1930, 5). Eles brotavam do inconsciente coletivo e não tinham sentido só para o sonhador: traduziam algo importante para toda a comunidade.[93] Eram imediatamente reconhecidos pelo alcance de sua significação, e a pessoa sentia-se compelida a contá-los.[94]

Um dos primeiros grandes estudos antropológicos dos sonhos foi realizado por Stewart Lincoln, em 1935: *The Dream in Primitive Culture*. Lincoln, que havia participado de alguns dos seminários de Jung, tentava aplicar a compreensão psicanalítica dos sonhos às culturas primitivas.

---

[91] Ver adiante, pp. 334-336.
[92] "A vida simbólica", 1939, *OC* 18, §673.
[93] "O significado da psicologia para o presente", *OC* 10, §324.
[94] "Relações entre o ego e o inconsciente", 1927, *OC* 7, §276.

Discutia a distinção proposta por Jung entre os sonhos individuais e os "grandes" sonhos, dos primitivos. Desautorizava a alegação de Jung de um inconsciente coletivo como explicação para a segunda classe de sonhos, que rebatizava de sonhos com padrão cultural. Lincoln era de opinião que Jung tinha falhado ao não assinalar que "as imagens das grandes visões culturais são coletivas apenas para uma dada cultura, e não para toda a humanidade" (1935, 24). O fato de que essas visões desapareciam quando uma cultura se desintegrava demonstrava que sua existência dependia de tradições culturais, e não de uma memória racial. Sendo assim, eram símbolos culturalmente específicos. Qualquer similaridade transcultural entre essas imagens poderia ser explicada mediante referências à similaridade das tradições culturais que lhes davam origem. A crítica de Lincoln enuncia uma posição que os críticos de Jung manifestavam em geral, não só no campo da antropologia, mas em muitas outras disciplinas. Alguns anos mais tarde, Jung buscou rebater detalhadamente os argumentos de Lincoln num seminário.

Nessa oportunidade, começou dizendo que conhecia Lincoln, e o descreveu como um amador dotado de conhecimentos e experiência insuficientes em psicologia. Ele disse: "Não se pode saber o que o primitivo quer dizer quando fala 'grande' sonho, por exemplo, se não se passou pessoalmente por esse tipo de experiência".[95] Contrapôs às afirmações de Lincoln relatos de episódios vividos com os primitivos, salientando: "É preciso usar de sensibilidade para achar um caminho até a vida interior dos primitivos, quando se quer compreendê-los. Nesse caso, ideias teóricas têm bem pouca utilidade" (*ibid.*). E, no entanto, ao mesmo tempo, ele advertia: "Nossas próprias condições culturais não podem ser de modo algum aplicadas, como fez Lincoln, para interpretar as dos primitivos".[96]

A multiplicidade dos sonhos

Como já foi dito, em razão da ascendência da psicanálise, o projeto classificatório do final do século XIX aplicado às pesquisas com sonhos teve fim. Num significativo estudo contemporâneo, o psicólogo cognitivista Harry Hunt argumentou que, como resultado, "a psicologia dos sonhos, na pressa de achar seu próprio Darwin, ignorou os necessários elementos fundamentais de um Lineu" (1989, 97). Por outro lado, Hunt desenvolve um programa para a pesquisa contemporânea dos sonhos que tenta dar continuidade ao projeto classificatório das pesquisas de dois séculos atrás.

---

[95] *A interpretação psicológica dos sonhos infantis*, 71.
[96] *Ibid.*, 78. O trabalho de Lincoln foi igualmente criticado por antropólogos contemporâneos que estudam os sonhos. Ver Barbara Tedlock, 1992b, 21.

Na teoria dos sonhos defendida por Jung, pode-se testemunhar o legado desse projeto classificatório. Vejamos um dos mais enfáticos depoimentos a esse respeito:

> É verdade que há sonhos que manifestam desejos ou medos, mas e quanto a todas as outras coisas? Os sonhos podem conter verdades inelutáveis, pronunciamentos filosóficos. Ilusões, fantasias alucinadas, recordações, planos, previsões, experiências irracionais, até visões telepáticas e Deus sabe mais o quê.[97]

A diferenciação que ele elabora entre sonhos compensatórios, sonhos diagnósticos, sonhos arquetípicos, sonhos coletivos, sonhos telepáticos e sonhos "adlerianos" e "freudianos" já foi explicitada. Segue-se uma lista de outras categorias que ele reconheceu. Alguns sonhos ele denominava de reativos, que descrevia como "sonhos a respeito de certos eventos objetivos que causaram um trauma que não é meramente psíquico, mas constitui, ao mesmo tempo, uma lesão física do sistema nervoso".[98] Além disso,

> também há sonhos afetivos, com afetos que normalmente não chegaram até a consciência ao longo do dia; também há sonhos informativos e admonitórios... Depois, há os sonhos filosóficos que pensam por nós e por meio dos quais formulamos os pensamentos que deveríamos ter tido durante o dia.[99]

Para a psicologia, o período em que Jung escreveu pode ser caracterizado como o apogeu das explicações monocausais dos sonhos. Ele estava tentando formular uma psicologia dos sonhos que fosse tanto histórica como antropologicamente inclusiva, o que lhe parecia o único método de estabelecer uma teoria com validade universal. Foi essa tentativa de validar as múltiplas maneiras de o sonho ser considerado, junto com sua tradicional valorização histórica e antropológica, que explica o tremendo sucesso popular do trabalho de Jung sobre os sonhos.

Como ressaltamos antes, na segunda metade do século XIX, o interesse pelos sonhos deslocou-se do sonho em si para sua utilização como psicoscópio, ou a base de uma psicologia geral do inconsciente. Paradoxalmente, essa elevação do sonho teve como resultado cancelar seu *status* privilegiado, pois, se outros fenômenos fossem, como os sonhos, entendidos como analogias, e pudessem ser considerados no mesmo sentido, o valor específico dos sonhos diminuiria correspondentemente. Dentro da psicanálise, o número de artigos lidando explicitamente sobre sonhos diminuiu cada vez mais. Entre os analis-

---

[97] "O uso prático da análise dos sonhos", 1934, *OC* 16, §317.
[98] "Perspectivas gerais sobre a psicologia dos sonhos", *OC* 8, 499.
[99] *Psicologia moderna: Notas sobre palestras proferidas na Eidgenössische Technische Hochschule*, vol. 1, 1934-1935, 135.

tas junguianos, o destaque dado por Jung (e pelos adeptos da terapia junguiana) aos sonhos assegurou que continuassem sendo empregados como recurso nos atendimentos clínicos, mas havia pouco interesse específico pela psicologia dos sonhos como tema, e poucas iniciativas de aprofundar o trabalho de Jung nesse campo, fosse com novos avanços ou com críticas.[100]

Embora teóricos freudianos e junguianos promovessem a compreensão psicogênica dos sonhos, divorciada de qualquer elemento de teor fisiológico, essa abordagem dos sonhos teve seu momento de vingança ao retornar, na década de 1950, nos trabalhos de Aserinsky e Kleitman, que alegavam ter demonstrado uma correlação entre a ocorrência de um sonho e os movimentos oculares rápidos [REM = Rapid eye movement]. Essa pesquisa foi amplamente divulgada e alçada a um *status* totêmico pela então florescente pesquisa experimental com sonhos. Esse sucesso foi causado por sua aparente capacidade de fornecer correlatos observáveis dos processos oníricos, o que permitia sua reinstalação dentro das programações da psicologia experimental. Aliado a esse fator, houve o ressurgimento de modelos de base fisiológica para o estudo dos sonhos. Nessa literatura, podem-se encontrar frequentemente os fatores psicológicos como elementos secundários, da mesma maneira como acontecia nas teorias fisiológicas sobre sonhos propostas ao longo do século XIX.

Enquanto isso, a mais veneranda das tradições literárias sobre sonhos, a das chaves de decifração, continua a prosperar. Textos seculares continuam sendo reimpressos em edições populares. Embora as investigações psicológicas e psicanalíticas dos sonhos tivessem tentado suplantar essa literatura de uma vez por todas, as atuais chaves dos sonhos simplesmente assimilaram as teorias de Freud e Jung, e exploraram-nas em busca de novos veios simbólicos: inveja do pênis, castração, anima-animus, e assim por diante, passaram a ocupar seu lugar ao lado da simbologia tradicional.[101] Em vez de suplantar a simbologia tradicional, o trabalho de Freud e Jung sobre sonhos foi incorporado àquela, conferindo-lhe um novo sopro de vida. Esse desdobramento parece indicar, ironicamente, a extensão na qual os conteúdos do inconsciente freudiano e do inconsciente coletivo junguiano se tornaram aspectos familiares de nossas preocupações conscientes, em vez de necessariamente indicarem fatores profundos e ocultos.

Finalmente, nos anos 80, deu-se o aparecimento e o rápido crescimento do movimento do trabalho com sonhos, que incentivou a pesquisa não clínica desse fenômeno (ver Krippner, ed., 1990). Acontecem inúmeros grupos

---

[100] À exceção de Hillman, 1979.
[101] Por exemplo, no *Dicionário dos símbolos oníricos*, de Eric Ackroyd, lemos que "uma lança pode ser um símbolo sexual, representando o pênis... (1983, 277), e que "o azul pode às vezes simbolizar o inconsciente universal ou coletivo... o mar azul pode também simbolizar o inconsciente ou o feminino (anima, mãe ou Grande Mãe)" (94). Em 1951, *La Nouvelle clé des songes*, livro escrito por dois autores que se intitularam "o vigésimo Artemidoro", exibia uma epígrafe de Jung, em sua primeira página.

de sonhos, *workshops* sobre sonhos e *sites* na internet. Os defensores desse movimento falam desses desdobramentos como "a desprofissionalização do sonho", ao retirá-lo do reduto exclusivo do consultório clínico. Embora recorrendo livremente às teorias oníricas de Freud e Jung, o movimento do trabalho com sonhos representa uma mudança significativa quanto à prática social, ao passar de um modelo altero-interpretativo para outro, autointerpretativo. Embora o trabalho de Freud e Jung tenha dominado as sociedades ocidentais praticamente durante todo o século XX, com os atuais desenvolvimentos constata-se um significativo deslocamento do *locus* da pesquisa sobre sonhos. Será que a pesquisa psicológica dos sonhos na psicoterapia será desalojada por um movimento incitado pela fisiologia experimental por um lado, e as tradições populares simbólicas por outro? Neste momento é cedo demais para que se tirem conclusões a respeito de como essas mudanças virão a afetar a cultura do sonho nas sociedades ocidentais.

Capítulo 3

Corpo e Alma

Por volta do final do século XIX, a questão do lugar do homem na ordem da natureza era da maior importância. O pensamento evolutivo havia revolucionado as concepções até então consagradas a respeito da origem das espécies e sua inter-relação. Com isso, a relação do homem com seus ancestrais se viu situada sob novo prisma. As questões relacionadas à natureza da herança genética, memória, instintos, vida e energia eram tópicos cruciais nas ciências do corpo – a biologia, a etologia, a fisiologia e a zoologia – e também em algumas iniciativas dedicadas a construir uma psicologia científica.

Os defensores da nova psicologia científica chamavam seu campo de "psicologia fisiológica" para distingui-la da antiga psicologia filosófica, e para vinculá-la com as revoluções contemporâneas que atingiam as ciências voltadas para o estudo do corpo. Eles tinham a intenção de substituir a mente estática da tradição filosófica por uma mente que havia evoluído e estava adaptada ao meio ambiente. Para os psicólogos, a questão crítica era como coligar seu campo aos avanços registrados nas ciências do corpo, mantendo ao mesmo tempo a autonomia de sua disciplina.

Uma das formas como isso acabou acontecendo foi pela formulação do conceito de inconsciente, que servia de nova articulação para a relação entre a alma e o corpo. Noções de vida, memória e instintos tornaram-se transfiguradas pelo inconsciente. Por sua vez, este se tornou a nova pedra angular do autoconhecimento, que passou a significar o conhecimento do que era inconsciente em teor ou forma, para a pessoa.

Qualquer estudo da história do inconsciente tem uma dívida de gratidão para com o monumental trabalho de Ellenberger, *A descoberta do inconsciente*, e este não é exceção. O texto de Ellenberger assinalou a constituição e a delimitação de um novo campo de investigações. Embora seja possível divergir de diversas propostas teóricas desse autor, ainda assim todos os movimentos subsequentes continuam acontecendo dentro dos limites do território que ele inaugurou.

O pressuposto central de Ellenberger está incluído no título de seu trabalho. Como Mark Micale corretamente salientou, para Ellenberger "o inconsciente não foi inventado ou formulado, foi 'descoberto'" (1994, 127). Para ele, a realidade do inconsciente como objeto natural era inquestionável. Diferentes concepções do inconsciente figuram como mapas adversários, para retratar um terreno preexistente. Supunha-se a existência de uma realidade singular subjacente às múltiplas representações. Entretanto, para apreender a constituição histórica do inconsciente, esse naturalismo precisa ser deixado de lado. Sem tal suspensão, os modos finalmente elaborados de se conceber o inconsciente como objeto natural, com uma existência que não era sequer questionada, não podem ser compreendidos.

Para as novas psicologias dinâmicas do século XIX, o conceito de inconsciente servia para separar seu campo do de outros domínios, como o da filosofia, da fisiologia e da biologia. Ao mesmo tempo, essa separação estava longe de ser linear, pois a filosofia e a fisiologia tinham seus próprios conceitos de inconsciente e de funcionamento mental inconsciente. Quando se reconstrói essa série complexa de apropriações tem-se como avaliar em que medida elas tiveram êxito em sua empreitada.

Esta seção começa com uma consideração das posições de Jung a respeito de sua ligação com a filosofia, e depois mapeia a constituição dos conceitos de inconsciente na filosofia alemã. Parte, em seguida, para um esboço das concepções de vida, memória e instintos apresentadas pela fisiologia e pela biologia, e como elas deram margem aos conceitos biológicos e fisiológicos de inconsciente. Por fim, a seção mostra como Jung tentou sintetizar essas noções divergentes, propondo o conceito supraordenado de inconsciente coletivo.

Genealogias do inconsciente

Nos anos 1950, um número cada vez maior de trabalhos começou a expor e discutir a obra de Jung. Um dos primeiros estudos acadêmicos a ser publicado foi escrito por um estudioso norte-americano, Ira Progoff. Esse trabalho foi levado ao conhecimento de Jung, e temos a sorte de possuir uma transcrição detalhada de seus comentários a ele, na forma de uma entrevista realizada por Ximena de Angulo. Este material fornece uma importante correção ao modo como seu trabalho estava sendo em geral entendido. Contra uma leitura "freudiana" de sua obra, Jung afirmou que suas concepções eram "muito mais como as de Carus do que como as de Freud", e que Kant, Schopenhauer, Carus e Von Hermann haviam sido suas fontes de "ferramentas para pensar" (Ximena de Angulo, 1952, 207). Apesar de Nietzsche e Burckhardt o haverem influenciado, tinham sido "influências indiretas". Nietzsche o havia impressionado principalmente como um "fenômeno" (*ibid.*). Em sua dissertação, Progoff havia afirmado que Jung derivara seu conceito de inconsciente de Freud. Jung negou isso, e acrescentou: "Eu tinha essas ideias já muito tempo antes de conhecer Freud. *Inconsciente* é um termo *epistemológico* derivado de Von Hartmann" (208). No mesmo sentido, em seu seminário de 1925, ele reafirmou que sua ideia de inconsciente "lhe fora primeiramente inspirada por Schopenhauer e Von Hartmann" (1925, 5). Antes de examinar o trabalho destes dois estudiosos e avaliar sua significação para Jung, é importante reconstruir e reunir o entendimento de Jung sobre a filosofia do inconsciente.

Nos anos 1930, Jung tornou-se cada vez mais interessado pela história da psicologia, chegando a ponto de ministrar uma série de aulas sobre esse tópico, no Instituto Federal Suíço de Tecnologia. Ao mesmo tempo, um número cada vez maior de trabalhos comparativos sobre Freud e Jung começou a ser publicado, acentuando uma origem "freudiana" para a psicologia de Jung.[1] A título de correção, ele fez alguns comentários sobre sua linhagem intelectual. Em termos gerais, seu apanhado sobre o desenvolvimento histórico dos conceitos de inconsciente na filosofia acompanhava o de Von Hartmann. De fato, enquanto o levantamento feito por este último culminava com sua própria concepção de inconsciente, a sequência correspondente de Jung culminava com a sua (Von Hartmann, 1900, 16-42).

Jung afirmou que Freud não havia sofrido a influência desses fundamentos filosóficos. A afiliação que ele mesmo expressamente reconhecia com essa trajetória filosófica constituía um dos fatores cruciais de diferenciação entre seu trabalho e o de Freud. Em 1934, ele observou que "Já se falava de inconsciente muito antes de Freud".[2] Ele acentuava o fato de que essa ideia fora introduzida na filosofia por Leibniz, e que Kant e Schelling haviam dado suas opiniões a respeito. Subsequentemente, esse conceito tinha sido elaborado por Carus até se tornar um sistema, que em seguida Von Hartmann também tinha estudado, profundamente influenciado pelo pensamento de Carus. Em suas palestras de 1933 sobre a história da psicologia para o Instituto Federal Suíço de Tecnologia, ele comentou que fora de Schelling a ideia luminosa de que o inconsciente constituía o fundamento absoluto da consciência. Schelling também tinha percebido que o inconsciente era o mesmo para todas as inteligências; em outras palavras, que "o fundamento ancestral não é diferenciado, mas universal".[3]

Dentro dessa sequência histórica, ele dava importância especial ao trabalho de seu colega de mesmo prenome, Carl Gustav Carus. Em 1940, Jung escreveu que, embora filósofos como Leibniz, Kant e Schelling tivessem chamado a atenção para o "problema da alma obscura", fora Carus, um médico, que se vira compelido "a apontar o *inconsciente* como a base essencial da alma".[4] Em 1945, ele foi até o ponto de dizer sobre Carus que, se estivesse vivo naquela época, teria sido um psicoterapeuta.[5] De fato, a psicologia do inconsciente começou com Carus, que não percebeu que havia construído a "ponte filosófica para uma futura psicologia empírica".[6] Entretanto, as concepções filosóficas de Carus e von Hartmann "tinham sido suplantadas pela onda predominante

---

[1] Kranefeldt (1930); Heyer (1932); Adler (1934). Jung escreveu prefácios para os trabalhos de Kranefeldt e Adler, e fez uma revisão do de Heyer. Seu endosso dos trabalhos de seus alunos foi indispensável ao sucesso deles.
[2] "Revisão da teoria dos complexos" (1934, *OC* 8, §212).
[3] *Psicologia moderna*, vol. 1, 15.
[4] "A psicologia do arquétipo da criança" (1940), *OC* 9, 1, §259, trad. mod.
[5] "Medicina e psicoterapia", *OC* 16, §204.
[6] *Mysterium Coniunctionis*, *OC* 14, § 791. trad. mod.

do materialismo e do empirismo".⁷ Foi somente depois disso que o conceito de inconsciente reapareceu "na psicologia médica de orientação científica" (*OC* 9, 1, §1.). Em comparação com a tradição filosófica do inconsciente, a contribuição da psicologia moderna estava em ter descartado a metafísica dos psicólogos filosóficos "restringindo a ideia de uma existência psíquica a suas afirmações psicológicas, ou seja, a sua fenomenologia".⁸

A genealogia filosófica da psicologia do inconsciente que Jung desenvolveu aqui levantou a questão do significado do romantismo para ele. Em 1935, Jung escreveu um prefácio para um trabalho de Rose Mehlich, sobre Fichte. Mehlich havia afirmado que a psicologia de Jung era romântica. Em seu prefácio, ele disse que, embora estivesse familiarizado com os trabalhos de Leibniz, Carus e von Hartmann, "nunca soube até agora que minha psicologia fosse 'romântica'" (OC 18, §1732). No restante de seu prefácio, ocupou-se de distanciar seu trabalho do romantismo. A vinculação do trabalho de Jung com o romantismo proposta por Mehlich foi citada em um livro do mesmo ano, escrito por Olga von Koenig-Fachsenfeld, *Transformação do problema do sonho dos românticos até o presente*, para o qual ele também escreveu uma apresentação. Curiosamente, dessa vez ele reagiu de forma diversa à vinculação de seu trabalho com o romantismo. Disse ser compreensível que certas premissas da psicologia moderna fossem uma reapresentação de ideias românticas. Focalizou seus comentários sobre a abordagem vivencial dessas ideias que, segundo ele, eram exatamente o selo distintivo de sua atitude com respeito à psique. A seguir, ele anotou:

> O paralelismo com minhas concepções psicológicas é justificativa suficiente para chamá-las de "românticas". Uma pesquisa semelhante sobre seus precursores filosóficos também justificaria tal epíteto, pois toda psicologia que entende a psique como "experiência" é, do ponto de vista histórico, tanto "romântica" como "alquemística". Abaixo desse âmbito vivencial, entretanto, minha psicologia é científica e racionalista [wissenschaftlich-rationalistisch], fato que recomendo ao leitor que não ignore (OC 18, §1740, trad. mod.).

Vários anos mais tarde, ele novamente retomou essa questão num seminário ocorrido no dia 22 de novembro de 1938. Ao comentar sobre uma apresentação do trabalho de Philip Lersch, *O sonho no romantismo alemão*, ele disse:

> von Hartmann é a ponte de ligação entre a filosofia moderna e o romantismo. Foi profundamente influenciado por Carus... Suas ideias metafísicas eram essencialmente as de Carus e este é, sem sombra de dúvida, um român-

---
⁷ "Arquétipos do inconsciente coletivo" (1934), *OC* 9, 1, §1, trad. mod.
⁸ "Símbolos de transformação na missa", *OC* 11, §375, trad. mod.

tico. O fato de falarmos de um inconsciente é, totalmente, herança direta do espírito romântico.⁹

Em seus textos, ele às vezes se refere a Carus e von Hartmann como filósofos e, às vezes, como psicólogos. Também é variável o peso de suas contribuições acadêmicas para o subsequente desenvolvimento da psicologia médica. Esses equívocos indicam tensões no seio de sua relação com a filosofia. Em seus comentários sobre a dissertação de Progoff, ele considerava que a inadequada interpretação de seu trabalho como filosofia devia-se ao fato de ele ter utilizado conceitos filosóficos para esclarecer seus pressupostos e para formular seus achados (Ximena de Angulo, 1952, 203). Ao largo de toda a sua carreira, ele lutou contra aqueles que o chamavam de filósofo, e insistia em seu *status* de cientista empírico. Para Richard Hull, seu tradutor, ele disse em carta: "Não se esqueça: definitivamente eu não sou filósofo e, por esse motivo, meus conceitos são *empíricos* e não *especulativos*".¹⁰

Em diversas oportunidades, ele ofereceu descrições variadas da relação entre a filosofia e a psicologia. Em 1928, disse que, devido ao fato de o pensamento que subjaz à filosofia ser uma atividade psíquica, a psicologia ocupava uma posição superordenada: "Sempre penso que a psicologia abrange toda a extensão da alma, e isso inclui a filosofia, a teologia e muitas coisas mais".¹¹ Em 1931, ele afirmou que a diferença entre a filosofia e a psicologia era que, enquanto a primeira considerava o mundo como seu objeto de estudo, a segunda estudava o sujeito. Essa definição pode ter sido derivada de uma distinção semelhante feita Johann Herbart em 1814, que dissera que "o trabalho da psicologia é... tornar compreensíveis todas as experiências subjetivas, enquanto o trabalho da filosofia da natureza consiste em realizar o mesmo com respeito às experiências externas".¹² Jung alegava que "Ambas as disciplinas não podem existir uma sem a outra, e que uma sempre fornece as suposições mais inconscientes da outra".¹³

À primeira vista, parece que essas declarações dizem coisas diferentes, pois, enquanto que na primeira a psicologia engloba a filosofia, na segunda ambas recebem *status* igual. É possível propor uma formulação que reconcilia essas afirmações. Pode-se dizer que "os pressupostos filosóficos" de Jung incluíam uma leitura psicologizante da filosofia que permitia à filosofia ser

---

⁹ Interpretação psicológica dos sonhos infantis (1938-1939), 47.
¹⁰ 9 de fevereiro de 1951, LC.
¹¹ "Aspectos gerais da psicologia do sonho" (1928/1948) OC 8, §525, trad. mod.
¹² Jung discutiu Herbart no curso de suas aulas sobre história da psicologia em 1933 (*Psicologia moderna* 1, 21). Há algumas poucas referências a Herbart na obra de Jung, indicando o interesse por sua noção da relação entre as representações e o limiar da consciência, expressa em "Reflexões teóricas sobre a essência do psíquico" (1946), *OC* 8, §350.
¹³ "Os problemas básicos da psicologia contemporânea" (1931), *OC* 8, §659.

incorporada pela psicologia. Por fim, deve-se notar que a "filosofia" de que ele tentava se distanciar era justamente aquela da qual estava mais próximo, a saber, a filosofia do inconsciente, estendendo o título de von Hartmann para designar a sequência de desenvolvimento que Jung esboçou acima.

A filosofia do inconsciente

Num estudo extraordinário, Michel Henry investigou a geração do conceito de inconsciente dentro da tradição filosófica, e seu prolongamento pela psicanálise. Em sua argumentação, Henry diz que o conceito de inconsciente apareceu, pela primeira vez no pensamento ocidental, "ao mesmo tempo em que e como exata consequência do conceito de consciência".[14] A progressiva expansão do conceito de inconsciente na filosofia foi possibilitada por uma progressiva delimitação do conceito de consciência. Na leitura feita por Henry da moderna tradição filosófica, de Descartes em diante, a filosofia da consciência – na qual a essência da consciência era concebida em termos de representações – consistia na incapacidade de trilhar justamente o caminho aberto pelo *cogito* cartesiano, ou seja, o "'eu penso' significa qualquer coisa, menos o pensamento. 'Eu penso' significa vida" (3). Henry conclui que o conceito freudiano de inconsciente, longe de romper com a filosofia da consciência, paradoxalmente a prolonga, por concebê-lo como um conjunto de representações ocultas – que é a característica definidora da consciência para a tradição filosófica moderna. Para acompanhar esses desdobramentos, voltamo-nos agora para os desenvolvimentos registrados na filosofia alemã dos séculos XVIII e XIX.

Kant

Para um aluno do Instituto Jung, nos anos 1950, Jung exclamou: "Kant é o meu filósofo".[15] Immanuel Kant (1724-1804) nasceu em Königsberg e passou sua vida ali. Depois de trabalhar como professor particular, recebeu uma cátedra de filosofia na universidade, em 1770. Foi com sua assim chamada filosofia crítica que Kant inaugurou uma nova era na filosofia. Iniciava seu prefácio à primeira edição do *Crítica da razão pura* (1781) salientando o fato de que era uma peculiaridade da razão humana debruçar-se sobre questões que, dada sua própria constituição, ela não poderia resolver. A metafísica havia caído em erro ao tentar suplantar o que era apresentando pela experiência. Em seu prefácio à segunda edição do *Crítica*, Kant disse que, até então, a suposição era que nosso

---

[14] 1985, 2. Sobre Henry, ver Borch-Jacobsen, 1989.
[15] Jung para John Phillips, comunicação pessoal, John Phillips.

modo de cognição deveria conformar-se aos objetos da experiência. Em sua análise, fora essa suposição que causara o fracasso da metafísica. Em oposição a isso, ele propunha o inverso, ou seja, que os objetos da experiência é que se devem conformar com nosso modo de cognição. Essa inversão, cuja propositura o tornaria famoso, correspondia nos termos da filosofia à substituição defendida por Copérnico, de um modelo geocêntrico de universo para um outro, heliostático. Para Kant, a questão era determinar que forma a cognição deveria adotar para tornar possível uma experiência do mundo. No princípio, ele distinguia entre o conhecimento puro e o empírico. Dizia que, apesar de indubitável que todo conhecimento começava com a experiência, não era de modo algum o caso de ele ser totalmente derivado dela, como defendiam os empiricistas Locke e Hume. O conhecimento puro consistia em noções universais *a priori* que não eram derivadas da experiência. Essas noções ele chamava de categorias. Um exemplo de categoria era a lei da causalidade. Ele afirmava que a lei da causalidade devia ter uma base *a priori* no entendimento, pois não poderia ser derivada exclusivamente da experiência. As regras empíricas não poderiam ser estritamente universais, pois a indução só poderia levar à universalidade comparativa e à utilidade extensiva (Kant, 1787/1930, a 92). As categorias constituíam as condições de possibilidade da experiência. Somente por intermédio de representações é que era possível conhecer algo como um objeto.

Junto com as categorias, ele introduziu uma distinção entre as coisas, tais como eram vivenciadas, que então ele chamava de fenômenos, e as coisas tais quais eram por si, que ele chamava de númenos. Os fenômenos eram representações de coisas que, em si, eram desconhecidas (a249s). O conceito de númeno era um "conceito limítrofe" que servia para delimitar "a pretensão da sensibilidade" (b311). Assim, era formulado apenas em termos negativos, para estabelecer limites ao entendimento, que só era capaz de conceber as coisas por meio das categorias.

Para Kant, na "disputa das faculdades", a psicologia ocupava um lugar inferior, pois não poderia ser uma ciência natural. Ele afirmava que qualquer disciplina que quisesse constituir-se ciência deveria basear-se na matemática, que funcionava como seu fundamento *a priori*. Dizia que a matemática era "inaplicável aos fenômenos dos sentidos internos" (1786/1985, 8). Além disso, a psicologia não era uma disciplina experimental, dada a dificuldade da auto-observação. Como a experiência íntima constituía um fluxo no tempo, carecia da permanência necessária à observação. Em termos estridentes, ele alertava contra a prática da auto-observação: "desejar brincar de espião de si próprio... é inverter a ordem natural dos poderes cognitivos... O desejo da autoinvestigação ou já é uma doença da mente (hipocondria), ou levará a ela e, por fim, ao hospício" (8). Com isso a advertência kantiana contra a auto-observação se sustentou até o surgimento da psicopatologia dos psicólogos. A observação dos outros também era crivada de dificuldades, e a observação distorcia o estado dos objetos observados. Com isso, a psicologia só poderia aspirar a ser uma descrição natural da alma, e não uma ciência.

O livro de Kant intitulado *Antropologia do ponto de vista pragmático* (1798) tratava de uma boa parte dos assuntos que, futuramente, a psicologia reivindicaria como seu objeto de estudo. Ele dizia que, ao contrário de Locke, que havia afirmado não ser possível ter ideias sem se estar consciente delas, "podemos estar indiretamente conscientes de termos uma ideia, embora não diretamente cônscios dela" (18). Ele designava estas como ideias obscuras. O reconhecimento prestado por Kant a essas ideias obscuras vinha de Leibniz (1646-1716). Em *Novos ensaios sobre o entendimento humano*, Leibniz propôs sua tese sobre a existência de "pequenas percepções" [*petits perceptiones*], ou percepções pequenas demais para serem registradas. Como exemplo, ele notava que, quando ouvimos o som das ondas, segue-se que somos afetados pelas partes que as constituem, quer dizer, pelos sons de cada onda, que, em si mesmos, são fracos demais para serem ouvidos (1703-1705/1981, 55). Essas percepções, que determinavam nosso comportamento sem que pensássemos sobre elas, eram responsáveis pela sensação da continuidade temporal. Kant especulou sobre essas pequenas percepções, ou ideias obscuras como as chamava, em suas aulas sobre psicologia, em meados da década de 1770:

> Se, mediante uma revelação sobrenatural, pudéssemos tornar-nos imediatamente conscientes de todas as nossas obscuras representações e de toda a extensão da alma, de um só golpe, então talvez nos espantássemos conosco e com os tesouros de nossa alma, de toda a abundância que contém quanto ao conhecimento de si mesma. Quando lançamos nossos olhos, através do telescópio, ao alcance dos mais remotos corpos celestes, então o instrumento não faz nada além de despertar nossa consciência para a quantidade insondável de corpos celestes invisíveis a olho nu, mas que já se encontravam em nossa alma, mesmo que obscuramente. Se o ser humano fosse capaz de tomar consciência de tudo o que percebe sobre o corpo, usando o microscópio, então teria um grande conhecimento do corpo, que de fato agora até já tem, mas do qual ele mesmo só não está ainda consciente. Além disso, tudo o que é ensinado na metafísica e na moralidade, todo ser humano já sabe; apenas, ele mesmo não tem consciência disso. E aquele que explica e expõe isso para nós, hoje, não nos diz nada de novo que já não saibamos; pelo contrário, ele só assegura que eu me torne consciente daquilo que já existe em mim. Se Deus iluminasse imediatamente nossas almas, e então pudéssemos nos tornar conscientes de todas as nossas representações, então os mais instruídos não estariam nem um pouco mais avançados que os menos instruídos; a única diferença é que, agora, o instruído já tem consciência de mais algumas coisas. Mas se uma luz alcança cada alma, então elas são igualmente claras e distintas. Por conseguinte, esconde-se no campo das representações obscuras um tesouro que constitui o profundo abismo das cognições humanas, que somos incapazes de alcançar.[16]

---

[16] "Metaphysik L_1, psicologia", em Kant, 1997, 47.

David Leary comenta que, ao impor limites à psicologia, Kant havia, inadvertidamente, formulado receitas que seriam acatadas no século XIX por estudiosos que desejavam estabelecer a psicologia como ciência:

> [Jakob Freidrich] Fries [1773-1843) afirmava que a psicologia pode desenvolver um conjunto de conceitos racionais para direcionar seu trabalho teórico; [Johann Friederich] Herbart [1776-1841] elaborou uma psicologia matemática... e [Friederich Eduard] Beneke propôs um conjunto de experimentos e defendeu ardorosamente o estabelecimento de uma psicologia verdadeiramente experimental (1982, 35).

O abismo que nos separava do tesouro das ideias obscuras iria mostrar-se menos convidativo. Na introdução a sua edição das aulas de Kant sobre psicologia, o espiritualista e filósofo Carl du Prel argumentou que os sonhos, o sonambulismo e a mediunidade comprovavam a simultaneidade do sujeito transcendental de Kant e de nosso ser terreno. Como consequência, "a teoria da alma será agora direcionada para caminhos inteiramente novos. Sua ênfase se deslocará da consciência para o inconsciente" (1889, 42).

Schelling

Friedrich Schelling (1775-1854) estudou filosofia em Tübingen. Era próximo de Hegel e Hölderlin. Durante diversos anos foi discípulo de Johann Fichte. Em 1798, obteve uma cadeira de filosofia na Universidade de Jena, e em seguida lecionou em Würzburg, Erlangen, Munique e Berlim. Kant havia dito que a demonstração feita por Schelling de que os conceitos do entendimento não eram aplicáveis ao âmbito suprassensorial tinha encerrado a metafísica. Schelling rebateu o argumento dizendo que, se ele estivesse certo, o âmbito suprassensorial não só não poderia ser conhecido como não poderia sequer ser pensado. Kant caíra em contradição. Para Schelling, a filosofia tinha duas tarefas: explicar a gênese da natureza e elucidar o mundo metafísico. Embora Kant tivesse fracassado a esse respeito, e preservado a metafísica sem querer, sua contribuição havia sido redirecionar a filosofia para o plano subjetivo. Fora esse o aspecto desenvolvido por J. H. Fichte. Em *Filosofia da natureza* (1797), Schelling tentara demonstrar a possibilidade da existência do mundo externo. Em última instância, a resolução se encontrava "na absoluta identidade da Mente *em nós* com a Natureza *fora de nós*" (42). Em *Sistema de idealismo transcendental* (1800), ele buscou reconciliar este aspecto com a filosofia de Fichte. Mais tarde, afastou-se de Fichte e desenvolveu uma filosofia da identidade. Esboçou uma crítica de Hegel, e elaborou uma filosofia da mitologia e da religião, e do cristianismo em particular. Num estudo fundamental, Odo Marquard caracteriza a obra de Schelling como uma "despotencialização" da filosofia transcendental, na qual a leitura histórica da natureza e a leitura natural da história ocorriam lado a lado. Ele identifica os seguintes elementos ambivalentes nesse processo:

> De um lado, reconhecer a natureza como a base da razão; de outro, entender essa mesma natureza como 'racional'; ou, de um lado mostrar que o não eu é o fundamento do eu; de outro, entender esse não eu como eu; ou, de um lado, identificar o histórico por meio do que não é histórico, a natureza; de outro, definir essa natureza como o outro em relação a ela, por meio da historia.[17]

O aspecto do trabalho de Schelling que nos concerne neste momento é sua noção de inconsciente. Ele entendia o inconsciente como uma força produtiva, ou como a base da consciência. Quanto a isto era fiel à tentativa de Fichte de determinar o "ato que não aparece, e não pode aparecer, entre os estados empíricos da consciência, mas que, ao contrário, está na base da consciência e é sua única condição de possibilidade" (Fichte, 1794, 93). Como Marquard salienta, a ênfase de Schelling no inconsciente e no "tomar consciência do inconsciente" deriva de ter despotencializado o "eu" transcendental de Fichte (1987, 158). Um outro aspecto da despotencialização do "eu" foi a ênfase cada vez maior dada ao significado dos impulsos. Em *Sistema de idealismo transcendental*, Schelling argumentava que a atividade fundamental que produz o mundo é tanto consciente quanto inconsciente (1800, 12). Ao mesmo tempo em que a autodeterminação do sujeito é consciente, o ato original da autoconsciência em si não é. Por conseguinte, existia uma região inconsciente na mente: "o que existe em mim sem consciência é involuntário; o que existe com consciência está em mim por força de meu querer" (204). A arte – que incluía a mitologia – era a atividade que melhor revelava ambas as atividades da consciência e do inconsciente. A produção artística consistia em dois fatores: um, composto por pensamento e reflexões, era consciente; podia ser aprendido e transmitido. O outro era inconsciente e inato. Em seu trabalho sobre a mitologia, ele fez frequentes referências aos deuses como imagens primordiais [*Urbilder*] (1857). Em seu trabalho posterior, propôs um princípio irracional que constituía o alicerce da existência do mundo, e o identificava com o inconsciente.

Quanto à psicologia, ele afirmava que seu problema estava em ver tudo em termos de causa e efeito, o que denegria tudo o que fosse raro e sublime: "Os maiores feitos do passado, depois de terem sido dissecados pelos bisturis psicológicos, parecem o resultado natural de uns poucos motivos plenamente compreensíveis" (1803, 65). Trinta anos mais tarde, ele enxergou um lado mais positivo. Embora ainda afirmasse que a psicologia carecia de uma base científica, ela "certamente abrirá para o espírito humano uma nova região de si mesma", em especial o limite entre os domínios físico e psicológico (1827, 93).

---

[17] Marquard, 1987, 153. Sou grato a Jean Starobinski por recomendar-me esse trabalho.

Schopenhauer

Arthur Schopenhauer (1788-1860) nasceu em Danzig. Estudou na Universidade de Göttingen e obteve o doutorado em filosofia na Universidade de Jena. Em 1811, participou de algumas aulas ministradas por Fichte, em Berlim. Em 1813-1814, estava em Weimar, e teve um intenso contato com Goethe. Foi durante esse período que travou conhecimento com o pensamento oriental, que surtiu sobre ele um efeito profundo. Sua obra filosófica, *O mundo como vontade e representação*, foi publicado em 1819. Dentre suas primeiras palavras, Schopenhauer declarava que:

> "O Mundo é minha representação": esta é uma verdade válida com referência a todo ser vivo e cognoscente, embora somente o homem possa levá-lo ao plano da consciência abstrata reflexiva... Decorre então que para ele é claro e certo que ele não conhece um sol ou uma terra, mas somente o olho que vê o sol, a mão que sente a terra; que o mundo a sua volta só está ali como representação; em outras palavras, somente em referência a alguma outra coisa, a saber, aquilo que representa, e isso é ele mesmo. (3)

Ao mesmo tempo, o mundo não se apresentava a um puro sujeito cognoscente, mas a alguém dotado de realidade corporal. Para se referir a tal aspecto, ele usou o termo "vontade": "Isto, e somente isto, lhe dá a chave para desvendar seu próprio fenômeno, lhe revela a significação, e mostra o mecanismo interno de seu ser, seus atos e movimentos" (100). Seu uso do termo "vontade" deve ser distinguido de seu emprego cotidiano. Michel Henry corretamente afirma que, para Schopenhauer, "*vontade significa a vontade da vida de viver*, de modo que todas as determinações essenciais do conceito central de Schopenhauer (a vontade de viver) são explicadas pela vida" (1985, 134). Com isso, ele introduziu uma delimitação radical quanto à procedência da representação. A vontade constituía não só a natureza mais essencial da criatura humana, como também dos animais e de toda a existência. A vontade era cega, ou seja, não era guiada pelas representações. Ele afirmava que

> tanto na teologia interna como na teologia externa da natureza, o que devemos pensar como meios e fins não passa, em todos os casos, do fenômeno da unidade da vontade única, até aí de acordo consigo própria, e que se fragmentou no espaço e no tempo para nosso modo de cognição (1819, 161).

Assim, havia "uma autoadaptação do que existe de acordo com o que ainda está por vir. Dessa forma, o pássaro constrói seu ninho para o filhote que ainda não conhece" (160). A cegueira da vontade dá margem à intensidade do sofrimento e à tragédia que marcam sua filosofia, comumente chamada de pessimista.

No início, seu trabalho chamou pouca atenção. A partir da década de 1850, Schopenhauer tornou-se cada vez mais renomado, atingindo o auge de sua fama no período entre 1880 e a Primeira Guerra Mundial, na mesma época em que Jung leu seus trabalhos pela primeira vez (Magee, 1987, 262).

Carus

Marquard afirma que a despotencialização da filosofia transcendental engendrada por Schelling estabeleceu a significação filosófica da medicina. Sendo a história entendida como natureza, as dificuldades da história eram concebidas como dificuldades da natureza, em outras palavras, como doenças (1987, 170). Com isso, a custódia da natureza saiu das mãos dos artistas e passou para as dos médicos. Isso explica o fato de muitos filósofos da natureza serem médicos ou terem relações explícitas com a medicina, e que não tenha sido questão de acidente fisiologistas como Karl Friedrich Burdach e Johannes Muller se envolverem com a filosofia da natureza. O desencanto do conceito de natureza para a filosofia transcendental conferiu valor filosófico à atitude terapêutica; esse desenvolvimento culminou no conceito apresentado por Friedrich Nietzsche do filósofo como médico da cultura. A medicalização da filosofia despotencializou a racionalidade e levou a uma ênfase maior sobre a questão da gênese e desenvolvimento da própria racionalidade.

Uma figura exemplar a esse respeito foi Carl Gustav Carus. Nascido em Leipzig (1789-1869), estudou medicina e foi indicado professor de ginecologia na Universidade de Dresden, em 1814. Publicou trabalhos sobre uma ampla variedade de tópicos, incluindo anatomia comparada, fisiognomia, fisiologia, simbologia, cranioscopia, psicologia comparada e Goethe. Tinha contato com Oken, Reil e Von Humboldt, além de Goethe. Ao lado de realizar um trabalho teórico e científico, Carus também era pintor. Em 1829, assistiu às aulas de Schelling, em Dresden. O mais conhecido de seus trabalhos é *Psyche*, datado de 1846, que começa com a seguinte sentença: "*A chave para o entendimento da natureza da vida consciente da alma está na esfera do inconsciente*" (1846, 1). Isso era devido ao fato de "a maior parte da vida da alma situar-se no âmbito do inconsciente. Embora estejamos conscientes de apenas poucas ideias a cada momento dado, criamos continuamente milhares de ideias das quais estamos completamente inconscientes" (1). Sendo assim, a consciência depende do inconsciente, do qual se origina. Consequentemente, ele dizia que a chave para qualquer psicologia genuína residia no estudo do inconsciente. Ele combinou as teses de Kant e Leibniz, quanto à existência de representações inconscientes, com a noção de Schelling do inconsciente como a base primária da consciência. O inconsciente de Carus tinha vários níveis. O primeiro era a inconsciência absoluta, completamente inacessível à consciência. Esta consistia em um nível geral original, predominante na fase embriônica do desenvolvimento. Após o surgimento da consciência, os processos formativos ocorrem no nível parcial do inconsciente absoluto, que governa os processos fisiológicos. A camada relativa do inconsciente continha representações que às vezes eram conscientes. Dado o fato do pouco que a pessoa é consciente a cada momento dado, essa região era a maior de toda a alma. O inconsciente era a fonte primordial da vida. O desenvolvimento da vida era teleológico "certa meta, uma antecipação, deve existir inconscientemente para que a vida se desenvolva nessa direção e aspire alcançá-la" (22). Ele concebia essa meta em termos da replicação mimética de uma imagem primordial: "algo em nossa alma produz inconscientemente uma cópia dessa imagem primordial [*Urbild*]" (23). A imagem primordial era responsável pela manutenção e expansão da espécie e também do indivíduo. O inconsciente era caracterizado pelo fato de não conhecer a fadiga nem a doença. O poder curativo da natureza operava através do inconsciente. Possuía as propriedades de um Prometeu e de um Epimeteu, no sentido de ser orientado tanto para o futuro quanto para o passado. Era por meio do inconsciente que as pessoas se conectavam com o resto do universo.

Von Hartmann

O desenvolvimento de conceitos do inconsciente na filosofia alemã, que não foram assimilados pelas filosofias britânica e francesa, culminou no trabalho de Eduard von Hartmann (1842-1906).[18] Von Hartmann nasceu em Berlim e se formou na Universidade de Rostock. Depois, seguiu a carreira militar e posteriormente viveu como acadêmico particular. Seu principal trabalho, *A filosofia do inconsciente*, apareceu em 1868, e foi largamente elogiado. Teve dez edições enquanto von Hartmann foi vivo. Tem-se dito que foi o trabalho filosófico mais lido de seu tempo. Nele, o autor tentava reconciliar a tradição do idealismo alemão com as ciências naturais. O conceito unificador era o de inconsciente, e esse trabalho consistiu em apresentar um plano taxonômico que incorporasse praticamente todos os fenômenos concebíveis sob essa rubrica.

Von Hartmann apresentou seu trabalho como o ápice da filosofia alemã dos séculos XVIII e XIX, que ele releu sob o prisma da problemática do inconsciente. Ele reformulou a vontade de Schopenhauer nos termos do inconsciente, afirmando que esse era livre da autoconsciência; tratava-se de uma vontade inconsciente (1868, Livro 1, 29).

Com o passar dos anos, ele fez uma revisão de seu modelo das divisões do inconsciente. As edições subsequentes da obra, *A filosofia do inconsciente*, apareceram consideravelmente maiores, assim como o inconsciente. Em sua versão final, de 1900, von Hartmann fazia uma distinção entre o inconsciente epistemológico, o físico, o psíquico, o metafísico – que tinha uma camada

---

[18] Com a única exceção de William Hamilton (1865).

relativa e outra, absoluta – e, por fim, o espírito inconsciente absoluto. Era o inconsciente que ele considerava como o dinamismo primário, não a consciência. Esta era entendida como um produto do inconsciente (Livro 2, 81). O surgimento do inconsciente não era acidental, mas representava uma iniciativa teleológica inata dirigida a atingir um estado mais elevado de consciência (Livro 3, 255). Em última instância, este possuía como meta a redenção do mundo, que consistiria no retorno a seu estado original, anterior a seu início.

O inconsciente forma e preserva o organismo e, por intermédio dos instintos, preserva o indivíduo e a espécie. Ele entendia que havia uma pluralidade de instintos: autopreservação, vergonha, nojo, modéstia, gratidão, amor maternal, e também os instintos sexuais, sociais e de aquisição (Livro 1, 205s). A principal característica do instinto era seu propósito: *"O instinto é uma ação proposital sem consciência desse propósito"* (Livro 1, 79). Essa característica proposital chegava até o ponto do que ele chamava de a clarividência do instinto, presente tanto nos seres humanos como nos animais (Livro 1, 106-107). O inconsciente é atemporal e a-espacial, e nunca erra. Na esfera psicológica, o inconsciente proporciona orientação por meio de indícios. Todas as atividades artísticas dependem da "invasão" do inconsciente (Livro 1, 286). O mesmo vale para o misticismo, cuja essência ele definia *"como o preenchimento da consciência com um conteúdo (sentimento, pensamento, desejo) por meio de seu aparecimento involuntário, oriundo do Inconsciente"* (Livro 1, 363).

Para von Hartmann, a principal questão com respeito à natureza do inconsciente era: um só ou muitos? Será que existia uma pluralidade de inconsciências? (Livro 2, 223). Quanto a essa questão, ele optou pelo monismo, alegando que havia um "inconsciente idêntico em toda parte" (Livro 2, 226). Com isso, seu conceito do inconsciente era, essencialmente, transindividual e coletivo: "Quando nós, no entanto, vemos o mundo como um todo, a expressão 'o Inconsciente' adquire a força não só de uma *abstração* oriunda de todas as funções e tópicos individuais inconscientes, mas também de um *coletivo*" (Livro 1, 4). Consequentemente, esse inconsciente formava o substrato de todas as consciências individuais (Livro 2, 230). Decorrendo da significação insuperável que ele atribuía ao inconsciente, o desenvolvimento humano era, para ele, dependente de se prestar bastante atenção a ele. Se a pessoa não conseguisse ouvir a inspiração enviada pelo inconsciente, perderia sua própria vitalidade, destino a que estava igualmente fadada a era racionalista que o havia suprimido (Livro 2, 42). Von Hartmann propunha o contato com a natureza e as artes como contrapontos para se conseguir manter a ligação com o inconsciente. A meta final da individualidade deveria ser *"a completa devoção da personalidade ao processo mundial, em prol de seu objetivo maior, a redenção geral do mundo...* TORNAR OS FINS DO INCONSCIENTE OS FINS DE NOSSA PRÓPRIA CONSCIÊNCIA" (Livro 3, 133). Quando dizia a *filosofia* do inconsciente, ele queria significar um sistema metafísico especulativo que abrangia os fenômenos da biologia, da psicologia e até mesmo da teologia, no âmbito de sua procedência. A conceituação filosófica do inconsciente foi possibilitada por uma progressiva delimitação dos atributos da consciência. O que antes era entendido como atividade consciente ia sendo, cada vez mais, transferido para o inconsciente.

Nessa época, os psicólogos estavam tentando distinguir a psicologia da metafísica especulativa, estabelecendo-a como uma ciência natural. Por conseguinte, a filosofia do inconsciente de von Hartmann – segundo a qual o inconsciente representava um princípio que abrangia completamente o domínio da psicologia sob a tutela da filosofia – convidou amplas críticas dos psicólogos. Os fisiologistas também estavam tendo trabalho para diferenciar sua própria concepção do inconsciente da proposta por von Hartmann. Em 1889, o psicólogo americano James Mark Baldwin avaliou negativamente o trabalho de von Hartmann, taxando-o de metafísico. E concluía:

> Os fenômenos chamados de "estados mentais inconscientes" podem ser parcialmente explicados pelo lado físico, como excitações inadequadas a um resultado mental, e parcialmente também como estados dotados do menor teor possível de consciência. Não temos meios de saber onde, na progressiva subsistência da consciência, essas duas classes de fatos se encontram... Como diria Binet, se é que existem fenômenos mentais inconscientes, "não sabemos absolutamente nada a respeito deles" (1890, 58).

De maneira semelhante, o psicólogo experimental alemão Oswald Külpe (1862-1915) dizia que o sistema de von Hartmann, como o de Schopenhauer, "pode ter-se proposto na forma de uma especulação semimitológica, como os mitos de *Platão*, em vez de ser uma extensão e complemento do conhecimento científico" (1913, 189).

Em 1890, William James dedicou uma longa seção de sua obra *Princípios de psicologia* a uma crítica do conceito de inconsciente. Nesse capítulo sobre a teoria das "coisas da cabeça", ele lidava com a existência de estados mentais inconscientes. De maneira caracteristicamente presciente, ele dizia que a distinção entre a consciência e a inconsciência de um estado mental era "o meio soberano para se acreditar no que se bem quiser em psicologia, e de transformar o que poderia ser ciência em gira-gira para delirantes" (vol. 1, 163). Citou então dez supostas provas do inconsciente, que von Hartmann havia "muito enfaticamente proposto", submetendo-as então a uma minuciosa refutação, ponto por ponto. Em cada caso, embora reconhecesse a existência dos fenômenos particulares em questão, demonstrou que eram suscetíveis a outras formas de explicação que, por sua vez, se mostravam muito distintas umas das outras. No lugar de uma atração monista pelo inconsciente, o que se via necessário era uma abordagem pluralista para fenômenos diversos. James desclassificou a obra de von Hartmann: "Hartmann mais ou menos iguala a bússola do universo ao princípio do pensamento inconsciente. Para ele não existe nada dotado de nome que não sirva de exemplo para sua suposição... Acontece o mesmo com Schopenhauer" (169).

A restrição defendida por James quanto ao termo "inconsciente" não indicava absolutamente um desinteresse pelos estados que servia para designar; muito pelo contrário. Em 1901, ele descreveu a descoberta do campo extramarginal da consciência em 1886, como "o passo mais importante já dado pela psicologia desde que comecei a estudar essa ciência" (1902, 233). O domínio extramarginal:

> É o reservatório de tudo que é latente ou inobservado. Contém, por exemplo, coisas tais como todas as nossas lembranças momentaneamente inativas, e abriga as fontes de todas as nossas paixões, impulsos, preferências, aversões e preconceitos, e suas obscuras motivações. Nossas intuições, hipóteses, sonhos, superstições, opiniões, convicções, e, em geral, todas as nossas operações não racionais procedem dele. É a nascente de nossos sonhos e, aparentemente, eles podem retornar para lá. Brotam dele todas as experiências místicas que possamos vivenciar, e nossos automatismos, sensoriais ou motores, assim como nossa vida em estados hipnóticos ou 'hipnoides', se formos submetidos a tais condições; nossos delírios, ideias fixas e acidentes histéricos, se formos criaturas histéricas; nossas cognições supranormais, se ocorrerem, e se formos sujeitos telepáticos (483-484).

Um aspecto crítico em James é que ele entendia tais fenômenos como "fatos conscientes de algum tipo".

Em fase posterior de sua obra, James desenvolveu uma metafísica do empirismo radical. Um dos principais conceitos que ele tomou para reexaminar foi o da consciência. Em 1904, publicou um ensaio intitulado "A consciência existe?" que se encerrava com um retumbante "não". Consciência é "o nome da não entidade, que não tem direito a reservar lugar entre os princípios fundamentais. Aqueles que ainda se apegam a ela estão presos a um mero eco, a um fraco rumor que resta atrás da 'alma' a desaparecer em meio aos ares filosóficos" (1904, 2). James estava negando que a consciência representasse uma entidade. Sem sombra de dúvida, existem os pensamentos, dotados da função de *conhecer*. Ele recomendava que se substituísse o apelo à consciência por "seu equivalente pragmático nas realidades da experiência" (3). Assim, em última análise, para James, se não inconsciente, tampouco havia consciência. O desenvolvimento do conceito de inconsciente nada fizera para resolver os problemas fundamentais associados com o conceito de consciência, como, por exemplo, o dualismo mente-corpo.

A década de 1880 foi caracterizada por tentativas de se apresentar noções limitadas, restritas, de inconsciente, tipificadas pelo conceito de Janet de subconsciente.[19] Para esses psicólogos, seu conceito do inconsciente tinha de ser

---

[19] Ver antes, pp. 140-142.

radicalmente diferenciado dos conceitos filosóficos que os haviam antecedido, para que fosse legitimado seu *status* científico. Na maioria dos casos, isso foi realizado simplesmente por meio da negação de uma afiliação, e pela alegação de que esses conceitos eram apenas derivados das observações clínicas.

Ao mesmo tempo em que se desenrolavam esses acontecimentos na filosofia e na psicologia filosófica, a biologia e as ciências da vida passavam por transformações que viriam a influir de maneira crítica na forma que as novas psicologias iriam adotar. Vejamos agora o que foram esses desenvolvimentos.

Alma e vida

Desde a Antiguidade, têm sido amplamente discutidas pela biologia e pela medicina as questões atinentes à natureza dos organismos vivos, e à duvidosa existência de uma alma, ou princípio vital, inerente. As posições favoráveis à existência de uma força vital específica têm sido designadas como vitalistas ou animistas. As definições da força vital têm-se apresentado de forma positiva ou negativa. As definições "positivas" afirmam a existência de um princípio de vida específico. Nestas, é defendida a noção de que há algum princípio externo que confere ao corpo suas propriedades vitais. As outras afirmam que os organismos vivos possuem características irredutíveis, em virtude da organização da matéria. Com o advento do materialismo científico no século XIX, o termo "vitalismo" tornou-se frequentemente envolvido em controvérsias, como sinônimo de erro e termo aberto a recriminações; ainda hoje esse é o uso predominante para o termo.

No século XIX, os argumentos relativos à existência de um princípio vital estavam inextricavelmente envolvidos em questões de teor metafísico ou religioso. Um exemplo de um defensor do vitalismo dessa época, e que futuramente seria uma importante influência na carreira de Jung, foi Karl Friedrich Burdach. Burdach (1776-1847), que às vezes é descrito como um fisiologista romântico, era catedrático de anatomia nas Universidades de Dorpart e Königsberg. Entre 1826 e 1840, produziu uma obra em seis volumes, intitulada *Fisiologia como ciência da experiência*. Dizia que, sendo a meta da fisiologia o conhecimento do espírito humano, era preciso estudar a totalidade da natureza. Esse trabalho incorporava contribuições de alguns de seus notáveis assistentes, tais como Karl Ernst von Baer, Heinrich Rathke e Johannes Muller. Seu trabalho demonstra a significação teológica de postular uma força vital específica. Esta era

> um princípio ideal, eterno, presente no mundo inteiro, que criou todas as coisas individuais e as harmonizou, de tal maneira que, como um todo, a natureza é uma coisa viva... É também a mesma força que criou o mundo inteiro e produziu cada uma das coisas vivas (1840, vol. 1, 307).

A base da formação orgânica não era uma substância pré-existente, mas uma força formadora [*Bildungskraft*]. Nenhuma teoria mecânica ou química poderia explicar plenamente a formação orgânica, de modo que era preciso evocar a existência de um princípio vital. Não se tratava de uma entidade transcendental, mas de uma força criativa natural. Para os defensores desse conceito, a existência de tal força constituía evidência da existência de um propósito divino, já que algo cego e sem inteligência não poderia criar seres direcionados para metas (309). Consequentemente, as leis da natureza eram uma revelação direta de Deus.

Era essa implicação teológica da postulação da força vital a que se opunham mais veementemente os defensores do materialismo científico como Karl Vogt, Jacob Moleschott e Ludwig Büchner (Gregory, 1977, 168). Os mais destacados críticos do vitalismo foram os fisiologistas Emil du Bois-Reymond (1818-1896) e Carl Ludwig (1816-1895). Em 1847, junto com Hermann von Helmholtz e Ernst von Brücke, eles se comprometeram a assentar a fisiologia em bases estritamente químico-físicas, banindo toda alegação da existência de forças vitais. Em 1848, em seu texto "Pesquisas sobre a eletricidade animal", du Bois-Reymond apontou suas críticas contra a existência da força vital. Uma vez que todas as mudanças no mundo material eram redutíveis a movimentos, o conceito de uma força vital específica [*Lebenskraft*] separada da matéria, resultava de uma "tendência irresistível à personificação" e "de um conceito artístico retórico de nosso intelecto" (1912, 14).

No transcorrer do século XIX, as teorias vitalistas perderam força. O desenvolvimento da teoria celular foi visto como o alicerce de uma análise mecânica das funções vitais. A existência de um princípio vital era entendida como oposta ao princípio da conservação da energia, e tanto Robert Mayer como Hermann Helmholtz opunham-se decididamente àquele.[20] A teoria da evolução de Darwin parecia tornar óbvia a defesa do argumento de um desígnio para o desenvolvimento das espécies, e a adaptação dos organismos vivos a seus vários ambientes era explicada pela seleção natural, em oposição a um princípio teleológico inato. Na opinião do neovitalista Hans Driesch (1867-1941), as teorias vitalistas foram submetidas a um colapso imanente, ou autoextermínio, por obra de atitudes complacentes e dogmáticas (1914, 125).

Enteléquia

Por volta do final do século XIX, reapareceram algumas variedades de teorias vitalistas. Hans Driesch tornou-se o principal defensor do movimento que passou a ser chamado de neovitalismo. Driesch estudou com August Weis-

---

[20] Robert Mayer (1845, 115), Helmholtz (1861, 120).

mann e Ernst von Haeckel. Inicialmente defensor convicto do mecanicismo, anunciou, em 1899, sua conversão ao vitalismo. Em experimentos com ouriços do mar, ele demonstrou que, se os blastômeros (a subdivisão inicial de um ovo) fossem separados no estágio em que há duas células, cada blastômero ainda poderia formar uma nova larva completa. Sua interpretação teórica desses experimentos conheceu uma série de desdobramentos; essencialmente, ele entendeu que indicavam a existência de um fator teleológico inato de desenvolvimento (ver Churchill, 1969).

Driesch apresentou suas colocações de forma sistêmica por ocasião de suas palestras em Gifford, em 1907 e 1908. O desenvolvimento orgânico individual não poderia ser explicado exclusivamente em termos físicos e químicos, e nem por meio apenas da causalidade. Era necessário recorrer a um fator adicional, que, em honra de Aristóteles, ele denominou de enteléquia. A existência desse princípio assegurava ao mesmo tempo a autonomia da vida e a autonomia da biologia como disciplina (1908, 142-143). A enteléquia estava por trás da origem dos corpos orgânicos e dos atos particulares, e sua operação era intrinsecamente teleológica. Ele diferenciou a enteléquia – "o agente natural que forma o corpo" – do "agente elementar que o *direciona*" – o psicoide. Driesch tinha estabelecido a irredutibilidade da biologia à física ou à química. No entanto, suas fronteiras com a psicologia eram menos bem demarcadas. Usou o termo "psicoide" para evitar cair na "pseudopsicologia" que seria inevitável se seguir ao uso de termos como alma, mente ou psique. O fator psicoide designava uma forma de agente irredutível a termos estritamente físicos. Era "algo que, apesar de não ser uma 'psique', só pode ser descrito em termos análogos aos da psicologia" (82). O esclarecimento da questão do instinto terminaria por mostrar, enfim, que o psicoide constituía a base dos instintos, e que a diferença entre o "consciente" e o "inconsciente" era, na realidade, uma diferença entre dois tipos de agentes psicoides (83). Driesch estava anexando a psicologia à biologia neovitalista.

Abordou, em seu trabalho, a questão de se a enteléquia deveria ou não ser concebida como uma forma de energia vital e concluía que não, principalmente porque todas as energias conhecidas eram quantitativas e mensuráveis. No nível introspectivo, a enteléquia era discernível por meio da categoria da individualidade. Esta decorria de um processo de individualização, e o agente desse processo era a enteléquia (314, 317).

Driesch afirmava que, tanto o darwinismo como o lamarckismo, eram incapazes de explicar adequadamente a evolução, porque a seleção natural era um princípio negativo, que poderia explicar a eliminação de determinadas formas de vida, mas não a criação de novas variedades. Mas o ponto mais fundamentalmente crítico era que o darwinismo não se mostrava capaz de explicar a restituição orgânica (262, 267). Concluindo, ele correlacionou o "princípio desconhecido" em operação dentro da linhagem da enteléquia.

Ao mesmo tempo em que eram travados esses debates relativos à existência de uma energia vital e seu papel na evolução, surgiam novas concepções sobre a memória e sua relação com a herança.

A questão da memória

> Tenho mais lembranças do que se tivesse vivido mil anos.
>
> Uma grande cômoda com gavetas cheias de contas,
> Versos, cartas de amor, processos penais, romances,
> Com tranças grossas enroladas em receitas,
> Esconde menos segredos que meu triste cérebro.
> É uma pirâmide, uma tumba imensa,
> Que contém mais mortos do que o túmulo comum.
>
> (Charles Baudelaire, "LXXVI Lamento", *Les Fleurs du Mal*)

Para a tradição filosófica, as questões sobre a memória estavam intimamente ligadas às questões da identidade pessoal. Em consequência disso, se a nova psicologia científica do século XIX tinha pretensões a se firmar era preciso que soubesse como anexar a memória. Foram três as principais maneiras pelas quais os psicólogos tentaram fazê-lo: a primeira se deu através de estudos experimentais da memória; a segunda consistiu em estudar as variações da memória nas pessoas, estabelecendo uma psicologia e uma patologia dessa função (uma nova ciência da psicopatologia tentou assentar-se sobre os distúrbios da função mnemônica); e a terceira tratou de desenvolver concepções fisiológicas e biológicas do entendimento da memória. As novas configurações decorridas desses desenvolvimentos transformaram a tarefa da psicoterapia em uma questão de administrar a memória, levando a técnicas de recuperação, obliteração e manipulação das lembranças que ainda vivem em nós (ver Hacking, 1995).

Nossa relação com o passado viu-se transformada pela psicologia e pela psicoterapia. Este fato é válido tanto para nossa história pessoal, e o modo como a vemos, como para a história cultural. Um dos traços distintivos do trabalho de Jung consistiu justamente na maneira como ele concebeu a inclusão do indivíduo na história cultural, ou melhor, em como propôs a articulação da história cultural no íntimo da pessoa. Por meio da introspecção, o indivíduo poderia rever não apenas sua história pessoal, mas ainda a de sua cultura e ancestrais, e a da raça humana também. Ao mesmo tempo, por esse ângulo, a história cultural surgia sob nova luz. Segundo essa nova leitura, a história cultural deveria formar a base de uma nova psicologia. Tal perspectiva foi possibilitada pelo surgimento de noções mais amplas de memória, na segunda metade do século XIX.

Lembranças ancestrais

Em *Biographia Literaria*, Samuel Taylor Coleridge narrou um incidente notável ocorrido pouco tempo antes de ele chegar em Göttingen, em 1799. O episódio envolvia uma moça de uma aldeia, que não sabia ler nem escrever, e que ficou doente, com febre alta. Em seu delírio, ela falou incessantemente em latim, grego e hebraico, e disseram que estava possuída. Um jovem médico interessou-se pelo caso e começou a estudar a paciente. As frases que ela pronunciava eram anotadas e, depois, ficou comprovado que eram afirmações inteligentes, mas aparentemente desprovidas de conexão. O médico investigou o passado da moça e soube por um tio que a paciente tinha morado com um pastor protestante desde os 9 anos de idade, permanecendo na casa dele até que falecesse. Pela sobrinha desse pastor, foi inteirado de que ele tinha o hábito de caminhar para cima e para baixo, pela casa, lendo em voz alta passagens de seus livros prediletos. Quando pesquisou a biblioteca desse pastor, o médico conseguiu identificar muitas das sentenças proferidas pela paciente em seu delírio febril.

Para Coleridge, esse episódio fornecia "provas e ilustrações de que resquícios de sensações podem existir, por um tempo indefinido e em estado latente, na mesma ordem em que causaram suas impressões" (1817, capítulo 6, 65). Como era provável que o estado febril tivesse simplesmente agido como estímulo, ele ponderou que todos os pensamentos eram imperecíveis, o que o levou à seguinte especulação:

> Para que a faculdade inteligente pudesse tornar-se mais abrangente, só precisaria de uma organização diferente de suas proporções constituintes, o corpo celestial em vez do corpo terrestre, para proporcionar a cada alma humana a experiência coletiva de toda a sua experiência passada. E isso, quiçá, talvez seja o temido livro do julgamento, em cujos misteriosos hieróglifos cada palavra impensada está impressa! Sim, na própria natureza de um espírito vivo, pode ser mais possível que desapareçam o céu e a terra do que um único ato, um único pensamento, possa se desgarrar ou se perder desse encadeamento vivo de causas, ao qual todos esses elos, conscientes ou inconscientes, o livre-arbítrio, nosso único eu absoluto, é copresente e coextensivo (65).

Para Coleridge, a existência de um eu subjacente ou alma, em consonância com a visão cristã, se sustenta mediante o conceito da memória. Isenta de seus elementos teológicos e cosmológicos, a concepção de Coleridge sobre o poder da memória tornou-se muito conhecida na comunidade de psicólogos do final do século XIX. Para o filósofo escocês, William Hamilton, o caso narrado por Coleridge forneceu evidências contundentes da existência de atividades mentais inconscientes (1865, vol. 1, 345).

Os últimos 30 anos do século XIX assistiram ao nascimento da teoria da memória orgânica, principalmente através dos trabalhos de Samuel Butler, Ewald Hering, Richard Semon, Théodule Ribot e a etnopsicologia [*Völkerpsychologie*] de Moritz Lazarus, Heymann Steinthal e Wilhelm Wundt (ver Gasser, 1988, e Otis, 1994). Essa teoria baseava-se em dois conceitos principais: a teoria da hereditariedade de características adquiridas, proposta por Jean-Baptiste Lamarck, e a teoria da lei biogenética, proposta por Ernst Haeckel, segundo a qual a ontogênese recapitula a filogênese. Laura Otis dizia que os defensores da teoria da memória orgânica identificavam a memória com a hereditariedade, e com isso localizavam a história no corpo: "ao entenderem a história como algo que a raça acumula e armazena nos indivíduos, eles a tornaram potencialmente acessível" (1994, 2). Como veremos adiante, as teorias da memória orgânica deixaram um importante legado na obra junguiana, ajudando a configurar sua visão da psicologia e da psicoterapia.

A tese de que a ontogênese, ou o desenvolvimento individual, recapitula a filogênese, ou o desenvolvimento da espécie, foi elaborada e divulgada pelo biólogo alemão Ernst Haeckel. Os primeiros trabalhos de Haeckel tinham usado animais marinhos chamados de radiolários. Ele se tornou apóstolo do darwinismo, e afirmou que a teoria de Darwin era a chave para uma visão monista unificada do cosmos. Em 1866, ele publicou uma obra intitulada *Morfologia geral*, que apresentava os principais contornos de sua teoria. Haeckel escreveu que a filogênese designava a ciência que descrevia a evolução do homem como descendente dos animais inferiores. A história do feto recapitula a história da raça. Em outras palavras,

> A série de formas pelas quais o organismo individual passa durante seu desenvolvimento, desde a fase do ovo até a estrutura corporal completa, é uma breve repetição condensada da longa série de formas que os ancestrais animais do respectivo organismo, ou as formas ancestrais da espécie, exibiram desde os mais remotos períodos da vida orgânica até o momento presente (1903, 2-3).

A principal fonte de informações relativas à filogênese era a ontogênese, a ciência do desenvolvimento do organismo individual. Isso o levou a especular sobre uma possível filogênese da alma. O principal argumento em favor disto estava no estudo da ontogênese da alma. Ele entendia os trabalhos de William Preyer, James Sully e Milicent Washburn Shinn sobre a psicologia do desenvolvimento infantil como a origem dessa disciplina (8).

Haeckel expôs a filosofia social do monismo. O espírito humano, ou a alma humana, era "apenas uma força ou forma de energia, inseparavelmente ligada ao substrato material do corpo" (356). Consequentemente, ele se opunha às teorias vitalistas e neovitalistas de Driesch.

Em 1870, o fisiologista alemão Ewald Hering fez uma palestra, depois muito citada, intitulada "Sobre a memória como uma função geral da matéria organizada". Nessa ocasião, discutiu a interdependência funcional envolvendo matéria e consciência, e propôs uma extensão do conceito de memória, que incluísse "as reproduções involuntárias das sensações, ideias, percepções e esforços" (1870, 68). A memória não era só uma faculdade de nossos estados conscientes, mas também dos inconscientes. O inconsciente era identificado com a matéria, que servia para separar sua fisiologia do inconsciente da filosofia do inconsciente de Hartmann. Hering argumentava que a memória humana se originava dos reflexos e instintos dos organismos primitivos. Ao aceitar a hereditariedade das características adquiridas, ele afirmava que as ações repetidas de cada geração se tornavam uma "segunda natureza" para a raça (81). Sendo assim, o instinto advinha da memória. Sua ampliação do conceito de memória levou-o a diferenciar as lembranças conscientes da pessoa, encerradas por ocasião de sua morte, das "lembranças inconscientes da Natureza", que eram inerradicáveis (86).

Independentemente de Hering, o fisiologista britânico Thomas Laycock publicou um artigo em 1876 sobre o tema da memória ancestral. Laycock começava argumentando que a origem dos instintos, dos hábitos adquiridos e das habilidades, junto com sua transmissão hereditária, já era suficientemente conhecida. Esses processos seriam mais bem compreendidos se fossem classificados com a memória. Havia duas partes na memória orgânica. A primeira consistia nas mudanças impingidas ao cérebro após os atos da atenção que deixavam para trás um registro de estados mentais. A segunda consistia na reversão desse processo. Assim, a hereditariedade poderia ser vista como "uma reversão evolutiva potencialmente para os modos anteriores de atividade, manifestados pelos pais e ancestrais" (156). Consequentemente, muitas reações humanas poderiam ser vistas como reversões ancestrais. A instantânea reação de respiração suspensa quando um jato de água fria é despejado sobre nosso corpo seria desencadeada pelo "substrato ancestral formado no estágio anfíbio da existência" (162). De maneira semelhante, os morros e colinas seriam descendentes mais amenos de cordilheiras ancestrais. As lembranças pessoais eram distintas das recordações ancestrais. Estas consistiam na "capacidade de reproduzir ou novamente evoluir a partir dos estratos ancestrais" (162). Assim, enquanto as novas experiências e conhecimentos alteravam o corpo, o cérebro e a mente, havia sempre uma tendência a reverter ao substrato ancestral.

Em 1878, o escritor e cientista amador inglês Samuel Butler publicou um trabalho intitulado *Vida e hábito*. Ali, ele dizia que a consciência e a vontade desapareciam quando a prática tornava familiar algum hábito. Como os fatos da hereditariedade eram tão semelhantes à memória que chegavam a ponto de serem indistinguíveis, os instintos eram, na realidade, lembranças herdadas. Os instintos representavam as recordações ancestrais da raça. Em conclusão, ele definia a vida como "propriedade da matéria, por meio da qual ela se lembra" (299). Depois de publicar seu livro, Butler leu a palestra de Hering e ficou tão abismado com o paralelismo entre ambos os trabalhos que publicou sua tradução.

As ligações que Hering e Butler estabeleceram entre memória, hereditariedade e inconsciente também estavam presentes na teoria da memória orgânica desenvolvida pelo filósofo-psicólogo francês Théodule Ribot. Ribot foi muito importante para o desenvolvimento da nova psicologia na França, onde divulgou as novas tendências da Inglaterra e da Alemanha. Em 1888, ele recebeu a cadeira de psicologia experimental e comparada no Collège de France. Fundou a *Revue Philosophique*, que se tornou um dos mais destacados periódicos franceses de psicologia.

Em *Maladies of Memory* (1881), ele dizia que a memória era, primeiramente, um fenômeno biológico, e que só secundariamente era psicológico. Isso levou-o a distinguir a memória consciente ou psicológica da memória orgânica ou inconsciente. A primeira era tão somente um caso especial da segunda, exatamente da mesma maneira como a consciência estava relacionada com o inconsciente (39). Em seu trabalho sobre a hereditariedade, na esteira de Haeckel, ele igualava o desenvolvimento do indivíduo com o desenvolvimento da espécie, dizendo que em ambos os casos a consciência se diferenciava a partir do inconsciente e o pressupunha (1873, 319-320).

Em 1886, Ribot diferenciou mais outros três níveis no inconsciente. Existia um inconsciente hereditário ou ancestral, que consistia na "influência de certas maneiras fixas e herdadas de sentir, em cada raça, capazes de exercer controle sobre nossas associações sem que estejamos cientes disso" (1896, 173-174). O segundo nível era constituído por um conjunto de sensações internas no indivíduo, que Ribot chamou de inconsciente pessoal oriundo da cenestesia. Por fim, havia o inconsciente pessoal, que consistia no "*resíduo dos estados afetivos ligados a percepções ou eventos pregressos de nossa vida*" (175). Os resíduos emocionais do inconsciente pessoal permaneciam latentes, mas nem por isso deixavam de surtir efeito, e podiam ser "reencontrados pela análise". Sua discussão do inconsciente pessoal é de grande interesse. Entre os efeitos estava a "lei da transferência", que consistia em "atribuir *diretamente* um sentimento a um objeto que não fora a sua causa" (175). Ele diferenciava duas modalidades de transferência: por contiguidade e por semelhança. Era nesta última que se podia encontrar o segredo dos "sentimentos de amor, ternura, antipatia, respeito, que se tem por alguém, à primeira vista, e sem razão aparente" (175). Se a pessoa analisava sua própria consciência, encontrava, em muitos casos, "uma semelhança mais ou menos próxima com alguém que nos inspirou ou em quem inspiramos amor, ternura, antipatia ou respeito" (177). Esses casos poderiam ser explicados por um "estado inconsciente que não é facilmente apreendido, mas que, se se tornar novamente consciente... explica tudo" (177). Vemos aqui a noção da transferência – que tem sido considerada um dos mais essenciais conceitos propostos supostamente de forma inédita por Freud e sua psicanálise – e que foi desenvolvido com praticamente a mesma linguagem e significação por Ribot, ironicamente, no mesmo ano em que Freud usou pela primeira vez o termo "psicanálise". Esse exemplo indica a maneira como uma boa parte da psicologia do final do século XIX tornou-se exclusivamente associada com Freud, graças à força da lenda freudiana. Finalmente, em 1900, Ribot argumentou que, aquilo que comumente era chamado de inspiração consistia num fator inconsciente, com participação da imaginação criativa. Entre os produtos da imaginação criativa estavam os mitos. Essa forma de imaginação era não individual, anônima e coletiva (1900, 107).

Os trabalhos de Hering e Ribot foram retomados por August Forel. Os interesses de Forel variavam amplamente. Depois de estudar medicina em Zurique, foi para Viena, onde estudou anatomia cerebral com Theodore Meynert. Em seguida, foi para Munique, onde seu trabalho sobre anatomia cerebral foi crítico para a formulação da teoria dos neurônios. Em 1879, foi indicado professor de psiquiatria na Universidade de Zurique e nomeado diretor do Instituto Psiquiátrico Burghölzli. Também era um dedicado entomologista e publicou importantes trabalhos sobre insetos. Em 1884, deu uma palestra em Zurique sobre memória e suas anormalidades, que retomava as concepções de Hering e Ribot sobre a memória orgânica. Forel começava com um exame dos processos inconscientes. Segundo sua perspectiva, os seres humanos são capazes de uma vontade, de um pensar e de um sentir inconscientes. Tudo o que é consciente pode tornar-se inconsciente. A atividade consciente do cérebro deixa para trás traços na memória. A memória consciente pode tornar-se inconsciente – em outras palavras, fixa e automática – por meio das repetições. Como Ribot e Hering, ele também identificava a memória com a hereditariedade. As propriedades das plantas e dos animais apareciam na geração seguinte, como atitudes herdadas e potenciais latentes (Forel, 1885).

Em 1887, após um breve estudo da hipnose e da sugestão, com Hyppolite Bernheim em Nancy, ele voltou para Zurique e teve um papel proeminente na promoção da prática da hipnose e da psicoterapia na Suíça. Desenvolveu a convicção de que uma causa principal da insanidade era o alcoolismo, e se tornou um ativo defensor do movimento pela abstinência do álcool. Em 1898, aposentou-se do Burghölzli, e foi sucedido por seu antigo aluno Eugen Bleuler, passando a se dedicar à causa da saúde pública.

Os conceitos da memória orgânica estavam amplamente difundidos. Para muitos psicólogos, a noção defendida por Haeckel, de uma recapitulação ontogenética da filogênese, era um fato inquestionável. Frequentemente, porém, esse conceito vinha desvinculado do restante do sistema teórico de Haeckel. Assim, o uso que era feito desse conceito não implicava qualquer nível de compromisso com o monismo. Por conseguinte, a lei biogenética era frequentemente citada sem qualquer menção ou referência a Haeckel. Um exemplo dessa abordagem foi James Mark Baldwin. Sem citar Haeckel, ele disse que essa lei assumia uma forma diferente quando era aplicada à psicologia. Enquanto que na biologia a questão era se "o organismo e a mente humanos atravessam estágios que recapitulam as formas do mundo animal", na antropologia a questão era se "o indivíduo humano passa pelos estágios da cultura que a raça humana enquanto espécie atravessou anteriormente" (1897, 189). Ele chegou a ponto de argumentar que os estágios do desenvolvimento que a ciência da psicologia tinha atravessado mostravam um paralelo com o desenvolvimento da consciência nos indivíduos (1913).

O pensamento evolutivo teve um grande impacto sobre o desenvolvimento do campo da psicologia infantil. Em 1882, o fisiologista e psicólogo William Preyer publicou *A alma da criança*, que se tornou um grande campeão de vendas. Esse trabalho baseava-se em observações minuciosas do desenvolvimento de seu filho. Preyer (1841-1897) concebeu seu trabalho aplicando a evolução darwiniana à psicologia. Em Jena, teve íntimo contato com Haeckel. Ele aceitava a lei biogenética como fato indisputável. Ao discutir a questão da hereditariedade, ele alegava que a criança recém-nascida não era uma *tábula rasa*, mas continha "os traços gravados por incontáveis impressões sensoriais de gerações há muito desaparecidas" (1882, parte 1, XIV). No curso do desenvolvimento, os indivíduos preenchiam e reanimavam "os resíduos das experiências e atividades de seus ancestrais" (XV). Esses resquícios ancestrais revelavam-se nos temores infantis, que se baseavam numa "timidez hereditária" (164). Valia o mesmo para a coragem. Embora as idéias não fossem propriamente inatas, eram herdadas. As pessoas possuíam uma "aptidão inata para perceber as coisas e para formar ideias" (parte 2, 211).

Noções semelhantes foram apresentadas pelo psicólogo inglês James Sully. Em *Estudos sobre a infância*, ele disse que o valor da lei biogenética estava em permitir que o psicólogo "coligasse o desenvolvimento da mente de uma criança com a história mental da raça" (1896, 8). As primeiras manifestações de raiva de uma criança eram remanescentes das lutas de vida ou morte de seus ancestrais mais remotos. De modo semelhante, o impulso da obediência podia ser visto como "um rudimento transmitido de uma ação longamente praticada de seus ancestrais socializados" (9).

Na América, a noção de um inconsciente filogenético foi desenvolvida por Stanley Hall (1844-1924). Ele tinha estudado com Wundt em Leipzig e, ao voltar para os Estados Unidos, completou seu doutorado com William James. Fundou o *American Journal of Psychology*, e foi o primeiro presidente da Associação Americana de Psicologia. Hall teve um papel crítico no estabelecimento do movimento pelo estudo das crianças. Para ele, a concepção de Haeckel sobre a recapitulação assinalou o verdadeiro início de uma "psicologia realmente genética" (1925, 369). Da mesma maneira como o corpo conserva traços de seus ancestrais, a alma também traz seus registros (1897, 158). Estava tão "carregada de lembranças" de seu desenvolvimento quanto o corpo. Traços de experiências ancestrais passadas perpassavam a alma:

> Nossa própria alma está inteira em todas as suas partes de fracos indícios, de espectros rudimentares esvoaçando por breves instantes em algumas ocasiões de nossa vida individual e depois perdendo-se para sempre, vagos e

praticamente inaudíveis murmúrios de uma grande e longa vida, quente, intensa, ricamente ocupada por incidentes e detalhes do que não existe mais; um breve automatismo, talvez, como único resquício das mais nucleares experiências de muitas gerações, uma fantasia passageira sendo tudo o que resta de eras e mais eras de esforços e labutas, uma sensação que só se anuncia por um átimo em nossa infância, o indistinto eco moribundo do que antes foi a voz de uma larga multidão. Não obstante, esses psicoporos, sejam o que for, são presentes para serem recebidos, pequenos tesouros a serem conservados (1904, vol. 2, 64-65).

Esses traços das experiências ancestrais estão presentes no inconsciente, que contém um registro das experiências evolutivas da espécie. Uma área na qual esses vestígios reemergem é o medo. Em seu estudo dos medos na infância, o medo da água e dos animais era decorrente de experiências ancestrais. O medo da água era um vestígio instintivo que se desenvolvera quando nossos ancestrais tinham saído do mar e cessado de ser anfíbios (1897, 169). Esses medos, que se mostravam desproporcionais em reação a suas causas desencadeantes, eram "como reflexos retardados, fragmentos e despojos de estados e atos psíquicos que hoje raramente são vistos em todo o seu antigo vigor" (210). Na adolescência, que era um segundo nascimento, "os diques da hereditariedade" são vigorosamente abertos (1904, 70). O adolescente é um "neoatavista", em quem as aquisições mais recentes da raça se tornam predominantes. Com isso, nossa consciência era uma superestrutura, construída a partir de "estratos inconscientes de disposições mais profundas da alma humana" (1922, 37).

Por volta da década de 1890, a tese de que toda impressão deixava um registro na memória tinha se tornado muito popular. A especulação de Coleridge de que recordações esquecidas podem ressurgir espontaneamente, embora não sendo reconhecidas como tais, foi questionada por Joseph Delboeuf, em seu relato do sonho de Asplenium em *Sono e sonhos*.[21] Delboeuf aceitava a lei biogenética e elogiava o trabalho de Hering, defendendo a permanência dos traços mnemônicos:

> Todos os atos do sentimento, do pensamento ou da vontade, graças a uma lei universal, imprimem em nós um traço que é mais ou menos profundo, mas indelével, e geralmente incrustado sobre uma infinidade de traços anteriores, mais tarde sobrecarregados por uma outra infinidade de esboços de toda espécie, mas cuja escrita, não obstante, é indefinidamente suscetível de reaparecer de forma clara e inequívoca (1879-80, 147).

---

[21] Ver acima, 116-117. Uma voz dissidente foi a de William James, que a considerava uma "opinião completamente extravagante" (1890, vol. 1, 683).

Em 1899, Théodore Flournoy desenvolveu essas noções em *Da Índia ao planeta Marte*.[22] No caso de Hélène Smith, o que foi apresentado como lembranças de suas vidas anteriores era, na realidade, composto por lembranças de sua vida, que haviam sido submetidas a elaborações subconscientes. Uma parte substancial do livro de Flournoy era marcada por uma busca "de detetive" pelas impressões originais que fossem as fontes de suas fantasias espiritualistas, segundo o estilo médico descrito por Coleridge.

Os engramas de Semon

Em 1904, apareceu um trabalho que sintetizava e desenvolvia as concepções dos teóricos da memória orgânica. Seu autor foi Richard Semon (1859-1918). Tinha nascido em Berlim e fora a Jena para estudar com Ernst Haeckel, onde obteve o grau de doutor em medicina. Haeckel tornou-se o mentor intelectual de Semon, que adotou o monismo daquele, assim como sua lei biogenética. Em 1885, converteu-se ao cristianismo, abdicando do judaísmo. Em 1899, mudou para Munique, onde trabalhou como professor particular.

Semon começava seu livro com uma retomada dos trabalhos sobre memória orgânica desenvolvidos por Hering, Butler, Laycock e Cope. Todos esses autores haviam tentado vincular a memória, a hereditariedade e os hábitos. Semon tentou desenvolver uma teoria fisiológica para explicar esses fenômenos. Em vez de usar esses termos, ele falava de um princípio mnêmico. Sua teoria básica era que a excitação deixava um rastro de traços. A repetição do estímulo original levava à reativação do traço, e esse processo era herdado (1904, 12).

Toda matéria organizada ou irritável tinha a capacidade de conservar os traços que poderiam ser reativados. Essa capacidade ele chamava de mneme, e os traços eram os engramas. Sob determinadas condições, esses traços eram revividos. Ele chamava de "ecforia" as influências que reativavam os engramas. Havia duas leis mnêmicas: a lei da engrafia e a lei da ecforia. De acordo com a primeira, todas as excitações simultâneas dentro de um organismo deixavam um rastro um complexo de engramas. De acordo com a segunda, a reativação parcial da condição que havia dado origem ao complexo de engramas agia ecforicamente sobre ele, ou o reativava (273-274). A teoria da mneme proporcionava um entendimento mais completo da lei biogenética, já que era a presença do fator mnêmico na ontogênese que explicava por que o caminho ancestral do desenvolvimento tinha de ser seguido por seus descendentes (291).

O trabalho de Semon foi recebido de modo controverso. Haeckel saudou-o como "o mais importante avanço que a evolução conheceu depois de Darwin",[23] e Forel e Bleuler em seguida defenderam-no calorosamente. Como

---
[22] Ver antes, pp. 145-146.
[23] Citado por Schacter, 1982, 139.

vimos, Forel partilhava das mesmas opiniões e pontos de partida de Semon, e tentou demonstrar a relevância do trabalho de Semon para a psiquiatria.[24] Forel se descrevia como alguém que fora "convertido" pelo trabalho de Semon a "uma lenta herança de características adquiridas" (1907, 137). Aquilo que na evolução não podia ser explicado apenas pela atuação da seleção natural podia ser explicado pela ideia de Semon sobre o processo da engrafia mnemônica. No *Manual de psiquiatria*, Eugen Bleuler defendia que "tudo o que foi experimentado psiquicamente deixa um vestígio duradouro, um *engrama*" (1916, 28). Embora isso não pudesse ser demonstrado de forma cabal, ele o considerava provável em vista dos sonhos, da hipnose e das doenças. Recorria ao trabalho de Semon para explicar a conservação e reativação desses traços. Como exemplo, citava o caso de Coleridge, através da citação de W. B. Carpenter a respeito (28-29). Para Forel e Bleuler, a teoria de Semon lhes havia fornecido uma psicofisiologia monista, na qual as funções psíquicas eram um desenvolvimento da fisiologia subjacente, uma simples continuação dela.

O trabalho de Semon foi redondamente criticado por August Weismann, que havia sido responsável pelo primeiro ataque sistemático contra a noção lamarckiana da hereditariedade de características adquiridas. Na visão de Weismann, esse conceito constituía um alicerce crítico no trabalho de Semon. O descrédito dessa noção e a redescoberta do trabalho de Mendel sobre a hereditariedade levaram à extinção dessa proposta. Em 1912, ele teve um colapso nervoso e cometeu suicídio em 1918, depois da morte da esposa.

Um desdobramento de sua teoria foi proposto pelo filósofo suíço Hans Ganz. Em 1917, ele publicou uma dissertação intitulada *O inconsciente em conexão com as teorias modernas*. Ganz estudou o desenvolvimento do conceito de inconsciente na filosofia, tendo chegado a esse tópico pelas teorias de Semon, que esclareciam a concepção do inconsciente. Havia dois níveis de inconsciente; o primeiro consistia nas mnemes adquiridas, que ele chamava de subconsciente [*Unterbewusste*], e o segundo eram as mnemes herdadas.[25]

O enigma dos instintos

Os debates sobre o escopo da memória e sua relação com a hereditariedade estiveram ligados aos debates sobre a natureza dos instintos. Diante de sua posição central nas discussões sobre a relação do homem com o mundo animal, e

---

[24] Forel, 1907. Uma cópia de um artigo de Forel, "Eine Konsequenz der Semonschen Lehre der Mneme" (1905), com uma dedicatória do autor, pertencia à biblioteca de Jung.
[25] A certa altura desse texto, Ganz salientou que "já encontramos em Agrippa von Nettesheim uma suspeita de inconsciente coletivo [*Kollektiv-Unbewussten*] como alma mundial", 1917, 29.

a noção da liberdade humana, não surpreende que já venham de longa data as especulações relativas à natureza dos instintos, na filosofia e na psicologia.

Antes do século XIX, a concepção predominante sobre os instintos era a que Karl Groos denominou de concepção transcendental-teológica, segundo a qual a aparente inteligência dos animais, a adequação de meios a fins, era um fator inato de teor divino, ou seja, o instinto. Na opinião de Groos, houve uma reação contra essa concepção na segunda metade do século XIX. Alguns tentaram apenas livrar-se desse termo, enquanto outros tentaram dotá-lo de um significado não sobrenatural (1898).[26]

Na biologia e filosofia alemãs, o termo "instinto" era reservado aos animais, enquanto "impulso" era usado para designar fatores análogos nos seres humanos. Os filósofos especulavam sobre o número e natureza dos instintos e impulsos, e sobre o papel desses últimos nos atos humanos.[27]

Um novo ímpeto para a reformulação das noções de instinto veio da teoria de Darwin da seleção natural. Em *A origem das espécies*, ele dizia que os instintos advinham da seleção natural e, por conseguinte, a existência deles não poderia ser explicada como uma objeção à teoria. Os instintos se desenvolviam por meio de um "acúmulo lento e gradual de numerosas variações pequenas, porém, proveitosas" (1859, 256). A teoria da evolução de Darwin redefinia a relação entre o animal e o humano. Decorre disso que essa formulação teve uma importância crítica para a relação entre a psicologia e a biologia. Antes de verificar como os psicólogos tentaram lidar com essas questões, é importante considerar o trabalho de Nietzsche, cujo conceito dos instintos e impulsos representou, a respeito de alguns aspectos críticos, uma confluência da antiga tradição da teoria filosófica sobre os impulsos com as considerações pós-evolucionistas sobre a relação entre o reino animal e o reino humano.[28] Além disso, nos textos de Nietzsche, o conceito de instintos foi incluído em uma crítica histórica do mal-estar da civilização ocidental, trabalho que teve ampla repercussão sobre o pensamento de Jung.

O animal doente: os instintos de Nietzsche

Nietzsche (1844-1900) estudou em Bonn e Leipzig. Em 1869, aos 24 anos, foi nomeado para assumir a cadeira de filologia clássica da Universidade da Basileia. Em 1872, publicou sua primeira obra-prima, *O nascimento da tragédia*. Inicialmente atraído para o trabalho de Schopenhauer e Wagner, em cujo círculo foi aceito, publicou uma série de ensaios de crítica cultural, *Meditações*

---

[26] Jung possuía um exemplar da segunda edição (1907) deste livro.
[27] Para as concepções de Schopenhauer e von Hartmann sobre os instintos, ver antes, pp. 218-220.
[28] Ver Parkes (1994, capítulo 7).

inoportunas. Depois de uma crise que o levou a se distanciar de Wagner, ele conheceu um retorno a si mesmo. Como comentou em época posterior, "Experimentei uma total aberração de meu instinto, do qual o equívoco pessoal, chame-o de Wagner, ou a docência na Basileia, foram meros sinais".[29] Foi então que realizou a conexão entre a atividade "contrária aos instintos da pessoa" e a necessidade de experimentar a "estupefação através da arte narcótica", como em Wagner (*ibid.*). Devido ao estado deteriorado de sua saúde, renunciou à docência em 1879, e em seguida viajou pela Europa. Em 1890, sofreu um colapso e, após um surto no instituto psiquiátrico em Jena, passou os últimos dez anos de sua vida sob os cuidados de sua mãe e de sua irmã. Foi nessa fase que seus trabalhos de repente começaram a surtir um efeito convulsivo na Europa.

Humano, demasiado humano (1878-1880) marcou o início de uma série de trabalhos dedicados a uma crítica da modernidade, do pensamento ocidental e ao desmascaramento da moralidade cristã. Uma de suas percepções essenciais foi constatar que os valores mais importantes para o Ocidente tinham, na realidade, sido contra a vida, e nasceram do "ressentimento". O curso da civilização ocidental culminava, em última análise, com o niilismo, esse "mais improvável de todos os convidados". Em vários momentos, ele se apresentou como fisiologista e psicólogo, indo até o ponto de se declarar um "*psicólogo* que não tem igual". Nietzsche tinha uma relativa familiaridade com trabalhos contemporâneos de fisiologia e psicologia; ele também recorreu à concepção de memória apresentada por Ribot.[30] No entanto, ele relia de maneira radical os elementos de outros teóricos que usava, e suas concepções da psicologia e da fisiologia foram muito inovadoras. Fundamentalmente, isso aconteceu porque elas apareceram numa fase de transvalidação de valores e de crítica da metafísica. Nas mãos de Nietzsche, psicologia foi um nome dado ao processo pelo qual essa transformação pôde ser realizada. Os "psicólogos" que ele escolheu para elogiar foram Dostoievski e Stendhal.

Nietzsche postulou uma série de instintos e impulsos, entre os quais incluiu o da formação de bandos, o social, um instinto de liberdade, o maternal, o religioso, o da crueldade, o científico, um instinto para a hierarquização, para a limpeza, para a defesa e o ataque, e o impulso causal.[31] Todos esses impulsos e instintos, considerados num nível fundamental, eram manifestações da vontade de poder. Todas as funções orgânicas e toda a energia efetiva eram derivadas desta.[32] O fato de ter postulado uma abundante variedade de instintos e

---

[29] *Ecce Homo*, cap. 6, §3.
[30] Sobre Nietzsche e a fisiologia, ver Gauchet, 1992. Sobre a relação de Nietzsche com Ribot, ver Lampl, 1989.
[31] *The Gay Science*, §116; *Human, all too Human*, §98; *On the Genealogy of Morals*, segundo ensaio, §17; terceiro ensaio, §8; *Beyond Good and Evil*, §53; §207; §263; §271; *Ecce Homo*, cap. 11; cap. 1, §6; *Twilight of the Idols*, "The four great errors", §5.
[32] *Além do bem e do mal*, §36.

impulsos era compatível com a filosofia alemã do século XIX. A singularidade de sua abordagem estava em sua concepção do significado dos impulsos, e sua opinião de que a relação do homem com seus impulsos não era constante, mas moldada historicamente pelo aparecimento da civilização ocidental e do cristianismo, em particular.

Ele afirmava que "todo psicólogo" sabia que os estados da consciência e as crenças eram questões de "total indiferença e de quinta categoria, quando comparados com o valor dos instintos".[33] A maior parte do pensamento consciente era uma atividade instintiva.[34] Os impulsos e instintos estavam em conflito entre si. O que consideramos nossa identidade pessoal era uma máscara para esse embate: "enquanto 'nós' acreditamos que estamos reclamando da *veemência* de um impulso, no fundo trata-se de um impulso *que está se queixando de outro*".[35] Sua reavaliação do significado dos impulsos e instintos levou-o a afirmar que "a maior parte do pensamento de um filósofo é secretamente guiada e canalizada para certos trajetos em especial por seus instintos".[36] Os impulsos e instintos praticavam filosofia, e os sistemas que os representavam como auge da racionalidade eram, no fundo, nada disso. Todo impulso tinha a tendência a tornar-se dominante. Assim, "cada um deles ficaria muitíssimo satisfeito de se apresentar como a meta final da vida e *senhor* legítimo de todos os outros impulsos. Pois todo impulso é tirânico, e em tal medida que chega até a tentar filosofar".[37]

O equivocado entendimento pela filosofia, do papel dos impulsos, fazia parte de uma postura mais disseminada dentro da moralidade cristã, que subjugava os impulsos e os relegava a uma condição negativa. O cristianismo tinha declarado guerra contra "o tipo superior de homem e excomungado seus instintos vitais".[38] Essa guerra contra os instintos era o selo distintivo da decadência.[39] O cristianismo era uma moralidade antinatural. Toda moralidade antinatural, ou praticamente toda moralidade, condenava os instintos.[40] Qualquer animal ou espécie que tenha perdido seus instintos está "depravada".[41] Em consequência, o homem era o mais doente de todos os animais, pois era "o mais perigosamente afastado de seus instintos".[42] Portanto, a relação da pessoa com seus impulsos ou instintos tinha de ser vista no contexto cultural e histórico dos efeitos destrutivos do cristianismo. A

---

[33] *O anti-Cristo*, §39.
[34] *Além do bem e do mal*, §3.
[35] *Daybreak*, §109.
[36] *Além do bem e do mal*, seção 3.
[37] *Ibid.*, seção 6.
[38] *O anti-Cristo*, seção 5.
[39] *Crepúsculo dos deuses*, "O problema de Sócrates", seção 11.
[40] *Crepúsculo dos deuses*, "Os quatro grandes erros", seção 5.
[41] *O anti-Cristo*, seção 6.
[42] *Ibid.*, seção 14.

reafirmação dos impulsos e instintos constituía um repúdio da decadência e uma superação da metafísica.

Embora Nietzsche afirmasse que os instintos e impulsos tinham de ser considerados num contexto cultural e histórico, outros psicólogos que abordaram o enigma dos instintos deixaram de fazê-lo.

Os instintos da psicologia

Uma formulação influente dos instintos foi proposta por William James em *Princípios de Psicologia*. Os instintos eram geralmente definidos como a *"faculdade de agir de maneira a provocar certos fins, sem a previsão desses mesmos fins, e sem instrução anterior a respeito de tal desempenho"* (1890, vol. 2, 383). Nesse capítulo, James começa uma reflexão sobre o comportamento animal, antes de passar para a análise do homem como um caso especial. Um pressuposto tradicional era que o homem diferia dos animais devido a uma ausência quase total dos instintos, cujo lugar fora ocupado pela razão. Ele sugeria que a razão poderia ser vista como a tendência a obedecer a certos impulsos (que ele usava como tradução do termo em alemão *Trieb*), e que o conceito de instinto deveria ser ampliado a fim de abranger todos os impulsos. O que diferenciava o homem dos animais era ele ter mais impulsos, quer dizer, mais instintos, em vez de menos.

Em seus comentários sobre os instintos do homem, ele começou considerando a fase da infância. Segundo ele, eram instintivos os seguintes atos: sugar, morder, agarrar objetos, levar coisas à boca, chorar, sorrir, virar a cabeça de lado, manter a cabeça ereta, sentar-se, ficar em pé, locomover-se, vocalizar, imitar, reproduzir condutas. Quanto aos adultos, dizia que eram instintivos os atos de reproduzir condutas, a combatividade, a simpatia, caçar, ter medo, o desejo de adquirir, de construir, de brincar, a curiosidade, a sociabilidade, a discrição, a limpeza, a modéstia, o amor, o ciúme, e o amor dos pais. A questão dos instintos era inseparável da das emoções, pois as reações instintivas e as manifestações emocionais se confundem. Assim, ele afirmava que todo objeto que desperta um instinto também evoca uma emoção (442).

Ribot concordava com James, sobre o grande número de instintos humanos, mas contestava sua lista (1896, 202). Insistia que os instintos eram a raiz das emoções, e usava o termo "tendência" como sinônimo de necessidade, apetite, instinto, inclinação e desejo. Para que algo fosse um instinto, teria de ser inato, específico e fixo. Entre os instintos ou tendências que relacionava estavam a nutrição, a preservação, o instinto sexual, o instinto lúdico, a tendência a conhecer, e as tendências egoístas (203-206). Posteriormente, acrescentou um instinto criativo (1900, 35).

O filósofo francês Alfred Fouillée desenvolveu uma psicologia das ideias-forças (*idées-forces*) que teve importantes consequências para a conceituação dos instintos. Em 1893, ele afirmou que o problema da psicologia era ela ter concebido imagens e ideias estáticas. Os estados mentais tinham sido falsamente concebidos como representações. A título de ilustração, ele afirmava que a sensação que uma pessoa tinha do sol não copiava nem representava o sol; em vez disso, era "um meio para sentir e reagir ao sol" (1893, vol.1, VIII). Para Fouillée, as ideias não eram apenas formas de pensamento, mas também formas de ação – " ou melhor, não são mais formas, mas atos conscientes de seu próprio esforço, de sua direção, de sua qualidade, de sua intensidade" (ibid.). Todos os atos da consciência eram acompanhados de três termos. Um deles registrava uma mudança de estado. Um sentia bem-estar ou incômodo com essa mudança. O terceiro reagia. Quando esse processo refletia sobre si mesmo, formulava uma ideia. Consequentemente, o ato de discernir era inseparável do ato de preferir; pensar e agir eram indissolúveis. Os estados da consciência e as ideias não vinham dotados de uma energia separada, isolada – pelo contrário, havia uma força inerente a eles. Os instintos eram tipos fixos de ideias-forças. Nos instintos, as representações não eram inatas, "mas só a aptidão para formá-las, quando se apresenta a ocasião para tanto" (1890, 207). Embora as ideias em si não sejam herdadas, até certo ponto a relação ou associação entre elas é. As ideias-forças não eram somente individuais, pois também existiam ideias-forças coletivas que constituíam a consciência nacional ou a alma de um povo (1903, XIX).

A tentativa mais ambiciosa de basear a psicologia social nos instintos foi a proposta por William McDougall (1871-1938). Após estudar medicina, interessou-se por psicologia, inspirado pelo livro de James (Princípios de psicologia). Lecionou algum tempo sob a orientação de James Sully, no University College London, e, em 1904, foi indicado palestrante em Oxford na disciplina de Filosofia Mental. Publicou numerosos trabalhos de psicologia e se tornou um dos mais conhecidos psicólogos na Grã-Bretanha. Estabeleceu um sistema de psicologia hórmica, que salientava em particular os aspectos dinâmicos e propositais da mente. Em 1920, emigrou para os Estados Unidos, ocupando o antigo cargo de William James na Universidade de Harvard. Nos Estados Unidos, encontrou o comportamentalismo em ascendência, e ele e sua psicologia se tornaram "obsoletos" (1930, 213). Ele não chegou a fundar uma escola, e institucionalmente se viu isolado.

Em Introdução à psicologia social, observou que era comumente aceito que a velha psicologia estática, descritiva e analítica tinha de ceder lugar para "uma visão dinâmica, funcional e voluntarista da mente" (1908, 14). Essa mudança poderia ser concretizada por meio de um estudo dos instintos como fatores motivacionais. Ele dizia que cada instinto condicionava um tipo específico de excitação emocional. Isso o levou a diferenciar entre emoções primárias e emoções derivadas. Sete instintos estavam coligados às emoções primárias: os instintos da fuga (medo), repulsa (nojo), curiosidade (admiração), combatividade (raiva), auto-humilhação (subjeição), autoasserção (elação) e o instinto parental (ternura). Os demais instintos desempenhavam papéis menores nas emoções: o instinto sexual, o instinto gregário, e os instintos de aquisição e construção.

James, Ribot e McDougall trabalharam para vincular a questão dos instintos à das emoções, e para tentar derivar estas daquelas. Para os psicólogos, o valor das formulações sobre os instintos estava em servirem de método, por mais que somente especulativo, de relacionar a psicologia com a biologia. A continuidade do homem e do mundo animal se expressava pelo termo "instinto". Salientar a importância dos instintos também significava diferenciar a psicologia da filosofia moral e da psicologia filosófica. James, Ribot e McDougall estavam lidando com emoções geralmente reconhecidas, e as redescreviam como instintos, ou como derivações de instintos. A plasticidade do termo "instinto" significava que ele podia conter tanto diversas conotações metafóricas quanto parece advir da biologia. As divergências entre esses autores recaíam mais sobre decidir precisamente o que classificar como instinto. Esse problema aumentava mais um pouco devido à postura de outros psicólogos, que propunham listas muito diferentes de instintos.

A educação filosófica de Jung

Quando Jung estava estudando medicina na Universidade da Basileia, dedicou-se a um extenso programa extracurricular de leituras. Evidências disso são os registros de retirada de livros da Biblioteca da Basileia, e as palestras que deu para um círculo acadêmico chamado Sociedade Zofíngia. Essas aulas traziam suas primeiras concepções de ordem filosófica, psicológica, biológica e religiosa, e mostram seu envolvimento com muitas das principais questões de seu tempo. Nessa fase, tomou conhecimento das teorias neovitalistas (Jung/Jaffé, 1963, 121). Também foi durante esse período que ele leu Schopenhauer, cujo trabalho teve um impacto crítico sobre seu pensamento. O efeito duradouro das formulações desse filósofo são visíveis na seguinte afirmação de Jung, em 1921: "Psicologicamente, 'mundo' quer dizer o que eu vejo como mundo, minha atitude perante o mundo. Assim, o mundo pode ser considerado 'minha vontade' e ' minha representação'" (OC 6, §322, trad. mod.). Por conseguinte, o mundo era nitidamente schopenhauriano.

Jung leu Kant, Schopenhauer, Carus e von Hartmann em sua juventude (De Angulo, 203). Para Aniela Jaffé, ele recordou que "Schopenhauer foi, por assim dizer, o primeiro homem que conheci que falava minha língua".[43] Para

---

[43] MP, 303. A duradoura significação de Schopenhauer para Jung é indicada ainda por outros comentários que ele fez para Jaffé. Jung disse que, fundamentalmente, ele dava continuidade às ideias de Schopenhauer. Para esse filósofo, o intelecto mantinha um espelho diante da vontade, expondo completamente todo o seu sofrimento. No entanto, Jung afirmava que a consciência do sofrimento não expressava plenamente a vida, e que também era possível uma consciência que não estivesse repleta de sofrimento (ibid., 132).

Jung, Schopenhauer foi o primeiro a falar do sofrimento do mundo – confusão, paixão e maldade. Ele achava que a visão de Schopenhauer confirmava suas observações sobre a natureza dos seres humanos. Apesar disso, ele se mostrava insatisfeito com a solução que Schopenhauer havia dado para o problema. Ele dizia que "com o termo 'Vontade' queria dizer Deus, o criado" (*Memórias*, 88). Sua insatisfação com a teoria de Schopenhauer sobre a relação entre o intelecto e a vontade levou-o a estudar Kant, em especial *A crítica da razão pura*. Nessa obra, ele identificou o que lhe pareceu ser o principal defeito do sistema Schopenhauer, a saber, o fato de "ele ter feito uma declaração metafísica, de ter hipostasiado e qualificado um mero número, uma 'coisa em si'" (Jung/Jaffé, 1963. 89, trad. mod.). Essa fora exatamente a acusação de Schelling contra Kant. O exemplar de Jung de *O mundo como vontade e representação* contém seu *ex-libris*, datado de 1897.[44]

Não está claro com que rapidez Jung percebeu o que ele considerava a falácia de Schopenhauer, de hipostasiar a vontade, pois em sua palestra de 1898 perante a Sociedade Zofíngia, "Reflexões sobre o valor e a natureza da pesquisa especulativa", ele propôs: "a crítica kantiana da epistemologia deixou sem solução o problema da coisa em si [*das Ding an sich*]. O primeiro dos filósofos pós-kantianos a apresentar de modo inteligente esse problema, tornando-o mais uma vez útil à filosofia, foi Schopenhauer" (1898, *OC* A, §199). Em seguida, elogiou a centralidade que Schopenhauer e von Hartmann haviam outorgado ao sofrimento. Para Jung, este era o discípulo intelectual de Schopenhauer. Sua admissão do *pathos* subjacente ao trabalho de Schopenhauer é indicada pela seguinte afirmação: "Toda filosofia genuína, toda verdadeira religião, vem recoberta pelo manto do pessimismo como o único modo acurado de reler o mundo compatível com o homem consciente de seu nada" (*ibid.*, §229).

Na discussão que se seguiu a sua palestra, Jung afirmou que não podia entender como um teólogo era capaz de ser otimista. Em sua maneira de ver, os teólogos consideravam o mundo *sub specie aeternitatis*, o que constituía prova mais do que suficiente para uma atitude de franco pessimismo.[45] Ao mesmo tempo, ele propunha uma nova reinterpretação da "coisa em si" kantiana, ou seja, que a qualquer momento dado, a linha divisória entre o número e o fenômeno era provisória e não algo eternamente fixo, e que a ciência transgredia a coisa em si (§§196-198). Com isso, antes de sua descoberta, os raios-X representavam uma coisa em (para Kant, elas teriam simplesmente representado um fenômeno desconhecido).

Em seu seminário de 1925, Jung notou que, contrariamente a sua formulação sobre a cegueira da vontade em *O mundo com vontade e representação*, em *A vontade na natureza* Schopenhauer

---

[44] No dia 4 de maio de 1897, Jung tirou um exemplar da obra de Schopenhauer *Parega und Parapilomena* da biblioteca da Basileia (Registros de retiradas da Biblioteca da Basileia).
[45] Protocolos da Sociedade Zofíngia, 1898, Staatsarchiv, Basileia, 376.

migra para uma atitude teleológica... em seu último trabalho, ele assume que existe uma direção na vontade criadora, e tomo esse ponto de vista como meu. Minha primeira concepção da libido então não era a de um fluxo informe, por assim dizer, mas de algo de teor arquetípico. Quer dizer, a libido nunca provém do inconsciente em estado informe, mas sempre em imagens (1925, 4).

A ligação estabelecida nesta passagem entre a vontade de Schopenhauer e a libido também é retomada neste comentário retrospectivo: "A Schopenhauer, devo a visão dinâmica da psique; a 'vontade' é a libido que está no fundo de tudo" (De Angulo, 1952, 204). Essas passagens sugerem que sua formulação inicial da energia psíquica era derivada do conceito de vontade apresentado por Schopenhauer.

A vontade na natureza, de Schopenhauer, foi uma obra empregada principalmente como um apanhado de como os desenvolvimentos científicos desde o aparecimento de sua obra *O mundo como vontade e representação* haviam confirmado a verdade de seu sistema. Ele salientou que, sendo a vontade o "derradeiro substrato de todo fenômeno", o corpo orgânico "não é mais do que a vontade que entrou em representação, a vontade em si na forma cognitiva do espaço" (1836, 41). A adequação de cada animal a seu ambiente e a perfeição de sua organização representavam uma vasta quantidade de material a partir do qual considerar a questão da teleologia. Criticava a "prova fisio-teleológica" alegando que

> os trabalhos do instinto animal, como a teia da aranha, as colmeias, os castelos dos cupins, e assim por diante, são todos compostos como se tivessem se originado em consequência de uma ideia intencional, de uma deliberação racional, ao passo que são, evidentemente, obra de impulsos cegos, ou seja, de uma vontade não guiada pelo conhecimento (1836, 51-53).

Ele estava tentando libertar o conceito de teleologia de quaisquer implicações teológicas. Como o corpo do animal era " sua própria vontade", "tudo nele e pertencendo a ele deve conspirar para seu propósito derradeiro, a saber, a vida do animal" (1836, 64). Em *O mundo como vontade e representação*, ele notou que as causas finais exigiam uma compreensão do que era orgânico, em contraposição à natureza inorgânica (1819, vol. 2, 329).

Contrariamente à afirmação de Jung, as visões de Schopenhauer sobre a teleologia em *A vontade na natureza* são congruentes com as propostas em *O mundo como vontade e representação*. No entanto, sua percepção de uma mudança na concepção de Schopenhauer é significativa, pois denotava sua própria modificação da formulação desse filósofo a respeito da relação entre vontade e representação. Sua modificação das noções de Schopenhauer sobre teleologia e a cegueira da vontade pode ter ocorrido em razão de sua leitura da obra de von Hartmann. No seminário de 1925, Jung afirmou que este havia formulado as ideias de Schopenhauer de maneira mais moderna. Diz que seguia Hartmann, em oposição a Schopenhauer, quando se tratava de atribuir uma "mente" ao inconsciente. Em *A filosofia do inconsciente*, von Hartmann dizia que, embora os seguidores de Schopenhauer tivessem reconhecido a existência de uma vontade inconsciente, não tinham reconhecido o fato de ela conter representações inconscientes (1900, 125). A vontade inconsciente era aquela que continha representações inconscientes (136). Mais evidências de que Jung adotou as reformulações da filosofia de Schopenhauer propostas por von Hartmann podem ser encontradas em sua palestra intitulada "Reflexões sobre a natureza e o valor da pesquisa especulativa", na qual ele disse que "Schopenhauer descreve o instinto como um estágio da objetificação da Vontade. Hartmann faz a mesma coisa, acrescentando o elemento absolutamente essencial da intenção deliberada" (1898, *OC* A, §182).

Nas palestras de Jung na Zofíngia, aparecem alusões frequentes a Kant, que ele chamava de "nosso grande mestre... o sábio e profeta de Königsberg que, não injustificadamente, tem sido chamado de o último filósofo".[46] Ele se apresentava como seguidor da epistemologia de Kant, que, segundo ele, se mantivera inalterada até aquela data.

Sua simpatia pelas teorias vitalistas transparece nessas palestras. Em uma delas, realizada em 1896, com o título de "Zonas limítrofes da ciência exata", ele embarcava numa crítica determinada do materialismo, dizendo que "a perspectiva adotada pelo materialista cético de hoje é simplesmente uma morte intelectual" (*OC* A, §63, trad. mod.). A certa altura da discussão, M. Burckhardt criticou a pesquisa científica da hipnose. A isso Jung respondeu que "também é possível se fazer pesquisa exatamente num campo metafísico".[47]

Nesses ensaios, ele retomou os debates entre o materialismo e o espiritualismo, e entre o materialismo e o vitalismo. Eram debates interligados de uma forma crítica. Nesse contexto, somente defendendo a existência de um princípio vital, irredutível a termos físicos e químicos, é que ele poderia propor uma epistemologia aceitável para o espiritualismo, que tornasse compatível a existência *post-mortem* da alma com a biologia.

Jung fez diversos comentários cáusticos contra Du Bois-Reymond e outros materialistas. Num determinado momento, profetizou que um dia seriam erguidos monumentos a Schopenhauer, e que as pessoas "vão amaldiçoar Carl Vogt, Ludwig Büchner, Moleschott, Du Bois-Reymond e muitos outros, por terem enfiado uma dose de lixo materialista nas bocas ávidas daqueles mendigos, o proletariado instruído".[48]

---

[46] "Algumas reflexões sobre psicologia", *OC* A, §177.
[47] Protocolos da Sociedade Zofíngia, 1986, Staatsarchiv, Basileia, 154. A palestra de Jung foi bem recebida, e uma proposta feita por Breuner, no sentido de enviá-la para publicação por um periódico da Sociedade Zofíngia – o *Centralblatt* – foi aprovada por unanimidade. O trabalho acabou não sendo publicado, porém.
[48] "Algumas reflexões sobre psicologia", 1887, *OC* A, §136.

Em "Algumas reflexões sobre psicologia", a questão da autonomia da vida está ligada à tentativa de Jung de estabelecer a imortalidade da alma. Ele citava a seguinte afirmação de Burdach, que descrevia como "um dos tão desprezados vitalistas": "O materialismo pressupõe a vida que se propõe explicar. Pois a organização e a mescla dos componentes da qual ela deriva os processos vitais, são em si mesmos produtos de um processo vital".[49]

O comentário de Burdach ocorreu no contexto de uma crítica geral do materialismo que ele havia definido como "a asserção de que a vida não é senão a ação de forças materiais" (1826-1840, vol. 6, 526). Para Jung, o princípio vital era o que durava nos fenômenos. Constituía os pilotis sobre os quais a vida se erguia (§89). Ele concebia esse princípio vital como um princípio endógeno, imanente. Mais uma vez citava Burdach de forma aprovadora, quando ele dizia que:

> A matéria de nosso corpo muda continuamente, enquanto nossa vida permanece a mesma, e continua existindo. A vida corpórea é envolvida pela contínua e simultânea ação de destruição e formação da matéria orgânica. Essa vida é algo mais elevado, que domina a matéria.[50]

Jung afirmou com certo menosprezo que os fisiologistas estavam equivocados quando tentavam explicar a vida em termos das leis naturais, pois a vida existia *apesar* dessas leis. Depois, criticava Darwin e sua teoria da seleção natural, pois era incapaz de explicar adequadamente o desenvolvimento de novas espécies; Jung insistia que na filogênese era necessário postular um princípio vital. Isto era "mais ou menos equivalente" à "força vital" dos antigos fisiologistas. Esse princípio governava todas as funções corporais e a consciência, a tal ponto que esta última dependia do córtex cerebral (§94-95). De uma maneira que lembrava Stahl, ele identificava esse princípio vital com a alma.

Essa palestra foi seguida de um acalorado debate. O presidente da sessão lamentou o tom polêmico de Jung, embora entendesse seus motivos para sentir raiva dos críticos maldosos e preguiçosos. Muitos dos presentes defenderam Du Bois-Reymond. Jung respondeu que sua objeção a esse autor se referia à maneira como ele havia introduzido o ceticismo científico natural no campo da filosofia, o qual ficava fora do alcance de sua competência. À acusação de que era difícil formar teorias a partir dos fatos que haviam sido discutidos, ele respondeu que achava suficiente o material factual – era simplesmente uma questão de explicá-lo pelo prisma animista ou espiritualista.[51.]

Entre as palestras de Jung na Zofíngia e suas primeiras publicações, há consideráveis descontinuidades de linguagem, concepções e epistemologia, conforme praticamente desaparecem das palestras nessas sociedades as especulações avançadas sobre questões metafísicas antes características da Zofín-

---

[49] *Ibid.*, §88. A passagem está em *Der Physiologie*, de Burdach, vol. 6, 526.
[50] *Ibid.* Essa passagem consta de *Der Physiiologie*, de Burdach, vol. 1, 550.
[51] Protocolos da Sociedade Zofíngia, 1896. Staatsarchiv, Basileia, 227-230.

gia. Após ter descoberto sua vocação como psiquiatra, ele parece ter passado por algo semelhante a uma conversão à perspectiva científica natural. Indícios disso são dados por uma discussão realizada após uma palestra proferida por Lichtenhahn na Sociedade Zofíngia sobre teologia e religião, no dia 20 de junho de 1900. Jung afirmou que defenderia a perspectiva das ciências naturais, segundo a qual "tem-se o costume de proceder somente com base em conceitos clara e firmemente definidos". A seguir, desfecha uma crítica da teologia, da religião e da existência de Deus, o que levou um participante a comentar o fato de, anteriormente, Jung ter tido uma visão muito mais positiva sobre esses mesmos assuntos que agora estava abandonando.[52]

Como consequência dessa transformação, suas primeiras pesquisas no Burghölzli foram moldadas nos termos das metodologias psicológicas e psiquiátricas então em vigor, o que também vale para seu conceito de energia. Antes de nos voltarmos para esse tópico, é necessário esboçar o percurso do conceito de energia na psicologia de sua época.

Energia e fadiga

O desenvolvimento da termodinâmica teve efeitos de longo alcance sobre as ideias sociais, psicológicas e metafísicas na segunda metade do século XIX. Anson Rabinbach diz que os princípios de conservação da energia e da entropia eram significativos porque as atividades produtivas dos seres humanos, máquinas e forças naturais não eram diferenciadas. A termodinâmica deu margem a uma cadeia conceitual e metafórica, vinculando a natureza orgânica e a inorgânica, a atividade individual e a sociedade, que teve como decorrência o moderno *produtivismo*: "a crença de que a sociedade humana e a natureza estão ligadas pela primazia e pela identidade de toda atividade produtiva, seja ela de trabalhadores, máquinas ou forças naturais" (1992, 3). Esse desenvolvimento foi ocasionado pelo advento das novas ciências do trabalho, que se dedicaram a medir o dispêndio de energia física e mental dos trabalhadores, calibrando-os de modo a obter sua eficiência máxima, conforme as exigências da situação. Ao lado desses avanços, os problemas induzidos pela fadiga se tornaram cada vez mais destacados. Rabinbach aventa a hipótese de uma epidemia de fadiga entre operários e estudantes (6). Após o estabelecimento da fadiga como uma relevante nêmese social, a tarefa de vencê-la passou a preocupar os psicólogos, psiquiatras e reformadores sociais.

O problema da fadiga e da exaustão tinha grande destaque no trabalho do neurologista norte-americano George Miller Beard, particularmente em sua categoria diagnóstica da neurastenia, ou exaustão nervosa, cujo ápice se deu ao final do século

---

[52] Protocolos da Sociedade Zofíngia, 1896. Staatsarchiv, Basileia, 257-258.

XIX. De acordo com Beard, "A neurastenia é uma doença crônica funcional do sistema nervoso, cuja base é um empobrecimento da força nervosa" (1880, 115). As pessoas tinham sua dose natural e fixa de força nervosa, que obedecia ao princípio da conservação da energia. Consequentemente, um estresse excessivo levava a um *deficit* da força nervosa, que resultava numa ampla variedade de sintomas.[53]

Os psicólogos experimentais estavam ansiosos para demonstrar que os conceitos básicos da psicologia satisfaziam os critérios gerais da ciência. No caso dos conceitos de energia, seria óbvio que os psicólogos fossem se ocupar de demonstrar que seus conceitos de energia atendiam os requisitos do princípio da conservação de energia. Em 1860, em seu texto fundamental, *Elementos de psicofísica*, Gustav Fechner alegou que, sendo a conservação da energia uma lei geral, os processos psicofísicos e a mente também estavam sujeitos a ela (30-31). Segundo Wilhelm Wundt, os movimentos musculares, junto com os processos físicos que acompanham a senso-percepção, a associação e a apercepção, obedecem ao princípio da conservação da energia (1902, 366). Isso era verdadeiro a despeito de diferirem os valores mentais representados por essas energias. A energia psíquica poderia ser distinguida da energia física:

> A capacidade de produzir efeitos puramente quantitativos, que designamos como energia física, deve, por conseguinte, ser puramente distinguida da capacidade de produzir efeitos qualitativos, ou seja, a capacidade de produzir valores, que designamos como energia psíquica (Wundt, 1902, 366).

Com isso, a solução proposta por Wundt para esse problema era de ordem nominal: a energia psíquica que poderia dar a impressão de sofrer aumentos, era apenas o aspecto qualitativo, e portanto inquantificável, da energia física.

Foi o aluno de Wundt, Emil Kraepelin, que tentou estabelecer uma medida quantitativa dos estados da fadiga. Kraepelin elaborou um experimento para medir o número de sílabas que podiam ser lidas num determinado intervalo de tempo, como indicador da eficiência mental. Depois, ampliou esse modelo para medir o aparecimento da fadiga em várias tarefas, que ele representou por meio das "curvas de trabalho". Ele dizia que esses experimentos permitiam a quantificação da fadiga.[54] Esse trabalho foi significativo por sua intenção de possibilitar o entendimento científico do problema social da "sobrecarga", presente nas neuroses traumáticas e nos quadros psicopáticos.

---

[53] Ver Gijswijt-Hofstra e Porter, ed., 2001.
[54] Kraepelin, 1987, 45. Kraepelin e Gustav Aschaffenburg estudaram os efeitos da fadiga no desempenho individual, através de experimentos de associação. Aschaffenburg explicou o efeito da fadiga nas associações, e padrões semelhantes de associação nos estados maníacos, como resultados de uma excitação motora aumentada. Posteriormente, Jung forneceu uma interpretação psicológica alternativa para os resultados obtidos por Kraepelin e Aschaffenburg, à base de distúrbios da atenção e sugestionabilidade. Jung e Riklin, "Pesquisas experimentais sobre associações de sujeitos saudáveis" (1904), *OC* 2, §132.

Em contraste com Wundt, William Stern foi um psicólogo que postulou a existência de uma energia psíquica específica, afirmando que sua variabilidade poderia ser determinada quantitativamente. Num capítulo sobre "energética psíquica", Stern afirmou que a vida psíquica representava um sistema energético pouco compreendido.[55] Tomando como ponto de partida o trabalho de Kraepelin, seu interesse se concentrou sobre os meios de se quantificar experimentalmente as flutuações dos níveis de energia psíquica, ao longo do dia.

Assim, para a psicologia, o problema da energia era igualmente crítico do ponto de vista teórico, terapêutico e social; teoricamente, porque as leis termodinâmicas eram a referência infalível para qualquer conceito científico sobre energia. Do ponto de vista terapêutico, era uma questão relevante porque a categoria diagnóstica da neurastenia (ou psicastenia, como Pierre Janet propôs mais tarde),[56] implicava que a perda de energia era característica de um quadro clínico e a explicação básica da doença. E, do ponto de vista social, o conceito era significativo porque o aumento da capacidade de trabalhar poderia estabelecer de forma inquestionável a patente social e a missão da psicologia.

As energias do homem

Enquanto Kraepelin e Stern tentavam quantificar a energia psíquica, um destacado psicólogo criticava esses novos desenvolvimentos: William James. Em 1906, James apresentou um discurso perante a Associação Americana de Filosofia, intitulado "As energias do homem". James comentava o abismo que existia entre as psicologias estrutural e funcional; a primeira exemplificava a psicologia de laboratório; a segunda, a abordagem clínica, conforme ilustrado pelo trabalho de Janet. Embora os conceitos clínicos fossem mais vagos, eram mais adequados, concretos e práticos. Um dos problemas significativos da psicologia funcional, completamente negligenciado pela psicologia estrutural e relegado "aos moralistas, curadores da mente e doutores", segundo James, era o da quantidade de energia disponível para tarefas mentais e morais. Ele salientava:

> Praticamente, todos conhecem em sua própria pessoa a diferença entre aqueles dias nos quais essa maré de energia está alta ou baixa, embora ninguém saiba exatamente que espécie de realidade se está cobrindo com o uso do termo energia, nem o que sejam em si mesmos esses níveis, marés e tensões... Praticamente todos nós nos sentimos como se vivêssemos habitualmente sob uma espécie de nuvem pesando em cima de nossas cabeças, funcionando abaixo de nosso melhor nível de clareza de discernimento,

---

[55] 1900, ver também antes, pp. 57-58.
[56] Ver Shamdasani, 2001c.

certeza de raciocínio ou firmeza de decisão. Quando nos comparamos com o que deveríamos ser, só estamos semiacordados. Nosso fogo está frouxo, nosso empenho é fraco. Fazemos uso de apenas uma pequena parcela dos recursos mentais e físicos a nossa disposição (1906, 130).

Por ora, a imprecisão desses termos era inevitável:

Pois, embora cada homem nascido de mulher saiba o que querem dizer frases como dotado de bom tônus vital, espírito elevado, temperamento flexível, viver de modo energético, trabalhar com facilidade, decidir com convicção, e outras do mesmo gênero, todos ficaríamos de mãos e pés atados se nos pedissem para explicar nos termos da psicologia científica exatamente o que querem dizer essas expressões. O máximo que podemos fazer é desenhar uns diagramas psicofísicos rudimentares, e só (140).

Quanto a sua preocupação pela psicologia funcional, o interesse não era fornecer uma definição conceitual dessa energia, nem esmiuçar sua relação com forças físicas ou neutras, mas estudar os meios pelos quais era despertada. A psicologia funcional deveria transcorrer independentemente da psicologia estrutural. O fenômeno do "segundo vento" assumia para ele o *status* de um exemplo, pois dizia que existam em todos nós reservatórios ainda desconhecidos de energia. No contexto clínico, o significado disto era indicado pelos casos de psicastenia de Janet, caracterizados pela sensação de fadiga, lassidão e inquietude. Ele comentou: "Para se tratar essas pessoas, é preciso descobrir modos mais comuns e proveitosos de pôr em funcionamento seus estoques de energia vital" (136). Como exemplos de sistemas que se referiam a meios de liberar montantes ainda virgens de energia, ele citava os exercícios espirituais de Ignácio de Loyola, os exercícios de ioga, e a prática da sugestão hipnótica. A sugestão era dinamogênica: "Põe em funcionamento as energias da imaginação, da vontade, e da influência mental sobre os processos fisiológicos, que em geral permanecem adormecidos" (139). Propunha um estudo aprofundado e um inventário da vida individual, por meio da história e de biografias, para relacionar as várias maneiras pelas quais cada pessoa conseguia mobilizar tais energias.

Segundo os parâmetros esboçados por James nesse ensaio, a principal tarefa da psicoterapia não era a determinação da estrutura ou causa de uma neurose, mas encontrar os meios para desbloquear os recursos energéticos ainda desconhecidos, principalmente recorrendo ao uso da hipnose e da sugestão. Em vez de desenvolver um vocabulário supostamente científico sobre energia, ele propunha que se articulasse o que se encontrava implícito na fala cotidiana, em termos como cansaço, ânimo, vigor, e assim por diante.

A energética de James foi retomada pela escola de psicoterapia de Boston. Isso transparece nas apresentações realizadas por ocasião do simpósio da Sociedade Terapêutica Americana, no início de maio de 1909, em New Haven.

Postumamente, esse evento terminou sendo eclipsado pela conferência na Universidade Clark, evento que ocorreu no final desse mesmo ano, em Worcester. Em sua palestra, Morton Prince salientou a utilização da energia emocional como um dos princípios da psicoterapia. Afirmou que era bem conhecido que recordações ou ideias deprimentes produziam estados de fadiga, ao passo que ideias e lembranças exaltadas liberavam energia e produziam uma sensação de bem-estar. Referindo-se ao "brilhante esclarecimento" desse princípio por James, Prince acrescentou que esse princípio explicava tanto o desenvolvimento da neurose como de estados sadios, argumentando ainda que era fácil transformar os níveis energéticos por meio da hipnose, ao trazer até a consciência certas ideias e recordações.[57]

Boris Sidis defendia que, contrariamente aos "alemães", acompanhar a psicogênese dos sintomas não levava à cura, e não tinha "virtudes terapêuticas especiais". Em vez disso, o efeito terapêutico da psicoterapia assentava-se no acesso às reservas ocultas de energia, fornecidas pelo estado hipnótico, que ele descrevia como um estado de sono primordial. "*O efeito terapêutico do estado hipnótico consiste na liberação de uma energia de reserva, necessária à síntese de sistemas dissociados*" (1910, 126). A teoria da energia de reserva que ele e James tinham proposto poderia oferecer uma explicação alternativa para as pretensões terapêuticas de outras escolas de psicoterapia: "é altamente provável que o sucesso de Freud no tratamento de casos psicopáticos não seja tanto causado pela 'psicanálise' quanto pelo uso inconsciente do estado hipnótico" (132). Para Sidis, na psicanálise, o divã tinha mais eficácia terapêutica do que o analista, e a "cura pela fala" era na realidade a reencarnação da "cura pelo repouso". Em vez de afirmar que estava promovendo um método supostamente inédito de tratamento, como Freud havia feito, Sidis estava buscando explicar a eficácia de vários modos de psicoterapia.

Tanto Prince quanto Sidis usaram conceitos generalizados de uma energia emocional ou psicológica, que não tinha uma base exclusivamente sexual. Embora fosse dada uma grande atenção à alteração dos níveis de energia, em termos práticos essa energia não era tida como constante, pois as reservas inexploradas de energia eram consideradas muito maiores do que a energia geralmente empregada. Com o eclipse da escola de psicoterapia de Boston e o declínio do uso da hipnose, e a ascendência da psicanálise, esses conceitos de energia passaram a desempenhar um papel cada vez menor na psicoterapia.[58]

---

[57] 1910, 32-33. Sobre a relação de Jung com a escola de Boston, ver Taylor, 1986.
[58] Uma exceção foi Pierre Janet. Inspirado pelo ensaio de James, ele desenvolveu todo um sistema de psicoterapia a partir de tal conceito. Ver Janet, 1919.

Interesse

Uma tentativa diferente de relacionar a psicologia e a biologia foi desenvolvida em Genebra, pelo psicólogo Edouard Claparède (1873-1940). Claparède era primo de Thédorore Flournoy, 19 anos mais velho. Como seu amigo William James, Flournoy tinha se desinteressado pelo estudo experimental, e entregara seu laboratório de psicologia para Claparède em 1904.

No Congresso de Psicologia Experimental de Roma, em 1905, Claparède apresentou um artigo sobre o "Interesse, como princípio fundamental da atividade mental". Nos anais desse congresso, só foi publicado um resumo. Nesse artigo, ele dizia que, se nos dedicamos a determinar pela introspecção as razões de nossos atos, ou a ligação ativa de nossos pensamentos, sempre chegamos ao fato básico de que essas ações ou ligações de ideias nos *interessaram*. Uma investigação do comportamento dos animais levava à mesma conclusão, pois organismo viável era aquele que se adaptava à situação imediata, mediante a realização da atitude ou "síntese mental" mais útil, agindo, portanto, segundo os ditames de seu interesse mais pronunciado. Essa reação consistia numa "dinamogenização" dos processos apropriados. Essa explicação permitia que fosse evitada a alegação da interferência de uma faculdade inteligente dominando a mente, como por exemplo a vontade ou a apercepção, e abria espaço para uma concepção reativa, reflexa, que a substituía. Essa formulação do interesse como princípio ativo podia explicar vários fenômenos psicopatológicos (1905, 253). Seu conceito de interesse fazia parte de uma tentativa de assentar as bases da psicologia e da psicoterapia na biologia. Somente assim é que seria possível a diferenciação entre fenômenos mentais normais e anormais, a determinação da causa das doenças e a aplicação de "tratamentos psíquicos racionais" apropriados (1906, 92).

Caplarède aplicou seu conceito de interesse ao entendimento do sono e da histeria em "Esboço de uma teoria biológica do sono". Ali, ele observava que, num determinado momento, era o instinto mais importante que dominava e controlava a atividade de um ser humano. Essa ideia era formulada como a lei da "supremacia do instinto da maior importância no momento", ou "lei do interesse momentâneo" (1904, 280). Claparède afirmava que existiam vários instintos, e se referia aos instintos sexual, da alimentação e da preservação. Para ele, o interesse era característico da vida em vigília. Caracterizava a histeria como um estado de distração parcial sistemática com relação a certos objetos. O histérico era alguém que escapava à lei do interesse momentâneo, e que apresentava um "espasmo de desinteresse" perante certos estímulos. Toda vez que um determinado objeto se apresentava, provocava uma reação inibitória de desinteresse. Essa reação constituía uma defesa contra algo repugnante. Em si, tratava-se de uma reação perfeitamente normal – somente em seu exagero e permanência é que poderia ser considerada patológica (338-342). Claparède passou depois a usar esse modelo para explicar a eficácia da psicoterapia, que consistia em afrouxar os "reflexos da defesa mental exagerada". A psicoterapia agia por meio da sugestão e da persuasão, incluindo no segundo termo a confiança que o médico inspira no paciente. A persuasão e a sugestão agiam ao provocar diretamente uma reação de interesse, que anulava as reações inibitórias da defesa mental.

Evolução criativa

Enquanto Claparède estava tentando assentar a psicologia na biologia, a relação entre a biologia e a filosofia e, por extensão, a psicologia, estava sendo radicalmente reestudada pelo filósofo francês Henri Bergson. Em retrospecto, Bergson ofereceu a seguinte explicação para sua trajetória intelectual. Tinha chegado à conclusão de que os sistemas filosóficos existentes não eram "proporcionais" à realidade: "examine qualquer um deles... e você verá que se poderia aplicar igualmente bem a um mundo em que não existissem nem plantas, nem animais, só homens, e no qual estes, muito possivelmente, poderiam passar sem comer e beber" (1934, 11). Tentando solucionar essa questão, Bergson voltou-se para a filosofia evolutiva de Herbert Spencer. Assim, chegou a concluir que as explicações da evolução não tinham conseguido lidar adequadamente com a questão do tempo. A duração havia sido medida pela trajetória de um corpo em movimento, ou seja, espacialmente. Entretanto, "a linha que se mede é imóvel, enquanto o tempo é mobilidade. A linha é feita; está completa. O tempo é que está acontecendo e, mais que isso, é o que faz tudo acontecer" (12). O que se media, portanto, não era a duração, mas apenas intervalos isolados de tempo. A medida do tempo era uma abstração. Sendo assim, o tempo real, o tempo tal qual é vivenciado, escapava a todo tratamento matemático, pois sua essência era fluir. Ele dizia que havia sido uma formulação predominante do pensamento até então conceber o tempo em termos espaciais, e que as categorias do pensamento ocidental haviam espacializado o tempo. Essa tendência residia num traço fundamental do intelecto.

Em sua obra *Ensaios sobre os dados imediatos da consciência*, de 1889, ele introduziu uma crítica detalhada das alegações da psicofísica. Nos últimos 30 anos do século XIX, a lei de Fechner-Weber, que afirmava que a magnitude de uma sensação poderia ser derivada matematicamente multiplicando-se o logaritmo da força da sensação por um fator constante, fora saudada como um grande triunfo da proposta experimental na psicologia. Seus defensores alegavam que havia demonstrado com êxito a possibilidade de se quantificar estados qualitativos, e de se estabelecer relações semilegais entre eles. Wundt afirmava que isso era significativo porque "nos permitia, pela primeira vez na história da psicologia, aplicar princípios de mensuração exatos a magnitudes mentais" (1892, 59). Bergson afirmava que o erro de Fechner tinha sido acreditar num intervalo entre duas sensações sucessivas "quando existe, simplesmente, uma *passagem* de uma para a outra, e não uma *diferença* no sentido aritmético da palavra" (1889, 67-68). Por conseguinte, a psicofísica fora capturada num ciclo vicioso, já que

> o postulado teórico no qual se fundamenta condena-a a verificações experimentais, e ela não pode ser verificada experimentalmente, a menos que primeiro seu postulado seja aceito como fato. O fato é que não há ponto de contato entre o extenso e o inextenso, entre a qualidade e a quantidade. Podemos interpretar uma pela outra, colocar uma como equivalente da outra, mas, cedo ou tarde... teremos de reconhecer o caráter convencional dessa assimilação. (70)

A obra de Bergson de 1907, *Evolução criativa*, foi importante para Jung. O autor iniciava esse trabalho afirmando que o intelecto se sentia o mais confortável possível com os sólidos, e que a lógica era a lógica dos sólidos. Consequentemente, o intelecto não era capaz de apreender a natureza da vida, ou da evolução.

Dois modos predominantes de se entender a vida eram o mecanismo e o finalismo, que Bergson criticava em seguida. Os erros de ambos derivavam de realizar uma extensão exagerada dos conceitos naturais para abarcar o intelecto, que funcionava pela concepção mental de mecanismos e pela adaptação de meios a fins. Ambas não conseguiam apreender a dimensão do tempo. A essência da explicação mecânica era "considerar o futuro e o passado como funções calculáveis do presente", o que só seria válido para sistemas artificialmente separados do todo. O finalismo, na verdade, representava um mecanismo invertido, pois efetuava uma alteração simples, ao substituir "a atração do futuro pela impulsão do passado". No finalismo radical, as entidades eram resultantes de um programa previamente estabelecido. Consequentemente, "se nada é imprevisto, nenhuma invenção ou criação no universo, então o tempo é novamente inútil" (1907, 37-39).

Sua consideração das deficiências do finalismo radical levou-o a criticar as teorias vitalistas, ao dizer que, "na natureza, não há uma finalidade puramente interna, nem uma individualidade absolutamente distinta" (42). Entretanto, a própria rejeição de um mecanismo implicava a aceitação de um elemento de finalismo, pois:

> O futuro aparecia então como expansão do presente e, portanto, não estava contido no presente na forma de um fim representado. E, no entanto, assim que se realiza, explicará o presente tanto quanto o presente o explica, e mais ainda. (52)

Para Bergson, a vida possuía um elemento de finalidade, pois é direcional, sem ser guiada para fins preexistentes. A ciência tinha de proceder com base no fato de a formação orgânica ser mecanista, pois o fim da ciência não era revelar a essência das coisas, mas proporcionar recursos para ações sobre as coisas. Já a filosofia, no entanto, não se limitava a tal imperativo. O único meio pelo qual a formação orgânica poderia ser realmente apreendida como um todo era postulando-se um "*ímpeto original* [*élan* original] na vida, que passava de um a geração de germes para a seguinte, por intermédio dos organismos desenvolvidos" (87). Esse ímpeto, que era responsável pelas variações na evolução, era o *élan vital*.

Se o intelecto era caracterizado por uma incapacidade de compreender a vida, o mesmo não poderia ser dito sobre o instinto, que era "moldado pela forma mesma da vida" e que "levava adiante o trabalho por meio do qual a vida organiza a matéria" (165). Uma forma assumida pelo instinto tinha um significado especial, a saber "o instinto que se tornou desinteressado, consciente de si próprio, capaz de refletir sobre seu objeto e de ampliá-lo indefinidamente" (176). Era a intuição que permitia à pessoa perceber o que ultrapassava seu intelecto. Até aquele momento, a intuição tinha sido "quase que completamente sacrificada ao intelecto" (267). A tarefa da filosofia, porém, era apreender e desenvolver todas as mais tênues e fugazes intuições que se apresentassem, para depois elaborá-las.

A publicação de seu trabalho foi muito aclamada, e Bergson tornou-se uma celebridade. William James elogiou-o, dizendo que era "o livro mais *divino* que já apareceu durante minha vida".[59] James afirmava que sua significação estava em "infligir um golpe fatal e irrecuperável no Intelectualismo" (619). Embora Bergson fosse contra o intelectualismo, dificilmente se poderia mostrar contra o intelecto em si, o que foi um equívoco frequente a seu respeito; ele afirmava que se tornava necessário o desenvolvimento complementar de ambos os princípios. Era o aspecto crítico do trabalho de Bergson que James mais apreciava, embora expressasse certa reserva à noção de *élan vital*, e à postulação de uma "permanência inconsciente ou subconsciente das lembranças".[60] Com a publicação desse trabalho, Bergson tornou-se o filósofo mais popular de seu tempo.

Freud, Jung e a libido

O conceito de libido em Freud pode ser brevemente contextualizado.[61] Ellenberger notou que, antes de Freud, o termo libido tinha sido empregado

---

[59] William James para T. S. Perry, 24 de junho de 1907, ed. Henry James, 1920, 2, 294.
[60] James para Bergson, 13 de junho de 1907, 619; 25 de fevereiro de 1903, 609, *ibid*.
[61] Sobre a rivalidade mimética entre Freud e Jung quanto ao conceito de libido, ver Borch-Jacobsen, 1982, 53-126.

por Theodore Meynert, Moriz Benedikt, Richard von Krafft-Ebing, no sentido de desejo sexual, e como instinto sexual em seu sentido evolutivo por Albert Moll.⁶² No trabalho de Freud, o campo de aplicação do termo libido excedia em muito o domínio mapeado pelos sexólogos e, na verdade, englobava a psicologia e a psicopatologia humanas como um todo. Peter Swales mostrou como o conceito de Freud para libido derivava principalmente de suas experiências com a cocaína e, especificamente, de sua tentativa de compreender as drogas psicoativas em termos de uma química sexual putativa (Swales, 1989). Uma outra contextualização importante da teoria da libido de Freud foi apresentada por Jean Starobinski, num ensaio sobre a história dos fluidos imaginários. Ele diz que o conceito de libido em Freud deveria ser situado no contexto dos fluidos imaginários, junto com "a essência animal" de Descartes, e "o magnetismo animal" de Mesmer. Starobinski afirma que o sucesso de público da teoria da libido de Freud, com sua progressão e repressão através de estágios do desenvolvimento, ao ser comparada com o modelo estático de atenção da Liébault, era devido ao fato de ter oferecido uma convergência metafórica para a linguagem evolutiva contemporânea (1970, 212).

Como salientamos acima, a concepção inicial de Jung para a libido tinha derivado do conceito de vontade para Schopenhauer. Em *Sobre a psicologia da demência precoce*, a expressão utilizada por Jung foi energia psíquica, segundo os moldes de Stern. Jung afirmava que um complexo forte tinha a capacidade de drenar a energia da pessoa.⁶³ Em 1912, confirmou que havia usado a expressão "energia psíquica" em seu trabalho, pois considerava a teoria da libido de Freud inaplicável à demência precoce (*OC* B, §221).

No prefácio que escreveu para *Sobre a psicologia da demência precoce*, em julho de 1906, Jung declarou abertamente que não conferia à sexualidade a mesma universalidade psicológica que Freud lhe atribuía (*OC* 3, 4). Nos primeiros tempos de sua correspondência com Freud, abordou imediatamente a questão da possibilidade de reformular a teoria da libido, para que ficasse mais condizente com a biologia e a psicologia contemporâneas. Em 23 de outubro de 1906, Jung perguntou a Freud: "Mas você não acredita que se possam ter alguns pontos vizinhos como subespécies do outro impulso básico [*Grundtriebes*] da fome, por exemplo, como comer, sugar (predominantemente na fome), beijar (predominantemente na sexualidade)?" (*FJL* 7, trad. mod.). No mês de março seguinte, ele escreveu para Freud que a amplitude de seu conceito de libido tornara-o aberto a equívocos e fez-lhe a seguinte sugestão:

> Não seria possível pensar que a terminologia sexual fosse mantida somente para as formas extremas de sua "libido", para a proteção do conceito redu-

---
⁶² Ellenberger, 1970, 303.
⁶³ Jung, *OC* 3, § 138. Nesse mesmo ano, em "Investigações psicofísicas com o galvanômetro em sujeitos normais e insanos", que ele escreveu a quatro mãos com Frederick Peterson, ressaltou que os complexos resultavam em fadiga. *OC* 2, §1067.

zido de sexualidade, ora em vigor, e que se estabeleça, incidentalmente, um conceito coletivo e menos ofensivo para todas as "libidos"?[64]

No ano seguinte, ele propôs a Freud uma reformulação biológica da histeria e da demência precoce, nos termos de impulsos não sexuais. Dizia que, na demência precoce ou na paranoia, "a desconexão e a regressão da libido, numa forma autoerótica, baseia-se numa afirmação do si-mesmo e da autopreservação psicológica do indivíduo".[65] Enquanto o primeiro permanecia no plano da autopreservação, ele afirmava que a histeria permanecia no plano da preservação da espécie. Concluía dizendo que "as psicoses (as incuráveis) devem provavelmente ser entendidas como encapsulações malsucedidas, ou melhor, exageradamente defensivas" (FJL, 123-4). No ano seguinte, ele se expressou de maneira semelhante para Ernest Jones, quando comentava sobre a necessidade de alinhar a teoria da libido segundo a biologia geral:

> Concordo inteiramente com sua opinião quando você diz que devemos dar atenção à biologia. Será uma de nossas grandes tarefas, no futuro, transferir a metapsicologia freudiana para a biologia. Já estou reunindo algumas reflexões nesse sentido. Então, prestaremos a Freud um serviço ainda maior do que atacarmos diretamente as resistências de nossos adversários. O pior, sem dúvida, é a terminologia freudiana. Não só é difícil como também propensa a mal-entendidos para muitos, pois não se origina das constatações gerais e elementares da biologia, mas sim, de estipulações ocasionais da psicanálise, por exemplo, a totalidade da terminologia sexual. Com o termo Libido, por exemplo, quer-se dizer o instinto de preservação da espécie e seus derivados (assimilação forçada etc.), repressão, movimento defensivo, reflexo de defesa etc., desejo de fantasia = jogo preparatório entre animais e humanos, ensaios de adaptação etc., identificação = impulso de imitação (para a adoção de posições defensivas etc.)[66]

Jung seguia dizendo que obteriam uma reação melhor se não tornassem tão proeminente o tema da sexualidade. E que, desde que "apresentara a sexualidade como o instinto da autopreservação da espécie para Monakow, ele havia, pelo menos em princípio, considerado válidos determinados aspectos".[67]

---

[64] 31 de março de 1907, 25, trad. mod.
[65] 20 de fevereiro de 1908, 123-124, trad. mod.
[66] 25 de fevereiro de 1909, SFC.
[67] Ibid. O neurologista Constantin von Monakow (1853-1930) formou a Psychiatrisch-Neurologische Verein em Zurique, com Paul Charles Dubois (1848-1918). Monakow destacava-se como um poderoso opositor da psicanálise, e Jung faz diversas descrições cáusticas desse adversário em cartas que enviou a Freud. Quanto à psicanálise, Monakow disse posteriormente que havia confirmado a exatidão dos fatos clínicos observados por Freud e Breuer, Bleuler, Jung e Adler, que eram biologicamente importantes, sem porém, aceitar totalmente as explicações que eles davam (Von Monakow, 1925, 82). É interessante que, à luz dos comentários de Jung, ele identificasse sexualidade com a manutenção da espécie (ibid., 24). Monakow apresentou uma crítica dos encontros da Sociedade Freudiana de Zurique, aos quais compareceu, em sua autobiografia (1928, 244-245). Sobre a relação de seu trabalho com a obra de Jung, ver adiante, pp. 291-292.

Embora sua carta para Jones deixe claro o quanto estava politicamente identificado com a causa psicanalítica, ela também demonstra que, em particular, ele fazia tantas reservas a suas teorias fundamentais e terminologia quanto seus adversários. Essas cartas também indicam que sua aliança com a psicanálise, no campo contratual, fundamentava-se no pressuposto de que suas teorias básicas eram falhas e poderiam ser extensamente revistas.

Jung não era o único a demonstrar insatisfação com a teoria da libido de Freud. Em 1909, James Jackson Putnam escreveu que Freud e seus colegas haviam tentado em vão, durante vários anos, encontrar um termo mais amplo do que libido, que "incluísse a noção 'sexual' sem, porém, tornar essa palavra tão proeminente" (1909, 25). Para atender a tal finalidade, Putnam propôs o termo "anseio'. Dois anos depois, numa apresentação para a Associação Americana de Psicopatologia, ele foi um pouco mais adiante, e apresentou um conceito vastamente ampliado de libido. A mente continha um elemento da mesma energia da qual era constituída a vida do universo, e do qual dependiam todos os esforços e toda a força de vontade das pessoas. Chamou essa energia de *psyche generatrix* ou *mens creative* (1911, 83-84). Alegava que essa energia estava de acordo com o princípio de conservação da energia.

Para Jung, seu contato com Putnam foi significativo. Em 1959, ele redigiu uma breve biografia de Putnam, que nunca foi publicada. Para Jung, esse autor exemplificava o que havia de melhor nos acadêmicos americanos, e admirava declaradamente sua ausência de vieses, seu desejo da objetividade e sua integridade.[68] Jung encontrou-se com Putnam em 1909, quando sua insatisfação com as teorias de Freud estavam se avolumando. Acrescentou que "temo que, de um lado, meu entusiasmo pelo que Freud fez ao abrir caminho para o reconhecimento do inconsciente, e de outro minhas críticas – que continuam aumentando – colocaram Putnam numa situação que dificilmente o levou a entender as novas ideias".[69]

Criptomnésia e a história da raça

A reformulação biológica da psicanálise empreendida por C. G. Jung levou-o a tentar assentá-la sobre bases evolutivas. Com isso, ele se dedicou à extensão do conceito de memória, numa revisão que consistiu em retomar alguns

---

[68] Um exemplo da isenção de Putnam é o bilhete que mandou para Alphonse Maeder: "Espero que as diferenças científicas entre Jung e Freud não levem a um rompimento entre eles" (11 de dezembro de 1912, documentos de Maeder).
[69] Esse tributo foi incorporado ao manuscrito de *Memórias, sonhos, reflexões*, para depois ser excluído de sua edição final (CMS).

temas já debatidos pelos teóricos da memória orgânica. Antes de nos voltarmos para este tópico, é importante rever sua obra anterior sobre criptomnésia.

Em sua dissertação de 1902, ele apresentou um notável exemplo disso. Impressionado com a semelhança de uma passagem do *Assim falava Zarathustra* de Nietzsche, e um trecho da obra de Justinus Kerner, *Cartas de Prevost*, Jung iniciou uma correspondência com a irmã de Nietzsche, Elizabeth.[70] Esta confirmou que Nietzsche tinha tomado conhecimento do trabalho de Kerner, ainda na adolescência. Jung também identificou três maneiras de essa imagem criptomnésica penetrar na consciência: de modo intrapsíquico, sem a mediação dos órgãos dos sentidos (como no exemplo de Nietzsche), pela mediação dos órgãos dos sentidos, como nas alucinações, e por meio de um automatismo motor. Para ilustrar as duas últimas categorias, citou o caso de Hélène Smith, estudado por Flournoy. Alguns anos mais tarde, ele escreveu um artigo sobre "Criptomnésia", que começava observando que a psicologia diferenciava a memória direta da indireta. O exemplo que deu de memória direta era o da pessoa que via uma casa e se lembrava de que antigamente um amigo vivera ali. O exemplo que deu de memória indireta foi o de passar diante de uma casa em que um amigo tinha morado, enquanto pensava em outras coisas, quando lhe ocorre uma imagem inesperada em que discute com aquele amigo de anos atrás as mesmas questões sobre as quais estivera refletindo há poucos instantes, sem entender por que teria se lembrado disso. Ele afirmava que a lembrança do amigo se conectara com a impressão mais imediata. O que os dois exemplos tinham em comum era a qualidade de serem conhecidos. Para Jung, qualquer novidade advinha de novas combinações entre elementos existentes. Todo o dia, temos milhares de associações, sem saber de onde vieram. Isso ocorria porque a consciência é só uma parte da alma. A maioria dos elementos psíquicos é inconsciente (1905, *OC* 1, §170). Na opinião de Jung, o inconsciente podia perceber e associar de forma autônoma. Todas as novas ideias e combinações eram premeditadas pelo inconsciente. Aceitando a noção de que toda impressão deixa vestígios na memória, decorria que essas recordações indiretas residiam no inconsciente.

Em 1909, Jung dedicou-se a um extenso estudo da mitologia. Alguns indícios da evolução de suas formulações a respeito aparecem em suas cartas para Freud. Em 8 de novembro de 1909, ele escreveu dizendo que suas leituras sobre mitologia e arqueologia eram "ricos filões" para assentar "a base filogenética da teoria da neurose" (*FJL*, 258). Uma semana mais tarde, ele informou que "os mitos mais antigos e mais naturais" falavam do "complexo nuclear da neurose".[71] Essas cartas indicam que a busca pelo complexo nuclear da neurose e por uma base filogenética para tal distúrbio eram as motivações funda-

---

[70] *OC* 1, §§140-143. Ver Bishop, 1993.
[71] 15 de novembro de 1909, 263.

mentais de Jung para o estudo da mitologia. Uma base filogenética era necessária para que a teoria da neurose pudesse ser alicerçada em noções evolutivas e desenvolvimentais. Poucas semanas mais tarde, esses temas começaram a se aglutinar e ele escreveu para Freud, dizendo:

> Sempre volto à sensação de que o entendimento completo da psique (se é que isso é de fato possível) só advirá através da história ou com sua ajuda. Da mesma forma como o entendimento da anatomia e da ontogênese só é possível com base na filogênese e na anatomia comparada. Por esse motivo, a mitologia me aparece agora sob uma nova e significativa perspectiva. O que deparamos hoje numa alma individual – em forma comprimida, truncada ou unilateralmente diferenciada – pode ser constatado em extensas porções espalhadas pelo passado histórico.[72]

Aqui, a biologia fornece a analogia para se compreender o significado da história e da mitologia, especialmente para a psicologia. O estudo da mitologia e da história é, para a psicologia, o que o estudo da filogênese e da anatomia comparada é para a biologia. Jung continuou desenvolvendo esse paralelo analógico. No Natal de 1909, ele escreveu para Freud:

> Ficou completamente claro para mim que não resolveremos o "x" da questão da neurose e da psicose sem a mitologia e a história cultural [*Kulturgeschichte*], pois a embriologia pertence à anatomia comparada e, sem a última, a primeira ainda é, em seu mais profundo sentido, uma brincadeira incompreensível da natureza. (279)

Aqui, a psicopatologia individual é analogicamente associada com a embriologia, e a mitologia e a história cultural com a anatomia comparada.

Por volta dessa época, o psiquiatra Adolf Meyer foi visitar Jung e seu assistente, Johann Honegger (1885-1911) em Küsnacht, tendo feito anotações dessa conversa.[73] Ele escreveu:

> Um dos pacientes de Honegger (que J. tinha analisado três anos antes, sem quaisquer resultados nesse sentido) ofereceu uma esplêndida reprodução de uma concepção ptolomaica do mundo com um detalhe interessante – que também foi extraída à força de minha cabeça, em minha condição de saúde [*Zustand der Gesundheit*]. O paciente criou o mundo – tal como na criação, bidimensional e com bordas – com um pouco de éter...[74]

---

[72] *Ibid.*, 269, 30 de novembro – 2 de dezembro de 1909, *ibid.*, 269. Sobre o uso da lei biogenética feito por Jung, ver adiante, pp. 322-323.
[73] Para maiores informações sobre Honegger, ver Hans Walser, 1973, 1974.
[74] Adolf Meyer, diário, Arquivos Johns Hopkins.

Honegger tinha terminado sua faculdade de medicina em Zurique, em 1909. Trabalhou como voluntário no Burghölzli, de 7 de janeiro a 12 de março de 1910, e nunca foi um membro permanente da equipe.[75] Sendo assim, a visita de Meyer provavelmente se deu nessa época.

No final de março daquele ano, Honegger apresentou um artigo no II Congresso Psicanalítico Internacional, em Nuremberg, sobre o tema da formação do delírio paranoide. Só foi publicado um resumo desse trabalho. Entretanto, o original sobreviveu ao lado de um outro artigo não publicado, sobre o mesmo caso, intitulado "Análise de um caso de demência paranoide"[76]. Comprovadamente, trata-se do mesmo paciente que Jung e Honegger tinham discutido com Meyer. Esse paciente, E. Schwyzer, tinha nascido em 1862. Era funcionário de uma loja e não tinha estudado muito. Tinha morado em Paris e Londres e, após uma tentativa de suicídio, fora internado numa instituição psiquiátrica em Londres, onde permanecera por 18 meses. Depois disso, tinha ido para Zurique, onde fora internado no Burghölzli no dia 7 de outubro de 1901. Honegger o apresentava como um caso de demência paranoide. Salientava que aquele trabalho fora incentivado por sugestão de Jung, e que estudara o caso durante dois meses. Quando Jung se voltou para suas pesquisas sobre mitologia, após sair do Burghölzli, seu acesso a material clínico de pacientes psicóticos para corroborar suas novas hipóteses não era mais o que havia sido. Portanto, a pesquisa de seus alunos assumia uma nova importância.

Honegger comentava que, como os experimentos com associações de palavras e associação livre não eram adequados para esse paciente, ele lhe pedira que falasse de alguns pontos de seu histórico. Honegger afirmou que o mais notável nesse caso foi ter mostrado o retorno a níveis filogenéticos pregressos, incluindo "toda uma nova série de recriações de antigas ideias mitológicas e filosóficas", que o paciente "não poderia ter sequer suspeitado que existissem".[77] Entre essas ideias estavam

> a noção do renascimento do mundo, *a aeqivoca generatio*, a completa identificação do universo com Deus (i.e., com o paciente), a ideia de que a divindade era originalmente feminina (o culto à mãe do oriente próximo), a lua como preservadora das sementes (mitologia asiática, a translação dos mortos em estrelas no céu, uma variação da transmigração das almas, uma modificação da lenda dos vampiros... apesar de um conhecimento preciso da teoria moderna do mundo, o paciente voltou ao sistema de Ptolomeu: a terra é chata e cercada por mares infinitos (*Ibid.*).

---

[75] "Catálogo de diretores, médicos substitutos, assistentes e voluntários do Burghölzli, a partir de 1º de julho de 1870", arquivos do Burghölzli.
[76] Documentos de Honegger, ETH.
[77] Citado em Walser, 1974, 253.

Esse paciente parecia ser um verdadeiro manual de mitologia. Honegger dizia que a retomada desses motivos indicava uma regressão à infância da raça humana, causada pela regressão da libido. Se se estuda de perto o material que Honegger apresenta em sua "análise de um caso de demência paranoide", surge a seguinte questão: até que ponto a elaboração das fantasias do paciente era resultado das questões lançadas pelo próprio Honegger, ou de seu procedimento sugestionador? Da perspectiva de Honegger, seu questionamento estava simplesmente expondo um sistema delirante preexistente. Eis alguns exemplos dessas questões: "Como você sabia que o corpo semente sempre foi feminino?"; "Você também pode criar o vento?"; "Como é que você faz, quando faz chover?"; "Você poderia mudar o tempo agora?".[78] Diante do interesse e da simpatia de Honegger, o paciente mostrou-se aparentemente mais do que disponível para colaborar, e elaborou fantasias cosmológicas. Se é justo dizer que as fantasias eram uma coprodução estimulada pelo procedimento sugestionador de Honegger, explicaria por que Jung disse a Adolf Meyer que havia analisado o mesmo paciente há três anos (quer dizer, em torno de 1907), "sem quaisquer resultados nesse sentido". A análise de Honegger seria então um exemplo de "loucura a dois".

Jung afirmava que o estudo da mitologia poderia assentar a teoria da neurose em bases filogenéticas. Esse foi o tema de sua apresentação num encontro de psiquiatras suíços em Herisau, naquele mesmo ano. No dia 30 de janeiro de 1910, ele escreveu para Freud que, em sua palestra, ele havia tentado atribuir ao simbolismo o papel de alicerce do desenvolvimento da psicologia [*Entwicklungspsychologischen*]. Ele sustentava que o conflito numa pessoa poderia ser considerado "mitologicamente típico" (288-289). Isso levou-o a oferecer a seguinte definição do complexo nuclear: "O 'complexo nuclear' parece ser o distúrbio profundo – causado pela proibição do incesto – entre a gratificação libidinal e a propagação".[79] Em termos evolutivos, a noção de um complexo nuclear poderia ser descrita como uma forma de monogenismo psicológico: a tese de que toda neurose derivava de uma origem comum. Esse monogenismo psicológico está na origem da obra de Jung, *Símbolos e transformações da libido*, e, nesse sentido, deveria ser claramente diferenciado do subsequente poligenismo psicológico de sua teoria dos arquétipos.

Prosseguindo seus estudos de mitologia, ele notava cada vez mais a incidência de temas míticos em seus atendimentos. No dia 29 de setembro de 1910, ele relatou a Freud que notara um fragmento de uma lenda Pedro-anticristo, que havia emergido na infância de uma moça judia, com 18 anos agora (356). Em outro caso de uma mulher com demência precoce, ele observou a presença de um mistério de redenção, composto de imagens litúrgicas.

---

[78] Honegger, "Análise de um caso de demência paranoide", 125-126.
[79] 2 dde junho de 1910, 326.

Enquanto Jung estava nos Estados Unidos, em março de 1910, Honegger atendeu seus pacientes. Ele tinha querido tornar Honegger seu assistente, e a noiva de Honegger, Helene Widmer, estava trabalhando como secretária de Jung. Foram feitas algumas tentativas de encontrar consultórios adequados para Jung e Honegger em Zurique (Walser, 1974, 247). Depois, Jung informou ao psiquiatra americano, Trigant Burrow, que Honegger era ambicioso, e começou a considerar sua noiva um obstáculo, e então rompeu o noivado. Teve um caso com uma de suas pacientes e abriu mão de seu trabalho com Jung, parando inclusive de escrever para ele.[80] No início de fevereiro de 1911, Honegger assumiu um posto no instituto psiquiátrico Rheinau, como médico assistente. No dia 28 de março de 1911, cometeu suicídio, com uma overdose de morfina. No dia seguinte, deveria retornar ao serviço militar. Seu pai, que havia sido psiquiatra, fora internado no Burghölzli, onde viera a falecer. De acordo com Ris, diretor da Rheinau, Honegger temia sofrer destino semelhante. Os pacientes daquele hospital foram informados de que ele morrera de ataque cardíaco.[81] Jung informou Freud que ele se suicidara para evitar uma psicose.[82] Jung informou Burrow que Honegger cometera suicídio depois de constatar que havia tomado decisões erradas, e não acreditava o suficiente na vida. Acrescentou que para ele se tratava de uma grande perda, pois Honegger era o único amigo com quem tinha afinidade em Zurique.[83]

No dia 12 de junho de 1911, Jung afirmou que, na demência precoce, a introversão não havia provocado apenas um "renascimento das recordações infantis", mas também um "afrouxamento das camadas históricas do inconsciente". As camadas históricas do inconsciente consistiam em recordações raciais (*FJL*, 427). Em setembro, ele apresentou um artigo sobre simbolismo, no Congresso Psicanalítico Internacional de Weimar. Segundo o resumo de Otto Rank, Jung afirmara que, em contraste com a histeria, os paralelos históricos eram necessários para se entender a demência precoce, pois esse paciente "sofre das reminiscências da humanidade" (*OC* 18, §1082).

Em 13 de outubro, ele escreveu para Freud: "Se há uma memória filogenética no indivíduo, o que infelizmente em breve se tornará inegável, ela também é a fonte da estranheza do 'doppelgänger'" (*FJL*, 449). Na semana seguinte, ele propôs uma audaciosa tese relativa ao significado dessas recordações filogenéticas:

> As assim chamadas "primeiras recordações de infância" não são em absoluto lembranças individuais, mas lembranças filogenéticas. Estou certamente me referindo às mais precoces reminiscências, como o parto, mamar no seio...

---

[80] 28 de junho de 1911, JP.
[81] Ris para a administração médica de Zurique, em 28 de março de 1911, Staatsarchiv, Zurique.
[82] *FJL*, 31 de março de 1911, 412.
[83] Jung para Burrow, em 28 de junho de 1911, JP.

Exatamente agora, meu Agalthi está tendo esses sonhos; relacionam-se intimamente a certos mitos de nascimento dos negros... acredito que veremos, no futuro, que um número inacreditavelmente muito maior de coisas do que as atualmente aceitas como tal, são reminiscências filogenéticas (450).

O que Jung estava propondo essencialmente era uma expansão radical do conceito de criptomnésia de Flournoy. Estava sustentando que não eram só recordações de impressões obtidas ao longo da vida de uma pessoa que reapareciam, embora de forma irreconhecível, mas também lembranças raciais. Esse conceito é um estágio importante no desenvolvimento de suas ideias. Poderia ser chamado de "filo-criptomnésia". A teoria da criptomnésia de Flournoy ainda serve de explicação para o acúmulo e a reprodução de recordações – é apenas o escopo das recordações que se estendeu para abranger as de teor racial. Ao efetuar essa ampliação, Jung estava seguindo de perto o trabalho dos teóricos da memória orgânica e ancestral, assim como o trabalho de psicólogos como Stanley Hall e James Sully.

As investigações filogenéticas de Jung levantaram a questão da relação da psicanálise com a biologia. Para Freud, ele criticou as visões excessivamente biológicas de Adler, Bleuler e Sabina Spielrein.[84] Escreveu dizendo que, se usava argumentos biológicos, era por falta de coisa melhor. Embora achasse que apenas a psicanálise deveria ser a "senhora de seu campo", pensava que seria útil tentar ligações com outros campos, pois isso permitiria que as coisas fossem vistas por diferentes perspectivas (*FJL*, 470).

Em *Transformações e símbolos da libido* (1911-1912), Jung traçou um paralelo entre o pensamento mitológico fantástico da Antiguidade, os sonhos, as crianças, e as raças humanas inferiores. Essas não eram concepções estranhas, mas muito difundidas através da anatomia comparada e da história evolutiva, "que nos mostram como a estrutura e a função do corpo humano resultam de uma série de mudanças embrionárias que correspondem a mudanças semelhanças na história da raça" (*OC* B, §37, trad. mod.). Consequentemente, a suposição de que a ontogênese correspondia à filogênese também na psicologia era justificada. Como resultado disso, o pensamento infantil nas crianças e nos sonhos não "era mais do que uma repetição do pré-histórico e da Antiguidade" (*ibid.*, trad. mod.). Todos possuímos esse pensamento fantasioso. Com adultos, começa a agir quando cessa o pensamento dirigido. Da mesma maneira como os órgãos do corpo conservam resquícios de suas antigas funções e condições, "também nossa mente, que aparentemente superou essas tendências arcaicas, ostenta, não obstante, a marca da evolução acumulada", repetida nas fantasias (§47). Foi o que levou Jung a vislumbrar a alma geologicamente: "A alma possui em certa medida uma estratificação histórica, por meio da qual seus estratos mais antigos corresponderiam ao inconsciente" (§51, trad. mod.). As

---

[84] *FJL*, 29 de novembro de 1910, 374; 11 de dezembro de 1911, 470.

introversões na vida adulta voltavam-se primeiramente para reminiscências infantis regressivas. Introversões mais intensas, como nas psicoses, levavam à reanimação de conteúdos mentais arcaicos. Um dos exemplos que ele deu, nesse sentido, foi a seguinte alucinação que Honegger havia observado no caso de demência precoce que estava atendendo:

> O paciente enxerga no sol uma espécie de 'rabo esticado para cima' (i.e., semelhante a um pênis ereto). Quando o paciente mexe a cabeça para a frente e para trás, o pênis do sol também se mexe para a frente e para trás, e é assim que surge o vento. Essa estranha ideia delirante permaneceu ininteligível por um longo tempo, até eu me inteirar das visões narradas na liturgia mitraica.[85]

Honegger havia se referido ao paciente que conduzia "um novo experimento com o sol", olhando-o com uma vista só etc.[86] Jung tomou conhecimento da liturgia mitraica por meio de Albrecht Dieterich, que realizara uma obra intitulada *Uma liturgia para Mithras*. Publicada inicialmente em 1903, tivera sua segunda edição em 1910, da qual Jung possuía um exemplar em que fizera inúmeras anotações.

No modelo de Jung, a alma era uma formação histórica que continha em seu bojo sua própria história. Se, como Otis havia alegado, as teorias da memória orgânica localizavam a história dentro do corpo, a transformação analógica dessa teoria operada por Jung levou-o a situar a história na alma. Embora, em suas obras subsequentes, ele tivesse descartado ou revisado uma boa parte do conteúdo de *Transformações e símbolos da libido*, essa visão básica foi mantida em todos os demais trabalhos, onde constitui um de seus eixos teóricos principais.

Durante sua carreira psiquiátrica, o impacto de suas leituras filosóficas não aparece de imediato. Contudo, começam a emergir vigorosamente no período em que se distancia do movimento psicanalítico. Em 1912, ele salientava: "Cheguei à conclusão de que as forças pulsionais religiosas e filosóficas – aquilo que Schopenhauer chamava de 'necessidade metafísica' do homem – devem receber uma atenção positiva durante o trabalho analítico".[87] Essa mesma afirmação foi feita por James Jackson Putnam, que havia dito, no ano anterior, que, a menos que essas "necessidades metafísicas" sejam atendidas com cuidado, o potencial terapêutico da psicanálise permanece limitado, uma vez que eram justamente as dificuldades nesse domínio que levavam muitos pacientes para a análise (Putnam, 1911). As conclusões de Jung e Putnam iam diretamente contra a postulação da psicanálise por Freud, para quem esse procedimento

---

[85] *Ibid.*, §173, trad. mod. Ele também citou mais adiante o exemplo de Honegger sobre a reprodução da terra plana (§233).
[86] "Análise de um caso de demência paranoide", 76.
[87] "Aspectos gerais da psicanálise", *OC* 4, §554.

consistia precisamente em excluir a metafísica. Para Jung, o problema estava em como satisfazer essa necessidade ao mesmo tempo em que se mantinha a psicologia como ciência. Sua resposta a este dilema assumiu a forma de sua teoria dos arquétipos e do inconsciente coletivo. Como dissemos acima, as psicologias dinâmicas das décadas de 1880 e 1890 tentaram distanciar-se das filosofias do inconsciente, introduzindo modelos psicológicos restritos para o inconsciente ou para o subconsciente, que, supostamente, eram derivados apenas de observações clínicas em lugar das especulações metafísicas. Esse modelo serve de substrato para as primeiras obras de Jung até *Transformações e símbolos da libido*. Desse período em diante, Jung começou a propor uma ampliação da noção de inconsciente e de libido.

Em 1912, na segunda parte de *Transformações e símbolos da libido*, ele afirmou que, apesar de o termo "libido" ter sido inicialmente extraído de um contexto sexual, tinha se tornado o termo mais amplamente usado na psicanálise, devido ao fato de seu significado ser vasto o bastante para cobrir todas as manifestações que Schopenhauer havia atribuído à Vontade.[88] Ele notou que, desde o *Três ensaios sobre a teoria da sexualidade*, de Freud, o campo de aplicação do conceito de libido tinha aumentado, e que tanto ele como Freud haviam, consequentemente, sentido a necessidade de ampliar seu conceito de libido. Para endossar tal afirmação, fazia uma extensa citação de uma seção do estudo de Freud sobre o caso Schreber, na qual Freud levantava a questão de se a desconexão da libido em relação ao mundo externo seria motivo suficiente para explicar a noção do fim do mundo. Freud disse:

> Ou teríamos de supor que aquilo que chamamos de catéxis libidinal (quer dizer, o interesse que emana de fontes eróticas) coincide com o interesse em geral, ou considerar a possibilidade de que uma perturbação bastante extensa da distribuição da libido possa desencadear uma perturbação correspondente nas catéxis do ego. Mas esses são problemas diante dos quais ainda nos colocamos impotentes e incompetentes para solucionar. Seria muito diferente se pudéssemos começar com uma bem fundamentada teoria dos instintos; mas, na realidade, não temos nada que pareça com isso no presente momento (1911, SE 12, 74).

Freud concluía essa passagem afirmando que era mais provável que a relação alterada do paranoico com o mundo adviesse da perda de seu interesse libidinal. Jung retomou essa passagem para argumentar que a perda da realidade na demência precoce não poderia ser exclusivamente explicada por uma perda do investimento libidinal, pois isso seria sugerir que o que Janet denominara

---

[88] OC B, §212. Ele acrescentou que "a concepção original de Freud não interpreta 'tudo como sexual', embora isso tenha sido afirmado pelos críticos". Dezesseis anos mais tarde, Jung iria afirmar que os críticos que haviam acusado Freud de panssexualismo estavam cobertos de razão. "Sobre a energética da alma", (1928), 19.

de "função do real" só era sustentado por interesses eróticos. Sendo assim, afirmava, a teoria da libido não era aplicável à demência precoce.

Entretanto, Jung dizia que, após o *Três ensaios*, de Freud, viera a público um conceito genético da libido, que lhe permitira substituir o termo "energia psíquica", empregado em *Sobre a psicologia da demência precoce*, por "libido". A seguir, ele falava da teoria da evolução, alegando que ela demonstrava que muitas funções, atualmente isentas de um caráter sexual, tinham-se derivado originalmente do impulso geral de propagação [*Propagationstrieb*]. Através da evolução, parte da energia que havia sido anteriormente necessária para a propagação, tornara-se transposta para a função de criar mecanismos de sedução e proteção, o que dera origem ao impulso artístico [*Kunsttrieb*] o qual, depois, adquiriu autonomia funcional.

Ele comentou que, na natureza, o instinto para a preservação da espécie [*Instinkt der Arterhaltung*] e o instinto de autopresevação [*Instinkt der Selbsterhaltung*] eram indistintos, e só se podiam ver o impulso de vida [*Lebenstrieb*] e o desejo de viver [*Willen zum Dasein*].[89] Jung afirmava que essa concepção coincidia com a formulação do conceito de vontade por Schopenhauer. Portanto, libido se relacionava com toda forma de desejo.

Após um extenso levantamento das antigas formulações desta concepção, Jung apresentou o relato do desenvolvimento ontogenético, dizendo que, na infância, a libido estava presente na forma de impulso de nutrição [*Ernährungstriebes*]. Ao denominar um impulso de nutrição, Jung estava seguindo Ribot.[90] Novas aplicações da libido abriam-se por intermédio do desenvolvimento do corpo, culminando na sexualidade. Em seguida, essa libido sexual primária [*Urlibido*] torna-se dessexualizada em novas operações. Na concepção genérica, a libido continha não só o *Rezentsexuelle* mas também o que havia sido ampliado como libido primordial dessexualizada.

Embora Jung tivesse dito inicialmente que a teoria da libido precisava ser alargada para dar conta das psicoses, acrescentava agora que sua concepção genética da libido era aplicável também às neuroses. Segundo seu modelo genético, havia três fases no desenvolvimento da libido: um estágio pré-sexual, um estágio pré-puberal, que começava em torno dos três anos e seguia até os cinco, e a maturidade. Ele reconhecia uma multiplicidade de instintos e impulsos, distintos da libido. Ao desvincular a libido da sexualidade e promover sua reformulação como princípio geral da energia psíquica, Jung foi levado a

---

[89] Ao longo de suas publicações em alemão, Jung utilizava a terminologia biológica padrão nesse idioma, usando o termo "Instinkt" para se referir aos animais e aos seres humanos, e reservando "Trieb" especificamente para estes últimos. Essas distinções não foram mantidas nas traduções de seus trabalhos.

[90] Ver antes, pp. 299-300. Stanley Hall argumentou mais tarde que o estudo da psicologia da fome poderia servir de base para uma nova psicologia, o que havia sido "tenuemente vislumbrado" por Jung, que, embora de maneira inadequada, dera um lugar à fome (1923, 420).

declarar que o conceito de libido tinha a mesma significação no campo da biologia que o conceito de energia desde Robert Mayer, no campo da física (*OC* B, § 218). De maneira análoga, em suas palestras do mesmo ano em Fordham, ele afirmou que os movimentos da libido guardavam uma analogia próxima com o princípio da conservação de energia. Quando um *quantum* de energia desaparecia de uma determinada atividade, iria reaparecer em alguma outra parte (*OC* 4, §254). E prosseguia dizendo que, com sua concepção genética da libido, a psicologia se alinhava com as outras ciências que tinham um conceito de energia; e também afirmou em público que havia escrito para Jones anteriormente, concordando com os críticos do conceito de libido definido por Freud:

> Da mesma maneira como as ciências naturais de antes estavam sempre falando de ações recíprocas na natureza, e que essa antiga visão foi substituída pela lei da conservação da energia, também aqui, no campo da psicologia, estamos tentando substituir a ação recíproca dos poderes coordenados da alma [*Seelenkräfte*] por uma energia considerada homogênea. Assim, damos espaço para aquelas críticas justificadas que reprovam a escola psicanalítica, quando dizem que ela funciona com uma concepção mística da libido (§281, trad. mod.).

Jung discutia ainda a questão do relacionamento entre esse novo conceito de libido e o vitalismo, o que era necessário, já que tanto Mayer como Helmholtz haviam manifestado uma resoluta oposição às teorias vitalistas, supostamente repudiadas pelo princípio da conservação de energia. Ele argumentava que:

> Não podemos nos deixar perturbar quando nos reprovam como vitalistas. Estamos tão distantes da crença numa força vital [*Lebenskraft*] específica quanto de qualquer outra espécie de metafísica. "Libido" deveria ser o nome da energia que se manifesta no processo vital, e é subjetivamente percebida como iniciativa e desejo (§282, trad. mod.).

Aqui, ele parece não estar negando a possibilidade de reduzir a vida a processos físicos e químicos, como tinha feito nas palestras na Zofíngia, mas estar apenas e tão somente alegando que a libido designava a percepção subjetiva desses processos. Ao não mais defender a autonomia da vida e nem defender a bandeira de uma biologia vitalista contra as alegações da biologia materialista, os interesses de Jung voltavam-se para a defesa da autonomia da psique, e da irredutibilidade da psicologia à biologia, por mais que esta última tivesse suas próprias concepções sobre os processos da vida.

Jung acrescentava que o conceito freudiano de libido "é entendido de maneira tão inócua que Claparède comentou comigo, certa feita, que se poderia usar perfeitamente uma outra palavra, como 'interesse'" (§273). Essa substituição de interesse por libido era em si mesma uma manobra longe de inócua, pois o termo "interesse" desempenhava um papel importante no trabalho do próprio Claparède, como descrevemos acima.

O modelo que este propusera, de uma pluralidade de instintos momentaneamente motivados por um fator suplementar de interesse, correspondia muito de perto ao modo como Jung estava reformulando a teoria da libido. A referência de Jung a Claparède indica que haviam discutido pessoalmente essa questão.[91] Em 1914, Jung afirmou que o termo "interesse" poderia ser usado para designar o conceito de libido mais amplo, como Claparède tinha sugerido, "se essa expressão hoje tem uma aplicação menos extensa".[92] Não está claro se Jung tinha ou não em mente o uso geral e difundido do termo "interesse", ou o uso que lhe dava Claparède, ou ambas as possibilidades, e se essa foi ou não a razão de ele não ter usado o termo para diferenciar seu conceito do primeiro ou do segundo.[93]

Como Jung havia citado as declarações de Freud no caso Schreber para corroborar sua concepção genética da libido, surgiu a questão de até que ponto suas opiniões poderiam ser consideradas divergentes. A resposta pública a essas opiniões veio na forma da revisão feita por Ferenczi para *Transformações e símbolos da libido*, de Jung, nas recensões de Jones e Abraham sobre as palestras de Jung, na Universidade Fordham, e nas refutações do próprio Freud, em "Sobre a história do movimento psicanalítico" e "Sobre o narcisismo". A cuidadosa orquestração dessas respostas é evidente nas cartas que trocaram entre si. O que também fica evidente é que o significado político das divergências teóricas entre Freud e Jung não era de modo algum constante. Pelo contrário: em determinados momentos políticos relevantes, as diferenças teóricas assumiram uma importância que antes não tinham exibido.

---

[91] Numa carta não datada para Claparède, que tinha planos de participar de um congresso em Aarau, Jung o convida a ficar e discutir questões da psicologia freudiana (documentos de Claparède, BPU, Genebra).
[92] "Sobre o entendimento psicológico", *OC* 3, §418. Essa sentença apareceu na edição em alemão da apresentação feita por Jung perante a Sociedade Psicomédica de Londres, no dia 24 de julho de 1914.
[93] A opinião de Claparède sobre a libido de Freud teve um corolário curioso. Em sua autobiografia, Claparède afirmou que, em sua introdução à tradução para o francês das palestras de Freud na Universidade Clark, que havia sido o primeiro artigo de Freud a aparecer em francês, tinha achado "que o melhor caminho para explicar a *libido* como ele a entendia seria identificando-a com 'interesse'. Mas Freud não concordou" (1930, 77). Freud ficou aborrecido com a introdução escrita por Claparède, pois incluía esses comentários sobre a libido. Em 25 de dezembro de 1920, Freud lhe escreveu uma carta: "Foi *Jung*, não *eu*, quem fez da libido o equivalente à força do impulso [*Triebkraft*] de *todas* as atividades da alma [*sselischen Tätigkeiten*], e que depois combate a natureza sexual da libido. Sua afirmação não concorda completamente com minha concepção, nem com a de Jung, mas constitui uma combinação de ambas. De mim, você extraiu a natureza sexual da *libido*, e de Jung, sua significação universal. Por conseguinte, a situação panssexual vem à tona, essa questão que só existe nas fantasias não criativas dos críticos, e que não faz parte nem de meu trabalho, nem do de Jung" (in Cifali, 1991, 299).

No dia 12 de setembro de 1912, Ernest Jones escreveu para Freud, após uma discussão com os defensores de Jung, Alphonse Maeder e Franz Riklin, dizendo que, embora suspeitasse que algumas das formulações de Jung fossem de "origem estritamente pessoal", não obstante

> uma grande parte desse trabalho está estridentemente de acordo com as decorrências lógicas da Sexualtheorie que você mesmo propôs ao longo dos últimos anos; especialmente os aspectos filogenéticos, a herança da repressão e talvez as tendências já dessexualizadas (sublimadas) (Paskauskas, ed., 1993, 158).

No prefácio à primeira edição de seus artigos sobre psicanálise, datado de setembro de 1912, Jones escreveu que a mais forte oposição a Freud era devida à significação que ele atribuía ao instinto sexual. No entanto, ele argumentava que Freud o usava num sentido muito mais amplo do que habitualmente, e que a importância que ele atribuía a este "não difere muito da de Schopenhauer e de Nietzsche em *Wille zur Macht*, ou do *élan vital*, de Bergson, da 'força vital' de Shaw e o 'impulso vital' de tantos outros autores, todos eles equivalentes ao que Freud denomina de *Libido*" (1913, XI). Essa passagem foi excluída de todas as edições subsequentes, juntamente com diversas declarações favoráveis sobre Jung. Embora Freud alegasse que Jung tinha entendido de forma equivocada sua passagem no caso Schreber, ele inicialmente não lhe dera muita importância: "Nunca obliterei nem mudei o significado da libido, mas me mantive fiel a minha primeira definição o tempo todo... Espero que tenhamos uma boa conversa a respeito, mas, sem dúvida, tudo é muito discutível e altamente interessante, e não há inimizade nisso".[94] Essa carta oferece alguns indícios do fato de que as razões teóricas desempenharam um papel muito menor na ruptura entre Freud e Jung do que tem sido geralmente dito. Desdobramentos políticos levaram a uma ênfase retrospectiva sobre as divergências teóricas. Novamente para Karl Abraham, Freud afirmou que a questão que ele apresentara tinha sido proposta "de maneira puramente dialética, para poder responder na negativa".[95] Ferenczi criticou publicamente a leitura que Jung fizera dessa passagem de Freud em sua revisão, e que este também repudiou em "Sobre a história do movimento psicanalítico".[96]

A nova teoria da libido apresentada por Jung provocou uma reação equivocada em seu antigo chefe, Eugen Bleuler. No dia 30 de outubro de 1912, Jones escreveu para Freud citando uma carta que acabara de receber de Bleuler, na qual este dizia que sempre tinha pensado que a teoria da libido carecia

---

[94] Freud para Jones, 22 de setembro de 1912, 163.
[95] 14 de junho de 1914, ed. Falzeder, 2002, 247.
[96] Ferenczi discordava da afirmação de Jung de que houvera ampliações no trabalho de Freud, e acrescentava que ele mesmo quisera generalizar o conceito de libido certa vez, e que Freud tinha protestado contra essa proposta (1913, 396).

de clareza, e que o trabalho de Jung era muito importante (ed. Paskauskas, 1993, 165). No mês seguinte, Bleuler escreveu para Freud, dizendo que sua dificuldade com o conceito freudiano de libido estava na maneira como ele abrangia as atividades de comer e sugar das criancinhas, com o que ele não conseguia concordar.[97] Após a publicação das palestras de Jung na Universidade Fordham, embora não estivesse convencido de "toda a potência" do conceito freudiano de libido, não podia aceitar também a "perspectiva assexuada" de Jung, que provavelmente tinha exagerado no sentido oposto. O conceito de Jung realmente não tinha nada a ver com a libido entendida por Freud, e deveria ser desenvolvido em separado, e receber um novo nome.[98] Por fim, ao ler o texto de Freud "Sobre a história do movimento psicanalítico", Bleuler escreveu-lhe, dizendo que, "apesar de diferenças nos conceitos psicológicos básicos, e de minhas dúvidas sobre a pansexualidade e seu desenvolvimento sexual, coloco-me infinitamente mais perto de sua formulação do que da moderna postulação junguiana".[99] Sendo assim, Entre 1912 e 1914, o julgamento de Bleuler sobre a concepção genética de Jung para a libido tornou-se progressivamente negativo.

Em sua revisão de 1913 de *Transformações e símbolos da libido*, Flournoy acolheu favoravelmente a reformulação de Jung para o conceito de libido. Disse que, nesse trabalho, a libido se tornara equivalente à "vontade de viver" de Schopenhauer, à "energia" de Ostwald e ao "*élan* vital" de Bergson. Estava também livre do pansexualismo com que Freud caracterizara seu conceito de libido, e assim recuperava seu legítimo lugar ao lado das funções nutritivas, sem perder seu papel crucial na evolução. Embora Flournoy achasse "um pouco confusa" a análise geral da evolução humana apresentada por Jung, ele certamente a considerava um avanço em relação às tentativas "não menos prolixas" dos freudianos (1913). É interessante observar que, antes da ruptura oficial de Jung em relação à Associação Psicanalítica Internacional, Flournoy não o considerava um freudiano.

Embora a ampliação do conceito de libido pareça ter sido inicialmente recebida de modo favorável por Putnam,[100] ele mudou de opinião posteriormente. Em 1915, ele disse que Jung havia exagerado na significação do princípio da conservação de energia, alegando que o amor e a razão não estavam sujeitos a essa lei quantitativa (1915, 305). Nesse mesmo ano, Putnam escreveu para Freud, no dia 13 de agosto, dizendo que ninguém havia provado que as forças

---

[97] 20 de novembro de 1912, arquivos de Sigmund Freud, LC, originais em alemão.
[98] 24 de julho de 1913.
[99] 4 de julho de 1914.
[100] Putnam, 1913, 190. Em 11 de setembro de 1912, Putnam tinha escrito para a prima Fanny Bowditch, que enviara para ser analisada por Jung: "Estou prestes a escrever um daqueles artigos filosóficos dos quais gosto tanto, e que tão poucos apreciam, e no qual espero demonstrar que a concepção ampliada de libido do Dr. Jung pode ser ainda mais alargada, em outro sentido". Documentos de Katz, CLM.

mentais eram realmente sujeitas à lei da conservação de energia (ed. Hale, 1971, 194). Em 1917, ele disse que, embora simpatizasse com o desejo de Jung de elaborar uma formulação mais ampla da libido, ele não conseguia concordar com a rejeição que este expressara com respeito aos conceitos freudianos de regressão, sexualidade infantil e fixação (1917, 363).

A reformulação do conceito de libido proposta por Jung levou-o a uma maior proximidade com a psicologia geral e a psicoterapia, representadas por autores como Stern, Lipps, Claparède, Sidis, James e Prince e, com isso, subverteram a autonomia disciplinar da psicanálise que Freud estava tentando estabelecer. Além disso, esse conceito reformulado foi aceito por Flournoy. No contexto psicológico daquela época, é importante observar que profissionais como James, Flournoy, Claparède, Stern e Lipps detinham uma reputação mais elevada do que Freud. Embora tivesse alterado a ênfase psicanalítica sobre a sexualidade, ele também tinha feito um longo esforço para rebater as críticas de muitos sobre essa proposição. Essa ligação não ficou perdida em Freud. Em 1º de janeiro de 1913, ele escreveu a Putnam: "Para mim parece uma experiência 'déjà vu'. Tudo o que encontro nas objeções desses semianalistas já encontrei nas objeções dos não analistas" (ed. Hale, 1971, 153). A única e embaraçosa diferença era que essas acusações estavam agora sendo feitas pelo presidente da Associação Psicanalítica Internacional, que havia sido antes, juntamente com Freud, seu mais conhecido expoente. Em termos de estratégia, a reformulação do conceito de libido de Jung foi, portanto, um movimento formidável, do qual os psicanalistas estavam claramente conscientes. Em 25 de abril de 1913, Jones escreveu para Freud: "Estou profundamente impressionado com o sucesso da campanha de Jung, pois ele apela para formidáveis preconceitos. Em minha opinião, será o período mais crítico que teremos de atravessar" (ed. Paskauskas, 1993, 199). Em 22 de novembro, Freud escreveu para Jones: "Sabemos que a posição de J. é muito forte; e nossa única esperança é que ele mesmo a arruíne. Você terá de lutar com ele pela influência na Inglaterra e na América, e essa pode ser uma longa e árdua batalha" (242).

Não se tem dado a devida atenção ao fato de que esses temores se mostraram inicialmente muito justificados. Num levantamento abrangente da recepção obtida pelos trabalhos de Jung junto à imprensa britânica, entre 1912 e 1925, Dean Rapp mostrou que tais obras, assim como as de seus seguidores, tiveram revisões consistentemente melhores do que os trabalhos de Freud e dos psicanalistas. Um exemplo disso apareceu no *Journal of Education*: "É bem sabido que Jung se afastou das posições mais radicais de seu mestre, Freud, e é portanto mais provável que agrade aos pensadores ingleses".[101] Rapp afirma que a acusação mais frequente feita a Freud foi de ter ele exagerado o papel da sexualidade (1988, 195). No período entre 1912 e 1919, Rapp nota que os revisores expressaram sua preferência pela concepção mais ampla de libido de

---

[101] Anon., *Journal of Education*, julho de 1916, arquivo de artigos da imprensa de Jung, ETH.

Jung, que também se beneficiava do amplo apelo do *élan vital* de Bergson, que já existia (1990, 233).

Em 1957, Jung comentou retrospectivamente sobre os desdobramentos seguintes das teorias de Freud. Disse que Freud "começara depois a trabalhar com conceitos que já não eram mais freudianos em seu sentido original... Ele se viu forçado a adotar minha linha, mas isso era algo que ele mesmo não podia admitir".[102] Na realidade, uma parte substancial da reformulação de Freud sobre seu próprio conceito de libido, entre "Sobre o narcisismo" e *Além do princípio do prazer*, que delimitava a natureza sexual da libido e sua procedência, pode ser justificadamente considerada uma extensa tentativa de administrar alguns danos.

Libido, *hormé*, *élan* vital

O trabalho de Bergson tinha imediatamente atraído o interesse de pessoas envolvidas com a psicanálise. Em 1909, Putnam ministrou uma palestra comparando as visões de Freud e Bergson sobre o inconsciente. Nathan Hale nota que, além de Putnam, William Alanson White e Smith Ely Jeliffe também começaram a ver a libido de Freud como uma manifestação do *élan vital* de Bergson (ed. Hale, 1971, 49). Isso afastou o conceito freudiano de libido da epistemologia positivista que ele adotava, e o aproximou de uma outra que, apesar de receptiva a valores filosóficos e espirituais, continuava imbricada num coerente referencial evolutivo e biológico.

Após apresentar sua concepção da libido em *Transformações e símbolos da libido*, e em suas palestras na Fordham, Jung traçou um paralelo entre esse conceito e o *élan vital* de Bergson. Há indícios de que ele tenha lido Bergson depois de desenvolver sua noção de libido; o exemplar do livro de Bergson, *Evolução criativa*, que consta da biblioteca de Jung, é a edição em alemão, datada de 1912. Sua primeira referência a Bergson ocorre numa carta para Loÿ, de março de 1913. Comentando sobre as deficiências das explicações causais e mecânicas da formação orgânica, ele disse: "Gostaria de lembrá-lo da excelente crítica de Bergson a esse respeito" (*OC* 4, §665).

Em 8 de outubro de 1912, numa palestra para a Academia de Medicina de Nova York, ao anunciar que propunha libertar a teoria psicanalítica de sua "perspectiva puramente sexual", disse que a libido poderia ser entendida como uma energia vital em geral.[103] No ano seguinte, apresentou uma versão levemente revista do mesmo artigo antes do XVII Congresso Internacional de Medicina, em Londres, realizado entre 6 e 12 de agosto de 1913. Nessa opor-

---

[102] MP, 154.
[103] Jung, apresentação perante a Academia de Medicina de NY, 5, JP.

tunidade, após a sentença acima citada, ele acrescentou: "ou como o *élan vital* de Bergson" (*OC* 4, §568). Em 20 de março de 1914, após uma apresentação de Adolf Keller sobre a relação do trabalho de Bergson com a teoria da libido, Jung disse que "uma lacuna foi preenchida com o artigo de Keller. Bergson deveria ter sido discutido aqui há muito mais tempo. B. diz tudo o que não dissemos. Ele parte da unidade, enquanto nós vamos galgando espaços a partir da multiplicidade".[104]

Em 24 de julho de 1914, numa palestra perante a sociedade psicomédica de Londres, Jung afirmou que, posto que o termo "libido" usado por ele em suas publicações em alemão parecia ser entendido equivocadamente em inglês, propunha que este fosse redenominado como *hormé*, acrescentando que "*Hormé* está relacionado com o conceito de *élan vital de Bergson*" (1915, 396). Isso deveria ter servido para diferenciar claramente seu conceito do de Freud. No entanto, Jung continuou usando o termo "libido" em suas publicações em alemão, e o termo *hormé* nunca foi adotado por seus tradutores, e nem por Jung posteriormente, quando escreveu ou deu palestras em inglês.

Não obstante, *hormé* foi subsequentemente empregado por uma pessoa que assistiu à palestra de Jung em Londres, William McDougall, que mais tarde caracterizou sua psicologia como "hórmica".[105] Quanto à relação entre *hormé* e *élan vital*, Jung afirmou:

> Estou consciente do fato que, da mesma forma como o conceito de hormé corresponde ao *élan* vital de Bergson, também o método construtivo corresponde aos métodos intuitivos propostos por ele. Mas limito-me à psicologia e ao trabalho prático da psicologia, ciente de que toda fórmula conceitual é, em sua essência, psicológica (1915, 399).

Em suas versões em alemão, Jung chamava o *élan vital* de Bergson de conceito paralelo [*Parallelbegriff*] a seu conceito de libido. E também em sua versão em alemão de seu texto, ele acrescentou nessa altura: "Quando li Bergson, há um ano e meio, pela primeira vez, descobri, para meu grande prazer, que tudo em que eu tinha trabalhado em minhas atividades clínicas tinha sido transposto numa linguagem irrepreensível, segundo um estilo filosófico ma-

---

[104] MZP.
[105] Ernest Jones escreveu para Freud em 3 de agosto de 1914, dizendo: "Jung teve, infelizmente, um enorme sucesso em sua palestra em Londres, e McDougall ficou tão impressionado com o que ouviu, que será analisado por Jung... A novidade é que ele tem um novo termo "Hormé", para Libido, e "psicologia prospectiva" para a psicanálise, expressões que ele mesmo cunhou" (Ed. Paskauskas, 1993, 298). Quanto ao termo "hormé", McDougall, que recomendava o conceito de Jung para o termo "libido" em lugar da formulação de Freud, afirmou que o uso da mesma palavra levaria inevitavelmente a confusões. Disse: "Lamento que Jung não tenha achado adequado adotar essa palavra para substituir o termo 'libido', quando insisti com ele para que o fizesse, durante uma conversa que tivemos há muitos anos" (1926, 27).

ravilhosamente claro" (ed. Long, 1916, 351, trad. mod.). Aquilo que ele havia constatado em seu trabalho clínico tinha sido confirmado pela filosofia de Bergson, e indicava especificamente dois pontos de convergência: entre seu conceito de *hormé* e o *élan vital* de Bergson, e entre seu método construtivo e o intuitivo de Bergson. Jung distinguia seus conceitos, afirmando que eram estritamente psicológicos. Indicava que sua leitura de Bergson, ocorrida em algum momento do início de 1913, lhe dera a confirmação das novas ideias nas quais tinha trabalhado, de maneira independente.

Mais indícios do impacto de Bergson em Jung estão nas cartas que ele escreveu para Hans Schmid a respeito de formulações dos tipos psicológicos. Nesses documentos fica claro que a área em que o trabalho de Bergson mais influiu no pensamento junguiano foi no desenvolvimento de sua tipologia psicológica. No dia 4 de junho de 1915, Jung escreveu para Schmid, dizendo que havia extraído de Bergson o conceito de irracional, e que "a inequívoca hipostasiação desse conceito em Bergson me agrada. Com isso, ganhamos dois princípios intimamente correlacionados entre si e que são reciprocamente condicionados, a saber, o *racional* e o *irracional*" (ed. Iselin, 1982, 39).

No ano seguinte, numa palestra em Zurique, Jung afirmou: "Devemos um agradecimento particular a Bergson por ter levantado a bandeira pela existência do irracional" (*OC* 7, §483, trad. mod.). Em *Tipos psicológicos*, ele usou o conceito de "irracional" "não no sentido de ser *contra a razão* [*Widervernünftigen*], mas no sentido de ser *fora da razão* [*Ausservernünftigen*], ou seja, aquilo que não se baseia na razão" (*OC* 6, §775, trad. mod.). Acrescentava que o irracional, por conseguinte, passava ao largo da explicação racional. Bergson não parece ter usado especificamente o termo "irracional". No entanto, está claro que o aspecto de seu trabalho, que foi mais significativo para Jung a esse respeito, foi aquilo que James descreveu como sua crítica do intelectualismo. A acusação de irracionalismo (como Jung o teria dito, no sentido de *Widervernünftigen*) é muitas vezes levantada contra Jung. O que não se tem levado tanto em conta é o fato de que para ele o conceito de irracional derivava sua justificativa filosófica da delimitação bergsoniana para a origem do intelecto, e o reconhecimento de que a vida excede a consciência capaz de representações. Usando a terminologia de Jung segundo o prisma bergsoniano, a principal tarefa era a de não sujeitar o irracional ao racional.

A discussão do trabalho de Bergson na correspondência entre Jung e Schmid indica que ele teve um papel importante na construção do entendimento de Jung quanto à relação e à oposição entre esse par de funções psicológicas, além de servir de base para a distinção entre o racional e o irracional, e para sua noção da intuição como faculdade cognitiva.

Em *Tipos psicológicos*, contudo, Jung introduz uma crítica de Bergson no contexto de sua crítica ao pragmatismo de James:

No entanto, Bergson nos mostrou a intuição e a possibilidade de um "método intuitivo". Mas isso continua sendo só uma indicação, como bem sabemos. Uma prova desse método continua faltando e tampouco será fácil aparecer, embora Bergson tenha salientado que seus conceitos de "*élan vital*" e "*durée créatrice*" [duração criativa] são produtos da intuição. Além dessas noções básicas, percebidas intuitivamente... o método bergsoniano é intelectual e não intuitivo.[106]

Na realidade, Bergson tinha lidado explicitamente com uma forma dessa crítica em *Creative Evolution*. Ao argumento de que qualquer tentativa de ir mais além da inteligência estava contida dentro dela, ele respondeu dizendo que esse círculo vicioso – que havia, não obstante, limitado outras filosofias – era só aparente, porque:

> Em toda a volta do pensamento conceitual continua havendo uma borda indistinta que faz lembrar a origem dele... comparamos o intelecto a um núcleo sólido formado por condensação. Esse núcleo não difere radicalmente do fluido que o cerca. Só pode ser reabsorvido nele porque é constituído pela mesma substância (1907, 193).

Há indícios de que Bergson tinha conhecimento do trabalho de Jung. Em 1922, Adolf Keller escreveu para Bergson convidando-o a prefaciar para uma tradução em francês de uma obra de Jung. Ele se recusou, afirmando ter como princípio geral não escrever prefácios. No entanto, acrescentou: "Tenho um grande respeito pelo trabalho de Jung, que não só é interessante para psicólogos e psicopatologistas, como também para filósofos! É aí que a psicanálise encontrou sua filosofia!".[107]

Por fim, nesse rastreamento do impacto dos trabalhos de Bergson sobre a obra de Jung, é importante notar aqueles aspectos de seu *Creative Evolution* que se mostram diretamente contrários às posições que Jung iria adotar subsequentemente. Esse ponto fica ostensivamente evidente na crítica de Bergson às formas, que pode ser entendida como uma crítica antecipada aos arquétipos de Jung:

> As Formas, que a mente isola e armazena em conceitos, são então somente instantâneos da realidade mutante. São momentos reunidos no decorrer do tempo; e só porque cortamos o fio que nos liga ao tempo, eles não podem mais durar. Tendem a recolher-se dentro dos limites de suas próprias definições, ou seja, recuperando a reconstrução artificial e a expressão simbólica que é seu equivalente intelectual. Passam para a eternidade, se quiserem; mas o eterno nelas é justamente o irreal (1907, 335).

---

[106] *OC* 6, §540, trad. mod. Jung acrescentou que foi Nietzsche quem fez um uso muito mais extenso da fonte intuitiva, em *Zarathustra*.
[107] 15 de junho de 1922, documentos de Keller, Staatsarchiv, Winterhur.

Energética primitiva

Jung estava não apenas tentando colocar seu conceito de energia numa relação com a biologia e a filosofia contemporâneas, mas também com as concepções "primitivas". Em 1914, ele afirmou que seu conceito de *hormé* e o *élan vital* de Bergson eram concepções antigas de uma fase primitiva da humanidade, pois os primitivos tinham o mesmo conceito de uma "substância anímica dinâmica, ou energia psíquica". Assim, de uma perspectiva científica, esse conceito deveria ser visto como uma regressão às superstições. No entanto, de um ponto de vista construtivo, era precisamente a antiguidade da ideia que "garantia sua utilidade prática", pois se tratava de uma das imagens simbólicas primordiais que haviam desde sempre ajudado a transformação de "nossa energia vital" (1915, 399). Apesar disso, ele não se contentou com essa formulação da natureza não científica de seu conceito de energia.

Em 1917, ele abordou o problema da psicogênese da concepção de Mayer para a conservação de energia. Pegando o fio da meada a partir de um comentário de Mayer, de que sua concepção inicial da ideia não fora uma dedução lógica, mas à qual havia chegado como uma inspiração, Jung afirmou que *"a ideia da energia e sua conservação deve ser uma imagem primordial que jaz em estado latente no inconsciente absoluto"*.[108] Se esses conceitos eram de fato imagens primordiais, deveria ser possível mostrar que haviam surgido em outras épocas. Ele alegava que esse realmente era o caso, e que as *"religiões primitivas, nas regiões mais distantes da Terra, são fundamentadas nessa imagem"* (ibid.). Ele elogiava explicitamente a formulação de Arthur Lovejoy para uma "energética primitiva".

Lovejoy havia proposto essa formulação em 1906, depois de criticar o conceito de animismo, dizendo que a "filosofia primitiva" continha um elemento mais importante e mais difundido: "que existe na natureza uma energia impessoal, difusa e interconectada, uma força vital, que todas as coisas ou pessoas, ou a maioria delas, possui em alguma medida; que a quantidade dessa energia é mais ou menos fixa ou limitada" (1906, 360). Dizia que acontecimentos notáveis estavam relacionados com essa energia, da qual eram dotadas as pessoas e as coisas, embora em graus diferentes, que ela poderia ser transferida, controlada e regulada por vários meios, e que o propósito de muitos ritos era precisamente sua transformação. Esse conceito de energia era "a noção mais praticamente universal, difundida e influente de todas as que caracterizavam o pensamento do homem primitivo" (361). A seguir, desfiava uma verdadeira inundação de dados etnológicos em defesa dessa alegação. Os conceitos de *manitou* dos algonquis, de *oki* entre os iroqueses, de *wakonda* para os dakotas, *mana* para os melanésios, ou *atu* para os polinésios, *mulungu* para os bantu, e *ngai* para os masai, eram todos abordados como expressões linguísticas e

---

[108] "A psicologia dos processos inconscientes", 1917b, 412.

culturais diferentes de uma mesma concepção fundamental da energética primitiva. Como os termos norte-americanos eram os mais conhecidos, Lovejoy propôs que fosse adotado *manitou* como designação genérica desse conceito de energia, e *manitouísmo* como a crença nessa energia (382). Embora ele não incluísse a noção moderna de conservação de energia no *manitouísmo*, como Jung fez, essa seria uma decorrência natural, pois o próprio termo que ele usava para descrever a energética primitiva era contemporâneo, como os "quanta" de energia. O que Jung fez foi simplesmente oferecer uma explicação para a "universalidade" que Lovejoy alegava ter demonstrado, por meio de sua teoria das ideias primordiais. A conclusão de Jung foi que a retomada de uma ideia primordial, no caso da concepção de Mayer da conservação de energia, não era absolutamente um caso isolado, mas apenas exemplificava o fato de que "os maiores e melhores pensamentos" estavam baseados em imagens primordiais.[109]

O inconsciente filogenético de Jung

Em 1916, Jung apresentou uma palestra para a Associação de Psicologia Analítica intitulada "A estrutura do inconsciente", que foi publicada pela primeira vez numa tradução para o francês, editada no *Archives de Psychologie* de Flournoy. Ali, ele diferenciava duas camadas de inconsciente. A primeira ele chamava de inconsciente pessoal, que consistia em elementos adquiridos ao longo da vida da pessoa, junto com elementos que poderiam ser igualmente conscientes (*OC* 7, §§444-446). O interessante é o termo que Jung usou, conforme publicado nessa tradução, que apareceu antes com Ribot, quando ele o empregou em *A psicologia dos sentimentos* (Ribot morreu nesse mesmo ano). Jung tinha conhecimento desse livro, e o citaria em 1921, em *Tipos psicológicos* (*OC* 6, §720n). Jung notou que a existência contínua de concepções primitivas o havia levado a distinguir uma outra camada no inconsciente, o inconsciente impessoal ou psique coletiva (*OC* 7, §449), que consistia num espírito coletivo e numa alma coletiva. Embora a consciência e o inconsciente pessoal fossem ontogeneticamente desenvolvidos e adquiridos, a psique coletiva era herdada (§459). Mais uma vez, aqui essa diferenciação segue de perto o conceito de Ribot de uma camada filogenética herdada no inconsciente.

Em algum momento subsequente, ele escreveu um adendo a esse ensaio, no qual introduziu algumas definições adicionais. Referindo-se agora ao inconsciente pessoal como inconsciente coletivo, ele disse que seu conteúdo consistia em percepções inconscientes de processos reais externos, junto com "os resíduos de funções perceptivas e adaptativas filogenéticas" (§507, trad. mod.). Seu conteúdo mais importante eram as imagens primordiais, que ele

---

[109] "A psicologia dos processos inconscientes", 1917b, 413-414.

definiu aqui como "as ideias e impulsos vitais coletivos e inconscientes (o pensamento e o viver míticos)" (§520, trad. mod.).

Essa concepção de um inconsciente filogenético descendia diretamente dos conceitos propostos pelos teóricos da memória orgânica e por psicólogos como Hering, Butler, Ribot, Forel, Laycock e Hall.[110] Esse aspecto foi um dos elementos constitutivos mais importantes do conceito junguiano de inconsciente coletivo. Nesse sentido, foi um fio de suas ideias que ele nunca abandonou, apesar das novas e radicais concepções sobre a hereditariedade, que passaram a vigorar na biologia no início do século XX. Apesar disso, houve algumas modificações na maneira como Jung concebeu esse conceito.

No ano seguinte, em *A psicologia dos processos inconscientes*, Jung definiu o inconsciente absoluto ou coletivo como o "resíduo de todas as experiências do mundo, de todas as épocas, e, portanto, também uma imagem do mundo, que vem sendo construída desde o alvorecer dos tempos" (1917b, 432, trad. mod.). Acrescentou então que, nessa imagem do mundo, certos traços – os dominantes – tinham sido consolidados com o tempo.

Comentamos acima que o conceito de que tudo que a pessoa vive é registrado e é capaz de ser revivido tornou-se bastante conhecido por volta do final do século XIX. O que Jung estava propondo era uma audaciosa ampliação desse conceito, para além do alcance da memória individual, a fim de abranger a memória da humanidade. Sua suposição era que nada que a humanidade já tenha vivido está verdadeiramente perdido. Os resíduos das experiências passadas deixam suas marcas no inconsciente coletivo, que não é mais do que a herança coletiva da humanidade. Ao mesmo tempo, ele estava tentando diferenciar seu conceito da posição lamarckiana clássica de herança. Em 1918, ele escreveu que

> não se deve absolutamente imaginar que existem coisas como *ideias herdadas*. Quanto a isso não pode haver a menor dúvida. Mas existem, porém, possibilidades inatas de ideias, condições *a priori* para a produção de fantasias, que em certa medida são similares às categorias kantianas.[111]

Aqui está a importância de Jung ter assimilado a ideia das categorias kantianas: significa a possibilidade de uma saída para o problema da postulação da hereditabilidade das ideias. Essa distinção entre herdar ideias e herdar a possibilidade de formar ideias era próxima do conceito de herança apresentado por William Preyer, e da proposta de Alfred Fouillée sobre a ideia-força, apresentados antes.

Para Jung, a herança filogenética não consistia apenas dos resíduos de modos arcaicos de funcionamento humano, mas também continha resíduos

---

[110] Ver também Otis, 1993, 181-213.
[111] "Sobre o inconsciente", *OC* 10, § 114.

funcionais dos ancestrais animais. Quanto a isto, estava seguindo Laycock e Hall. Depois ele identificou esses resíduos com o conceito de engramas de Semon. Referiu-se ao livro de H. Ganz sobre o inconsciente em Leibniz, escrevendo que Ganz tinha usado a teoria do engrama de Semon como explicação do inconsciente coletivo.[112] Em 1918, ele afirmou que seu conceito do inconsciente coletivo "coincidia essencialmente" com o conceito de Mneme filogenética de Semon (1918, 135). Essa proximidade entre o conceito filogenético de Jung para o inconsciente e a teoria da Mneme de Semon não surpreende tanto assim, pois ambos estavam desenvolvendo formas modernas para a teoria da memória orgânica.

Em 1921, em *Tipos psicológicos*, Jung identificou o inconsciente coletivo com a Mneme de Semon (*OC* 6, §624). O trabalho de Semon terminou, depois, permitindo que Jung clarificasse seus próprios conceitos. Agora, ele redefinia a imagem primordial como

> um depósito mnêmico, um engrama (Semon) que surge a partir da condensação de inúmeros processos similares. É essencialmente um depósito e, portanto, uma forma básica típica de uma determinada experiência recorrente da alma... A imagem primordial, então, é a expressão psíquica de uma disposição determinada anatômica e fisiologicamente.[113]

Dessa maneira, o trabalho de Semon proporcionou a Jung uma perspectiva para a formação e a reanimação das imagens primordiais.

O conceito filogenético de Jung para o inconsciente continha similaridades em relação ao de Stanley Hall.[114] Neste sentido, é interessante que o contato com Hall tenha ocorrido em setembro de 1900, por ocasião da conferência na Universidade Clark, no momento em que ele estava para começar suas pesquisas sobre mitologia e filogenia. Como resultado dessa convergência, Hall ficou impressionado com o *Psicologia dos processos inconscientes* de Jung. Escreveu para ele:

> Trata-se de uma exposição tão notável e concentrada que deveria ser imediatamente traduzida para o inglês. Escrevo para lhe perguntar se o senhor

---

[112] O livro de Ganz havia sido publicado em 1917, o mesmo ano que a primeira edição do de Jung, e também pela Rascher Verlag. Há um exemplar desse trabalho, datado de 1919, com uma dedicatória de Ganz para Jung: "com estima e gratidão por seu extenso trabalho de pesquisa sobre inconsciente" (original em alemão).

[113] Jung, *Psychologischen Typen*, 1ª ed. 598. Em 1949, Jung reescreveu essa passagem e se afastou de Semon, passando a iniciá-la com a frase "Do ponto de vista científico causal". Um pouco mais adiante, Jung então acrescentou: "Diante dessas questões, a teoria naturalista e causalista do engrama proposta por Semon não é mais suficiente".

[114]. Podemos encontrar indícios do interesse que Jung logo demonstrou pelos conceitos filogenéticos de Hall em seu exemplar do trabalho de Flournoy, *Des Indes à la planète mars*, que ele leu em 1900, onde sublinhou a referência feita pelo autor ao "Estudo sobre os medos", p. 243.

consentiria que um antigo aluno, por cuja competência eu pessoalmente me responsabilizo, fizesse essa tradução... Permita-me também expressar minha mais profunda gratidão por esse livro, que estou acabando de ler, e que esclarece muitos pontos interessantes e importantes.[115]

Para Smith Ely Jeliffe, Hall escreveu que "me parece uma das coisas mais importantes no campo psicanalítico, nos últimos anos, independentemente do que pensemos a seu respeito".[116] Hall elogiou o reconhecimento dado ao fator filogenético, que entendia como a representação do "tardio advento da evolução, dentro do escopo dos estudos sobre a natureza psíquica do homem" (1923, 414). Apesar disso, ele se desencantou com o que interpretou como misticismo, que "transcende os limites da ciência" (411).

É significativo que um dos termos que Jung usou inicialmente para designar seu novo conceito do inconsciente, como vimos acima, em seu texto de 1917, *Psicologia dos processos inconscientes*, tenha sido "inconsciente absoluto", um termo empregado por Carus. Em seguida, esse termo foi substituído por inconsciente "coletivo". À maneira dos conceitos de inconsciente de Carus e von Hartmann, o inconsciente coletivo de Jung era um domínio transindividual que compreendia os domínios fisiológico, psicológico, metafísico e teológico. Embora ele afirmasse que a noção do inconsciente coletivo era um conceito empírico e não especulativo, é óbvio que, nesse conceito, as filosofias do inconsciente do século XIX encontraram enfim sua mais consumada e duradoura forma de expressão.

Com base no acima exposto, constatamos que as concepções transindividuais ou coletivas do inconsciente estavam tão difundidas na filosofia, fisiologia e psicologia, na segunda metade do século XIX, que se poderia considerar praticamente acidental ninguém mais, que eu saiba, tenha de fato usado a expressão "inconsciente coletivo" antes de Jung. Chega inclusive a ser irônico que um conceito tão congruente com tantos elementos do pensamento europeu do final do século XIX – e tão difundido que se poderia quase considerá-lo lugar comum – tivesse se tornado tão singularmente identificado com Jung. Seu inconsciente coletivo era uma composição coletiva mesmo, ao se aproveitar das várias concepções transindividuais e coletivas do inconsciente que haviam sido publicadas e formuladas no final do século XIX. Sua formulação representa a culminação, e não a inauguração, das concepções coletivas do inconsciente.

Como vimos agora há pouco, em 1918, ele definiu as imagens primordiais como condições *a priori* para a produção de fantasias, e equiparava as imagens primordiais às categorias kantianas. No ano seguinte, ele ressaltou como tinham sido enfim reduzidas por Kant a poucas categorias do pensa-

---

[115] 29 de outubro de 1917, JP.
[116] Citado em Ross, 1972, 408.

mento, após terem sido altamente valorizadas como arquétipos, ou ideias e paradigmas metafísicos. Em *Tipos psicológicos*, ele aprimorou o entendimento da relação entre as ideias, as imagens e os arquétipos. Segundo o que entendia, a ideia tinha uma estreita ligação com a imagem. As imagens poderiam ser pessoais ou impessoais. As imagens impessoais, notáveis por sua qualidade mitológica, eram as imagens primordiais. Quando não apresentavam natureza mitológica ou imagens perceptíveis, ele as designava como ideias. A ideia era o significado da imagem primordial. Sendo assim, as ideias eram originalmente derivadas das imagens primordiais. Ele afirmava que, em Platão, a ideia era a "imagem primordial da coisa". Citava as declarações de Kant de que a ideia era a "imagem primordial [*Urbild*] do uso da razão", e "um conceito racional cujo objeto não se pode encontrar na experiência". Essas afirmações foram usadas para fundamentar sua noção da prioridade das imagens primordiais. O termo *Urbild* foi usado em diversas ocasiões por Kant (em traduções de Kant, geralmente aparece como arquétipo).

Numa seção de *Crítica da razão pura*, intitulada "Sobre as ideias enquanto tais", Kant discutiu extensamente o conceito platônico de ideia, ressaltando que "Para Platão, as ideias eram arquétipos [*Urbild*] das coisas em si, e não apenas chaves para possíveis experiências, como é o caso das categorias" (1787, B370). É provável que esta seção tenha sugerido para Jung uma ligação entre a "ideia" de Platão e as categorias de Kant, assim como a assimilação de ambas as formulações nas imagens primordiais junguianas.

A ligação e a assimilação da imagem primordial com as categorias kantianas serviam a vários propósitos. Primeiramente, trazia a teoria da imagem primordial para uma linhagem filosófica, o que lhe conferia legitimidade, portanto. Em segundo lugar, por meio dessa assimilação, a imagem primordial incorporava uma parte do que Jung entendia como os atributos das categorias kantianas. Jung dizia que a crítica epistemológica (ou seja, Kant) tinha demonstrado que a mente não era uma *tábula rasa*, uma vez que "certas categorias do pensamento são dadas *a priori*; são anteriores a toda experiência e aparecem no primeiro ato do pensamento, do qual são seus determinantes pré-formados" (*OC* 6, § 512). O que Jung estava propondo era uma vasta extensão do âmbito das categorias, alegando que "o que Kant demonstrara a respeito do pensamento lógico é verdadeiro para toda a extensão da psique" (*ibid.*). Embora os conteúdos concretos estivessem ausentes, os conteúdos potenciais eram dados *a priori* "pela disposição funcional herdada e pré-formada. Esta é simplesmente um produto do funcionamento cerebral ao longo de todo o desenrolar da linhagem ancestral, um depósito das experiências filogenéticas e das tentativas de adaptação" (*ibid*). Nesta formulação, a imagem primordial de Jung representava o casamento das categorias kantianas com a teoria da memória orgânica. Se a teoria dos engramas de Semon foi usada para mostrar como as imagens primordiais eram constituídas, através da ação de um processo neolamarckiano de repetição das experiências ancestrais, a ligação com as categorias kantianas demonstrava como funcionavam, enquanto "condições *a priori* para a produção de fantasias" (*ibid*). A construção da teoria junguiana dos arquétipos, portanto, seguiu um modelo assimilativo e sincrético.[117]

No entanto, em virtude desse processo, o conceito se mostrou um composto instável. Comprovamos isso com a passagem acima. Para Kant, as categorias *a priori*, como o que tornava possível a experiência do mundo, não eram e não poderiam ser derivadas da experiência. Por outro lado, os engramas de Semon, que eram constituídos pela repetição das experiências, não eram categorias inatas.

Além dessas categorias, a noção de Kant do númeno, como conceito limítrofe negativo, foi muito importante para Jung. Em 8 de abril de 1932, ele escreveu uma carta para August Vetter, na qual comentava que

> em certo sentido, eu poderia dizer que o inconsciente coletivo é exatamente o que Kant afirmava ser a *Ding ans Sich* [a coisa em si] – ou seja, apenas um conceito limítrofe negativo, que não nos pode porém impedir de formular... hipóteses sobre sua possível natureza, como se fosse um objeto da experiência (*Cartas* 1, 91).

Em 1935, ele afirmou que seu conceito do *self*, na qualidade de representação da totalidade da consciência e do inconsciente, era um conceito limítrofe, semelhante ao da coisa-em-si de Kant.[118] Alguns anos mais tarde, ele ressaltou que a psicologia ocidental considerava o inconsciente um númeno, um conceito limítrofe negativo, como Kant o havia expressado.[119] Finalmente, em 1946, ele distinguiu o "arquétipo em si", irrepresentável, de suas representações.[120] Por conseguinte, os termos mais importantes do léxico junguiano – inconsciente, inconsciente coletivo, si-mesmo e, finalmente, arquétipo, são entendidos como conceitos limítrofes negativos, à semelhança do númeno kantiano. Nos termos de Kant, essas definições não seriam legítimas. Há duas maneiras de se ver o uso de Kant por Jung neste contexto: ou como um equívoco ostensivo de entendimento, ou como uma transformação deliberada. A este respeito, Jung comentou para Michael Fordham, em certa oportunidade, que muitas vezes formatara seus pensamentos indo em busca de autores que haviam dito coisas que lhe pareciam próximas o suficiente do que ele mesmo queria dizer, e então os citava, ao invés de expressar direta-

---

[117] Mais aspectos desse desenvolvimento sincrético estão descritos na seção seguinte.
[118] *Psicologia e alquimia*, OC 12, §247.
[119] "Sobre o 'Livro tibetano dos mortos'", OC 12, §819.
[120] "Reflexões teóricas sobre a essência do psíquico", OC 8, §417.

mente seu próprio conceito.[121] Esse conceito sugere mais a segunda possibilidade, e então as referências a Kant serviriam para conferir legitimidade a seus conceitos.

Em anos subsequentes, Jung continuou a refletir sobre a questão da camada filogenética do inconsciente. Em 1924, em suas palestras em Londres sobre psicologia analítica e educação, apontou que o cérebro herdado era um produto da vida ancestral, consistindo nas "atividades psíquicas que haviam sido repetidas inúmeras vezes na vida de nossos ancestrais. Por outro lado, é ao mesmo tempo o tipo e o autor *a priori*, desde sempre existentes, das atividades correspondentes" (*OC* 17, 207). Nesta passagem, estão reunidos dois conceitos diferentes do inconsciente coletivo. De um lado, os conteúdos são resultado de experiências repetidas. Nesse sentido, são produtos históricos e, por conseguinte, o inconsciente coletivo representa a imanência da história humana na alma. De outro, os conteúdos são propostos como tipos *a priori*, e os autores das atividades em questão. Aqui, os conteúdos do inconsciente constituem formas estruturais atemporais, ou categorias *a priori*. Diante deste aparente paradoxo, Jung declara, na sentença seguinte: "Longe de mim decidir o que veio antes, se o ovo ou a galinha" (*ibid.*).

Em outras ocasiões, no entanto, Jung foi menos reticente a respeito de especular sobre o problema do ovo e da galinha. Em 1927, num artigo intitulado "A estrutura da alma", que fazia originalmente parte de uma apresentação para a "Keyserling's School of Wisdom", em Darmstadt, ele afirmou que as condições psicológicas do meio ambiente deixavam para trás os traços míticos. Situações de perigo despertam fantasias carregadas de afetos. A repetição dessas fantasias dava origem aos arquétipos (*OC*, §334). O inconsciente coletivo era "o depósito de todas as experiências humanas, desde seus mais remotos primórdios" (§339). Esse depósito não era inerte, mas formava um "sistema vivo de reações e aptidões que determinam a vida individual de maneiras invisíveis" (*ibid.*). O inconsciente coletivo continha toda a herança mental ou espiritual da evolução da humanidade, que "renasce outra vez na estrutura cerebral de cada novo ser humano" (§342). Assim, o inconsciente coletivo representava o eterno retorno da história na alma.

De maneira semelhante, em seus seminários sobre o *Zarathustra* de Nietzsche, em 1934, ele definiu os arquétipos como imagens que representavam "situações típicas de grande e vital importância, que se haviam repetido inúmeras vezes no decorrer da história" (ed. Jarrett, 1988, 21). Consequentemente, os arquétipos tinham, originalmente sido situações reais. Em suas palestras

---

[121] Comunicação pessoal. A respeito da leitura de Kant por Jung, ver Voogd, "Fantasia versus ficção: uma avaliação do kantianismo de Jung", 1984; e Bishop, 2000. Estes autores estudaram os erros que Jung cometeu em sua leitura de Kant. Em vários pontos, eles apontam com exatidão diversas diferenças entre a obra de Kant e o modo como Jung as entendeu. Entretanto, deixam de considerar uma questão relevante, a saber, em que medida os "erros" foram, de fato, assimilações propositais.

para o Instituto de Psicologia Médica, em Londres, em 1935, fez uma analogia entre o desenvolvimento da mente e o do corpo:

> Nossa mente tem uma história, assim como o corpo tem a sua... Nossa mente inconsciente, como nosso corpo, é um armazém de relíquias e lembranças do passado... contém os traços de cada história, exatamente como o corpo, e se você investigar a fundo a estrutura básica da mente, irá, naturalmente, deparar com traços da mente arcaica (OC 18, §84).

Se tentarmos reconciliar essas afirmações, veremos que os arquétipos, enquanto estruturas atemporais, são, porém, constituídos ao longo do desenrolar da história. Jung nunca especificou como esse processo ocorre.

Quanto ao significado terapêutico dessa perspectiva, Jung teria dito o que, numa entrevista realizada em 1935, segue, quando lidava com uma pessoa mentalmente desequilibrada:

> Procuro pelo ser humano ancestral que existe nela. Tento recompor o percurso dos estratos da mente humana, desde seus mais remotos primórdios, da mesma forma como um geólogo que estuda a estratificação do planeta. O medo da criatura ancestral em nós, acocorado numa vala, está em nosso inconsciente, assim como todos os demais temores e especulações, gerados pela experiência humana através das eras.[122]

A tarefa da psicoterapia consiste em encontrar o antigo no moderno, e depois reconciliar os dois. Teorias da memória filogenética, ancestral ou orgânica, há muito tempo descartadas pela biologia, nas primeiras décadas do século XX, foram preservadas e institucionalizadas na psicoterapia.

De acordo com seus críticos, Jung deixou de apresentar provas convincentes suficientes para suas teorias. Em 1927, ele disse que, até aquele momento, ele ainda não havia apresentado qualquer prova que satisfizesse todas as condições necessárias para a existência da alma supraindividual, ou inconsciente coletivo. Citou então como exemplo o caso do paciente que via o falo do sol, e que havia incluído em *Transformações e símbolos da libido*, de 1911. Esse exemplo era agora tratado como muito mais significativo. Jung dizia que o paciente era um funcionário comum, e que fizera essa observação em 1906, encontrando depois a obra de Albrecht Dieterich, *Liturgia mitraica*, em 1910. Com isso, estava excluída a possibilidade de telepatia ou criptomnésia e, portanto, apresentada uma evidência a favor do inconsciente coletivo. Ele também indicava a existência de conceitos análogos na filosofia clássica e medieval, referindo-se a uma pintura clássica que retratava a impregnação de Maria com

---

[122] "A mente imortal do homem", *The Observer*, 6 de outubro de 1935.

um tubo que descia do Céu com uma pomba, representando o Espírito Santo, frequentemente concebido como vento, e que descia até o chão. Os editores comentaram que Jung soube posteriormente que a edição de 1910 era a segunda edição, e que o original tinha sido publicado pela primeira vez em 1903. O paciente fora internado antes de 1903.[123] Esse funcionário era o mesmo que Honegger tinha apresentado no congresso de Nuremberg em 1910, e que Jung e Honegger tinham discutido com Adolf Meyer. Nove anos depois, Jung citou o mesmo caso novamente, não para provar que a visão era um arquétipo, mas para mostrar seu procedimento.[124] Como Flournoy tinha demonstrado, uma coisa é mostrar a possibilidade da criptomnésia, mas é consideravelmente mais difícil, senão impossível, demonstrar sua impossibilidade. Pode-se conjecturar que o fato de Jung ter usado este exemplo decorria de seus notáveis elementos figurativos. Para ele, era um tipo ideal.

Em 1959, quando John Freeman lhe perguntou se havia algum caso particular que tivesse representado um marco decisivo em sua linha de pensamento, Jung respondeu que havia muitos. E depois citou sua investigação com os negros do hospital Santa Elizabeth, em Washington, e seu encontro com aquele paciente.[125]

Após essa entrevista, surgiu uma controvérsia nas páginas do *The Listener*. Robert Hetherington apontou o fato de que, em *Transformações e símbolos da libido*, Jung havia atribuído a observação a Honegger e não a si mesmo, e afirmou então que havia inconsistências entre o relato que Jung fizera da visão, no texto, e na entrevista (como, por exemplo, se o falo estava flácido ou ereto). Concluía que Jung havia falsificado a "pedra angular de sua hipóese", e que ele pessoalmente preferia que sua religião se mantivesse "sem o apoio da genitália solar" (1959, 834).[126] O tradutor de Jung, Richard Hull, respondeu essa carta abordando as supostas discrepâncias. Sugeria que poderia ter sido um erro atribuir a Honegger a observação, ou que este talvez tivesse usado a observação de Jung em seus trabalhos, e que, quanto ao falo, mostrava-se consistentemente ereto (1959, 1041). E. A. Bennet correspondeu-se com Jung sobre esse assunto. E enviou-lhe um rascunho de uma carta que pretendia enviar ao *The Listener*, para que Jung aprovasse. Aniela Jaffé informou Bennet que Jung a havia lido e que estava correta.[127] Em resposta, Bennet disse:

> O dr. Honegger, então um médico muito jovem e aluno de Jung, ouviu deste o relato do incidente. O próprio Jung sugeriu-lhe, por uma questão de cordialidade, que ele poderia pesquisar o caso mais a fundo e publicar um ar-

---
[123] "A estrutura da alma", *OC* 8, §§319-321.
[124] "O conceito de inconsciente coletivo", *OC* 9, 1, §110.
[125] Freeman, 1959, 434. Sobre suas pesquisas no hospital Santa Elizabeth, ver adiante, pp. 311-313.
[126] Robert Hetherington, carta ao *The Listener*, 12 de novembro de 1959, 834.
[127] Jaffé para Bennet, 6, 1960, JP.

tigo sobre o tema. Jung repassou para Honegger suas próprias observações. Infelizmente, o dr. Honegger adoeceu e faleceu logo depois, e o artigo nunca foi concluído (1966, 133).

Em 1970, Henri Ellenberger notou que o símbolo do sol fálico tinha sido observado por Friedrich Creuzier, em 1841, e que Dietrich tinha afirmado que uma noção similar era popular em muitos países (1970, 743). Em 1977, C. A. Meier escreveu: "Conheci pessoalmente esse paciente e tenho seu prontuário, que contém mais de 200 páginas, mas até o momento não consegui encontrar a função do falo solar em suas alucinações. Em meu tempo, ele não se lembrava mais disso" (1977, 78).

Instinto e inconsciente

Voltemos à questão de como Jung desenvolveu seu conceito de instinto e o relacionou com sua nova formulação do inconsciente. Como vimos, em *Transformações e símbolos da libido*, Jung criticou o conceito de libido sexual proposto por Freud, e o substituiu com uma concepção mais abrangente de energia psíquica. Esta, por sua vez, não estava vinculada a nenhum impulso, e Jung reconheceu a existência dos seguintes impulsos e instintos: impulso de propagação [*Propagationstrieb*], impulso artístico [*Kunsttrieb*], instinto de preservação da espécie [*Instinkt der Arterhaltung*], instinto de autopreservação [*Instinkt der Selbsterhaltung*], impulso de nutrição [*Ernährugstrieb*] e impulso sexual. Daí em diante, a questão do instinto assumiu no texto um papel secundário em relação ao de libido. Jung então se dedicou a interpretar um conjunto enciclopédico de mitos, como símbolos da libido, o que deixou aberta a questão de como os instintos deveriam ser compreendidos, e como se relacionavam, se é que se relacionavam, com as imagens primordiais. Por volta dessa época, ele começou a trabalhar num artigo originalmente intitulado "A concepção da libido". Não foi senão em 1928 que esse texto ficou completo. Em sua nota à tradução, Cary e Peter Baynes comentam que Jung tinha deixado de lado a questão da libido devido à "maior importância" do problema dos tipos.[128] Também é provável que um dos motivos para ele ter interrompido o trabalho sobre o conceito de libido tenha sido sua necessidade de esclarecer mais o modo como entendia os instintos.

Em 1919, ele tomou parte num simpósio sobre "Instinto e o inconsciente", organizado conjuntamente pela Sociedade Britânica de Psicologia, a Sociedade Aristotélica e a Associação *Mind*. O evento contou com a participação dos mais destacados filósofos, psicólogos e neurologistas, entre eles William Brown, Henry Head, G. E. Moore, Bertrand Russell, F. C. S. Schiller e A. N.

---

[128] "Prefácio dos tradutores", Jung 1928b, IX.

Whitehead.[129] Os outros participantes da seção de Jung foram W. H. R. Rivers, C. S. Myers, Charles Drever, Graham Wallas e William McDougall.

A contribuição de Jung continha seu primeiro uso do termo "arquétipo" e, durante muitos anos, constituiu seu mais extenso tratamento do tópico dos instintos. Além disso, expôs uma série de temas aos quais ele retornaria frequentemente no decorrer dos 30 anos seguintes.

O simpósio começou com uma apresentação de Rivers. Valendo-se de seu trabalho em fisiologia e das pesquisas com Henry Head, ele afirmava que as reações instintivas eram do tipo "tudo ou nada".[130] As formas mais elementares dessa experiência eram incompatíveis com as formas mais graduadas que se desenvolveram mais tarde, e por isso foram suprimidas ou dissociadas. Essas reações constituíam o inconsciente.

Jung começou seu artigo notando que era impossível confiar totalmente na definição de Rivers para instinto, nos termos de uma "reação tudo ou nada", pois ela não admitia gradações de intensidade. Na linguagem leiga, o adjetivo "instintivo" era usado para designar ações cuja motivação e propósito não eram inteiramente conscientes. Enquanto os atos conscientes eram caracterizados por uma consciência de seus motivos, com os atos instintivos isso não acontecia. Por conseguinte, a atividade instintiva pertencia à classe dos processos inconscientes. Ele a definia como atos caracterizados por uniformidade e regularidade, herdados e inconscientes. Isso levou-o a especificar seu conceito de inconsciente, pois eram justamente os processos instintivos que exigiam uma "concepção mais ampla do inconsciente" (OC 8, §270). Enquanto o inconsciente pessoal consistia nas aquisições da vida individual, havia um outro estrato que continha as características herdadas, não adquiridas, tais como os instintos. Além deste, esse estrato continha os "*arquétipos* da percepção e da compreensão" (*ibid.*, trad. mod.). Os arquétipos agiam de maneira análoga aos instintos. Da mesma maneira como estes compeliam o homem a uma conduta de vida especificamente humana, os arquétipos compeliam a intuição do homem e sua compreensão de maneiras especificamente humanas. Assim, o inconsciente coletivo consistia em instintos, de um lado, e arquétipos de compreensão, de outro. Concordando com James quanto à existência de uma pluralidade de instintos, Jung sustentava que as ações humanas eram influenciadas pelos instintos em medida muito mais extensa do que se acreditava em geral.

Assim como havia uma questão quanto ao número de instintos, havia a mesma questão quanto ao número de arquétipos de compreensão. Isso o levou a uma breve digressão pela história da filosofia. Desde a alta valorização dos arquétipos

---
[129] *Anais da Sociedade Aristotélica* 1919, 296-297.
[130] Num posfácio, adicionado após o artigo ter sido apresentado aos demais participantes, Rivers qualificou sua proposta dizendo que o princípio "tudo ou nada" só designava uma classe de instintos (6-7).

na teoria das formas de Platão, sustentada ao longo de toda a filosofia medieval, em Kant os arquétipos tinham sido reduzidos a umas poucas categorias. Depois de haverem sido supervalorizados como ideias metafísicas, foram desvalorizados como categorias lógicas. A imagem primordial era frequentemente fundada nas mitologias dos primitivos, nas grandes religiões, e até mesmo nas ciências exatas, onde formavam a base de conceitos tais como os de éter, energia e átomo.

Jung definia os instintos em termos de uniformidade e regularidade, e definia os arquétipos de compreensão do mesmo jeito. Toda maneira uniforme e regular de compreender algo era um arquétipo. Ele concluiu que não era possível decidir o que vinha primeiro, se a compreensão ou a ação. Sugeria que ambas pertencem à mesma atividade que, incapaz de ser concebida como unitária, era vista como dois processos distintos.

Destacam-se nesse artigo diversos aspectos críticos. Primeiro, ele indica a maneira como o conceito de inconsciente – e o inconsciente coletivo de Jung – derivara em parte do problema do instinto. Tal como os psicólogos de meados do século XIX, que haviam expandido os conceitos de ação reflexa para formular o conceito de cerebração inconsciente, no século XX os psicólogos estavam expandindo os conceitos de ação instintiva para formular conceitos de inconsciente. Era no inconsciente que a atividade instintiva se desenrolava. Como os instintos eram os mesmos em todas as pessoas, decorria então que existia um inconsciente coletivo. Foi isso, por conseguinte, que constituiu o "argumento a partir do instinto" de Jung para defender a noção da existência do inconsciente coletivo.

O segundo aspecto que emerge desse artigo é o desenvolvimento registrado pela teoria das imagens primordiais – rebatizada então de arquétipos de compreensão. Jung concebia esses arquétipos de compreensão como distintos dos instintos, mas com uma ação essencialmente semelhante. A relação precisa entre ambos permanece indistinta. Uma outra maneira de expressar esse ponto seria dizendo que Jung acrescentou os atributos que haviam sido conferidos aos instintos às ideias primordiais.

Também há indícios de que o conceito de Fouillée de ideia-força tenha moldado a noção junguiana de arquétipo. Em duas ocasiões, ele usou esse termo (em francês), como sinônimo para o de arquétipo. Em 1912, Jung fez uma referência explícita a Fouillée, ao incluí-lo numa lista de autores que reconheciam a significação dos instintos (*OC* B, §219n). Em 1929, num resumo para uma palestra apresentada num congresso em Zurique, cujo título era "Esboço de uma psicoterapia moderna", ele escreveu:

> A terapia não consiste numa negação e numa depreciação dos conteúdos inconscientes, como prega a doutrina freudiana, mas num acréscimo das forças instintivas ao consciente, como reforço de uma atitude individual por meio de ideias coletivas ("*idées-forces*").[131]

---

[131] Jung, "Esboço de uma terapêutica moderna" (JP).

Nesse mesmo sentido, em 1956, ele argumentou que não havia base para se supor que as fantasias das pessoas de diferentes épocas brotassem de "*idées--forces* diferentes de nossas".¹³² A função dos mitos, dizia ele, sempre fora a de construir uma ponte entre "a consciência e as *idées-forces* efetivas do inconsciente".¹³³ A referência implícita é evidentemente a Fouillée. Pode-se conjecturar que a significação que teve para Jung o conceito de ideias-força de Fouillée estava em servirem como conceito dinâmico das ideias como compulsões a agir de determinadas maneiras. Ao mesmo tempo, essas compulsões ou impulsos não eram cegos, mas estavam ligados a representações.

A energia da alma

Jung atribuiu grande importância a seu ensaio sobre energia.¹³⁴ Em sua opinião, era um elemento crítico ao estabelecimento do *status* científico da psicologia. Retrospectivamente, lembrou que uma questão de grande importância para ele era a natureza da libido, e a tentativa de mostrar que "ela poderia ser um conceito aproximadamente quantitativo – em contraste com as concepções vagas de outras psicologias, que não têm qualquer conexão interna (por exemplo, a psicologia de Wundt), mas só o acúmulo de fatos isolados".¹³⁵ Outras ciências naturais tinham um conceito comum de energia. Consequentemente, ele queria atingir o mesmo nível na psicologia. Foi esse o fator que o motivou a escrever seu ensaio sobre a energética da alma.

Ele o iniciava notando que, já que o conceito de libido que havia introduzido em *Transformações e símbolos da libido* tinha sido alvo de interpretações equivocadas, seria interessante retomar suas concepções fundamentais. Naquele trabalho, ele havia apresentado seu conceito de libido como uma ampliação do conceito de Freud. A partir disso, tinha se tornado consenso que seu conceito de libido derivara do de Freud, do qual seria uma revisão. No entanto, em "Sobre a energética da alma", Jung apresentava um apanhado diferente dos antecedentes de seu conceito de libido, e das questões que haviam levado a sua formulação.

---

¹³² *Mysterium Coniunctionis*, OC 14, §736.
¹³³ *Ibid.*, §751. Para outra referência, ver adiante, p. 327.
¹³⁴ O manuscrito original de "Sobre o conceito de libido", datado de 1913, aproximadamente, consiste em 29 páginas datilografadas. Em sua revisão de 1927, o texto praticamente dobrou de tamanho. Um exemplar desse manuscrito contém mudanças e acréscimos que ele fez à mão, e que correspondem à versão final de "Sobre a energética da alma" (JP). Algumas discrepâncias entre as mudanças de ambos os manuscritos foram alvo de comentários a seguir, os quais servem para oferecer uma datação aproximada para as formulações de Jung. A menos que expressamente dito de outro modo, as passagens citadas ocorrem em "Sobre o conceito de libido".
¹³⁵ MP, 229.

Eventos físicos podem ser vistos de uma perspectiva mecanicista ou energética. Ele chamava este último ponto de vista de finalista, assinalando que evitava o termo "teleológico" com a intenção de se furtar ao mal-entendido de que poderia implicar a ideia de um fim ou meta antecipada.[136] Essa noção de uma diretividade sem um propósito predeterminado repetia a concepção que Bergson expusera em *Creative Evolution*. Jung defendia que tanto a perspectiva mecanicista quanto a finalista eram necessárias. Ao questionar se os eventos psíquicos poderiam ser vistos pelo prisma energético, ele concordava com von Grot, que havia defendido ser válido postular a existência de uma energia especificamente psíquica. Quanto à relação dessa energia com a energia física, que introduzia a questão mente-corpo, ele afirmava que tal ponto poderia ser deixado de lado, e que a psique poderia ser considerada um "sistema relativamente fechado".[137]

Isso suscitava a questão da possibilidade da mensuração quantitativa na psicologia, que ele respondeu na afirmativa: "Nossa psique possui o que, de fato, é um sistema de avaliação extraordinariamente bem desenvolvido, a saber, o *sistema dos valores psicológicos*" (7, trad. mod.). Para ele, valores eram "avaliações energéticas de quantidade". Um meio objetivo de avaliar intensidades de valor era fornecido pelos experimentos de associação, o que constituía uma divergência implícita da posição de Wundt, que afirmava a natureza inquantificável da energia psíquica.

Nos primeiros relatos de Jung sobre seus experimentos de associação, embora já tivesse esporadicamente empregado o termo "energia psíquica", tinham havido poucas evidências de um interesse explícito sobre a energética da alma. Agora, ele reinterpretava a significação desses experimentos para a mensuração da energia psíquica. O complexo consistia num elemento nuclear e em associações secundárias. Esse elemento nuclear era, por sua vez, caracterizado pelo estresse emocional, ou seja, uma acentuação afetiva; "essa acentuação é, um *valor quantidade* expresso energeticamente" (10, trad. mod.). O elemento nuclear criava um complexo quando tinha um alto valor energético: "*a força consteladora do elemento nuclear corresponde a seu valor-intensidade, respectivamente sua energia*" (11, trad. mod.). Isto poderia ser determinado quantitativamente, a partir do número de constelações que o elemento nuclear afetasse, da frequência e intensidade dos indicadores de complexo, e da intensidade dos fenômenos afetivos concomitantes (estes poderiam ser determinados experimentalmente, medindo-se o pulso, a respiração e os reflexos psicogalvânicos). Em ambos os casos, Jung estava se referindo a seus trabalhos com os experimentos de associação e reformulando os resultados em termos de um novo modelo energético.

---

[136] Jung, "Sobre a energética da alma", 1928, 1. No primeiro manuscrito, "Sobre o conceito de libido", Jung igualou essas duas perspectivas aos tipos psicológicos – o mecanicista seria o extrovertido, e o finalista, o introvertido (JP).
[137] *Ibid.*, 6. Essa afirmação aparece somente em "Sobre a energética da alma".

A seguir, ele discutia o conceito de energia psíquica, que comentava já ter sido proposto por Schiller e, a seguir, por von Grot, Theodor Lipps e William Stern. Creditou a Lipps a distinção entre a força psíquica e a energia psíquica, embora criticasse nesse autor a distinção que fazia entre diferentes formas de energia psíquica. Jung afirmava que tal qual a física, a psicologia tinha todo o direito de construir seus próprios conceitos, como Lipps tinha defendido.[138] Esse direito autorizava a psicologia a utilizar seus próprios conceitos de energia, apesar do fato de não existir uma maneira clara de separar os processos biológicos dos psíquicos. Consequentemente, ressaltava ele:

> Podemos seguramente conceber um processo psíquico simplesmente como um processo vital. Com isso, ampliamos o limitado conceito de energia psíquica, tornando-o um conceito de *energia vital* [*Lebens-Energie*], que compreende a suposta energia psíquica como uma forma específica... *O conceito de uma energia vital não tem nada a ver com uma assim-chamada força vital* [*Lebenskraft*], pois esta última, na condição de uma força, não seria nada além de uma forma específica de uma energia universal... Considerando o uso psicológico que nos propomos fazer dela, sugiro que chamemos de *libido* essa energia vital hipoteticamente presumida, para assim diferenciá-la de um conceito universal de energia, de acordo com o privilégio biológico e psicológico da formação de conceitos específicos. Com isso, não estou absolutamente interceptando os bioenergetistas [*Bioenergetiker*], mas apenas mostrando-lhes com que propósito tenho utilizado nosso termo libido. Para uso deles, pode-se sugerir que empreguem termos como "bioenergia" ou "energia vital".[139]

A diferenciação apresentada por Jung entre libido enquanto energia vital e como força vital pode ser entendida como uma tentativa de situar seu conceito de libido em relação ao que ele entendia ser a marca registrada das teorias vitalistas. Por isso, nas seções subsequentes, ele buscou demonstrar de que maneira seu conceito de libido atendia as exigências dos princípios de conservação da energia e da entropia. Essas seções constituem uma tentativa significativa da parte de Jung, de conferir bases científicas a sua psicologia. Embora partilhando com neovitalistas, como Driesch, a rejeição do modelo mecanicista e a ênfase na necessidade de uma perspectiva finalista, ele se distinguia deles

---

[138] Jung não faz a citação da afirmação de Lipps, mas ele ocorre em *Leitfaden der Psychologie*, 62.
[139] 17, trad. mod. Em "Sobre o conceito de libido", a primeira sentença – "um processo psíquico simplesmente como um processo vital" – era seguida pela cláusula "enquanto função específica do cérebro e do sistema nervoso, em sentido mais amplo". Ao apagar esta parte, Jung estava dando maior autonomia ao processo psíquico. Também em "Sobre o conceito de libido", o termo inicial que Jung empregou foi "energia biológica", que ele depois reescreveu como "energia vital" (JP).

também, pois resistia a reduzir a psicologia à biologia.[140] Depois de haver estabelecido a autonomia da psique, a questão de se a vida seria ou não redutível a termos físicos e químicos não era mais de importância vital, como tinha sido para Jung na época de suas palestras na Zofíngia. Em contraste com Driesch, em "Sobre a energética da alma", ele limitava suas considerações à psicologia humana, em vez de considerar a vida orgânica como um todo. Enquanto Driesch alegava que seu princípio da entelequia não era uma forma de energia, pois não era quantificável, Jung afirmava que seu conceito de energia psíquica era quantificável, mesmo que em extensão limitada.[141] Ele dizia que o ponto de vista energético em psicologia não seria possível, a menos que o princípio de conservação de energia fosse aplicável. Estava se referindo à distinção de Busse para os princípios da constância e da equivalência; o primeiro dizia respeito à soma total da energia que permanecia constante, e o segundo afirmava que, para cada tanto de energia gasto ou consumido, uma quantidade similar de energia aparecia em outro lugar. O princípio da constância constituía uma inferência generalizada da equivalência, e por isso foi o que teve mais importância para a psicologia.

Jung dizia que havia demonstrado a aplicabilidade desse princípio em *Transformações e símbolos da libido*, e que o mesmo também fora demonstrado pelo trabalho de Freud sobre sexualidade: "Não há lugar melhor do que precisamente a relação entre a sexualidade e a psique como um todo para se constatar como o desaparecimento de um *quantum* de libido é seguido pelo aparecimento de um valor correspondente, em outra forma" (19, trad. mod.). O erro de Freud fora supervalorizar a sexualidade e, assim, privilegiar a inevitável unilateralidade da perspectiva mecanicista.[142] Em razão da concepção causa-

---

[140] Aqui, concordo com Marilyn Nagy, quando afirma que Jung "escolheu as alternativas preferidas pelo vitalismo, como a visão energética ou finalista da psique, um sistema relativamente fechado, e a possibilidade de uma relação causal entre psique e soma, para seu conceito de libido ou energia psíquica" (1991, 55). Nagy apresentou uma discussão bem fundamentada da relação de Jung com o vitalismo. É interessante, neste sentido, a afirmação de Richmond Wheeler, datada de 1939, segundo a qual Jung "retomou a crença na autonomia e independência do espírito humano, visão esta que refuta o mecanismo como adequado para a ciência da vida humana e com isso, pelo menos, mantém a porta aberta para o vitalismo na biologia em geral" (1939, 182).

[141] Em sua autobiografia, Driesch recordou seu encontro com Jung na década de 1930. Esse contato para ele fora valioso, pois eles identificaram o quanto tinham em comum, especialmente quanto à parapsicologia (1951, 274).

[142] Em carta a Smith Ely Jeliffe, datada de 2 de abril de 1920, Jung tinha escrito que a excessiva extensão do conceito de sexualidade de Freud havia resultado num conceito metafísico não científico "como o de 'matéria', no famoso materialismo filosófico de 1879-1880". Por outro lado, ele afirmava que a sexualidade deveria ser adequadamente considerada uma "subdivisão da energia criativa". Ele caracterizava a teoria de Freud como algo "de caráter mórbido, pois mostra que a psique de seu criador só é capaz de conceber uma psicologia em que predomina *um* só instinto, a tal ponto que ele passa a ser uma obsessão, uma 'idée obsédante' [ideia obsessiva], um conceito religioso mórbido", John Burnham, 1983, 201-202.

lista de Freud, toda interpretação voltava à sexualidade e até o próprio Freud tinha notado a monotonia dessa formulação.[143] Jung defendia que o princípio da equivalência era de grande utilidade prática, conhecida de todos aqueles que tivessem experiência prática "nesse campo": "Quando algum valor consciente, como uma transferência, diminui, ou até mesmo desaparece, busca-se imediatamente uma formação substituta, como a expectativa de ver um valor equivalente brotar em alguma outra parte".[144]

Quando a formação substituta não era imediatamente aparente, Jung dizia que estava presente mesmo assim, embora em plano inconsciente, e que uma observação cuidadosa logo revelaria uma atividade inconsciente intensificada, como por exemplo, sintomas ou sonhos significativos. Embora esse princípio possa realmente ter um elevado uso prático na psicoterapia, as evidências episódicas a seu favor dificilmente convenceriam um médico como forma rigorosa de demonstração de que a suposta energia psíquica atende os requisitos das leis de conservação de energia. Pode-se considerar que o trabalho de Sidis baseou-se na máxima contrária – a de que, por intermédio da psicoterapia, o paciente experimentaria um aumento na disponibilidade de energia.

A libido possuía ainda uma outra analogia com a energia física, ou seja, o fator extenso, segundo o qual ela "não pode migrar para uma nova estrutura sem a transferência de partes ou características da estrutura anterior com a qual esteve vinculada" (21). Isso tinha sido demonstrado em *Transformações e símbolos da libido*. Depois Jung voltou-se para uma discussão da entropia. Após uma descrição dos princípios de Carnot, disse que, como a psique poderia ser considerada um "sistema relativamente fechado", o princípio da entropia era compatível e que as "transposições de energia também conduzem a uma equalização da diferença".[145] Segundo Boltzmann, esse processo consiste na transição de uma condição improvável para uma condição provável. Jung argumentava que isso era exemplificado pelo desenvolvimento de uma atitude duradoura: "Após oscilações violentas no início, as contradições se equilibram mutuamente, e aos poucos surge uma nova atitude com uma estabilidade final que é proporcionalmente maior quando comparada à magnitude das diferenças iniciais".[146] Como a psique só era um sistema relativamente fechado, não se observava uma "completa entropia psicológica". Da mesma forma, nos casos em que o isolamento do sistema psicológico era mais pronunciado, a entropia era correspondentemente mais acentuada, como se evidenciava no "embota-

---

[143] 22. Em "Sobre o conceito de libido", Jung escreveu que, para quem fosse completamente consistente com a escola freudiana, era preciso que a pessoa chegasse à conclusão de que a cultura inteira era uma neurose. Até mesmo Freud, em sua vida pessoal, não partilhava desse conceito falso e "desvitalizado", pois caso contrário não chegaria nem a escrever (JP).

[144] 19-20. Essas passagens só existem em "Sobre a energética da alma".

[145] 27. Essas passagens só existem em "Sobre a energética da alma".

[146] *Ibid*. Essa passagem só existe em "Sobre a energética da alma".

mento do afeto" presente na demência precoce ou esquizofrenia, Jung dizia que essa maneira de falar só estava conferindo uma articulação precisa para fatos que já eram conhecidos em geral:

> Essa maneira de considerar as coisas já é conhecida há muito tempo. Todos falam da "turbulência da juventude", que acaba cedendo para a "tranquilidade da idade avançada". Também falamos de uma "opinião fortalecida" depois que a pessoa se "debateu com suas dúvidas", ou de um "alívio da tensão interior" etc. Essa é a perspectiva energética arbitrária compartilhada por todas as pessoas (29).

Sendo assim, o conceito de libido de Jung tinha a intenção de permitir a transição da "perspectiva energética arbitrária" para uma energética psicológica, científica e precisa. Enquanto James tinha defendido a independência da psicologia funcional em relação à psicologia estrutural, Jung tentava assentar a prática da psicoterapia nesta última. A questão suscitada por sua tentativa de defender que o conceito de libido cumpria as exigências da conservação da energia e da entropia é se o que estava em jogo era algo mais que uma simples analogia e a metafórica transposição da linguagem da física para a psicologia; ou se falar de uma "entropia psicológica" era em algum sentido menos metafórico do que falar de "personalidades magnéticas". O efeito dessas transposições metafóricas foi a constituição da psique como um sistema autônomo e autorregulador de transformações da energia, e a formatação da psicoterapia como uma espécie de termostato. Não está claro em que medida o próprio Jung ficou satisfeito com suas tentativas de demonstrar que os postulados da psicologia atendiam as exigências das ciências físicas, e nem em que medida ele aplicou o modelo termostático à psicoterapia. Por ora, é suficiente indicar que a grande analogia que principalmente ocupou Jung nas décadas seguintes não envolveu as ciências modernas e a psicologia, mas era a que existia entre a psicologia e a alquimia, e que sua tentativa de estabelecer uma conformidade entre sua psicologia e as ciências modernas foi a precursora de suas investigações alquímicas.

Na seção seguinte sobre "energética e dinamismo", ele alegava que a teoria da energia tinha um lado puro e aplicado: enquanto conceito puro, a energia era, como o conceito de tempo, *a priori*. Aqui ele tentava integrar o conceito de energia a uma epistemologia quase-kantiana. Por outro lado, a teoria aplicada da energia lidava com forças. Por intermédio de sua aplicação empírica, um conteúdo concretizado ou ilustrado entra no conceito e lhe dá a aparência de um substrato que lhe foi postulado. Seu uso do termo libido era justificado pelo fato de ter sido Freud "o primeiro a acompanhar essas relações reais, dinâmicas e psicológicas" (31). Outros conceitos paralelos eram a *hormé* de Aristóteles, a vontade de Schopenhauer, e o *élan* vital de Bergson. Rapidamente, ele acrescentou que "a partir desses conceitos, só me ative à concretude da descrição, mas não à definição do conceito".[147] Foi sua omissão desse esclarecimento epistemológico em *Transformações e símbolos da libido* que causou a equivocada conclusão de que ele havia formulado um conceito vitalista.

Havia quatro movimentos da libido: progressão e regressão, introversão e extroversão. Enquanto a progressão representava uma adaptação ao meio ambiente, a regressão levava a uma adaptação à alma e às exigências da individuação. A progressão e a regressão podem adotar tanto uma forma introvertida quanto extrovertida. As transformações da libido são efetuadas por intermédio de símbolos, que ele definiu como mecanismos psicológicos para a transformação de energia (50). Por conseguinte, o desenvolvimento da formação individual de símbolos assumiu um lugar de destaque na concepção de psicoterapia defendida por Jung.

Ele concluía o ensaio com uma seção dedicada ao "conceito primitivo de libido", que expandia sua discussão anterior da energética primitiva de Lovejoy. Agora, os conceitos primitivos, como o de *mana*, eram considerados um pré-estágio de seu conceito de energia psíquica e do conceito de energia em geral. Esse apanhado do desenvolvimento conceitual permitiu-lhe preservar tanto os conceitos primitivos quanto os modernos, sem considerar estes últimos como simples designação de uma reversão aos primeiros, como ele havia feito em 1914. Ao mesmo tempo, isto lhe permitia defender sua posição de que seu conceito era científico, além de antropológico e historicamente normativo.[148]

Instinto, cristianismo e animais

Para que a psicologia pudesse passar no teste da história, não era suficiente desenvolver um modelo estático de funcionamento psíquico. Era vital que a psicologia fosse capaz de explicar as mudanças históricas que haviam ocorrido na relação do homem com a ordem natural. Para compreender como Jung abordou esse problema, voltamos a *Transformações e símbolos da psique*. Nesse trabalho, ele não só apresentou uma reformulação teórica dos instintos, como também começou a propor um argumento histórico relativo à alienação do homem quanto aos instintos. Para tanto, valeu-se do comentário histórico de Nietzsche sobre a relação com os instintos e, em particular, sua leitura dos efeitos negativos do cristianismo. Jung afirmava que o significado do cristianismo e do mitraísmo estava no "domínio moral dos impulsos animais" (*OC* B, §124, trad. mod.). O cristianismo enfraqueceu o "estado animal" para que uma grande parte da força dos impulsos pudesse ser usada para a preservação

---

[147] 32, trad. mod. E. A. Bennet lembra que Jung lhe disse: "O *élan* vital de Bergson também é específico demais. O que é o *élan*? Só energia, por isso, disse Jung, por que não chamá-la de 'energia'?" (diário, 18 de setembro de 1959, documentos de Bennet, ETH).
[148] 75-76. Essa passagem só ocorre em "Sobre a energética da alma".

social e sua produtividade (§127). Essas afirmações introduzem um tema importante no trabalho de Jung: o da relação entre os seres humanos, os animais e o "animal interior".

Tem-se dito em geral que, comparado a Freud, Jung atribuiu menos importância à sexualidade. Isso é um equívoco. Numa palestra sobre psicanálise, realizada em julho de 1912, em Zurique, ele disse que

> a intensa significação sexual é geralmente uma surpresa e um choque para as pessoas que os analistas superestimem a importância da sexualidade – entretanto, é muito raro deparar com um caso neurótico em que um distúrbio sexual não seja a raiz do problema. A vida moderna não leva a sexualidade em consideração nem a metade do que deveria.[149]

Alguns meses depois, em suas palestras em Nova York, ele apresentou uma crítica da teoria de Freud para a sexualidade infantil, alegando que era adultomórfica. A crítica de Jung sobre a teoria freudiana quanto ao papel da sexualidade infantil na etiologia da neurose, e sua ênfase quanto a localizar as causas de uma neurose na vida real presente, levaram-no a propor de forma diferente a importância da sexualidade adulta. Nesse mesmo ano, ele disse, em "Novos caminhos na psicologia", que os conflitos eróticos eram a causa fundamental da neurose. Caracterizando a neurose como uma autodivisão, ele explicou que, numa neurose, havia duas tendências eróticas em conflito, uma das quais era inconsciente. Isso tinha a ver com a significação da "questão sexual" contemporânea, empregando o título do livro de Forel. Para Jung, "o processo da cultura consiste em dominar cada vez mais o animal que há no homem" (OC 7, §427, trad. mod.). Entretanto, esse processo de domesticação poderia não ocorrer sem uma rebelião por parte da "natureza animal". Essa rebelião havia se tornado aguda após a revolução industrial, porque o crescimento de cidades de vários tamanhos, junto com a progressiva industrialização, removera as possibilidades de saída para a expressão de energias afetivas. Dessa maneira, as pessoas das cidades acabavam acumulando excesso de energia. No entanto, essa energia sexual contida entra em conflito com "a moralidade até certo ponto ascética e dotada de uma tendência sexualizada especialmente hipócrita, vigente em nossos tempos" (§430, trad. mod.). O resultado desse conflito é a neurose, que representava "uma tentativa malsucedida por parte do indivíduo, de solucionar o problema geral em sua própria pessoa" (*ibid.*). Jung caracterizava esse problema geral da seguinte maneira: "A 'questão' que perturba o paciente é – eu não posso falar de outro jeito – a 'questão sexual', ou, dito de maneira mais precisa, *o problema da moralidade sexual contemporânea*" (*ibid.*). A prática da análise liberava os impulsos animais com a intenção de ca-

---

[149] Anotações de Fanny Bowditch Katz, palestras de Jung em *Psychoanalysis*, 23 de julho de 1912, CLM.

nalizá-los para usos mais elevados, ou seja, sublimando-os. A tarefa da análise era solucionar a alienação do homem moderno em relação aos impulsos.

Para Jung, Nietzsche tinha reconhecido corretamente o significado geral dos impulsos. Em 1917, em *A psicologia dos processos inconscientes*, ao perguntar se alguém sabia o que significava afirmar os impulsos, Jung observou que isso era o que Nietzsche desejara e ensinara, o que tornava o "caso" de Nietzsche especialmente crítico, pois "aquele que nos ensinou a dizer 'sim' ao impulso vital deve ter sua própria vida examinada criticamente, para que se descubram no professor os efeitos de seu próprio ensinamento" (1917b, 381, trad. mod.). Nesse momento, ele estava tomando para si os comentários de Nietzsche quanto à natureza confessional da filosofia. Mas a maneira como ele fez isso foi uma patografia. Na opinião de Jung, Nietzsche vivia "*além dos impulsos*, na elevada altitude da 'grandiosidade' heroica" (*ibid.*). Para manter isso, ele necessitava de uma alimentação especial, um determinado clima e opiatos. Foi essa espécie de vida que, com o tempo, terminou por desestruturar seu cérebro. Sua falha tinha sido não reconhecer o "impulso vital animal". Nietzsche tinha obedecido fielmente o impulso da autopreservação (impulso egoico), que ele chamava de vontade de poder, e ignorara o impulso da preservação da espécie (impulso sexual). Era preciso dar a cada um seu devido reconhecimento. O que Jung entendia como o erro de Nietzsche – defender a primazia de um impulso com a exclusão do outro – também fora o erro de Freud e Adler (apesar de, em Nietzsche, a vontade de poder não ser um impulso entre outros, mas sim o substrato comum a todos os outros).[150]

Para Jung, foi a expansão do cristianismo, junto com a industrialização, que acarretou o problema com os impulsos, a animalidade e a sexualidade. No decorrer dos anos seguintes, ele tentou caracterizar esses desenvolvimentos de modo mais detalhado. Em 1918, escreveu que o cristianismo tinha suprimido o elemento animal.[151] Contudo, com o questionamento da validade absoluta da fé cristã, esse elemento tornou a voltar à tona. A supressão do animal significou que, ao reemergir, manifestou-se num processo desgovernado e descontrolado, que conheceu formas catastróficas como as guerras. O cristianismo oficial, em contraste com o budismo, não tinha relação com o lado animal. A repressão desse lado fez com que se tornasse "ainda mais animal". Entretanto, quando as pessoas conseguiam uma melhor relação com seu próprio "animal interior", conseguiam valorizar mais a vida. Viver iria tornar-se o princípio moral absoluto, e o indivíduo reagiria instintivamente contra qualquer instituição que promovesse a destruição da vida. Alguns anos depois, em 1923, ele ampliou sua discussão dos efeitos históricos do cristianismo num seminário em Polzeath, na Cornualha.

---

[150] Para uma crítica da análise de Nietzsche, empreendida por Jung, ver Parkes, 1999, 210-211. Ver também Bishop, 1995.
[151] "Sobre o inconsciente", *OC* 10, §31.

Durante esses encontros, falou dos efeitos históricos do cristianismo eclesiástico sobre o inconsciente.[152] Começou distinguindo o cristianismo eclesiástico do verdadeiro cristianismo dos ensinamentos de Cristo. Sua forma eclesiástica tinha uma atitude específica que levava à repressão do mundo da natureza e da carne, o animal, o homem inferior e a fantasia criativa. É o que ele entendia serem os efeitos da repressão do animal que nos importa aqui.

Em contraste com as religiões orientais, ele observou que era muito curioso o quão pouco os animais eram considerados, nos evangelhos, como seres vivos. Com poucas exceções, como São Francisco de Assis, o animal era excluído da mentalidade cristã. A exclusão dos animais teve como efeito subsidiário reprimir os paralelos entre o animal e o homem. Contudo, essa exclusão fora violada, nos tempos modernos, e os sinais dessa ruptura aparecem na propagação de sociedades voltadas para a proteção e os cuidados dos animais, a partir da segunda metade do século XIX, e no desenvolvimento da psicologia animal.

A exclusão do animal teve alguns efeitos sobre o homem, pois ele é dotado de certa dose de libido destinada ao relacionamento com a natureza e com outros seres vivos. O costume moderno de ter animais de estimação é uma tentativa de satisfazer essa necessidade. Quando essa libido é reprimida no inconsciente, assume formas mais primitivas. Um exemplo disso é o instinto de formação de bandos, na psicologia de massa, agravado pelos imensos contingentes de habitantes apinhados em cidades. Grandes massas constelam o lado animal e grandes organizações são como bestas selvagens em busca de presas. A falta de respeito pelo "irmão animal" desperta o animal em nós. Para que uma verdadeira humanidade seja possível, é necessário que haja uma relação com os animais.

Ao mesmo tempo, a libido para se relacionar com os animais ainda estava presente no homem, e produzia símbolos que apareciam nos sonhos. Como consequência, o aparecimento dos animais nos sonhos assumia um significado especial. Os sonhos de voar ou nadar, possivelmente, continham "depósitos raciais" das épocas em que nossos ancestrais animais haviam permanecido no mar.[153]

---

[152] O relato que vem a seguir foi montado a partir de vários conjuntos de anotações feitas durante esses seminários, por Esther Harding, Kristine Mann, Cary Baynes, W. B. Crow e outros participantes que não foram identificados.

[153] W. B. Crow observou: "O dr. Jung me disse, numa conversa informal, que pensava que as imagens do inconsciente coletivo nos animais têm, em grande medida, uma natureza semelhante às das vistas nos homens. Tinha encontrado grandes semelhanças entre as imagens coletivas das mais diversas tribos humanas, e pensava que os mamíferos superiores têm todos praticamente as mesmas imagens coletivas. Jung é de opinião que muitos podem vir a desenvolver uma condição humana, e que o porco é uma criatura especialmente promissora, por causa de sua dentição indiferenciada, embora tenha a desvantagem de ter patas terminadas apenas com dois dedos (Cum grano salis!)" (1925).

A partir desses comentários, verifica-se que Jung considerava como uma das mais importantes tarefas culturais estabelecer uma correta relação com os animais. Em 1928, ele afirmou que, enquanto o animal obedecia às leis de sua vida [*Lebensgesetz*], os homens podiam perder o contato com suas raízes "na natureza animal".[154] Como o inconsciente coletivo continha não só os resíduos da evolução humana, mas também os da evolução animal, qualquer tentativa de chegar a bons termos com o inconsciente coletivo necessitaria de uma relação harmoniosa com o mundo animal. Não poderia haver individuação sem o estabelecimento de uma nova relação com os animais. O que precisava era um equilíbrio entre a civilização e a animalidade: "O excesso de animalidade distorce o homem civilizado, mas o excesso de civilização [*Kultur*] deixa os animais doentes" (§32). Uma maneira de chegar a uma relação harmoniosa com os animais era dando a devida consideração ao aparecimento dos animais nos sonhos, e superando os próprios preconceitos quanto aos animais. Em seus seminários sobre a interpretação de visões, em 1930, ele declarou:

> Temos preconceitos contra os animais. As pessoas não entendem quando lhes digo que deveriam familiarizar-se com seus animais, ou assimilar seus animais. Pensam que os animais estão o tempo todo saltando sobre as coisas e criando confusão. No entanto, na natureza, o animal é um cidadão bem-comportado. É piedoso, segue os caminhos com grande regularidade, não faz nada de extravagante. Só o homem é extravagante. Por isso, se a pessoa assimilar o caráter do animal, se tornará um cidadão especialmente zeloso das leis, que se movimentará devagar, demonstrando ser razoável em vários momentos, na melhor medida de suas possibilidades (1930-1934, 168).

Vemos assim que Jung identificava os animais com impulsos ou instintos. O animal, no homem, corresponderia a sua natureza animal, e os animais nos sonhos eram interpretados em geral como representações dos instintos. Uma tarefa muito importante da análise era "tornar-se animal".

Instintos e a autonomia da psicologia

Como vimos, a questão dos instintos desempenhou um papel crítico nas relações entre a psicologia e a biologia. Nas décadas de 1920 e 1930, Jung propôs novas reflexões sobre esse assunto, e tentou aproximar sua teoria dos instintos de outras teorias. Em 1924, em suas palestras na Inglaterra sobre psicologia analítica e educação, ele afirmou que, sempre que as discussões se voltavam para o problema dos instintos, seguia-se uma confusão medonha. Questões sobre a quantidade de instintos e o que eles eram na realidade per-

---

[154] "Sobre a psicologia do inconsciente", 1928, *OC* 7, §41.

maneciam sem solução. Consequentemente, ele aconselhava que era melhor que os debates se restringissem à esfera psicológica, sem que fossem feitas suposições a respeito de processos biológicos subjacentes. A colaboração entre biólogos e psicólogos era uma tarefa para o futuro (OC 17, §157).

Em sua contribuição para o Tricentenário de Harvard, em 1936, Jung apresentou uma extensa discussão do problema dos instintos. Ele começou notando que, como a alma humana vivia uma unidade inseparável com o corpo, só artificialmente é que a psicologia poderia ser separada de seus pressupostos biológicos. Estes eram válidos não só para o homem, mas para todos os seres vivos e, portanto, tinha um alcance mais amplo do que os julgamentos psicológicos. Sendo assim, a psicologia devia reconhecer uma correspondência de longo alcance entre seus fatos e os dados biológicos, ao mesmo tempo em que afirmava justificadamente sua autonomia. A esse respeito, o problema dos instintos estabelecia uma ligação crítica entre a psicologia e a biologia. Se aceitássemos que as funções psíquicas eram concomitantes a um sistema nervoso centralizado, teríamos de duvidar que os instintos tivessem originalmente uma natureza psíquica. Os instintos adquiriam-na mediante um processo de "psiquificação".[155] Embora não esteja claro como esse processo se deu, sua significação para a tese junguiana é evidente. O processo de psiquificação indicava como os instintos tinham se tornado fatores psicológicos, determinando o comportamento humano, o que fazia com que perdessem sua compulsividade. Por exemplo, enquanto o estado físico da fome pode ser nitidamente percebido, suas consequências psíquicas são variáveis. Situados no contexto de sua discussão anterior, era por intermédio da psiquificação que os instintos perdiam toda a sua natureza "tudo ou nada".

Do ponto de vista psicológico, havia cinco principais grupos de fatores instintivos: fome, sexualidade, atividade, reflexão e criatividade.[156] Jung não estava certo de a criatividade ser mesmo um impulso, e sugeriu que fosse considerada um fator psíquico, cuja natureza era semelhante à dos impulsos. Nesse artigo, Jung fez uma única referência aos arquétipos, descrevendo-os como "formas psíquicas, que, como os instintos, são comuns em toda a humanidade" (OC 8, §254). Desse modo, apesar de os arquétipos terem em comum o mesmo alcance de pertinência que os instintos, Jung não esboçou nenhuma ligação direta entre ambos, nesse texto.

Em outros contextos, porém, foi cada vez mais identificando instintos e arquétipos. Em um artigo de 1936, sobre "O conceito de inconsciente coletivo", ele observou que, como os arquétipos constituíam uma analogia tão próxima dos instintos, havia razões para se afirmar que "os arquétipos são as representações inconscientes dos próprios instintos; em outras palavras,

---

[155] "Fatores psicológicos determinando o comportamento humano", OC 8, §234.
[156] Fichte havia postulado a existência de um "impulso de reflexão" em Wissenschaftlehre. Citado por Parkes, 1994, 265.

representam os *padrões fundamentais do comportamento instintivo*" (OC 9, 1, §91, trad. mod.). Consequentemente, ele afirmava que a hipótese do inconsciente coletivo era tão "audaciosa" quanto a suposição de que existiam instintos. Como era geralmente aceito que as ações humanas eram profundamente determinadas pelos instintos, era uma decorrência lógica natural supor que a imaginação, a percepção e o pensamento fossem moldados por fatores inatos universais. A implicação era que o conceito de inconsciente coletivo simplesmente expandia o âmbito da atividade instintiva. De um lado, vimos que Jung tinha postulado um número limitado de instintos (por exemplo, em sua aula em Harvard, em 1936). De outro, através da identificação entre arquétipos e instintos, o número de instintos tinha se tornado virtualmente infinito.

Foi precisamente nessa época que a suposição do instinto como um fator motivacional primário perdeu sua aceitação quase unânime. Essa ausência de um consenso quanto à natureza e ao número dos instintos foi uma das críticas de que esses teóricos foram alvo. Outras acusações que foram feitas diziam que explicar uma reação apelando a um instinto correspondente era a mesma espécie de falácia da psicologia das faculdades. Para os comportamentalistas, o que os psicólogos tinham chamado de instintos eram realmente respostas condicionadas que haviam sido adquiridas e, portanto, não eram inatas. Sobretudo, com a crescente hegemonia da experimentação, as especulações sobre os instintos eram consideradas fúteis, pois não levavam à realização de experimentos. Na psicologia da personalidade, a linguagem dos instintos foi sendo progressivamente substituída por conceitos como necessidades, motivos e impulsos.[157] "Instinto, como substantivo, é uma palavra a ser evitada", escreveu o psicólogo americano Henry Murray (que fora aluno de Jung), em 1938, e, nessa época da psicologia, isso realmente estava acontecendo cada vez mais (Murray *et al.*, 1938, 74).

Em 1937, o psicólogo social americano, Gordon Allport, desfechou uma crítica das teorias dos instintos, argumentando que o propósito de cada pessoa era por demais diverso para ser atribuído a uns poucos motivos primários, comuns à espécie (1937, 113). A esse respeito, os psicanalistas e as psicologias dos instintos, como a de McDougall, partilhavam a falácia comum de reduzir todos os motivos a um conjunto limitado de fatores universais básicos e supostamente universais. Allport argumentava que seria mais parcimonioso explicar o comportamento por meio de fatores ambientais e culturais. Por isso, "os instintos evaporam. Terminariam mostrando-se nada mais que constelações de emoções, hábitos e previsões, melhor chamados *sentimentos* ou *interesses*, e considerados fatores adquiridos em vez de inatos" (*ibid.*). Para Allport, os motivos adultos eram infinitamente variados. Embora originados de sistemas an-

---

[157] Como diz Danziger, isto não tinha ligação com o termo anterior, visto na biologia alemã.

tecedentes, eram funcionalmente independentes destes. Ele denominava essa tese de "autonomia funcional dos motivos".[158]

O evitar o termo "instinto" pela psicologia, e pela psicologia social em especial, também assinalava sua separação disciplinar da biologia, e a segurança cada vez maior com que os psicólogos se sentiam livres para denominar seus próprios construtos sem os alinhar diretamente com os da biologia. Conceitos como o da autonomia funcional dos motivos de Allport também poderiam ser entendidos como identificadores da autonomia funcional da psicologia. Em outras palavras, fosse de onde fosse que seus conceitos proviessem, a psicologia se sentia à vontade para proceder segundo seus próprios princípios. Embora a discussão dos instintos fosse cada vez mais desaparecendo da psicologia, reapareceu, porém, na biologia.

Arquétipos nos animais

Embora a concepção de Jung para os arquétipos fosse em geral menosprezada pela psicologia, houve certo interesse por ela da parte dos biólogos. Em 1937, o zoólogo alemão Friedrich Alverdes publicou um artigo intitulado "A eficácia dos arquétipos nos atos instintivos dos animais". Ele dizia que a maioria dos zoólogos considerava a biologia e a psicologia como disciplinas separadas. Contudo, se a biologia não tinha lugar para o psíquico, permanecia só como um torso, porque cada organismo humano e animal era um todo integrado, com um polo psíquico e um polo corporal-fisiológico. Nas atividades humanas e animais, o organismo todo estava envolvido. O objetivo do artigo de Alverdes era mostrar como era possível tornar as pesquisas de Jung proveitosas para a psicologia animal, uma vez que o trabalho de Jung expunha os instintos animais sob uma nova luz.

Alverdes argumentava que os homens e os animais possuíam "uma prontidão inata para formas específicas de comportamento", que Jung denominava de arquétipos (1937, 227). Além dos arquétipos estudados por Jung, Alverdes dizia que existiam outros, incluindo os de família, pais, marido, filhos, sociedade, grupo, seres humanos, camaradas e amigos, inimigos, alimento, presas, propriedade, lar, significação, sagrado. De acordo com Alverdes, Jung afirmava que os atos humanos eram projeções e símbolos de estados psíquicos interiores. Segundo Alverdes, os padrões de comportamento nos animais poderiam ser vistos da mesma maneira; eles também possuíam arquétipos. Os que Al-

---

[158] Allport desprezava o inconsciente coletivo de Jung junto com o eu subliminar de Myer; afirmava que haviam caído de moda entre os psicólogos porque "ao assumir ideias inatas e a existência de uma mente supraindividual, negam os preceitos básicos do empirismo", 1937, 536.

verdes atribuía aos animais eram principalmente os de sua lista ampliada. Um exemplo era o arquétipo da construção de teias pelas aranhas. Isso constituía a manifestação e o símbolo de um estado psicofisiológico da aranha. Ele dizia que o arquétipo da teia estava no inconsciente coletivo da aranha. Se um animal era capturado pela teia, um outro arquétipo de uma atividade específica era induzido. Ele concluía que os arquétipos de Jung formavam a base de uma síntese entre as psicologias humana e animal.[159]

A etnologia funcionou como renovação para o ímpeto de se estudar os instintos na psicologia, em particular através dos trabalhos de Konrad Lorenz (1903-1989) e Niko Tinbergen (1907-1988). Lorenz, zoólogo austríaco, é visto como um dos fundadores da moderna etnologia. Ele afirmava que as discussões psicológicas sobre o instinto, nas décadas de 1920 e 1930, tinham chegado a um impasse. Lorenz e Tinbergen estudaram os padrões de comportamento de espécies animais, e realizaram um trabalho de importância crítica para o esclarecimento desse conceito e a reintrodução do estudo dos instintos. Não foi pequena a contribuição, nesse sentido, que tiveram seus métodos de observar e fazer experimentos com os comportamentos de aprendizagem dos animais. Defendiam a noção de que a regularidade não poderia ser explicada apenas por meio da aprendizagem, mas era devida à existência de mecanismos inatos de liberação, mobilizados por meio do contato com um estímulo apropriado do meio ambiente.

Em diversas ocasiões, Lorenz discutiu a relação entre seu conceito de instinto e a noção de arquétipo em Jung. É significativo que isso tenha ocorrido quando ele estava no processo de desenvolver a noção dos mecanismos de liberação inatos. Em 1939, Lorenz afirmou que somente os estímulos simples e distintos dos liberadores eram compatíveis com correlatos sensoriais inatos. Essa formulação contrapunha-se à teoria junguiana dos arquétipos que, ele ressaltou, tinha sido utilizada por Alverdes para explicar a conduta dos animais. Segundo sua teoria, os padrões inatos de comportamento eram mobilizados por "imagens gestálticas inatas" (1939, 29). Alguns anos mais tarde, ele detalhou melhor essa divergência. Para Lorenz, Jung tinha proposto a noção de que os "organismos entram no mundo com uma herança específica de sua espécie,

---

[159] Alverdes enviou uma cópia desse artigo para Jung, que agradeceu o envio desse "artigo interessante" (Jung para Alverdes, 16 de setembro de 1937, JP). A secretária de Jung enviou para Alverdes uma cópia do artigo de Jung, intitulado "Fatores que determinam o comportamento humano", e uma discussão sobre o inconsciente coletivo. Alverdes respondeu que tinha recebido um "valioso incentivo científico" com aquela leitura, assim como nas publicações anteriores de Jung. Contudo, discordava das declarações de Jung contra a "nova Alemanha", que ele não conseguia compreender (Alverdes para Jung, 8 de dezembro de 1937, JP). Jung escreveu para Henry Murray: "Observo que você pôde estabelecer a validade de minha ideia sobre padrões arquetípicos. Gostaria de chamar sua atenção para o zoólogo alemão Alverdes, que chegou à mesma conclusão, por caminhos muito diferentes" (21 de novembro de 1938, documentos de Murray, Biblioteca Houghton, Harvard).

contendo imagens de objetos específicos e biologicamente significativos, como pais, parceiros sexuais, presas etc." (1948/1996, 274). A lista de Lorenz indica que ele podia estar pensando particularmente no artigo de Alverdes. Segundo Lorenz, Jung entendia esses arquétipos como imagens lembradas de algum tipo, que se teriam tornado diferenciadas através da história evolutiva, embora não no mesmo sentido ingênuo de Lamarck. Quando um organismo reagia de forma apropriada a uma situação ou objeto com o qual não teve antes qualquer contato, isso representava "uma resposta a uma 'imagem lembrada, específica da espécie', que deve, sem dúvida alguma, ser considerada uma *Gestalt* holística" (274). Essa visão correspondia ao que o próprio Lorenz tinha defendido em seu trabalho anterior, isto é, que a resposta inata dos organismos era baseada no "'reconhecimento' de uma imagem total que, dessa maneira, possui o caráter de uma qualidade complexa na forma de uma *Gestalt*" (274). No entanto, ele havia sido forçado a rever essa opinião, após muitas observações de casos nos quais os animais reagiam de forma errônea a poucos estímulos na situação estimuladora. Para Lorenz, a teoria dos arquétipos, de Jung, era "um princípio antecipatório explicativo", que não abriria caminho a outras dimensões de conhecimento.

Em 1973, porém, ele foi questionado por Richard Evans quanto à relação entre seu trabalho e o de Jung, e Lorenz disse estar convencido de que os humanos possuíam respostas inatas. E também que

> esse mecanismo inato de liberação, como o chamamos, combinado com a faculdade humana de visualizar-sonhar com uma situação, resulta em reações fenomênicas que são mais ou menos idênticas ao conceito junguiano de arquétipo. Penso que os arquétipos são mecanismos inatos de liberação investidos na visualização, na fantasia, da pessoa.[160]

Lorenz acrescentou que, no começo, tinha feito muitas objeções ao trabalho de Freud e Jung, mas terminara por valorizar essas obras, quando se tornara mais maduro (59). Sendo assim, é possível que o conceito de Jung tenha tido um papel mais relevante na gênese do trabalho de Lorenz do que ele havia inicialmente admitido. O fator crítico da divergência estava no fato de o conceito de Lorenz ser mais restrito, específico e baseado em observações experimentais.

A essência do psíquico

Em 1946, Jung embarcou em sua última e maior revisão conceitual envolvendo as noções de arquétipos, instintos e inconsciente, em um trabalho inti-

---
[160] Evans, 1975, 59. Nesse mesmo sentido, Marie-Louise von Franz relatou que "Konrad Lorenz assegurou-me que aceita em princípio a teoria dos arquétipos de Jung" (1975, 127).

tulado "Reflexões teóricas sobre a essência do psíquico". Abordando a questão dos instintos, ele começava observando que havia uma dificuldade em definir e enumerar os instintos. A única certeza era que tinham um aspecto fisiológico e outro psicológico. Nesse momento, foram muito úteis as noções de Janet quanto às partes superiores e inferiores de uma função (*OC* 8, §374). Citava a seguir as palavras de Janet, para quem, quando uma função tinha sido usada por muito tempo, continha partes que eram antigas, funcionavam com facilidade, e eram representadas por determinados órgãos em particular. Essas eram as partes inferiores. Quando uma função se adaptava a circunstâncias novas e recentes, isso representava as partes superiores. Jung acrescentou que os impulsos básicos governavam as primeiras, enquanto as outras representavam a parte psíquica.

A parte inferior tinha um caráter compulsivo e automático. A esse respeito, Jung citava a definição de Rivers do caráter "tudo ou nada" do instinto. Por outro lado, a parte superior tinha perdido seu caráter compulsivo, e poderia ser submetida à vontade. Desse ponto de vista, o psíquico aparece como "uma emancipação funcional da forma instintiva e sua compulsividade" (§377, trad. mod.). Em última análise, essa emancipação atingia um ponto em que a função cessava de ser orientada pelos impulsos e adquiria uma "forma por assim dizer espiritual".

A última seção desse ensaio era denominada "Padrões de comportamento e arquétipos". Ali, Jung tentou correlacionar sua teoria dos arquétipos ao trabalho dos novos etnólogos. Referindo-se ao que Freud havia postulado como os vestígios arcaicos da psique, e a sua própria teoria dos arquétipos, assinalava que os impulsos e o modo arcaico "coincidiam" no conceito biológico de "padrão de comportamento". Na definição de Jung, cada impulso levava em seu bojo o padrão da situação. O impulso satisfazia uma imagem: "O instinto da formiga que corta as folhas satisfaz a imagem da formiga, da árvore, da folha, de cortar, transportar, e os jardins de fungos dos formigueiros" (§398). Fez referência nesse artigo ao trabalho de Lloyd Morgan, *Hábito e instinto*. O comportamento dos animais e do homem era determinado por padrões inatos. O problema de se determinar esses padrões nos seres humanos residia no fato de que o único meio de apreendê-los era por intermédio da consciência, que "não só é uma remodelagem como também o remodelador da imagem original do impulso" (§399, trad. mod). Contudo, dizia ter conseguido encontrar um modo indireto de abordar as imagens dos impulsos, através do método que designou como imaginação ativa. O material que a imaginação ativa trazia à tona poderia ser organizado em tipos e motivos, que coincidiam com a mitologia. Ele descrevia como essas experiências o haviam levado a concluir que "há certas *condições inconscientes coletivamente presentes*, que agem como reguladores e estimuladores da atividade criativa da fantasia" (§403, trad. mod.). Esses reguladores, ou arquétipos, agiam de modo tão semelhante aos instintos, que ele não conseguia encontrar argumentos que impedisse entendê-los como idênticos.

A seguir, passava a expor seu modelo revisto de arquétipo e a relação deste com o impulso, empregando a imagem de um espectro para ilustrá-lo: "O dinamismo do impulso está abrigado, por assim dizer, na banda infravermelha do espectro, enquanto a imagem do impulso se situa na banda ultravioleta" (§414, trad. mod.). Os impulsos eram dotados de dois aspectos: de um lado, eram vividos como dinamismos fisiológicos; de outro, entravam na consciência como imagens. Enquanto psicólogos como James, Ribot e McDougall coligavam instintos e afetos, Jung correlacionava os instintos com imagens.

Ele diferenciou também as representações arquetípicas dos arquétipos em si, que eram irrepresentáveis. O arquétipo em si não era capaz de ser conscientizado e, por isso, Jung o designou como psicoide. Em seus textos, tinha tratado os fenômenos arquetípicos como psíquicos. A concepção de um estrato psicoide adicionava mais uma dimensão psíquica diferenciada. Na banda "infravermelha" do espectro, o arquétipo assumia uma condição física e química e, por isso, não poderia ser considerado estritamente psíquico. Como vimos, o termo "psicoide" foi importante para Driesch. Depois, foi adotado por Eugen Bleuler. Bleuler tinha partido da teoria dos engramas de Semon, em vez da de Driesch, cuja conceituação havia criticado como excessivamente filosófica.[161] Para Bleuler, o estrato psicoide situava-se entre a matéria e a psique, e seu sistema tentava estabelecer as continuidades entre "o inerte, o vivo e o mundo psíquico" (1925, 152). A psique e o psicoide tinham coisas em comum, e não poderiam ser estritamente diferenciados. A psique era um "ramo do campo psicoide primordial, desenvolvido de maneira independente" (11). Para Jung, o sistema de Bleuler, incluindo entidades como a alma cortical e a alma medular, era excessivamente organológico. Assim, embora tanto ele como Bleuler estivessem tentando indicar um termo intermediário situado entre a matéria e a psique, para explicar como é que a psique poderia enfim existir, a base teórica para as especulações de ambos os autores era muito diferente.

No aspecto terapêutico, a imaginação ativa permitia a descoberta de arquétipos "sem o mergulho na esfera dos instintos" (*OC* §414, trad. mod.). Os impulsos não podiam ser assimilados na banda vermelha do espectro. Contudo, suas imagens podiam ser integradas na outra extremidade. Dessa forma, a análise dotava a pessoa de recursos com os quais transformar os instintos e sua relação com estes, através da mediação das imagens.

Nesse artigo, Jung também embarcou numa extensa revisão de seu conceito de inconsciente. A descoberta do inconsciente, dizia ele, havia revolucionado a psicologia tão profundamente quanto a descoberta da radioatividade tinha revolucionado a física clássica. Para corroborar essa afirmação, citava a descrição que James havia feito em 1886, em *Variedades da experiência religiosa*, a respeito da significação de se postular um território extramarginal

---

[161] Bleuler, 1925, 11.

à consciência. Jung acrescentava que a descoberta a que James se referia era o postulado proposto por F. W. H. Myers sobre a consciência subliminar.[162] É curioso salientar que Myers tinha usado a analogia do espectro para descrever a consciência:

> Na extremidade inferior, ou fisiológica... inclui uma grande parte do que é bem arcaico, rudimentar, para ser retido pela memória supraliminar... na extremidade superior, ou psíquica, a memória subliminar inclui uma categoria desconhecida de impressões que a consciência supraliminar é incapaz de receber de forma direta, e que deve conceber, se é que consegue, como mensagens provenientes da consciência subliminar (1891, 306).

Myers dizia que o espectro da consciência se estendia "na banda vermelha, até as profundezas da própria vida orgânica e, na violeta, até os confins do mundo das percepções suprassensoriais" (1892, 483). A proximidade de analogias entre os espectros de Myers e Jung sugere que, se este não a empregou inspirado em Myers, temos aqui um notável exemplo de criptomnésia.

Para Jung, o inconsciente era o psíquico desconhecido. Assim, consistia em conteúdos que, para se tornarem conscientes, não poderiam ser diferentes dos conteúdos psíquicos conhecidos. Nesse sentido, havia correspondência com o campo transmarginal de James (OC 8, § 382). Embora alegasse saber "quase nada" de como o inconsciente funcionava, pois conjecturava-se que fosse um sistema psíquico, era possível que tivesse tudo o que a consciência tinha, "a saber, percepção, apercepção, memória, imaginação, vontade, afetividade, sentimento, reflexão, julgamento etc., mas em forma subliminar" (§362, trad. mod.). Como endosso desse postulado, Jung citava o psicofisiologista britânico do século XIX, George Henry Lewes, que tinha proposto a noção de que a senciência tinha diversos modos, e podia ser consciente, subconsciente, ou inconsciente.[163]

Além desses elementos, o inconsciente continha os "dados freudianos" e o nível psicoide. Quanto à questão do estado em que se encontram os conteúdos psíquicos quando estão no inconsciente, Jung disse que os dados de Freud e Janet indicavam que os conteúdos psíquicos funcionavam da mesma maneira no estado consciente e no inconsciente. Para Jung, ao lado de outras considerações, essa postulação sugeria o paradoxo de que

---

[162] Ibid., §356. Sobre Myers, ver antes, pp. 143-145.
[163] Ver Lewis, 1877, 360. Este é o caso mais antigo de uso do termo "subconsciente" que pude localizar. Lewes citou o exemplo do pensador absorto, caminhando numa rua, inconsciente ou subconsciente dos muitos elementos visuais que compunham sua excitação senciente, ao mesmo tempo em que se mostrava capaz de ultrapassar obstáculos e também, subsequentemente, recordar alguns objetos pelos quais havia passado, num estado de indiferença subconsciente.

não havia conteúdo consciente a cujo respeito se pudesse afirmar com certeza que fosse totalmente consciente... portanto, chegamos à paradoxal conclusão de que *não existe conteúdo consciente que, de algum modo, não seja também inconsciente*. Talvez também não haja fenômeno psíquico inconsciente que, ao mesmo tempo, não seja consciente (§385, trad. mod.).

Em consequência, ele sugeria que o inconsciente fosse concebido como uma "consciência múltipla". Para apoiar essa proposta, era considerado que o "estado dos conteúdos inconscientes era semelhante à consciência", assim como certas imagens simbólicas, notadamente na alquimia (§388 segs.). As implicações dessa visão tiveram um longo alcance. Em consequência disso, o inconsciente coletivo não era mais completamente inconsciente. Com isso, era concebido diferentemente, como uma consciência coletiva múltipla. Nessa reformulação do conceito de inconsciente, Jung o estava alinhando muito mais conforme a concepção de Frederic Myers para a consciência subliminar, e a de William James para o campo transmarginal.

Patologias da modernidade

A concepção de arquétipos e instintos apresentada por Jung teve importantes consequências sociais e políticas. Como indicado acima, ele considerava a perda do contato com os instintos um sintoma da patologia da modernidade. Em 1941, num artigo sobre a "Psicoterapia no presente", descreveu os efeitos terapêuticos da religião como a maneira como eram preservadas as imagos parentais da pessoa, e também a "alma infantil da humanidade, em numerosos vestígios vivos" (*OC* 16, §216, trad. mod.). Isso protegia o indivíduo de um dos maiores perigos psíquicos, a saber, o da desconexão. Jung estava preocupado com os efeitos do colapso das tradições: "A vida do instinto, como o elemento mais conservador do homem, sempre se expressou em costumes tradicionais. Convicções e costumes muito antigos estão profundamente conectados com os instintos" (*ibid.*). Quando as tradições se desfazem, a consciência torna-se desvinculada dos instintos e perde suas raízes. Tendo perdido seus meios de expressão, esses instintos afundam no inconsciente e, com isso, obrigam-no a inundar os conteúdos conscientes.

Assim, o inconsciente coletivo é cultural e politicamente conservador. Por mais revolucionárias que fossem as atitudes conscientes, "temos de reconhecer a natureza patriarcal ou hierárquica da psique que, instintivamente, se apega a essa espécie de ordem ou, pelo menos, busca-a" (§217, trad. mod.). Portanto, para que as transformações sociais e políticas tenham sucesso, precisam admitir o conservadorismo intrínseco e profundamente arraigado da psique.

Em 1957, em *Presente e futuro*, Jung prosseguiu com essas reflexões. Dizia que os instintos eram altamente conservadores: "Da mesma forma como o instinto é original e hereditário, também sua forma é primordial, o que vale dizer, arquetípica" (*OC* 10, §547, trad. mod.). O conhecimento humano consistia na adaptação contemporânea de "nossas formas primordiais, dadas *a priori*, das representações". Essas precisam de modificações, pois originalmente correspondem a um "modo de vida arcaico" (§548).

A capacidade humana de aprender baseava-se, para ele, no instinto de imitação dos animais. Era essa capacidade que alienava o homem de seus instintos e era, por conseguinte, responsável por suas incontáveis perturbações psíquicas. A alienação contemporânea da pessoa em relação a seus instintos era exemplificada pela maneira como o homem moderno se identificava com seu conhecimento consciente de si mesmo, o qual era determinado por seu meio ambiente. O problema dos movimentos de massa, como o comunismo, era serem, em si mesmos, sintomáticos dessa patologia, carecendo de uma base psicológica adequada.

Nas sociedades contemporâneas, era o cidadão urbano quem mais estava distante dos instintos: "Falta-lhe o contato com a natureza que cresce, vive, respira. O que é um coelho, ou uma vaca, a pessoa só sabe por meio de imagens de revistas, de definições de dicionário, ou nos filmes..."[164] O perigo era que "toda a realidade fosse substituída por palavras" (*ibid.*). A tarefa da psicoterapia deveria ser fornecer meios para que o homem moderno supere sua alienação em relação à natureza, reencontrando a orientação e a regulação proporcionadas pelos arquétipos do inconsciente coletivo.

Reformulações biológicas

Como já vimos, em meados do século XX, a psicologia e a biologia estavam se afastando dos conceitos vigentes no final do século XIX, os quais tinham sido utilizados por Jung para a composição de sua teoria dos arquétipos e instintos. No campo da biologia, isso representava um problema particular. Para que a teoria de Jung pudesse contar com bases biológicas sólidas, não deveria ser mais próxima dos trabalhos recentes da biologia em vez de afinar-se com noções já descartadas? Além disso, se seus alicerces biológicos eram frágeis, qual seria o *status* das concepções psicológicas que se assentavam neles? Será que conceitos produzidos numa época em que prevalecia a teoria da memória orgânica, quando Haeckel e Lamarck ainda eram figuras de destaque, continuariam sendo considerados científicos em pleno século XX, e depois também? Dois colaboradores de Jung lidaram com estas questões.

Adolf Portmann foi o mais importante biólogo a se interessar pela obra de Jung e a simpatizar com ela. Em 1949, realizou uma palestra à frente de

---

[164] "O bem e o mal na psicologia analítica", *OC* 10, §882, trad. mod.

Eranos Tagung, discorrendo sobre "O mítico na pesquisa natural". Para Portmann, o trabalho de Jung tinha uma relação fundamental com a biologia. Para que a colaboração entre a psicologia e a biologia fosse proveitosa, eram necessários confrontos e esclarecimentos recíprocos. Um conceito, em especial, exigia esclarecimento: o de arquétipo. Portmann dizia que um grande serviço prestado pelo trabalho de Jung tinha sido enriquecer e oferecer novas bases à antiga ideia de a psique humana conter estruturas herdadas, exemplificada, entre outras, pela formulação de Adolf Bastian para os pensamentos elementares.[165] Havia, porém, o perigo de muito facilmente se supor uma natureza herdada nesses arquétipos. Portmann frisou que coisas diferentes eram presumidas nessa noção de arquétipo. De um lado, os arquétipos eram considerados estruturas naturais herdadas, que determinavam a experiência do mundo. De outro, eram entendidos como costumes originados do contato social desde os primórdios da humanidade, e assimilados de maneiras diversas, e seguidamente reforçados por séculos e séculos de tradições. Por fim, eram concebidos como desenvolvimentos históricos e tradições, herdados como bens pelo inconsciente coletivo, por meio de um processo desconhecido. Para Portmann, essa última perspectiva era lamarckismo puro e, por conseguinte, partilhavam o mesmo destino desse autor. O futuro decidiria a qual desses conceitos os psicólogos continuariam se referindo como arquétipo. O que estava claro era que a ideia de arquétipo tinha suplantado a ideia fatalista da mente como *tabula rasa*; daí em diante, tornava-se preciso então esclarecer o sentido dessa ideia.

Portmann tentou chegar a esse esclarecimento em sua palestra na Eranos Tagung seguinte, discorrendo sobre "O problema da imagem primordial na perspectiva biológica". Os anais desse encontro foram dedicados ao 75º aniversário de nascimento de Jung. Portmann começava delineando as diferentes noções que tinham recebido coletivamente o nome de arquétipo. A primeira derivara do criptolarmackismo, presente na psicologia por volta do início do século XX. Com esse comentário, estava se referindo à visão segundo a qual a psique humana, à semelhança dos estratos da crosta terrestre ao longo dos séculos, recebia o depósito de numerosas gerações de seres humanos e influenciava as ações das pessoas contemporâneas, na forma de um inconsciente coletivo comum. A teoria da mneme de Semon – que Portmann considerava mera especulação – desempenhara aqui um importante papel. Uma outra noção, que às vezes era confundida com a lamarckiana, era o inconsciente coletivo como uma eterna presença, a soma de todas as possibilidades latentes na psique humana. Nessa formulação, a questão da origem dos arquétipos era considerada de maneira diferente.

Depois, ele se voltava para o campo da biologia, e oferecia um relato sobre os mais novos desenvolvimentos do conceito de instinto, como aparecia nos trabalhos de Lorenz e Tinbergen, entre outros. Na opinião de Portmann, esse

---

[165] Sobre Bastian, ver adiante, pp294-295.

trabalho biológico poderia servir de estímulo à pesquisa "daquelas estruturas misteriosas" que se tornaram conhecidas como arquétipos, por intermédio de Jung. Depois disso, passava a analisar a pesquisa de René Spitz e outros, sobre as estruturas inatas nos bebês. Spitz era psicólogo infantil e psicanalista. Demonstrara que, com dois meses de idade, o rosto humano constituía o objeto privilegiado para o ser humano. O bebê reagia ao rosto humano, sorrindo. Contudo, Spitz tinha demonstrado que uma réplica de rosto sobre um cartão era suficiente para eliciar a mesma reação. Por isso, ele dizia que era a configuração dos olhos, testa e nariz, que ele chamava de "Gestalt sinal", o que desencadeava a resposta de sorriso (1965, 191). Mas, mesmo aqui, ele afirmava que a questão da prova conclusiva para a presença de estruturas inatas era difícil. Afirmava que se devia praticar uma extrema cautela na psicologia, quando se tratava de supor a hereditabilidade de estruturas psíquicas desenvolvidas. Era muito perigoso aqui pensar segundo um referencial criptolarmackiano, e supor que algo era capaz de ser herdado sem a menor prova disso. Evidências da ação das imagens primordiais vinham de idade tão tardia que simplesmente não se podiam levar corretamente em conta todas as possíveis influências. Consequentemente, ele recomendava deixar de lado a questão da hereditariedade em relação à pesquisa sobre os arquétipos e, em vez disso, concentrar-se sobre o início do desenvolvimento. Aqui, a pesquisa sobre os primeiros cinco anos de vida indicava três grupos que tornavam possível a diferenciação das estruturas arquetípicas.

O primeiro consistia nas estruturas herdadas que davam origem às noções das formas, tais como o reconhecimento do rosto humano. Dada a dificuldade da prova da herança, o número dessas estruturas continuaria pequeno. O segundo grupo consistia em formas definidas, que não eram herdadas, como os arquétipos de casa e lar. Ele achava que havia um largo número desses arquétipos de formas definidas. O terceiro grupo consistia "nas ações psíquicas dos complexos secundários", tais como os que Gaston Bachelard havia chamado de "complexos culturais", ou as representações que Jung havia estudado em suas pesquisas alquímicas.[166] Nesses casos, a camada inata era tão geral que a pessoa não poderia mais salientá-la.

Nesses artigos, Portmann tinha proposto uma ambiciosa revisão da teoria dos arquétipos, que os colocaria no contexto da biologia contemporânea e do desenvolvimento infantil, abrindo-lhe a possibilidade de uma pesquisa interdisciplinar. Jung, contudo, não gostou dos artigos de Portmann. Ximena de Angulo escreveu para sua mãe, Cary Baynes, dizendo que Jung

---

[166] Em 1938, Gaston Bachelard tinha enviado a Jung um exemplar de seu livro, *Psicanálise do fogo*. Jung respondeu: "É precisamente esse o gênero de livro de que precisamos, quer dizer, textos sobre motivos simbólicos, pois encontramos esses simbolismos em nosso trabalho diário com os pacientes" (12 de dezembro de 1938, JP, original em francês).

estava alimentando uma hostilidade contra Portmann e resmungando que era inútil tentar explicar os arquétipos a quem não tinha experiência direta desse material, e que ele desejava que os cientistas primeiro falassem com *ele*, antes de se meterem de qualquer maneira em campos a cujo respeito não sabiam de coisa alguma.[167]

Esse momento era crítico. Para que a teoria dos arquétipos obtivesse crédito no campo da biologia e nas ciências naturais, era indispensável que as recomendações de Portmann fossem levadas a sério. Caso contrário, esse conceito continuaria apenas no plano local, dentro do território da psicologia analítica, o que, de fato, vem sendo seu destino.

Em retrospecto, Portmann ofereceu as seguintes reflexões sobre a questão dos aspectos biológicos do trabalho de Jung:

> Era minha firme impressão que não muitas experiências biológicas, químicas e físicas entraram em seu pensamento... Ele tinha vindo da primeira grande aventura do darwinismo; em minha forma de ver, tinha se afastado das formas mais radicais do darwinismo, para adotar uma forma de pensamento mais lamarckiana, e foi isso, penso eu, que sempre esteve mais ou menos presente como seu pano de fundo teórico, embora nunca abertamente discutido... Discutir uma noção como a de "arquétipo" é impossível quando você não considera os novos fatos biológicos das ligações hereditárias com o meio ambiente, ou da vida instintiva dos animais, e dos resíduos instintivos no homem. Descobrir exatamente qual era a ideia de Jung a esse respeito parece-me ser algo de grande importância, mas certo trabalho ainda não foi feito.[168]

Talvez a discussão acima tenha, em alguma medida, atendido essa necessidade.

A tentativa de Portmann de reformular o conceito de arquétipo para aproximá-lo dos parâmetros da biologia moderna não deu certo. Uma derradeira tentativa, realizada ainda enquanto Jung viveu, desenvolveu-se alguns anos mais tarde. Em 1957, Michael Fordham tentou esclarecer a relação da teoria dos arquétipos com a biologia. Na opinião deste, havia necessidade disso, já que os psicólogos analíticos violavam a biologia desnecessariamente. Após apresentar um apanhado do desenvolvimento das modernas conceituações da hereditabilidade, Fordham observou que a teoria dos genes, de Mendel, e a teoria da continuidade do plasma germinativo, de Weismann, tinham demonstrado que não havia herança de características adquiridas. Isso punha abaixo a noção de que os arquétipos eram depósitos de experiências raciais. Fordham

---

[167] 26 de agosto de 1950, documentos de Cary Baynes.
[168] Entrevista com Adolf Portmann , CLM, 5. No dia 2 de maio de 1947, Jung escreveu para Portmann, solicitando esclarecimentos sobre certas afirmações em *Wha is Life?*, de Schrödinger, frisando que "não se sentia mais à vontade com a biologia moderna" (JP).

argumentava que a alegação de Jung de que os arquétipos eram depósitos de experiências humanas repetidas constantemente era rebatida pela biologia moderna (1957, 20). Voltando-se para a questão da origem e desenvolvimento dos arquétipos, ele considerava o *status* da lei biogenética. Esta havia sido recentemente invocada por Erich Neumann, em seu trabalho de 1949, *História da origem da consciência*, grandiosamente reconhecido, para formar a base do desenvolvimento psicológico do indivíduo e da espécie. Na realidade, em seu exuberante prefácio a esse trabalho, Jung creditou a Neumann ter situado "os conceitos da psicologia analítica... em bases evolutivas firmes" (*OC* 18, §1236). Fordham assinalou como a noção da lei biogenética tinha caído em descrédito na biologia. Se esse fosse realmente o caso, dizia ele, ela era ainda menos válida quando aplicada à psicologia (1957, 30).

Fordham estava tentando reformular a teoria do arquétipo, dissociando-o de suas raízes na teoria da memória orgânica, na lei biogenética, na teoria neolamarckiana, e na teoria dos engramas de Semon. No ano seguinte, ele deu um passo adiante; frisou que tinha omitido o conceito de hereditariedade de sua definição, devido aos novos avanços na biologia desde que Jung havia definido os arquétipos (1958, 17).

Finalmente, escreveu para Jung no dia 30 de maio de 1958, para esclarecer suas opiniões sobre a hereditariedade.[169] Fordham classificava as teorias da hereditariedade em três categorias: a teoria genética amplamente aceita, a teoria rejeitada da herança de características adquiridas, e a teoria da transmissão por meios verbais e outros. As opiniões de Jung não pareciam encaixar-se em nenhuma destas, pois as primeiras não davam condição para a herança da experiência, e a segunda só lidava com características. Ele observou que as referências biológicas de Jung, à exceção de uma referência no artigo de Alverdes, eram escassas e, consequentemente, ele se perguntava se as fontes da teoria junguiana não seriam mais filosóficas do que biológicas.

Jung respondeu que tinha as mesmas opiniões comuns sobre a hereditariedade (14 de junho de 1958, *Cartas* 2, 440). Era certo dizer que ele havia deixado de lado a biologia geral, uma vez que era muito pouco o que se sabia sobre a psicologia humana para estabelecer uma base biológica para ela. Para os propósitos dos psicólogos, era indiferente os arquétipos serem "transmitidos pela tradição, migração ou herança" (*ibid.*). Isso vinha de os fenômenos biológicos comparáveis, tais como os instintos animais, serem herdados, e ele não vir motivos para presumir que esse era também o caso dos arquétipos.

Contudo, era precisamente essa última questão – tradição, migração ou herança – que era da maior importância para biólogos e antropólogos. A implicação era que a herança dos arquétipos era estabelecida por analogia e não por meio de provas. Com a exceção de seu próprio trabalho, a reformulação de Fordham não avançou significativamente a proposta da psicologia analítica mais do que a de Portmann tinha conseguido.

---

[169] CMAC.

Energia e holismo

O conceito de energia proposto por Jung não se saiu tão melhor na biologia e na psicologia do que seu conceito de instinto. Apesar de seus esforços para alinhar seu conceito de energia psíquica conforme o que ele entendia serem as exigências de um conceito científico de energia, mais além de seu círculo de seguidores, sua concepção não pareceu despertar muito interesse, ou mesmo críticas, exceto por um autor em especial. Em 1934, William McDougall afirmou que Freud e Jung estavam justificados ao postular a existência de uma "energia mental ou psicofísica", assim como estavam certos em afirmar a herança, de acordo com Lamarck (1934, 200). McDougall justificou seus comentários, propondo uma psicogênese das noções de poder e energia. Enquanto Jung alegava que sua formulação da energia psíquica atendia legitimamente os critérios a serem cumpridos por um conceito científico, como por exemplo, a conservação da energia e a entropia, McDougall desafiava o *status* desses próprios conceitos. Discutindo primeiramente os conceitos primitivos, alegava que os conceitos de força eram muito mais antigos do que a física moderna. Partindo de termos tais como *mana*, McDougall argumentava que atribuir poder aos seres humanos era uma abstração da experiência de cada pessoa, que exercia poder em seus atos cotidianos (102). Portanto, a história dos modernos conceitos de poder poderia ser reconstituída até suas origens psicológicas. Ele dizia que, ao falar de energia como uma entidade ou substância, os físicos eram tão culpados de hipostasiar quanto os primitivos e sua noção de *mana*. Essa leitura estabelecia a prioridade da psicologia em relação à física, e por isso legitimava a utilização dos conceitos de energia na psicologia. McDougall apoiava o argumento de Jung em "Sobre a energética da alma", para quem o poder poderia ser considerado arquetípico. Mas ele foi mais adiante, afirmando que o sucesso de seus próprios experimentos sobre a herança lamarckiana tinha consolidado as alegações de Jung.[170] Entretanto, os conceitos de energia de McDougall não receberam mais consideração do que os de Jung.

A biologia e a neurologia, nesse período, assistiram ao desenvolvimento do organicismo e do holismo.[171] Os organicistas partilhavam com neovitalistas

---

[170] McDougall escreveu: "À luz dos resultados positivos de meus próprios prolongados experimentos sobre esta questão (herança conforme Lamarck), tenho poucas dúvidas de que o Dr. C. G. Jung está certo quando considera nossa ideia de força ou energia como um dos modos arquetípicos de pensar determinados pela experiência racial e pela memória" (1934, 110). McDougall tinha tentado provar a existência da herança das características adquiridas por meio de experimentos com gerações de ratos. É muito interessante que, a despeito de suas declarações públicas sobre sua distância quanto aos conceitos de Lamarck, Jung gostava desses experimentos de McDougall (Jung para Smith Ely Jeliffe, 7 de junho de 1932; Burnham, 1984, 236).

[171] Ver Harrington, 1996.

como Driesch uma rejeição da redução da biologia à física, junto com um interesse por totalidades e teleologia. Divergiam quanto à necessidade de um agente adicional. Outro autor que se destacou nesses desenvolvimentos foi Kurt Goldstein. Em *O organismo*, propunha algumas opiniões quanto à importância do princípio de conservação da energia para o trabalho clínico que lembravam as de Jung. Goldstein afirmava que "O suprimento de energia disponível é constante, dentro de certos limites. Se um determinado desempenho exige um dispêndio especial de energia, algum outro desempenho sofre em razão disso" (1939, 56). Consequentemente, ele alegava que "esse aspecto da distribuição diferencial de energia deve ser levado em plena consideração em toda análise de sintomas" (59). O conceito de energia que ele defendia sobrepunha-se ao de Jung. Não está claro em que medida Goldstein tinha familiaridade com o conceito de Jung de energia psíquica; era evidentemente bastante versado na teoria psicanalítica, tendo publicado uma crítica detalhada de seus principais conceitos, em particular o de inconsciente (307-355). É muito interessante que, em sua apresentação sobre a psicanálise, perante o Congresso Médico Geral para Psicoterapia, ocorrido em 1927, ele tenha criticado especificamente o conceito de energia psíquica, dizendo que a observação das enfermidades orgânicas tinha ensinado a importância de uma perspectiva energética, e que uma constância no montante da força disponível também podia ser constatada. Dizia que isso dependia da "constituição corporal predominante de todo o organismo". Por isso, defendia que não era útil falar de energia psíquica, porque o adjetivo "psíquico" só existia no abstrato, e que sempre se tratava só de "uma alteração da excitação no campo excitável do ambiente orgânico" (1927, 48-49). Não citava Jung nesse artigo, mas é muito provável que estivesse com ele em mente.

Em Zurique, passos semelhantes foram dados pelo trabalho de Constantin von Monakow. Num livro publicado com R. Morgue no mesmo ano que o ensaio de Jung "Sobre a energética da alma", os autores diziam que os seres vivos eram distintos das máquinas, no sentido de possuírem um princípio criativo, compensatório de autorregulação, que denominavam de *hormé*.[172] Ali diziam que Freud e a maioria de seus discípulos não haviam rompido totalmente os laços com o intelectualismo da psicologia acadêmica. Isso era comprovado pelo caráter antropomórfico de seus conceitos, incluindo o de libido. Os dois estudiosos que se destacaram como merecedores de seus elogios foram Hughlings Jackson e Bergson. Este último, diziam eles, tinha introduzido três noções que eram críticas para a biologia: a importância do tempo para os seres vivos; a dualidade do instinto e da inteligência; e a noção da evolução criativa (4). Definiam *hormé* como:

---

[172] Von Monakow e Morgue, 1928, X. Estes autores citaram Jung em duas ocasiões, em referência ao conceito junguiano de tipos psicológicos e aos estudos de Jung sobre associações, 91 e 257.

a tendência propulsora do ser vivo, com todas as potencialidades por ele adquiridas através da hereditariedade, rumo ao futuro... Deve-se compreender com a expressão *hormé* a tendência a uma adaptação criativa à vida em todas as suas formas, a suas condições existenciais, visando assegurar o máximo de *segurança* para a pessoa, não só no momento presente, mas também no futuro mais distante (33).

Não discutiam o conceito de energia proposto por Jung, e também não está claro se tinham ou não consciência de terem usado o mesmo termo.

Durante esse período, a tentativa de criticar a "teoria mecânica" na psicologia, visando reintroduzir o interesse pelas totalidades, foi representada pelos psicólogos da *Gestalt* (ver Ash, 1995). Em suas obras, defendiam o reconhecimento e a significação de "fatores dinâmicos". A discussão de Köhler sobre a proximidade e a distância desses fatores em relação ao vitalismo lembra em parte as formulações de Jung:

> Os conceitos a que nos referimos... não estão nem minimamente relacionados com as noções vitalistas. Pelo contrário, no futuro, nossos conceitos dinâmicos poderão servir para enfrentar as objeções que o vitalismo tiver levantado contra a interpretação científica da vida. Se isso acontecer, as teorias mecânicas da vida perderão terreno – afinal de contas, os argumentos vitalistas contra tais teorias mostraram-se razoavelmente convincentes em alguns momentos. Mas o vitalismo não prosperará, pois, baseando-se em suas objeções à teoria mecânica, concluiu erroneamente que os principais problemas da biologia não podem ser atendidos nos termos das ciências naturais (1947, 134-135).

A escassez de citações a conceitos similares de Jung no trabalho dos biólogos organicistas, neurologistas e psicólogos da *Gestalt* é um indicador do descrédito em que seu trabalho havia caído, nos círculos acadêmicos, nos anos 1920, e do qual não chegou a se recuperar.

Nesta seção, vimos de que maneira os conceitos de arquétipos, instintos, libido e inconsciente coletivo, propostos por Jung, representaram uma confluência e uma síntese de algumas concepções filosóficas, fisiológicas, biológicas e psicológicas, em voga no século XIX. Desde essa época, a progressiva autonomia e fragmentação da psicologia, junto com a diversificação e especialização das ciências do corpo, desativou até mesmo a possibilidade de uma síntese desse teor.

Capítulo 4

O Antigo e o Moderno

O nascimento das ciências humanas

Os últimos 25 anos do século XIX e o início do século XX assistiram ao surgimento das modernas disciplinas da antropologia, sociologia e psicologia social, além de outras que tiveram pouco tempo de vida, como a psicologia de massa e a etnopsicologia (*Völkerpsychologie*). Por intermédio do estudo de sociedades pré-históricas, primitivas ou modernas, essas disciplinas tentaram suplantar as limitações da psicologia individual. Cada uma delas buscou estabelecer a preeminente ciência do social. Entretanto, a própria tentativa de produzir uma diferenciação disciplinar e uma hegemonia viu-se envolvida em numerosos entrelaçamentos e empréstimos recíprocos. Essa aglutinação funcionou como uma das matrizes para o surgimento da psicologia complexa de Jung, que tentava incorporar o objeto de estudo dessas disciplinas a seu campo de estudos, embora se diferenciasse delas. Esta seção começa descrevendo o desenvolvimento dessas disciplinas. Depois reconstrói como Jung se valeu delas para formar uma psicologia coletiva transindividual, e como isso, por sua vez, deveria permitir a reconciliação das exigências do indivíduo e da sociedade e, através da reconciliação entre o antigo e o moderno no íntimo da pessoa, resolver o mal-estar das sociedades ocidentais contemporâneas. E se encerra expondo a recepção desse projeto.

Voltemo-nos primeiramente para a antropologia. Do lado esquerdo da biblioteca de Jung, perto da janela, podem-se encontrar os volumosos exemplares do *Annual Report of the Bureau of Ethnology to the Secretary of the Smithsonian Institution*, de 1817 a 1919. Essas datas delimitam um período crítico na fundação das modernas antropologia e psicologia.[1] A presença desses volumes pode ser vista como indício da significação que a antropologia tinha para Jung. A separação disciplinar entre a antropologia e a psicologia, no século XX, obscurece a extensão em que estavam interligadas, no final do século XIX e início do XX. A própria identidade desses termos não era de modo algum fixa, e o termo "antropologia" também abrangia o que hoje seria classificado como psicologia, e vice-versa. Pode-se expressar sucintamente o que a antropologia significava para Jung. A psicologia precisava da antropologia para que pudesse

---

[1] Sobre a aquisição deste conjunto de obras por Jung, ver adiante, p. 347.

atingir a universalidade transcultural e trans-histórica, considerada necessária para uma ciência; e a antropologia, por sua vez, precisava da psicologia para poder basear-se numa verdadeira compreensão da natureza humana. Ambas eram mutuamente interdependentes. Essa dupla necessidade moldava seu contato com a antropologia, e indica que o que estava em jogo aqui não era nada menos que a própria condição de possibilidade tanto da psicologia como da antropologia. Foi dessa mútua conjugação que nasceu a teoria junguiana da civilização. Uma de suas consequências é que os debates sobre a história da antropologia tiveram um papel crítico na constituição de suas teorias, o que nem sempre foi abertamente indicado. O que precisa ser esboçado, então, é a história da antropologia e, em especial, seus desdobramentos em alemão, inglês (na Inglaterra e nos Estados Unidos) e francês, segundo o ângulo no qual Jung os empregou.

Pensamentos elementares

Uma figura destacada no desenvolvimento da antropologia alemã, cujas teorias assumiram uma grande significação para Jung, foi Adolf Bastian (1826-1905). Ele chegou ao doutorado em medicina, em Würzburg. Foi um extraordinário professor de etnologia, em Berlim, de 1873 a 1900. No decorrer de sua vida, realizou muitas viagens pelo mundo e fez diversos trabalhos de campo. Suas viagens foram em parte motivadas pelo desejo de armazenar tantas informações quantas fosse possível, sobre culturas primitivas, antes que se vissem permanentemente transformadas pela modernização e pelo imperialismo. Em 1867, fundou a Sociedade Berlinense de Antropologia, Etnologia e História Antiga, junto com Rudolf Virchow.

Seu principal trabalho, intitulado *O homem na história*, foi publicado em três volumes em 1860. Desde o princípio, ele proclamava que a psicologia era "a ciência do futuro" (1860, vol. 1, XIII). Pensava que a etnologia era a base para se localizar as leis psicológicas do desenvolvimento mental de grupos. Em 1893, afirmou que o objetivo da moderna etnologia era encontrar uma metodologia adequada para a psicologia científica.[2] A psicologia que Bastian tinha em mente era próxima da etnopsicologia de Lazarus e Steinthal, cujo trabalho ele admirava desde a época em que assistira às palestras deste último (Koepping, 1983, 55).

Os conceitos nucleares de seu trabalho eram dois: os pensamentos elementares [*Elementargedanken*] e os pensamentos étnicos [*Völkergedanken*]. Os primeiros eram considerados comuns a toda a humanidade:

---

[2] Bastian, *Controversen* (1893-1894); tradução selecionada em Koepping, 1983, 170.

Encontraremos o mesmo cerne consistente de ideias em todos os lugares e épocas. Existem analogias definidas com as ideias mitológicas e as visões de mundo tanto no fetichismo dos selvagens quanto na estética dos civilizados... *Em todos eles, após removermos o manto das variações locais e temporais quanto à língua e aos idiomas, encontramos o mesmo número reduzido de núcleos psicológicos* (In *ibid.*, 180).

Esses núcleos psicológicos eram os pensamentos elementares. Embora a postulação dessas analogias não fosse em si mesma beligerante, sua alegação de que tinham uma origem intrapsíquica comum e universal era. Quando os pensamentos elementares dos selvagens entravam em contato com os estímulos externos, passavam a desenvolver seu potencial intrínseco na forma histórica de um desenvolvimento cultural (*ibid.*, 172). Com isso, a mudança histórica era em si mesma explicada como um estágio subsequente do desenvolvimento dos pensamentos elementares. A tradução pragmática destes no seio de uma cultura específica levava à formação dos pensamentos étnicos. Estes se assentavam em áreas geográficas específicas, e representavam desdobramentos dos pensamentos elementares, cujos determinantes eram psicológicos. Sendo assim, os pensamentos étnicos eram moldados pelas condições geográficas e ambientais. A totalidade dos pensamentos étnicos compreendia os pensamentos da humanidade (*Menschleitsgedanken*). O estudo dos pensamentos étnicos deveria ser o alicerce da psicologia e, colecionando-os e comparando-os, seria possível chegar aos pensamentos elementares subjacentes. Era entre os povos naturais (*Naturvölker*) que os pensamentos étnicos mostravam-se mais evidentes. Como estes tinham se desenvolvido de maneiras específicas em determinadas culturas, era preciso comparar materiais coletados em culturas diferentes para identificá-los com exatidão.

Um motivo exemplar de um pensamento elementar era a cruz, que, segundo ele, podia ser encontrado numa verdadeira miríade de formas nas mais diversas culturas (183-185). Embora reconhecesse que a migração e a difusão desempenhavam seu papel, este era claramente secundário. Isto o envolveu numa extensa polêmica com Friedrich Ratzel, um etnógrafo e etnólogo (1844-1904), considerado fundador da antropogeografia. O foco de Ratzel incidia sobre a relação dos seres humanos com o meio ambiente, e ele estudava processos de migração e de empréstimos culturais. Ratzel criticava acerbamente o conceito de pensamentos elementares de Bastian, propondo explicações baseadas na difusão. Para Ratzel, se traços similares eram encontrados em povos diferentes, isso indicava uma conexão histórica entre eles. Afirmava que era necessário estudar-se a distribuição geográfica, construir a "antropogeografia". De outro lado, a noção de Bastian de um relacionamento entre pensamentos étnicos e elementares tinha como efeito assentar as bases da antropologia na psicologia. O trabalho de Ratzel mostrou-se mais bem-sucedido do que o de Bastian. Um dos fatores que influíram razoavelmente nesse resultado foi, sem dúvida, a impenetrabilidade de sua escrita (Goldenweiser, 1949, 476).

Antropologia evolutiva

O desenvolvimento da antropologia evolutiva tem sido bem documentado.[3] No texto a seguir, procurei esboçar alguns dos temas mais importantes estudados pelos antropólogos evolutivos, encontrados em Jung: a doutrina dos sobreviventes, a equação do primitivo com o pré-histórico, a relação entre o moderno e o primitivo, e o uso do método comparativo. Tem-se frisado corretamente que é um erro considerar os antropólogos evolutivos vitorianos como um corpo unitário dotado de um conjunto comum de doutrinas. No caso de Jung, contudo, está claro que sua relação com o trabalho desses estudiosos pode ser adequadamente caracterizada com referência a certas noções gerais.

O mais famoso antropólogo evolutivo foi Edward Tylor (1832-1917). Tylor era o encarregado do Museu Pitt-Rivers, em Oxford; depois, tornou-se professor de antropologia, em Oxford. Para Tylor, a cultura não era uma entidade estática. Na qualidade de um desenvolvimento evolutivo, o signo da cultura era a temporalidade. A notável uniformidade da civilização poderia ser explicada pela "ação uniforme de causas uniformes", e os vários estágios poderiam ser considerados os resultados de estágios evolutivos (1871, 1). Devido à semelhança geral entre a natureza humana e as circunstâncias que a confrontavam, havia pouca necessidade de se atribuir significado à história e à geografia, e "o antigo suíço, morando às margens de algum lago alpino, poderia ser equiparado ao asteca medieval" (6). Na realidade, uma janela poderia abrir-se para as condições pré-históricas se se considerassem as modernas tribos selvagens dotadas daqueles elementos de civilização que pareciam remanescentes de um estágio inicial da raça humana. A ênfase sobre a identidade fundamental dos processos mentais levava à postulação da unidade psíquica da humanidade. Este, e não tanto a difusão, era o fator invocado para explicar as semelhanças de costumes nas diversas culturas.[4]

Para Tylor, o progresso da modernidade consistia no desenvolvimento evolutivo do "selvagem, passando pelos bárbaros, até atingir a vida civilizada" (26). A evolução era assinalada pela ordem moral e representava uma transição do inferior para o superior.

Os "primitivos" eram caracterizados por uma crença na magia. Isso advinha de uma equivocada aplicação da associação de ideias. O erro da magia era que os primitivos se comportavam como seguidores de Hume, ao contrário: depois de haverem efetuado associações mentais entre eventos coligados, invertiam sua relação e passavam a acreditar, falsamente, que a associação mental era suficiente em si para indicar a ligação com a "realidade" (116). O título "magia" incluía, segundo Tylor, práticas como a quiromancia, a astrologia,

---

[3] Ver Stocking, 1986.
[4] Esse termo tinha sido utilizado por Bastian. É importante acentuar que os conceitos de unidade psíquica e humanidade não eram em absoluto unitários.

as adivinhações e a interpretação de sonhos. Os "primitivos" personificavam, acreditando na animação da natureza. Os "primitivos" eram antropomórficos, atribuindo os acontecimentos à vontade benigna ou maligna de divindades, seres humanos e animais. Em suma, numa frase célebre, os "primitivos" eram como crianças. Se a modernidade era o inverso do primitivismo, constituía um equilíbrio frágil que estava sendo constantemente ameaçado por um retorno às superstições. O perigo dessa reversão era indicado pela presença contínua, na sociedade moderna, de práticas e crenças supostamente primitivas, que ele denominava de sobreviventes. Sobreviventes eram aqueles processos, costumes e opiniões alavancados pelos hábitos a um novo nível social, dentro da sociedade em que se haviam originado. Eram remanescentes de uma condição cultural mais antiga. Um exemplo de um sobrevivente ameaçador cuja popularidade crescia a cada dia, era o espiritualismo.

A caracterização do primitivo por Tylor como um ser mágico que colocava a civilização constantemente em risco por um retorno à barbárie foi reiterada por James Frazer (1854-1941), em *O ramo dourado*. Para Frazer, a história da civilização consistia tipicamente na transição da era mágica para a era da religião e, desta, para a da ciência. Quando lemos a evolução gráfica desse processo de transição, parece estarmos diante de um moderno mito da criação cultural, como demonstrado por este excerto de sua forma de entender a transição da era mágica para a científica:

> Ele [o primitivo] ficara puxando barbantes que não estavam atados a nada. Estivera, pensava ele, caminhando direto rumo a seus objetivos, embora na realidade só estivesse percorrendo o mesmo e estreito círculo... À deriva, depois de soltar os nós que o atavam aos antigos molhes, sacolejando nas águas turbulentas da dúvida e da incerteza; depois de ter rudemente abalada sua confiança em si e em seus poderes, nosso filósofo primitivo deve ter ficado tristemente perplexo e agitado até conseguir parar para descansar, como se tivesse chegado, depois de uma viagem tumultuada, à calma enseada de um novo sistema de fé e atitudes, que lhe parecia oferecer, mesmo que precário, um substituto para a antiga soberania sobre a natureza da qual abdicara com perfeita relutância. Se o grande mundo seguia adiante sem a ajuda dele e de seus semelhantes, era certamente porque havia outras criaturas que eram como ele, só que muito mais poderosas e invisíveis, capazes de dirigir o curso das coisas e desencadear toda a sorte de eventos variados que, até então, ele tinha creditado a seus próprios poderes mágicos. Eram essas criaturas, acreditava ele agora, e não mais ele mesmo, que faziam soprar os ventos da tempestade, que disparavam os relâmpagos, e faziam despencar as tempestades; eram essas criaturas que assentavam os alicerces da terra sólida e impunham limites ao mar agitado, para que não ultrapassasse seu leito.[5]

---

[5] 1911-1915, vol. 1, 238-239. Jung tinha um exemplar deste trabalho.

A antropologia evolutiva era uma iniciativa comparativa. Como disseram alguns comentaristas, as referências gerais a um "método comparativo" obscurecem o fato de esse termo abranger diferentes tipos de comparação. Joan Leopold diferencia três tipos de método comparativo. Descreve o primeiro como um método geral de comparação dos fenômenos culturais com a intenção de expor semelhanças estruturais ou funcionais, em oposição a relações ancestrais (1980, 58). O segundo é chamado de método genético comparativo; foi empregado pela anatomia comparativa e pela filologia indo-europeia comparativa, e consiste na comparação de traços culturais considerados geneticamente relacionados. Por fim, ela apresenta o método comparativo da antropologia evolutiva, que consiste numa combinação dos dois primeiros, e visa obter informações sobre os estágios de desenvolvimento de sociedades antigas menos conhecidas, a partir das sociedades existentes e mais observáveis (59).

Franz Boas

Franz Boas (1858-1942) é considerado um dos pais da antropologia moderna. Iniciou seus estudos nos campos da física e da geografia. Trabalhou durante algum tempo em Berlim, com Bastian, que apoiava seu interesse pela antropologia. Na década de 1880, realizou trabalho de campo com os esquimós. Convidado por Stanley Hall, assumiu uma cadeira de antropologia na Universidade Clark, como professor convidado, após o que trabalhou no Museu Field, em Chicago, no Museu Americano da História Natural e na Universidade de Colúmbia. As críticas de Boas ao método comparativo, ao evolucionismo e ao racismo na antropologia, juntamente com sua defesa de uma investigação profunda das sociedades, contribuíram significativamente para encaminhar os rumos da antropologia moderna. É útil considerar esses aspectos de seu trabalho, pois ele o elaborou na mesma época em que Jung construía o seu, e Jung tinha com ele uma relativa familiaridade. Além disso, tais temas foram cruciais à recepção da obra junguiana, pela comunidade antropológica.

Em 1896, Boas desfechou um ataque de amplas repercussões contra o uso do método comparativo na antropologia, dizendo que tal procedimento, empregado por Bastian e outros, pressupunha que a ocorrência de fenômenos similares em culturas diferentes era prova suficiente do "funcionamento uniforme da mente humana" (1896, 270). O pressuposto fundamental sobre o qual se baseava o método comparativo era que "os mesmos fenômenos etnológicos são sempre devidos às mesmas causas" (273). Isso permitia a explicação de fenômenos diversos nas diferentes culturas e épocas, por meio de um conjunto simples de leis. Para Boas, esse axioma era equivocado, pois dizia que os mesmos fenômenos poderiam desenvolver-se de maneiras variadas, em ambientes diferentes. De modo correspondente, o escopo das comparações deveria ser rigorosamente delimitado, e as comparações se limitarem "àqueles efeitos que, comprovadamente, são efeitos das mesmas causas" (275). A implicação era clara: em vez de apelar para a ocorrência de fenômenos semelhantes em culturas diferentes para defender certa teoria, a própria base da comparação devia ser estabelecida primeiro. Ele denominava essa investigação de método histórico, e terminava estabelecendo o tom de uma grande porção da antropologia do século XX. Havia a necessidade de se efetuarem estudos que se restringissem a um território geográfico claramente definido. As comparações não se deveriam estender a mais além de uma área cultural estudada.

Em 1909, Boas participou com Freud e Jung das palestras na Universidade Clark e ali apresentou um artigo intitulado "Problemas psicológicos na antropologia", no qual reiterou e explanou mais detalhadamente suas críticas ao método comparativo. Comentou também o relacionamento entre a antropologia e a psicologia, alegando que os antropólogos estavam igualmente tentando determinar "as leis psicológicas que controlam a mente do homem, em toda parte, e talvez elas sejam diferentes nos diversos grupos raciais e sociais" (1910, 371).

O problema fundamental da antropologia era a questão de se todas as raças eram "mentalmente dotadas por igual ou se haveria diferenças na capacidade mental". Embora houvesse evidências sugestivas de que os aspectos compostos das raças eram diferentes, ele defendia a noção de que não havia justificativa para hierarquias. Embora Tylor e Bastian tivessem demonstrado a existência de ideias similares difundidas pelo mundo todo, Boas afirmava que os processos psicológicos que as produziam não tinham sido suficientemente explicados. As tentativas de explicar tais processos pelo método comparativo tinham fracassado, devido à falta de uma adequada comparabilidade. Por exemplo, afirmava que o totemismo não constituía um problema psicológico simples, e que fenômenos antropológicos externamente semelhantes mostravam-se inteiramente distintos, de um ponto de vista psicológico. Tornava-se então necessário descobrir processos comuns, e não mais concentrar a atenção nas semelhanças externas. Essa espécie de pesquisa envolvia uma área em que os dados antropológicos poderiam ser usados com grande proveito pela psicologia.

Quanto à história da psicanálise, seu artigo dificilmente poderia ter sido mais oportuno, ou, conforme o caso, inoportuno, uma vez que veio a público um pouco antes de Freud e Jung darem início a seu próprio processo de colonização do material antropológico, pois Boas havia criticado antes quais seriam os pressupostos da iniciativa de ambos. Dados os subsequentes desenvolvimentos da antropologia, não é exagerado dizer que, se Freud e Jung tivessem dado atenção às recomendações de Boas para uma negociação de um vínculo interdisciplinar envolvendo a antropologia e a psicologia, a sina e a receptividade de seus trabalhos pela antropologia teriam sido totalmente diversas.

A crítica de Boas ao método comparativo caminhou lado a lado com sua crítica da antropologia evolutiva e física. Afirmava ele que o evolucionismo se fundamentava na premissa não comprovada de que as mudanças históricas na vida cultural da humanidade obedeciam a leis universais (1920, 281). Depois de salientar a ausência de bases evidenciais para tal suposição, ele concluía o argumento descartando o eurocentrismo ao qual dito pressuposto estava acoplado, a saber, o de que a civilização europeia ocidental representava o ápice de uma escalada rumo ao qual todos os demais tipos primitivos de cultura estariam se desenvolvendo ortogeneticamente.

Um aspecto do trabalho de Boas que viria a ter um significado especial para Jung foi sua crítica da antropologia física racial. Na antropologia física do século XIX, a constância do índice cefálico nas diferentes raças – ou seja, a proporção entre a largura e o comprimento do crânio – era considerada axiomática. Pressupor essa constância era um elemento indispensável que levava a uma hierarquização das várias raças. Entre 1908 e 1910, Boas dedicou-se a uma pesquisa para o Serviço de Imigração dos Estados Unidos, sobre a forma corporal dos descendentes de imigrantes nos Estados Unidos. Inicialmente, ele esperava que a forma da cabeça dos filhos de imigrantes permanecesse constante (Stocking, 1968, 176). Numa versão resumida de seu relatório, apresentou dados segundo os quais "os descendentes americanos de imigrantes têm tipos diferentes de seus pais, nascidos em outros países" (Boas, 1912, 60). O tamanho do crânio dos descendentes era diferente, e sua largura era menor. Embora afirmasse que essas mudanças só poderiam ser explicadas por fatores ambientais, ele não propôs nenhuma explicação definitiva. Elazar Barkan observa que Boas proferiu uma palestra sobre "A história da raça americana", na qual "especulava sobre a crescente semelhança entre europeus e indianos, na América" (1992, 82). Stocking observa que, devido ao fato de as mudanças na forma craniana registradas por Boas tenderem a uma forma intermediária, os jornalistas tinham utilizado esse elemento para corroborar a noção popular de que uma nova "raça" americana estaria em desenvolvimento, através da assimilação dos imigrantes. Boas desautorizou a noção de que tipos europeus distintos estariam tornando-se um só nos Estados Unidos, exclusivamente em resposta a influências ambientais (1968, 179).

Etnopsicologia

Ao lado desses desenvolvimentos na antropologia, os psicólogos estavam tentando consolidar suas próprias alegações relativas ao mesmo corpo de dados. Wilhelm Wundt foi canonizado como o pai da psicologia experimental. No entanto, há um sentido em que, nas estimativas do próprio Wundt, suas realizações no campo da etnopsicologia foram motivo de orgulho.⁶ Em 1920, ele se lembrava de ter concebido, em 1860, a ideia de adicionar uma superestrutura à psicologia experimental, que devia limitar-se a estudar a vida mental do indivíduo. A tarefa da etnopsicologia consistia em estudar os fenômenos da vida comunitária. Segundo Wundt, em última análise, isso era mais importante e representava a conclusão apropriada da psicologia (1921, 201).

Para Wundt, a etnopsicologia – embora baseada na psicologia experimental – representava seu auge. A necessidade de uma disciplina à parte para estudar a vida social surgira em razão do alcance limitado da psicologia experimental, que se mostrava incapaz de estudar as funções mentais "superiores". A expressão em si fora cunhada originalmente por Moritz Lazarus (1824-1903) e Heymann Steinthal (1823-1899), responsáveis por sua formulação inicial.

Tanto Lazarus quanto Steinthal tinham estudado com Friedrich Herbart, em Berlim, e, no que dizia respeito à psicologia, consideravam-se ambos seguidores de Herbart. Steinthal era livre catedrático em Berlim e, em 1861, Lazarus estava ministrando uma disciplina na Universidade de Berna, sobre psicologia e etnopsicologia. O termo em si foi cunhado em 1851 e, em 1859, fundaram a *Zeitschrift für Völkerpsychologie und Sprachwissenschaft*, que funcionou até 1890.

Há muito tempo já eram traçadas analogias entre o indivíduo e a sociedade. Para Johann Herbart (1744-1803), em toda sociedade os indivíduos eram tão relacionados entre si quanto os conceitos se relacionam no íntimo de cada um.⁷ Por conseguinte, o social poderia ser concebido como supraindividual. Para Lazarus e Steinthal, o termo que usavam para designar essa entidade era espírito coletivo (*Gesamtgeist*), ou espírito de um povo (*Volkgeist*) (termo cunhado por Herder). O espírito de um povo era o tema central da etnopsicologia, que tinha dois componentes: a psicologia etno-histórica e a etnologia psíquica. Enquanto o primeiro lidava com o funcionamento psicológico geral do espírito de um povo, o segundo abordava suas formas concretas. O espírito obedecia a leis psicológicas gerais. Em 1862, Lazarus escreveu que este se manifestava em eventos mentais, como opiniões, convicções, pensamentos e sentimentos, os quais exerciam sua influência sobre o espírito individual.⁸ Embora o único local de manifestação do espírito fosse o indivíduo, ele era um fator supraindividual que, crucialmente, poderia ser considerado unitário, funcionando como um único indivíduo. Como salienta Danziger, para Lazarus e Steinthal "os indivíduos cuja atividade comum criava a realidade objetiva das formas culturais eram, em si mesmos, entendidos como produtos dessas for-

---

⁶ Várias traduções do termo *Völkerpsychologie* foram propostas, e a mais próxima da acepção original seria "etnopsicologia", que adotamos aqui. Sobre Wundt, ver antes, pp. 45-47.
⁷ Herbart, 1816, citado em Jahoda, 1992, 142.
⁸ Citado em Kalmar, 1987, 679.

mas" (1983, 305). Os materiais estudados pelos etnopsicólogos eram primariamente textuais: linguagens, mitologias, religiões, costumes e assim por diante. Viam o mito como "o universo coletivo das representações do *Volk*",[9] e como a forma original da representação do sentimento religioso. Lazarus e Steinthal eram ambos judeus e sua etnopsicologia foi desenvolvida contra o pano de fundo de um ascendente nacionalismo germânico. Tiveram alguma dificuldade para separar o conceito de povo do de raça, e também para se distanciar de qualquer noção de uma ordem hierárquica dos diferentes povos. Com isso, os indivíduos de raças diversas poderiam pertencer ao mesmo povo. Como Lazarus vigorosamente afirmou: "Para mim, sangue significa pouquíssimo".[10*]

O que psicologia significava para Lazarus e Steinthal, e por que eles a usavam para designar sua nova disciplina? De acordo com James Whitman, o uso do termo "psicologia", para Steinthal, Lazarus, Noack, Waitz e Lotze, todos oriundos de uma formação básica em disciplinas filosóficas, era em parte um ato de oposição ao materialismo de Moleschott, Vogt e Büchner. Whitman afirma que o fato de usarem esse termo no mesmo momento em que Weber, Fechner e Wundt estavam apresentando seus programas para uma psicologia científica de teor experimental,

> permitiu aos psicólogos e seus seguidores reformular suas antigas práticas em termos mais compatíveis com o novo entendimento do que era "científico", sem parecerem desrespeitosos aos antecessores em sua tradição... Foi feita a tentativa de combinar o uso do antigo *Psychologie* dos textos e críticas com o uso científico natural, com o intuito de fazer das duas vertentes registradas na história da *Psychologie* uma só ciência social (1984, 217).

Se a linguagem tinha um destaque especial como objeto de estudo da etnopsicologia, também desempenhava um papel importante em sua designação. O que o termo "psicologia" oferecia então era, paradoxalmente, um novo sopro de vida para as antigas disciplinas filológicas, propondo-se recorrer à retórica da modernidade científica, o que foi realizado mediante o uso deliberado de um mesmo termo, "psicologia", para designar áreas de conhecimento radicalmente distintas.

O interesse de Wundt pela etnopsicologia era, ao mesmo tempo, uma rejeição da concepção de Lazarus e Steinthal para esse campo, e seguiram-se várias e polêmicas discussões entre eles. O que Wundt mais criticava no trabalho deles era principalmente a perspectiva psicológica de Herbart, visível nas entrelinhas, e que ele tinha desafiado em sua psicologia experimental. Neste contexto, planejo considerar a conceituação geral de Wundt sobre o assunto, juntamente com suas ideias sobre a história e os mitos.

---

[9] Lazarus e Steinthal, 1879, citado em Ingrid Belke, 1971, cxxii.
* No original, "To me blood means bloody little" (N.doT.).
[10] Citado em Kalmar, 1987, 699.

No mesmo ano em que Jung publicou *Transformações e símbolos da libido*, Wundt publicou *Elementos de etnopsicologia*. Esses trabalhos formam um contraste interessante. Wundt alegava que a história poderia basear-se numa história psicológica do desenvolvimento (1911, xvi). Ele definia etnopsicologia como o campo que lidava com os produtos mentais criados pelas comunidades. Como esses pressupõem a ação recíproca de muitos indivíduos, eram inexplicáveis somente em termos da consciência individual. Com isso, a etnopsicologia e a psicologia geral pressupunham uma à outra. As leis psicológicas descobertas pela etnopsicologia não representavam um campo independente de operação, mas, sim, aplicações de princípios válidos para a psicologia individual. Se Wundt desafiava a concepção de etnopsicologia proposta por Lazarus e Steinthal, havia uma continuidade praticamente linear quanto a seu assunto central: linguagens, mitologia, religião e costumes, novamente ocupando o lugar de honra. Estes últimos elementos, de acordo com Wundt, não eram o produto de uma só pessoa, mas da alma de um povo (*Volkseele*).

A abordagem de Wundt pode ser ilustrada por sua concepção de mitologia. Para ele, a mitologia tinha uma significação especial na vida de um povo. A mitologia de um povo continha sua teoria sobre o Universo (1897, 55). Assim, a mitologia incluía simultaneamente teorias da natureza, religião e moralidade. Essa moralidade intrínseca da mitologia levara-o a rejeitar a explicação vigente da mitologia, que consistia numa (fracassada) tentativa de interpretar a natureza, e até mesmo de rejeitar todas as interpretações monocausais dos mitos. Na opinião dele, toda teoria unilateral para explicar fenômenos históricos não poderia dar conta da complexidade da vida. Ao mesmo tempo, ele propunha uma explicação psicológica da mitologia. A criação de mitos tinha uma única fonte psicológica: a personificação. Esta consistia na objetivação da consciência da própria pessoa. Assim, toda vez que os "primitivos" percebiam um movimento, assumiam que era decorrente de uma vontade. Nesse sentido, personificavam o meio ambiente. Era por meio desse processo que os mitos eram construídos. A explicação psicológica da mitologia lidava com os processos mais fundamentais em ação no caso. A mitologia representava a projeção da psicologia humana em fenômenos externos. O estudo da mitologia era importante porque "certas semelhanças fundamentais" entre todas as raças eram mais acentuadas nesse campo, enquanto, ao mesmo tempo, as diferenças nas mitologias designavam as diferenças do "caráter moral fundamental" dos diversos povos (89).

Em *Elementos de etnopsicologia*, ele propunha uma história especulativa da humanidade, segundo o prisma de seu desenvolvimento psicológico. A raça humana tinha atravessado três estágios principais, o primitivo, o totêmico, o heroico, antes de finalmente atingir sua condição humana. O trabalho consistia na identificação da alma de um povo de cada estágio. Ele reiterava a equação antropológica entre o primitivo e o pré-histórico e, com base no primeiro, derivava seus conhecimentos sobre o segundo. A transição ao longo desses estágios resultara numa progressiva individualização. A transição até o estágio da condição humana consistia numa apreciação da personalidade humana como tal, e representava uma transcendência de associações mais restritas, tais como família, tribo ou estado. A forma mais elevada de sociedade era aquela na qual a consideração pelo valor humano se havia tornado normativa. Entretanto, a transição a estágios mais elevados não acarretava o desaparecimento dos estágios anteriores, como era testemunhado pela existência contínua das religiões.

A etnopsicologia de Wundt não sobreviveu a sua morte e vários motivos foram invocados para tanto. Para início de conversa, as restrições relativas ao uso da experimentação em psicologia não foram respeitadas por seus alunos, que buscaram alargar os horizontes do professor. Vista por esse prisma, a etnopsicologia pareceria um remanescente da psicologia especulativa e metafísica de antes.[11] Em segundo lugar, a subsequente identificação da etnopsicologia com o nacionalismo alemão e os movimentos *völkisch* – que representava uma total negação da visão de Lazarus e Steinthal – fez com que aquela caísse em descrédito. Em 1920, Wundt proclamou a etnopsicologia como uma ciência alemã.[12] sua etnopsicologia apresentava uma teoria psicológica que abrangia história, linguística, sociologia, antropologia e religião comparada. O progressivo desenvolvimento individual de cada uma dessas disciplinas agiu contrariamente a sua unificação, sob a égide de uma disciplina psicológica mais fundamental. Significativamente, o desenvolvimento da psicanálise e da psicologia analítica, desde *Totem e tabu* e *Transformações e símbolos da libido* em diante, retomou em grande medida o projeto da etnopsicologia. Foi crítico que ambas o revestissem de uma forma institucional, que assegurou sua sobrevivência até o momento.

Para Wundt, a etnopsicologia deveria formar a base da história. Essa noção era defendida também por um grande historiador, Karl Lamprecht (1856-1915), o mais famoso historiador cultural alemão do início do século XX. Lamprecht tinha estudado com Wundt, em Leipzig, onde também depois se tornara professor. Sua obra-prima foi uma *História da Alemanha*, em 12 volumes, publicados entre 1891 e 1909. Nesse contexto, a importância de seu trabalho está na maneira como ele tentou abordar psicologicamente a história, o que para Jung era significativo.

Lamprecht proclamava que a história era uma ciência etnopsicológica, "nada mais que psicologia aplicada" (1905, 29). Depois de se haver libertado da metafísica e de se ter estabelecido como ciência, a psicologia poderia ser a base de uma abordagem científica da história, o que permitiria esboçar as leis

---

[11] Sobre a recepção dada a Wundt, ver Danziger, 1990, 34-48.
[12] Whitman observa que só foi com o nacionalismo da Primeira Guerra Mundial que a etnopsicologia se tornou *völkisch*, 1984, 214.

gerais que subjaziam às mudanças históricas. Essa noção foi introduzida por ele em sua teoria dos *dominantes*. Da etnopsicologia, ele aproveitou a analogia entre o individual e o coletivo, o que lhe permitiu aplicar modelos psicológicos individuais para compreender mudanças históricas em determinadas épocas. O caráter de cada época em particular era definido por seus *dominantes*. A transição entre as épocas consistia na ascensão e queda de certos *dominantes* em especial. Esse processo geral era universal. Na vida anímica de um indivíduo, certo sentimento governava e regulava todos os outros sentimentos, sensações e aspirações. Isso era o dominante. Quando as épocas mudavam, a mais recente criava novas formas de experiência psíquica. O antigo dominante perdia sua vigência, e um outro ocupava seu lugar. Algumas épocas podiam ser caracterizadas como épocas de dissociação. Sob tais circunstâncias, a individualidade cedia diante das influências esmagadoras de uma nova ordem mundial externa. Surgiam assim novas concepções, e a transformação do ego. A harmonia anterior que regia a personalidade era sacrificada, e a individualidade se tornava aberta às sugestões do mundo externo. Ao mesmo tempo, a individualidade era submetida ao efeito do "amplo substrato inconsciente da nova vida psíquica" (126). Consequentemente, novas formas de vida psíquica se tornavam conscientes. Para que ocorra a adaptação ao ambiente, é necessária uma maior amplitude de alma, que, por sua vez, leva ao desenvolvimento de um novo poder de assimilação psicológica, e a um novo *dominante* na personalidade:

> a totalidade da psique é libertada e – sendo criado um centro da personalidade total – recupera seu antigo autodomínio; agora, busca o mais elevado prazer da existência, indo ao encontro da atividade mais energética de todas, a de um *dominante* central, após considerar cuidadosamente o que é possível (133).

O desenvolvimento de um novo *dominante* instiga o início de uma nova época. Desde 1890, existia um novo *dominante* na Europa, representado pela predominância da atividade imaginativa, de uma maior importância atribuída à observação da vida interior, e ao uso do simbolismo nas pinturas.

O *dominante* que caracterizava uma época estava presente em todos os indivíduos e a mudança histórica na cultura em geral era, ao mesmo tempo, uma mudança na psicologia da cada um. A abordagem nomotética de Lamprecht gerou uma controvérsia na profissão dos historiadores, e sua reputação não sobreviveu à polêmica (Woodruff Smith, 1991, 191).

Psicologia de massa

Enquanto a etnopsicologia alemã voltava-se principalmente para as sociedades antigas e "primitivas", na França e Itália os psicólogos tentavam estudar as sociedades contemporâneas. Em 1895, o psicólogo de massa francês Gustav Le Bon proclamou sua famosa afirmação: "A era em que estamos prestes a entrar será, realmente, a ERA DAS MASSAS" (1895, 15). Se a era deveria ser dedicada às massas, então, correspondentemente, a psicologia dessa era deveria ser uma psicologia de massa.[13]

Os últimos 25 anos do século XIX são em geral considerados a era de ouro da hipnose. Um dos aspectos importantes do estudo da hipnose e da sugestão foi ele ter sido apresentado como uma psicologia das relações entre pessoas, e dos efeitos que elas surtem umas sobre as outras. O que ficou muito claro, em alguns experimentos realizados na época, como os que pediam que as pessoas imaginassem crimes que teriam cometido, foi a possibilidade de o modelo da hipnose-sugestão servir de gabarito para compreender as relações sociais de escala maior. Isso conferiu ao psicólogo a autoridade de um ponto de vista privilegiado, a partir do qual comentar sobre questões sociais. Nos famosos debates legais entre as escolas de Nancy e Salpêtrière, um dos aspectos não de menor monta era justamente a tentativa dos defensores de ambas as escolas de garantir seu direito adquirido de representar publicamente a moral vigente.[14] Poucos autores enxergaram isso mais claramente do que Josef Delboeuf, psicofísico, filósofo e hipnotizador belga, que desfechou repetidos ataques contra as injustificadas alegações dos médicos que, nesses debates, se arrogavam poderes políticos que na realidade não detinham.

Por esses motivos, os modelos da hipnose e sugestão rapidamente passaram a servir ao entendimento da sociedade em geral. Embora formassem o gabarito básico para a psicologia de massa, essa esfera de aplicação não era simplesmente um terreno externo suplementar ao qual um modelo clínico, supostamente puro, poderia ser exportado, uma vez que o interesse pelo social e pelo político era intrínseco aos próprios modelos.

Imitação

Em 1890, em *As leis da imitação*, Gabriel Tarde (1843-1904) propôs retoricamente a questão "O que é a sociedade?", à qual respondeu com uma só palavra: imitação (80). Tarde tinha estudado direito em Toulouse e Paris, e se tornara juiz em Sarlat, em 1875. Começou trabalhando com criminologia. Em seguida, foi indicado para uma disciplina no Collège de France.[16] Para Tarde,

---

[13] Sobre psicologia de massa, ver van Ginneken, 1992. Sobre sua significação no trabalho de Freud, ver Borch-Jacobson, 1982 e 1991a.
[14] Ver Laurence e Perry, 1988.
[15] Joseph Delboeuf, 1891. Ver Shamdasani, 1997.
[16] Tarde era professor convidado no Collège de France, quando Jung esteve lá para assistir às palestras de Janet, em 1902-1903. Não há evidência de que Jung esteve na palestra de Tarde, mas é possível que ele possa ter tido contato com o trabalho dele nessa oportunidade.

a imitação definia a especificidade do social, e demarcava esse âmbito, distinguindo-o do vital e do físico. Num outro pronunciamento, apenas um pouco menos conciso, ele afirmou: "*A sociedade é imitação, e a imitação é uma espécie de sonambulismo*" (95). A nova psicologia da hipnose servia de gabarito para se decifrar a sociedade em geral. Ele dizia que, na sociedade, o homem é um sonâmbulo, e que o estado social "como o estado hipnótico, é só uma forma de sonho, um sonho de comando e um sonho de ação" (83). A trama da sociedade consistia numa cascata de hipnoses sucessivas, mútuas e conflitantes. O processo da imitação era entendido em amplas pinceladas: poderia ser tanto consciente como inconsciente, e indicava não só a imitação de um modelo, mas também, sob a forma de uma contraimitação, tentava fazer exatamente o oposto. Os processos da memória e do hábito eram reformulados como forma de autoimitação. A imitação não consistia em replicar de forma precisa, uma vez que sempre introduzia diferenças e, com isso, provocava novos desenvolvimentos. Um grupo social consistia numa coleção de indivíduos que se envolviam em imitações mútuas, ou cujos traços comuns eram "cópias antigas de um mesmo modelo" (73).

Ao situar o processo da imitação no próprio cerne do social, a psicologia, ou como ele às vezes a designava, a psicologia mental interior, tornou-se a disciplina mais destacada para compreender o social. A chave para entender a sociedade estava na explicação das formas da relação psicológica entre os indivíduos que a constituíam. Assim, "a psicologia deve ser para as ciências sociais o que o estudo da célula é para as ciências biológicas" (1969, 181).

Psicologia coletiva

Em 1891, um advogado suíço chamado Scipio Sighele (1868-1913) publicou um trabalho sobre a turba criminosa. Sighele exigia uma psicologia coletiva, termo que havia sido cunhado pelo criminologista Enrico Ferri (1856-1929), para estudar o comportamento dos indivíduos em grupos. Sighele alegou que o comportamento de um grupo poderia ser considerado o do indivíduo isolado, citando a afirmação de Augusto Comte de que a sociedade humana deveria ser considerada como um só homem que sempre existiu. Derivava sua principal caracterização da psicologia dos grupos de Alfred Espinas, que havia dito, com base em seu estudo de sociedades animais, que era uma lei de toda vida inteligente que "as representações de um estado emocional provocam o surgimento desse mesmo estado em alguém que o presencia".[17] Sighele denominou essa lei de mimetismo psíquico. O mimetismo psíquico inclui o contágio moral, a imitação social e a sugestão

---

[17] Espinas, 1878, citado em Sighele, 1891, 54.

hipnótica. Sighele salientava as baixas qualidades morais da multidão, afirmando que o comportamento das pessoas na massa decaía ao mais baixo denominador comum, e que "a multidão é um terreno no qual o micróbio do mal se desenvolve com grande facilidade" (60). Citando o trabalho da escola da Salpêtrière, Sighele afirmava que indivíduos com uma vontade muito firme poderiam escapar do efeito sugestionador da massa. Quanto à moralidade do comportamento de massa, desenvolveu a noção de uma responsabilidade coletiva.

O comportamento coletivo não era só uma fonte de crimes, mas também de criatividade. Em 1899, num ensaio intitulado "O problema moral da psicologia coletiva", ele dizia que tanto a linguagem como as lendas de todos os países eram criadas pelas massas, e "inconscientemente nasciam na alma infantil de um povo" (260). O papel da pessoa criativa, do gênio, era revelar o que estava adormecido no inconsciente.

Le Bon

Gustav Le Bon (1841-1931) tornou-se o mais famoso dos especialistas em psicologia de massa. Tem-se dito que, enquanto foi vivo, seus trabalhos venderam mais de um milhão de exemplares (Nye, 1975, 3). Após estudar medicina, viajou por muitos lugares e escreveu livros de antropologia e arqueologia. Depois, seu interesse voltou-se para a psicologia. Em 1894, apresentou suas noções psicológicas em *Leis psicológicas da evolução dos povos*. Nesse trabalho, a ligação entre a psicologia individual e a coletiva foi expressa na noção de que cada raça era considerada um indivíduo. Dessa maneira, Le Bon afirmava que cada raça possuía uma constituição mental fixa. Adotando uma posição lamarckiana sobre herança, afirmava que os membros de cada raça possuíam um conjunto de traços psicológicos comuns, que eram herdados, e constituíam o caráter nacional, ou a alma (âme) de um povo. (Le Bon também usou os termos "alma de uma raça" e "alma coletiva".) Como consequência de sua ênfase sobre a significação da hereditariedade, dizia que a alma de um povo era amplamente determinada por seus mortos:

> Infinitamente mais numerosos do que os vivos, os mortos são também infinitamente mais poderosos que eles. Governam o imenso domínio do inconsciente, esse domínio invisível que contém, em seu território, todas as manifestações da inteligência e do caráter. É por seus mortos, muito mais do que por seus vivos, que o povo é conduzido. É somente por eles que uma raça é fundada... As gerações extintas não só nos impõem sua constituição física, mas também nos impõem seus pensamentos (1894, 13).

O inconsciente de Le Bon era hereditário, racial, suprapessoal, e seguia de perto a formulação de Théodule Ribot.¹⁸ Cada indivíduo era constituído por um conjunto de traços raciais inconscientes. As várias raças eram organizadas numa ordem hierárquica. Como o caráter psicológico constitucional de cada raça era fixo, sua ordem na hierarquia, por conseguinte, também o era.

Embora em *As leis psicológicas da evolução dos povos* Le Bon tivesse ressaltado a significação dos traços psicológicos constitucionais fixos, em seu trabalho mais famoso, *A massa*, ele também comentava uma dimensão transformadora, prontamente maleável. Quando as pessoas se uniam na massa, desenvolviam-se novas características psicológicas que consistiam na "substituição da ação inconsciente das massas pela ação consciente dos indivíduos" (1895, 5). O ato de reunir uma multidão criava uma alma coletiva, na qual o indivíduo se tornava submerso. Na multidão, o que predomina é o inconsciente: "O papel desempenhado pelo inconsciente em todos os nossos atos é imenso, e o desempenhado pela razão, muito pequeno" (10). Portanto, obter acesso ao inconsciente não exigia mais o prolongado e dispendioso encontro um-a-um da situação clínica: bastava que a pessoa apenas saísse andando pela rua.

Justificadamente, poder-se-ia inverter as afirmações de Le Bon e dizer que, para ele, o conceito de inconsciente era em si mesmo formatado segundo a massa. As massas tinham uma mentalidade inferior que representava um retorno atávico a uma condição primitiva. Nossos instintos destrutivos eram a herança de eras primitivas. Embora fosse perigoso para uma só pessoa satisfazer esses instintos, ser absorvida pela multidão permitia-lhe resolver isso, com toda a impunidade. Dos antropólogos evolutivos, Le Bon usou a equação do primitivo com o pré-histórico. As massas eram caracterizadas pelo contágio, e ninguém estava livre dessa influência arrebatadora: "Isolado, o indivíduo pode ser até culto; na massa, é um bárbaro" (36). Por fim, de maneira inelutável e instintiva, a massa coloca os indivíduos sob o comando de um líder.

Ocorreram diversas divergências de prioridades entre os psicólogos especializados em multidões.¹⁹ Esses trabalhos constituíram o modo predominante de entendimento psicológico da sociedade, capaz de conferir prioridade epistemológica à psicologia individual. Transformados subsequentemente, tais trabalhos iriam, a seu tempo, servir de principal referência para a psicologia coletiva de Jung. Alexandre Métraux observa que os psicólogos que estudaram os movimentos de massa foram muito populares na década de 1920. À exceção de Tarde, Emile Durkheim e sua escola conseguiram expurgá-los todos do sistema universitário francês (Métraux, 1982, 279). Ao lado de um menor interesse psicológico pela hipnose e pela sugestão, a psicologia social buscou distanciar-se cada vez mais dos focos de estudo da psicologia de massa, embora estes continuassem existindo.

---

¹⁸ Ver acima, pp. 206-207.
¹⁹ Ver van Ginneken, 1992, 119-126.

Baldwin

No início da psicologia social, a vida social era frequentemente explicada em termos dos relacionamentos entre o individual e o coletivo, apresentados como dois atores rivais.

Um exemplo disto é o trabalho de James Mark Baldwin (1861-1934), que teve um papel significativo no estabelecimento da psicologia experimental, fundando laboratórios nas Universidades de Toronto e Princeton, e desempenhando um papel crucial na consolidação dos periódicos *The Psychological Review* e *The Psychological Bulletin*. O trabalho de Baldwin é um exemplo da continuidade entre a psicologia de massa e a psicologia social. Em *O indivíduo e a sociedade*, ele afirmava que o mais superficial dos exames da vida social revelava dois focos principais de interesse: o indivíduo e a sociedade. Esses princípios refletiam-se na distinção entre as disciplinas da psicologia e da sociologia. Não era o estudo dos aspectos externos da sociedade que poderia revelar seu funcionamento, mas o estudo da vida mental dos indivíduos. Assim, a psicologia ocupava um lugar de maior destaque em relação à sociologia, que deveria subordinar-se àquela.

O desenvolvimento humano poderia ser caracterizado pelo intercâmbio envolvendo esses dois impulsos, o do individualismo e o do coletivismo, que eram tendências inatas (1911, 18). Ambos eram representados pelas tendências de autopreservação, de um lado, e as tendências sociais e gregárias, de outro. Entre as tendências socializadoras, as mais importantes eram o jogo e a imitação. Sua ênfase na imitação era derivada do trabalho de Tarde, cujo livro ele traduzira. É por meio da imitação que as crianças aprendem quais são suas capacidades e limitações, adquirem toda a riqueza das tradições sociais, e ganham acesso à cultura, além de aprenderem a inovar.

A competição entre o individualismo e o coletivismo levava aos perigos do excesso da socialização ou do excesso de individualismo. O primeiro resultava em pessoas fracas e, portanto, numa vida social frágil; o segundo produzia indivíduos cujas tendências eram destrutivas com respeito ao interesse social e ao bem geral. As necessidades rivais do individualismo e do coletivismo eram resolvidas por um tipo específico de caráter, que ele designava de individualismo equilibrado: dotado de "tendências de competição, rivalidade, autoafirmação e progresso pessoal, é *equilibrado, porém, pelas exigências da vida em comum como um todo*" (85-86). O desenvolvimento da sociedade e o progresso da humanidade dependiam da promoção desse tipo de caráter.

Representações coletivas

Em 1927, Daniel Essertier deu a seguinte explicação para a rivalidade disciplinar entre a psicologia e a sociologia:

Quando a jovem sociologia quis delimitar seus domínios, reclamou territórios que não tinham sido seriamente cultivados por mais ninguém, e se apropriou deles. Agora, na realidade, esses territórios pertenciam à psicologia. Correndo o risco de ser invadida, ela reafirmou sua posse desses domínios. (9)

Num tributo a Jung, o psicólogo infantil Jean Piaget escreveu, em 1945:

> O leitor de língua francesa não pode impedir-se de fazer uma ligação que talvez pareça artificial ou surpreendente, porque o temperamento intelectual de ambos os autores é muito diverso, mas que nos acontece, quando nos dedicamos a refletir sobre seus trabalhos. Um grande sociólogo francês também experimentou profundamente essa ação permanente do passado sobre o presente, e também está "recorrendo à vida tribal dos australianos" para esclarecer comportamentos contemporâneos: Durkheim. Mas o que este, profeta e sociólogo, tanto quanto Jung é profeta e psicólogo, atribui à "consciência coletiva", Jung busca no "inconsciente coletivo". E, mesmo assim, essas entidades adversárias aproximam-se muito mais do que se acredita em geral, e seria muito interessante, no futuro, analisar sua possível interferência.[20]

À primeira vista, poucos autores pareceriam tão distantes entre si quanto Émile Durkheim (1858-1917), o autoproclamado fundador da sociologia científica, e C. G. Jung. Jung e Durkheim não citam um ao outro em seus trabalhos e, inclusive, parece haver poucas disciplinas mais distintas entre si do que a psicologia analítica e a moderna sociologia, dada a quase completa ausência de referências mútuas. Não obstante, dois termos centrais da sociologia de Durkheim, que foram críticos em sua tentativa de estipular a autonomia da sociologia, encontraram seu lugar também na psicologia de Jung: consciência coletiva e representações coletivas. Antes de acompanhar o modo como foram incorporados por Jung, é necessário antes esboçar o significado que Durkheim lhes atribuía.

Durkheim introduziu o termo "representações coletivas" em seu estudo de 1897, *Suicídio*, e no ano seguinte apresentou uma extensa justificativa para ele em "Representações individuais e coletivas". Para o presente trabalho, o ponto mais interessante é a maneira como Durkheim lidou magistralmente com argumentos psicológicos para defender, por analogia, a independência da sociologia como disciplina. Da mesma forma como a psicologia tinha se "emancipado" da biologia, ele tentou emancipar a sociologia da psicologia. Dizia que a vida coletiva, como a individual, consistia em representações. Dentro da psicologia, tinham ocorrido muitos debates sobre a natureza das representações, em especial as representações inconscientes. Partia, depois, para

---

[20] 170. Sobre Piaget, ver Vidal, 1994.

uma crítica extensa dos argumentos de William James em *Princípios*, contra a existência das representações inconscientes, e afirmava a existência de estados psíquicos inconscientes.[21] Durkheim dizia que dentro de cada um de nós ocorriam diversos fenômenos psíquicos sem que nós os percebêssemos, e que Janet tinha provado que muitos atos com todas as características de atos conscientes, de fato, não o eram. Com isso, a todo o momento, nossos julgamentos eram influenciados por julgamentos inconscientes (1897, 20-21). Se isso acontecia com os indivíduos, era possível que fora dos indivíduos também acontecesse. Como comenta John Brooks,

> se a relação entre as representações coletivas e o substrato social é a mesma que entre as representações individuais e o substrato fisiológico, decorre que as representações coletivas são relativamente independentes da mente individual (1991, 226).

Durkheim esclareceu ainda mais seu entendimento do termo e a relação deste com a consciência coletiva, em *As regras do método sociológico*. A consciência individual resulta da natureza orgânica e psíquica, considerada isoladamente. A consciência coletiva resulta de uma pluralidade de seres desse tipo (1895, 145). A congregação de indivíduos tinha como resultado produzir uma "individualidade psíquica" distinta (129). Com isso, a consciência coletiva era composta por representações coletivas que expressavam como o grupo pensava a seu próprio respeito. Essas representações assumiam em geral a forma de mitos, lendas e concepções religiosas. As representações coletivas não eram inatas, mas resultavam da ação coletiva e da história. Esses conceitos eram a chave para a autonomia da sociologia:

> Os fatos sociais diferem não só em qualidade dos fatos psíquicos, como *têm um substrato diferente*; não se desenvolvem no mesmo tipo de ambiente, nem dependem das mesmas condições. Isso não quer dizer que não sejam psíquicos em certo sentido, uma vez que consistem em meios de se pensar e agir. Mas os estados da consciência coletiva são de natureza diferente dos estados da consciência individual; são representações de um outro tipo. A mentalidade dos grupos não é a dos indivíduos; tem suas próprias leis. As novas ciências [sociologia e psicologia] são, portanto, tão acentuadamente distintas quanto duas ciências podem ser (40).

Não só a sociologia e a psicologia são distintas uma da outra como esta era, em última análise, irredutível àquela. Em 1909, ele disse que a sociologia tornava-se, no fim, uma psicologia mais concreta e complexa do que a ciência dos psicólogos "puros" (237). Com isso, não é de surpreender que ele se tenha envolvido em polêmicas com psicólogos, principalmente Gabriel Tarde.

---

[21] Ver acima, pp. 196-197.

O que Jung conhecia das concepções de Durkheim baseava-se em suas leituras de Henri Hubert, Marcel Mauss e Lucien Lévy-Bruhl, todos eles afiliados a Durkheim.

Mentalidade primitiva

O trabalho de Durkheim teve um importante impacto sobre a antropologia, por meio do trabalho de Lucien Lévy-Bruhl e Marcel Mauss. Em 1910, Lucien Lévy-Bruhl (1857-1939) publicou *As funções mentais nas sociedades inferiores*. Ele havia estudado filosofia na Escola Normal Superior e, em 1896, aceitou uma indicação para a Sorbonne, onde se tornou integrante da escola de Durkheim. Retrospectivamente, ele se lembrava de que sua pesquisa da mentalidade primitiva tinha começado quando lera o trabalho de um antigo historiador chinês. Percebendo-se incapaz de entender como as ideias desse historiador se interligavam, perguntou-se se eventualmente a lógica dos chineses seria a mesma que a "nossa" (Mucchielli, 1998, 34). Em *As funções mentais*, começava sua investigação com o conceito de representações coletivas de Durkheim, que Lévy-Bruhl tentou esclarecer estudando material antropológico. Para ele, as representações coletivas eram, por definição, comuns a todos os integrantes de um grupo social. Eram transmitidas entre as gerações, e despertavam nos indivíduos sentimentos de respeito, medo e adoração. Sua existência não dependia dos indivíduos; não podiam ser explicadas levando-se em conta apenas os indivíduos (1910, 13). Os povos não civilizados constituíam o melhor contexto para se elucidar o funcionamento geral das representações coletivas. Dominique Merllié observa que, embora Lévy-Bruhl afirmasse, como Durkheim, que as representações coletivas eram sociais, seu interesse era estudar seu modo específico de funcionamento, e não tanto sua determinação social (1989b, 501). Lévy-Bruhl criticava a interpretação que Tylor e Frazer tinham dado para a mentalidade primitiva em termos animistas. Estes dois estariam enganados ao acreditar que a função mental era a mesma em toda a parte, e apenas usada de modo errado pelos primitivos. Contra isso, ele sustentava que a mentalidade primitiva era fundamentalmente diferente da "nossa", pois aqueles grupos sociais moldavam seu uso da mente de uma outra maneira. Um dos erros da escola animista foi tentar basear suas explicações no funcionamento da mente individual e não no funcionamento dos processos sociais.

Os "primitivos" caracterizavam-se por gerarem um tipo diverso de representações coletivas, que ele descrevia como místicas. Com isso, queria dizer que eles presumiam a existência de forças, influências e ações invisíveis. Apesar de sua crítica da escola animista, havia aspectos significativos de sua perspectiva que refletiam esses elementos. Em primeiro lugar, como ele pressupunha a unidade da mentalidade primitiva, compilava seus exemplos sem se importar com os parâmetros geográficos e históricos específicos. Depois, embora discordasse daquela explicação da mentalidade primitiva, a sua não era menos isenta de falhas. Não havia nada de positivo a se dizer sobre a mentalidade primitiva.

Lévy-Bruhl salientava a disjunção entre as mentalidades primitiva e civilizada. Devido à natureza de suas representações coletivas, os "primitivos não percebem nada do mesmo jeito que nós" (1910, 43). Não só suas representações coletivas eram diferentes das dos civilizados, como eram interligadas de maneira diferente. Esse fato foi formulado como a lei da participação. Nas representações coletivas dos "primitivos", os seres e as coisas podiam tanto ser o que eram como algo diverso. Além disso, transmitiam e recebiam "poderes místicos, virtudes, qualidades e influências que os levavam a se sentir fora, sem mais permanecer onde estavam" (76-77). Por conseguinte, caracterizou os "primitivos" como criaturas que viviam num estado de participação mística. Eram indiferentes à não contradição, menos capazes de abstrair e generalizar, e negligenciavam as causas secundárias em favor das causas místicas.

Embora descrevesse as representações coletivas dos "primitivos" como estranhas e peculiares, o antropólogo britânico Edward Evans Pritchard creditou-lhe o mérito de ter sido o primeiro a ressaltar que as ideias primitivas eram significativas, quando vistas como partes de padrões interligados de ideias e comportamentos, relacionados de uma maneira inteligível (1981, 126-127).

Um exemplo de Lévy-Bruhl para a participação mística dos primitivos que se tornou especialmente importante para Jung dizia respeito ao significado dos objetos sagrados para os arunta, extraído da obra de Spencer e Gillen, *As tribos nativas da Austrália Central*:

> Essas coisas (pedaços de madeira ou pedra de formato oblongo e decorados em geral com motivos místicos) são mantidas com o maior cuidado e depositadas num local sagrado do qual as mulheres e crianças não ousam se aproximar... Do ponto de vista do pensamento lógico, seria muito difícil definir exatamente o que é ou não é *churinga*. As almas externas das pessoas, veículos dos espíritos ancestrais e, possivelmente, os corpos desses próprios ancestrais; extratos da essência totêmica; reservatórios da vitalidade – *churinga* é tudo isso ao mesmo tempo, e também cada um deles por vez... Posso dizer... O profundo respeito religioso que cerca *churinga*, o cuidado que lhe é dispensado para sua manutenção, a veneração e a precaução com que é manejado... "O homem que tem um *churinga* em formato de serpente... o fricciona constantemente com as mãos, entoando enquanto isso a cantiga sobre a história Alcheringa da serpente, e aos poucos começa a sentir que há alguma ligação especial entre ele e o objeto sagrado..."[22]

Quando o indivíduo começa a se tornar consciente de si mesmo, diminui sua simbiose mística com o grupo. Assim, as participações começam a ser ex-

---

[22] *Ibid.* A citação final é de Spencer e Gillen.

pressas de maneiras intermediárias, e não mais vividas diretamente. Por meio desse processo, as representações coletivas começaram a aproximar o que nós chamamos de ideias. A participação mística era um traço permanente da mente: como os conceitos tinham derivado inicialmente das representações coletivas, conservavam um resíduo místico. Lévy-Bruhl dizia que a psicologia e a filosofia tinham até então presumido uma homogeneidade da mente. O equívoco dessa suposição era demonstrado por uma consideração da mentalidade primitiva. Com isso, a unidade do pensamento que os filósofos postulavam era algo a ser desejado, não algo que já era dado. E não só; como a racionalidade se desenvolvia a partir da mentalidade primitiva, era somente por meio de seu estudo que o funcionamento da racionalidade poderia ser plenamente compreendido. Esses argumentos revestiram seu livro com o halo da polêmica: só se poderiam formular uma filosofia e uma psicologia adequadas a partir de bases fornecidas pela antropologia.

Inicialmente, seu trabalho obteve sucesso. Merllié assinala que isso surtiu o lamentável efeito de abrir espaço para uma onda de vulgarização que terminou contribuindo para que se tornasse descaracterizado, reprimido e, enfim, esquecido. Seus principais críticos apontavam a inadequação de seu método de poltrona, a questionabilidade de sua diferenciação radical entre pensamento moderno e primitivo, sua defesa da universalidade deste último, o tom condescendente, e seus pressupostos evolutivos (Merllié, 1989, 423). Em especial, sua proposta de que a participação mística é a característica definidora do primitivo deparou com muitas críticas. Em seus trabalhos posteriores, ele abandonou o adjetivo "mística". Por fim, seus cadernos com anotações, publicados postumamente, revelam de maneira surpreendente o quanto, nos últimos anos, ele repudiara grande parte de seus primeiros trabalhos:

> Eu estava errado em *Como os nativos pensam*, quando desejei definir um aspecto peculiar à mentalidade primitiva, no que concerne à lógica, acreditando que, em certos casos, os fatos mostravam que essa mentalidade era insensível, ou pelo menos mais indiferente que a nossa, às contradições. Examinados sem preconceitos, esses fatos não dizem absolutamente nada, e a participação em si não envolve essencialmente nada que seja incompatível com o princípio da contradição... (O que eu não tinha percebido na época do *Como os nativos pensam*) é que essa mentalidade não difere da nossa, do ponto de vista lógico, não só quanto à estrutura, mas também nas manifestações de suas atividades (1949, 60).
> Vejo cada vez mais claramente que a distinção entre os dois tipos de experiência (embora bem fundamentada na opinião de que os primitivos evidentemente possuem características peculiares à experiência mística) não pode ser mantida rigorosamente e que, para a mentalidade primitiva, só existe... uma experiência única, às vezes mista, às vezes quase que inteiramente mística, às vezes quase que inteiramente não mística, mas sem sombra de dú-

vida nunca exclusivamente uma coisa ou a outra... Quando eu costumava dizer que os primitivos não percebem nada do mesmo jeito que nós, deveria ter dito que não percebem nada inteiramente como nós (188).

Ao final, Lévy-Bruhl terminou sendo seu crítico mais contundente.

Mana

Marcel Mauss (1872-1950) foi outro integrante do grupo de Durkheim, cujo trabalho teve um impacto significativo em Jung. Mauss era sobrinho de Durkheim e ajudou-o a fundar *L'Année Sociologique*. Após a morte de Durkheim, tornou-se a figura mais importante da sociologia francesa. Pode-se considerar o trabalho de Mauss por seu estudo da magia. Para ele, a magia era uma psicopatologia coletiva, e existiam três leis na magia: contiguidade, similaridade e oposição; ou seja, as coisas em contato continuam as mesmas, o semelhante produz o semelhante, e os opostos criam opostos. Fundamentalmente, porém, uma noção essencial subjaz a todas essas formas de magia, a saber, a crença num poder mágico que, de acordo com os melanésios, ele apelidou de *mana*. Esta não era simplesmente uma força ou um ser, mas também podia ser um ato, qualidade ou estado. *Mana* representava a essência da magia, no sentido de que revelava "a confusão entre o ator, o rito e o objeto".[23]

Depois, oferecia uma compilação lírica extraída de diversas sociedades, para demonstrar a onipresença da noção de *mana*, da qual o trecho a seguir constitui um excerto abreviado:

> *Mana* pode ser comunicado pelo contato de uma pedra no campo arado para outras pedras... Pode ser ouvido e visto, deixando marcas nos objetos onde esteve. *Mana* faz barulho nas folhas, sai voando como uma labareda ou nuvem... Há *mana* para tornar as pessoas ricas e *mana* usado para matar... *Mana* é a força do mago... É o poder de um rito... Faz com que a rede traga muitos peixes, torna a casa sólida e mantém a canoa flutuando, sem contratempos... Numa flecha, é a substância que mata... É o objeto de uma reverência que pode chegar a ser tabu... É uma espécie de éter, imponderável, comunicável, que se difunde de uma maneira toda própria... É uma espécie de mundo interno, especial, em que tudo acontece como se apenas *mana* estivesse envolvido... Os malaios conhecem essa substância como *kramát*... Na porção francesa da Indochina é *deng*... Em Madagascar, temos o termo *hasina*... Entre os iroqueses huron, é chamada de *oenda*... O famoso conceito de *manitou*, dos algonguinos, é basi-

---

[23] Mauss, 1902-1903, 108. Este trabalho teve como coautor Henri Hubert, embora tenha sido publicado apenas com o nome de Mauss.

camente o mesmo... De acordo com Hewitt, entre os sioux, *mahope*, *Xube* (Omaha) e *wakan* (Dakota) também significam um poder mágico e qualidades mágicas... Entre os shoshone, a palavra *pokunt* geralmente tem o mesmo sentido... O termo *naual* no México e na América Central parece-nos corresponder à mesma ideia... As tribos de Perth dão-lhe o nome de *boolya*. Na Nova Gales do Sul, as tribos usam o termo *koochie* para descrever um espírito maligno, más influências pessoais ou impessoais... Novamente encontramos entre os arunta o *arungquiltha*... Na Índia, é a concepção subjacente a termos como luminosidade, glória, força, destruição, destino, remédio, e em qualidades das plantas. E a ideia básica do panteísmo hindu, contida em *Brahman*, parece-nos profundamente ligada a ele... Na realidade, essa ideia pode muito bem ter existido sem ter sido expressa (1902-1903, 109-116).

Kramat, deng, mahope, xube, pokunt, naul, boolya, orenda, koochie, arungquiltha, brahman, manitou, makan – a litania interminável de Mauss, retomando a existência de *mana* em toda a parte, parece mais um cântico exorcista, que afirma não acreditar no que está exorcizando. Não foi à toa que o antropólogo Claude Lévi-Strauss observou:

> Podemos ver que, em pelo menos um caso, a noção de *mana* de fato apresenta aquelas características de poder misterioso e segredo que Durkheim e Mauss lhe atribuem: em seu próprio sistema, o termo desempenha justamente esse papel. Ao mesmo tempo, quer-se saber se sua teoria do *mana* é qualquer outra coisa além de uma imputação ao pensamento nativo de propriedades implicadas pelo papel muito especial que essa própria noção teve de desempenhar no sistema deles (1987, 57).

Mauss afirmava que *mana* era uma categoria inconsciente *a priori* de compreensão. Em 1909, Hubert e Mauss escreveram sobre as categorias:
Constantemente presentes na linguagem, sem serem necessariamente explicitadas aí de forma completa, as categorias existem em geral na forma de hábitos direcionadores da consciência, em si mesmos inconscientes. A noção de *mana* é um desses princípios: existe na linguagem; está implícita em toda uma série de julgamentos e raciocínios, contém atributos que são do *mana*. Dissemos que *mana* é uma categoria, mas não é somente uma categoria especial do pensamento primitivo, e hoje, graças a uma redução, é novamente a primeira forma assumida por outras categorias, sempre funcionando em nossa mente, a saber, as de substância e causa (XXIX-XXX).

Seguindo a linha de raciocínio de Durkheim, eles diziam que essas categorias tinham em última análise uma origem social. Jung iria citar ou se referir a esta passagem em nada menos que oito ocasiões.

Homúnculos e *churingas*

A biblioteca de Jung contém um exemplar anotado de uma tradução para o alemão, datada de 1873, da obra de Tylor, *Cultura primitiva*. Como ele não comentou questões antropológicas em seus primeiros escritos, é difícil avaliar aqui suas opiniões iniciais a respeito. Suas leituras sobre antropologia começaram a acontecer mais regularmente a partir de 1909. Em *Memórias*, ele narrou o sonho em que descia até o porão de uma casa medieval e comentou como esse material havia reavivado seu antigo interesse pela arqueologia, e também como, em seguida, ele começou a ler livros sobre mitos.[24] Assim, foi levado a perceber a ligação próxima que existia entre mitologia antiga e a psicologia dos "primitivos"; isso o motivou a estudar seriamente a mente não civilizada.[25] Como vimos na seção anterior, foi durante esse período que Jung se voltou para a filogenia, a fim de criar uma base para a compreensão do desenvolvimento individual. Essas pesquisas de teor psicobiológico estavam ligadas a suas leituras antropológicas, pois o pressuposto de uma herança filogenética levou à noção de que os "dados" a respeito do que era herdado seriam fornecidos pela antropologia. Por conseguinte, a antropologia poderia oferecer uma janela para se observar a herança coletiva da humanidade.

As leituras de Jung sobre antropologia, nessa época, levaram a uma reminiscência à qual ele atribuiu um significado proeminente. Em *Memórias*, ele narra uma experiência que dizia ter marcado o clímax de sua infância. Aos dez anos, entalhou um homúnculo em seu estojo, e deu-lhe um manto e uma cama. Também pintou uma pedra, que "pertencia" ao homúnculo. Jung escondeu essa figura no sótão, e ela lhe proporcionava um poderoso sentimento de conforto. Às vezes, ele escrevia cartas para o homúnculo, numa linguagem secreta que havia inventado. Não entendia por que fazia isso, mas essa atividade lhe oferecia uma indiscutível sensação de segurança. Em 1910, porém, durante a fase de leituras preparatórias para *Transformações e símbolos da libido*, deparou com relatos dos *churingas* australianos, e com o relato de um esconderijo de pedras-almas, perto de Arlesheim. Isso o fez lembrar de seu homúnculo e sua pedra: "Junto com a lembrança, veio-me pela primeira vez a convicção de que há componentes arcaicos permanentes na alma que, alheios à tradição, podem ter alcançado até a alma individual" (*Memórias*, 38, trad. mod.). Jung acrescentou que, em data muito posterior, pesquisou a biblioteca de seu pai para encontrar alguma fonte que pudesse ter explicado a origem daquela atividade, mas não encontrou nenhum, e tampouco seu pai tinha qualquer infor-

---

[24] Ver antes, pp. 149-157.
[25] *Memórias*, 1963, 186. No manuscrito Countway, isto era seguido pela seguinte afirmação: "O interesse simultâneo de Freud por este campo trouxe-me alguns momentos de inquietação, pois pensei que novamente estaria vendo aquela sua predominância da teoria em relação aos fatos, tão típica, e com a qual já estava tão acostumado", CLM, 179.

mação a respeito desses assuntos. Nessa data, que não foi especificada, ele estava claramente investigando se poderia localizar alguma fonte criptomnésica para seu ato, como Théodore Flournoy sem dúvida teria suspeitado. Concluía dizendo que, quando criança, "realizei aquele ritual da mesma maneira como mais tarde vi que os nativos da África faziam; eles primeiro agem, e não sabem absolutamente o que estão fazendo" (ibid., 39, trad. mod.), o que reiterava as equações estereotipadas entre os "primitivos" modernos, o homem pré-histórico e as crianças. É útil examinar bem de perto essa experiência, dado seu caráter prototípico e autoexemplar.

Conforme a narrativa de Jung, esta recordação constitui o momento em que ele começou a reconhecer a existência dos arquétipos. Dá a impressão de que essa convicção foi uma inspiração espontânea. Embora isso possa realmente ter acontecido assim, há também a possibilidade de que essa noção lhe tenha sido inspirada por suas leituras. Felizmente, as notas de suas leituras preparatórias para Transformações e símbolos da libido sobreviveram, e contêm citações da obra de Lévy-Bruhl, As funções mentais, que incluem as passagens relativas ao *churinga*, acima citadas.[26] Além disso, seu próprio exemplar desse trabalho contém numerosas anotações. Lévy-Bruhl obteve suas informações sobre o *churinga* principalmente do livro de Spencer e Gillen, As tribos centrais do norte da Austrália, trabalho que ele também possuía, e citado em "Sobre a energética da alma" (1928). Em suas anotações das leituras, a passagem do livro de Spencer e Gillen que Lévy-Bruhl citou está copiada junto com a referência à obra dos dois autores.[27] Em sua citação, ele sublinhou as seguintes sentenças:

> Um homem que possui um *churinga* como o *churinga* da serpente protege-o com a mão de maneira ininterrupta... [ele] começa a sentir *que uma qualidade de tipo especial sai do objeto e passa para ele, e sai dele e passa para o objeto... ele está intimamente ligado a seu ancestral.*[28]

Isso indica que foi o trabalho de Lévy-Bruhl que serviu de fonte inicial para as informações de Jung quanto ao *churinga*. Sendo assim, surge a questão de qual a relação entre a interpretação de Jung para o episódio e a de Lévy-Bruhl. Para este, as práticas em relação ao *churinga* eram exemplos da participação mística que, como vimos acima, ele dizia acontecer também nas sociedades modernas, embora sob formas atenuadas. Para Lévy-Bruhl, o que estava em jogo ali era a sobrevivência de uma forma particular de mentalidade.

---

[26] JP. Fazia parte do método de trabalho de Jung às vezes anotar citações e referências de páginas de trabalhos específicos.
[27] Ver antes, p. 314.
[28] Também há um risco na margem ao lado desta passagem, no exemplar de Jung de *Les fonctions mentales*, 97. Aqui, retraduzi a versão de Lévy-Bruhl para o francês da obra de Spencer e Gillen.

Isso parece compatível com a afirmação de Jung de que havia se comportado da mesma forma que os nativos da África. Entretanto, Jung afirma também que o importante era a semelhança com o conteúdo do ato, e não só o modo como tinha ocorrido. Ele não o interpretou como uma reivenção espontânea de uma determinada prática, mas como indício da existência de um componente atemporal na alma, o que corresponderia aos pensamentos elementares de Bastian. É possível sugerir que foi por meio de uma combinação dos conceitos centrais de Bastian e Lévy-Bruhl que Jung enfim chegou a sua convicção quanto à existência daquilo que, posteriormente, designou como arquétipos.

A história do pensamento

Em *Transformações e símbolos da libido: uma contribuição à história e ao desenvolvimento do pensamento*, Jung tentou primeiramente alargar os limites da psicologia para abarcar o homem pré-histórico, primitivo e moderno. Começou esse trabalho falando da poderosa impressão criada pela referência de Freud à lenda de Édipo, assemelhando-a às primeiras impressões que temos diante de monumentos antigos. Sua importância estava em ter demonstrado a presença viva do passado, e em ter transposto o "abismo" que nos separa da Antiguidade. Essa constatação afirmava a identidade dos conflitos humanos elementares, independentes de tempo e espaço. Abria a possibilidade de um mútuo esclarecimento da modernidade e da Antiguidade. O estudo da alma individual poderia permitir-nos entender o sentido vivo da cultura antiga, assim como nos conferia um ponto de vista alheio a nossa própria cultura, capaz de nos levar a entendê-la objetivamente (*OC* B, 2). Embora a psicanálise se tivesse concentrado no problema da psicologia individual, tinha chegado o momento de estudar o material histórico, e pesquisar como ele poderia esclarecer os problemas da psicologia individual. Jung estava propondo retrabalhar a psicologia individual radicalmente, com base na etnopsicologia. De maneira semelhante a Lazarus, Steinthal e Wundt, ele se concentrava na mitologia. Como Wundt, entendia a mitologia psicologicamente. Sua divergência em relação à teoria aperceptiva do mito de Wundt dizia respeito à natureza dos conteúdos subjetivos envolvidos: para Jung, os mitos eram símbolos da libido. Ele afirmava que era forçoso que existissem mitos típicos, que correspondessem ao desenvolvimento etnopsicológico dos complexos: "Jacob Burckhardt parece ter suspeitado disso, já que certa vez teria dito que todo grego dos tempos clássicos levava consigo um pedaço do Édipo, e que todo alemão tinha uma pedaço do Fausto" (§56, trad. mod.). Numa nota de rodapé, ele citava uma carta de Burckhardt, na qual este escrevera o seguinte:

> O que você pretende encontrar no Fausto terá de encontrar de maneira intuitiva; ou seja, o Fausto é um mito genuíno e legítimo, quer dizer, uma

grande imagem primordial [*urtümliches Bild*], na qual cada um deve intuir seu próprio ser e destino, novamente, a seu próprio modo. Permita-me fazer uma comparação: o que teriam dito os antigos gregos, se um comentarista tivesse se plantado entre eles e a saga do Édipo? Quanto a esta saga, existe em cada grego uma corda edípica que anseia por ser diretamente tocada, para vibrar de uma maneira toda própria. Acontece o mesmo com a nação alemã e o Fausto.[29]

Esta passagem teve uma importância excepcional para Jung. Referiu-se a ela em diversas ocasiões, numa forma que afirmava e aumentava a declaração de Burckhardt. Ele endossava a interpretação de Burckhardt para a relevância do Fausto para a Alemanha. Em 1945, Jung disse: "Quando Jacob Burckhardt diz que o Fausto vibra uma corda na alma dos alemães, Fausto deve continuar soando".[30] E levou esta declaração a sua penúltima conclusão: "Agora a Alemanha sofreu o pacto com o diabo e suas consequências inevitáveis".[31] Além disso, Jung adotou o uso da expressão "imagem primordial" [*urtümliches Bild*], de Burckhardt, como termo conceitual. Werner Kaegi salienta que a expressão *urtümliches Bild* ou *Urbild* não se originou em Burckhardt, pois tinha surgido no século XVII; portanto, que Jung a tenha atribuído a este último é significativo (1947-1982, 4, 464). Na realidade, o termo *Urbild* também foi usado por outro ilustre estudioso, que teve grande importância para Jung: Carl Gustav Carus. É muito interessante que este tenha se referido à figura das "mães", no *Fausto* de Goethe, como "Urbilder" (1868, 15). Kaegi aponta que Burckhardt não usou essa expressão constantemente e que, quando o fez, ela ocorreu num importante contexto histórico de arte. O que parece ter sido mais significativo para Jung foi a referência ao *Fausto*, dada a extrema significação que essa obra tinha para si.

Foi por intermédio de sua teoria dos diferentes tipos de pensamento que Jung articulou a relação dinâmica viva entre o antigo e o moderno. Em *Princípios de psicologia* (1890), William James contrastou o pensamento associativo ou empírico com o pensamento raciocinado ou raciocínio, comentando que uma grande parcela de nosso pensar era um devaneio espontâneo, uma sequência de imagens que se sugeriam umas às outras. Nessa forma de pensar, os elos associativos eram dados pela contiguidade e/ou pela similaridade, de tal sorte que

---

[29] *Ibid*. trad, mod. Em 1802, Schelling afirmou sobre Goethe que "nós, alemães, temos uma dívida especial para com ele, pois adquirimos de Goethe nossa mais importante figura mitológica, o doutor Fausto. Embora tenhamos em comum com outras nações algumas figuras mitológicas, esta é exclusivamente nossa, pois foi moldada a partir do cerne do caráter alemão e de sua fisionomia básica" (69). A propósito, Burckhardt tinha assistido às aulas de Schelling, em Berlin.
[30] "Após a catástrofe", *OC* 10, § 434, trad. mod.
[31] *Ibid*., §436, trad. mod. Jung referiu-se novamente ao comentário de Burckhardt sobre a relação entre o Fausto e a Alemanha, em "Psicologia e poesia" (1930), *OC* 15, §153 e §159, e em "Paracelso como fenômeno espiritual" (1942), *OC* 13, §154.

um pôr-do-sol pode evocar o deque de um navio, onde uma vez eu estava, com companheiros de viagem, durante um verão, a chegada ao porto etc., ou pode me fazer pensar em mitos solares, nas piras funerárias de Hércules e Heitor, em Homero e se ele era capaz de escrever, ou no alfabeto grego etc. (1890, 2, 325).

James especulava sobre a relação histórica entre esses dois modos de pensamento, e dizia que o raciocínio por analogias era anterior ao raciocínio por caracteres abstratos. Afirmava que a transição histórica do pensamento associativo para o raciocínio estava longe de ser completa e que, "quanto a imensos setores de nosso pensamento", ainda estávamos em estado selvagem (365).

Prosseguindo com essa orientação de James, com quem tinha se encontrado recentemente, Jung contrastou o pensamento dirigido e o pensamento fantasioso.[32] O pensamento dirigido era verbal e lógico e o fantasioso, passivo, associativo e imagético. Aquele era exemplificado pela ciência e este, pela mitologia. De modo semelhante a James, Jung afirmava que os antigos não exibiam capacidade para o pensamento dirigido; tratava-se de uma aquisição moderna. O pensamento fantasioso, chamado em geral de sonhar ou fantasiar, acontecia quando o pensamento dirigido cessava e, para descrevê-lo, ele citava a primeira passagem de James transcrita acima, enfatizando a segunda metade da sentença.

Jung reiterava a equação antropológica entre o homem pré-histórico, o primitivo e a criança, falando do "paralelo entre o pensamento fantástico e mitológico da Antiguidade, e o pensamento similar das crianças, das raças inferiores e dos sonhos".[33] Sendo assim, a elucidação do pensamento fantasioso dos adultos contemporâneos poderia, ao mesmo tempo, lançar novas luzes sobre o pensamento das crianças, dos selvagens e dos povos pré-históricos.

É importante perceber que ele não estava simplesmente reafirmando sua equação, mas dotando-a de uma nova determinação, baseada nesse modelo dos dois tipos de pensamento. Essa equação era explicada pelo fato de que a lei biogenética – segundo a qual a ontogênese recapitula a filogênese – continuava válida para a psicologia, tanto quanto a anatomia comparada.[34] Quando afirmava a

---

[32] Outras figuras que Jung citou foram Liepmann, Ebbinghaus, Külpe, Wolff, Nietzsche, Lotze, Baldwin, Hamman, Mauthner, Kleinpaul, Paul e Freud. No entanto, a sequência geral de Jung tem mais semelhanças com a proposta por James.

[33] *OC* B, §36, trad. mod. Em sua revisão de 1952 desse texto, Jung se explicou ao acrescentar que "devemos certamente colocar um grande ponto de interrogação depois da afirmação de que os mitos nascem da alma 'infantil' dos povos. Pelo contrário, eles são os produtos mais maduros das primeiras gerações da humanidade... o homem que pensava e vivia os mitos era uma realidade adulta e não uma criancinha de quatro anos. O mito certamente não é um fantasma da infância, mas um dos requisitos mais importantes da vida primitiva". *Símbolos da transformação*, *OC* 5, §29, trad. mod.

[34] Ver antes, pp. 233-240.

validade da lei biogenética, ele não estava basicamente interessado em promover uma tese biológica; em vez disso, sua reformulação psicológica da lei biogenética lhe permitia correlacionar a psicologia individual e a etnopsicologia, a psicologia coletiva, a psicologia de massa e a antropologia. Não só os dados da psicologia individual esclareciam estas disciplinas, como os seus dados podiam lançar mais luzes também sobre a psicologia individual, dada a persistência do pensamento coletivo, mitológico e primitivo nos indivíduos. Era crítico que essas outras disciplinas continuassem subordinadas à psicanálise, pois somente através da interpretação psicanalítica é que se poderia trazer à tona o verdadeiro sentido de seu material. Desse modo, a psicanálise formava uma disciplina superordenada, cujos domínios se estendiam até a pré-história da humanidade.

Até a presente data, a obra *Transformações e símbolos da libido* só foi analisada do ponto de vista da ruptura entre Freud e Jung. Contudo, mais ou menos nessa mesma época, Théodore Flournoy estava elaborando ideias similares sobre os tipos de pensamento e da relação entre a pré-história e a modernidade. Em suas aulas sobre a história e a psicologia das ciências ocultas, em 1912-1913 (repetidas depois, em 1915-1916), Flournoy distinguia duas atitudes mentais: uma mais orientada para a realidade e outra, para o sonho.[35] Pode-se dizer que essa distinção formalizou um dos temas que havia norteado seu trabalho, a saber, o estudo do funcionamento da imaginação criativa e seu contraste com o pensamento racional. De maneira semelhante a Jung, ele começava dizendo que importantes indicações quanto ao que poderiam ter sido os estados mentais pré-históricos eram fornecidas pelos selvagens contemporâneos, pelas opiniões da massa, pela mentalidade infantil, pelos estados patológicos e pelos sonhos. O sono era entendido como uma regressão a estágios anteriores:

> Os píncaros do desenvolvimento mental despencam todas as noites e o estudioso se vê novamente vivendo nas mesmas condições de um bebê, de um demente, de um selvagem ou de nossos ancestrais mais primitivos. A humanidade trilhou o mesmo caminho que cada um de nós percorre, entre o sono sem imagens e a mais lúcida consciência. Nessa passagem, as banalidades sobre as quais menos pensamos podem ser altamente reveladoras e nos permitem ter uma compreensão da vida mental nos estados primitivos.[36]

O que essas condições tinham em comum era o fato de cada uma delas partilhar o mesmo tipo de pensamento arcaico, que ele contrastava com o pensamento científico:

---

[35] Flournoy apresentava suas aulas a partir de anotações. No material que segue, a versão das aulas de Flournoy foi composta pelas anotações de dois de seus alunos, feitas durante os cursos de 1912-1913 (L. Baliassy) e de 1915-1916 (Arnold Reymond) (arquivos, Universidade de Genebra), e enriquecida pelas notas manuscritas do próprio Flournoy (bens pessoais, Olivier Flournoy, originais em francês).

[36] Palestras, 1915-1916, anotações de Arnold Reymond, BPU, 7-8.

O pensamento científico ou moral é sempre voluntário; nós o direcionamos; é ativo e implica um esforço de nossa parte. Quando abandonamos o esforço, caímos num estado em que os pensamentos são automáticos, involuntários. O mecanismo psíquico funciona por si e mobiliza representações anticientíficas, antirreais e antimorais. (10)

O primeiro processo, o do pensamento, era ativo, voluntário, teleológico e regido por regras; exige esforço, leva em conta a realidade e consiste em noções abstratas e palavras. O segundo, da imaginação, é passivo, automático, desprovido de metas, livre e espontâneo; é lúdico e não requer esforço; não leva a realidade em conta e se expressa em imagens, intuições e símbolos. Enquanto o primeiro tipo pede um estado de repouso, atenção concentrada e domínio das próprias faculdades mentais, o segundo estava presente em estados de fadiga, sono, hipnose e loucura. Todos os dias, vivemos uma mistura desses dois tipos de pensamento, e ambos são necessários. De um lado, sem a imaginação, a ciência não faria progressos e, de outro, a criação artística envolve algumas regras lógicas. Ele relacionava essas distinções com o contraste de Freud entre o princípio do prazer e o princípio da realidade, e com a distinção proposta por Janet, entre a função do real e a função do fictício.

Comparando-se o esboço de Flournoy e a teoria de Jung, os paralelos são notáveis. A apresentação de Jung para os dois tipos de pensamento apareceu por volta de agosto de 1911. Embora seja possível identificar claramente o dedo de Flournoy nos primeiros trabalhos de Jung, neste caso é difícil determinar em que medida quem está influindo em quem, ou se suas elaborações são independentes e simplesmente convergentes. O que fica claro é que a crescente distância de Jung em relação a Freud era, ao mesmo tempo, uma crescente proximidade de Flournoy.

Transformações e símbolos da libido baseava-se num artigo publicado em 1905, por uma americana chamada Frank Miller, no *Archives de Psychologie*, de Flournoy. Para Jung, o mais notável era as fantasias dessa pessoa conterem temas mitológicos. Como esclareci em outro momento, embora a própria Frank Miller interpretasse o material segundo as propostas de Flournoy, buscando as possíveis fontes culturais de cada elemento, Jung, ao contrário, desprezava as fontes externas, e insistia em vez disso em dizer que os elementos tinham uma origem endógena, representando o ressurgimento de um modo filogeneticamente ancestral de pensar (Shamdasani, 1990). Para demonstrar esse ponto, ele tentou estabelecer paralelos entre suas fantasias e uma vasta coleção de mitos e costumes, valendo-se de um método comparativo.

Em dois trabalhos subsequentes, Jung comentou explicitamente sobre esse método. Em 1912, em suas aulas sobre psicanálise na Universidade Fordham, ele afirmou que "ao explorar o inconsciente, procedemos da maneira habitual, quando devemos chegar a conclusões através do método comparativo" (*OC* 4, §329). Em 1914, esclareceu melhor os motivos para o emprego desse método, no trabalho que apresentou perante a Sociedade Psicomédica de Londres, com o título "Sobre o entendimento psicológico"[37]. Ao descrever o método construtivo de interpretação, assinalou que continha uma parte analítica, que consistia numa "redução a tipos gerais de fantasia", basicamente fornecidas pela mitologia. O paralelo entre os delírios individuais e os mitos tinha se tornado uma fonte importante para as investigações comparativas da psicopatologia. O que tornava essa comparação legítima era o fato de ambos serem "produtos da fantasia criativa do inconsciente" (1915, 394-395). Boas teria levantado como questão se afirmar uma fonte comum para os dois tipos de produtos mentais não era algo que derivava de suas similaridades superficiais.

Decorre disto que o método comparativo servia a dois fins interligados para Jung. Primeiro, o estudo comparativo das mitologias levava à tese de que o elemento subjacente a elas eram algumas formas invariantes universais, um conceito parecido com o dos pensamentos elementares de Bastian; em 1911, tinham sido chamados de imagens; em 1917, de dominantes; e, em 1919, de arquétipos. Sem o método comparativo, o componente antropológico da teoria dos arquétipos de Jung simplesmente cairia por terra.

Em segundo lugar, na análise junguiana, o método comparativo, rebatizado de método construtivo, e depois de amplificação, fornecia um modo de interpretação que permitia ao indivíduo realizar uma elaboração apropriada dos arquétipos. Era somente o estabelecimento de analogias com o material mitológico que permitia uma compreensão das imagens não pessoais, e que assim promovia o desenvolvimento prospectivo do indivíduo. Num campo teórico, isso envolvia duas operações comparativas (embora, na prática, estas nem sempre fossem distintas). O primeiro nível da comparação levava ao reconhecimento dos arquétipos (como indicado acima), e o segundo consistia numa comparação destes arquétipos com as imagens específicas que apareciam na análise. Com o uso de material mitológico e antropológico no método de amplificação, Jung introduziu um modelo interdisciplinar de interpretação na análise. A unidade psíquica da humanidade não era só o pressuposto de uma teoria do inconsciente coletivo. O objetivo da análise era superar a alienação individual, ao revelar essa unidade.

O individual e o coletivo

> Que podemos fazer... quando, em vez de educar o homem para si mesmo, as pessoas querem educá-lo para os outros? A harmonia, então, é impossível. Obrigados a lutar contra a natureza ou contra as instituições sociais, os homens têm de escolher entre construir o homem ou o cidadão, pois não se pode fazer um e outro ao mesmo tempo (Jean-Jacques Rousseau, *Emile*).[38]

---

[37] Ver antes, pp. 79-80.
[38] Citado por Jung, "A estrutura do inconsciente" (1916), *OC* 7, §455, nota. Num manuscrito inédito, datado de setembro de 1932, "As imagens do objetivo da psicologia do inconsciente" (JP), Jung se descrevia como "não amigo" da filosofia de Rousseau.

Durante séculos, filósofos, educadores e comentaristas sociais do Ocidente deliberaram sobre as relações entre o indivíduo e a sociedade, frequentemente esboçadas como uma antinomia de exigências e necessidades conflitantes. Como vimos, esses debates foram reformulados na psicologia, através da linguagem da psicologia de massa. A implicação era que a psicologia poderia encontrar uma solução para esses debates morais e políticos ao lhes conferir uma base científica. No entanto, os valores éticos de modo algum desapareceram, como vimos no caso do trabalho de Baldwin. Em vez disso, um discurso moral sobre direitos e obrigações recebeu nova injeção de ânimo, ao ser reeditado em termos psicológicos.

Em *Transformações e símbolos da libido*, Jung fez sua primeira tentativa de criar um modelo psicológico que englobasse o indivíduo e a sociedade, coligando a psicologia individual à psicologia coletiva. O que ainda lhe faltava elaborar mais detalhadamente era o modo como interagiam, e como o indivíduo poderia resolver esse conflito. A tentativa de estabelecer relações normativas entre a pessoa e a sociedade ocupava uma posição central na visão social e política de Jung.

Foi em 1916 que ele abordou esses temas mais extensamente, em diversas aulas ministradas em Zurique. A primeira delas, "A estrutura do inconsciente", foi publicada no mesmo ano em francês, no *Archives de Psychologie* de Flournoy.[39] Aqui Jung apresentou como uma resolução do conflito entre interesses individuais e coletivos poderia acontecer mediante a consideração de algumas fases típicas da análise. Ele começava diferenciando a psique pessoal da psique coletiva. Cada pessoa possui um inconsciente pessoal, cujos conteúdos são adquiridos ao longo de sua vida, juntamente com fatores psicológicos que também poderiam ser conscientes. Ao lado desses fatores, os indivíduos tinham em comum conteúdos coletivos. Jung dizia que:

> da mesma forma como certos impulsos ou funções sociais são, por assim dizer, opostos aos interesses de uma pessoa isolada, também a mente humana

---

[39] Flournoy estava ativamente envolvido na tentativa de introduzir o trabalho de Jung junto aos franceses. Em 1916, ao saber que Edith Rockfeller McCormick estava disposta a bancar traduções de trabalhos de Jung para o francês, ele escreveu para Maeder: "A sra. McCormick prestará um grande serviço à psicologia analítica ao promover a tradução da obra de Jung. Mas isso é tão difícil! Onde se poderá encontrar alguém qualificado para uma tarefa tão delicada! Uma tradução é algo impossível – é necessário uma paráfrase que consiga realizar o equivalente (em bom francês) ao texto de Jung adaptado a nossa linguagem; isso envolve um grande conhecimento, não só de dois idiomas, mas também de psicologia e mitologia... É um trabalho considerável para o qual não conheço ninguém que seja capaz" (29 de junho de 1916, documentos de Maeder, original em francês). (O trabalho era *Transformações e símbolos da libido*.) Alguns anos depois, Jung escreveu para Charles Baudoin a respeito de um trabalho que ele lhe enviara e que mostrava que a mentalidade latina seria capaz de compreender suas concepções. Ele se lembrava de seu falecido amigo Flournoy, que o havia repreendido por ter uma "mentalidade excessivamente teutônica" (original em francês, 11 de setembro de 1933, JP).

tem certas funções ou tendências que, em virtude de sua natureza coletiva, se opõem aos conteúdos individuais (OC 7, §455).

Em sua formulação inicial, a proposta conceitual de funções mentais coletivas ocorre precisamente sob o signo de sua oposição a interesses individuais. Essas funções coletivas decorriam do fato de cada pessoa nascer com um cérebro altamente diferenciado que servia para explicar a semelhança de pessoas de diferentes raças, representada na uniformidade dos mitos. A psique coletiva consistia num espírito coletivo e numa alma coletiva (essa terminologia indica a conexão com a etnopsicologia de Lazarus, Steinthal e Wundt). Tal qual as bonequinhas russas, essa psique coletiva contém em seu bojo infinitas psiques coletivas cada vez menores: "Assim como há diferenciações que correspondem a raça, descendência e até mesmo família, também há uma psique coletiva limitada a uma raça, tribo e família, mais além da psique coletiva 'universal'" (§456). Nessa altura, porém, Jung não deu muita ênfase a essas diferenciações, e tendia a considerar as relações entre indivíduo e social em si. O que estava implícito nessa abordagem era que a relação do indivíduo com a psique coletiva universal detinha mais poder de determinação do que a relação individual com as dimensões coletivas da família e da raça.

Referindo-se a Janet, ele sustentava que a psique coletiva continha as partes inferiores da função mental, que, sendo herdadas e onipresentes, eram impessoais. A psique pessoal continha as partes superiores, que eram adquiridas ontogeneticamente. Entre os "primitivos", o funcionamento mental era essencialmente coletivo. A progressiva diferenciação individual resultava numa crescente consciência das oposições, tais como a existente entre bem e mal. O desenvolvimento individual procedia por intermédio da repressão da psique coletiva, pois "a psicologia coletiva e a psicologia pessoal se excluem reciprocamente, em certo sentido" (§459, trad. mod.). Com isso, os movimentos coletivos eram sempre uma ameaça ao indivíduo. Psicologicamente, as pessoas eram ameaçadas por sua propensão à imitação (em cujo âmbito conceitual Jung incluía a sugestão e o contágio mental):

> Os seres humanos têm uma capacidade que é da maior utilidade no que concerne aos propósitos do coletivo, e altamente prejudicial quando se trata da individuação; estou me referindo à *imitação*. A psicologia coletiva não pode descartar de forma alguma a imitação, sem a qual a organização da massa e a regulamentação do Estado e da sociedade seriam simplesmente impossíveis (§463, trad. mod.).

A centralidade atribuída à imitação lembra imediatamente a obra de Gabriel Tarde, *As leis da imitação*. Jung estava claramente endossando a versão proposta por Tarde, para quem a sociedade era estruturada por imitação. Sua contribuição particular a essa noção consistia em dizer que a imitação prejudicava a individuação. Entretanto, nessa altura, ele ainda não havia especificado o que era a individuação, nem como poderia ser alcançada.

A análise da psique coletiva revelava vários atributos universais, o primeiro dos quais ele chamava de *persona*. Esta era "uma máscara da psique coletiva; *uma máscara que simula individualidade*, que faz os outros e a própria pessoa acreditarem que ela é um indivíduo, enquanto só se trata realmente do desempenho de um papel por meio do qual a psique coletiva fala" (§465, trad. mod.). A análise da *persona* levava à dissolução do indivíduo no coletivo. A identificação com o coletivo dava origem à experiência de "ser como Deus", expressão que Jung tinha tomado emprestado de Alfred Adler. Este tinha afirmado que a pessoa se assemelhar a Deus ou se sentir como Deus (*Gottähnlichkeit*) era um motivo frequente nas fantasias, contos de fada e psicoses. Jung entendia esse processo como a expressão do "protesto masculino" – ou o desejo de ser um homem mais completo ou compensar seu sentimento de inferioridade (1912a, 89). Essa dissolução também liberava uma série de fantasias de teor mitológico.

Quando confrontado com essa situação, o indivíduo estava diante da opção de tentar resgatar sua condição anterior que, dizia Jung, era o caminho seguido por Freud e Adler. Ele afirmava que, com seus tratamentos redutivos do inconsciente, limitando-o a conteúdos sexuais ou de busca do poder, era o mesmo que lidar com falsas soluções. Por isso, as limitações terapêuticas das análises de Freud e Adler eram devidas a sua incapacidade de resolver suficientemente o conflito entre o individual e o coletivo. Uma alternativa seria identificar-se com a psique coletiva e se tornar profeta, o que também era insatisfatório. O fracasso dessas abordagens, dizia Jung, era uma consequência de permitirem, respectivamente, a predominância da psique individual e da psique coletiva. A solução estava numa assimilação consciente dos conteúdos do inconsciente. A interpretação construtiva das fantasias levava à síntese da psique individual com a coletiva e, assim, ao reconhecimento da "linha da vida" do indivíduo, a qual combinava "as tendências individualistas e coletivas dos processos psicológicos que se desenrolam num determinado momento" (*OC* 7, §515). A linha da vida de uma pessoa desafiava as descrições científicas, porque "é necessariamente sempre só a parte coletiva de uma psicologia individual que pode ser objeto de estudo da ciência... Cada psicologia individual deve ter seu próprio manual, pois o manual geral só contém a psicologia coletiva" (§484, trad. mod.). Em outras palavras, era somente reformulando a psicologia coletiva, a psicologia de massa, a etnopsicologia e a antropologia que poderia ser possível uma psicologia científica.

Existem alguns outros manuscritos, datados de outubro de 1916, que serviram de base para as aulas dadas no Clube Psicológico de Zurique. Essas aulas trataram da questão da relação do individual com o coletivo, anteriormente discutida por Baldwin. Mais recentemente, esses temas tinham sido debatidos no verão de 1916, no mesmo Clube Psicológico, em duas palestras de Maria Moltzer (1874-1944).[40] Na primeira delas, "Sobre o conceito de libido e

---

[40] Para o texto dessas palestras, ver Shamdasani, 1998b.

suas manifestações psíquicas", Moltzer afirmava que, além das tendências à introversão e à extroversão, havia uma tendência à individualização. Como vimos, Wundt tinha salientado que o desenvolvimento da humanidade consistia numa progressiva individualização. As duas primeiras tendências eram principalmente coletivas, pois representavam vetores da libido para criar contato com a coletividade. Em contraste com elas, a tendência à individualização tentava criar uma forma própria, por meio de uma combinação de elementos pessoais e impessoais. Essa tendência estava ligada ao tabu do incesto, dado o fato de que uma pessoa em desenvolvimento não poderia encontrar sua vida exclusivamente em conexão com a coletividade. Havia, assim, a necessidade de uma diferenciação. A tendência à individualização, que devia combater o "pólipo" da coletividade, era simbolizada pelo herói.

As palestras de Jung foram ministradas nesse Clube, alguns meses mais tarde, em outubro. A primeira intitula-se "Adaptação". Esse processo ocorre sob duas formas: adaptação a condições externas, e adaptação a condições internas. Contudo, nas condições externas ele incluía "julgamentos conscientes que formei sobre coisas objetivas"; para ele, a adaptação "interna" designava o inconsciente (OC 18, §1085-1086). A neurose consistia numa perturbação da adaptação. Diante de certas situações da análise, o inconsciente fazia uma determinada exigência que se expressava na forma de uma intensa transferência. Isto representava uma supercompensação da resistência irracional ao médico que, por sua vez, advinha de uma exigência de individuação. Esta era uma necessidade contrária à adaptação aos outros. A noção de individuação correspondia bem de perto ao conceito de Moltzer de uma tendência à individualização.[41] Corresponder a essa exigência e, em consequência, romper com a conformidade, ocasionava uma culpa trágica que impunha expiação e mobilizava uma *"nova função coletiva"* (§1095, trad. mod). Isso ocorria porque o indivíduo tinha de produzir valores que pudessem servir como substitutos para sua ausência da "atmosfera coletiva pessoal" (§1096, trad. mod.). Esses novos valores permitiriam uma reparação do coletivo. A individuação era para poucos. Quem fosse insuficientemente criativo deveria, ao contrário, restabelecer sua conformidade coletiva com a sociedade. Não só o indivíduo devia criar novos valores, como ele tinha também de criar valores socialmente reconhecíveis, já que a sociedade tinha o "direito de esperar valores *realizáveis*" (§1097, trad. mod.).

---

[41] O termo "individuação" tinha sido empregado por Schopenhauer. Ele definia espaço e tempo como *principium individuationis*, frisando que havia tomado a expressão de empréstimo do escolasticismo. O *principium individuationis* era a possibilidade da multiplicidade (1819, 145-146). Esse termo foi adotado depois por Eduard von Hartmann, que considerava suas origens no inconsciente. Ele designava a singularidade de cada indivíduo em contraste com o inconsciente "todo-inclusivo" (1869, 519). Em 1912, Jung escreveu: "Surgem diferenças por meio da individuação. Esse fato oferece uma profunda justificativa psicológica à parte essencial das filosofias de Schopenhauer e Hartmann" (OC 5, §180, trad. mod.).

O segundo manuscrito tem como título "Individuação e coletividade". Nele, Jung afirmava inicialmente que a individuação e a coletividade eram um par de opostos vinculados pela culpa. A sociedade cobra a imitação. Aqui, entretanto, ele oferecia para a individuação uma estimativa do valor da imitação diferente da que havia apresentado em '*A estrutura do inconsciente*': "Por meio da imitação, os valores da pessoa tornam-se *reativados*... a imitação é um processo automático que segue suas próprias leis... Através da imitação, o paciente aprende a individuação porque ela reativa seus próprios valores" (§1100). Aqui, a eficácia da análise assenta na imitação. Jung furtava-se à acusação lógica subsequente de a análise ser simplesmente um processo de clonagem ou doutrinação, alegando que a imitação despertava valores latentes e preexistentes. Com isso, a imitação era uma forma de recordação platônica. Sua referência a "leis da imitação" sugere novamente *As leis da imitação*, de Tarde.

Em suas anotações para a primeira edição desses artigos, Richard Hull propôs uma explicação biográfica relativa à contradição entre as declarações de Jung sobre imitação:

> Esta completa reviravolta assinala o fermento das ideias de Jung a essa altura. Parece que as duas equações, individuação = culpa e imitação = individuação, refletem dolorosamente a situação pessoal de Jung nessa época. Estava dividido entre "destinos" opostos: a necessidade de se individuar e a necessidade de se conformar e ter um valor social (1970, 176).

A leitura biográfica desses artigos, por mais que justificada, exclui o fato de Jung ter claramente pretendido descrever os meios pelos quais qualquer indivíduo poderia chegar a seu melhor relacionamento possível com a sociedade. A impressão de uma "completa reviravolta" é diminuída quando temos em mente que, no segundo artigo, a imitação que é valorizada como incentivo da individuação ocorre no ambiente específico da análise. É legítimo argumentar que, na vida social, a imitação obstaculiza a individuação ao promover a absorção dos valores coletivos. Já no ambiente da análise, como a "conformidade" desejável era em si a individuação, a imitação era benéfica, quer dizer, se a pessoa afirmasse que a individuação é de fato um processo intrapsíquico e universal, e não apenas um objetivo proposto por Jung e seus colaboradores. De todo modo, fica claro que Jung defendia a noção de que o processo da análise era o *locus* privilegiado em que o indivíduo poderia resolver suas exigências conflitantes entre individuação e coletividade. Seu modelo da individuação como o caminho do meio se aproximava visivelmente da proposta de Baldwin do individualismo equilibrado como meio de solucionar o impasse das exigências colocadas pelo indivíduo e pela sociedade.

Embora Jung tivesse tentado forjar um elo de ligação entre a psicologia individual e a psicologia coletiva, ele considerava que as soluções para os problemas coletivos seriam mais bem encontradas por meio da transformação psicológica dos indivíduos. Essa era a grande conclusão psicológica a que Jung havia chegado após a Primeira Guerra Mundial. Num prefácio a seu trabalho de 1917, *A psicologia dos processos inconscientes: revisão da teoria e do método modernos da psicologia analítica*, datado de dezembro de 1916, ele proclamava:

> Os processos psicológicos que acompanham a presente guerra, além de toda a incrível brutalização da opinião pública, das mútuas difamações, da fúria de destruição sem precedentes, da monstruosa inundação de mentiras, e da incapacidade humana de dar um basta aos diabólicos derramamentos de sangue são os mais adequados possíveis para empurrar vigorosamente até bem diante dos olhos dos seres pensantes todo o alcance do problema do inconsciente caótico, em seu agitado cochilo, logo abaixo da camada do mundo organizado da consciência. Esta guerra revelou, sem piedade, ao homem civilizado, o quanto ele ainda é um bárbaro... Mas a psicologia do indivíduo corresponde à psicologia da nação. O que a nação faz é feito também por seus indivíduos e, enquanto estes o fizerem, a nação também o fará. Somente uma mudança de atitudes por parte das pessoas dará início a uma mudança na psicologia da nação (*OC* 7, 4, trad. mod.).

A guerra tornou visível o inconsciente caótico. Embora os eventos coletivos pudessem liberar os demônios do inconsciente, a única resolução para tanto residia no plano individual. Na opinião de Jung, essa mensagem tinha sido assimilada por muitos indivíduos. Em seu prefácio à segunda edição desse trabalho, datado de outubro de 1918, ele falava de um interesse cada vez maior pelos problemas da alma humana. A guerra tivera como efeito forçar as pessoas a olhar para seu próprio íntimo. Numa linguagem que lembrava o ensaio de William James, intitulado "O equivalente moral da guerra", ele afirmava: "Todo indivíduo necessita de uma revolução, de divisão interior, de dissolução da ordem vigente, e de renovação" (*OC* 7, 5, trad. mod.). Esses objetivos poderiam ser alcançados por autorreflexão e pelo retorno da pessoa ao "fundamento da essência humana". Vista por esse prisma, a análise poderia fornecer as bases de uma renovação cultural.

A psicologia dos processos inconscientes serviu de exposição do inconsciente coletivo, suprapessoal e absoluto – termos que eram usados como sinônimos. Muitas vezes depreciado como delírio individual, ou glorificado como a criação de um gênio, o conceito de inconsciente coletivo está profundamente entrelaçado com o desenvolvimento da antropologia, sociologia, psicologia de massa, psicologia coletiva e etnopsicologia, assim como com os conceitos de inconsciente apresentados pela filosofia e fisiologia, como esboçamos na seção anterior.

Os conteúdos desse inconsciente foram o que Jung chamou de mitos típicos ou imagens primordiais, em *Transformações e símbolos da libido*. Ali ele escreveu: "Em todo indivíduo, além das reminiscências pessoais, há as 'grandes' imagens primordiais, como Jacob Burckhardt tão acertadamente indicou antes" (§101, trad. mod.). Jung proporcionou a seguinte definição para eles: "As imagens primordiais são as ideias mais antigas e universais da humanidade. São tanto pensamentos como sentimentos. Em razão disso, pode-se chamá-las de *pensamentos-sentimentos originais [ursprüngliches Fühldenken]*".[42] Ele também chamava as imagens primordiais de dominantes:

> O inconsciente coletivo é o sedimento de todas as experiências do mundo, em todos os tempos, e é também uma imagem do mundo, que vem se formando há eras e mais eras. Ao longo do tempo, certos traços, chamados *dominantes*, terminam por se destacar. Esses dominantes são as forças regentes, os deuses, quer dizer, as imagens das leis e princípios dominantes, das regularidades constantes nas sequências de imagens que o cérebro recebeu no decorrer de processos seculares (432, trad. mod.).

Sua referência aos "*dominantes*" sugere que ele estava citando um termo cujo uso era muito difundido. Os dominantes de Lamprecht vêm imediatamente à mente. Uma sequência de referências nos trabalhos de Jung indica que ele tinha conhecimento do trabalho de Lamprecht.[43]

Se Jung adotou desse autor o termo que ele tinha criado, há certas razões para tanto. A teoria dos dominantes de Lamprecht servia de modelo psicológico da história, que articulava uma forte conexão entre o individual e o coletivo. Como vimos antes, para Lamprecht, a transição entre épocas poderia ser explicada por meio da ascensão e queda de dominantes. Quando se comparam os dominantes de Jung com os de Lamprecht, vê-se que Jung usava o esquema geral de Lamprecht para as inter-relações envolvendo o individual e o coletivo. Para Jung, os dominantes estavam localizados no inconsciente coletivo. Isso seria incompatível com o modelo de Lamprecht, dada sua adoção do inconsciente e a natureza coletiva dos dominantes. Jung diferia em sua identificação desses dominantes com as imagens primordiais de Burckhardt e, num plano mais geral, com Mauss, as categorias de Hubert e os pensamentos elementares de Bastian. Mais do que todas essas formulações, entretanto, o trabalho de Lamprecht teria fornecido uma plenamente explicitada teoria psicológica da história e, ainda por cima, da parte de um renomado historiador da cultura alemã. Lamentavelmente, o crescente descrédito em que o trabalho de Lamprecht caiu minimizou quaisquer ganhos retóricos que poderiam ser obtidos de uma ligação explícita com seu trabalho. Isso talvez explique por que, após a introdução do termo "arquétipo", Jung abandonou "dominante". Curiosamente, porém, após a guerra, voltou a usá-lo.[44]

---

[42] "A psicologia dos processos inconscientes", 1917b, 411, trad. mod.
[43] Jung, "Sobre a compreensão psicológica", *OC* 3, §421; "Resposta a Jô", *OC* 11, §576.
[44] Ver adiante, p. 374.

Jung e Bastian

Em seis distintas ocasiões, entre 1936 e 1946, o antropólogo que Jung destacou por ter tido a inédita iniciativa de formular o conceito de arquétipo foi Adolf Bastian (1826-1905). Jung afirmou que o que ele chamava de arquétipo "tinha sido, há muito tempo, chamado de pensamento 'elementar' ou 'primordial' por Bastian".[45] Bastian, dizia ele, fora "O primeiro investigador no campo da etnologia a chamar a atenção para a difundida ocorrência de certos pensamentos 'elementares'".[46] Essa proximidade entre seu conceito de arquétipo e as ideias de Bastian levou Jung, pelo menos no exemplo seguinte, a minimizar sua própria originalidade:

> A teoria dos pensamentos primordiais pré-conscientes não é de modo algum minha invenção, como o comprova o termo "arquétipo", nascido já nos primeiros séculos de nossa era. Com especial referência à psicologia, encontramos essa teoria nos trabalhos de Adolf Bastian e, novamente, em Nietzsche. Na literatura francesa, Hubert e Mauss, e também Lévy-Bruhl, mencionam noções similares. Eu apenas ofereci uma base empírica para o que anteriormente fora chamado de pensamentos elementares ou primordiais, "catégories" ou "habitudes diretrices de la conscience", "représentations collectives" etc., realizando algumas pesquisas para investigar certos detalhes.[47]

Aqui ele reitera que sua contribuição consistiu simplesmente em colocar sobre bases empíricas ideias como as de Bastian, Nietzsche, Hubert, Mauss e Lévy-Bruhl. Em outro momento, ele disse que fora o trabalho de Bastian que lhe fornecera sustentação empírica para sua teoria dos arquétipos.[48] Na época em que atribuiu explicitamente tais créditos a seus pares, o trabalho do próprio Bastian já havia sido praticamente todo esquecido.

A amplitude do conhecimento antropológico de Jung faz com que seja seguro afirmar que ele teria encontrado referências ainda anteriores ao trabalho de Bastian, como, por exemplo, no *Cultura primitiva*, de Edward Tylor. Se ele não o havia feito antes, é provável que tenha lido o trabalho de Bastian no curso de suas leituras preparatórias para *Transformações e símbolos da libido*.

Como o próprio Jung assinala, a proximidade entre seu conceito de arquétipo e o de pensamentos elementares, apresentado por Bastian, é imediatamente aparente.[49] Como Bastian, ele afirmava que a universalidade dos motivos míticos poderia ser explicada somente supondo-se a existência de uma fonte

---

[45] "O conceito de inconsciente coletivo", 1936, *OC* 9, 1, §89.
[46] "A psicologia do arquétipo da mãe", 1938, *OC* 9, 1, §153.
[47] "Psicologia e religião", 1937, *OC* 11, §89.
[48] "Medicina e psicoterapia", 1945, *OC* 16, §206.
[49] O paralelismo foi notado também por Koepping, 1983, 118.

intrapsíquica comum. De maneira similar, ele sustentava também que, ao se tornarem factuais, os arquétipos adquiriam colorações culturais e históricas específicas. Assim como tinha acontecido contra Bastian, explicações por meio de migrações e difusões foram usadas como contra-argumentos para o conceito de arquétipos de Jung. Em 1940, Jung afirmou que a falta de reconhecimento dada à universalidade dos motivos míticos era devida à compartimentalização das disciplinas e à hipótese da migração, e que era em virtude desses fatores que as ideias de Bastian tinham tido pouco sucesso em seu tempo.[50] O que estava faltando então eram as "premissas psicológicas necessárias". Por conseguinte, ele estava ciente de que sua teoria contrariava a posição oficial da ortodoxia antropológica, contexto em que suas ideias teriam sido vistas como uma reversão ao "obsoleto" Bastian. De fato, a difusão era comumente alegada quando se tratava de repudiar a existência dos arquétipos. No entanto, o que permitira a Jung assumir tal postura fora o fato de, enquanto recorria ao trabalho antropológico de Bastian como endosso empírico para sua teoria dos arquétipos, era a psicologia que, finalmente, tinha a chave para explicar a gênese das formas culturais. Portanto, em última análise, a antropologia estava subordinada à psicologia.

Herança racial ou categorias da imaginação?

Em 1912, Jung investigou os "negros" no Hospital Santa Elizabeth, em Washington, D.C., a convite do psiquiatra americano William Alonson White. Em retrospecto, ele disse que o propósito dessa visita tinha sido pesquisar o inconsciente dos "negros": "Eu tinha em mente um problema específico: serão os padrões coletivos herdados racialmente ou são 'categorias *a priori* da imaginação', como dois franceses, Hubert e Mauss, de forma totalmente alheia a meu trabalho, os chamaram?"[51] Isso indica que Jung leu a obra de Hubert e Mauss, *Miscelânea da história das religiões*, em algum momento antes de 1912.[52] Quando indagado em 1959, por John Freeman, se haveria, em retrospecto, alguma experiência que ele consideraria um momento decisivo em sua vida, ele citou entre outras sua estadia no Hospital Santa Elizabeth. Para Freeman, ele disse que foi até lá "para descobrir se eles têm os mesmos tipos de sonhos que nós" (Freeman, 1959, 388). Diretamente, após esta viagem, ele comentou com Freud que havia "analisado" 15 "negros".[53]

Há um manuscrito dessa época, intitulado "A psicologia dos negros", que corresponde ao resumo de uma palestra com o mesmo título, que Jung

---

[50] "A psicologia do arquétipo da criança", 1941, *OC* 9, 1, §259.
[51] "Símbolos e a interpretação dos sonhos", 1961, *OC* 18, §81.
[52] O exemplar de Jung desse trabalho de Hubert e Mauss contém marcas nas margens da passagem acima citada e, em especial, na seção que lida com o tema do sacrifício.
[53] 11 de novembro de 1912, *FJL*, 516.

ministrou em 22 de novembro de 1912, perante a Sociedade Psicanalítica de Zurique. Essas anotações consistem em alguns comentários gerais sobre os "negros" e, em particular, sobre suas ideias religiosas, seguidas de notas concisas sobre dez pacientes. De acordo com o resumo, as psicoses dos "negros" são as mesmas dos brancos. Nos casos leves, o diagnóstico era difícil e não estava claro se era ou não um caso de superstição. Os "negros" eram muito religiosos e suas ideias sobre Deus e Cristo eram muito concretas. Examinar os "negros" era difícil, pois eles não entendiam o que se queria deles, e em geral eram ignorantes. O "negro" tinha uma grande incapacidade para penetrar em seus próprios pensamentos. Numa ocasião anterior, ele tinha comentado como algumas qualidades do americano, como o autocontrole, por exemplo, decorriam de conviverem com os "negros" descontrolados. Ao mesmo tempo, o homem branco era uma imagem desejada para o "negro". No manuscrito, estão anotados diversos sonhos. Jung indica alguns paralelos mitológicos para certos elementos oníricos, como a roda de Íxion, uma pintura do Museu de Belas Artes, em Genebra, o texto gnóstico "Poimandres", a cratera de Zozimo, e o *Rig Veda*. Segundo o resumo, ele disse que havia muitos símbolos de sacrifício nos sonhos, "exatamente como o palestrante tinha mencionado em seu trabalho, *Transformações e símbolos da libido*" (*OC* 18, §1285). A conclusão extraída disso era "esse símbolo não ser somente cristão, mas ter origem numa necessidade biológica" (*ibid.*) Com isso, os símbolos de sacrifício, em vez de serem culturalmente específicos, eram universais. Depois, salientou que sua investigação o havia convencido de que esses padrões não eram herdados racialmente, mas eram arquetípicos (cronologicamente falando, como Jung só iria empregar o termo "arquétipo" em 1919, é provável que, de início, ele tivesse considerado tais padrões como categorias *a priori* da imaginação, no mesmo sentido de Hubert e Mauss).

As investigações de Jung parecem ter inspirado White. Ele escreveu para Jung informando-o de que estava ocupado, lendo *O ramo dourado*, de Frazer, e que "os conceitos que o senhor me deu, enquanto esteve aqui, permitiram que eu transportasse a história do 'Homem Primitivo' lendo-a novamente, pelo prisma das psicoses".[54] Em 1921, Jung afirmou que havia sido capaz de demonstrar "toda uma nova série de motivos, iniciando com a mitologia grega, nos sonhos de negros de linhagem pura, portadores de distúrbios mentais".[55] Apesar disso, apresentou apenas um exemplo nesse sentido. Em 1935, declarou que um "negro" "sem instrução", procedente do sul, e que não era "especialmente inteligente", lhe contara um sonho no qual um homem era crucificado numa roda. Jung disse que, apesar de ser muito provável que ele tivesse sonhado com alguém sendo crucificado numa roda, era altamente impossível

---

[54] 29 de novembro de 1912, documentos de White, LC.
[55] *Tipos psicológicos*, *OC* 6, §747.

que ele tivesse sonhado com alguém sendo crucificado numa roda, o que sugeria que essa imagem não era uma aquisição pessoal:

> Claro que eu não lhe posso provar que, por alguma curiosa coincidência, esse negro não tenha visto alguma imagem dessas e depois sonhado com ela, mas, se ele não tivesse tido qualquer modelo para essa ideia, ela seria uma imagem arquetípica, porque a crucificação na roda é um motivo mitológico. É a antiga roda do sol, e essa crucificação é o sacrifício a um deus solar, para propiciá-lo... No sonho do negro, o homem na roda é uma repetição do motivo mitológico grego de Íxion.[56]

Embora afirmasse que, em si, esse caso não chegava a ser uma prova, foi uma das experiências críticas que o levou a cogitar sobre o que escreveu em 1952: "A questão não é uma hereditariedade especificamente racial, mas uma característica humana universal".[57]

Conforme citado acima, Jung disse, em 1936, que sua realização de uma teoria dos arquétipos tinha sido somente dar "bases empíricas ao que anteriormente tinha sido chamado de pensamentos elementares ou ideias primordiais, 'catégories' ou 'habitudes directrices de la conscience', 'répresentations collectives' etc.".[58] Mauss e Hubert tinham falado de "habitudes directrices de la conscience", e o fato de Jung ter citado em francês a noção de "catégories" indica que estava se referindo às categorias da imaginação propostas pelos mesmos autores. Em 1928, ele afirmou que o inconsciente continha "componentes impessoais, coletivos, na forma de categorias herdadas ou arquétipos".[59] No entanto, não havia referência em Hubert e Mauss a categorias herdadas, e eles se abstinham rigidamente de propor especulações de teor biológico, assinalando a sociogênese dos conceitos e costumes. Em outra ocasião, Jung disse que presumia que Mauss e Hubert tivessem chamado essas categorias de formas de pensamento *a priori*, numa referência a Kant.[60] (Para a escola de Durkheim, entretanto, essas categorias *a priori* não eram atemporais, eram construídas socialmente.) Jung acrescentou: "Os autores presumem que as imagens primordiais são dadas por intermédio da linguagem. Esse pressuposto está certamente correto nos casos individuais, mas em geral é contradito pelo fato de que, através da psicologia dos sonhos, tanto quanto através da psicopatologia,

---

[56] "Palestras em Tavistock" (1935), *OC* 18, §§81-82. No manuscrito de Jung, "Sobre a psicologia dos negros", está anotado (em inglês) um sonho de uma mulher, com a seguinte cena: "Ela suspensa sobre o inferno, no fundo do inferno (*roda girando*¹) e nela foi virada de cabeça para baixo, mas o Cristo criança a libertou". Na margem, está anotado: "1.) Íxion". (2, JP).
[57] *Símbolos da transformação*, *OC* 5, §154.
[58] "Psicologia e religião", *OC* 11, §89.
[59] "As relações entre o ego e o inconsciente" *OC* 7, §220. Numa nota, ele se referia à passagem de Hubert e Mauss, citada acima.
[60] "Sobre os arquétipos, com especial referência ao conceito de *anima*", 1936, *OC* 9, 1, §136.

a massa de imagens e conexões arquetípicas que é diariamente extraída não se torna sequer comunicável, considerando-se apenas o uso histórico da fala" (*ibid.*, trad. mod.). Hubert e Mauss referiram-se a categorias e não a imagens primordiais. Esse episódio ilustra como Jung lia o trabalho de outros autores pelo prisma de suas próprias concepções; essa atitude é especialmente acentuada em suas leituras fora do âmbito da psicologia e da psiquiatria.

Jung citava o conceito de representações coletivas de Lévy-Bruhl, as categorias da imaginação de Hubert e Mauss, os pensamentos primordiais ou elementares de Bastian, e concluía que o conceito de arquétipo "não é exclusivamente meu, pois também é reconhecido e denominado em outros campos do conhecimento" (§89, trad. mod.). Essa afirmação mostra como ele considerava o conceito de arquétipo a conexão essencial entre a psicologia e as demais ciências humanas. Se se tratava de uma noção tão amplamente aceita como ele dizia, seu próprio conceito de arquétipo deveria deparar com pouca oposição, e teria sido bem recebido por todos os que empregavam conceitos para representações coletivas. Dessa maneira, a noção junguiana poderia ter-se tornado o eixo unificador central entre as ciências humanas, como tinha a intenção de ser. O fato de isso não ter ocorrido de maneira alguma parece resultar, em parte, do fato de, afora Bastian, cujo trabalho já tinha caído em descrédito nessa altura, os outros autores citados por Jung pertencerem todos à escola de Durkheim. Se Jung tinha percebido isso ou não, a questão era que esses estudiosos compreendiam as categorias e representações coletivas de forma muito diversa da que ele achava que eles estavam adotando.

Participação mística

Lévy-Bruhl foi o principal antropólogo contemporâneo de Jung, a cujo trabalho ele recorreu para a construção de suas próprias formulações. A convite de Jung, Lévy-Bruhl fez uma série de palestras no Clube Psicológico de Zurique. Há poucos indícios da natureza de seu contato, mas as evidências existentes assinalam, no mínimo, certa cordialidade. Em 1935, Lévy-Bruhl enviou a Jung um exemplar de sua obra *Mitologia primitiva, o mundo mitológico dos australianos e papuas*, com uma dedicatória: "ao Sr. Dr. C. G. Jung, como lembrança de sua amistosa recepção, L. Lévy-Bruhl".[61] Mais tarde, nesse mesmo ano, Lévy-Bruhl contribuiu com um artigo, "Comentários sobre a iniciação dos curandeiros", para um volume comemorativo do 65º aniversário de Jung, intitulado *O*

---

[61] (Original em francês). Numa carta datada de 21 de fevereiro de 1935, Jung agradeceu a Lévy-Bruhl o envio do exemplar desse trabalho. Lévy-Bruhl também remeteu a Jung uma cópia de seu artigo "O espírito cartesiano e a história", com a seguinte dedicatória: "Com os agradecimentos e os cumprimentos de L. Lévy-Bruhl" (separata, JP, original em francês).

significado cultural da psicologia complexa. Em 31 de julho, Jung escreveu-lhe agradecendo a contribuição, e acrescentou: "Fiquei muito comovido por você ter-se dado ao trabalho de escrever esse artigo, que para mim tem um interesse muito especial'.[62] É a relação de Jung com o trabalho de Lévy-Bruhl que revela mais claramente sua perspectiva sobre a relação interdisciplinar envolvendo a psicologia e a antropologia.

Ele adotou dois conceitos de Lévy-Bruhl: participação mística e representações coletivas. Em 1929, disse que havia sido um "toque de gênio"[63] de Lévy-Bruhl, entender a terminologia que havia empregado – participação mística – como marco distintivo da mentalidade primitiva. Ele mesmo utilizou o termo em diversas ocasiões, e esse fato pode ser visto ao mesmo tempo como endosso, redefinição e extensão dele. Jung aceitava sem restrições a descrição da mentalidade primitiva apresentada por Lévy-Bruhl em *As funções mentais*. Embora este tivesse sido criticado por sua falta de trabalhos de campo, após as viagens que realizou, Jung continuou reafirmando os contornos básicos do esboço de Lévy-Bruhl para a mentalidade primitiva.

Embora este não tivesse utilizado em momento algum conceitos de inconsciente, Jung afirmou que a participação mística era a mesma coisa que projeção e identidade inconsciente.[64] Em 1921, após salientar que havia derivado o termo de Lévy-Bruhl, definiu participação mística como denotativa de

> um estado peculiar de conexão psicológica com os objetos, que consiste no fato de o sujeito não conseguir distinguir-se claramente do objeto, mas se sentir vinculado a este através de uma relação direta que se pode descrever como uma identidade parcial. Essa identidade é encontrada numa unidade *a priori* entre objeto e sujeito. A participação mística é um vestígio de sua condição primitiva.[65]

Dessa maneira, ele assinava embaixo da afirmação de Lévy-Bruhl de que, inicialmente, a consciência derivava de uma condição essencial de participação mística, e que o desenvolvimento da civilização poderia ser caracterizado como um processo de individualização crescente. Embora concordasse que era mais visível nos "primitivos" que nos povos civilizados, ele dizia que havia menos diferenças do que Lévy-Bruhl havia inicialmente defendido, e dizia que era "só uma nuance mais característica dos primitivos do que dos civilizados".[66] Acrescentava que Lévy-Bruhl não tinha percebido isso devido a sua falta de conhecimento psicológico. Segundo Jung, a participação mística dos "primiti-

---

[62] Jung para Lévy-Bruhl, 31 de julho de 1935 (JP, original em francês).
[63] "Comentário sobre 'O segredo da flor de ouro'", *OC* 13, §66.
[64] "O homem arcaico", 1931, *OC* 10, §131; "Sobre o livro tibetano dos mortos", 1939/1954, *OC* 11, §817n.
[65] *Tipos psicológicos*, *OC* 6, §781, trad. mod.
[66] *Mysterium Coniunctionis*, 1955-1956, *OC* 14, §817n.

vos" mostrava-se em sua relação com o meio ambiente, assim como entre uns e outros; entre os civilizados, era geralmente mais restrita a formas pessoais, como por exemplo na relação transferencial, em que uma pessoa surtia um efeito mágico sobre outra.⁶⁷

Se os "primitivos" se comportavam como crianças, decorria que a psicologia de um poderia ser transferida para outro. Consequentemente, Jung afirmava que a criança vivia num estado de participação mística com seus pais.⁶⁸ Essa posição levou-o a traçar um paralelo entre o desenvolvimento individual e o desenvolvimento da humanidade: ambos consistiam na transição de uma condição original de participação mística para outra, de individualidade consciente e, em última análise, de individuação:

> Todo avanço, toda conquista conceitual da humanidade, tem sido coligada a um avanço no processo de conscientização; o homem se diferencia do objeto e se depara com a natureza como algo distinto. Qualquer reorientação da atitude psicológica terá de seguir o mesmo caminho.⁶⁹

Essa era a versão psicológica da lei biogenética. Como nos povos civilizados a participação mística estava principalmente presente nos relacionamentos interpessoais, uma significação memorável foi atribuída à psicoterapia, cujo "efeito terapêutico mais notável" era a dissolução da participação mística.⁷⁰ O desenvolvimento que se buscava no âmbito individual com uma psicoterapia correspondia ao desenvolvimento da raça humana.

Um psicólogo à solta

Diferentemente de Lévy-Bruhl, Jung teve experiências diretas de contato com os "primitivos" de que falava: em 1920, visitou o norte da África e, em 1925, os índios pueblo, no Novo México, além do Quênia e de Uganda; novamente, em 1938, foi à Índia.⁷¹

Em 1920, ele acompanhou seu amigo Hermann Sigg, que fazia uma viagem de negócios ao norte da África. Sua intenção era "ver, uma vez que ao menos, os europeus segundo um prisma fora da Europa, refletidos num meio que lhes fosse estrangeiro em todos os sentidos" (*Memórias*, 266, trad. mod.). Afirmava que o único meio de chegar a um entendimento de suas próprias pe-

---

⁶⁷ *Tipos psicológicos*, 1921, *OC* 6, §781.
⁶⁸ "Desenvolvimento infantil e educação", 1928, *OC* 17, §107.
⁶⁹ "Perspectivas gerais sobre a psicologia dos sonhos", 1948, *OC* 8, §523.
⁷⁰ "Comentário ao 'Segredo da flor de ouro'", 1929, *OC* 13, §66.
⁷¹ Para Jung, os hindus e os "primitivos" não pensavam, mas percebiam seus pensamentos. "Sobre o inconsciente" (1918), *OC* 10, §15. "O que a Índia pode nos ensinar" (1939), *OC* 10, §1007.

culiaridades nacionais seria tomando consciência de como os outros as viam. Sendo assim, viajar para o exterior era a *via regia* para uma etnopsicologia comparativa.

Suas descrições dessa experiência confirmam suas convicções anteriores sobre a psicologia primitiva. Ao mesmo tempo, um novo e significativo elemento passou a integrar essas descrições: enquanto os "primitivos" modernos ainda pareciam corresponder a nossos ancestrais pré-históricos, designando com isso um estágio anterior do desenvolvimento de nossa consciência, alguns aspectos de sua forma de vida são valorizados, ao indicar algo que, na transição para a modernidade, tinha se perdido. Com isso, após assistir aos preparativos para um festival no Sahara, Jung frisou que as pessoas viviam a partir de seus sentimentos e que sua consciência não era dada a reflexões. Os europeus careciam da intensidade de vida que caracterizava aquele povo.

Suas observações também "confirmavam" a psicologia de massa dos franceses: simplesmente estar naquela massa era suficiente para provocar uma regressão filogenética. A proximidade com a vida dessas pessoas que viviam movidas por seus afetos teve um efeito sugestionador sobre "aquelas camadas históricas em nós que recém-terminamos de superar, ou que pelo menos pensamos ter deixado para trás" (272, trad. mod.). Jung assemelhava essa espécie de vida a um "paraíso da infância" que, tal qual a criança, "graças a sua ingenuidade e inconsciência, esboça uma imagem mais completa do si-mesmo" (*ibid*.). Refletindo sobre suas vivências, ele disse que, além de seu desejo consciente de observar os europeus a partir de uma perspectiva externa, seu objetivo inconsciente tinha sido descobrir que parte de sua personalidade tinha sido obscurecida pelo fato de ser um europeu. Portanto, achava que havia o perigo de sua personalidade europeia ser tomada de assalto por uma invasão de conteúdos inconscientes, ou que talvez sucumbisse a um "escurecimento" da consciência. Esse mesmo fenômeno tornou a ocorrer cinco anos depois, quando regressou à África. Sonhou que seu barbeiro em Chattanooga, no Tennessee, estava encaracolando seus cabelos para que ficasse com "cabelo de negro". Ele interpretou essa imagem como uma advertência do inconsciente, que indicava que "o primitivo era um perigo para mim. Ao mesmo eu estava obviamente 'virando negro'" (302, trad. mod.). Consequentemente, ele se deu conta de que havia ido para a África para escapar da Europa com seus problemas, e que:

> A viagem se revelou menos como uma investigação da psicologia primitiva... e muito mais como uma experiência movida por uma questão embaraçosa: o que irá acontecer com Jung, o psicólogo, nos vastos ermos africanos? Essa era uma questão que eu tinha consistentemente evitado, apesar de toda a minha intenção intelectual de estudar a reação de um europeu às condições do mundo primordial [*Urweltsbedingungen*] (303, trad. mod.).

Suas viagens geográficas foram uma forma de viagem filogenética no tempo. Em 1925, ele visitou os índios pueblo, em Taos, no Novo México. Pensou que, quando estava no Sahara, tivera contato com uma civilização que se relacionava com a nossa, da mesma forma que a da antiga Roma. Foi isso que o levou a continuar a comparação histórica, "descendo a um nível cultural ainda mais profundo" (275, trad. mod.).

Novo México

Nos anos 20, muitos artistas e escritores foram para o Novo México, ao reconhecer a profunda falência da civilização americana. Os índios eram considerados um povo que havia mantido sua integridade cultural, que vivia enraizado em comunidades cujas tradições ainda eram vivas. Por isso, eles eram entendidos como uma fonte de renovação para a cultura branca (Rudnick, 1984, 144). Ao mesmo tempo, atraíam o interesse dos antropólogos. A antropóloga Ruth Benedict descreve-os como "uma das comunidades primitivas mais amplamente conhecidas da civilização ocidental. Vivem no meio dos Estados Unidos, numa localidade facilmente acessível a qualquer viajante deste continente" (Benedict, 1934, 57).

A visita de Jung foi organizada por Jaime de Angulo, e é importante compreender a relação e cooperação entre ambos, para que a viagem possa ser vista em seu contexto real. De Angulo, descrito por Ezra Pound como o "Ovídio americano", era um linguista, etnólogo, etnomusicólogo, escritor e santo padroeiro da geração *beat*. Sua ex-esposa, Cary de Angulo, fora morar em Zurique para trabalhar com Jung, no início dos anos 1920 (ela se casou depois com Peter Baynes e, por isso, mudou seu nome para Cary Baynes). Em 1922, Jaime de Angulo escreveu para Cary:

> Se você conseguir a atenção de Jung, pode tentar convencê-lo de que as pessoas que estão profundamente mergulhadas no pensamento primitivo... pensam que ele está inteiramente errado na parte antropológica de sua tese. E um homem com a inteligência dele não pode se dar ao luxo de ignorar tal crítica.
> O que eu não daria para levá-lo a uma visita aos índios – ou até mesmo só para falar com ele, e fazer com que enxergue o que todos esses costumes tão incompreendidos realmente são, e como os selvagens se sentem de verdade! Quanto trabalho real de estudo especializado teria ele realizado de fato nesses campos? Veja, é basicamente muito ruim erguer um maravilhoso monumento como Freud fez em *Tótem e tabu*, e depois descobrir que seus *fatos básicos* estão errados![72]

---

[72] 20 de abril de 1922, documentos de Cary Baynes.

Jaime também teve sessões com Jung em 1923, e suas impressões iniciais foram muito favoráveis. Para Cary, ele escreveu: "Minha gratidão por ele é ilimitada. Ele libertou minha mente, mas, acima de tudo, deu-me a chave filosófica de que eu tanto necessitava e que era tão vital para mim".[73] A consideração parece ter sido recíproca, pois Jung patrocinou uma parte da pesquisa de campo de de Angulo.[74] Quando ele voltou para Berkeley, enviou seus sonhos para Cary de Angulo ler para Jung. Ela conversou sobre esse material com Jung e escreveu para Jaime os comentários e interpretações. Foi Jung quem o fez perceber "o paradoxal gume da faca" do equilíbrio entre racional e irracional, um conceito que afetou profundamente seu trabalho como etnólogo. Para Cary de Ângulo, ele descreveu sua transformação da seguinte maneira:

> Quando eu estive com os índios antes, chamei os espíritos com eles e *acreditei* nos espíritos, embora não tenha dito a ninguém que fiz isso. Eu sabia que não poderia explicar nem desculpar minha crença, por isso guardei segredo. Conversei com eles sobre as pedras que falam à noite e sobre os animais que são feiticeiros; acreditei, mas guardei segredo. Bom, eu consigo falar as duas línguas. Posso falar das pedras, das pedras reais, com os índios, e dos espíritos, e sei que essas pedras são a mesma coisa que certos fatos reais do mundo da psicologia. São equivalentes, no mundo da biologia. Posso falar tanto numa língua quanto na outra, psicologicamente, em termos de fatos biológicos (como os índios), ou biologicamene, nos termos de fatos psicológicos (como os homens brancos, sem que o saibam).[75]

Ele planejava registrar por escrito suas impressões sobre determinados problemas da psicologia primitiva, e enviá-las para Jung através de Cary de Angulo, de modo que Jung pudesse corrigi-lo logo de início. Em 1924, Jaime de Angulo visitou Taos.[76] Em Taos, hospedou-se na casa de Mabel Dodge, que havia se casado com um índio pueblo, chamado Tony Luhan. Quando chegou a Taos, narrou para Cary de Angulo suas conversas com Tony Luhan e suas

---

[73] 9 de novembro de 1923, documentos de Cary Baynes.
[74] Em 31 de dezembro de 1923, Jaime de Angulo escreveu para Cary de Angulo transmitindo sua imensa satisfação ao saber por ela que receberia de Jung 500 dólares para ajudar em suas pesquisas de campo (documentos de Cary Baynes).
[75] 26 de janeiro de 1924, documentos de Cary Baynes.
[76] Um relato dessa visita encontra-se em *Lorenzo in Taos*, de Mabel Dodge (1933). O livro de Dodge trata da viagem de D. H. Lawrence a esse local. A respeito de Jung, Lawrence escreveu para Mabel Dodge: "Jung é muito interessante, naquele seu estilo rasgadamente místico. Embora ele possa ser um iniciado e acólito de carteirinha, em alguns aspectos é mais flexível, e não tenho a menor dúvida de que você vai achar bastante fácil fazer com que ele perca a pose. Acho que Gourdjieff seria um caso mais complicado", 23 de setembro de 1926, 310. Para Lawrence, foi entre os Pueblos que ele encontrou o exemplo mais forte de uma religião viva, "uma vasta e imaculada religião, sem ídolos ou imagens... Uma religião cósmica, a mesma para todos, não repartida em deuses, ou sábios, ou sistemas específicos" (1928, 187).

impressões. Em resposta à crítica de Luhan de que os brancos simplesmente queriam saber dos índios para matar uma curiosidade, ele disse: "Eu quero sabe porque penso que os brancos perderam sua alma e precisam encontrá-la novamente".[77] Confirmou que não iria contar a ninguém o que havia conseguido aprender, "exceto para aquele sujeito na Suíça, que nunca falará nada, e pode fazer um bom uso disso" (*ibid.*). Para Cary de Ângulo, ele ainda disse:

> Mesmo que um dia eu consiga alguma coisa, que tenha permissão de publicar, eu não o faria, penso. E o motivo é o seguinte: começo a enxergar claramente que a vida da comunidade pueblo é inextricavelmente interligada a suas cerimônias... então, no mesmo instante em que o símbolo esotérico for aberto, revelado, publicado, se tornará um signo morto, exotérico, um artefato para museu – e os índios perecerão. Se eu conseguir qualquer material que possa ajudar Jung, vou dar para *ele*, mas não sacrificarei o povo pueblo de Taos em prol de algum museu antropológico (39).

Após sua visita a Taos, ele mencionou em carta para Cary de Angulo que tinha a intenção de redigir um resumo de suas impressões psicológicas dos índios pueblo e enviar para Jung. Escreveu para ele sobre uma parte delas, e pediu-lhe que as lesse para Jung, enviando-lhe depois quaisquer críticas que ele pudesse ter feito. Jaime de Angulo conjeturava que, no estágio cultural em que os índios pueblo se encontravam, ainda não existia a separação entre introvertidos e extrovertidos, e continuavam indiferenciadas as funções do pensamento, sentimento, sensação e intuição. Ele achava que "não há diferenciação, ou menos, há uma diferenciação, mas cada pessoa leva a carga toda, equilibrada por igual".[78] No entanto, o nível psicológico geral era mais baixo, quer dizer, mais difuso, sonolento e menos consciente. Ele sugeria que "talvez isso seja necessário, para poder obter um grau mais aguçado, aquela vida psíquica mais intensa, destruir esse equilíbrio e desenvolver cada função em separado" (*ibid.*). Fazia uma crítica da versão de Lévy-Bruhl para a mentalidade dos indígenas, para quem era pré-lógica, e afirmava que era lógica tanto quanto irracional. Mais que isso, era uma cultura pós-renascentista, unilateralmente racional.

Por volta do final de 1924, Jung foi aos Estados Unidos.[79] Passou um telegrama para Jaime de Angulo, pedindo-lhe que o encontrasse no Grand Canyon, oferecendo-se para custear suas despesas de viagem. Pouco tempo depois desse encontro, Jaime de Angulo escreveu para Mabel Dodge, contando como tinha feito para levar Jung a Taos, e o que havia ocorrido então:

---

[77] Abril de 1924, G. de Angulo, 1985, 38.
[78] 10 de julho de 1924, documentos de Cary Baynes.
[79] Quanto a esta viagem, ver McGuire, 1978.

Eu tinha resolvido que iria sequestrá-lo, se fosse o caso, e levá-lo a Taos. Foi uma briga e tanto porque o tempo dele era muito curto, mas finalmente consegui arrastá-lo. E ele não se arrependeu de termos ido. Para ele aquilo tudo foi uma verdadeira revelação. Claro que eu tinha preparado Lago da Montanha. Ele e Jung travaram contato imediatamente, e tiveram uma longa conversa sobre religião. Jung disse que eu estava absolutamente certo a respeito de tudo o que havia intuído sobre a condição psicológica daquele povo. Naquela noite, disse: "Tive a extraordinária sensação de estar falando com um sacerdote egípcio do século XV antes de Cristo".[80]

Assim, foi graças a Jaime de Angulo que Jung visitou Taos. O interesse de Jung pelos índios pueblo tinha sido despertado por seu anfitrião, que lhe havia dado algumas ideias do que lhe seria possível encontrar, e que também tinha preparado cuidadosamente a conversa crucial com Lago da Montanha (Antonio Mirabel). Outros indícios da importância do trabalho de Jaime de Angulo para Jung é uma carta que de Angulo enviou para o linguista Edward Sapir. De Angulo tinha enviado para Jung alguns aforismos sobre linguagem; Jung tecera alguns comentários a respeito, que de Angulo pretendia enviar a Sapir. Ele disse nessa carta:

> A situação é a seguinte: Jung me diz que "todo esse material psicológico que você está conseguindo com os índios como resultado de sua identificação com eles, e que você diz que não pode ser divulgado publicamente porque isso iria destruir sua natureza mística e seu valor para os índios, é de extrema importância para mim e para o trabalho que estou realizando. No entanto, é da máxima importância para você que você tenha algo para mostrar ao mundo. Que seu trabalho linguístico seja esse, então. Bem, vou providenciar para que você obtenha toda a condição financeira necessária". Talvez você saiba que em Chicago há alguns pacientes abastados que fariam qualquer coisa por ele.[81]

Jaime de Angulo não publicou nada sobre a vida religiosa dos índios pueblo e, como Jung tinha sugerido, publicou somente material sobre alguns aspectos de sua língua. Naquele mesmo ano, escreveu uma carta para Ruth Benedict, que havia pedido ajuda para uma viagem que pretendia fazer a Taos. Benedict lhe pedira que a apresentasse a alguém que pudesse informar sobre cerimoniais e lendas. Ele lhe disse:

> Você percebe que é justamente esse tipo de coisa que mata os índios?... É isso que vocês, antropólogos, com essa curiosidade infernal e essa sede por dados científicos, conseguem causar. Será que você não entende o valor

---

[80] 16 de janeiro de 1925, documentos de Dodge, Biblioteca Beineke, Universidade de Yale.
[81] 15 de abril de 1925, citado em Gui de Angulo, *The Old Coyote of Big Sur: The Life of Jaime de Angulo*, esboço do capítulo 11, 10.

> psicológico do sigilo, num determinado nível cultural?... Você conhece o suficiente de psicologia analítica para saber que há coisas que não se devem trazer à luz do dia, caso contrário se tornariam como plantas arrancadas pela raiz... Claro que se você prometer que jamais publicará os *segredos* propriamente ditos, eu a ajudarei de todas as formas possíveis. Eu mesmo poderia contar-lhe uma infinidade de coisas a respeito do significado disso tudo.[82]

Para ele, o significado dos índios pueblo para os americanos contemporâneos era que, somente reconhecendo que os índios eram os ancestrais espirituais dos americanos, é que seria possível ao país encontrar sua estabilidade espiritual.

Logo depois de ter visitado o Novo México, Jung escreveu para Cary de Angulo:

> A viagem foi maravilhosa e Jaime foi obrigado a se comportar. O que fez, com certa relutância. Vi Taos. Fiquei amigo de Lago na Montanha, e conversamos muito cordialmente, como se ele fosse um paciente num estágio avançado da análise; foi excelente. O elemento central dessa nação é o sigilo.[83]

A importância dessa passagem pelo Novo México é demonstrada por um manuscrito que Jung escreveu, com o título "Viagem africana". Antes de nos voltarmos a ele, precisamos levar em conta sua viagem à África, ocorrida mais tarde, nesse mesmo ano.

África

Dada a perspectiva filogenética de Jung, uma viagem à África, considerada o berço da humanidade, assumia uma significação especial. Ele viajou em companhia de H. G. Baynes e de George Beckwith. Esse grupo foi chamado de a Expedição Psicológica Bugishu. Mais tarde, juntou-se a eles a inglesa Ruth Bailey.[84] Essa viagem o fez entender que "no íntimo da alma, desde os mais remotos primórdios, existe o anseio por luz e uma irresistível ânsia por sair das trevas primordiais... O anseio pela luz é o anseio pela consciência" (*Memórias*, 298-299, trad. mod.). A viagem em si tornou-se uma *imitatio* das supostas origens da consciência. Quanto a sua viagem pelo Nilo, ele comentou:

---

[82] 19 de maio de 1925, Gui de Angulo, 1985, 91-93, 550.
[83] 19 de janeiro de 1925, documentos de Cary Baynes.
[84] Há indícios de que Jung consultou antropólogos para planejar esta viagem. Em 12 de junho de 1925, Charles Seligman escreveu-lhe: "Acho que você está bastante certo ao limitar sua viagem a Uganda. Você conseguirá deslocar-se com muito maior facilidade, ver mais nativos, ou seja, entrar muito mais em contato com tribos suficientemente acostumadas aos brancos, o que lhe será mais útil – e, claro, a região montanhosa de Uganda é muito mais saudável do que o Sudão" (JP).

O mito de Hórus é a história da luz divina recém-surgida. Teria sido narrada após o nascimento, saindo das trevas primordiais dos tempos pré-históricos, para um mundo com cultura, o que significa um processo que revelou a consciência. Assim, a viagem pelo interior da África, ao Egito, se tornou para mim o drama do nascimento da luz, intimamente conectado comigo, com minha psicologia (303, trad. mod.).

Jung não deu maiores explicações de como esse drama estava conectado com sua própria psicologia. Mas deu alguns indícios da ligação entre suas excursões antropológicas e sua psicologia pessoal, numa passagem que terminou omitida da versão publicada de *Memórias*:

> Minhas experiências durante o período de 1913 a 1917 tinham me assoberbado com um emaranhado de problemas cuja natureza exigia que eu passasse a estudar a vida psíquica dos não europeus. Eu suspeitava que as questões a minha frente fossem apenas diversas compensações para meus preconceitos europeus. O que eu vi no norte da África, e o que Ochwiay Biano me contou, foram as primeiras indicações de uma explicação adequada para minhas experiências.[85]

Os anos em questão, que Jung apelidou de seu período de confronto com o inconsciente, foram aqueles durante os quais ele elaborou suas teorias do inconsciente coletivo e da individuação. Sua afirmação aqui indica que aquilo que ele atravessou pessoalmente também poderia ser entendido como um processo de deseuropeização. Extrapolando a partir disso, a importância que os ocidentais atribuíam à exploração do inconsciente coletivo também poderia ser entendida por esse ponto de vista. A tarefa que se propunha era alcançar uma síntese entre o ocidental e o primitivo, sem "virar negro". Em outra passagem, igualmente omitida de *Memórias*, ele refletia sobre suas impressões ao voltar para a Europa:

> Fiquei com a impressão de que nossos modos convencionais de conceber e lidar com os problemas psicológicos eram uma tentativa tão perfeitamente inadequada quanto usar diamantes para se tapar buracos na rua. Certamente isso parece muito exagerado, mas recorro a este exagero por um bom motivo, porque reproduz meu estado de espírito nessa época. Minha autoconfiança moderna sofreu uma derrota inquestionável. Simultaneamente mais rico e mais pobre, voltei dessas viagens para dar conta de minha tarefa de

---

[85] CMS, 356. Ellenberger certa vez perguntou a Jung por que ele não publicava suas observações sobre os elgoni. Jung respondeu: "Como psicólogo, eu não quero me intrometer no campo da antropologia" (1970, 739).
[86] *Ibid.*, 392-393. Estas são as famosas duas linhas finais do *Candide* de Voltaire, precisamente a resposta de Candido a seu tutor Pangloss (1759, 100). Jung tinha um busto de Voltaire em seu estúdio.

levar uma existência europeia. *"Tout cela est bien dit, mais il faut cultiver notre jardin"* [está tudo muito bem dito, mas ainda precisamos cuidar de nosso jardim], diz Cândido.⁸⁶

Primitivos e modernos

Em 1926, Chauncey Goodrich, que havia acompanhado Jung em sua viagem ao Novo México, escreveu para Walter Fewkes, chefe do departamento de etnologia do Instituto Smithsonian, nos Estados Unidos, informando-o de que havia recebido um pedido de Jung para que lhe enviasse uma cópia dos registros do instituto. Goodrich disse:

> Há pouco tempo ele viajou pela África, passando diversos meses entre tribos primitivas nas encostas do Monte Elgon. Há um ano, em companhia de um grupo do qual eu fazia parte, ele visitou o Arizona e o Novo México, ficando algum tempo em Taos etc., e se tornou muito interessado pelos aspectos culturais e psicológicos da cultura mais primitiva com a qual esteve mais recentemente em contato na África. Ao mesmo tempo, em virtude desses contatos, ele está ansioso por aprofundar seus conhecimentos, estudando os registros disponíveis sobre os índios americanos.⁸⁷

Os volumes foram devidamente despachados para Jung. O manuscrito que ele estava preparando tinha como título "Viagem africana" e, na realidade, voltava-se para questões gerais relativas à psicologia e à antropologia, e em especial falava dos índios pueblo do Novo México. Uns poucos excertos foram selecionados por Aniela Jaffé, que os incluiu em *Memórias*. Infelizmente, as reflexões mais importantes foram omitidas.

O manuscrito começava com uma reflexão sobre o condicionamento subjetivo do conhecimento. Jung notou que o mundo não era só uma experiência externa, mas interna também. Embora assumisse que aquilo que chamamos de mundo era um objeto externo, na realidade isso era um reflexo e uma criação mental, pois nossa "possibilidade mental de fazer registros" não era de modo algum uma *tabula rasa*. Pelo contrário, ela se constrói por meio de pressupostos. Por conseguinte, "fazer registros é assimilar".⁸⁸ Isso já fora indicado pelo processo fisiológico da percepção. Na vida diária, a pessoa frequentemente age como "se a coisa tivesse forçado sua própria interpretação" (2). No entanto, a história da ciência indica a extensão em que os julgamentos inatos vêm moldando nossas concepções, de tal forma que elas pouco têm a ver com a verdadeira natureza das coisas. O medo da subjetividade na erudição provocou

---

⁸⁷ 4 de junho de 1926, Biblioteca do Instituto Jung, de São Francisco.
⁸⁸ "Viagem africana" (JP, 1).

o abandono da atividade de refletir sobre as coisas, na busca por fatos claros, e induziu à ênfase de acumular registros materiais objetivos, e de usar estatísticas e registros fotográficos e fonográficos. A postura isenta de quaisquer pressupostos terminou tornando-se um ideal – a suposição de que "o material dita e o pensamento se organiza a partir dele" (2). No entanto, ele dizia que havia só um pequeno passo entre esse ideal e a abolição do pensar. O que havia ficado de fora era considerar o fator psicológico do julgamento, justamente a "condição 'sine qua non' de todo conhecimento" (3). Essa afirmação indica o quanto ele se distanciava do movimento fenomenológico.

Um exemplo da negligência com que o fator subjetivo foi tratado é o registro de viagens. Nestes, podemos encontrar em geral relatos de fatos externos e de aventuras, mas poucas observações sobre experiências interiores. A mesma atitude estava presente nos relatos científicos e etnográficos, com sérias consequências, pois "muitas coisas nos povos exóticos só podem ser entendidas através de nossas próprias reações subjetivas" (4). Sem levar em conta o que nos acontece quando entramos em contato com eles, seu mundo permaneceria incompreensível a nós. Como exemplo, ele citava a distinção que certos índios faziam entre os coiotes comuns e os coiotes médicos, o que para nós não tem nenhum sentido, pois só conhecemos coiotes comuns. O que não podemos entender é que a diferença não é visível externamente, e sim internamente. Isso levantava a questão de se um homem branco, exposto aos efeitos da atmosfera exótica, ficaria psiquicamente alterado a tal ponto que chegaria a perceber diferenças de personalidade entre animais da mesma espécie. Deixar-se alterar psiquicamente dessa maneira era a única forma de se poder compreender os mistérios e estranhezas da mente primitiva. Essa formulação representava um novo avanço na noção de equação pessoal: era preciso que a pessoa se permitisse ser transformada pelo que estivesse buscando estudar, observando as mudanças em si mesma. Havia, porém, o problema de, em se permitindo ser afetada a esse ponto, a pessoa talvez perder a capacidade de reportar fatos. O melhor exemplo disto era o livro de Dennett, *At the Back of the Black Man's Mind* [*Por trás da mente do homem negro*] que exibiu todas as evidências de ter sido escrito após uma exagerada exposição do autor às influências primitivas.[89]

Nosso próprio espírito cultural era uma estrutura construída a partir dos resquícios do que nossos ancestrais elaboraram. O cuidado com que preservamos os monumentos da Antiguidade e da Idade Média atesta o poder psíquico dessas manifestações culturais: o objeto histórico afeta a parte corresponden-

---

[89] Dennett, 1906. O objetivo de seu trabalho era mostrar que na África havia uma religião que oferecia uma concepção mais elevada de Deus do que a geralmente reconhecida, e deixar clara a importância do posto de rei nas comunidades africanas. Isso pretendia facilitar o trabalho de missionários e do governo colonial (v). Dennett descrevia-se como "Aquele que viveu muito tempo entre os africanos e desenvolveu certa forma negra de pensar" (233).

te de nossa personalidade histórica. Esses remanescentes, aos quais estamos vinculados por intermédio de uma tradição histórica ininterrupta, afetam os conteúdos mentais conscientes em nós. No caso das coisas pré-históricas, a influência se dava sobre nossa mente pré-histórica inconsciente.

As culturas poderiam ser diferenciadas quanto a serem marcadas por um espírito histórico ou não histórico. A devoção histórica que caracteriza o presente só tem cerca de 150 anos. A época regida pelo espírito não histórico foi aquela em que o presente era dotado de um valor absoluto, e para a qual o passado só tinha sido um estágio preliminar. O interesse pelo passado fora promovido pela questão de existir ou não algo de valor que tivesse ficado para trás, e pudesse levar a um novo significado no presente.

Isso explicava o relacionamento de amor e ódio que temos com os primitivos, e a importância de se estudar a psicologia dos colonizadores brancos. A fala comum tem um termo para o alinhamento psíquico com o primitivo: "virar negro". Não foi somente na África que ficou patente a mútua influência das raças que entravam em contato umas com as outras; esses efeitos também podiam ser identificados nos Estados Unidos.[90]

A importância da antropologia não residia apenas na busca do conhecimento de outras culturas. Ele afirmava que era somente através do contato com outras culturas que poderíamos enxergar nossa própria cultura de fora, da mesma maneira como só nos tornamos conscientes de nossas peculiaridades naturais e pessoais quando conhecemos pessoas de outras nacionalidades.

Como indicamos acima, o episódio mais crucial de sua visita ao Novo México foi o encontro com Lago na Montanha. Foi por meio da conversa com esse índio que o desejo de Jung de ver a Europa de fora foi enfim realizado. No manuscrito, ele relata alguns detalhes da conversa, à qual fez menção em diversas oportunidades. Dois temas parecem tê-lo impressionado mais que tudo. O primeiro foi a opinião de Lago na Montanha sobre o homem branco:

> Eu perguntei-lhe por que ele achava que os brancos eram todos malucos. Ele respondeu: "Porque dizem que pensam com a cabeça".
> "Ora, mas é claro! Onde é que você pensa?", eu lhe perguntei, surpreso.
> "Nós pensamos aqui", ele disse, indicando o coração. Entrei em prolongado estado de meditação.
> Pela primeira vez na vida, assim me pareceu, alguém havia esboçado para mim a imagem do verdadeiro homem branco (*Memórias*, 276, trad. mod.).

O segundo ponto dizia respeito ao papel do sol em sua religião e cosmologia: "Ele disse, apontando para o sol, 'não é ele que se movimenta lá, nosso

---

[90] O manuscrito contém uma extensa seção sobre esse tópico. Várias reflexões desse teor acabaram sendo incluídas num artigo que Jung escreveu em 1930, "Seu comportamento negróide e selvagem", *OC* 10.

pai? Como alguém pode dizer outra coisa? Como pode haver um outro deus? Nada pode existir sem o sol'" (279). Lago na Montanha acrescentou ainda: "Somos filhos do Pai Sol, e com nossa religião ajudamos todos os dias nosso pai a atravessar o céu. Fazemos isso não só para nós, mas para o mundo todo. Se parássemos de praticar nossa religião, em dez anos o sol não se levantaria mais".[91]

Jung ficou impressionado de encontrar um monoteísmo solar, que lhe parecia corresponder a uma disposição espiritual que se estendia a vários milhares de anos no passado. Por outro lado, as raízes míticas e cosmológicas dos índios pueblo nos mostravam precisamente o que tínhamos perdido, além de nosso empobrecimento espiritual. Disse ele sobre os índios pueblo: "Esse homem está, no mais completo senso da expressão, em seu lugar" (282, trad. mod.).

Como indicado em carta a Cary de Angulo, Jung ficou impressionado com a importância do sigilo para os pueblo. Não havia cabimento em se fazer perguntas sobre suas práticas religiosas. Ele sabia que a preservação de seus mistérios dava-lhes coesão e unidade. Jung observou que, apesar do fato "de todo turista ter licença para perturbar a paz dos túmulos egípcios dos reis e a visão solene dos mortos reais há muitos milhares de anos com toda sorte de comentários cretinos", não se entregavam aos tolos os tesouros dos museus ("Viagem africana", 26). No entanto, isso era precisamente o que iria acontecer se alguém pegasse "as representações mais vitais, a espinha dorsal de toda uma coletividade", e as publicasse (*ibid.*). Uma atitude dessas poderia destruir os mistérios. A opinião de Jung a tal respeito coincidia inteiramente com a de Jaime de Angulo, citada antes.

Quanto ao comentário de Lago na Montanha, de que os pueblo pensam com o coração, Jung descreveu isso como um "nível pré-psicológico" (28). Tal frase parece ter sido uma alternativa para a concepção proposta por Lévy-Bruhl de uma "mentalidade pré-lógica", pois ele acrescentou que essa expres-

---

[91] *Ibid.*, 280. A psicóloga analítica Frances Wickes também teve contato com Lago na Montanha. Em sua autobiografia inacabada, ela narrou sua primeira conversa com ele, um diálogo notavelmente semelhante ao que ele manteve com Jung, em que dizia: "Como o homem branco alimenta sua parceria com um Deus que mora numa igreja, ou num céu inatingível? O índio deve sentir seu Deus sempre perto – ele estende a mão e Deus a preenche de calor. Então ele sabe que seu pai é o Sol. Mesmo de noite, seu deus está lá, morando no calor do fogo que arde em seu abrigo. Como pode haver um outro Deus além do Sol, e como é que ele pode realizar sua travessia do céu sem a ajuda do índio?... O índio não realiza suas danças sagradas só para ele mesmo, mas sim pra o mundo inteiro. Sem essa parceria, o Sol não se mexeria nos céus e o mundo pereceria num mar de trevas geladas. Isso é uma coisa que o branco não entende, pois ele pensa com sua cabeça, enquanto o índio pensa com o coração" (coleção de Wickes, LC). Como o comprova sua correspondência com Chauncey Goodrich, Lago na Montanha era fluente em inglês, e defendia ativamente a cultura dos índios pueblo, que estava velozmente perdendo terreno para o uísque contrabandeado (documentos de Goodrich, Biblioteca Bancroft, UCSF).

são enfatizava excessivamente o elemento lógico. Nesse nível, a diferenciação entre as funções do pensamento, sentimento, sensação e intuição ainda não tinha sido iniciada. Consequentemente, nenhuma função poderia ser objeto de uma outra função. Com isso, não poderia haver uma crítica psicológica. Era isso que dava aos conceitos primitivos seu caráter específico. Com os "primitivos", os conceitos emergiam da totalidade da psique. Conosco, no entanto, os conceitos surgem quando a função pensamento é isolada acima das demais funções.[92] Essas reflexões se seguiram como uma ampliação aos comentários de Jaime de Angulo sobre a psicologia dos índios pueblo, citada antes.

As concepções pré-psicológicas, como Lévy-Bruhl já tinha dito sobre as representações coletivas, tinham um alto valor afetivo. Esses conceitos dominavam a psique dos "primitivos" e induziam-nos a ações condizentes. Jung considerava que essa provavelmente era a origem da prática dos cultos. No Ocidente contemporâneo, nossa mentalidade está tão identificada com a consciência, que a Igreja teve de obrigar as pessoas a acreditar em Deus, o que indica que "a pessoa tem de atribuir esse valor representativo artificial, ou injetar vida nele" (36). Isso indicava que nossos conceitos pré-psicológicos tinham sido depostos. Não obstante, essas "idées-forces" [ideias-forças] pré-psicológicas ainda existem hoje, apesar de revestidas das mais absurdas formas.[93]

O manuscrito era encerrado com algumas reflexões sobre as diferentes abordagens adotadas pelo etnólogo e pelo psicólogo. Na etnologia, era tão grande a quantidade de material coletado e publicado, que o psicólogo simplesmente ficava impotente diante dele.

Isto era uma parte de um problema maior, que atingia a ciência em geral, a saber, o fato de que "a extensão de nossas ciências atualmente é simplesmente desesperadora. A proliferação de fatos inundou tudo" (59). O desenvolvimento das coleções etnográficas gerou um museu cultural no qual os itens se tornaram curiosidades, que atendiam as necessidades de entretenimento de um público em busca de instrução. O que se havia perdido nessas coleções eram o sentido e o significado dos objetos. Era por tal motivo que, apesar de serem significativas para o etnólogo, essas coleções eram de pouca utilidade para o psicólogo. As observações de Jung a esse respeito estavam de acordo com a crítica de Jaime de Angulo, citada antes, quando ele deprecia a "antropologia de museu".

---

[92] Jung também comentou sobre "o estado de imersão sem contentamento" em que os índios pueblo pareciam estar durante seus preparativos para a dança do búfalo, frisando que de Angulo também lhe confirmara esse mesmo aspecto. Nos anos seguintes, de Angulo voltou-se contra Jung e fez críticas acerbas a respeito dele. Para Ezra Pound, ele escreveu: "Eu o apresentei aos índios em Taos & o f.d.p. ficou xeretando as coisas o tempo todo, com aquela estupidez teutônica...", 23 de dezembro de 1949, documentos de Jaime de Angulo, UCLA.
[93] Sobre a concepção das ideias-forças de Alfred Fouillée, ver antes, p. 215-217.

Finalmente, ele refletia sobre a natureza dos relatos sobre os "primitivos". A impressão geral que se tinha da literatura a respeito era que aqueles indivíduos eram um tipo humano completamente diferente de nós, com pensamentos estranhos, costumes paradoxais, emoções incompreensíveis. Entretanto, essa imagem era devida ao fato de os narradores falarem do que havia parecido incompreensível para eles, em suas viagens, e não do que eles tinham entendido, e isso acentuava a impressão de estranheza.

A tarefa que se propunha ao homem moderno consistia em recuperar esse enraizamento mítico e cosmológico, exemplificado pelos índios pueblo, sem sacrificar os ganhos da consciência moderna. A individuação era concebida como uma conjunção que resolvia o conflito entre o primitivo e o moderno.

Nesse período, Jung reformulou suas ideias sobre a tarefa da análise, inserindo-a numa perspectiva global e histórica. Concebia agora a neurose como um conflito entre o primitivo e o moderno. Não só ele afirmava que a mentalidade sobrevivia no inconsciente, como igualava os dois. A antropologia poderia ser empregada de uma maneira nova: serviria para proporcionar conhecimentos sobre o inconsciente moderno. Num seminário em 1925, ele salientou que o entendimento da mentalidade primitiva era essencial à análise dos sonhos. Recomendava a leitura do trabalho de Dennett, *At the Back of the Black Man's Mind*, acrescentando que "na realidade, seria preciso ler esse livro diversas vezes, pois as ideias que contém não são de modo algum fáceis de se entender, na primeira vez em que se toma conhecimento delas" (Crow, 1925, 9-10).

Esses comentários demonstram que a antropologia dos "primitivos" era um elemento chave na constituição do conceito junguiano de inconsciente, ou seja, o primitivo no moderno. O relato antropológico da mente primitiva também poderia ser lido como uma descrição do inconsciente contemporâneo. É aqui que se torna significativo o fato de ele ter atribuído tanto valor à herança filogenética. Transferir o arcabouço antropológico do arcaico e primitivo para a alma moderna foi um movimento crucial na constituição do conceito de inconsciente coletivo. Ao lado disso, na mesma época, eram precisamente essas equações que estavam sendo desenvolvidas também pela própria antropologia.

Jung entre os antropólogos

Especialistas que se mostravam em geral favoráveis ao trabalho de Jung criticaram, não obstante, o fato de ele ter-se apoiado em Lévy-Bruhl. Em 1924, o antropólogo Paul Radin, ex-aluno de Franz Boas, escreveu para Cary de Angulo nos seguintes termos:

O que você diz sobre Jung achar que, no mínimo, Lévy-Bruhl subestimou a "participação mística" entre os povos primitivos, é incompreensível, e fico ainda mais atordoado ao saber que ele (Jung) faz essa afirmação com base em impressões obtidas de breves estadias em regiões semimaomenizadas. [94]

Seguia depois dizendo que, embora não tivessem havido entre os "primitivos" homens como Aristóteles, Hume e Kant, eles sem dúvida contavam com indivíduos do calibre de Platão e Hegel. Dessa forma, embora não separassem a mente e a matéria de uma maneira aristotélica, isso não queria dizer que não distinguissem entre ambas; em vez disso, presumiam uma interação entre ambas. Radin tinha sido convidado por Jung para dar uma palestra no Clube Psicológico em Zurique, sobre religião nativa nos Estados Unidos, e ele também participou de um seminário de Jung em 1925. Em *Tipos psicológicos*, Jung citava o seguinte episódio:

> Um bosquímano tinha um filhinho que cobria de atenções da maneira afetuosamente característica dos primitivos... Um dia, ele voltou para casa enfurecido: fora pescar mas não tinha fisgado nada. Como de hábito, o garotinho correu muito animado para abraçá-lo. Mas o pai o agarrou e torceu o pescoço do filho, sem titubear. Claro que, em seguida, chorou o filho morto com o mesmo abandono e falta de compreensão que antes o tinham feito estrangular a criança.[95]

Em 1927, Radin criticou o trabalho de Lévy-Bruhl e a equação entre primitivo e pré-histórico, em *O homem primitivo como um filósofo*. Quanto à citação de Jung, disse que não poderia imaginar uma distorção maior. Isso ilustrava o "viés inconsciente" que estava embutido em nossa ideia da mentalidade primitiva, a saber, a suposição de uma falta de diferenciação e integração dos processos mentais. Radin dizia que os erros de Jung eram causados por "certa indistinção da visão, motivada por aquele sentimentalismo do qual o europeu do norte acha tão difícil se libertar" (1927, 40). Acrescentava que o fato de tal exemplo poder ser usado por Jung para descrever as reações dos "primitivos" mostrava a extensão da ignorância que ainda vigorava sobre o assunto. Viés inconsciente, visão indistinta, sentimentalismo e ignorância pura e simples foram os termos com que Radin resumiu a visão que Jung oferecia do "homem primitivo".

Para Radin, foi fatal para Jung ele ter-se apoiado em Lévy-Bruhl. Em 1929, Radin se estendeu mais sobre esse problema. Primeiramente, comentou que Lévy-Bruhl consideraria a incorporação de seu trabalho por Jung com senti-

---

[94] 24 de novembro, documento de Cary Baynes.
[95] *OC* 6, §403. Essa citação foi feita na tradução de H. G. Baynes de 1923 (295), que Radin usava.

mentos talvez paradoxais. Em sua opinião, a abordagem psicológica da etnologia sofria de praticamente todos os defeitos da abordagem de Lévy-Bruhl, ao mesmo tempo em que era menos informada e menos crítica (1929, 24). Ao discutir as teorias de Jung, salientava a relação delas com um tema central à antropologia do século XIX, a saber, a natureza das semelhanças culturais e suas origens. A escola evolutiva inglesa defendia que as similaridades eram devidas a uma ação uniforme da mente sob condições parecidas, enquanto Bastian as atribuía a um número limitado de pensamentos elementares inatos. Ambos adotavam a tese de uma unidade psíquica da humanidade. Para Radin, as teorias de Jung representavam uma síntese das duas posições. Como os evolucionistas, Jung considerava que a sociedade primitiva era um todo indiferenciado, postulava uma série de estágios no desenvolvimento psíquico da humanidade, e o equiparava ao desenvolvimento psíquico do indivíduo. Tal qual Lévy-Bruhl, havia se comprometido com o erro de projetar elementos arcaicos do indivíduo contemporâneo na mentalidade primitiva (29).

Radin argumentava que, se pudesse ser mostrado que "nada mais que uma fração mínima praticamente negligenciável de elementos culturais foi originada uma única vez", então as teorias dos evolucionistas, e de Bastian, Lévy-Bruhl e Jung, perderiam uma grande parte de sua validade. O que estava em jogo era justamente determinar o papel exato da transmissão cultural e da difusão no desenvolvimento de elementos culturais. As teorias junguianas dos tipos e do inconsciente ofereciam uma "base psicológica real" para a origem independente de muitos elementos culturais (32). No entanto, a existência de uma difusão tão larga tornava óbvia a necessidade de se postular (e explicar) sua geração independente. Por conseguinte, "o inconsciente coletivo de Jung só poderia então agir como processo seletivo, determinando quais elementos deveriam ser assimilados" (32).

Em 1931, Jung escreveu um prefácio para um trabalho de Charles Aldrich, *The Primitive Mind in Modern Civilization* [A mente primitiva na civilização moderna]. Tratava-se de uma tentativa de desenvolver uma psicologia dos "primitivos" baseada no trabalho de Jung. Aldrich tinha estudado com Jung em Zurique e também havia participado de um seminário em 1925.[96] Para Cary Baynes, Aldrich escreveu dizendo que a função de seu livro tinha sido "ajudar a chamar a atenção das cabeças pensantes para o trabalho de Jung".[97] Jung aproveitou a oportunidade para comentar sobre a história da relação entre a antropologia e a psicologia. Disse que, no século XIX, a antropologia tinha empregado o "método coletivo", que reunia uma grande quantidade de material que, no entanto, era insuficientemente analisado. A análise adequada exigiria um estudo interdisciplinar, do qual *O ramo dourado*, de Frazer, era um "exemplo esplêndido" (*OC* 18, §1297). Contudo, a psicologia era o

---

[96] Jung informou Aldrich que recomendaria aquele livro a seus pacientes, pois era uma excelente introdução à psicologia dos primitivos (5 de janeiro, 1931, *Cartas*, 1, 80).
[97] 4 de outubro, 1931, documentos de Cary Baynes.

campo que menos tinha sido acionado. Ao mesmo tempo, cada pesquisador havia elaborado uma psicologia própria para compreender os "primitivos":

> Visto pelo prisma de Tylor, o animismo é muito evidentemente o viés individual dele mesmo, Lévy-Bruhl mede os fatos primitivos recorrendo a uma mente extremamente racional. Segundo sua perspectiva, parece bastante lógico que a mente primitiva deva ser um "état prélogique". No entanto, o primitivo está longe de ser ilógico e igualmente tão distante de ser "animista". De forma alguma ele é essa criatura estranha da qual o homem civilizado se separa por um abismo insondável e intransponível. A diferença fundamental entre ambos não é uma questão de funcionamento mental, mas sim das premissas sobre as quais esse funcionamento se baseia (OC 18, §1297).

Com isso, a antropologia tinha se tornado vítima da equação pessoal, e a falácia da antropologia estava em sua psicologia inadequada. Mas a psicologia em si tinha sido pouco útil para a antropologia, devido à falta de uma psicologia adequada. Jung afirmava que o valor da obra de Freud, *Tótem e tabu*, apesar de suas declaradas inadequações, tinha sido ter mostrado a possibilidade de uma reaproximação entre a psicologia e a compreensão dos primitivos. Antes dessa obra, porém, ele mesmo já havia lidado com o tema em *Transformações e símbolos da libido*. Enquanto Freud aplicara uma teoria preexistente, ele tinha usado um método comparativo, explicando que este oferecia resultados melhores tanto para a psicologia como para a antropologia (como vimos, o método comparativo de Jung tinha sido extraído da antropologia). Segundo este estudo, uma antropologia adequada só poderia ser construída se se baseasse numa psicologia adequada, ou seja, a de Jung.

Além do prefácio de Jung, o trabalho de Aldrich continha uma introdução de Bronislaw Malinowski, formando uma interessante contrapartida. Antes de considerar a introdução de Malinowski ao livro de Aldrich, vale a pena esboçar sua atitude para com a psicanálise, expressa em sua obra de 1927, *Sexo e repressão nas sociedades primitivas*. Malinowski dizia que, durante algum tempo, fora "indevidamente influenciado pelas teorias de Freud e Rivers, Jung e Jones" (1927, VII). O valor da psicanálise estava em ter inaugurado uma teoria dinâmica da mente, forjando uma ligação entre a psicologia, a biologia e a teoria da sociedade. Ele entendia seu trabalho como uma fonte de confirmação parcial da psicanálise, já que mostrava "uma profunda correlação entre o tipo de uma sociedade e o complexo nuclear encontrado nela" (82). Ao mesmo tempo, ele apresentava uma relativização, uma vez que não se poderia supor a existência universal do complexo de Édipo. Assim, no lugar do universalismo da teoria psicanalítica, ele propunha um relativismo cultural.[98]

---

[98] Como Malinowski, Jung também citava suas experiências antropológicas como uma crítica da psicanálise. "Três versões de uma coletiva de imprensa em Viena", McGuire e Hull ed., 1977, 57 & 60.

Em seu trabalho, Aldrich citou a crítica antropológica de Malinowski do complexo de Édipo, dizendo que ela fornecia confirmação da perspectiva de Jung. Aldrich argumentou que Malinowski tinha apresentado o caso de uma sociedade governada pela linha da descendência matrilinear, na qual a animosidade do jovem era direcionada para a figura de autoridade, o irmão da mãe, e não contra o pai. Isso indicava que o complexo freudiano de pai era metafórico, "exatamente paralelo" à visão de Jung, contrariando a de Freud; na perspectiva junguiana, o desejo incestuoso pela mãe também era metafórico (1931, 6-7).

No entanto, a adoção dessa forma de relativismo cultural por Malinowski levou-o a rejeitar também a teoria de Jung de um inconsciente coletivo, sem, porém, citar seu nome:

> Desenvolvemos uma teoria da plasticidade dos instintos na cultura, e da transformação da reação instintiva em ajustamento cultural. Em sua dimensão psicológica, nossa teoria sugere uma linha de abordagem que, embora reconheça toda a influência dos fatores sociais, descarta as hipóteses de "mente grupal", "inconsciente coletivo", "instinto gregário" e outros conceitos metafísicos assemelhados (1927, 277).

Em sua introdução ao trabalho de Aldrich, Malinowski afirmava que "Entre as esferas da psicologia e antropologia, existe hoje uma terra de ninguém" (Aldrich, 1931, XI). No entanto, em sua opinião, até a psicologia solucionar seus conflitos entre as escolas rivais, a antropologia deveria considerá-los todos imparcialmente, sem se aliar a nenhum. Como Jung, Malinowski afirmava que a antropologia e a psicologia poderiam beneficiar-se mutuamente. Não surpreende que ele tenha acentuado os valores potenciais da antropologia para a psicologia: "É até possível que a crítica antropológica e a avaliação das excursões da ciência do homem feitas por essas diversas escolas consigam esclarecer em alguma medida a atmosfera psicológica" (XII). Quando se tratou do trabalho de Jung, Malinowski disse que as contribuições da "escola de psicologia analítica de Zurique"

> não podem ser ignoradas por nenhum antropólogo. E o principal conceito dessa escola – o Inconsciente Racial – desafia a crítica antropológica, pois, embora seja proposto como um princípio psicológico, é em tal medida dependente de evidências culturais, que talvez não seja reivindicar demasiado quando dizemos que, ao rejeitá-lo ou consolidá-lo por fim, o antropólogo terá tido a última palavra (XIII).

Assim, se para Jung o psicólogo deveria ter a última palavra quanto à validade da teoria antropológica, para Malinowski a situação era inversa. Para este, o julgamento antropológico do "principal conceito" de Jung era gritantemente negativo.⁹⁹

Jung não respondeu abertamente às críticas antropológicas a seu trabalho em suas publicações, mas se referiu àquelas que haviam sido endereçadas a Lévy-Bruhl. Como este era sua principal autoridade antropológica, bastaria expor a fraqueza das críticas contra ele para defender seu próprio trabalho.

Embora em 1929 Jung tivesse dito que era um toque de gênio Lévy-Bruhl ter usado a expressão "participação mística" para caracterizar a mentalidade primitiva (ver acima), adotando esse termo logo a seguir, em 1930 ele o criticou, aliando-se àqueles que criticavam o antropólogo. Numa palestra em Zurique, disse que o adjetivo "místico" não tinha sido bem escolhido, pois, para os "primitivos", era uma questão de coisas muito naturais.¹⁰⁰ No ano seguinte, comentou que ainda havia alguns etnólogos que eram contra essa ideia "brilhante", possivelmente por causa da "infeliz expressão 'mística'".¹⁰¹ Se Lévy-Bruhl chegou a abandonar o termo, Jung *reverteu* suas críticas a ele. Em 1948, lamentou que o antropólogo tivesse erradicado aquela "expressão perfeitamente apta" e reconheceu que havia "sucumbido aos ataques dos tolos que pensam nas suas próprias bobagens quando ouvem o termo 'místico'".¹⁰² Atribuía essa mudança ao temor de Lévy-Bruhl de ser dono de "má reputação junto aos círculos intelectuais": "É realmente lamentável que ele tenha cedido a tal superstição racionalista, pois 'mística' é exatamente a palavra que caracteriza a qualidade peculiar da 'identidade inconsciente'".¹⁰³ Não só Jung se colocou ao lado de Lévy-Bruhl contra os críticos, como finalmente defendeu as primeiras posições dele contra as últimas. Para ele, o conceito de "participação mística"

> foi objeto de repúdio pelos etnólogos porque os primitivos sabem muito bem como diferenciar as coisas. Não há dúvida quanto a isso, mas tampouco pode ser negado que coisas incomensuráveis podem ter para eles, igualmente, um *tertium comparationis* incomensurável. Basta lembrarmos da ubíqua utilização do conceito de "mana", do motivo do lobisomem etc. Além disso, "identidade inconsciente" é um fenômeno psíquico com o qual o psicoterapeuta tem de se haver diariamente. Certos etnólogos também rejeitaram o conceito de *état prélogique* de Lévy-Bruhl, que é bem próximo do de "participação". Essa não é uma designação muito feliz, pois a seu próprio modo o primitivo pensa de uma forma tão lógica quanto nós. Com o termo "pré-lógico" ele quer dizer que as suposições primitivas são, em geral, extraordinariamente estranhas, e que, embora talvez não mereçam ser chamadas

---

⁹⁹ Sobre a relação entre Malinowski e a psicanálise, ver Stocking (1986b). Jung nunca citou o trabalho de Malinowski. No entanto, ele tinha uma cópia de um artigo dele, de 1916, intitulado "Baloma, os espíritos dos mortos nas Ilhas Trobriand".
¹⁰⁰ "O homem arcaico", *OC* 10, §130.
¹⁰¹ "Introdução a 'Analyse der Kinderseele'", *OC* 17, §83.
¹⁰² "Perspectivas gerais sobre a psicologia dos sonhos", *OC* 8, §508n.
¹⁰³ "Comentário ao 'Livro tibetano dos mortos', 1939/1954, *OC* 11, §817n.

de "pré-lógicas", elas certamente merecem ser descritas como "irracionais". Foi muito surpreendente que, em suas memórias póstumas, Lévy-Bruhl tenha abjurado de ambos os conceitos. Tal atitude é ainda mais notável se lembrarmos que ambos possuíam uma sólida base psicológica.[104]

Mesmo que o antropólogo tenha mudado de opinião, o psicólogo precisava afastar-se disso, pois suas avaliações tinham se baseado na validade psicológica das ideias. Portanto, a psicologia não tinha uma relação de dependência com a antropologia, mesmo que se tratasse da interpretação de material antropológico. Por conseguinte, os passos seguintes dados pela teoria antropológica não poderiam de maneira alguma invalidar as suposições antropológicas das teorias psicológicas de Jung. Diante disto, talvez não surpreenda que os modernos antropólogos tenham em geral ignorado por completo o trabalho de Jung.

Emerge claramente um padrão na resposta da comunidade antropológica ao trabalho de Jung. Por um lado, suas excursões antropológicas foram ignoradas e sua teoria dos arquétipos foi refutada. As primeiras foram entendidas como iniciativas intimamente vinculadas com a antropologia "de poltrona" dos séculos XIX e início do XX, contra a qual se insurgiram os antropólogos das décadas de 1920 e 1930. Quanto à proposta do conceito de arquétipo, não combinava com a progressiva valorização das particularidades históricas e geográficas e com o aparecimento dos conceitos modernos de culturas.[105] Entretanto, Jung sem dúvida exerceu uma influência seminal sobre a antropologia, com sua livro *Tipos psicológicos*.

Quando a tradução dessa obra para o inglês apareceu em 1923, tornou-se um dos principais tópicos de conversa entre os antropólogos. Em 1924, a aplicação da teoria dos tipos de Jung à antropologia foi o tema do discurso do presidente Charles Seligman diante do Real Instituto de Antropologia; seu título era "Antropologia e psicologia: um estudo de alguns pontos de contato". Seligman tinha se correspondido com Jung antes dessa palestra. Escrevera para informá-lo que havia ficado cada vez mais convencido das distinções dos tipos propostas por Jung. Estava "tentando aplicar as ideias junguianas de tem-

---

[104] *Mysterium Coniunctionis*, OC 14, 1955/6, §336n. No dia 12 de março de 1935, Jung escreveu para Jolande Jacobi que "Lévy-Bruhl é uma relíquia maravilhosa, sem dúvida. O material que seus livros trazem tem um valor inestimável. É realmente uma pena que ele não diga mais nada a respeito. Certamente suas opiniões fazem falta, mas acho que, nesse caso, sua opinião não seria interessante. Bom, pelo menos desse jeito ficou intacto" (JP).

[105] Por exemplo, Margaret Caffrey ressalta que, em resposta à indagação de Edward Sapir quanto à possibilidade de se aplicar as ideias de Jung às imagens primordiais da mitologia, Ruth Benedict "rejeitou a abordagem arquetípica à mitologia, principalmente porque a ideia de arquétipo trazia à mente a noção de um sistema fechado, com leis fixas" (1989, 141). Com respeito à psicanálise em termos mais gerais, Sapir notava que, em 1921, os antropólogos relutavam em desistir de sua sensibilidade às particularidades históricas das culturas, já que só recentemente a haviam desenvolvido (Darnell, 1990, 140).

peramento introvertido e extrovertido aos selvagens, e se conseguir fatos em quantidade suficiente para fazer inclusive sugestões, posso talvez ir em frente e tentar aplicar as mesmas ideias a diferentes raças não selvagens".[106] Depois de indicar como estava aplicando suas ideias, apresentara a Jung uma longa lista de perguntas que havia elaborado sobre a tipologia. Em resposta, ele lhe enviou explicações detalhadas, que não foram publicadas. No entanto, em seu agradecimento, Seligman informou-o de que reconheceria alguns desses comentários em seu discurso presidencial perante o instituto antropológico.[107]

Seligman começava falando que sua experiência antropológica tinha demonstrado uma maior sugestionabilidade, tendência a dissociações, e semelhança com quadros histéricos entre os povos "primitivos", mas que não podiam ser considerados idênticos aos histéricos modernos. A explicação para isso, segundo ele, estava na distinção feita por Jung entre extroversão e introversão. Ele aceitava a alegação de Jung de que essas atitudes tipológicas eram inatas, e passara a estudar como as várias culturas poderiam ser classificadas em tipos. Embora o interesse de Jung pela tipologia tivesse tido sua utilidade como meio para desenvolver uma psicologia individual autorreflexiva, e embora fosse vista pelos psicólogos e pela cultura em geral como um sistema caracterológico, para Seligman e outros antropólogos a importância da teoria dos tipos de Jung estava em sugerir a possibilidade de uma tipologia diferencial das culturas.

No Ocidente, dizia Seligman, havia uma preponderância de extrovertidos. Depois, citava uma comunicação pessoal de Jung, na qual este discordava. Para Jung, a aparente predominância de extrovertidos era devida a estes serem mais perceptíveis. Para corroborar essa opinião, dava a Seligman alguns dados numéricos, indicativos de um interesse pela quantificação e que está ausente de *Tipos psicológicos*: "Dos 77 amigos, parentes e conhecidos, 34 são introvertidos e 43 extrovertidos, enquanto que, dos 70 pacientes tratados no ano passado, 39 eram extrovertidos e 25 introvertidos; o tipo de 6 deles ficou ainda por ser determinado" (citado em Seligman, 1924, 23). Seligman, contudo, afirmou que isso correspondia a sua própria opinião quanto a um predomínio de extrovertidos. Por outro lado, os selvagens que ele tinha estudado eram extrovertidos. Quando se tratava de povos civilizados, dizia que as raças nórdicas eram introvertidas. Quanto às raças alpinas, citava uma carta de Jung na qual este caracterizava o suíço médio como "moderadamente introvertido" (29), o que parece indicar certa propensão de Jung para classificar as culturas conforme os tipos, embora ele não tivesse escrito sobre isso. Seligman afirmava que os mediterrâneos eram extrovertidos, e que a "Índia, antiga e especulativa", era introvertida (30). Quanto ao Extremo Oriente, o Japão era extrovertido e a China, introvertida.

---

[106] 22 de setembro de 1923 (JP).
[107] 3 de janeiro de 1924 (JP).

Edward Sapir fez uma análise de *Tipos psicológicos*, sobre o qual escreveu: "Sua ideia central é como o olhar intenso e concentrado do homem que descobriu algo, e esse algo é um tanto desconcertante" (1923, 529). Embora achasse que parte do texto era árido, impossível de acompanhar e escolástico, nem por isso deixou de saudar o trabalho como contribuição para a perda da "serenidade de um sistema de valores absoluto" (532). O biógrafo de Sapir oferece uma explicação psicobiográfica para o interesse dele pela obra *Tipos psicológicos*:

> Sapir ficou fascinado pelo conceito junguiano dos introvertidos e extrovertidos como tipos irreconciliáveis. Ao longo de toda a sua vida, Sapir se sentiu isolado de seus semelhantes e não conseguiu compreender por que eles não viam o mundo do mesmo modo que ele. A "explicação" de Jung libertou-o de uma sensação de culpa que ele até então não tinha nem identificado.[108]

Independentemente da validade desta explicação, percebe-se que uma porção não pequena do interesse pela tipologia de Jung vinha de suas aplicações pessoais e interpessoais. É assim que Margaret Mead se lembra de que, em sua adolescência, "estava num ponto em que era uma 'introvertida intuitiva', o que todos queriam ser porque era o que Jung mais admirava" (citado em Howard, 1984, 43). Ela se lembrava de ter havido muitas discussões sobre o *Tipos psicológicos* de Jung entre os antropólogos:

> A ideia de que há relações sistemáticas entre tipos psicológicos universais foi algo que ela [Ruth Benedict] vinha discutindo comigo e com Sapir desde que eu tinha ido ao encontro da Associação Britânica para o Progresso da Ciência, realizado em 1924, em Toronto, no qual tinham ocorrido discussões sobre o *Tipos psicológicos* de Jung (1923), recentemente publicado em inglês.[109]

Ela se lembrava também de que Sapir tinha começado a classificar seus colegas antropólogos em tipos. Como Seligman, Sapir tinha proposto, em 1934,

---

[108] Darnell, 1990, 140. Sapir é geralmente ligado a Benjamin Lee Whorf (1897-1941), como codefensores da tese da relatividade linguística, a saber, a proposta segundo a qual a linguagem estrutura nossa visão do mundo. Whorf também ficou impressionado com *Tipos psicológicos*, de Jung, e sua demonstração de que, ao longo de toda a história, a oposição dos tipos tinha levado a controvérsias e cismas. Por volta de 1936, Whorf comentou que o trabalho de Jung representava uma das caracterizações mais claras do pensamento. Endossando as funções de Jung, ele propunha que a função pensamento distinguia-se das demais, por conter um amplo elemento linguístico. Whorf achava que o conceito de libido, de Jung, "pode ser significativo para uma 'linguística do pensamento', se for verdade que a energia psíquica disponível para os processos linguísticos (incluídos na função pensamento) é uma energia diferenciada, acarretada por um sistema fechado" (ed. Carroll, 1956, 66).
[109] 1974, 42. Em outra referência ao mesmo encontro, Mead afirmou que "todos tínhamos lido Jung", 1977, 322.

uma tipologia das culturas com base nos tipos junguianos 1934, 563). Apesar disso, é difícil ver seu esquema como algo mais que uma reapresentação dos estereótipos raciais típicos, por exemplo, os mediterrâneos de sangue quente, os indianos espiritualizados etc.

O impacto da tipologia de Jung sobre Ruth Benedict pode ser encontrado em seu conceito de padrões culturais apolíneos e dionisíacos, que ele apresentou inicialmente em 1928, em "Tipos psicológicos nas culturas do sudoeste", e depois retomou com mais detalhes em *Padrões culturais*. Mead lembrava-se de que suas conversas sobre esse tópico tinham sido parcialmente moldadas pela discussão de Sapir e Oldenweiser a respeito da tipologia junguiana, em Toronto, em 1924, assim como pelo artigo de Seligman, citado acima (1959, 207). Em *Padrões culturais*, Benedict discutiu a tipificação de Wilhelm Worringer, com seus conceitos de empatia e abstração, a de Oswald Spengler, com seus apolíneos e faustianos, e a de Nietzsche, e seus apolíneos e dionisíacos. É notável que ela não tenha citado Jung explicitamente, embora ao criticar Spengler ela tenha notado que "é tão convincente caracterizar nosso tipo cultural como totalmente extrovertido... quanto como faustiano" (1934, 54-55). Tem-se a impressão de que Benedict estava tentando distanciar-se de Jung, apesar de sua inspiração vir de *Tipos psicológicos*.

Em sua autobiografia, Mead lembra que, no período que culminou com seu livro *Sexo e temperamento*, ela teve muitas discussões com Gregory Bateson a respeito da possibilidade de, afora a diferença de gênero sexual, haver outros tipos de diferenças inatas que "cortam caminho, atravessando as linhas sexuais" (1973, 216). Ela dizia que: "Em minha forma de pensar, recorri ao trabalho de Jung, especialmente seu quádruplo esquema de agrupar os seres humanos como tipos psicológicos, cada um relacionado aos demais de forma complementar" (217). No entanto, em seu trabalho publicado, Mead omitiu a citação a Jung. Uma possível explicação para essa ausência de citações, tanto em Benedict como em Mead, apesar de toda a influência de seu modelo tipológico, foi que ambas as autoras estavam desenvolvendo conceitos diametralmente opostos de cultura e de sua relação com a personalidade de acordo com Jung. É irônico que, paradoxalmente por meio de condutas tão indiretas e quase não admitidas, o trabalho de Jung tenha enfim surtido seu mais forte efeito sobre a antropologia moderna e seus conceitos de cultura. Esse breve relato de algumas reações antropológicas a Jung pode servir para indicar que, quando o material junguiano foi estudado pela comunidade acadêmica, conheceu destinos diversos e sofreu mudanças de grande porte.

Um outro antropólogo que se dedicou ao estudo de Jung foi John Layard (1891-1974). Layard tinha sido aluno de W. H. R. Rivers, e tinha realizado suas pesquisas de campo nas Novas Hébridas. Depois, fez psicoterapia com diversas celebridades, entre as quais Rivers, Homer Lane, Wilhelm Stekel, H. G. Baynes, Jung e R. D. Laing. Afora isso, ele mesmo mantinha um consultório como analista. Seu principal trabalho na antropologia foi um relato contendo parte de seus trabalhos de campo, um livro volumoso intitulado *Os homens de pedra de Malekula*, publicado em 1942, contendo 800 páginas. Neste e em artigos subsequentes, Layard se propôs interpretar os padrões de parentesco e as estruturas sociais dos Vao nos termos da psicologia analítica. Esse aspecto de seu trabalho e, em especial, seu trabalho sobre o tabu do incesto, foram incorporados por Jung. Ele ainda escreveu um artigo sobre "O tabu do incesto", em 1945. Quando o recebeu, Jung escreveu para Layard: "Chegou na hora certa e me deu a solução para um grande enigma na psicologia da transferência".[110] No ano seguinte, Jung usou o trabalho de Layard em *A psicologia da transferência*. Essencialmente, o trabalho de Layard lhe fornecera um modelo para a inter-relação entre as formas endógenas e exógenas do tabu do incesto. Layard, porém, achou que Jung tinha usado incorretamente seu trabalho e a segunda edição do livro de Jung continha correções efetuadas por Layard. Evidentemente, nem isso foi suficiente, pois, na tradução para o inglês do livro de Jung, que apareceu cinco anos após a morte dele, Layard tinha acrescentado ainda mais emendas, incorporadas ao texto, entre colchetes, com a aprovação dos editores do *Collected Works*.

A psicologia política

Em 1921, Jung definiu os conteúdos psíquicos coletivos como "o que Lévy-Bruhl chama de *représentations collectives* dos primitivos".[111] Em 1924, Marcel Mauss disse que a psicologia só estudava o que acontece no íntimo das pessoas, em oposição às representações coletivas, que eram objeto de estudo da sociologia. A dominadora significação das representações coletivas levou Mauss a dizer que, "às vezes, parece que queremos nos reservar todas as investigações dessas camadas mais elevadas da consciência individual" (1924, 99).

Ao adotar o termo "representações coletivas", Jung tentou inverter a operação de que campo contém o outro, levando a psicologia a abarcar a sociologia. Em 1928, afirmou que as imagens do inconsciente coletivo eram as representações coletivas.[112] Alguns anos mais tarde, porém, ele comentou que os arquétipos só correspondiam indiretamente às representações coletivas, pois se referiam a conteúdos inconscientes que não tinham sido submetidos a uma elaboração consciente.[113] Dessa maneira, os arquétipos formavam a base de representações coletivas. Estas designavam a condição dos arquétipos depois de terem passado por uma elaboração consciente.

---

[110] Documentos de Layard, Universidade da Califórnia, em São Diego.
[111] *Tipos psicológicos*, OC 6, §692.
[112] "As relações entre o ego e o inconsciente", OC 7, §231.
[113] "Sobre os arquétipos do inconsciente coletivo", 1935, OC 9, 1, §5-6.

Durkheim tinha usado a suposta existência do inconsciente como um elemento em sua argumentação da existência de representações externas ao indivíduo, quer dizer, representações coletivas. É muito interessante que Jung tenha empregado algo semelhante a um reflexo no espelho desse mesmo argumento. Embora afirmasse que atrações externas, como consultórios e títulos, pertencem à sociedade, ou à consciência coletiva, insistia em dizer que, da mesma maneira como uma sociedade existia fora da pessoa, havia também uma psique coletiva fora da psique pessoal.[114]

Embora se referisse à consciência coletiva em diversas ocasiões, Jung não se referiu a ela nem de perto com a mesma frequência com que falou do inconsciente coletivo, e foi com este último que seu trabalho terminou sendo predominantemente associado. Apesar disso, o conceito de consciência coletiva constituía uma contrapartida ao de inconsciente coletivo e, sem o primeiro, o segundo não seria compreensível, como tampouco o seriam suas ideias sociais e políticas.

Para a perspectiva social de Jung, o indivíduo estava suspenso entre a consciência coletiva e o inconsciente coletivo. Em 1947, ele afirmou que a consciência do ego dependia das condições da consciência coletiva ou social, e dos dominantes inconscientes coletivos, ou arquétipos.[115] Essa dupla dependência resultava num conflito, pois havia uma oposição "quase que intransponível" entre "as verdades geralmente aceitas" da consciência coletiva e os conteúdos do inconsciente coletivo. Do ponto de vista da primeira, o segundo era rejeitado, por ser irracional. A pessoa ficava presa nas malhas dessa oposição (*OC* 8, §423). Por isso, se a consciência subjetiva se identificava com as ideias e opiniões da consciência coletiva, os conteúdos do inconsciente coletivo se tornavam reprimidos. Essa tendência provocava, em última análise, a absorção do ego pelo inconsciente coletivo, que dava origem ao "homem de massa, sempre escravizado por algum 'ismo'" (§425, trad. mod.). A identificação com a consciência coletiva e a apoteose das massas causava inevitavelmente uma catástrofe. A única solução estava em se evitar a identificação com a consciência coletiva e reconhecer a "existência e a importância" dos arquétipos, pois "esses são uma defesa eficaz contra o poder da consciência social e da psique de massa que lhe corresponde" (§426, trad. mod.). A esse respeito, a religião contemporânea falhara com os indivíduos, devido ao fato de que

> enquanto a religião para a consciência contemporânea ainda significa essencialmente uma *denominação*, e portanto um sistema codificado que conta com a aceitação coletiva, representado por preceitos dogmáticos de afirmações religiosas, ela pertence mais à esfera da consciência coletiva, mesmo que seus símbolos expressem os arquétipos que originalmente foram eficazes (*Ibid.*, trad. mod.).

---

[114] "As relações entre o ego e o inconsciente", *OC* 7, §231.
[115] "Reflexões teóricas sobre a essência do psíquico", 1945, *OC* 8, §423.

Curiosamente, isto é um reconhecimento da definição social que Durkheim deu para a religião, descrevendo-a como uma *patologia* da religião contemporânea, que perdeu seu contato com o inconsciente coletivo (Durkheim, 1912, 47).

Essas declarações apocalípticas indicam por que Jung priorizou o estudo do inconsciente coletivo, relativamente ao da consciência coletiva. A dominação que esta exerce e o consequente desenvolvimento do "homem de massa" no século XX, ao lado do fracasso da religião de formar adequadamente um contrapeso para a consciência coletiva, era justamente a patologia social da modernidade. A única solução estava no inconsciente coletivo e, finalmente, em promover o processo da individuação que, por si só, seria capaz de permitir à pessoa diferenciar-se da consciência coletiva, evadindo-se assim dos perigos do totalitarismo, de um lado, e da psicose, de outro. Essas afirmações também indicam como ele entendia a significação cultural da psicologia analítica. Sua missão cultural consistia no estabelecimento da existência e da importância do inconsciente coletivo, que poderia salvar o Ocidente de uma catástrofe. Embora a consciência coletiva encontrasse seus porta-vozes nos líderes sociais, políticos e religiosos, o inconsciente coletivo tinha seu porta-voz em Jung.

Seu conceito de psique coletiva e de inconsciente coletivo reunia diversos sentidos do termo "coletivo", correspondendo às diferentes concepções que ele tinha para os arquétipos. Por um lado, "coletivo" era entendido como designação de atributos humanos universais, comuns a todas as pessoas. Por outro, "coletivo" se referia ao funcionamento de entidades supraindividuais, como grupos ou nações. Desse modo, ele às vezes se referia ao inconsciente coletivo das nações. Foi nesse segundo sentido que ele propôs sua psicologia política. Muitas afirmações feitas por Jung com respeito ao comportamento coletivo nos anos 1930 e 1940 estavam ligadas ao surgimento do fascismo e do nacional-socialismo. Contudo, antes que possamos perceber as interligações envolvendo suas ideias e os eventos sociais e políticos daqueles tempos, precisamos reconstruir o desenvolvimento de suas concepções num detalhamento que, até a presente data, ainda não ocorreu de forma satisfatória.[116]

Os comentários de Jung sobre o comportamento das massas seguiam de perto o que os psicólogos franceses apoiavam. As citações de Jung eram as de Le Bon. Em suas palestras de Tavistock, em 1936, Jung comentou que os psicólogos franceses tinham lidado com a questão do contágio mental e produzido livros muito bons sobre psicologia de massa. Citava expressamente um trabalho de Le Bon, *A massa: estudo da mente popular.*[117] Em outra ocasião, ele sugeriu que a melhor maneira de compreender algumas de suas opiniões sobre psicologia coletiva era simplesmente ler Le Bon: "Basta que a pessoa leia o que Le Bon tem

---

[116] Quanto à embaraçosa questão das atividades de Jung no período citado, o relato mais bem informado e judicioso continua sendo o de Cocks, 1997.
[117] "As palestras de Tavistock", *OC* 18, §318. Jung possuía um exemplar da tradução de 1912 para o alemão, desse livro de Le Bon.

a dizer sobre 'psicologia de massa' para entender o que quero dizer. O homem como uma partícula na massa é psiquicamente anormal".[118] Le Bon ofereceu uma psicologia coletiva pronta para uso. Alguns de seus comentários parecem uma releitura das palavras de Le Bon, usando seu próprio vocabulário:

> As experiências grupais acontecem num nível de consciência mais baixo do que as vivências que o sujeito experimenta. Isso se deve ao fato de que, quando muitas pessoas se reúnem para partilhar de uma mesma emoção, a psique total que emerge desse grupo se situa abaixo do nível da psique individual. Se for um grupo muito grande, a psique coletiva será mais parecida com a psique de um animal, e é por esse motivo que a atitude ética de grandes organizações é sempre duvidosa. A psicologia de uma grande massa afunda, inevitavelmente, até o nível da psicologia da turba [nota de rodapé: Le Bon, *A massa*]... a presença de tantas pessoas reunidas exerce uma grande força de sugestão. A pessoa em meio a uma multidão facilmente se torna vítima de sua própria sugestionabilidade.[119]

Nessa descrição clássica da psicologia de massa, ele inseriu Lévy-Bruhl: "a massa é arrastada em uma participação mística" (§226). Nas multidões, o comportamento do Ocidente "civilizado" reverte ao âmbito dos "primitivos". Para Jung, como para o psicólogo especialista em multidões, as massas giram em torno de líderes: "Os grandes feitos libertadores na história mundial decorreram de personalidades da liderança e nunca da massa inerte, que, em todas as oportunidades, é secundária e só pode ser instigada a agir pelos demagogos".[120] Como consequência, Jung chegou a uma sombria avaliação das consequências desse processo: "O grupo, devido a sua inconsciência, não tem liberdade de escolha e, por isso, a atividade psíquica se desenrola em seu seio como uma lei da natureza desgovernada. Com isso é mobilizada uma reação em cadeia que só é detida por uma catástrofe. As pessoas sempre anseiam por um herói" (§303). A psicologia de massa elaborada pelos franceses serviu de referência principal para seu entendimento dos acontecimentos sociais e políticos na Europa, a partir da década de 1930. Em 1936, ele observou: "Por meio do comunismo na Rússia, do nacional-socialismo na Alemanha, do fascismo na Itália, o Estado tornou-se todo-poderoso e conclamou seus escravos de corpo e alma".[121] Em cada caso, o Estado tinha se tornado presente e concreto na figura de um líder. Nos anos seguintes, Jung generalizou cada vez mais o que se desenrolava em cada um dos casos específicos, como indícios de um fenômeno ocidental amplamente generalizado. Em 1941, ele disse simplesmente: "O Estado está

---

[118] Epílogo a "Ensaios sobre eventos contemporâneos", 1946, *OC* 10, §477.
[119] "Sobre o renascimento", 1939, *OC* 9, 1, §225.
[120] "O desenvolvimento da personalidade", 1934, *OC* 17, §284.
[121] "Psicologia e problemas nacionais", *OC* 18, §1324.

agora promovendo de forma absoluta o totalitarismo".[122] Isso significava a total incorporação do individual pelo coletivo. Quanto à questão do que constituía o Estado, ele afirmava que "representa a psicologia de massa elevada à enésima potência" (§223). Esses desenvolvimentos levantaram questões críticas quanto à localização da psicologia e da psicoterapia. Ele afirmava que a ciência estava sendo cada vez mais levada a servir aos fins práticos do coletivo social. Nos anos seguintes, mostrou-se cada vez mais crítico quanto ao papel que a ciência desempenhava no mundo moderno (embora insistisse, apesar disso, no *status* científico de sua psicologia). Não só a ciência era cada vez mais um agente do Estado, como contribuía em si mesma para insuflar o coletivismo "Sob a influência de pressupostos científicos naturais, não só a psique, mas também o homem individual, e até mesmo eventos individuais em geral, sofrem um nivelamento e se tornam indecifráveis. Isso distorce a imagem da realidade, tornando-a uma média conceitual".[123] Jung chegou até a afirmar que "um dos maiores responsáveis pela desindividualização é o racionalismo científico natural, que priva o indivíduo de suas bases e, portanto, de sua dignidade" (§501, trad. mod.). Sua avaliação negativa do efeito das ciências naturais concentrava-se em dizer que ali o indivíduo não tinha lugar, ou melhor, o indivíduo só era considerado dentro das regras e generalidades.

Jung afirmava que os movimentos sociopolíticos inevitavelmente se opunham à religião, pois a atitude religiosa defendia que o indivíduo era, em última instância, dependente dos poderes superiores. O Estado tinha enfim ocupado o lugar de Deus. No entanto, as religiões organizadas pouco ajudavam nesse sentido, pois também pareciam favorecer ações coletivas: "Elas não parecem ter ouvido o axioma elementar da psicologia de massa, segundo o qual o indivíduo torna-se moral e espiritualmente inferior na massa" (§536). As igrejas, portanto, precisavam das informações de Le Bon. Quanto à psicoterapia, uma opção seria que se transformasse em criada do Estado. Nesse cenário, o Estado deveria insistir para que

> a psicoterapia nada mais fosse que um instrumento para a produção de assistentes de utilidade pública. Com isso, ela se tornaria uma técnica dirigida para o atingimento de metas [*Technizismus*], cujo único objetivo poderia ser o aumento da eficiência social... a ciência psicológica seria degradada a meras pesquisas sobre a possibilidade de se racionalizar o aparato psíquico. Quanto a seu objetivo terapêutico, uma completa e bem-sucedida incorporação do paciente à máquina do Estado seria o critério da cura.[124]

Embora alguns críticos sociais afirmem que essa é uma descrição realista do verdadeiro papel da psicoterapia no século XX, Jung insistia em dizer que

---

[122] "Psicoterapia no presente", *OC* 16, §222.
[123] "Presente e futuro", 1957, *OC* 10, §499, trad. mod.
[124] "Psicoterapia no presente", 1941, *OC* 16, §225, trad. mod.

tal resultado representaria a completa negação dos desenvolvimentos da psicoterapia moderna. Por conseguinte, a missão social e política da psicoterapia estava em se opor ao desenvolvimento do estadismo, mediante o recurso à única forma possível de resistência: a promoção da individuação psicológica e da experiência religiosa direta. Jung teve alguma dificuldade para distinguir sua proposta do individualismo que, para ele, era simplesmente uma reação mórbida ao coletivismo. A importância da individuação estava em "produzir uma conscientização da comunidade humana, precisamente por incentivar a consciência do inconsciente comum, que une todos os homens e é universalmente comum. Individuação é tornar-se uno em si mesmo e, ao mesmo tempo, com a humanidade" (§227, trad. mod.).

Seria por meio da individuação que o conflito entre o individual e o coletivo poderia ter uma resolução. Era somente através da individuação que a aglomeração de indivíduos poderia, em vez de uma massa anônima, ser "uma comunidade consciente" (*ibid.*). Era assim que, na individuação, residiam as sementes de uma nova coletividade.

É muito interessante que essas perspectivas tenham resultado em sugestões concretas que foram apresentadas à Unesco, em 1948, pelo recém-fundado Instituto Jung. P. W. Martin estava organizando uma conferência para a Unesco, sobre métodos de mudança de atitude. Consultou Jung sobre isso e, segundo Martin, "ele se interessou, mas duvidou de sua capacidade de apresentar uma declaração resumida, achando que uma reunião de cientistas sociais não era exatamente seu contexto natural".[125] Por conseguinte, Martin escreveu o rascunho de um artigo que seria de interesse para essa conferência. Numa carta dirigida a Jung, ele propunha que sua hipótese da individuação fosse submetida a um teste. O que Martin sugeria era que fossem formados pequenos grupos de pessoas com treinamento científico, por exemplo, sociólogos e cientistas sociais, para fazerem um experimento, que na opinião dele poderia ser promovido pela Unesco. Os participantes receberiam instruções ao longo de alguns meses, para analisar seus sonhos e fazer exercícios de imaginação ativa, mantendo contato por alguns anos. Martin alegava que, se de 20 a 30% deles experimentasse algo de um processo de individuação, então ele teria sido provido de bases científicas. Como Martin recorda, "infelizmente, isso teve um efeito inverso ao que eu pretendia, pois obtive de Jung... uma resposta sobre o lado negativo do trabalho dele – a sombra, como ele dizia, de meu artigo". Jung considerou a proposta totalmente descabida. Em seguida, recebeu um artigo de Jolande Jacobi, que integrava o artigo de Martin com o de Jung, e ficou decidido que ele não o apresentaria na conferência.

O artigo de Jung retomava e reformulava a proposta de Martin. O aspecto da obtenção de dados estatísticos que comprovassem seu conceito de individuação foi totalmente deixado de lado. Nesse trabalho, há indícios de suas as-

---

[125] P. W. Martin para William McGuire, 17 de agosto de 1962, documentos de McGuire, LC.

pirações quanto ao movimento junguiano, e de como ele o considerava significativo para o destino do Ocidente. Sugeria que muitas pessoas se submetessem à análise, para que acontecesse uma mudança de atitude. Com isso, seria formada uma "minoria de líderes", cujo efetivo aumentaria conforme mais pessoas fossem sendo analisadas e também "por sugestão das autoridades".[126] Isso era essencial, pois somente através da sugestão é que as massas poderiam ser afetadas (segundo ele, 50% da população não possui nem a inteligência, nem o sentido de moralidade necessários para passar por uma análise) (§1392). Embora as atitudes das massas não pudessem ser mudadas, seu comportamento poderia, já que dependia da autoridade dos líderes. Foi exatamente dessa maneira que as ideias da psicologia moderna tinham sido divulgadas, assim como as de outros movimentos religiosos e intelectuais. Portanto, a psicologia de massa não era só um domínio dentro da psicologia: ela também explicava os efeitos da própria psicologia, e de seu impacto na sociedade. O que se exigia não era a aceitação geral das verdades psicológicas, mas sim a mobilização de sua influência através das autoridades com capacidade de sugestionar o público. O interesse do público em geral pela psicologia tinha aumentado, apesar da resistência das autoridades acadêmicas. Isso comprovava a necessidade de conhecimentos psicológicos.

Essa "minoria de líderes" formaria uma elite psicológica da qual dependeria a saúde da coletividade, pois a imunidade da nação depende de haver uma minoria na liderança que seja imune ao mal e que consiga combater "o poderoso efeito sugestivo de desejos fantasiosos aparentemente possíveis de serem concretizados" (§1400).

Diante do fato de a psicologia de Jung ter-se desenvolvido fora do ambiente universitário e de clínicas psiquiátricas, decorria que o desenvolvimento dessa "minoria de líderes" ocorreria em instituições e associações separadas.

Da psicologia complexa à Escola Junguiana

A partir de 1940, vários institutos e escolas de treinamento com o nome de Jung começaram a surgir da rede de associações não profissionais de psicologia analítica espalhadas por diversos países. Embora Jung tivesse uma clara noção da possibilidade de uma disciplina da psicologia complexa, mostrava-se cético quanto à possibilidade de uma escola de psicoterapia junguiana. Em 1924, Jung afirmou:

> Uma vez que não há cavalo capaz de ser cavalgado até a morte, as teorias da neurose e os métodos de tratamento são coisas dúbias. Por isso, sem-

---

[126] "Técnicas de mudança de atitude que conduzem à paz mundial. Memorando para a Unesco", OC 18, §1393.

pre acho divertido quando médicos sistemáticos e atualizados afirmam que atendem seus pacientes segundo a linha de "Adler", "Kunkel", "Freud", ou até mesmo "Jung". Simplesmente isso não existe e nem poderia existir e, mesmo que existisse, a pessoa estaria no caminho mais seguro possível para o fracasso.[127]

Como resultado dessa posição, ele se opunha ao estabelecimento de programas de treinamento. Fordham se lembrava de que Jung "nunca gostou de seguidores, isso era muito claro... Ele era declaradamente contrário a abrir esse tipo de sociedade".[128] No mesmo sentido, Joseph Henderson lembrava que Jung "detestava a ideia de promover uma escola... ele sempre nos alertava para que não nos organizássemos mais do que nos fosse possível evitar".[129] Embora contrário a treinamentos em psicologia analítica, ele não atrapalhava os que se dedicavam a isso. Joseph Wheelwright lembrava que, quando conheceu Jung e informou-o de que estaria iniciando um programa de treinamento em São Francisco, Jung "pareceu ter sido atropelado por um caminhão, e eu lhe disse 'Estou vendo que o senhor realmente não quer saber disso'. Ao que ele respondeu: 'Para dizer a verdade, isso é justamente o que menos quero saber, Wheelwright'".[130]

Se era para formar alguma organização, então Jung exigia que ela representasse suas ideias com precisão. Em 1959, Joseph Henderson informou-o de uma nova organização sob o comando de Ruth Thacker Fry. Em sua resposta, Jung escreveu: "Como chama seu instituto de 'C. G. Jung Educational Center of Houston, Texas' [Centro Educacional C. G. Jung de Houston, Texas], ela tem a obrigação moral de produzir algo que corresponda ao nome, caso contrário a coisa toda será somente um grande blefe publicitário".[131] É uma questão em aberto quantas organizações que atualmente usam o nome de Jung como sua designação oficial teriam sido consideradas por ele como "meros blefes publicitários".

Em 1948, foi fundado o Instituto Jung de Zurique e ele fez o discurso inaugural.[132] Segundo um relato, Jung começou dizendo o seguinte: "Meu avô, Carl Gustav Jung, fundou uma casa para crianças retardadas. Agora estou fundando outra, para adultos retardados".[133] Seu discurso deixa expressamente in-

---

[127] "Psicologia analítica e educação", *OC* 17, §203, trad. mod.
[128] Entrevista com Fordham, CLM, 27.
[129] Entrevista com Henderson, CLM, 24.
[130] Entrevista com Wheelwright, CLM, 34.
[131] 24 de junho de 1959 (JP).
[132] Jung tinha sido contra darem seu nome para o instituto, mas sua opinião foi derrotada. Em 7 de julho de 1947, Jolande Jacobi escreveu-lhe: "Ouvi falar que você preferia o nome 'Instituto de Psicologia Complexa', e que resistiu a ligar seu nome a essa instituição" (JP).
[133] Gene Nameche e R. D. Laing, *Jung and Persons: A Study in Genius and Madness* [*Jung e as pessoas: um estudo do gênio e da loucura*] documentos de Laing, Universidade de Glasgow, 171. Esse trabalho é a biografia esquecida de Jung.

dicada a direção que ele pensava ser melhor para seus alunos explorarem. Jung afirmou que era uma honra estar presente no momento da fundação de um instituto para a psicologia complexa, e expressava a esperança de que, por isso, lhe fosse permitido dizer algumas palavras sobre o que havia sido alcançado, e o que valeria a pena buscar. Chamou atenção para o fato de as contribuições para a biografia psicológica feitas por Théodore Flournoy ainda aguardarem o devido reconhecimento. Em seu rol de conquistas da psicologia complexa, salientou as colaborações interdisciplinares de Richard Wilhelm, Heinrich Zimmer, Karl Kérenyi e Wolfgang Pauli, respectivamente nos campos da sinologia, indologia, mitologia grega, física das partículas e parapsicologia.[134] Concluiu sua fala dando sugestões programáticas para novos trabalhos, na forma de uma lista com cerca de vinte pontos específicos.

Salientou que, no curso de seu trabalho, tinha deixado muitas pontas em aberto.[135] Eis a relação dos tópicos que ele arrolou. Em sua opinião, era preciso trabalhar mais com o aspecto experimental da psicologia complexa, principalmente em relação aos experimentos com associação. Jung salientou, especialmente, os temas da renovação periódica do estresse emocional dos estimuladores dos complexos, o problema dos padrões familiares nas associações, e a investigação dos concomitantes fisiológicos dos complexos. No campo médico e clínico, disse que havia escassez de históricos de caso plenamente elaborados. Na psiquiatria, achava que se deveria empreender a análise de pacientes paranoicos com dados comparativos da pesquisa dos simbolismos. Quanto à psicoterapia, afirmava que a casuística da pesquisa com sonhos, em conexão com o simbolismo comparado, teria um grande valor prático. Além disso, recomendava a coleta e avaliação de sonhos dos primeiros anos da vida, e os que ocorriam antes de catástrofes, tais como os sonhos anteriores a acidentes e falecimentos, e também os que ocorriam durante enfermidades e sob o efeito de narcóticos. Sugeria a investigação de fenômenos psíquicos pré e *postmortem*. Jung afirmava que estes eram de importância especial, dada a concomitante relativização do tempo e do espaço. Ele pensava que uma tarefa interessante, embora difícil, seria a pesquisa do processo de compensação nos psicóticos e criminosos, e também a investigação dos objetivos das compensações em

---

[134] Numa discussão realizada em 1950, Jung salientou que, se recebia um caso no qual os arquétipos desempenhavam um papel com o qual não estava familiarizado, por exemplo, na mitologia grega, enviava-o para Karl Kérenyi, notando que "essa espécie de colaboração deveria ocorrer frequentemente. Pode-se avançar melhor com o paciente, desse jeito". "Dozent-Einladung", 10 de junho de 1950, Küsnacht, JP.

[135] Quinze anos antes, Jung tinha escrito: "Têm-me chamado de 'buscador'; não sei se isso é um elogio. Agradeço ao destino que graciosamente me protegeu e impediu que meu navio fosse encalhar nas areias estéreis das conclusões fechadas e fantasmagóricas. Por causa disso, sou feliz ao não deparar com conclusões finais em parte alguma, e sim, muito mais com vastas e escuras regiões, plenas de mistério e aventuras". "Sobre a psicologia", 1933, 106.

geral. Na psicologia normal, aconselhava o estudo da estrutura psíquica da família em relação à hereditariedade, assim como o caráter compensatório dos casamentos e relacionamentos emocionais. Jung também considerava muito oportuno e necessário estudar o comportamento do indivíduo na massa e suas compensações inconscientes.

Quanto a futuras aplicações da psicologia complexa, Jung considerava que uma grande parte do campo das ciências mentais permanecia território inexplorado. Valia o mesmo para a biografia e a história da literatura. Acima de tudo, chamou a atenção para o campo da psicologia da religião. Afirmava que o estudo dos mitos religiosos poderia esclarecer tanto questões da etnopsicologia quanto da epistemologia. Recomendava, em especial, que se desse atenção ao símbolo da quaternidade, o axioma alquímico de Maria, a Profetisa, e a *proportio sesquitertia*, ou seja, a investigação dos símbolos triádicos e tetrádicos, assim como dos símbolos para objetivos e dos símbolos para a unidade.

Jung dificilmente poderia ter sido mais específico quanto às tarefas que confrontavam a psicologia complexa. Se havia necessidade de mais alguma indicação, fica claro que ele entendia a psicologia complexa como uma vasta iniciativa interdisciplinar. Cinquenta anos após ter sido feito esse discurso, é justo perguntar em que medida os itens desse programa foram trabalhados pela psicologia analítica. Evidentemente, muito poucos. Há vários pontos para os quais é difícil lembrar que algum artigo tenha sido escrito. Na psicologia analítica, uma grande parte do que Jung chamou de fios em aberto ficou simplesmente abandonada, sem tentativas de espécie alguma. Isso não quer dizer que os tópicos que ele especificou não tenham sido absolutamente estudados; é significativo que muitos deles tenham sido extensamente pesquisados em outras disciplinas, como a parapsicologia.

O programa que ele esboçou oferece claras indicações da enorme distância existente entre o que ele considerava como objetivos da psicologia complexa, e a psicologia analítica hoje. Suas palavras, naquela ocasião evidentemente, tiveram pouco peso no rumo que as pesquisas futuras da psicologia analítica terminaram tomando, o que é verdadeiramente emblemático quanto à relação entre Jung e a psicologia analítica contemporânea.

Um dos principais mobilizadores do Instituto Jung, C. A. Meier, tinha efetivamente concebido aquela instituição como um centro de pesquisas. Ele foi o primeiro presidente do instituto. Em sua fala de abertura do instituto, em outubro, disse que "não pode haver um curso de treinamento para analistas, pois o desenvolvimento dos analistas junguianos deve continuar aberto à integração do indivíduo. Nosso movimento ainda é muito jovem e precisa de ajuda externa, na forma de palestras proferidas por especialistas de diversos campos".[136] Meier opunha-se vigorosamente a tornar-se uma "linha de produ-

---

[136] Citado nas minutas do Clube de Psicologia Analítica de Los Angeles, 12 de novembro de 1948, Instituto C. G. Jung, de Los Angeles.

ção de analistas para uso imediato".[137] No entanto, foi derrotado por outros membros da Curadoria. Ele se lembrava que:

> No decorrer do tempo, acabei percebendo que aquelas pessoas não estavam interessadas em mais nada; queriam ter seus próprios analisandos. A pesquisa e o intercâmbio com outros psicólogos não eram importantes. Toda vez que eu fazia uma tentativa de levar alguém que não fosse da turma dos junguianos, e vinha de uma área totalmente diferente, diziam: "Ora, Meier, mas que resistência contra Jung". Então, finalmente, desisti.[138]

É difícil não se dar grande valor às consequências dessa mudança de ênfase. De acordo com Gene Nameche, Wolfgang Pauli, um dos fundadores do instituto, "tinha esperado que as pessoas ali coletassem sonhos 'arquetípicos' e fizessem análises com eles. Quando descobriu que ninguém conhecia a metodologia científica ou se importava com ela, ele renunciou".[139] Após a morte de Pauli, Cary Baynes escreveu para Jung a respeito de Pauli: "Ele pensava que os médicos prejudicavam os sonhos dos pacientes que atendiam, e sugeriu que muitos sonhos de pessoas que não estavam em análise deveriam ser coletados e, então, saberíamos o que o inconsciente estava tentando nos dizer".[140] Para Pauli, portanto, a psicologia complexa precisava utilizar métodos estatísticos e matemáticos para validar seus dados. Somente dessa maneira é que seria possível uma cooperação interdisciplinar com as ciências naturais.

Embora tivesse uma clara noção do tipo de pesquisa que os futuros adeptos da psicologia complexa deveriam empreender, Jung não alimentava ilusões sobre o papel dos institutos como protetores de seu próprio trabalho. Pouco tempo depois da fundação do Instituto Jung, ele comentou sobre esses desenvolvimentos com Cary Baynes:

> O Instituto está prosperando de maneira moderna... Existe, é claro, o perigo de que ideias vivas sejam sistematicamente mortas pelo ensino profissional. A maioria das ideias dificilmente escapará desse triste destino, mas se os professores forem escolhidos com o cuidado necessário, poderemos manter a coisa andando por algum tempo, e se a ideia central em si se mantiver viva, então cumprirá plenamente seu ciclo vital, tanto no Instituto quanto fora dele, pelo tempo em que realmente se mantiver viva.[141]

Laurens van der Post lembra que Jung lhe disse que

> o Instituto terá tido sorte se não sobreviver a suas finalidades criativas no intervalo de uma geração... "Não quero que ninguém seja junguiano",

---
[137] Entrevista com Méier, CLM, 78.
[138] *Ibid.* Depois, Meier renunciou à presidência do Instituto, em 1957.
[139] Gene Nameche e R. D. Laing, *Jung and Persons: A Study in Genius and Madness*, 172.
[140] 9 de março de 1959, documentos de Cary Baynes, original em inglês.
[141] 9 de março de 1949, documentos de Cary Baynes, original em inglês.

ele me disse. "Quero que as pessoas sejam si mesmas". Quanto a "ismos", são os vírus atuais, os fatores responsáveis por desastres maiores do que as pragas ou a peste medieval foram. Se algum dia descobrirem que eu só criei um outro "ismo", então terei fracassado redondamente em tudo que tentei fazer (1976, IX-X).

Este comentário está de acordo com o pensamento social e político que ele defendia – pois, se a psicologia complexa resultasse em outro "ismo", teria simplesmente contribuído para a mediocridade que caracterizava a sociedade europeia em todos os sentidos, em vez de servir de foco de resistência ou padrão para reflexões.

Preparando-se para o fim

Desde o início da Segunda Guerra Mundial, Jung sentiu crescer cada vez mais seu pessimismo quanto ao futuro do mundo. Em 1940, escreveu para o psicólogo analítico H. G. Baynes, que aquele ano lhe trazia à mente o terremoto ocorrido em 216 a.C., quando o templo de Karnak fora destruído.[142] No ano seguinte, escreveu para a psicóloga analítica Esther Harding: "Estamos vivendo num tempo inacreditavelmente infernal... é como se o próprio ar estivesse infectado com os vapores fétidos do inferno".[143] Após a guerra, ele descreveu para ela seu estado mental:

> As coisas e a vida exterior deslizam a meu redor e me deixam num mundo de pensamentos alheios ao real, num tempo que se mede em séculos. Fico feliz por saber que você e outros levam em frente o trabalho que eu iniciei. O mundo necessita muito disso. Parece que enfim ele expôs claramente do que se trata, num cenário em que é preciso resolver a questão de se o homem real, que existe agora, é ou não consciente o bastante para lidar com seus próprios demônios. Por ora, parece que está perdendo a batalha... A Suíça tornou-se uma ilha de sonhos rodeada de ruínas e putrefação. A Europa é uma carcaça apodrecendo. Na época do final do Império Romano, ocorreram tentativas e várias percepções semelhantes às minhas.[144]

Vislumbrou os problemas do excesso populacional e da bomba de hidrogênio como as maiores ameaças.[145] O primeiro teste da bomba H dos Estados

---

[142] 12 de agosto de 1940 (JP).
[143] Março de 1941 (JP), original em inglês.
[144] 8 de julho de 1947 (JP), original em inglês.
[145] Jung para Adolf Keller, 25 de fevereiro de 1955 (JP).

Unidos ocorreu em 1952, e, no ano seguinte, foi a vez da Rússia (o Reino Unido testou em 1957). Em 1959, ele escreveu para Cary Baynes que o homem normal tinha razão de estar ansioso, pois estava trazendo para o mundo "os pais e mães de todos os terrores", ou seja, o comunismo, a bomba H e a explosão populacional. A respeito desta última, ele dizia:

> O homem branco terá de se perguntar, muito profundamente, se pertence à África ou não. A ameaça da superpopulação logo nos colocará diante dessas decisões, e quanto mais urgente o problema se tornar, mais o homem branco será forçado a regredir a sua condição primitiva, com seus massacres. Essa é a nuvem negra que pesa em nosso horizonte ocidental.[146]

Jung via os problemas colocados pela bomba H e pela superpopulação como questões intimamente interligadas. Numa passagem excluída de *Memórias*, ele diz:

> É maravilhoso salvar as vidas de tantas crianças, mas o que será delas? É fato que a população mundial está crescendo numa velocidade descomunal. Um demógrafo respeitado observou (com um sorrisinho contrafeito) que a natureza certamente achará meios e maneiras de deter essa catástrofe inexorável. Todas as formas naturais, como escassez terrível de alimentos e as epidemias continentais, estão sendo contidas pelo homem. No entanto, a bomba-H foi inventada como meio econômico de extermínio – e foi inventada pelo homem que ainda "segue inconscientemente os caminhos da natureza" e, portanto, não se desgarra.[147]

Aqui, ele considerava a bomba H como uma compensação teleológica por parte da natureza para o fracasso em achar uma solução para o problema da superpopulação.

Para Jung, o Ocidente era defrontado por mudanças cíclicas. Por volta da época da Segunda Guerra Mundial, ele começou a usar novamente o termo "dominantes". Então, com dominantes referia-se aos arquétipos que estavam tendo um papel superordenado, num indivíduo ou numa cultura. Em 1944, Jung afirmou que, quando os dominantes coletivos decaíam, desenvolviam-se os processos da individuação inconsciente. Nesses momentos, muitos indivíduos eram possuídos pelos arquétipos de caráter numinoso, que forçavam caminho a fim de formar uma nova série de dominantes.[148] Sua mais extensa apresentação dos dominantes ocorreu em 1955-1956, na última de suas obras principais, *Mysterium Coniunctionis*. Ali, ele descrevia a ascensão e queda de

---

[146] 12 de abril de 1959, documentos de Cary Baynes, original em inglês.
[147] CMS, 377. Jung expressou essa mesma posição em "Símbolos e a interpretação dos sonhos", 1961, *OC* 18, §597.
[148] *Psicologia e alquimia*, *OC* 12, §41.

dominantes de uma forma que lembrava bastante a escrita de Lamprecht. Na visão de Jung, as representações dominantes mudavam. Essa transformação ocorria longe do alcance da consciência, e só aparecia nos sonhos:

> O envelhecimento de um dominante psíquico é aparente no fato de que expressa a totalidade da alma em graus que diminuem progressivamente. Pode-se dizer também que a alma não se sente mais totalmente contida no dominante... Este perde seu fascínio e não possui mais a alma tão completamente quanto antes.[149]

Tal processo induzia um conflito entre o antigo dominante e os conteúdos do inconsciente, conflito que era resolvido pelo surgimento de um novo dominante. Como exemplo de um dominante coletivo, ele citava a visão de mundo cristã vigente na Europa na Idade Média. O problema que confrontava a Europa moderna era a inescapável necessidade de um novo dominante. No entanto, para Jung, este só poderia ser encontrado com base no antigo dominante do cristianismo. O ego sempre precisa de um dominante mítico. O problema era que esse dominante não poderia ser inventado, como tantos tinham tentado (§520, trad. mod). Era a essa tarefa, a revigoração psicológica do cristianismo, que ele havia dedicado suas últimas décadas de vida. Praticamente não se precisa dizer que essa reanimação coletiva que ele havia vislumbrado não aconteceu, algo de que ele estava claramente consciente. Em 2 de setembro de 1960, escreveu para Herbert Read:

> Perguntei-me muitas vezes por que não há em nossa época homens capazes de pelo menos ver com o que eu estava lutando. Acho que não é só uma questão de vaidade e desejo de reconhecimento de minha parte, mas sim uma preocupação genuína por meu semelhante. Deve ser aquele relacionamento ancestral da função do curandeiro na tribo, aquela *participation mystique*, e a essência do *ethos* do médico (Cartas 2, 586-589).

Na opinião de Jung, seu trabalho proporcionava o que faltava no Ocidente. Em outras ocasiões, ele se expressou com mais veemência a respeito de como fora recebido. Em 1958, disse para Aniela Jaffé que a falta de receptividade demonstrada para seu trabalho não era surpresa, pois sua obra era uma compensação. Tinha dito coisas que ninguém queria ouvir. Diante disso, considerava maravilhoso o tanto de sucesso que seu trabalho tinha conseguido obter, e que não poderia ter esperado mais.[150]

Michael Fordham lembra que, em 1960, Jung tinha escrito uma carta para alguém em Londres, que era "um relato de como ele achava que havia fracassado em sua missão, pois era objeto de incompreensões e equívocos de represen-

---

[149] *Mysterium Coniunctionis*, OC 14, §504-505, trad. mod.
[150] MP, 383-384.

tação" (1993, 119). Essa carta parece ter sido a que Jung mandou para Eugene Rolfe, contendo as seguintes declarações:

> Eu tive de entender que não consegui levar as pessoas a enxergar o que tentei fazer. Estou praticamente sozinho... Fracassei quanto a minha maior tarefa, que era abrir os olhos das pessoas para o fato de que o homem tem alma e que há um tesouro enterrado no campo, e que nossa religião e nossa filosofia estão num estado lamentável. Por que é que eu tenho mesmo de continuar existindo?[151]

Por causa disso, Fordham foi de avião até onde Jung estava, para assegurar-lhe de que os junguianos em Londres "estavam fortemente decididos a refutar os equívocos evidentes, e lutando para que seu trabalho recebesse o devido reconhecimento" (1993, 119). Diante disso, Jung olhou para Fordham "como se eu fosse um pobre coitado sem a menor noção das coisas" e o mandou embora. Refletindo sobre essa situação, Fordham disse que seus comentários tinham sido superficiais, e que se ele tivesse falado com mais profundidade teria tido de dizer para Jung "que era o delírio de ser o salvador do mundo que o fazia sentir-se um fracasso – mas eu não tive peito de lhe dizer isso" (120).

Há mais coisas que se podem dizer a respeito, porém. Primeiramente, essas declarações estão ligadas a seu pessimismo geral com respeito ao destino do mundo. Na perspectiva de Jung, o valor final da psicologia estava em poder provar que era ou não significativa a esse respeito. Também é possível ligar seu reconhecimento de fracasso à carta que mandou para Herbert Read, e que expressa o ponto máximo de seu entendimento da relação do primitivo com o moderno, do individual com o coletivo, e de como via a importância da psicologia complexa para o mundo ocidental. Para ele, nas sociedades primitivas, a relação do curandeiro com a tribo não era simplesmente contingente ou um dispositivo social arbitrário, mas correspondia a uma necessidade arquetípica. O que se mostrava necessário era responder a essa mesma necessidade, de maneira moderna. Isso tinha como resultado a psicologia complexa. Para que tivesse sucesso, precisava que fosse amplamente reconhecida no Ocidente. Nenhuma psicologia logrou tal reconhecimento. A julgar por estas últimas cartas, na avaliação do próprio Jung a psicologia complexa – e a psicologia, em geral – não tinha conseguido causar um impacto social suficiente e, por isso, tinha fracassado em sua tentativa de proporcionar os antídotos adequados aos "pais e mães de todos os terrores". Para Cary Baynes ele escreveu:

> Uma psicologia como a minha prepara para um fim, ou até mesmo para o fim. A questão é só o que iremos matar: nós, ou nossa psicologia ainda infantil e sua tenebrosa inconsciência.[152]

---

[151] 13 de novembro de 1960, em Rolfe, 1989, 158. Fordham identificou que o destinatário dessa carta seria um membro do Clube de Psicologia Analítica de Londres, e Rolfe era.
[152] 12 de abril de 1959, documentos de Cary Baynes.

Referências bibliográficas

"Abstract of minutes of the joint session of the Aristotelian society, the British psychological society, and the mind association, at Bedford college, Regent's park, London" (1919) *Proceedings of the Aristotelian Society* 19, 296-297.
Abraham, Karl (1909) "Dreams and myth: a study in folk-psychology", ed. Hilda Abraham, *Clinical Papers and Essays on Psycho-Analysis* (London, Hogarth Press, 1955), 151-209.
Ackroyd, Eric (1993) *A Dictionary of Dream Symbols: With an Introduction to Dream Psychology* (London, Blandford).
Adler, Alfred (1912a) *Über den Nervösen Charakter*, ed. Karl-Heinz Witte, Almuth Bruder-Bezzel, Rolf Kühn (Göttingen, Vandenhoeck e Ruprecht, 1997).
  (1912b) "Dreams and dream interpretation", *The Practice and Theory of Individual Psychology*, trad. P. Radin (London, Kegan Paul, Trench, Trubner, 1924).
  (1935) "Complex compulsions as part of personality and neurosis", em Heinz e Rowena Ansbacher, eds., *Superiority and Social Interest: A Collection of Later Writings* (London, Routledge e Kegan Paul, 1965).
Adler, Gerhard (1934) *Entdeckung der Seele. Von Sigmund Freud und Alfred Adler zu C. G. Jung* (Zürich, Rhein Verlag).
Aldrich, Charles (1931) *The Primitive Mind and Modern Civilization* (London, Kegan Paul).
Allport, Gordon (1937) *Personality: A Psychological Interpretation* (New York, Henry Holt).
Angulo, Gui de (1985) *Jaime in Taos: The Taos Papers of Jaime de Angulo* (San Francisco, City Lights).
Anon. (1916) *Journal of Education*, julho.
  (1923) "Psychological Types", *Times Literary Supplement*, 5 de julho de 1923, 448.
  (1935) "Man's immortal mind", *The Observer*, 6 de outubro.
Ash, Mitchell (1995) *Gestalt Psychology and German Culture: Holism and the Quest for Objectivity 1890-1967* (Cambridge, Cambridge University Press).
Atmanspracher, H., H. Primas e E. Wertenschlag-Birkhäuser, eds. (1995) *Der Pauli-Jung Dialog und seine Bedeutung für die moderne Wissenschaft* (Berlim, Springer).
Baldwin, James Mark (1890) *Handbook of Psychology: Sense and Intellect* (London, Macmillan).
  (1895) *Mental Development in the Child and the Race: Methods and Processes* (New York, Macmillan).
  (1897) *Social and Ethical Interpretations in Mental Development: A Study in Social Psychology* (New York, Macmillan).
  (1910) "Report on terminology", in Édouard Claparède, ed., *5ème Congrès international de psychologie, tenu à Genève du 2 au 7 août sous la présidence de Th. Flournoy* (Geneva, Libraire Kündig), 480-481.
  (1911) *The Individual and Society, or, Psychology and Sociology* (Londres, Rebman).

Barkan, Elazer (1992) *The Retreat of Scientific Racism: Changing Concepts of Race in Britain and the United States Between the World Wars* (Cambridge, Cambridge University Press).

Barker, Dudley (1935) "He probes man's dreams: Professor Jung says he is a practical psychologist", *The Evening Standard*, 30 de setembro.

Bastian, Adolf (1860) *Der Mensch in der Geschichte. Zur Begründung einer psychologischen Weltanschauung*, 3 vols. (Leipzig, Otto Wiegand).

Baynes, H. G. (1927) "Freud versus Jung", em *Analytical Psychology and the English Mind* (London, Methuen, 1950), 97-129.

Beard, George (1880) *A Practical Thesis on Nervous Exhaustion (Neurasthenia): Its Symptoms, Nature, Sequences, Treatment* (Nova York, William Wood).

Béguin, Albert (1967) *L'Âme romantique et le rêve: essai sur le romantisme allemand et la poésie française* (Paris, Jose Corti).

Belke, Ingrid, ed. (1971) *Moritz Lazarus und Heymann Steinthal: Die Begründer der Völkerpsychologie in ihren Briefen* (Tübingen, J. C. B. Mohr).

Benedict, Ruth (1928) "Psychological types in the cultures of the southwest", em Margaret Mead, *An Anthropologist at Work: Writings of Ruth Benedict* (London, Secker e Warburg, 1959), 248-261.

(1934) *Patterns of Culture* (London, George Routledge and Sons, 1961).

Bennet, E. A. (1960) carta para *The Listener*, 21 de janeiro, 133.

(1961) *C. G. Jung* (London, Barrie e Rockliff).

(1982) *Meetings with Jung. Conversations recorded by E. A. Bennet during the Years 1946-1961* (London, edição particular).

Bergson, Henri (1889) *Time and Free Will*, trad. F. L. Pogson (Nova York, Macmillan, 1919).

(1901) "On dreams", em *Mind Energy Lectures and Essays*, trad. H. W Carr (London, Macmillan, 1920), 84-108.

(1907) *L'Evolution créatrice* (Paris, Alcan); *Creative Evolution*, trad. A. Mitchell (London, Macmillan, 1954).

(1908) "Memory of the present and false recognition", em *Mind Energy Lectures and Essays*, trad. H. W. Carr (London, Macmillan, 1920), 109-151.

(1934) *The Creative Mind: An Introduction to Metaphysics* (New York, Citadel Press, 1992).

Bernfeld, Siegfried (1946) "An unknown autobiographical fragment by Freud", *American Imago* 4, 3-19.

Bertrand, Alexandre (1823) *Traité du somnambulisme et des différentes modifications qu'il présente* (Paris, J. G. Dentu).

(1826) *Du magnétisme animale en France* (Paris, J. B. Ballière).

Binet, Alfred (1886) *The Psychology of Reasoning: Based on Experimental Researches in Hypnotism*, trad. A. Whyte (Chicago, Open Court, 1899).

(1897) "Psychologie individuelle - la description d'un objet", *L'année psychologique* 3, 296-332.

(1903) *L'Etude expérimentale de l'intelligence* (Paris, Schleicher Frères e Cie).

(1905) *The Mind and the Brain* (London, Kegan Paul, 1907).

Binet, Alfred e Victor Henri (1895) "La Psychologie individuelle", *L'année psychologique* 2, 411-465.

Bishop, Paul (1993) "The Jung/Förster-Nietzsche Correspondence", *German Life and Letters* 46, 319-330.

(1995) *The Dionysian Self: C. G. Jung's Reception of Nietzsche* (Berlin, Walter de Gruyter).

(2000) *Synchronicity and Intellectual Intuition in Kant, Swedenborg and Jung* (Lewiston, Edwin Mellon Press).

Bleuler, Eugen (1916) *Textbook of Psychiatry*, trad. A. A. Brill (London, G. Allen e Unwin, 1924).

(1925) *Die Psychoide als Prinzip der organischen Entwicklung* (Berlin, Julius Springer).

Boas, Franz (1896) "The limitations of the comparative method of anthropology", *Race, Language and Culture* (New York, Macmillan, 1940), 270-280.

(1910) "Psychological problems in anthropology", *American Journal of Psychology* 21, 371-384.

(1911) *Changes in the Bodily Form of Descendants of Immigrants*, Documento do Senado 208, 1911, 61º Congresso, 2ª sessão (Washington).

(1912) "Changes in Bodily Form of descendants of immigrants", *Race, Language and Culture* (New York, Macmillan, 1940).

(1915) "Modern Populations of America", *Race, Language and Culture* (New York, Macmillan, 1940).

(1920) "The methods of ethnology", *Race, Language and Culture* (New York, Macmillan, 1940), 281-289.

Borch-Jacobsen, Mikkel (1982) *The Freudian Subject*, trad. C. Porter (Stanford, Stanford University Press, 1988).

(1989) "The unconscious, nonetheless", em *The Emotional Tie: Psychoanalysis, Mimesis, Affect* (Stanford: Stanford University Press, 1993), trads. D. Brick e outros, 123-154.

(1991a) *The Emotional Tie: Psychoanalysis, Mimesis, and Affect* (Stanford, Stanford University Press, 1993), trads. D. Brick e outros.

(1991b) "The alibis of the subject", em *The Emotional Tie: Psychoanalysis, Mimesis, Affect* (Stanford, Stanford University Press, 1993), trads. D. Brick e outros, 155-175.

(1997) "L'effet Bernheim (fragments d'une théorie de l'artefact généralisé)", *Corpus des oeuvres philosophiques* 32, 147-174.

Borch-Jacobsen, Mikkel e Sonu Shamdasani (2001) "Une visite aux archives Freud", *Ethnopsy: Les mondes contemporains de la guérison* 3, 141-188.

Borges, Jorge Luis (1939) "Pierre Menard, author of Don Quixote", trad. A. Bower, *Fictions* (London, Calder, 1965), 42-51.

Boring, Edwin (1929) *A History of Experimental Psychology* (New York, Century).

Breton, André (1932) *Communicating Vessels*, trad. M. A. Caws e G. T. Harris (Nebraska, University of Nebraska Press, 1990).

Brill, Abraham (1945) *Freud's Contribution to Psychiatry* (London, Chapman e Hall).

Brooks, John (1991) "Analogy and argumentation in interdisciplinary context: Durkheim's 'individual and collective representations'", *History of the Human Sciences* 4, 223-259.

Burbridge, David (1994) "Galton's 100: an exploration of Francis Galton's imagery studies", *British Journal for the History of Science* 27, 443-464.

Burdach, Karl Friederich (1826-1840) *Die Physiologie ais Erfahrungswissenschaft* (Leipzig, Leopold Boss), 6 vols.

Burnham, John e William McGuire, eds., (1983) *Jelliffe: American Psychoanalyst and Physician and His Correspondente with Sigmund Freud and C. G. Jung* (Chicago, University of Chicago Press).

Butler, Samuel (1878) *Life and Habit* (London, Trübner e Co.)

Cabanis, Pierre (1805) *On the Relations between the Physical and Moral Aspect of Man*, ed. George Mora, trad. M. Saidi (Baltimore, Johns Hopkins University Press, 1981).

Caffrey, Margaret (1930) *Ruth Benedict: Stranger in this Land* (Austin, University of Texas Press, 1989).

Carpenter, William (1876) *Principies of Mental Physiology*, 4ª ed. (London, Henry King, 1876).

Carroll, John (1956) *Language, Thought and Reality: Selected Writings of Benjamin Lee Whorf* (Cambridge, MIT Press).

Carroy, Jacqueline (1999) "Le docteur gibert, ou le 'Breuer' de Pierre Janet", em P. Fédida e F. Villa, eds., *Le cas en controverse* (Paris, PUF), 213-230.

Carson, John (1994) "Talents, intelligence and the constructions of human difference in France and America, 1750-1920". Tese de doutorado, Universidade de Princeton.

Carus, Carl Gustav (1846) *Psyche: Zur Entwicklungsgeschichte der Seele* (Darmstadt, Wissenschaftliche Buchgesellschaft, 1975); *Psyche: On the Development of the Soul. Part One, The Unconscious*, trad. R. Welch (Zürich, Spring Publications, 1970).

(1866) *Vergleichende Psychologie oder Geschichte der Seele in der Reihenfolge der Thierwelt* (Viena, Wilhelm Braumüller).

Charcot, Jean-Martin (1889) *Clinical Diseases of the Nervous System*, trad. T. Savill (London, New Sydenham Society).

Churchill, Frederick (1969) "From Machine-Theory to Entelechy: Two Studies in Developmental Teleology", *Journal of the History of Biology* 2, 165-185.

Cifali, Mireille (1991) "Notes autour de la première traduction française d'une oeuvre de Sigmund Freud", *Revue Internationale d'Histoire de la Psychanalyse* 4, 291-305.

Claparède, Edouard (1903) *L'Association des ideés* (Paris).

(1904) "Esquisse d'une théorie biologique du sommeil", *Archives de Psychologie* 4, 245-349.

(1905) "L'intérêt, principe fondamental de l'activité mentale", em De Sanctis, Sante, ed. *Atti del V Congresso di Psicoglia Tenuto in Roma dal 26 al 30 Aprile 1905* (Rome, Forzani E. C. Tipografia do Senado, 253).

(1906-1907) "The value of biological interpretation for abnormal psychology", *Journal of Abnormal Psychology* 1, 83-92.

(1910a) Vème*Congrès International de psychologie, tenu à Genève du 2 au 7 août sous la présidence de Th. Flournoy* (Geneva, Libraire Kündig).

(1910b) "L'Unification et la fixation de la terminologie psychologique", em Edouard Claparède, ed., Vème*Congrès international de psychologie, tenu à Genève du 2 au 7 août sou la présidence de Th. Flournoy* (Geneva, Libraire Kündig), 467-479

(1930) "Autobiography", em Carl Murchinson, ed., *A History of Psychology in Autobiography*, vol. 1 (New York, Russell e Russell, 1961).

Cocks, Geoffrey (1997) *Psychotherapy in the Third Reich: The Göring Institute*, 2ª edição revista e ampliada (New Brunswick, Transaction).

Colerige, Samuel Taylor (1817) *Biographia Literaria, Or Biographical Sketches of My Literary Life and Opinions*, ed. George Watson (London, J. M. Dent e Sons, 1975).

Coriat, Isador (1915) *The Meaning of Dreams* (London, William Heinemann).

Crow, W. B. (1925) *Notes of Jung's Polzeath (1923) and Swanage (1925) Summer Schools* (publicação particular, Londres).

D'Hervey de Saint-Denys, Jean Marie (1867) *Les Rêves et les moyens de les diriger* (Paris, Amyot); *Dreams and How to Guide Them*, ed. Morton Schartzman (London, Duckworth, 1982).

Danziger, Kurt (1980) "The history of introspection reconsidered", *Journal of the History of the Behavioral Sciences* 16, 214-262.

(1983) "Origins and basic principles of Wundt's *Völkerpsychologie*", *British Journal of Social Psychology* 22, 303-313.

(1990a) *Constructing the Subject: Historical Origins of Psychological Research* (Cambridge, Cambridge University Press).

(1990b) "Mid-nineteenth-century British psycho-physiology: a neglected chapter in the history of ideas", em William Woodward e Mitchell Ash, eds., *The Problematic Science: Psychology in Nineteenth Century Thought* (New York: Praeger), 119-146.

(1997) *Naming the Mind: How Psychology Found its Language* (London, Sage).

Darnell, Regna (1990) *Edward Sapir: Linguist, Anthropologist, Humanist* (Berkeley, University of California Press).

Darwin, Charles (1859) *Origin of Species* (London, Penguin, 1982).

Daston, Lorraine (1990) "The theory of the will versus the science of the mind", em William Woodwar and Mitchell Ash, eds., *The Problematic Science: Psychology in Nineteenth Thought* (New York, Praeger), 88-118.

Davis, Miles com Quincy Troupe (1990) *Miles Davis: The Autobiography* (London, Picador).

De Saussure, Raymond (1926) "La psychologie du rêve dans la tradition française", em René Laforgue, ed., *Le Rêve et la psychanalyse* (Paris, Norbet Maloine).

De Saussure, René (1910) "Uniformigo de la scienza terminaro", em Elouard Claparède, ed., Vme *Congrès international de psychologie, tenu à Geneva du 2 au 7 août sous la présidence de Th. Flournoy* (Geneva, Libraire Kündig, 1910), 482-487.

De Angulo, Ximena (1952) "Comments on a doctoral thesis", em William McGuire e R. F. C., Hull, eds., *C. G. Jung Speaking: Interviews and Encounters* (Princeton/London, Bollingen Series, Princeton University Press, 1977 / Picador, 1908), 202-213.

De Carpenteri, Albumazar (1822) *La Clef d'or ou l'astrologue fortuné devin* (Lion, Matheron).

De Thèbes, Madame (1908) *L'Enigme du rêve: explication des songes* (Paris, Félix Juven).

Decker, Hannah (1975) "*The Interpretation of Dreams:* Early Reception by the Educated German Public", *Journal of the History of the Behavioral Sciences* 11, 2, 129-141.

Delboeuf, Joseph (1879/1880) "Le sommeil et les rêves", *Revue Philosophique* 8, 1879, 329-356, 494-520, 616-618; 9, 1880, 129-169, 413-437, 623-647; *Le Sommeil et les rêves et autres Textes* (Paris, Fayard, 1993).

(1890) *Magnétiseurs et médecins* (Paris, Alcan).

Dennet, Richard (1906) *At the Back of the Black Man's Mind, or Notes on the Kingly Office in West Africa* (London, Macmillan).

Descartes, René (1641) *Meditations on First Philosophy*, em *The Philosophical Writings of Descartes* vol. 1, trad. J. Cottingham, R. Stoothoff, e D. Murdoch (Cambridge, Cambridge Unviersity Press, 1984).

Dietrich, Albrecht (1903) *Eine Mithrasliturgie* (Leipzig, B. G. Teubner).

Dilthey, Wilhelm (1883) *Introduction to the Human Sciences: An Attempt to Lay a Foundation for the Study of Society and History* (London, Harvester Wheatsheaf, 1993).

(1894) "Ideen über eine beschreibende und zergliedernde Psychologie", *Gesammelte Schriften* 5 (Leipzig, Teubner, 1924), 139-240; *Descriptive Psychology and Historical Understanding*, trads. R. Zaner e K. Heiges (Haia, Martinus Nijhoff, 1977).

(1911) "The types of world-view and their development in the metaphysical systems", em H. P. Rickman, ed. e trad., *W. Dilthey: Selected Writings* (Cambridge, Cambridge University Press, 1976), 133-154.

Dodge, Mabel (1933) *Lorenzo in Taos* (London, Martin Secker).

Dowbiggen, Ian (1990) "Alfred Mauray and the politics of the unconscious in nineteenth-century France", *History of Psychiatry* 1, 255-287.

Driesch, Hans (1908) *The Science and Philosophy of the Organism*, 2 vols. (London, Adam e Charles Black).

(1914) *History and Philosophy of Vitalism*, trad. C. K. Ogden (London, Macmillan).

(1915) *Lebenserinnerungen: Aufzeichnungen eines Forschers und Denkers in entscheidender Zeit* (Munich, Ernst Reinhardt Verlag).

Du Bois-Reymond, Emile (1912) *Reden von Emil Du Bois-Reymond*, 2 vols., ed. Estelle Du Bois-Reymond (Von Veit, Leipzig).

Du Prel, Carl (1885) *The Philosophy of Mysticism*, 2 vols., trad. C. Massey (London, G. Redway, 1889).

(1889) *Immanuel Kants Vörlesungen über Psychologie* (Leipzig, Ernst Günther).

Duckyearst, François (1993) "Les références de Freud à Delboeuf", *Revue internationale de l'histoire de la psychanalyse* 6, 231-250.

Durkheim, Emile (1895) *The Rules of Sociological Method*, ed. Steven Lukes, trad. W. Halls (New York, Free Press, 1982).

(1897) "Individual and collective representations", em *Sociology and Philosophy*, trad. D. Pocock (London, Cohen e West, 1953).

(1909) "The contribution of sociology to psychology and philosophy", em *Sociology and Philosophy*, trad. D. Pocock (London, Cohen e West, 1953).

(1912) *The Elementary Forms of the Religious Life*, trad. J. Swain (London, Allen e Unwin, 1976).

Ellenberger, Henri (1970) *The Discovery of the Unconscious: The History and Evolution of Dynamic Psychiatry* (New York, Basic Books).

(1993) *Beyond the Unconscious: Essays of H. E Ellenberger in the History of Psychiatry*, ed. Mark Micale (Princeton, Princeton University Press).

Ellis, Havelock (1911) *The World of Dreams* (London, Constance).

Elms, Alan (1994) "The auntification of Jung", capítulo 3, *Uncovering Lives: The Uneasy Alliance of Biography and Psychology* (New York, Oxford University Press).

Espinas, Alfred (1878) *Des sociétés animales* (Paris, Alcan).

Esquirol, E. (1832) *Aliénation mentale. Des illusions des aliénés. Question médico-légale sur l'isolement des aliénés* (Paris, Crochard).
Essertier, Daniel (1927) *Psychologie et sociologie: essai de bibliographique critique* (Paris, Alcan).
Evans, Richard (1957) "Conversations with Carl Jung", em William McGuire e R. F. C. Hull, eds., *C. G. Jung Speaking: Interviews and Encounters* (Princeton/London, Bollingen Series, Princeton University Press, 1977 / Picador, 1980), 276-352.
 (1975) *Konrad Lorenz: The Man and his Ideas* (New York, Harcourt Brace Jovanovitch).
Evans-Pritchard, Edward (1981) *A History of Anthropological Thought*, ed. André Singer (London, Faber and Faber).
Falzeder, Ernst (1994) "The threads of psychoanalytic filiations or psychoanalysis taking effect", em André Haynal e Ernst Falzeder, eds., *100 Years of Psychoanalysis: Contributions to the History of Psychoanalysis*, edição especial de *Cahiers Psychiatriques Genevois*, 169-174.
 (2000) "Profession - psychoanalyst: A historical view", *Psychoanalysis and History* 2, 37-60.
 ed. (1993) *The Correspondence of Sigmund Freud and Sándor Ferenczi, 1, 1908-1914*, trad. Peter Hoffer (Cambridge, Mass., Harvard University Press).
 ed. (2002) *The Complete Correspondente of Sigmund Freud and Karl Abraham* (London, Karnac).
Fechner, Gustav (1860) *Elements of Psychophysics*, vol. 1., ed. Davis Howes e Edwin Boring, trad. H. Adler (New York, Holt, Rinehart e Winston, 1966).
Ferenczi, Sándor (1913) "Kritik der Jungschen 'Wandlungen und Symbole der Libido'", *Internationale Zeitschrift für ärztliclhe Psychoanalyse* 1, 391-403.
 (1914) "Dr. C. G. Jung, 'Contribution à l'étude des types psychologiques'", *Baustein zur Psychoanalyse*, vol. 4 (Berna, Hans Huber, 1939).
Feuchtersleben, Barão Ernst von (1845) *The Principies of Medical Psychology: Being the Outline of a Course of Lectures*, trad. H. E. Lloyd (London, New Sydenham Society).
Fichte, Johann (1794) *The Science of Knowledge*, eds. e trads. Peter Heath e John Lachs (Cambridge, Cambridge University Press, 1982).
Flaubert, Gustave (1881) *Bouvard and Pécuchet*, trad. A. Krailsheimer (London, Penguin, 1976).
Flournoy, Théodore (1896) *Notice sur le laboratoire de psychologie de l'université de Genéve* (Geneva, Eggiman).
 (1900/1994) *From India to the Planet Mars: A Case of Multiple Personality with Imaginary Languages*, ed. Sonu Shamdasani, trad. D. Vermilye (Princeton, Princeton University Press).
 (1908) "Automatisme téléologique antisuicide", *Archives de psychologie* 7, 113-117.
 (1911) *The Philosophy of William James*, trad. E. B. Holt e W James, Jr. (London, Constable, 1917).
 (1913) Review of C. G. Jung, "Wandlungen und Symbole der Libido", *Archives de Psychologie* 13, 195-199.
Ford, Jennifer (1994) "Samuel Taylor Coleridge on dreams and dreaming", Tese de doutoramento, Universidade de Sidney.

Fordham, Michael (1957) "Biological theory and the concept of the archetypes", em *New Developments in Analytical Psychology* (London, Routledge e Kegan Paul).
    (1958) "Development and status of Jung's researches", em *The Objective Psyche* (London, Routledge e Kegan Paul), 4-31.
    (1993) *The Making of an Analyst: A Memoir* (London, Free Associations).
Forel, Auguste (1885) *Das Gedächtniss und seine Abnormitäten* (Zürich, Orell Füssli).
    (1905) "Eine Konsequenz der Semonschen Lehre der Mneme", *Journal für Psychologie und Neurologie* 5, 200-201.
    (1906) *Hypnotism, or Suggestion and Psychotherapy: A Study of the Psychological, Psycho-Physiological and Therapeutic Aspects of Hypnotism*, trad. H. W. Armit (5ª ed.) (London, Rebman).
    (1907) *Hygiene of Nerves and Mind in Health and Disease*, trad. A. Aikins (London, John Murray).
    (1937) *Out of my Life and Work*, trad. B. Miall (London, George Allen e Unwin).
Fouillée, Alfred (1893) *La Psychologie des idées-forces*, 2 vols. (Paris, Alcan).
    (1890) *L'Evolutionnisme des idées-forces* (Paris, Alcan).
    (1903) *Esquisse psychologique des peuples européens* (Paris, Alcan).
Frazer, James (1911-1915) *The Golden Bough: A Study in Magic and Religion* (London, Macmillan).
Freeman, John (1959) "'Face to face' interview with Jung", em William McGuire e R. F. C. Hull, eds., *C. G. Jung Speaking: Interviews and Encounters* Princeton/London, Bollingen Series, Princeton University Press, 1977 / Picador, 1980), 424-439.
Galton, Francis (1883) *Inquiries into Human Faculty and its Development* (London, J. M. Dent).
Gans, Hans (1917) *Das Unbewusste bei Leibniz in Beziehung zur modernen Theorien* (Zürich, Rascher).
Gasser, Jacques (1988) "La notion de mémoire organique dans l'oeuvre de T. Ribot", *History and Philosophy of the Life Sciences* 10, 293-313.
    (1995) *Aux origines du cerveau moderne. Localisations, langage et mémoire dans l'oeuvre de Charcot* (Paris, Fayard).
Gauchet, Marcel (1992) *L'Inconscient cérébral* (Paris, Editions du Seuil).
Gentile, Benedetto (1822) *Livre des rêves ou l'oneiroscopie* (Paris, Masson).
Geuter, Ulfried (1992) *The Professionalization of Psychology in Nazi Germany*, trad. R. Holmes (Cambridge, Cambridge University Press).
Giegerich, Wolfgang (1998) *The Soul's Logical Life* (Frankfurt, Peter Lang).
Gijswijt-Hofstra, Marijke e Roy Porter (2001) *Cultures of Neurasthenia: From Beard to the First World War* (Amsterdam, Rodopi).
Goldenweiser, Alexander (1949) "Adolf Bastian", em Edwin Seligman, ed., *Encyclopedia of the Social Sciences* (New York, Macmillan), 476.
Goldstein, Kurt (1927) "Die Beziehungen der Psychoanalyse zur Biologie", em Wladimir Eliasberg, ed., *Bericht über den II. Allgemeinen Ärztlichen Kongress für Psychotherapie in Bad Nauheim, 27 bis 30 April 1927* (Leipzig, Verlag S. Hirzel), 15-52.
    (1939) *The Organism: A Holistic Approach to Biology derived from Pathological Data in Man* (New York, American Book Company).

(1940) *Human Nature in the Light of Psychopathology* (Cambridge, Mass., Harvard University Press).

Golinski, Jan (1998) *Making Natural Knowledge: Constructivism and the History of Science* (Cambridge, Cambridge University Press).

Goodman, Nelson (1978) *Ways of Worldmaking* (Hassocks, Harvester Press).

Gray, H. e J. B. Wheelwright (1945) "Jung's psychological types, including the four functions", *The Journal of General Psychology* 33, 265-284.

Gregory, Frederick (1977) *Scientific Materialism in Nineteenth Century Germany* (Dordrecht, Reidel).

Griesinger, Wilhelm (1867) *Mental Pathology and Therapeutics*, 2ª ed., trads. C. Lockhart Robertson e J. Rutherford (London, New Sydenham Society).

Groos, Karl (1898) *The Play of Animals: A Study of Animal Life and Instinct*, trad. E. L. Baldwin (London, Chapman e Hall).

Gurney, Edmund, Frederic Myers e Frank Podmore (1886) *Phantasms of the Living* (London, Trubner).

Hacking, Ian (1995) *Rewriting the Soul: Multiple Personality and the Sciences of Memory* (Princeton, Princeton University Press).

Haeckel, Ernst (1900) *The Riddle of the Universe*, trad. J. McCabe (New York, Harper).

(1903) *The Evolution of Man* (London, Watts, 1905).

Hakl, Hans Thomas (2001) *Der verborgene Geist von Eranos: Unbekannte Begegnungen von Wissenschaft und Esoterik* (Bretten, Scientia nova).

Hale, Nathan (1971) *Freud and the Americans: The Beginnings of Psychoanalysis in the United States, 1876-1917* (New York, Oxford University Press).

(1995) *The Rise and Crisis of Psychoanalysis in the United States: Freud and the Americans, 1917-1985* (New York, Oxford University Press).

ed. (1971) *James Jackson Putnam and Psychoanalysis: Letters between Putnam and Sigmund Freud, Ernest Jones, William James, Sandor Ferenczi, and Morton Prince, 1877-1917* (Cambridge, Mass., Harvard University Press).

Hall, G. Stanley (1897) "A study of fears", *American Journal of Psychology* 8, 147-249.

(1904) *Adolescence: Its Psychology and its relations to Physiology, Anthropology, Sociology, Sex, Crime, Religion and Education* (New York, D. Appleton e Co.).

(1922) *Senescence: The Last Half of Life* (New York, D. Appleton e Co.).

(1923) *Life and Confessions of a Psychologist* (New York, D. Appleton e Co.).

Hamilton, William (1865) *Lectures on Metaphysics* (Edimburgo, William Blackwood).

Handelbauer, Bernhard (1998) *The Freud-Adler Controversy* (Oxford, Oneworld).

Harms, Ernst (1967) *Origins of Modern Psychiatry* (Springfield, Charles Thomas). Harrington, Anne (1996) *Reenchanted Science: Holism in German Culture from Wilhelm II to Hitler* (Princeton, Princeton University Press).

Harris, Ruth (1989) *Murder and Madness: Medicine, Law and Society in the Fin de Siècle* (Oxford, Clarendon Press).

Hartmann, Eduard von (1869). *Philosophie des Unbewussten: Versuch eiu Weltanschauung* (Berlin, C. Dunker).

(1900) *The Philosophy of the Unconscious*, trad. W. Coupland (London, R. Paul, Trench e Trubner, 1931).

Haule, John (1984) "From somnambulism to archetypes: the French roots of Jung's split from Freud", *Psychoanalytic Review* 71, 95-107.

Hauser, Ronald (1992) "Karl Albert Scherner", *The Centennial Review* 36, 343-346.
Henry, Michel (1985) *The Genealogy of Psychoanalysis* (Stanford, Stanford University Press, 1993).
Herbart, Johann (1814) *A Text-Book in Psychology: An Attempt to Found the Science of Psychology of Experience, Metaphysics, and Mathematics* (New York, Appleton, 1891).
Hering, Ewald (1870) "On memory as a general function of organised matter", em Samuel Butier, *Unconscious Memory* (London, A. C. Fifield, 1910)
Hetherington, Robert (1959) carta ao *The Listener*, 12 de novembro, 834.
Heyer, Gustav (1932) *Der Organismus der Seele, eine Einführung in die analytische Seelenheilkunde* (Munich, J. H. Lehman).
Heynick, Frank (1993) *Language and its Disturbances iu Dreams: The Pioneering Work of Freud and Kraepelin Updated* (New York, John Wiley).
Hillman, James (1979) *The Dream and the Underworld* (New York, Harper e Row).
Howard, Jane (1984) *Margaret Mead: A Life* (New York, Simon e Schuster).
Hubert, Henri e Mauss, Marcel (1909) *Mélanges d'histoire des religions* (Trabalhos do Ano Sociológico) (Paris, Alcan).
Hull, R. F. C. (1959) carta ao *The Listener*, 10 de dezembro, 1041.
— (1970) "Translator's postscript", C. G. Jung, "Two posthumous papers", *Spring: An Annual of Archetypal Psychology and, Jungian Thought*, 176.
Hunt, Harry (1989) *The Multiplicity of Dreams: Memory, Imagination, and Consciousness* (New Haven, Yale University Press).
Husserl, Edmund (1937) *The Crisis of European Sciences and Transcendental Phenomenology*, trad. D. Carr (Evanston, Northwestern University Press, 1970).
Iselin, Hans Konrad, ed. (1982) *Zur Entstehung von C. G. Jungs "Psychologischen Typen": Der Briefwechsel zwischen C. G. Jung und Hans Schmid-Guisan in Lichte ihrer Freundschaft* (Aarau, Verlag Sauerlander).
Isham, Mary (1923) "Dr. Jung expounds the psychology of individuation", *The New York Times Book Review*, 10 de junho.
— (1979) *Word and Image: C. G. Jung* (Bollingen Series, Princeton University Press, Princeton).
Jahoda, Gustav (1992) *Crossroads between Culture and Mind* (London, Harvester Wheatsheaf).
James, Henry Jr. (1920) *The Letters of William James*, 2 vols. (London, Longmans, Green and Co.).
James, Tony (1995) *Dream, Creativity and Madness in Nineteenth-Century France* (Oxford, Oxford University Press).
James, William (1890) *The Principies of Psychology*, 2 vols. (London, Macmillan, 1918).
— (1892a) *Psychology: Briefer Course* (Cambridge, Mass., Harvard University Press, 1984).
— (1892b) "A plea for psychology as a 'natural science'" *Essays in Psychology*, (Cambridge, Mass., Harvard University Press, 1983).
— (1902) *The Varieties of Religious Experience* (London, Longmans).
— (1904) "Does consciousness exist?" *Essays in Radical Empiricism* (Lincoln, University of Nebraska Press, 1996).
— (1906) "The energies of men", em *Essays in Religion and Morality* (Cambridge, Harvard University Press, 1982).

(1907) *Pragmatism and Four Essays from The Meaning of Truth* (Cleveland, Ohio, Meridian, 1970).
(1909a) *A Pluralistic Universe* (London, Longmans, Green e Co.).
(1909b) "Report on Mrs. Piper's Hodgson-control", em Gardner Murphy e Robert Bailou, eds., *William James on Psychical Research* (London, Chatto e Windus, 1961), 115-210.

Janet, Pierre (1889) *L'Automatisme psychologique: essais de psychologie expérimentale sur les formes inférieures de l'activité humaine*, 4ª ed., (Paris, Alcan, 1903).
(1893) *The Mental State of Hystericals: A Study of Mental Stigmata and Mental Accidents*, trad. C. R. Corson (New York, G. P. Putnam's Sons, 1901).
(1898) *Névroses et idées fixes*, 2 vols. (Paris, Alcan).
(1908) *Les Obsessions et la psychasthénie*, 2 vols. (Paris, Alcan).
(1914-1915) "Psychoanalysis", trad. W G. Bean, *Journal of Abnormal Psychology*, 1-35, 153-187.
(1919) *Psychological Healing: A Historical and Clinical Study*, trads. E. e C. Paul, 2 vols. (London, George Allen and Unwin, 1925).

Jaspers, Karl (1919) *Psychologie der Weltanschauungen* (Berlin, Springer).

Johnson, Samuel, ed. E. L. McAdam e George Milne (1755) *Johnson's Dictionary: A Modern Selection* (London, Cassel, 1995).

Jones, Ernest (1913) *Papers on Psycho-Analysis* (London, Baillière, Tindall e Cox).

Jung, C. G. (1915) "On psychological understanding", *Journal of Abnormal Psychology* 9, 385-399.
(1916) "The conception of the unconscious", em Constance Long, ed., *Collected Papers on Analytical Psychology* (London, Baillière, Tindall e Cox, 1917, 2ª ed.), 445-474.
(1917a) Ed. Constance Long, *Collected Papers on Analytical Psychology* (London, Baillière, Tindall e Cox, 2ª ed.).
(1917b) "The psychology of the unconscious processes", em Constance Long, ed., *Collected Papers on Analytical Psychology* (London, Baillière, Tindall e Cox, 2ª ed.), 354-444.
(1918) *Die Psychologie der Unbewussten Prozesse: Ein Überblick über die moderne Theorie und Methode der analytischen Psychologie*, 2ª ed., (Zürich, Rascher).
(1921) *Psychologische Typen* (Zürich, Rascher).
(1925) *Analytical Psychology: Notes of the Seminar given in 1925*, ed. William McGuire, Bollingen Series XCIX (Princeton, Princeton University Press / London, Routledge, 1989).
(1928a) *Contributions to Analytical Psychology*, trads. C. F. e H. G. Baynes (London, Kegan Paul, Trench, Trubner).
(1928b) *Über die Energetik der Seele* (Zürich: Rascher).
(1928-1930) *Dream Analysis: Notes of the Seminar given in 1928-1930*, ed. William McGuire, Bollingen Series XCIX (Princeton, Princeton University Press, London, Routledge, 1984).
(1930-1934) *Visions: Notes of the Seminar given in 1930-1934*, ed. Claire Douglas, 2 vols. (Bollingen Series, Princeton University Press, 1997).
(1933) "Über Psychologie", *Neue Schweizer Rundschau* 1, 21-27 e 2, 98-106.
(1934) *Modern Psychology. Notes on the Lectures given at the Eidgenössische Technische Hochschule, Zürich by Prof. Dr. C. G. Jung, October 1933-February 1940*,

compilado e traduzido por Elizabeth Welsh e Barbara Hannah (Zürich, 1959, edição particular, 2ª ed.).

(1934-1939) *Nietzsche's Zarathustra: Notes of the Seminar given in 1934-9*, ed. James Jarrett, 2 vols. (Bollingen Series, Princeton University Press, 1988).

(1935-1936) *Notes of Jung's 1935/6 ETH Lectures*, compilado por Barbara Hannah, Una Thomas e Elizabeth Baumann, edição particular.

(1936) *Dream Symbols of the Individuation Process: Notes of a Seminar at Bailey Island, Maine, September 1936*, ed. Kristine Mann, Eleanor Bertine e Esther Harding, edição particular.

(1938-1939) *Psychological Interpretation of Children's Dreams: Notes on Lectures given by Prof. Dr. C. G. Jung at the Eidgenössische Technische Hochschule, Zürich, Outono-Inverno, 1938-9*, ed. Liliane Frey e Rivkah Schärf, trad. M. Foote, edição particular.

(1939) *The Integration of the Personality*, trad. S. Dell (New York, Farrar e Rhinehart).

Kaegi, Werner (1947-1982) *Jacob Burckhart: Eine Biographie*, 8 vols. (Basileia, Schwabe).

Kalmar, Ivan (1987) "The Völkerpsychologie of Lazarus and Steinthal and the modern concept of culture", *Journal of the History of Ideas* 48, 671-690.

Kant, Immanuel (1786/1985) *Metaphysical Foundations of Natural Science*, em James Ellington, ed., *Kant's Philosophy of Material Nature*, trad. P. Carus (Indianapolis, Hackett).

(1787) *Critique of Pure Reason*, trad. N. Kemp Smith (London, Macmillan, 1933).

(1790) *Kant's Critique of Teleological Judgement*, trad. J. C. Meredith (Oxford, Clarendon Press, 1928).

(1798) *Anthropology from a Pragmatic Point of View*, ed. Hans Rudnick, trad. V. L. Dowdell (Carbondale e Edwardsville, Southern Illinois Press, 1978).

(1997) *Lectures on Metaphysics*, eds. e trads. Karl Ameriks e Steve Naragon (Cambridge, Cambridge University Press).

Kern, Stephen (1975) "The prehistory of Freud's dream theory: Freud's masterpiece anticipated", *History of Medicine* 6, 3/4, 83-92.

Kiell, Norman (1988) *Freud Without Hindsight: Reviews of his Work (1893-1939)* (New York, International Universities Press).

Kirsch, James (1975) "Remembering C. G. Jung", *Psychological Perspectives* 6, 1975, 54-63.

Klages, Ludwig (1929) *The Science of Character*, trad. W H. Johnston (London, Allen e Unwin).

Koch, Sigmund (1975) "Language communities, search cells, and the psychological studies", em W. J. Arnold ed., *Nebraska Symposium on Motivation*, vol. 23 (Lincoln, University of Nebraska Press, 1976), 478-559.

(1993) "'Psychology' or 'The Psychological Studies'?" *American Psychologist* 48,902-904.

Koepping, Klaus-Peter (1983) *Adolf Bastian and the Psychic Unity of Mankind: The Foundations of Anthropology in Nineteenth-Century Germany* (St. Lucia, University of Queensland Press).

Köhler, Wolfgang (1947) *Gestalt Psychology: An Introduction to New Concepts in Modern Psychology* (New York, Liveright).

Kraepelin, Emil (1987) *Memoirs*, trad. C. Wooding-Deane (Berlin, Springer-Verlag).
Krafft-Ebing, Richard von (1879-1880) *Lehrbuch der Psychiatrie auf klinischer Grundlage: für practische Arzte und Studirende* (Stuttgart, Enke); *Text-Book of Insanity based on Clinical Observations* (Philadelphia, Davis, 1904).
Kranefeldt, Wolfgang (1930) *Die Psychoanalyse: Psychoanalytische Psychologie* (Berlin, Walter de Gruyter).
Kretschmer, Ernst (1934) *Textbook of Medical Psychology*, trad. E. B. Strauss (London, Oxford University Press).
Krippener, Stanley, ed. (1990) *Dreamtime and Dreamwork: Decoding the Language of the Night* (New York, Tarcher).
Külpe, Oswald (1913) *The Philosophy of the Present in Germany*, trads. M. e G. Patrick (London, George Allen e Co.).
Lacinius (1874) *La vraie clef des songes* (Paris, E. Guerin).
Lampl, Hans Erich (1989) "Flair du livre: Friedrich Nietzsche und Théodule Ribot," *Nietzsche Studien* 18, 573-586.
Lamprecht, Karl (1891-1909) *Deutsche Geschichte*, 12 vols. (Berlin).
— (1905) *What is History? Five Lectures on the Modern Science of History*, trad. E. Andrews (New York, Macmillan).
Lanteri Laura, Georges (1968) "Le Rêve comme argument", *Cahiers Laënnec* 28, 2, 15-36.
Latour, Bruno (1993) *We Have Never been Modern*, trad. C. Porter (Cambridge, Mass., Harvard University Press).
— (1996) *Pétite réflexion sur le culte moderne des dieux faitiches* (Le Plessis-Robinson, Les Empêcheurs de penser en rond).
Laurence, Jean-Roch e Campbell Perry (1988) *Hypnosis, Will and Memory: A Psycho-Legal History* (New York, Guilford Press).
Lavie, Perez e Allan Hobson (1986) "Origin of dreams: anticipation of modern theories in philosophy and physiology of the eighteenth and nineteenth centuries", *Psychological Bulletin* 100, 229-240.
Lawrence, D. H. (1928) "New Mexico", em *Selected Essays* (Harmondsworth, Penguin, 1981), 180-188.
Layard, John (1942) *The Stone Men of Malekula: Vao* (London, Chatto e Windus).
Laycock, Thomas (1876) "A chapter on some organic laws of memory", *Journal of Mental Science* 21, 155-187.
Le Bon, Gustave (1894) *Lois psychologiques de l'évolution des peuples* (Paris, Félix Alcan, 1898).
— (1895) *The Crowd: A Study of the Popular Mind*, trad. anôn. (London, Fisher Unwin, 1921).
Le Clair, Robert, ed. (1966) *The Letters of William James and Théodore Flournoy* (Madison, University of Wisconsin Press).
Le vingtiéme Artemiodore (1951) *La nouvelle clé des songes* (Monaco, Les documents d'art).
Leary, David (1982) "Immanuel Kant and the development of modern psychology", em William Woodward e Mitchell Ash, eds., *The Problematic Science: Psychology in Nineteenth Century Thought* (New York, Praeger), 17-42.
Leibniz, G. W. (1703) *New Essays on Human Understanding*, trads. P. Remnant e J. Bennett (Cambridge, Cambridge University Press, 1981).

Leopold, Joan (1980) *Culture in Comparative and Evolutionary Perspective: E. B. Tylor and the Making of Primitive Culture* (Berlin, Dietrich Reimer).

Lévi-Strauss, Claude (1987) *Introduction to the work of Marcel Mauss*, trad. F. Baker (London, Routledge e Kegan Paul).

Lévy-Bruhl, Lucien (1910) *How Natives Think (Les fonctions mentales dans les sociétés inférieurs)*, trad. L. Clare (Princeton, Princeton University Press, 1985).

(1935a) *La Mythologie primitive. Le monde rnythique des australiens et des papous* (Paris).

(1935b) "Remarques sur l'initiation des medicine men", em Psychologischen Club, ed., *Die Kulturelle Bedeutung der komplexen Psychologie* (Berlin, Julius Springer), 214-219.

(1936) "The Cartesian Spirit and History", em Raymond Klibansky e H. J. Paton, eds., *Philosophy and History: Essays presented to Ernst Cassirer* (Oxford, Clarendon).

(1949) *The Notebooks on Primitive Mentality*, trad. P. Rivière (Oxford, Blackwell, 1975).

Lewes, George Henry (1877) *The Physical Basis of Mind* (London, Trubner e Co.).

Leys, Ruth (1985) "Meyer, Jung and the limits of association", *Bulletin of the History of Medicine* 59, 345-360.

Lincoln, J. Stewart (1935) *The Dream in Primitive Cultures* (London, Crescent Press).

Lipps, Theodore (1906) *Leitfaden der Psychologie* (Leipzig, Wilhelm Engelmann).

Ljunggren, Magnus (1994) *The Russian Mephisto: A Study of the Life of Emilii Medtner* (Estocolmo, Almgvist e Wiksell International).

Locke, John (1671) *An Essay concerning Human Understanding*, ed. Peter Nidditch (Oxford, Clarendon Press, 1975).

Long, Constance (1922) "Review of Beatrice Hinkle, 'A study of psychological Types'", *British Journal of Psychology* 2, 4, 229-233.

Lorenz, Konrad (1939) "The comparative study of behaviour", em *Motivation of Human and Animal Behaviour: An Ethnological View*, trad. B. A. Konkin (New York, Nostrand Reinhold, 1973).

(1948) *The Natural Science of the Human Species: An Introduction to Cornparative Behavioral Research: The "Russian Manuscript" (1944-1948)*; editado a partir dos trabalhos póstumos, por Agnes von Cranach; trad. R. Martin (Cambridge, Mass., MIT Press, 1996).

Lovejov, Arthur O. (1906) "The fundamental conceptions of primitive philosophy", *The Monist* 16, 357-382.

Macario, Maurice (1857) *Du Sommeil, des rêves et du somnambulisme dans l'état de santé et de maladie* (Paris, Perisse frères).

Macintyre, Alisdair (1958) *The Unconscious: A Conceptual Analysis* (London, Routledge e Kegan Paul).

Macnish, Robert (1834) *The Philosophy of Sleep* (Glasgow, W R. M'Phun).

Maeder, Alphonse (1912a) "Sur le mouvement psychoanalytique: un point de vue nouveau en psychologie", *L'année psychologique* 18, 389-418.

(1912b) "Uber die Funktion des Traumes", *Jahrbuch für psychoanalytische und psychopathologische Forschungen* 4, 692-707.

(1913a) "Zur Frage der teleologischen Traumfunktion. Eine Bemarkung zur Abwehr", *Jahrbuch für psychoanalytische und psychopathologische Forschungen* 5, 453-454.

(1913b) "Autoreferat, Ortsgruppe Zürich", "Korrespondenzblatt der Internationalen Psychoanalytischen Vereinigung", *Internationale Zeitschrift für ärztliche Psychoanalyse* 1, 621-622.

(1913c) "Uber das Traumproblem", *Jahrbuch für psychoanalytische und psychopathologische Forschungen* 5, 1913, 647-686.

(1926) "De la psychanalyse à la psychosynthèse", *L'Encephale* 8, 1926, 577-589.

(1956a) "Mein Weg von der Psychoanalyse zur Synthese: Ein autobiographischer Beitrag zur Wandlung der Geisteshaltung seit 1900", em Elga Kern, ed., *Wegweiser in der Zeitwende* (Munich, Ernst Reinhardt).

(1956b) "Persönliche Erinnerungen an Freud und retrospektive Besinnung", *Schweizer Zeitschrift für Psychologie* 15, 114-122.

Magee, Bryan (1987) *The Philosophy of Schopenhauer* (Oxford, Clarendon Press).

Maine de Biran (1809) "Nouvelles considérations sur le sommeil, les songes et le somnambulisme", *Oeuvres Tome V: Discours à la société médicale de Bergerac*, ed. François Azouvi (Paris, J. Vrin, 1984), 82-123.

Malinowski, Bronislaw (1916) "Baloma. The spirits of the dead in the trobriand islands", *Journal of the Royal Anthropological Institute*.

(1927) *Sex and Repression in Savage Society* (London, Kegan Paul, Trench, Trubner).

Mandelbaum, David, ed. (1949) *Selected Writings of Edward Sapir* (Berkeley, University of California Press).

Marinelli, Lydia e Andreas Mayer (2000) "Vom ersten Methodenbuch zum historischen Dokument. Sigmund Freuds *Traumdeutung* in Prozess ihrer Lektüren (1899-1930)", em Lydia Marinelli e Andreas Mayer, eds., *Die Lesbarkeit der Träume: Zur Geschichte von Freuds Traumdeutung* (Frankfurt em Main, Fischer Verlag), 37-126.

Marquard, Odo (1987) *Transzendentaler Idealismus, Romantische Naturphilosophie, Psychoanalyse* (Colônia, Editora Filosófica Jürgen Dinter).

Marx, Otto (1990-1991) "German Romantic Psychiatry", 2 partes, *History of Psychiatry* 1, 1990, 351-380; 2, 1991, 1-25.

Massey, Irving (1990) "Freud before Freud: K. A. Scherner", *The Centennial Review* 34, 567-576.

Masson, Jeffrey, ed. e trad. (1985) *The Complete Letters of Freud to Wilhelm Fliess, 1887-1904* (Cambridge, Mass, Belknap Press).

Mauro, Alfred (1861) *Le Sommeil et les réves: études psychologiques sur ces phenomènes et les divers états qui s'y rattachent* (Paris, Didier).

Mauss, Marcel (1902-1903) *A General Theory of Magic* (London, Routledge e Kegan Paul, 1972).

(1924) "Real and practical relations between psychology and sociology," em *Sociology and Psychology: Essays*, trad. Ben Brewster (London, Routledge e Kegan Paul, 1979).

McDougall, William (1908) *An Introduction to Social Psychology* (London, Methuen, 1950)

(1926) *An Outline of Abnormal Psychology* (London, Methuen, 1948).

(1929) "A chemical theory of temperament applied to introversion and extroversion," *Journal of Abnormal Psychology* 24, 393-409.

(1930) "Autobiography", em Carl Murchison, ed., *A History of Psychology in Autobiography*, vol. 1 (New York, Russell e Russell, 1961), 191-224.

(1933) *The Energies of Men: A Study of the Fundamentals of Dynamic Psychology* (London, Methuen).

(1934) *The Frontiers of Psychology* (Cambridge, Cambridge University Press).

(1938) *The Riddle of Life: A Survey of Theories* (London, Methuen).

McGuire, William (1978) "Jung in America, 1924-1925", *Spring: An Annual for Archetypal Psychology and Jungian Thought*, 1978, 37-53.

(1984) "American Eranos volume: introduction", *Spring: An Annual of Jungiant Thought and Archetypal Psychology*, 57-9.

ed. (1974) *The Freud/Jung Letters*, trad. R. Mannheim e R. F. C. Hull (Princeton: Princeton University Press; London: Hogarth Press / Routledge e Kegan Paul).

McGuire, William e R. F. C. Hull, eds. (1977) *C. G. Jung Speaking: Interviews and Encounters* (Princeton/London, Bollingen Series, Princeton University Press).

Mead, Margaret (1959) *An Anthropologist at Work: Writings of Ruth Benedict* (London, Secker and Warburg).

(1973) *Blackberry Winter: My Earliest Years* (London, Angus e Robertson).

(1974) *Ruth Benedict* (New York, Columbia University Press).

(1977) *Letters from the Field 1925-1975* (New York, Harper e Row).

Medtner, Emil (1923) *Über die sog. "Intuition", die ihr angrenzenden Begriffe und die an sie anknüpfenden Probleme* (Moscow, Musagetes).

Meier, C. A. (1989) *The Psychology of Jung. Volume 3: Consciousness*, trad. D. Roscoe (Boston, Sigo Press).

(1977) *Personality: The Individuation Process in the Light of C. G. Jung's Typology*, trad. D. Roscoe (Einsiedeln, Daimon, 1995).

(1984) *The Psychology of Jung. Volume 1: The Unconscious in its Empirical Manifestations*, trad. D. Roscoe (Boston, Sigo Press).

(1986) *Soul and Body: Essays on the Theories of C. G. Jung* (Santa Monica, Lapis Press).

(1989) *The Psychology of Jung. Volume 3: Consciousness*, trad. D. Roscoe (Boston, Sigo Press).

ed. (2001) *Atom and Archetype: The Pauli/Jung Letters*, com prefácio de Beverley Zabriskie, trad. D. Roscoe (Princeton, Princeton University Press).

Merllié, Dominique (1989a) "Présentation. Le cas Lévy-Bruhl", *Autour de Lucien Lévy-Bruhl*, Revue Philosophique 179, 419-448.

(1989b) "Lévy-Bruhl et Durkheim: Notes biographiques en marge d'une correspondance", *Autour de Lucien Lévy-Bruhl*, *Revue Philosophique* 179, 493-514.

Métraux, Alexandre (1982) "French crowd pychology: between theory and ideology", em William Woodward e Mitchell Ash, eds., *The Problematic Science: Psychology in Nineteenth-Century Thought* (New York, Praeger), 276-299.

Meyer, Adolf (1905) Review of Jung, ed., *Diagnostische Assoziationstudien*, *Psychological Bulletin*, 242.

(1906) "Application of associations studies", *Psychological Bulletin*, 280.

Micale, Mark. S. (1994) "Henri F. Ellenberger: The history of psychiatry as the history of the unconscious", em Mark S. Micale e Roy Porter eds., *Discovering the History of Psychiatry* (New York, Oxford University Press), 112-134.

Mucchielli, Laurent (1998) *La découverte du social: naissance de la sociologie en France*

(1870-1914) (Paris, Éditions la Découverte).

Murchison, Carl, ed. (1930) *Psychologies of 1930* (Worcester, Mass., Clark University Press).

Murray, Henry et al. (1938) *Explorations in Personality* (New York, Oxford University Press).

Myers, Frederic (189 1) "The subliminal consciousness, capítulo 1. General characteristics of subliminal messages", *Proceedings of the Society for Psychical Research*, 298-355.

(1892) "Hypermnesic Dreams", *Proceedings of the Society for Psychical Research* 8, 333-404.

(1893) *Science and a Future Life* (London, Macmillan).

(1903) *Human Personality and its Survival of Bodily Death* (London, Longmans, Green e Cia.

Nagy, Marilyn (1991) *Philosophical Issues in the Psychology of C. G. Jung* (Albany, State University of New York Press).

Nicoll, Maurice (1917) *Dream Psychology* (London, Henry Frowde & Hodder & Stoughton).

Nietzsche, Friedrich (1880) *Human, all too Human: A Book for Free Spirits*, trad. M. Faber com S. Lehmann (Lincoln, University of Nebraska Press, 1984).

(1881) *Daybreak*, trad. R. Hollingdale (Cambridge, Cambridge University Press, 1982).

(1886) *Beyond Good and Evil*, trad. R. Hollingdale (Harmondsworth, Penguin, 1973).

(1882-1887) *The Gay Science*, trad. W Kaufmann (New York, Vintage, 1974).

(1887) *On the Genealogy of Morals*, trad. D. Smith (Oxford, Oxford University Press, 1996).

(1888/1895) *Twilight of the Idols / The Anti-Christ*, trad. R. Hollingdale (Harmondsworth, Penguin, 1968).

(1908) *Ecce Homo*, trad. R. Hollingdale (London, Penguin, 1983).

Nye, Robert (1975) *The Origins of Crowd Psychology: Gustave Le Bon and Crisis of Mass Democracy in the Third Republic* (London, Sage).

Oppenheim, James (1923) "Watson on Jung- Jung on Watson", *The New Republic*.

(1931) *American Types: A Preface to Analytical Psychology* (New York, Knopf).

Otis, Laura (1994) *Organic Memory: History and the Body in the Late Nineteenth and Early Twentieth Centuries* (Lincoln, University of Nebraska Press).

Parkes, Graham (1994) *Composing the Soul: Reaches of Nietzsche's Psychology* (Chicago, University of Chicago Press).

(1999) "Nietzsche and Jung: Ambivalent Appreciations", in Jacob Golomb, Weaver Santaniello e Ronald Lehrer, eds., *Nietzsche and Depth Psychology*, (Albany, SUNY Press), 205-227.

Paskauskas, Andrew, ed. (1993) *The Complete Correspondence of Sigmund Freud and Ernest Jones 1908-1939* (Cambridge, Mass., Harvard University Press).

Peck, John (1995) "Die Rezeption in den USA", *Du* 8, 1995, 88-96.

Perry, Ralph Barton (1935) *The Thought and Character of William James, vol. 2, Philosophy and Psychology* (London, Humphrey Milford / Oxford University Press).

Piaget, Jean (1945) "Hommage à C. G. Jung", *Schweizerische Zeitschrif für Psychologie* 4, 169-171.

Portmann, Adolf (1949) "Mythisches in der Naturforschung", *Eranos-Jahrbuch* 17, 475-514.

(1950) "Das Problem der Urbilder in biologischer Sicht", *Eranos-Jahrbuch* 18, 413-432.

Preyer, William (1888/1909) *The Mind of the Child*, 2 partes, trad. H. W. Brown (New York, Appleton and Co.).

Prince, Morton (1910) "The psychological principles and the field of psychotherapy", em Morton Prince e outros, *Psychotherapeutics: A Symposium* (London, Fischer Unwin).

Putnam, James Jackson (1909) "Personal impressions of Sigmund Freud and his work", em *Addresses on Psycho-Analysis* (London, Hogarth Press, 1951), 1-30.

(1911) "A plea for the study of philosophic methods in preparation for psychoanalytic work", em *Addresses on Psycho-Analysis* (London, Hogarth Press, 1951), 79-96

(1913) "Remarks on a case with Griselda phantasies", em *Addresses on Psycho-Analysis* (London, Hogarth Press, 1951), 175-193.

(1915) "The necessity of metaphysics", em *Addresses on Psycho-Analysis* (London, Hogarth Press, 1951), 297-311.

(1917) "The work of Sigmund Freud", em *Addresses on Psycho-Analysis* (London, Hogarth Press, 1951), 347-365.

Rabinbach, Anson (1992) *The Human Motor: Energy, Fatigue, and the Origins of Modernity* (Berkeley, University of California Press).

Radin, Paul (1927) *Primitive Man as Philosopher* (New York, Dover, 1957).

(1929) "History of ethnological theories", *American Anthropologist* 31, 9-33.

Raphael, Edwin (1886) *The Book of Dreams: Being a Concise Interpretation of Dreams* (London, W. Foulsham).

Rapp, Dean (1988) "The reception of Freud by the British press: general interest and literary magazines, 1920-1925", *Journal of the History of the Behavioral Sciences* 24, 191-201.

(1990) "The early Discovery of Freud by the British general educated public, 1912-1919", *Social History of Medicine* 3, 217-244.

Reil, Johann Christian (1803) Rhapsodieen über die Anwendung der psychischen Curmethode auf Geisteszerrüttungen (Halle, Prediger Wagnitz).

Ribot, Théodule (1873) *L'Hérédité: étude psychologique sur ses phénoménes, ses lois, ses causes, ses conséquences* (Paris, Libraire philosophique de ladrange).

(1885) *Diseases of the Memory: An Essay in Positive Psychology*, 3ª ed. (London, Kegan Paul, Trench).

(1896) *La Psychologie des sentiments* (Paris, Alcan, 1930).

(1900) *Essai sur l'imagination créatrice* (Paris, Alcan).

Rickert, Heinrich (1899) *Kulturwissenschaft und Naturwissenschaft: Ein Vortrag* (Freiburg, J. C. Mohr).

(1928) *Der Gegenstand der Erkenntnis: Einführung in die Transzendentalphilosophie*, 6ª ed. (Tübingen, Mohr).

(1962) *Science and History: A Critique of Positivist Epistemology*, ed. Arthur Goddard, trad. G. Reisman (Princeton, Van Nostrand).

(1986) *The Limits of Concept Formation in Natural Science*, ed. e trad. Guy Oakes (Cambridge, Cambridge University Press).

Riklin, Franz (1908). "Wishfulfillment and symbolism in fairy tales", trad. W. A. White, *The Psychoanalytic Review* (1913-15), 94-107, 203-216, 322332-452-459,102-105,203-218,327-340.

Ripa, Yannick (1988) *Histoire du rêve: regards sur l'immaginaire des français au XIXe siècle* (Paris, Olivier Orban).

Roback, A. A. (1927) *The Psychology of Character: With a Survey of Temperament* (London, Kegan Paul, Trench, Trubner).

Roelke, Volker (1994) "Jewish mysticism in romantic medicine? Indirect incorporation of kabbalistic elements in the work of Gotthilf Heinrich Schubert", *History and Philosophy of the Life Sciences* 16, 117-140.

Rolfe, Eugene (1989) *Encounter with Jung* (Boston, Sigo Press).

Rose, Nikolas (1996) *Inventing Our Selves: Psychology, Power, and Personhood* (Cambridge, Cambridge University Press).

Rosenzweig, Franz (1921) *The Star of Redemption*, trad. W Hallo (London, Routledge e Kegan Paul, 1971).

Ross, Dorothy (1972) *G. Stanley Hall: The Psychologist as Prophet* (Chicago, University of Chicago Press).

Roudinesco, Elisabeth (1986) *La bataille de cent ans: histoire de la psychanalyse en France* (Paris, Seuil).

(1990) *Jacques Lacan and Co.: A History of Psychoanalysis in France, 1925-1985*, trad. J. Mehlman (London, Free Associations).

Rudnick, Lois (1984) *Mabel Dodge Luhan: New Woman, New Worlds* (Albuquerque, Novo Mexico, University of New Mexico Press).

Sand, Rosemarie (1992) "Pre-Freudian discovery of dream meaning: the achievements of Charcot, Janet, and Krafft-Ebing", em Toby Gelfand e John Kerr, eds., *Freud and the History of Psychoanalysis* (Hillsdale, New Jersey, Analytic Press), 215-229.

Sapir, Edward (1923) *Review of Jung's Psychological Types*, em David Mandelbaum, ed., *Selected Writings of Edward Sapir* (Berkeley, University of California Press, 1949), 529-532.

(1934) "Personality" em David Mandelbaum, ed., *Selected Writings of Edward Sapir* (Berkeley, University of California Press, 1949), 560-563.

Schaffer, Simon (1988) "Astronomers mark time: discipline and the personal equation", *Science in Context* 2, 1, 115-145.

Schelling, F. W. J. (1797) *Ideas for a Philosophy of Nature* (Cambridge, Cambridge University Press, 1988).

(1800) *System of Transcendental Idealism*, trad. P. Heath (Charlottesville, University of Virginia Press, 1981).

(1802) *The Philosophy of Art*, ed. e trad. Douglas Scott (Minneapolis, University of Minnesota Press, 1989).

(1803) *On University Studies*, trad. E. S. Morgan (Athens, Ohio, Ohio University Press, 1966).

(1827) *On the History of Modern Philosophy*, trad. A. Bowie (Cambridge, Cambridge University Press, 1994).

(1856-1857) *Philosophie der Mythologie*, Sämmtliche Werke, 2 vols. (Stuttgart, Cotta).

Scherner, Karl (1992) "The sexual stimulation dream", trad. Ronald Hauser, *The Centennial Review*, 347-360.

Schopenhauer, Arthur (1819) *The World as Will and Representation*, trad. E. J. Payne, 2 vols. (New York, Dover).
    (1836) *On the Will in Nature: A Discussion of the Corroborations from the Empirical Sciences that the Author's Philosophy has received from its first Appearance*, trad. E. F. J. Payne, ed. David Cartwright (New York, Berg, 1992).
    (1851) "Essays on spirit seeing and everything connected therewith", Parega e Paralipomena, vol. 1, trad. E. Payne (Oxford, Clarendon Press, 1974), 227-309.
Schubert, Gotthilf Heinrich von (1814) Die Symbolik des Traumes (Stuttgart, Besler Presse, 1968).
Schwartz, Joseph (1999) *Cassandra's Daughter: A History of Psychoanalysis in Europe and America* (London, Allen Lane).
Seligman, C. G. (1924) "Anthropology and psychology: a study of some points of contact", *Journal of the Royal Anthropological Institute of Great Britain and Ireland*, 54, 13-46.
Semon, Richard (1905) *The Mneme*, trad. L. Simon (London, George Allen e Unwin, 1921).
Shamdasani, Sonu (1990) "A woman called Frank", *Spring: A Journal of Archetype and Culture* 50, 26-56.
    (1993) "Automatic writing and the discovery of the unconscious", *Spring: A Journal of Archetype and Culture* 54, 1993, 100-131.
    (1994) "Encountering Hélène: Théodore Flournoy and the genesis of subliminal psychology", in Sonu Shamdasani, Théodore Flournoy, eds., *From India to the Planet Mars: A Case of Multiple Personality with Imaginary Languages* (Princeton, Princeton University Press), xi-li.
    (1995) "Memories, Dreams, Omissions", *Spring: Journal of Archetype and Cuilture* 57, 115-137.
    (1996) "De Genève à Zürich: Jung et Ia Suisse Romande", *Revue médicale de la Suisse Romande* 116, 917-922; "From Geneva to Zurich: Jung and French Switzerland", *Journal of Analytical Psychology*, 43, 1, 115-126.
    (1997) "Hypnose, médecine et droit: Ia correspondence entre Joseph Delboeuf et George Croom Robertson", *Corpus des oeuvres philosophiques* 32, 71-88.
    (1998a) *Cult Fictions: C. G. Jung and the Founding of Analytical Psychology* (London, Routledge).
    (1998b) "The lost contributions of Maria Moltzer to analytical psychology: two unknown papers", *Spring: Journal of Archetype and Culture* 64, 103-120.
    (1999a) Review of Robert C. Smith, *The Wounded Jung: Effects of Jung's Relationships on his Life and Work*, Journal of the History of the Behavioral Sciences, 35, 1, 66-68.
    (1999b) "Of dream books", prefácio para David Holt, *A Common Eventuality: Fifty Years of Dreaming Remembered* (Oxford, Validthod Press), 3-7.
    (2000a) "Misunderstanding Jung: The Afterlife of Legend", *Journal of Analytical Psychology* 45, 459-472.
    (2000b) "Reply", *Journal of Analytical Psychology* 45, 615-20.
    (2001 a) "'The magical method that works in the dark': C. G. Jung, hypnosis and suggestion", *Journal of Jungian Practice and Theory* 3, 5-18.
    (2001b) "Extrasensory perception", em Colin Blakemore et al., eds., *Oxford Companion to the Body* (Oxford, Oxford University Press), 265.

(2001c) "Claire, Lise, Jean, Nadia, and Gisèle: preliminary notes towards a characterisation of Pierre Janet's psychasthenia", in Marijke Gijswijt-Hofstra e Roy Porter, eds., *Cultures of Neurasthenia: From Beard to the First World War* (Amsterdã, Rodopi), 362-385.

(2002) "Psychoanalysis Inc.," *The Semiotic Review of Books* 13, 1, 5-10.

(no prelo) "Psychologies as ontology-making practices: William James and the pluralities of psychological experience", in Jeremy Carrette, Robert Morris e Timothy Sprigge, eds., William James and the Varieties of Religious Experience (London, Routledge).

Shapin, Steven (1994) *A Social History of Truth* (Chicago, Universiry of Chicago Press).

Shulman, David e Guy G. Stroumsa, eds. (1999) *Dream Cultures: Explorations in the Comparative History of Dreaming* (New York, Oxford University Press).

Sidis, Boris (1910) "The psychotherapeutic value of the hypnoidal state", in Morton Prince e outros, *Psychotherapeutics: A Symposium* (London, Fischer Unwin).

Sighele, Scipio (1891) *La foule criminelle: essai de psychologie collective* (Paris, Alcan, 1901).

Silberer, Herbert (1912) "Zur Symbolbildung", *Jahrbuch für psychoanalytische und psychopathologische Forschungen* 4, 607-683.

(1910) "Phantasie und Mythos", em Bernd Nitzschke, ed., *Ausgewählte Schriften Herbert Silberers: Miszellen zu seinem Leben und Werk* (Tübingen, Edition Diskord), 95-176.

Smith, Roger (1988) "Does the history of psychology have a subject?" *History of the Human Sciences* 1, 147-177.

(1997) *The Fontana History of the Human Sciences* (London, Fontana).

Smith, Woodruff D. (1991) *Politics and the Sciences of Culture in Germany, 1840-1920* (New York, Oxford University Press).

Spengler, Oswald (1918) *The Decline of the West*, trad. C. Atkinson (London, Allen e Unwin, 1926).

Spitz, René, em colaboração com W. Godfrey Cobliner (1965) *The First Year of Life: A Psychoanalytic Study of Normal and Deviant Development of Object Relations* (New York, International Universities Press).

Starobinski, Jean (1970) "Sur l'histoire des fluides imaginaires (des esprits animaux à la libido)", *L'Oeil vivant 2, La relation critique* (Paris, Gallimard), 196-213.

(1976) "The word reaction: from physics to psychiatry", *Diogenes*, 23, 1-27.

(1999) *Action et reaction: vie et aventures d'un couple* (Paris, Editions du Seuil).

Stekel, Wilhelm (1943) *The Interpretation of Dremts: New Developments and Technique*, trads. E. e C. Paul (New York, Washington Press, 1967).

Stern, William (1900a) *Über Psychologie der individuellen Differenzen (Ideen zur einer "Differentiellen Psychologie")* (Leipzig, Barth).

(1900b) "Die psychologische Arbeit des neunzehnten Jarhunderts, insbesondere in Deutschland", *Zeitschrift für Pädogigische Psychologie und Pathologie* 2, 413-436.

(1905-1906) *Beiträge zur Psychologie der Aussage. Mit besonderer Berücksichtigung von Problemen der Rechtspflege, Pädagogik, Psychiatrie und Geschichtsforschung* (Leipzig, Barth).

(1930) "Autobiography", em Carl Murchison, ed., *A History qf Psychology in*

Autobiography, vol. 1 (Worcester, Clark University Press).

(1938) *General Psychology from the Personalistic Standpoint*, trad. H. Spoerl (London, Macmillan).

Stewart, Dugald (1808) *Elements of the Philosophy of the Human Mind* (Brattleborough, Vermont, William Fessenden).

Stocking, George (1968) "The Critique of Racial Formalism", em *Race, Culture and Evolution: Essays in the History of Anthropology* (New York, Free Press), 161-194.

(1974) "Some problems in the understanding of nineteenth-century cultural evolutionism", em Regna Darnell, ed., *Readings in the History of Anthropology* (New York, Harper e Row), 407-425.

(1986a) *Victorian Anthropology* (New York).

(1986b) "Anthropology and the science of the irrational: Malinowski's encounter with Freudian psychoanalysis", em Stocking, ed., *Malinowski, Rivers, Benedict and Others: Essays on Culture and Personality* (Wisconsin, University of Wisconsin Press).

Sulloway, Frank (1979) *Freud, Biologist of the Mind: Beyond the Psychoanalytic Legend* (New York, Basic Books).

Sully, James (1884) *Outlines of Psychology* (London, Longman, Green).

(1893) "The dream as revelation", *Fortnightly Review* 53, 354-365.

(1895) *Illusions: A Psychological Study* (London, Kegan Paul, Trench, Trübner, 4ª ed.).

Swales, Peter (1982a) "Freud, Minna Bernays and the conquest of Rome", *New American Review: A Journal of Civility and the Arts*, 1, 1-23.

(1982b) "Freud, Minna Bernays and the Imitation of Christ", inédito.

(1988) "In statu nascendi: Freud, Minna Bernays, and the creation of Herr Aliquis". Inédito.

(1989) "Freud, cocaine, and sexual chemistry: the role of cocaine in Freud's conception of the libido", em Laurie Spurling, ed., *Sigmund Freud: Critical Assessments*, vol. 1 (London, Routledge), 273-301.

Tarde, Gabriel (1890) *Les Lois de l'imitation* (Paris, Alcan, 1911), 6ª ed.

(1969) *On Communication and Social Influence: Selected Papers*, ed. Terry Clark (Chicago, University of Chicago Press, 1969).

Taylor, Eugene (1980) "Jung and William James", *Spring: A Journal for Archetypal Psychology and Jungian Thought*, 20, 157-169.

(1984) *William James on Exceptional Mental States: The 1896 Lowell Lectures* (Amherst, University of Massachusetts Press).

(1986) "C. G. Jung and the Boston psychopathologists", em E. Mark Stern, ed. *Carl Jung and Soul Psychology* (New York, Haworth Press), 131-144.

(1996a) *William James on Consciousness Beyond the Margin* (Princeton, Princeton University Press).

(1996b) "The new Jung scholarship", *The Psychoanalytic Review* 83, 547-568.

Tedlock, Barbara, ed. (1992a) *Dreaming: Anthropological and Psychological Inter-pretationts* (Santa Fé, School of American Research Press).

(1992b) "Dreaming and dream research", em Barbara Tedlock, ed. *Dreaming: Anthropological and Psychological Interpretations* (Santa Fé, School of American Research Press).

Tissié, Philippe (1898) *Les Rêves: physiologie et pathologie* (Paris, Alcan).
Tomlinson, Craig (1992) "C. G. Lichtenberg: dreams, jokes and the unconscious in eighteenth-century Germany", *Journal of the American Psychonalytic Association* 40, 761-799.
Tridon, André (1919) *Psychoanalysis: Its History, Theory and Practice* (New York, Heubsch).
Tuke, Daniel Hack (1872) *Illustrations of the Influence of the Mind upon the Body in Health and Disease: Designed to Elucidate the Action of the Imagination* (London, J. and A. Churchill).
Tylor, E. B. (1871) *Primitive Culture: Researches into the Development of Mythology, Philosophy, Religion, Language, Art, and Custom*, 2 vols. (London, John Murray, 4ª ed., 1903).
Van der Post, Laurens (1976) *Jung and the Story of our Time* (London, Penguin).
Van Eeden, Frederick (1893) "Les Principes de la psychothérapie", *Revue de l'hypnotisme* 7, 97-120.
Van Ginneken, Jaap (1992) *Crowds, Psychology; and Politics 1871-1899* (Cambridge, Cambridge University Press).
Vidal, Fernando (1994) *Piaget before Piaget* (Cambridge, Mass., Harvard University Press).
Volkelt, Johannes (1875) *Die Traum-Phantasie* (Stuttgart, Meyer e Beller's, 1875).
Voltaire (1759) *Candide and Other Stories*, trad. R. Pearson (Oxford, Oxford Universiry Press, 1998).
Von Franz, Marie-Louise (1975) *C. G. Jung: His Myth in our Time*, trad. W. Kennedy (New York, C. G. Jung Foundation).
Von Koenig-Fachsenfeld, Olga (1935) *Wandlungen des Traumsproblems von der Romantik bis zur Gegenwart* (Stuttgart, Ferdinand Enke).
Von Monakow, Constantin (1925) *The Emotions, Morality and the Brain*, trads. G. Barnes e S. E. Jelliffe (Washington, Nervous and Mental Disease Publishing Co.).
(1970) *Vita Mea, Mein Leben*, eds. Alfred Gubser e Erwin Ackerknecht (Berna, Hans Huber).
Von Monakow, Constantin e R. Morgue (1928) *Introduction biologique à l'étude de la neurologie et de la psychopathologie: intégration et désintégration de la fonction* (Paris, Félix Alcan).
Voogd, Stephanie de (1984) "Fantasy versus Fiction: Jung's Kantianism Appraised", em Papadopoulos, R. K. e G. S. Saayaman, eds. *Jung in Modern Perspective* (Bridport, Prisco Press), 204-228.
Waiser, Hans (1973) "Johann Jakob Honegger (1885-1911): Ein Beitrag zur Geschichte der Psychoanalyse", *Schweizer Archiv für Neurologie, Neurochirurgie und Psychiatrie* 112, 107-113.
(1974) "An early psychoanalytic tragedy: J. J. Honegger and the beginnings of training analysis", *Spring: An Annual of Archetypal Psychology and Jungian Thought*, 243-255.
Watson, John (1923) "Jung as psychologist", *The New Republic*, 7 de novembro. Wheeler, Richmond (1939) *Vitalism: Its History and Validity* (London, Whiterby).
Wheelwright, Joseph (1972) Review of Jung, *Psychological Types*, *Journal of Analytical Psychology* 17, 212-214.

Whitman, James (1984) "From philology to anthropology in mid-nineteenthcentury Germany", em George Stocking, ed., *Functionalism Historicized: Essays on British Social Anthropology, History of Anthropology*, vol. 2 (Madison, University of Wisconsin Press), 214-230.

Windelband, Wilhelm (1984) "History and natural science", *Theory and Psychology* 8, 1998, 5-22.

Witzig, James (1982) "Theodore Flournoy: A friend indeed", *Journal of Analytical Psychology* 27, 131-148.

Wolff, Toni (1935) "Einführung in die Grundlagen der Komplexen Psychologie", em ed. Psychologischen Club, *Die Kulturelle Bedeutung der komplexen Psychologie* (Berlin, Julius Springer), 1-170.

Woodworth, Robert (1931) *Contemporary Schools of Psychology* (London, Methuen).

Wundt, Wilhelm (1874) *Principles of Physiological Psychology*, vol. 1, trad. E. B. Titchener (London, Swan Sonnenschein, 1902, 5ª ed.).

(1892) *Lectures on Human and Animal Psychology*, 2ª ed., trads. J. E. Creighton e E. B. Titchener (London, Swan Sonnenschein, 1894).

(1897) *Ethics: An Investigation into the Facts and Laws of Moral Life*, trad. J. Gulliver e E. B. Titchener (London, Swan Sonnenschein).

(1900) *Völkerpsychologie: Eine Untersuchung der Entwicklungsgesetze von Sprache Mythus und Sitte*, 1, Die Sprache (Leipzig, Wilhelm Engelmann).

(1902) *Outlines of Psychology*, trad. C. H. Judd (Leipzig, Wilhelm Englemann, 4ª ed.).

(1911) *Elements of Folk-Psychology: Outlines of a Psychological Development of Mankind*, trad. E. L. Schaub (London, Allen e Unwin, 1916).

(1921) *Erlebtes und Erkanntes* (Stuttgart, Alfred Kröner Verlag).

Índice Remissivo

Abegg, Emil, 120
Abraham, Karl, 88, 157, 166, 244-245
Ackroyd, Eric, 180
Adler, Alfred, 26, 70-72, 76-77, 87-88, 90, 93, 98, 101, 106-108, 154, 161, 164-165, 168, 185, 233, 239, 273, 328, 369
Adler, Gerhard, 37
afasia, 55
África, 320-448
Agostinho, Santo, 165
alcoolismo, 207, 230
Aldrich, Charles, 100, 354-356
Alemanha, 20, 47, 98, 206, 279, 304, 321, 365
Allport, Gordon, 100, 277-278
alquimia, 270, 284, 371
Alverdes, Friedrich, 278-280, 289
América, 335
amplificação, 167
análise, 65-68, 80, 240, 255, 272, 273, 275, 325, 339; análise didática, 68, 70
animais, 193, 275, 307
Anshen, Ruth Ananda, 34
antissemitismo, 93, 108-109
antropologia, 18-19, 32, 98, 115, 117-118, 190, 207, 293-296, 298-300, 304, 308, 313, 315, 318, 323, 328, 331, 334, 338, 346-349, 351-358, 361
arianos, 108
Aristóteles, 44, 89, 201, 270, 353
arquétipos, arquetípico, 31, 73, 95-103, 107, 115, 171, 176-177, 185, 237, 241, 251, 257-264, 276-289, 292, 319-320, 325, 332-337, 358, 362-364, 370, 374
Aschaffenburg, Gustav, 223

Aserinsky, Eugene, 180
Ash, Mitchell, 51, 292
associações, 59-61, 135-147, 149, 154, 368; experimentos com associações, 61-62, 151-154, 223, 236, 266, 368
astronomia, 44-46

Bachelard, Gaston, 287
Baer, Karl Ernst von, 199
Bailey, Ruth, 172, 174, 345
Baldwin, James Mark, 21-22, 197, 207, 310, 322, 328, 330
Bally, Gustave, 108
Barkan, Elazar, 300
Barrett, Jack, 37
Bastian, Adolf, 286, 294-296, 298-299, 320, 325, 332-334, 337, 354
Bateson, Gregory, 361
Baudelaire, Charles, 202
Baudoin, Charles, 326
Baynes, Cary (de Angulo), 40, 106, 176, 262, 274, 287-288, 341-343, 353-354, 372, 374, 376
Baynes, H. G., 64, 345, 353, 361, 373
Beard, George Miller, 222-223
Beaunis, Henri, 55
Beckwith, George, 345
Beebe, John, 10, 100
Béguin, Albert, 120, 123, 126
Belke, Ingrid, 302
Benedict, Ruth, 341, 344, 358, 360-361
Benedikt, Moriz, 231
Bennet, E. A., 40, 114-115, 156, 261, 271
Bergson, Henri, 92-93, 146-147, 228-230, 245-246, 248-252, 266, 270-271, 291
Bernays, Minna, 108

Bernfeld, Siegfried, 152
Bernheim, Hyppolite, 69, 139, 207
Bertrand, Alexandre, 127
Bessel, Friedrich Wilhelm, 45
Billinsky, John, 107-108
Binet, Alfred, 20, 55-56, 61-63, 77, 92, 151, 197
biologia, 18-19, 27, 32, 36, 112, 268, 275-278, 285-292, 311-342, 355
Bion, Wilfred, 171
Bishop, Paul, 234, 259, 273
Bleuler, Eugen, 60, 69, 109, 120, 207, 210-211, 233, 245, 246, 282
Bley, Carla, 41
Boas, Franz, 298-300, 325
Boller-Schmid, Jeanne, 85
Boltzmann, Ludwig, 269
bomba de hidrogênio, 373
Borch-Jacobsen, Mikkel, 11-12, 25, 27, 121, 188, 230, 306
Borges, Jorge Luis, 42
Boring, Edwin, 45
Bowditch Katz, Fanny, 161, 246, 272
Breton, André, 132, 139
Breuer, Josef, 232
Brill, Abraham, 69
Broch, Hermann, 36
Brody, Daniel, 34
Brooks, John, 312
Brown, William, 262
Brücke, Ernst von, 200
Büchner, Ludwig, 200, 220, 302
budismo, 273
Burbridge, David, 54
Burckhardt, Jacob, 171, 184, 220, 320-331, 332
Burdach, Karl Friedrich, 120, 194, 199, 221
Burnham, John, 268, 290
Burrow, Trigant, 238
Busse, Ludwig, 268
Butler, Samuel, 204-206, 254

Cabanis, Pierre, 125
Caffrey, Margaret, 358
caráter, 52, 56-57; caracterologia, 98, 102-103, 338, 359

Carnap, Rudolf, 21
Carnot, Sadi, 269
Carpenter, William, 124, 137, 138, 141, 211
Carroy, Jacqueline, 10, 140
Carson, John, 55-56, 58
Carus, Carl Gustav, 120, 184-185, 187, 194, 217, 256, 321
categories (Kantianas), 189, 254
causalidade, 189
Charcot, Jean-Martin, 55, 92, 140-142
Churchill, Friderick, 201
ciências humanas, 33, 41-42, 51-53, 110-111, 293
ciências naturais, 50, 52-54, 93, 110-113, 115, 195, 222, 243, 265, 288, 292, 366, 372
Cifali, Mireille, 244
Claparède, Edouard, 21-22, 59, 145, 162, 227-228, 243-244, 247
Coleman, Ornette, 41
Coleridge, Samuel Taylor, 143, 146, 203, 209-211
Coltrane, John, 41
compensação, 160, 163, 329, 370, 373-375
complexo de Édipo, 108, 156-157, 320-321, 355-356
complexo, 28, 31, 34, 61, 107-109, 128, 137, 266, 287, 370
comportamentalismo, 74, 99-100, 149, 216, 277
Comte, Augusto, 307
comunismo, 365-374
conferências de Eranos, 36, 111, 172, 286
Congresso de psicologia experimental de Genebra, 1909, 21, 49, 95
Congresso psicanalítico de Munique, 67, 76
Congresso psicanalítico de Nuremberg, 236, 261
Congresso psicanalítico de Weimar, 69, 238
consciência, 97, 108-111, 126, 128, 137-142, 151, 157, 161, 185-188, 192, 327, 331, 338, 340; consciência

coletiva, 284, 363-365; consciência subliminar, 144, 283-284
conservação da energia, 200, 222-223, 233, 243, 267, 270, 290-291
Copérnico, 189
Coriat, Isador, 148
Creuzier, Friedrich, 262
criptomnesia, 62, 154, 167, 233-234, 239, 260-261, 283
cristianismo, 191, 210, 214, 271-274, 375
Crow, W. B., 121, 142, 166, 274, 352
Cullen, William, 125

Danziger, Kurt, 22, 23, 46, 48, 138, 277, 301, 304
Darnell, Regna, 358, 360
Darwin, Charles, darwinismo, 19, 48, 148, 178, 200-201, 204, 208, 210, 212, 221, 288
Daston, Lorraine, 43
Daudet, Alphonse, 119
Davie, T. M., 171
Davis, Miles, 15
de Angulo, Jaime, 41, 341-345, 350-351
de Angulo, Ximena, 10-11, 37, 184, 187, 287
De Biran, Maine, 125
De Carpenteri, D'Albumazar, 124
De Saussure, Ferdinand, 146
De Saussure, Raymond, 119-120
Delboeuf, Joseph, 306
demência precoce, 152-154, 169, 231-232, 237-238, 240-242, 270
Dennett, Richard, 348, 352
Descartes, René, 121-122, 188, 231
desenvolvimento da criança, 204-208
Deus, 75, 109, 150, 169, 175, 179, 190, 200, 218, 222, 236, 328, 335-336, 348, 350-351, 366
deuses, 192, 332, 342
Dieterich, Albrecht, 240, 260
Dilthey, Wilhelm, 34, 52-53, 79, 111, 113
Dodge, Mabel, 342-344
dominantes, 305, 325, 332, 363, 374
Dostoievski, Fiodor, 78, 99, 213

Dowbiggen, Ian, 132
Drever, Charles, 263
Driesch, Hans, 159, 200-201, 204, 267-268, 282, 291
Du Bois-Reymond, Emil, 200, 220-221
Du Prel, Carl, 142-143, 150, 165, 167, 191
Dubois, Paul, 233
Duckyearts, François, 134
Durkheim, Emile, 309, 311-313, 316-317, 336-337, 363-364

Ebbinghaus, Herman, 57, 322
Eeden, Frederick van, 140
Ellenberger, Henri, 26-27, 62, 120, 139-140, 168-169, 183, 230-231, 262, 346
Ellis, Havelock, 132, 158
Elms, Alan, 38
emoções, 215-217
energia psíquica, 219, 223-224, 231, 242, 252, 262, 266-271, 290-291, 360
engramas, 210, 255, 257-258, 282, 289
entropia, 222, 267, 269-270, 290
equação pessoal, 44-46, 48-49, 51, 64, 68, 70, 78, 89-93, 97-98, 103-105, 107-108, 111, 166, 348, 355
Erickson, Milton, 173
Escola de psicoterapia de Boston, 225-226
Esperanto, 21-22
Espinas, Alfred, 307
espiritualismo, espiritualistas, 51, 142, 146, 149-150, 153, 159, 191, 210, 220-221, 297
Esquirol, Jean-Etienne-Dominique, 132
esquizofrenia, 16, 77, 87, 270
Essertier, Daniel, 310
etnopsicologia, 46, 157-158, 204, 293-294, 300-305, 320, 323, 327-328, 331, 340, 371
Evans, Richard, 280
Evans-Pritchard, Edward, 314
experimentação na psicologia, 24, 39, 45-46, 51, 277, 304
extroversão, 62, 77, 83, 85, 87, 89, 92-93, 97-98, 100-101, 271, 329, 359

extrovertido, 16, 18, 31, 57, 83-86, 93, 97-98, 100, 266, 343, 359-361

Falzeder, Ernst, 10-11, 66-68, 70, 88, 166, 245
fascismo, 364-365
Fechner, Gustav, 48, 54, 120, 223, 228, 302
fenômenos funcionais, 158
Ferenczi, Sándor, 66, 69, 77, 244-245
Ferri, Enrico, 307
Feuchtersleben, Ernst von, 129
Fewkes, Walter, 347
Fichte, J. H., 74, 120, 186, 191-193, 276
Fierz, Jürg, 29
filogenia, filogenético, 94, 208, 253-256, 318
filosofia, 18-19, 31, 47-49, 72-75, 92, 121-125, 184-188, 191-197, 211-214, 376
Finck, Franz, 76
fisiologia, 36, 45-47, 49, 125, 129, 138, 148-149, 181, 183-184, 194, 199-200, 205, 213, 256, 263, 331
Flaubert, Gustave, 89
Flenniken, Margaret, 14
Fliess, Wilhelm, 118
Flournoy, Théodore, 18-21, 56, 62, 72-74, 80, 109, 119, 145-146, 148, 150-154, 158-160, 165, 169, 210, 227, 234, 239, 246-247, 253, 255, 261, 319, 323-324, 326, 370
Ford, Jennifer, 143, 174-175
Fordham, Michael, 109, 258, 288-289, 369, 375-376
Forel, Auguste, 21, 69, 128, 207, 210-211, 254, 272
Fouillée, Alfred, 215-216, 254, 264-265, 351
Franklin, Benjamin, 125
Franz, Marie-Louise von, 280
Frazer, James, 125
Freeman, John, 76, 92, 261, 334
Freud, Martha, 108
Freud, Sigmund, 15, 16, 25-27, 37, 39, 62-72, 76-78, 81-82, 87-88, 93, 97-99, 101, 106-109, 117-121, 131-132, 134-136, 138-139, 141-143, 146-152, 154-157, 159-166, 168, 174, 176, 180-181, 184-185, 206-207, 226, 230-231, 233-235, 237-249, 262, 265, 268-270, 272, 280-281, 283, 290-291, 299, 306, 318, 320, 322-324, 328, 334, 341, 355, 369; A lenda freudiana, 26-27, 118-119, 207
Froebe-Kapetyn, Olga, 36
Fry, Ruth Thacker, 369
função teleological, 129, 146, 158-163, 169

Galileu, 19
Galton, Francis, 48, 54, 60, 94-95, 136
Ganz, Hans, 211
Gasser, Jacques, 55, 204
Gauchet, Marcel, 121, 138, 213
Gentile, Benedetto, 123-124
Geuter, Ulrich, 98
Gibert, Joseph, 140
Giegerich, Wolfgang, 28, 34-36, 101, 111, 172
Gifford, Ingaret, 59, 201
Gillen, Frank, 314, 319
Goethe, Johann von, 38, 79, 193-194, 321; *Fausto*, 79, 320-321
Goldenweiser, Alexander, 295
Goldstein, Kurt, 291
Golinski, Jan, 24
Goodman, Nelson, 25
Goodrich, Chauncey, 347, 350
Gourdjieff, G. I., 342
Gray, Horace, 101
Griesinger, Wilhelm, 131
Groos, Karl, 160, 162, 212
Gross, Otto, 77
Grot, von, 266-267
Grote, Nicolas von, 150
Gurney, Edmund, 143, 167-168

Hacking, Ian, 202
Haden, Charlie, 41
Haeckel, Ernst, 158, 201, 204, 206-208, 210, 285
Hakl, Thomas, 36

Hale, Nathan Jr., 118, 247-248
Hall, Calvin, 28, 99
Hall, G. Stanley, 23, 208, 239, 242, 255, 298
Hamilton, William, 195, 203
Handelbauer, Bernhard, 70
Harding, Esther, 274, 373
Harms, Ernst, 274, 373
Harrington, Anne, 290
Harris, Ruth, 140
Hartmann, Eduard von, 184-187, 195-197, 205, 212, 217-220, 256, 329
Hauer, Wilhelm, 34, 35
Haule, John, 26
Hauser, Ronald, 135
Head, Henry, 262-263
Hegel, G. W. F., 75, 191, 353
Heisenberg, Werner, 111
Helmholtz, Hermann von, 47, 200, 243
Henderson, Joseph, 369
Henry, Michel, 188, 193
Henry, Victor, 146
herança, 134, 183, 187, 202, 211, 245, 254, 259, 279, 287-290, 308, 318, 334, 352
Herbart, Johann Friedrich, 49, 187, 191, 301-302
hereditariedade, 31, 204-211, 254, 287, 289, 292, 308, 336, 371
Hering, Ewald, 204-207, 209-210, 254
Hervey De Saint-Denys, Marie-Jean-Léon, 132
Hetherington, Robert, 261
Heyer, Gustav, 185
Heyer, Lucy, 40
Heynick, Frank, 153
Hildebrandt, F. W., 120
Hillman, James, 180
Hinkle, Beatrice, 96-97
hipnose, sonambulismo, 69, 121, 125, 127-128, 130, 132, 140-141, 145, 191, 207, 211, 220, 225-226, 306-307, 309, 324
histeria, 77, 87, 119, 141, 227, 232, 238
Hobson, Alan, 120
Hodgson, Richard, 51
Hölderlin, Friedrich, 191
Holt, Henry, 47

Honegger, Johann, 158, 235-238, 240, 261-262
Hoop, J. van der, 97-98
Howard, Jane, 360
Hubert, Henri, 313, 316-317, 332-337
Hull, R. F. C., 38, 167, 187, 261, 330, 355
Humboldt, Wilhelm von, 194
Hume, David, 49, 189, 296, 353
Hunt, Harry, 178
Husserl, Edmund, 22

Illing, Hans, 109
imagens mentais, 54-55
imagens primordiais, 171, 192, 252-253, 255-257, 262, 264, 287, 331-332, 336-337, 358
imaginação, 55, 118, 127-129, 138, 146, 159, 207, 225, 277, 323-324, 334-337; imaginação ativa, 39, 281-283, 367
imitação, 306-307, 310, 327, 330
impulsos, 74, 137, 141, 146, 158, 192, 198, 212-215, 232, 242, 254, 262, 265, 271-277, 281-282, 310, 326; (*ver também* instintos)
inconsciente, 22-26, 77-80, 97, 138-146, 155-176, 183-188, 191-196, 309-314; inconsciente absoluto, 195-196, 252-254; inconsciente coletivo, 31, 94-104, 155, 171-176, 177-178, 180, 241, 253-264, 274-279, 284-286, 292, 311, 325, 331-333, 346, 352, 354, 356, 362-364; inconsciente pessoal, 206, 256, 263, 326; cerebração inconsciente, 138-141, 142-143, 264
índios Pueblo, 339-340, 342-345, 347, 350-352
individuação, 89, 95, 110, 171-172, 271, 275, 327, 329-330, 339, 346, 352, 364, 367, 374
individualização, 201, 304, 329
insanidade, loucura, 125, 130-131, 152-154, 207
instintos, 48, 183-184, 196, 201, 205, 211-217, 227, 241-242, 244, 262-264, 275-285, 289, 292, 309, 356; (*ver também* impulsos)

interesse, 224-225, 227-228, 237
introspecção, 47-48, 57, 62, 132, 149, 153, 202, 227
introversão, 62, 77, 85, 87, 89, 92-93, 96, 100, 238, 271, 329, 359
introvertido, 31, 57, 77, 83-85, 92, 97-98, 100, 103, 266, 359
intuição, 84-87, 92, 230, 250

Jackson, Hughlings, 291
Jacobi, Jolande, 33, 35, 38, 66, 358, 367, 369
Jaffé, Aniela, 30, 37-39, 58, 60, 72, 91, 150, 156, 217-218, 261, 347, 375
Jahoda, Gustave, 301
James, Tony, 120, 130
James, William, 17, 19, 25, 45-47, 56, 67, 77, 92, 137, 145, 175, 197, 208-209, 215-216, 224, 227, 230, 284, 312, 321, 331
Janet, Pierre, 61-63, 109, 119, 132, 139-142, 145-146, 148, 150-151, 198, 224, 226, 241, 281, 283, 306, 312, 324, 327
Jaspers, Karl, 34
Jeliffe, Smith Ely, 67, 248, 256, 268, 290
Johnson. Samuel, 32
Jones, Ernest, 64, 66-67, 232, 243-245, 247, 249, 355
judaísmo, 108-109, 210
Jung, biografias de 40
Jung, C. G. (*somente as obras*)
"A análise dos sonhos", 154
"A essência dos sonhos", 167, 171, 258, 338-357
"A estrutura da alma", 106, 259-261
"A estrutura do inconsciente", 80-82, 150, 218-219, 253-254, 325, 328
Aion: Pesquisas sobre a História dos Símbolos Psicologia analítica e educação. Três palestras proferidas em Londres em maio de 1924, 79, 259, 275, 358
"A oposição Freud-Jung", 106, 171, 260, 334, 364
A Psicologia da Transferência, esclarecida por meio de uma série de imagens alquímicas. Para médicos e psicólogos clínicos, 362

"A psicologia do arquétipo da criança", 157, 185, 333
"A psicologia do arquétipo da mãe", 333
"A psicologia dos negros", 334-336
A Psicologia dos Processos inconscientes: Revisão da teoria e do método modernos da psicologia analítica, 80, 88, 252, 253, 331-332
"A psicologia dos sonhos", 163-168
"A Psicologia e os problemas nacionais", 365
"A Psicoterapia no presente", 284, 366
"A situação da psicoterapia hoje", 108
"A vida simbólica", 177
"Adaptação", 329-330
"Algumas reflexões sobre a psicologia", 220
"Alma e terra", 156
"Apresentação para a Academia de Medicina de New York", 248
"Arquétipos do inconsciente coletivo", 171
"As imagens do objetivo da psicologia do inconsciente", 325
As palestras de Tavistock, 106, 171, 260, 336, 364
As relações entre o Ego e o Inconsciente, 177, 336, 362
"Associação, sonho e sintoma histérico", 151
Com Frank Riklin, "Pesquisas experimentais sobre as associações de sujeitos saudáveis", 60
Com Frederick Peterson, pesquisas psicofísicas com o galvanômetro e o pneumógrafo em sujeitos normais e insanos", 231, 276
"Comentário ao 'Segredo da Flor de Ouro'", 339-340
"Contribuição ao estudo dos tipos psicológicos", 76-78
"Criptomnpésia", 234
"Desenvolvimento infantil e educação", 339
Discurso na inauguração do Instituto Jung, 369-371
Ensaios sobre eventos contemporâneos, 365

"Ensaio explicativo sobre a teoria psicanalítica", 71, 79, 161, 244-245, 248, 272, 324
"Esboço de uma psicoterapia moderna", 264
"Fatores psicológicos que determinam o comportamento humano", 231, 276
"Fundamentos da psicoterapia prática", 109
"Individuação e coletividade", 330
"Instinto e o inconsciente", 264-265
"Interpretação psicológica dos sonhos de crianças", 176, 177, 186
"Medicina e psicoterapia", 185, 333
Memórias, Sonhos, Reflexões, 30, 37-39, 58, 72, 107, 149, 156, 218, 233, 318, 339, 345-349
"negros", 177, 261, 334-336, 340
Mysterium Coniunctionis, 33, 185, 265, 338, 358, 374, 375
Notas das palestras de Jung de 1935/6 na ETH, 29, 37, 83
"Novos caminhos na psicologia", 78-80, 272
"O cisma na escola freudiana", 108-109
"O conceito de inconsciente coletivo", 261, 276, 331
"O desenvolvimento da personalidade", 365
"O homem arcaico", 338, 357
O Livro Vermelho, 39
"O problema do sonho", 176
"O significado da constituição e da hereditariedade na psicologia", 31
"O significado da psicologia para o presente", 170, 177
"O uso prático da análise dos sonhos", 169, 179
"Os conflitos da alma infantil", 77, 272
"Os objetivos da psicoterapia", 106
"Os problemas básicos da psicologia contemporânea", 105, 187
"Presente e Futuro", 112, 284, 366
"primitivos", 125, 178, 296-297, 303, 314, 318-319, 327, 338-340, 351-355, 357, 359, 362, 365
"Problemas fundamentais da psicoterapia", 27, 31, 186, 264, 333, 366, 370
"Psicanálise", 248
"Psicologia analítica e a visão do mundo", 34
Psicologia e Alquimia, 172, 258, 374
Psicologia e Religião, 175, 333, 336
"Psicologia moderna: Notas sobre uma palestra dada na Eidgenössische Technische Hochschule", 179, 185, 187
"Psicoterapia e visão de mundo", 37
Preface a Tina Keller, 17
Prefácio ao volume de Eranos, 36
Questões Psicoterapêuticas Atuais: Correspondência com o Dr. C. G. Jung, 248
"Reflexões sobre o valor e a natureza da pesquisa especulativa", 218-219
"Reflexões teóricas sobre a essência do psíquico", 111, 187, 258, 280-284, 363
"Religião e psicologia", 15
"Réplica a Bally", 108
Seminário de 1925, 82-85, 141, 218-219, 352-353
"Seminário sobre a análise de sonhos", 169, 170
"Seminário sobre a interpretação das visões", 275
"Sigmund Freud e os sonhos", 147
Símbolos de Transformação: Análise do Prólogo de uma Esquizofrenia, 322, 336
"Símbolos de transformação na missa", 186
"Símbolos e a interpretação dos sonhos", 334, 374
"Sincronicidade", 112-114, 341
"Sobre a compreensão psicológica", 79-80, 248-250, 332
Sobre a Psicologia da Demência Precoce: uma tentativa, 153-154, 169, 231
Sobre a Psicologia e a Psicopatologia dos Fenômenos Considerados Ocultos: Um estudo psiquiátrico, 150-151, 226

Sobre a Psicologia do Inconsciente, 275
"Sobre a psicologia", 27-28
"Sobre a teoria da psicanálise: revisão de alguns trabalhos novos, 70
"Sobre o inconsciente", 248, 252, 273, 279, 339
"Sobre o *Livro Tibetano dos Mortos*", 168, 258, 338, 357
"Sobre o renascimento", 365
"Sobre os arquétipos, com atenção especial ao conceito de anima", 73, 333
"Técnicas de mudança de atitude em prol da paz mundial: Memorando para a Unesco", 368
"Tipologia psicológica", 105
Tipos psicológicos, 76-78, 84, 86, 90-106
Transformações e Símbolos da Libido, 33, 96, 158, 239-241, 244, 246, 248, 260-269, 271, 303-304, 318-323, 326, 331-333, 355
"Viagem pela África", 339-344
"Zonas limítrofes da ciência exata", 220
"O que a Índia pode nos ensinar", 339
"Perspectivas gerais sobre a psicologia dos sonhos", 167, 179, 187, 339, 357
"Revisão da teoria dos complexos", 185
"Seminário sobre o *Zarathustra* de Nietzsche", 234, 251-259
"Sobre o energetismo da alma", 235-271
Um mito moderno, das coisas que foram vistas no céu, 175
Jung, Emma, 85
Jung, Franz, 84

Kahane, Max, 70
Kalmar, Ivan, 301-302
Kant, Immanuel, 40, 102, 120, 129, 184-185, 188-191, 194, 217-218, 220, 256-259, 264, 336, 353
Keller, Adolf, 84, 249, 251, 373
Keller, Tina, 17
Kennedy, W. H., 31
Kerényi, Karl, 32
Kern, Stephen, 120
Kerner, Justinus, 234
Keyserling, Hermann, 259
Kirsch, James, 90, 109, 174

Klages, Ludwig, 98
Kleitman, Nathaniel, 180
Koch, Sigmund, 22
Koenig-Fachsenfeld, Olga von, 186
Koepping, Klaus-Peter, 294, 333
Köhler, Wolfgang, 292
Kraepelin, Emil, 152-154, 223-224
Krafft-Ebing, Richard von, 58-59, 141, 148, 231
Kranefeldt, Wolfgang, 36, 101-102, 107, 185
Kretschmer, Ernst, 88, 98, 103
Krippner, Stanley, 180
Külpe, Oswald, 197, 322
Kunkel, Fritz, 369

Ladd, James, 50
Laing, R. D., 361, 369, 372
Lamarck, Jean-Baptiste, lamarckismo, 201, 204, 211, 254, 257, 280, 285-286, 288-290, 308
Lampl, Hans Erich, 213
Lamprecht, Karl, 304-305, 332, 375
Lane, Homer, 361
Lanteri Laura, Georges, 122
Latour, Bruno, 24-25
Laurence, Jean-Roch, 140, 306
Lavie, Perez, 120
Lavoisier, Antoine, 19
Lawrence, D. H., 342
Layard, John, 361-362
Laycock, Thomas, 134, 205, 210, 254-255
Lazarus, Moritz, 204, 294, 301-304, 320, 327
Le Bon, Gustav, 306, 308-309, 364-366
Leary, David, 191
lei biogenética, 158, 204, 207-210, 235, 289, 322-323, 339
Leibniz, Gottfried von, 185-186, 190, 194, 255
Leopold, Joan, 298
Lersch, Philip, 98, 186
Lévi-Strauss, Claude, 317
Lévy-Bruhl, Lucien, 313-316, 319-320, 333, 337-339, 343, 351-355, 357-358, 362, 365

Lewes, George Henry, 283
Leys, Ruth, 61
libido, 33, 65, 77, 86, 96, 158, 162, 219, 230-233, 237, 239-249, 260-262, 265-271, 274, 291-292, 303-304, 318-320, 323-324, 326, 329, 331, 333, 335, 360
Lichtenberg, Georg Christoph, 131, 143
Lichtenhahn, Rudolf, 222
Liébault, Ambroise, 231
Lincoln, Stewart, 177-178
Lineu, Carl, 178
linguagem psicológica, 20-23, 29-30, 49-50, 96-98, 302
Lipps, Theodore, 247, 267
Ljunggren, Magnus, 84
Locke, John, 49, 89, 122, 189-190
Long, Constance, 97
Lorenz, Konrad, 279-280, 286
Lovejoy, Arthur, 252-253, 271
Loÿ, Rudolf, 248
Ludwig, Carl, 98, 200, 220
Luhan, Tony, 342-343

Macario, Maurice, 129, 133
Macnish, Robert, 128
Maeder, Alphonse, 15-16, 67, 76-77, 81, 100, 157, 159-162, 165-169, 233, 245, 326
Magee, Bryan, 194
mágica, 131, 297
Malinowski, Bronislaw, 355-357
mana, 316
Mann, Kristine, 274
Marinelli, Lydia, 148
Marquard, Odo, 191-192, 194
Martin, P. W, 367
Maskeleyne, Nevil, 45
Massey, Irving, 135
materialismo, 186, 199-200, 215, 220-221, 268, 302
Mauerhofer, Hugo, 108
Maury, Alfred, 119-120, 132-133, 141
Mauss, Marcel, 313, 316-317, 332-337, 362
Mayer, Andreas, 148
Mayer, Robert, 200, 243, 252-253

McCormick, Edith Rockefeller, 15-16, 326
McCormick, Harold F., 29
McDougall, William, 26, 88, 97, 216-217, 249, 263, 277, 282, 290
McGuire, William, 31, 36, 343, 355, 367
McIntyre, Alasdair, 19
Mead, Margaret, 360-361
medicina, 11, 58-60, 62, 171, 194-199
Medtner, Emil, 84
Mehlich, Rose, 186
Meier, C. A., 28-29, 83, 92, 101, 262, 371-372
Melville, Hermann, 28
memória, 127-128, 133-140, 201-211, 253-261, 288; lembranças ancestrais, 203; memória e sonhos, 123-125, 128-133; memória orgânica, 203, 211, 253-261; memória racial, 178, 237-240, 288
Mendel, Gregor, 211, 288
Merllié, Dominique, 313, 315
Mesmer, Franz Anton, 231
mesmerismo, 127, 133
método comparativo, 296, 298-300, 324-325, 355
método construtivo, 53, 79, 249
Métraux, Alexandre, 309
Meyer, Adolf, 61, 66, 235-237, 261
Meynert, Theodore, 207, 231
Micale, Mark, 183
Miller, Frank, srta., 324
Mirabel, Antonio (Lago da Montanha), 344
mitologia, mitológico, mitos, 14-15, 34, 127, 155, 157-158, 161, 165, 167, 177, 191-192, 197, 207, 234-237, 239, 255, 262, 265, 281, 302-303, 312, 318, 320, 322-328, 335-337, 358, 370-371
mitraísmo, 271
mneme, princípio mnêmico, 210-211, 255, 286
Moleschott, Jacob, 200, 220, 302
Moll, Albert, 231
Moltzer, Maria, 66, 85-87, 328-329
Monakow, Constantin von, 232-233, 291

monismo, 75, 196, 204, 207, 210
Moore, G. E., 262
Morgan, Lloyd, 281
Morgue, R., 291
movimento pelo estudo da criança, 208, 280
Mucchielli, Laurent, 313
Müller, Friederich von, 58
Müller, Johannes, 45
Muralt, Alexander von, 60
Murray, Henry, 85, 100, 277, 279
Myers Briggs, Isabel, 100
Myers, C. S., 263
Myers, Frederic, 143-146, 165, 168, 283

Nagy Marilyn, 268
Nameche, Gene, 269, 372
nazistas, nacional socialismo, 98, 109, 364-365
Neiken, Jan, 158
neovitalismo, 159, 200
Neumann, Erich, 289
neurastenia, 222-224
neurônios, teoria dos, 207
neurose, neurótico, 65-69, 87-89, 108, 162, 170, 223-226, 272, 329
Nicoll, Maurice, 165
Nietzsche, Elizabeth Forster, 234
Nietzsche, Friedrich, 25, 74, 77, 91, 93, 134-135, 157-158, 165, 184, 194, 212-215, 234, 245, 251, 259, 271, 273, 322, 333, 361
Nordenstreng, 31
Nye, Robert, 308

Oken, Lorenz, 194
ontogenia, 204, 210, 235, 239, 322
Oppenheim, James, 100
Ostwald, Wilhelm, 76-77, 83, 246
Otis, Laura, 204, 240, 254

Paracelso, 171, 321
Parkes, Graham, 74, 212, 273, 276
participação mística, 314-315, 319, 337-339, 357, 365
Pauli, Wolfgang, 34-35, 111, 172, 175, 370, 372

Peck, John, 28
Pelletier, Madeleine, 152
Perry, Campbell, 140, 306
persona, 40, 95, 328
pesquisa psíquica, 73, 142-146
Pessoa, Fernando, 41
Peterson, Frederick, 231
Phillips, John, 188
Piaget, Jean, 311
Pierce, Charles Sanders, 75
Piper, Leonora, 51
Platão, 23, 89, 197, 257, 264, 353
Podmore, Frank, 143, 167-168
Portmann, Adolf, 285-289
Pound, Ezra, 341, 351
pragmatismo, 73-76, 81, 92-93, 115, 175, 250
Prefácio a Aldrich, 354-355
Prefácio a Frances Wickes, 350
Prefácio a Olga von Koenig-Fachsenfeld, 186
Prefácio a Rose Mehlich, 186
Preyer, William, 204, 208, 254
Primeira Guerra Mundial, 148, 194, 304, 331
Prince, Morton, 68, 155-156, 226, 247
princípio vital, força de vida, 199-200, 220-221
Progoff, Ira, 184, 187
Psicastenia, 224-225
psicoide, 201, 280
psicologia da criança, 207-209, 239
psicologia da Gestalt, 280, 287, 292
psicologia de massa, 274, 293, 295, 305, 308-310, 323, 326, 328, 331, 340, 364-366, 368
psicologia individual, 26, 43, 46, 54-59, 61, 70, 80, 91, 158, 161, 293, 303, 308-309, 320, 323, 326, 328, 330, 359
psicologia social, 216, 278, 293, 309, 310
psicologia, *status* científico da, 18, 43-44, 49-51, 126, 199, 265, 285, 289, 366
psicose, 16, 87, 232-240, 328, 364
psicoterapia, 17-26, 62-69, 77-78,

130, 139-142, 169-175, 181, 202, 224-226, 285, 308, 361, 366-368, 370
psiquiatria, 17, 26, 58-69, 78, 92, 127-131, 148, 152, 207, 211, 337, 370
Putnam, James Jackson, 69, 233, 240, 246-248

Rabinbach, Anson, 222
Radin, Paul, 352-354
Rank, Otto, 238
Raphael, Edwin, 124
Rapp, Dean, 247
Rathke, Heinrich, 199
Ratzel, Friedrich, 295
Read, Herbert, 33, 375-376
Reil, Johann, 130, 152, 194
Reitler, Max, 70
religião, religioso, 15-16, 29-30, 32, 48, 73-74, 175-176, 261, 264, 282, 308, 385, 391, 397
Renouvier, Jacques, 47
representações coletivas, 310-315, 337-338, 362
Ribot, Théodule, 55, 80, 140, 204, 206-207, 213, 215, 217, 242, 253-254, 282, 308
Rickert, Heinrich, 53-54, 57, 111, 113-114
Riklin, Franz [pai], 60-61, 81, 157, 223, 245
Rimbaud, Arthur, 17
Ripa, Yannick, 123, 129, 133, 148
Rivers, W. H. R., 263, 281, 296, 355, 361
Roback, A. A., 97
Rolfe, Eugene, 376
romantismo alemão, 125, 143, 165-166, 186
Rose, Nikolas, 24, 186
Rosenzweig, Franz, 108
Ross, Barbara, 256
Roudinesco, Elisabeth, 118
Rousseau, Jean-Jacques, 29, 325
Rousselle, Erwin, 35
Rudnick, Lois, 341
Russell, Bertrand, 21, 262

São Francisco de Assis, 274
Sapir, Edward, 344, 358, 360-361
Saussure, René de, 21, 119-120, 146
Schacter, Daniel, 210
Schäffer, Hans, 102
Schaffer, Simon, 45
Schelling, F. W. H., 126, 185, 191-192, 194, 218, 321
Scherner, Karl, 120, 132, 135, 138-139, 147
Schiller, F. C. S., 92, 262
Schiller, Friedrich, 84, 91, 267
Schmid, Hans, 83-84, 92, 250
Schopenhauer, Arthur, 120, 184, 193-195, 197-198, 212, 217-220, 231, 240-242, 245-246, 270, 329
Schreber, Daniel Paul, 241, 244-245
Schubert, Gotthilf Heinrich von, 120, 126, 143, 166
Schwyzer, E., 236
Segunda Guerra Mundial, 28, 373-374
self, o arquétipo do, 258
Seligman, Charles, 345, 358-361
Semon, Richard, 204, 210-211, 255, 257-258, 282, 286, 289
sexualidade, 27, 65, 72, 86, 151, 231-233, 241-242, 247, 268, 272, 276
Shakespeare, William, 99
Shapin, Stephen, 47
Shaw, George Bernard, 245
Shinn, Milicent Washburn, 204
Shulman, David, 117
Sidis, Boris, 226, 247, 269
Sigg, Hermann, 339
Sighele, Scipio, 307-308
Silberer, Herbert, 157-158, 168
símbolos, simbolismo, 95, 126, 137-138, 149, 154, 158, 162-168
Smith, Hélène, 146, 151, 153, 210, 234
Smith, Roger, 32
Sociedade Zofíngia, 150, 217-218, 220-222, 243, 268
sociologia, 23, 32, 293, 304, 310-312, 362
sonho, sonhos, 117-182; "grandes sonhos", 177-178; sonhos culturais, 178; sonhos diagnósticos, 128-130,

171, 179; sonhos proféticos, 118, 125, 127-129, 134; sonhos prospectivos, 162; sonhos telepáticos, 143, 179; análise de sonhos, 136, 152, 154, 170, 179; sonhos na medicina, 117, 124-125, 128; sonhos na filosofia, 124-125; sonhos na psiquiatria, 148; sonhos na pesquisa psíquica, 142-145; sonhos e loucura, 125, 130-132; sonhos e filogenia, 165, 171, 177; chaves oníricas, 124, 127, 133; simbolismo dos sonhos, 126, 135; sonhos como realização de desejos, 151, 153, 155, 157, 160-162, 165

Spencer, Baldwin, 314, 319
Spencer, Herbert, 228
Spengler, Oswald, 35, 361
Spielrein, Sabina, 158, 239
Spitz, René, 287
Spranger, Eduard, 98
Starobinski, Jean, 44, 192, 231
Staub, Babette, 153
Steinthal, Heymann, 204, 294, 301-304, 320, 327
Stekel, Wilhelm, 26, 70, 120, 149, 154, 162, 170, 361
Stendhal, 213
Stern, William, 20, 57, 61, 63-64, 87, 92, 224, 231, 247, 267
Stewart, Dugald, 123
Stocking, George, 296, 300, 357
Stroumsa, Guy, 117
subconsciente, 61, 137, 144, 198, 211, 230
sugestão, 62, 69, 94, 128, 132, 140, 170, 172, 173, 207, 225, 228, 306, 327, 365
Sulloway, Frank, 27
Sully, James, 80, 120, 136-137, 204, 208, 216, 239
Swales, Peter, 108, 152, 231

Tarde, Gabriel, 306, 309-310, 312, 327, 330
Taylor, Eugene, 22, 27, 67, 73, 146-147, 203, 226

Tedlock, Barbara, 117, 178
telepatia, 143, 168
Terêncio, 33
termodinâmica, 222
testemunho, 47, 106
Thèbes, Madame de, 148
Tinbergen, Niko, 279, 286
tipo intuitivo, 85-87
Tissié, Philippe, 120, 129, 166
Tolstoy, Leon, 99
Tomlinson, Craig, 117, 143
transferência, 206, 329, 362
Tridon, André, 89-90
Troxler, Ignaz, 120, 126
Tylor, Edward, 296-297, 299, 313, 318, 333, 355

Unesco, 367-368
Universidade Clark, 72, 99, 155, 226, 244, 247

Van der Post, Laurens, 372
Van Ginneken, Jaap, 306, 309
Vetter, August, 258
Vidal, Fernando, 311
Virchow, Rudolf, 47
Vogt, Karl, 200, 220, 302
Volkelt, Johannes, 120, 138-139
Voltaire, François-Marie, 122, 346
Voogd, Stephanie de, 259

Wagner, Richard, 212-213
Wallas, Graham, 263
Walser, Hans, 235-236, 238
Watson, J. B., 99-100
Weber, Ernst, 48, 228, 302
Wehrmacht, 98
Weismann, August, 200, 211
Wheeler, Richmond, 268
Wheelwright, Joseph, 101, 106, 369
White, Victor, 34
White, William Alonson, 67, 177, 248, 334-335
Whitehead, Alfred, 263
Whitman, James, 302, 304
Whorf, Benjamin Lee, 360
Wickes, Frances, 350

Widmer, Helene, 238
Wilhelm, Richard, 34
Windelband, Wilhelm, 53, 111
Wittgenstein, Ludwig, 85
Witzig, James, 26
Wolff, Helen, 38
Wolff, Kurt, 38, 73, 322
Wolff, Toni, 28, 66, 84, 111
Woodruff Smith, D., 305

Woodworth, Robert, 26
Worringer, Wilhelm, 77, 361
Wundt, Wilhelm, 46, 145, 204, 223, 300

Zamenhof, Ledger Ludwik, 21
Zawinul, Joe, 41
Ziegler, Leopold, 35
Zimmer, Heinrich, 34-35, 370
Zola, Emile, 78

Esta obra foi composta em CTcP
Capa: Supremo 250g – Miolo: Book Ivory Slim 65g
Impressão e acabamento
Gráfica e Editora Santuário